横空出世看深圳

——深圳调研报告

郑新立　白津夫　徐　伟　刘　森　等著

中国财经出版传媒集团
中国财政经济出版社

图书在版编目（CIP）数据

横空出世看深圳——深圳调研报告／郑新立等著. --北京：中国财政经济出版社，2020. 9

ISBN 978－7－5095－9998－3

Ⅰ. ①横… Ⅱ. ①郑… Ⅲ. ①区域经济发展－研究报告－深圳－文件 Ⅳ. ①F127. 653－53

中国版本图书馆 CIP 数据核字（2020）第 168979 号

责任编辑：孙 琛 高 波　　　　责任校对：胡永立

封面设计：锦麒麟文化

横空出世看深圳——深圳调研报告

HENGKONG CHUSHI KAN SHENZHEN——SHENZHEN DIAOYAN BAOGAO

中国财政经济出版社出版

URL：http：//www. cfeph. cn

E－mail：cfeph @ cfeph. cn

社址：北京市海淀区阜成路甲 28 号 邮政编码：100142

营销中心电话：88191537 北京财经书店电话：64033436 84041336

北京时捷印刷有限公司印刷 各地新华书店经销

787×1092 毫米 16 开 29. 25 印张 560 000 字

2020 年 10 月第 1 版 2020 年 10 月北京第 1 次印刷

定价：98. 00 元

ISBN 978－7－5095－9998－3

（图书出现印装问题，本社负责调换）

本社质量投诉电话：010－88190744

打击盗版举报热线：010－88191661 QQ：2242791300

前　言

改革开放40年，中国创造了世界经济发展史上的奇迹。深圳则是中国奇迹中一颗最璀璨的明珠。40年前的深圳是一个边陲渔村，如今成为粤港澳大湾区一座经济总量最大的现代化城市，每年申请的国际专利占全国的47%，成为中国乃至全球的科技创新中心。深圳是一个让中国人感到自豪的城市，是一个让企业家和科技工作者魂牵梦绕的地方，是创新创业者的天堂！

40年来，深圳是我去得最多的城市。每一次去深圳，都觉得增长了见识，汲取了新的营养。深圳是一座年轻的、活力四射的城市。在革命战争年代，中国的优秀青年为了救国奔赴延安。在改革开放年代，中国的优秀青年怀揣着强国梦想又被深圳吸引。来自全国各地的年轻的有志之士，在这里书写了中国历史上最美的诗篇，弹奏出世界上最激荡人心的乐章。

2008年，在迎来改革开放30周年之际，胡锦涛同志亲自选定了18个改革开放先进地区，系统总结改革开放的经验。我有幸率领一个由中央各部门组成的联合调研组，到深圳调研。这既是一个调研的过程，更是调研组的同志深入了解和学习的过程，大家怀着激动和崇敬之情，写出了《横空出世看深圳》的调研报告，全文刊登在《人民日报》。同时，中央电视台做了一期节目，邀请深圳前市委书记李灏和上海浦东新区前管委会主任赵启正作为嘉宾，两位高举改革开放旗帜在最前沿冲锋陷阵的代表人物畅谈体会，历史性场景感人，令人难以忘怀。

之后，深圳市委聘请我为顾问，接受市委决策咨询委员会的委托，每年为深圳在改革发展中遇到的重大问题研究一个课题。我担任课题组组长，课题组成员根据研究的需要跨部门选聘。每个课题先进行较长时间的实地调研，广泛听取深圳各部门、研究机构和企业的意见，还要到香港去调研。研究初稿形成之后，听取深圳市干部、专家的讨论、修改意见，最后报送市决策咨询委员会。由此形成了以后连续六篇有关深圳的研究报告。

2009 年，我们研究了“深港经济融合”问题。当时的情况是，随着深圳的迅速崛起，改革初期由香港带动、辐射深圳的局面正迅速改变，深圳作为先进制造业城市在世界市场崭露头角。如何建立深港之间的新型合作关系，以深圳的先进制造业支撑香港服务业发展，香港的金融、信息等自由港优势如何更好地服务于深圳的创新发展，从而在深港经济融合中打造出新的整体优势，提升国际竞争力，迫切需要深港两地政府和企业形成共识，默契配合，顺势而为。课题研究分析了深港两地变化了的新情况，提出了深港融合发展的方向和重点，为打造深港新优势提供了一些建议。

2013 年，土地面积已成为制约深圳发展的突出矛盾。在不到 2000 平方千米的土地上，布满了企事业单位，新开办的企业已经无地可供。前海作为一片填海造出来的紧靠香港的宝贵地皮，派什么用场效益最好？经过反复论证，最后决定集中发展金融业。因为金融是市场的“龙头”，资本流向哪里，其他生产要素就跟着流向哪里。搞活了金融，就等于占领了市场的制高点。受前海管委会的委托，由徐伟博士为组长、我为顾问，对前海国际要素市场发展战略进行了研究，提出了如何把前海打造成为具有全球影响力的市场，如何充分发挥前海市场对全球生产要素的吸引力，从而更有效地利用全球市场和资源来发展自己。

2015 年前后，受世界上湾区经济发展的启发，深圳市政府提出了建设粤港澳大湾区的构想，市决咨委委托我牵头组织研究深圳在粤港澳大湾区经济发展中的地位和作用。课题组研究了纽约、旧金山、东京湾区经济发展的经验，分析了粤港澳大湾区已经形成的经济格局和发展趋势，提出了要把打造世界一流大湾区上升为国家战略，分别论述了深圳在大湾区经济发展、科技创新、金融创新、互联网经济、生命健康产业、海洋经济、交通物流体系中地位和作用，探讨了深港一体化对大湾区经济战略的作用。课题报告报送国家发改委等部门，得到了认可，建设粤港澳大湾区写入国家“十三五”规划、2016 年国务院政府工作报告和党的十九大报告。2019 年 2 月 18 日，中共中央、国务院印发了《粤港澳大湾区发展规划纲要》，目前大湾区规划正处于紧锣密鼓的实施阶段。相信几年之后，大湾区将以崭新的面貌屹立于世界。

2016 年，在新任深圳市委书记马兴瑞主持的决策咨询工作会议上，我提出深圳要成为全球科技创新中心，教育是一个短板。其他咨询顾问也纷纷就这一问题提出意见和建议。兴瑞同志表示赞同，市委很快做出决定，加大对教育的投入，集中力量办好一两所高水平、创新性大学。随后，我接受委托，进行“深圳创办高水平、创新性大学研究”。教育部政策研究室的同志参加了课题组。课题组考察了美国硅谷和斯坦福大学、加州大学伯克利分校、加州理工学院、南加州大学以及我国香港科技大学，走访了深圳的各个大学和研究生院，在对中外大学的培养理念、教育方法、入学选拔制度、教师招聘制度等进行比较研究的基础上，提出了对深圳如何创办高水平、创新性大学的系统性、可操作性建议。2019 年，我到南方科技大学讲课，顺便进行调研，我认为中国创办高水平、创新型大学很有可能率先在深圳取得突破。对此，我充满信心。

2017 年，深圳决咨委委托我进行“新形势下深港关系再研究”。课题组邀请了香港基本法起草小组成员、科技部原党组成员、秘书长张景安参加。在调研中，我们接触了香港各界人士，广泛听取意见。报告对香港政治生态变化的特点、原因进行了分析，对新形势下的深港关系发展以及如何发挥深圳在深港合作中的作用提出了建议。

2018 年，深圳围绕落实习近平总书记指示精神，积极探讨发展更高层次的开放型经济，推动形成全面开放新格局。受市决咨委委托，我又牵头研究了“深圳加快构建更高层次开放型经济新体制的目标与对策”。该课题报告总结了 40 年来深圳以开放促改革促发展的主要经验和新形势新任务，分析了深圳在粤港澳大湾区和“一带一路”建设中的地位和作用，指出了深圳建设更高层次开放型经济新体制的目标战略及需要突破的难点，在对深圳的开放度进行国际比较中找到了差距，对如何通过开放合作提升创新能力，如何提高外贸竞争力特别是服务业竞争力，提出了建议，最后对探索建立深圳自由贸易港提出了构想。

课题组对深圳的研究报告是智库人员的研究成果，它为政府决策提供参考。研究报告中提出的观点只是课题组成员的观点，不是哪个部门或机构的观点。它带有一定的学术性质，仁者见仁，智者见智。由于课题组成员了解到的信息有限，水平有限，报告中肯定有不少错误和不足，这次公开出版，希望藉此能引起社会对改革发展战略、政策问题的关注和讨论，以提高政府决策的群众参与度，并为提高政府决策水平提供智力支持。

感谢仲珏华同志为本书出版提供的支持。

郑新立

2020 年 6 月

目　录

曾经的边陲小镇，得益于党的改革开放政策，伴随着29年的改革开放，深圳成长为一个充满生机与活力、拥有上千万人口的特大城市。深圳奇迹的创造，原因可归纳为：一是抓住经济全球化机遇，从“引进来”到“走出去”，深圳所走的道路始终是以开放促改革、促发展之路；二是敢为天下先，探索社会主义市场经济新体制；三是大力发展高新技术产业，推进产业结构优化升级；四是鼓励企业成为创新主体，努力建设创新型城市；五是坚持中国特色社会主义理论体系，不断提高党的执政能力。

深港持续推进经济合作，经济一体化程度不断增强。在新的历史机遇下，深港经济融合发展新阶段的总体目标是把深港建设成为世界级大都会。促进深港经济融合的基本内容是：在坚持“一国两制”和香港特别行政区基本法的前提下，通过完善政策体系和创新体制机制，促进深港建立起更为合理的互动型、一体化经济运行模式。通过加强深港经济融合发展总体规划、建设深港创新圈、探索建立深港自由贸易区、推进深港金融业深度合作、建设深港国际航运物流中心、加快发展现代服务业等举措，促进深港经济融合发展。

前海现代服务业合作区的建立，体现出在经济发展中前海具有的高度开放、高端发展的特点。生产要素以空前的规模和速度在全球范围内流动，寻求最佳要素组合。发展前海要素市场，建立前海国际要素交易平台，有助于进一步提高我国对外开放水平，增强国际竞争力。前海发展定位：产业定位是建立现代服务业体系，经济目标定位是单位土地 GDP 高增长，战略定位是代表国家谋求要素市场话语权。立足于前海发展定位，探索前海要素市场发展的策略、方法、路径和措施，对中国其他地区发展将起到参考、借鉴和促进的作用。

“湾区经济”是世界经济版图的突出亮点。粤、港、澳比邻而居，三地形成了优势互补的跨境产业分工和发展模式，大湾区经济发展格局基本形成。本研究认为提出粤港澳大湾区经济战略并将打造世界一流粤港澳大湾区上升为国家战略是必要的、可行的。深圳在粤港澳大湾区的科技、金融、互联网经济、生命健康业、海洋经济等领域的发展中具有创新和引领作用。新的历史时期，应在将粤港澳大湾区上升为国家战略的同时，将深港一体化纳入其中，作为一个重要方面重点推进。深港一体化包括经济、交通、科技、金融、文化等方面的一体化。

建立高水平、创新型大学，是适应新形势下深圳经济发展需要的重要抓手，是深圳在全国经济中继续保持领跑位置所需的新动力源。结合深圳具有的良好条件和基础，借鉴国外高水平、创新型大学的体制机制和办学经验，深圳实现建立高水平创新型大学，需要深圳大学教育体制机制在资金管理、学校治理、办学理念、教师机制、教学管理、科研管理六个方面实现突破。对深圳建立高水平、创新型大学的政策建议是科学规划统筹、明确目标步骤，加大政府投入、扩大社会筹资，整合教育资源、突出重点扶持，减少行政干预、尊重学校自主，开放合作办学、集聚最优资源，创新激励机制、吸引顶尖人才，强化产教融合、鼓励科技应用。

自香港回归以来，香港政治生态出现了重大变化。本报告客观分析了近年香港政治生态显著变化的特点及深层次原因，指出香港政治生态变化下香港与内地关系变化的特点和

调研报告一

横空出世看深圳（2008 年）

曾经的边陲小镇，得益于党的改革开放政策，伴随着 29 年的改革开放，深圳成长为一个充满生机与活力、拥有上千万人口的特大城市。深圳奇迹的创造，原因可归纳为：一是抓住经济全球化机遇，从“引进来”到“走出去”，深圳所走的道路始终是以开放促改革、促发展之路；二是敢为天下先，探索社会主义市场经济新体制；三是大力发展高新技术产业，推进产业结构优化升级；四是鼓励企业成为创新主体，努力建设创新型城市；五是坚持中国特色社会主义理论体系，不断提高党的执政能力。

40

本报告原载 2008 年 11 月 10 日《人民日报》，署名为中国特色发展之路课题赴广东深圳市调研组。调研组组长：郑新立。执笔人：白津夫。

在珠江口东南岸，矗立着一座现代化大都市——深圳。2007 年，地区生产总值达 6765 亿元，地方财政一般预算收入 658 亿元，在全国大城市中分别居第四位、第三位；出口总额 1685 亿美元，获得国际专利 2480 项，均居各城市第一位。面对这个充满生机与活力、拥有上千万人口的特大城市，有谁能想象，29 年前这里曾是一个只有几万人口的边陲小镇！

是什么力量把这座年轻城市魔术般地呼唤出来？凡是了解她历史的人都会回答：是党的改革开放政策。深圳于 1979 年 3 月设市，1980 年 8 月设立经济特区，她为改革开放而生，伴随改革开放成长。深圳 29 年的发展成果，是党的改革开放政策结出的硕果。1978 年 12 月召开的党的十一届三中全会吹响了改革的号角。设立经济特区，在困境中杀出一条血路，探索改革开放的经验，成为党中央的一个重大决策。在全国改革开放大局中，深圳作为一个试验田，几代中央领导同志都倾注了大量心血。邓小平同志是设立经济特区的倡导者，在深圳发展的关键时刻两次亲临视察。1984 年 1 月，当人们对经济特区还存有一些疑虑的时候，邓小平同志视察深圳并题词："深圳的发展和经验证明，我们建立经济特区的政策是正确的"，这坚定了深圳办好经济特区的信心。1992 年初，邓小平同志再次到深圳视察，高度评价"深圳的重要经验就是敢闯"，明确肯定经济特区姓"社"不姓"资"，要求深圳在改革开放中要"大胆试验，大胆地闯"，要"搞快一点"。江泽民同志作为经济特区的创办人之一，曾 14 次到深圳。1994 年 6 月江泽民同志视察深圳时，重申中央发展经济特区的决心不变，对经济特区的基本政策不变，经济特区的地位和作用不变，勉励深圳"增创新优势，更上一层楼"。1995 年 12 月，江泽民同志视察深圳时强调，要更好地发挥深圳经济体制改革的"试验场"作用，对外开放的"窗口"作用，对内地的示范、辐射和带动作用，对保持香港繁荣稳定的促进作用，为深圳的发展进一步指明了方向。党的十六大以来，以胡锦涛同志为总书记的党中央高度重视经济特区建设。2005 年 8 月，胡锦涛同志到深圳视察，要求深圳"加快发展、率先发展、协调发展"，鼓励经济特区要继续发挥"试验田"和"示范区"作用，在制度创新和对外开放方面走在前面，为全国提供更多的有益经验。党中央的关怀和支持，使深圳干部群众的思想得到一次次大解放，激发出了无穷的创造智慧和巨大热情，吸引了全国各地的有志青年，像当年奔赴延安那样来到深圳创业发展，为祖国的现代化施展才华，建功立业。这 5 次重要讲话，可以说起到了点石成金的效果，被当地群众称之为深圳改革发展史上的"5 个春天"。

深圳奇迹的创造，是中国特色社会主义伟大实践的一个闪光点，是证明中国共产党执政能力的一篇杰作。深圳的成功主要取决于以下 5 个方面：

一、抓住经济全球化机遇，从“引进来”到“走出去”

开放是深圳的发展之源，深圳所走的道路始终是以开放促改革促发展之路。深圳能有今天的发展局面，首先得益于在不断扩大开放中抓住机遇、用好机遇，从“引进来”到“走出去”经历了4个趋势性变化。

一是以吸引港资为主到外资来源全球化。深圳开放起步于大规模引进港资，利用毗邻香港的区位条件和经济特区的政策优势及发展空间，首先把开放的视角对准香港，以吸引港资为主，逐步扩大外资来源，从最初的十几个国家，到2007年扩大到90多个国家和地区。

二是从“三来一补”到企业“走出去”。深圳外向型经济从“三来一补”起步，首先引进一批“三来一补”企业，形成出口加工能力，奠定经济发展的初步基础，随后发展中外合资、合作企业和外商独资企业，发挥外资的溢出效应，培育有国际竞争力的本土企业，积极参与国际市场竞争。从“引进来”到“走出去”，深圳已成功实现了这一历史性转变。以华为、中兴、中集、康佳为代表的一大批深圳企业率先勇敢地“走出去”，开拓国际市场，利用全球资源，获得了新的发展机遇。到2007年底，深圳已设立境外企业和机构436家，累计投资21.5亿美元，遍及80多个国家和地区。

三是从内向型联合到外向型联合。深圳对内开放与对外开放同步推进，以“内联”为主要形式，先后与中央40多个部门和29个省区市合办了3900家内联企业，实际投入36亿元。1987年以前，主要是内地向深圳单向投资，1987年以后，深圳加大双向投资、外向发展的力度，以产品加工、贸易、科技成果、资金和其他资源为纽带，通过内地、深圳、海外“三点一线”的联合模式，共建出口加工基地，携手走向国际市场，使深圳和内地的出口规模迅速扩大。

四是从利用“香港因素”到深港紧密合作。经济特区建立初期，正是由于积极利用了“香港因素”，与香港建立了“前店后厂”的产业合作关系，实现了深圳的崛起。为了推动深港合作向纵深发展，2004年6月，深圳与香港建立起深港政府间重大事项协商沟通机制，口岸和跨界基础设施合作不断加强，经贸、科技、教育、金融、旅游以及城市管理等领域的合作不断深化。2007年5月，深圳与香港正式签署“深港创新圈”合作协议，提出了共建世界级大都市的目标。

二、敢为天下先，探索社会主义市场经济新体制

深圳以敢为天下先的精神，围绕建立和完善社会主义市场经济体制目标，进行了

一系列大胆的实践和探索，一些重大改革首开全国之先河，为深圳经济发展注入了持久的活力。

一是坚持市场取向改革，率先构建市场经济新体制。从经济特区成立开始，深圳选择市场取向的改革，义无反顾地走市场经济之路，建立以市场调节为主的经济运行机制。20 世纪 80 年代初，当全国还在争论计划和市场关系时，深圳就提出了“四个为主”，即建设资金以引进外资为主，经济成分以发展外资企业为主，经济运行以市场调节为主，产品销售以外销为主。率先在全国建立起市场经济的基本体系和运行机制，使市场在资源配置中的基础性作用充分发挥。

二是改革土地管理体制，推进土地使用市场化。深圳以推进土地有偿使用为重点，率先进行土地管理体制改革。1980 年，深圳签订了第一个土地有期有偿使用协议书。1987 年，深圳率先采取土地使用权公开拍卖、公开招标、协商议价等 3 种有偿让渡方式，允许土地使用权的转让、再转让和抵押。国有土地使用权的公开拍卖，开创了中国国有土地商品化经营的先例。

三是改革劳动用工制度，促进人力资源市场配置。深圳率先实行招聘录用、竞争上岗、合同用工，首开劳动力商品化的先河。首先在三资企业对新招工人采用劳动合同制，以后又有步骤地对全市所有企事业单位新招工人实行合同制。1983 年 8 月，深圳市颁布了条例，劳动合同制以制度形式确定下来。深圳还建立了企业自主用工制度，并相应地建立起劳动力市场和人才智力市场，促进人力资源在市场中实现合理配置。

四是推动金融体制改革，完善金融市场体系。首先是适应大量引进外资和进出口贸易的需要，率先进行外汇管理体制改革。1985 年在全国率先建立外汇调剂中心，形成外汇双轨制，在计划用汇之外，通过市场调剂解决合法用汇问题，缓解了外汇供需矛盾。其次是适应外向经济发展的要求，积极兴办各类金融机构。1982 年 1 月，深圳引进了全国第一家外资银行——南洋商业银行深圳分行。1986 年兴办了深圳发展银行。目前，深圳有金融机构 160 多家，其中外资金融机构 38 家，有力地支持了深圳的建设和发展。再次是适应经济发展需要，发展多层次资本市场。1990 年成立深圳证券交易所，发行第一张股票，吹响了中国发展股份制企业和资本市场的前奏。到 2007 年年末，深圳证券交易所上市公司已达 670 家。

五是推进国有企业改革，建立国有资产监管体制与运营机制。在经济特区初建时期，实行了以增强企业活力为重点的改革，在放权让利的同时，探索企业承包制，推动经营机制转换。同时，进行股份制改革探索，把一部分国有企业改造为股份制企业，或者直接成立股份公司，推进股权多元化，建立法人治理结构。同时，积极推行产权交易，促进产权在各类经济主体间合理流动。与国有企业改革相适应，深圳最先探索建立国有资产监管体制和运营机制，建立了国有资产委（办）、资产经营公司、国有企业3个层次的国有资产管理体制。2003年以来，深圳进一步对国有资产监管体制进行改革，强化国资委的出资人职能，简化国有资产管理层次，完善国有资产监管体系。深圳国有资产管理体制的先行改革，为后来全国的改革提供了样板。

六是推进行政体制改革，提高行政执行力。经济特区建立以来，深圳就坚持探索建立“小政府、大社会”的行政管理体制，先后进行了7次行政体制改革，4轮行政审批制度改革，初步建立了精干、高效的政府架构，有效地提高了行政执行力。其中影响较大的有：一是在全国较早探索实行职能有机统一的大部门体制。按大行业、大系统综合设置机构，形成了“大贸工、大交通、大文化、大城管、大农业”的管理格局，减少了协调成本，提高了行政效率。二是建立了一套比较完整的行政责任体系，在全国率先开展了政府绩效评估试点，推行部门责任“白皮书”制度，在政府效能建设上迈出重要步伐。三是减少行政审批事项，优化审批流程，缩短审批时间，提高服务效率。自1997年起，深圳在全国率先开展行政审批制度改革，通过3轮改革，全市审批、核准事项减少了60%左右。2006年又启动第四轮改革，非行政许可审批和登记事项从697项减少到348项。

三、大力发展高新技术产业，推进产业结构优化升级

深圳几乎从零起步，在十几年的时间里，迅速建立起以电子信息业为主的高新技术产业，走出了有深圳特色的产业发展之路。统计显示，1991~2007年，高新技术产业以年均超过40%的速度增长，2007年的产值达7599亿元，占工业总产值的54%左右。其中，具有自主知识产权的高新技术产品产值4400多亿元，占全部高新技术产品产值的58%。深圳高新技术产业能实现跨越式发展，关键在于抓住了以下环节：

一是敢于把高新技术产业确定为产业发展目标。深圳发展的前10年，经济规模急剧扩大，但低水平的加工贸易居主导地位、经济效益不高。面对这一现实，深圳及时调整发展战略，抓住国际电子信息技术产业兴起的机遇，不失时机地选择高新技术产业为目标。顶着“三来一补”企业向周边地区迁移、工缴费大幅下降的压力，力促“三来一补”产业优化升级。这是决定深圳经济命运的重大决策。正是由于在决策上注重长远发展，而不是短期行为，确立了正确的产业发展目标，才会有今天以高新技术产业为主的产业格局。

二是持之以恒、百折不挠地朝着发展目标奋进。1990年，从第一次市党代会提出以“高科技产业为先导”起，历次市党代会始终如一地坚持以发展高新技术产业为目标，不为任何风险所惧、不被任何干扰所惑，推动从“深圳加工”“深圳制造”到“深圳创造”。认识与行动的高度一致和政策的连续性，是深圳高新技术产业越做越大

的重要保证。

三是加大政策支持力度。政府掌握的财政资金通过贷款贴息、贷款担保、资本金补助和奖励等方式向高新技术产业倾斜，引导越来越多的社会资金和外资投向高新技术产业。此外，在土地、厂房等资源配置上向自主创新的高新技术产业倾斜，努力营造适宜高新技术产业发展的硬环境和软环境。仅 2006 年就为大族激光、迈瑞等 20 家自主创新高新技术企业提供用地 16.4 万平方米，建筑面积 60 万平方米。

四是培育高新技术产业集群。通过建设高新技术产业园区和高新技术产业带，培育高新技术产业发展基地，促进高新技术产业集群发展，不断完善高新技术产业链。目前，深圳高新区已经形成了从移动通信、程控交换到光纤光端、网络设备的通信产业群；从集成电路设计、嵌入式软件到系统集成软件的软件产业群；从检验试剂、基因疫苗、基因药物到医疗器械的医药产业群。

五是着力培育高新技术产业的核心企业。注重培育具有行业领先优势的龙头企业，通过这些企业率先发展，带动整个产业发展。近年来，一大批民营科技企业迅速成长起来。如怡化电脑、诺亚舟科技、格兰达技术、傲冠电脑、繁兴科技、海洋王、开立科技和纳微科技等 8 家深圳土生土长的民营企业，均已把市场份额做到了所属行业的国内第一，其中有 4 家企业 2006 年销售额突破 6 亿元。

四、鼓励企业成为创新主体，努力建设创新型城市

深圳建立了以市场为导向、以企业为主体、以国内高等院校和科研院所为依托、官产学研资介相结合的研究开发体系，自主创新能力不断增强。

一是建立以企业为主体的创新体系。形成“四个 90% 以上”的格局，即：90% 以上的研发机构设立在企业，90% 以上的研发人员集中在企业，90% 以上的研发资金来源于企业，90% 以上的职务发明专利出自于企业。经过多年发展，深圳从事高技术产品研发生产的企业有 3 万多家，企业自主创新蔚然成风。

二是建立以风险投资和贷款担保为主的政府支持体系。“十五”期间，深圳财政性科技投入 82 亿元，其中通过风险投资等方式资助企业自主创新活动的资金占 85%，带动企业投入研发经费 400 多亿元。深圳还积极发展贷款担保支持自主创新。1994 年由政府出资成立的高新技术产业投资担保公司，专门在企业创新创业初期进行投资或提供贷款担保，为 1800 多家企业提供了担保服务，担保项目 2000 多个。目前具有一定规模的高技术企业，90% 以上都在早期接受过风险投资或贷款担保的支持。在接受担保贷款的企业中，90% 以上是第一次借款。1999 年，深圳又成立了由政府控股的创新投资公司，专为企业的创新创业活动进行风险投资。目前该公司已支持企业 100 多

家，其中 90% 以上为创新型科技企业。

三是大力推动产学研结合。深圳大力加强公共研发、公共技术、公共检测、公共信息等开放平台建设，高度重视同国内外高等院校和科研机构的联系与合作，建立起以企业为主体、以市场为导向、以产业化为目标的产学研结合的创新体系，有效支撑了持续创新。鼓励企业与国内外的高校、科研机构建立互利互惠的市场化协作关系，通过成果转让、委托开发、联合开发、共建开发机构和科技型企业实体等，开展多种形式的产学研合作。产学研的有机结合不仅为深圳培养了一批创新型人才，而且“孵化”出大量科技企业。据不完全统计，近年来，深圳创建的虚拟大学园共建立不同类型科技企业“孵化器”8 家，在孵企业 600 余家，孵化科技企业 276 家，转化科研成果 217 项。

四是探索多种创新路径。(1)“学习创新”路径。深圳一部分民营企业学习外资企业的技术，通过消化、创新，拥有自己的知识产权，逐渐发展壮大，有的甚至超过了竞争对手。(2)“配套生产”路径。在为外资企业提供配套零配件的过程中，深圳一些民营企业从简单技术和工序的组装，发展到辅件、一般零部件、主要零部件、关键零部件乃至整机的加工制造，逐步由市场“配角”成长为“主角”，有的甚至取代了同行业中原有的外资企业。(3)“市场挤占”路径。加工贸易以出口为导向，拥有稳定的市场销售渠道，这为民营企业迅速切入市场、发展壮大提供了机会。深圳一些民营企业就是在与外资企业的合作过程中，逐步掌控了市场销售渠道，最终挤占了外资企业的销售市场而成长壮大。(4)“股权扩张”路径。深圳一部分加工贸易企业的中方投资者，通过购买合资企业外方股权，先实现自主设计研发（ODM），然后进一步向自有品牌（OBM）升级，最终成为内资控股的高科技企业。(5)“逆向并购”路径。一般来说，发展中国家的企业拥有市场、资源优势，发达国家企业则拥有技术、管理优势，通过“逆向并购”，拥有发达国家企业的知识产权，是发展中国家企业技术进步和发展的捷径。深圳一些企业正是通过这种“逆向并购”迅速发展起来。

五是努力构建有利于自主创新的环境。(1) 融资环境。深圳除了政府出资支持科研开发外，还积极探索新的融资方式，如财政资金选择存放银行与其对民营企业贷款挂钩、企业通过联保互保实行捆绑申请贷款等方法，以争取更多的银行资金支持自主创新。(2) 人才环境。深圳相继发展了人才市场、经理人市场，同时加大人事、分配制度改革力度，形成了有利于优秀人才脱颖而出、人尽其才的有效机制，一大批国有企业技术骨干、海外留学人员纷纷聚集在深圳。在一个千万人口城市中，各类创新人才有百万之众。(3) 法制环境。深圳先后制定和实施了 50 多个有关鼓励自主创新和发展高新技术产业的规范性文件，如知识产权价值评估和技术入股的条例等，基本形成了支持自主创新的完备的法规体系。(4) 人文环境。深圳牢固树立以人为本的思想，高标准地建设科技、教育、文化、卫生、体育综合设施和生活后援设施，营造“鼓励创新、宽容失败”的创新环境，努力使深圳成为创新的乐园，创业的热土。

六是自主创新与建设创新型城市相结合。推进自主创新，建设创新型城市，这已经成为深圳市的重大战略。深圳市委、市政府《关于实施自主创新战略建设国家创新型城市的决定》，把增强自主创新能力作为城市发展的主要支撑，通过扶持具有自主知识产权的优势产品、产业和企业，加快提升城市竞争力；通过建设创新型城市，推动企业自主创新，带动经济发展方式转变。

五、坚持中国特色社会主义理论体系，不断提高党的执政能力

深圳经济特区所以能越办越好，关键是坚持理论指导，坚持党的领导，坚持不懈地解放思想，始终不渝地改革创新，持之以恒地追求发展，矢志不移地坚持前进的方向。

一是不断解放思想，敢闯敢试敢探索。解放思想，实事求是，与时俱进，是中国特色社会主义理论体系的灵魂，是我们成就各项事业的法宝。深圳发展取得的成果，根源于对党的解放思想、实事求是、与时俱进的思想路线理解比较深、把握比较准、行动比较自觉。正是由于掌握了解放思想这把利器，深圳才能够通过改革创新，闯出一片新天地。深圳发展的实践表明，只有坚持不断地解放思想，才能拓宽思路，打开眼界，破除障碍，创新发展。解放思想永无止境，靠解放思想深圳已“先行一步”，继续先行下去，还要继续解放思想。

二是认准方向不动摇，一以贯之地坚持下去。从深圳经济特区建立一开始，中央就赋予其为经济体制改革探索道路的任务。在经济特区建设和发展过程中，对经济特区朝什么方向走、怎样走，曾出现姓“社”姓“资”的争论，也出现过这样那样的干扰。在这些是是非非面前，深圳人不为所动、不被干扰，坚定信念和信心，坚持按既定目标走下去。深圳的历任领导班子，能够保持目标的一致性和政策的连续性，把改革创新的接力棒顺利交接，把改革精神传递下去。正是有了这种执着，才会有今天的成果。

三是坚持协调发展，破解发展难题。深圳经济特区走的是迅速扩张之路，在短短的时间里，经济成千倍、人口成千万增长，带来一系列新的问题。如何处理好经济发展与社会建设、经济发展与环境保护、经济发展与改善民生、经济发展与文化建设等关系，是深圳发展必须解决的重大课题。在这方面，深圳坚持协调发展的思路，提出加快社会发展，建设“和谐深圳”；转变发展模式，建设“效益深圳”；发展循环经济，建设“绿色深圳”；以提高生活质量为重点，促进人均财富、居住条件、环境质

量、平均受教育程度等达到新的水平；以“开拓创新、诚信守法、务实高效、团结奉献”为主题，塑造城市文化。这些富有新意的重要举措，有助于深圳破解发展难题，实现科学发展与社会和谐。

四是发挥党的领导核心作用。事业兴衰，关键在党。深圳所有成就的取得，都是党的正确领导的结果。从经济特区始建起，党的领导核心作用就无处不在。在把握发展方向上，深圳的重大发展战略，都是在党组织的领导下，经过科学论证提出的，并通过市党代会确定为指导方针。在班子建设上，以“务实、和谐、善政、廉洁”为目标，全面加强领导班子建设。在基层组织建设上，突破“单位建党”的单一模式，按照属地管理原则，积极探索“社区党建”，哪里有党员，哪里就有党的组织。在队伍建设上，以健全反腐保廉体系为重点，大力实施“阳光工程”，重大决策和经济事项，凡能公开的一律向社会公开，防止腐败行为在经济特区建设中滋生和蔓延，走出了一条从源头上治理腐败的新路子。经济特区建立以来，面对大规模投资建设所涉及的人钱物关系，深圳从领导班子到干部队伍，没有出大的问题。连外商也不无叹服地说：这样大规模建设，没有出现大的腐败问题，这只有共产党领导才能做得到。

当前，深圳正处于改革发展关键时期，面临新的发展机遇，也面临新的挑战。土地、资源、人口和环境的约束已近极限，30 年来快速发展累积的矛盾和问题将集中显现。面对挑战，深圳按照科学发展观的要求，提出未来经济社会发展“三步走”目标：

第一步：到 2010 年基本实现现代化，全市地区生产总值达到 10000 亿元，人均地区生产总值达到 1.2 万美元左右；

第二步：到 2015 年，在率先基本实现社会主义现代化的基础上，把深圳建设成为重要的区域性国际化城市。全市地区生产总值达到 1.5 万亿元，人均地区生产总值达到 1.5 万美元左右；

第三步：到 2020 年，建成亚太地区有重要影响的国际高科技城市、国际物流枢纽城市、国际金融贸易和会展中心、国际文化信息交流中心和国际旅游城市。全市地区生产总值达到 2 万亿元，人均地区生产总值达到 2 万美元左右。

春风又唤南海潮。党的十七大吹响了新一轮改革开放的号角，深圳又迎来发展的春天。相信在党的十七大精神指引下，深圳人民继续团结奋斗，深圳的明天会更好。

调研报告二

深港经济融合研究（2009 年）

深港持续推进经济合作，经济一体化程度不断增强。在新的历史机遇下，深港经济融合发展新阶段的总体目标是把深港建设成为世界级大都会。促进深港经济融合的基本内容是：在坚持“一国两制”和香港特别行政区基本法的前提下，通过完善政策体系和创新体制机制，促进深港建立起更为合理的互动型、一体化经济运行模式。通过加强深港经济融合发展总体规划、建设深港创新圈、探索建立深港自由贸易区、推进深港金融业深度合作、建设深港国际航运物流中心、加快发展现代服务业等举措，促进深港经济融合发展。

40

本报告课题组长：郑新立、郭荣俊。

课题组成员：李连仲、吴新力、白津夫、焦庆杰、王兰军、刘新民、庞邦和、曹嘉庚、李诗刚、闵洪文、王晓红、王子先、隆武华、王建、黄新华、孙久文、万其刚、梁瑞、张晓静。

一、促进深港经济融合，创建世界级大都会

深圳和香港地缘相连，唇齿相依。中国内地改革开放以来，深港两地持续推进经济合作，努力实现优势互补、共同发展。香港回归后，特别是随着 CEPA、“9 +2” 和 “1 +8” 协议的签署与实施，深港的资金流、人流、物流、信息流开始全面衔接，两地在消费、置业、就业、教育、医疗、通讯、交通等各方面的往来日益频繁和紧密，经济一体化程度不断增强。深港经济合作正面临着新的历史契机。

深港经济融合是深港经济合作的继续与发展，其基本内容是：在坚持“一国两制”和《中华人民共和国香港特别行政区基本法》（以下简称《基本法》）的前提下，通过完善政策体系和创新体制机制，促进深港两地建立起更为合理的互动型、一体化经济运行模式，形成稳定、长期、深层次、高效率的分工协作关系，使深港经济合作从产业协调发展向城市协同建设转变，以充分发挥两地互补性竞争优势，全面提升两地整体经济实力和国际竞争力，促进香港长期繁荣稳定，更好地带动珠三角和泛珠三角地区以至全国的经济发展，为“一国两制”伟大构想的成功实践续写新的篇章。

（一）深港经济合作的进程和阶段性特征

深港经济合作起始于中国改革开放初期。20 世纪 70 年代末，为了更好地利用境内外资源，特别是借助香港的国际金融中心和贸易中心地位加快经济发展，中国在深圳设立第一个经济特区，实行特殊的经济体制和经济政策，而香港也需要通过深圳这个门户从内地改革开放中寻求新的发展，由此形成深港经济合作的契机。优势互补和共同利益，使“香港因素”成为以深圳为代表的中国内地经济高速发展的重要动力，同样，也使以深圳为代表的“内地因素”成为促进香港经济持续快速增长的重要力量。经济合作的良好效果，推动港深经济合作从早期的贸易往来逐步发展到投资和加工生产领域，进而向城市建设、高科技、金融等更广泛的领域拓展。

深圳与香港的经济合作经历了“前店后厂”和“产业竞争与合作”两个阶段。20 世纪 80 年代初，深圳成为香港制造业北移的第一站，两地形成“前店后厂”式的产业垂直分工格局。到了 90 年代，依托与香港的贸易和产业合作以及广阔的内地市场，深圳经济高速增长，自主发展能力不断增强，逐步在电子信息等一系列高端制造业和技术创新方面形成后发优势。香港回归以来，深港经济合作开始从基于垂直分工的前店后厂模式向基于水平分工的产业竞争与合作模式转变，特别是《关于建立更紧密经贸关系的安排》（CEPA）等协议的实施，为深港双方在产业竞争与合作中实现优势互补、互利双赢创造了更为有利的条件。目前，深港经济合作已经基本实现了从“前店

后厂”向“产业竞争与合作”的转变，开始向两地经济融合发展的新阶段——“都市共建”迈进。

经过20多年经济合作，深港两地经济一体化程度显著提高，呈现出一些融合发展的阶段性特征。

1. 经济联系不断强化

在经济合作的持续推进中，深港两地的人员、资本和货物等生产要素已经能够相对自由转移，信息通讯、现代物流等服务业方面的合作逐步推开，两地产业结构已具有良好的互补性，形成经济一体化发展的产业基础和市场空间。

2. 体制机制初步衔接

随着改革的深化，深圳基本建立了市场经济体制，深港两地经济运行机制的差异逐步缩小；同时，在WTO框架下，两地的经济管理政策和相应的法律法规也逐渐接轨，为深化合作创造了重要条件。

3. 社会生活相互关联

地缘的连体和长期的经济合作，加深了两地人民的相互沟通和了解，使深港社会生活和人文层面的联系日益广泛和深入，形成两地人民和谐相处的良好社会环境。

4. 政府间合作协调融洽

在经济合作的过程中，两地政府的关系日益密切。2003年后，随着CEPA、“9+2”和“1+8”合作协议陆续签订和实施，深港政府在关于两地合作的制度和政策设计方面进一步加强协调配合，不断探索新的合作途径，对深港长远发展达成了共识，建立起有效的合作机制和政策操作平台，积累了在“一国两制”条件下推进深港经济合作的宝贵经验。

（二）深港经济融合发展新阶段的目标：创建世界级大都会

深港经济合作已走过了“前店后厂”和“产业竞争与合作”两个阶段，开始向融合发展的新阶段迈进。为有序拓展深港经济成长空间，促进深港两地共同繁荣，实现区域整体利益最大化，应当明确两地经济融合发展的总体目标、主要任务和实施步骤。

1. 深港经济融合发展新阶段的总体目标

根据深港经济合作现状和两城远景发展战略，借鉴区域经济一体化和城市集聚化的国际经验，深港经济融合发展新阶段的总体目标是：以深港经济一体化为基础，拓展两地城际协同合作，探索“一国两制”条件下适应深港发展要求的混合型合作模式，把深港建设成为依托珠三角都市圈、对全国经济发挥重要引领作用、在全球城市体系中有较大影响力的世界级大都会。

香港的长期繁荣稳定，有赖于香港的持续发展。但无论是发展空间、发展条件和发展后劲，香港都面临严峻挑战。建立深港大都会，不仅可以大大增加香港自身的“造血”功能，而且可以大大提高其国际竞争力，更好地发挥对国家经济发展的带动作用，这既是香港发展的长远之计，也是促进国家发展的重要举措。香港特别行政区行政长官曾荫权先生在竞选纲领中明确提出了深港两地建立战略伙伴关系、共同创建世界级大都会的战略构想，深圳市给予了积极响应。

（1）中国需要建设世界级大都会。当今世界，城市作为经济活动的中心，正在经历着由信息化导致的生产方式、组织方式的深刻变革。全球各类优质生产要素正在向综合实力较强的国际化大都市集聚。在此背景下，作为经济持续快速发展、综合国力不断提升和国际影响力日益增强的中国，也需要培育世界级大都会，充分发挥其促进国内经济特别是城市经济成长和引领对外开放的重要作用，使中国能够更有效地参与全球资源的配置，并在国际产业分工中占据更有利的位置。

（2）香港建设世界级大都会的有利和不利因素。世界公认的国际化大都市一般都具有以下基本特征：重要的国际金融中心和制造业中心，国际性机构的集中地，全球重要的交通枢纽，服务业特别是现代服务业高度发达，城市人口达到一定规模，广阔的腹地，具有健全的市场经济体制等。香港经济实力雄厚，金融业和服务业高度发达，市场经济体制完善，是全球著名的自由港，具备建成世界级大都会的一些重要条件。但是，香港也存在一些明显的劣势，主要表现为：技术创新能力不足，地域狭小，商务和生活成本过高（全球第五，高于纽约和伦敦），发展后劲不足等。这些使香港仅靠自身的力量仍难以建成世界级大都会。

（3）深圳是与香港共同创建世界级大都会的战略伙伴。深圳不仅与香港地域连接，而且在产业布局和体制机制上也是与香港协调、衔接得最好的内地城市。深圳的优势能够弥补香港的劣势。深圳拥有近 2000 平方千米的辖区面积，可扩大香港的腹地，降低香港的人工费用和土地物业成本；深圳拥有比较发达的高新技术产业和相对充足的高科技人才，可以将创新功能延伸到香港。深圳的第二产业与香港的第三产业互补互动，加上毗邻的东莞、惠州和珠三角东部地区的配合，可以形成中国国际化程度最高、竞争力最强的城市群体，使深港具备创建世界级大都会的巨大发展潜力和广阔市场空间。因此，深圳能够成为与香港共同建设世界级大都会的战略伙伴。

（4）深港共建国际大都会拓宽了两地合作的领域，明确了两地合作的新模式。“都市共建”要求深港合作从经济一体化扩展到城市相互衔接，促进两地社会文化交汇，形成深港城际协同与融合；同时，积极探索和实行“一国两制”条件下适应深港两地发展特点、以“共同市场”和“经济同盟”为基本参照的混合型合作模式。

2. 深港经济融合发展新阶段的主要任务——构建世界级大都会的主体功能

根据世界公认的国际化大都会的基本特征，依托深港两地各自的城市功能优势和区域发展强势，通过深化两地合作，推进总量扩张、资源整合与功能再造，实现深港城市功能优势叠加和城市区域优化组合，进而构建起深港国际大都会的主体功能。

总部营运中心——以深港两地深水港、航空港、信息港为骨架，搭建具有国际领先水平的城市运营平台和网络化商务体系，使深港成为全球技术、资金、人才等经济社会发展资源的重要集散区域，进而将深港建成环境优良、服务优质、管理高效的总部经济营运中心。

高端服务中心——依托香港高度发达、功能完善、监管有序的国际金融体系，强化深港国际物流功能，以生产性服务业为重点，大力发展信息、会展、国际文化交流和传媒等现代服务业，着力提升咨询评估、市场营销等专业服务业，使深港成为以金融、物流、信息、文化交流、专业服务为支撑的高端服务中心。

创新产业中心——以深圳高新技术产业和自主创新能力为主导，利用香港创意产业与网络数码技术现有基础，逐步形成网络信息等创新产业和相关高科技增值服务业的全球竞争优势，进而向国际产业价值链的高端环节攀升，努力建立与国际大都会相适应的新型产业集群，使深港成为全球创新产业集聚和扩散中心之一。

3. 深港共建世界级大都会的实施步骤

深港共建世界级大都会可以分成三个阶段性目标来具体实施。近期目标——深入推进两地合作，整合城市功能，形成拥有3000平方千米辖区面积、2000万人口的区域性国际化大城市，总体经济实力和城市功能跃居全国首位。中期目标——在深港共建国际化大都市初见成效的基础上，进一步发挥深港服务业和制造业优势，到21世纪20年代初，把深港建设成为综合竞争力和国际影响力位居亚太地区前列的国际大都会。远期目标——依托深港在“都市共建”中融合、叠加而成的综合实力和竞争优势，以全球著名的国际大都会为赶超目标，全面加快发展步伐，到21世纪30年代中期，把深港建设成为与纽约、东京鼎足而立的全球一流世界级大都会。

（三）推进深港经济融合发展存在的主要问题

深港共建国际大都会，是深港经济融合发展的必然要求，有利条件很多，但也存在一些障碍和不利因素，主要是：

1. 体制性障碍

尽管深圳的改革开放走在内地城市的前列，但深圳的经济体制和运行机制与香港仍有较大差异。香港实行的是典型的市场经济体制，市场在资源配置中起主要作用，深圳实行的是社会主义市场经济体制，市场在资源配置中起基础性作用；香港主要依靠市场力量推动经济发展，而深圳在很大程度上需要发挥地方政府的主导作用，一些重大经济决策还要通过国家主管部门。这就使得深港两地的要素流动呈现不对等、不平衡的特点，增加了两地相互沟通和协作的成本，并对要素流动的自由度和效率产生不利影响。目前，深港已经实行的加强两地经济合作的政策措施尚不能把“一国两制”条件下深港区域经济发展的巨大潜力充分挖掘和发挥出来，需要作进一步的调整和完善。

2. 结构性障碍

经过多年合作与发展，深港经济已具有良好的互补性，但是，由于两地资源缺乏整体配置和系统整合，仍存在重复建设、结构趋同和功能不清、无序竞争等问题。如航运物流方面，香港与深圳包括珠三角地区各自的优势就没有很好地整合，功能特色不明确，资源配置趋同，导致同业无序竞争，相互挤压市场空间，不仅弱化了整体优势，也影响了各自的发展。

3. 社会条件不完善

加强深港经济合作，既是经济问题，也是社会问题，需要完备的社会条件来支持。近年来，双方为此进行了积极的努力，社会环境显著改善，但是与全面推进深港经济合作的要求还有较大差距。例如，现在来深圳投资的港资企业及其人员越来越多，需要解决子女教育问题，而目前深圳还未建港人学校，致使每天大约有 3000 名在深居住的港人子女要回香港上学，不仅给个人带来不便，也增加了海关的压力。又如，在通讯方面，尽管深圳香港地域相连、近在咫尺，但电信业分网运行，打电话仍是长途。

4. 文化差异

虽然深港两地在地缘文化上有很大的相近性，而且经过多年经济合作，社会文化生活联系也日益紧密，但是由于体制和社会环境不同，加上边界管制的屏蔽效应，使两地在人文层面和价值观上还存在着较大的差异。

5. 缺乏统一的区域发展规划

进一步加强深港经济合作，需要统一区域发展规划，实行经济一体化发展，而在现行的管理体制下还难以做到。如深圳为了提高航运能力，拟新建一条航道，原设计的最优路线需经香港 4 千米，但长期协调未果，最后只好绕道而行，为此不仅多支付了几亿元建设成本，也增加了维护费用。

（四）促进深港经济融合发展的主要政策措施

1. 加强深港经济融合发展总体规划

以《香港 2030 城市发展策略》《深圳 2030 城市发展策略》为指引，根据深港共建国际大都会的战略目标和发展方向，遵循合作双赢、整体提升的原则，共同制定深港城际资源配置与布局规划，以增强两地综合竞争力。一是依据两地现有竞争优势和发展战略，深港共同规划和构建国际大都会主体功能。二是在两地城际资源整合、功能衔接的基础上，深港共同规划和投资建设以交通、水电气供应、环境治理、生态保护等为重点内容的城际跨境设施。三是以港深现有中央商务区为基础，综合利用双方边界优势，规划建设深港跨境商务区。

2. 建设深港创新圈

依托深圳加工制造体系、高科技产业发展优势和香港高端服务业与高等教育等方面的创新条件，以技术研发为突破口，以人才、设备、项目等硬性资源和软性资源共享为重点，加快建设“深港创新圈”，把深港合作推向高端化。

第一，建立两地政府创新合作长效机制。切实加强两地政府有关职能部门之间的合作，建立关键领域重大项目高层协商与沟通机制，及时解决双方合作中的问题。一是建立政府层面的联系工作制度，引导创新发展方向，促进创新圈规划的实施；二是积极推进大学、科研机构、孵化器、风险投资、金融服务等方面的资源整合，形成两地创新资源有效融通和共享机制；三是推进企业与企业、企业与科研、金融机构的合作，落实两地技术研发合作项目。

第二，大力支持深港创新合作项目。两地政府应加大投入、加强协调，保证在深圳布点的共性技术合作创新平台有效运行，推进华为、中兴等高科技企业与香港科技园、有关高校和科研机构开展创新合作，加快粤港科技合作重大项目——中科院深圳先进集成技术研究所的建设，大力推进在纳米制造技术、大规模集成电路设计、电子消费产品设计和开发、中药现代化研究、产品测试和性能鉴定以及绿色制造技术等重大项目上的联合攻关，建立健全重大创新合作项目审核与评价机制。

第三，加快筹建深港创新基地。两地政府和业界可依托深圳高新技术园区筹建深港创新基地，给予重点政策扶持，引导创业投资及各类孵化器向创新项目流动和配置，帮助中小型高科技企业开展技术研发，大力发展高科技产业集群及其协作配套体系，促进加工贸易企业转型升级。

第四，建设深港合作创新服务中心。可选择在河套地区建立深港创新合作服务中心，把两地产学研、资本、中介服务等创新要素集聚起来，形成跨境创新服务体系，实行人员自由进出、货物保税流通、小额货币可自由兑换的“保税创新区”体制。

3. 探索建立深港自由贸易区

在保持深圳经济特区名称和地位不变的情况下，通过体制机制创新和政策调整，在深圳经济特区的部分地域实行自由贸易区体制，建立深港自由贸易区。这将有助于解决“一国两制”条件下深港两地经济体制和运行机制的衔接问题，从而为深港共建国际大都会打下坚实的基础。首先，经国务院同意，由广东省政府、深圳市政府同香港特别行政区政府协商，在深圳选择部分区域实行自由贸易区体制，并与香港对接，建立深港自由贸易区。其次，深港自由贸易区的功能可从传统自由贸易区的关税减让、产品贸易扩大到经济技术合作、服务贸易、金融和投资协议等领域。最后，鉴于深港两地体制上的差别，深港自由贸易区的建立可按照“先易后难”的原则，分阶段分步骤进行。先选择某些行业如两地具有良好合作基础的资讯科技产业进行关税减免，签订互惠投资协议，制定对入区外资的共同规则，待条件成熟后，再向其他产业延伸，逐步完成整体的功能构建。

4. 推进深港金融业深度合作

建立深港世界级大都会，要在保持香港国际金融中心地位的同时，充分借助中国内地经济持续快速发展、对世界经济影响不断扩大和人民币国际地位日益提高的条件，深化香港与深圳的金融合作，形成深港金融业的新优势和更强的国际竞争力，逐步把深港地区建成以人民币为主要结算货币的全球金融中心。

第一，加强深港银行业合作。国家和深圳的金融监管机构应积极创造条件，制定和完善相应的政策措施，推进两地银行业合作。鼓励港资银行到深圳开设分支机构，把香港银行业务延伸到在深的港资企业和深圳本地企业；积极扶持深圳本地银行做大做强；加强两地银行间同业拆借市场建设；稳步推进两地商业银行优化重组，拓展业务合作领域；加快实现深港电子货币“深圳通”与“八达通”的互联互通，促进两地个人支付和贸易便利化。为保证有关深港金融业合作政策措施的落实，要尽快建立深港银行业合作协调机制。一是成立专家小组，就深港银行合作做出全面规划，研究合作中存在的问题及解决方案；二是将银行合作纳入深港两地政府合作的框架，建立联席会议制度，确定合作的具体步骤和方案，对需要国家支持的合作事项及时报请中央政府协调解决；三是建立两地银行协会交流机制；四是进一步密切两地金融监管机构的合作，加大信息共享力度。

第二，发展两地证券业合作。深港证券业合作的目标是，整合两地证券业资源，打造两地统一、规模和水平居全球前列的国际资本市场。一是支持深港两个证券交易所分工合作、互补发展。深港两个证券交易所在定位上应各有侧重。巩固和强化香港证券交易所在主板市场的优势地位，着力支持深圳证券交易所在中小企业板、创业板和柜台交易业务方面加快发展。二是支持深圳证券市场对在港和其他国际资本市场上市的公司提供“再上市”服务，为在深港构建联通境内外的统一资本市场创造条件。三是推进深交所改制、改革。将深交所从事业单位改制为股份公司，使深交所的组织形式和经营机制与国际规则接轨，以便于同香港联交所结成战略联盟；改革深交所业务运作模式，逐步引入国际证券交易所的运行机制，提升其管理层次和经营水平；按国际规则调整深交所的交易品种，保证深交所现有的主板、中小企业板和 B 股的上市公司同时可以到香港联交所主板再上市。

第三，依托香港推进人民币国际化进程。在有效防范金融风险、保持港币作为香港流通货币主导地位和有利于香港经济贸易发展的前提下，逐步增加香港离岸人民币的交易量，拓展香港国际金融中心的功能。如扩大深港之间“人民币自由行”和“外汇自由行”试点，逐步增加指标额度；允许香港以人民币结算深港两地贸易；扩大香港市场人民币债券发行规模；鼓励人民币计价的金融产品在港交所上市交易等，为人民币在境外流通、逐步成为国际可兑换货币积累经验。

5. 建设深港国际航运物流中心

香港是全球重要的航运物流枢纽，深圳是香港与内地连接的唯一陆路经贸转运和货物运输通道。深港共同规划建设航运物流业，打造高水平的国际航运物流中心，对于香港长期繁荣和稳定，促进深港经济合作，增强区域国际竞争力，都具有十分重要的意义。

第一，明确功能定位，加强资源整合。建设深港国际航运物流中心，要明确两地的功能定位。香港的定位是：国际集装箱中转枢纽港，南中国供应链管理中心，为港口提供服务的金融和贸易中心。深圳的定位是：华南最大的集装箱出口港，珠三角物流基地，华南地区最重要的加工制造基地包括临港工业等。以此为基础，通过多种途径整合现有资源，优化区域分工布局，理顺业务流程，避免同质经营和业态重复，形成新的发展优势，显著提高深港航运物流业的经济效益和国际竞争力。

第二，推进深港航运物流业合作。深圳要继续加快发展港口集装箱业务，满足香港港口周转需要，促进其优化运输结构，降低营运成本。香港特区政府应继续鼓励港航界到深圳投资建设、经营和管理集装箱码头设施。不断增强深港作为世界最主要的航运中心和最大的集装箱集散地的辐射功能。

第三，深圳应更加积极主动地创造条件。一是借鉴香港自由港的政策，加快深圳港港口管理体制和运行机制的改革，加快保税物流园区建设，使深圳港的体制、机制、政策尽快与香港接轨；二是增加吞吐量，特别是提高对大型船舶的接纳和卸载能力；三是为港口的发展提供完善的配套服务；四是发展现代物流，促进港口功能转型；五是加强航运物流信息化建设。

6. 以香港高度发达的金融业和国际物流业为依托，完善深港城际跨境服务体系，加快发展现代服务业

第一，大力培育深港现代都市服务业。适应深港两地居民跨境消费不断增加、生产性服务业在深港之间重新优化配置的现状，大力鼓励深港企业界加强合作，培育和发展深港都市服务业。一是跨境消费服务，包括旅游、购物、文娱餐饮、美容保健及休闲疗养等；二是跨境金融、物流等产业的后勤和专业服务，如计算机和网络服务等；三是跨境中介服务，如会计事务、律师事务、评估事务、测量等。

第二，大力发展以居住—消费为重点的社区服务业。配合香港居民到深圳、珠江

三角洲地区投资和购置房地产，大力发展以居住和消费为重点的社区服务业，如教育、保安、健身、医疗、保育、老人看护等，建立从居住点到口岸通关的全过程服务体系，推进两地在社会服务方面的合作。

第三，发展深港旅游会展业。充分挖掘、整合和利用区域黄金旅游资源，开展深港多层次旅游合作。共同制定旅游规划，加强两地旅游整体形象宣传，联手开展捆绑式旅游推广；简化签证及出入境手续，建立旅游专用通道，促进旅游一体化。充分利用香港和深圳会展业基础设施，推进两地优势互补，不断提高两地在世界会展经济中的地位，把深港建成全球“会展之都”。

与香港相比，深圳服务业还不够发达。深港要建立与国际大都市地位相称的服务业，构建国际服务中心的功能，应当更好地发挥香港服务业的带动作用，同时，深圳也要采取措施，大力发展现代服务业，提高服务业的竞争能力。（1）着力解决制约服务业发展的体制性障碍，更好地利用香港及全球服务业资源。深圳要以长期处于行业垄断地位和缺乏有效竞争的金融业、电信业以及开放度较低的分销服务业、中介服务业为重点，改革管理体制，放宽准入条件，创造公平竞争的市场环境，允许港商和跨国公司进入深圳服务业，鼓励、支持和引导深圳及内地非公有制经济在更广泛的领域参与服务业发展。放宽户籍和就业等方面的限制，吸引更多香港法律、保险和房地产界的服务人才到深圳执业。要进一步转变政府职能，加强市场监管，强化服务功能。（2）增加对服务业的投资，加大政策支持力度。深圳要加大对服务业特别是现代服务业的投资，制定灵活的产业扶持政策；同时，提高招商引资的效率，多渠道增加对服务业的投入。（3）大力培养现代服务业所需要的人才。在深圳现有高等学校和中等职业学校增设服务业紧缺的专业；加强与国内外高校的合作，拓宽培养途径；大力发展成人高等职业教育，积极开展在职培训。（4）深化国有服务企业改革。大力推进深圳国有独资和国有控股的大型服务企业的产权制度改革，完善企业治理结构，加快建立现代企业制度。同时，通过出售、兼并、租赁等方式放开搞活国有中小型服务企业。

7. 提升深港共建世界级大都会的战略定位

随着经济全球化与区域经济一体化的深入发展，以都会和都会圈为主体参与全球竞争的趋势越来越明显。深港共建世界级大都会，不仅关系到珠三角以至泛珠三角地区的经济发展，而且关系到中国能否更有效地参与经济全球化进程和占据 21 世纪全球区域竞争的有利位置。为此，应根据深港“都市共建”的进程和国家区域发展战略的总体安排，适时地将深港共建世界级大都会从地区性发展目标提升为国家发展战略。

促进深港经济融合发展，创建世界级大都会，将在 21 世纪前半叶使中国南部区域形成一个重要经济增长极。据预测，到 2020 年，东京和纽约两大城市圈经济总量将分别达到 1.2 万亿美元和 1.5 万亿美元，届时深港大都会及广州、东莞两地形成的城市群的经济总量，将达到1.2万亿美元，与东京持平；到2030年，深港及广州、东莞城市群的经济总量将超过东京和纽约，成为全球经济实力最强的区域性城市群体。我们相信，在深港及相关区域政府和人民群众的共同努力下，这个发展目标一定能够实现。

二、深圳市产业结构特征与比较优势分析

（一）深圳市产业结构的总体特征

深圳市的产业发展无论在总量规模和发展质量上都迅速提高，在全国居领先地位。主要体现在以下几个方面。

从总体规模来看，2006年，深圳生产总值5684.39亿元，比上年增长15%，经济总量居全国大中城市第四位。2006年，全市平均每平方千米土地GDP产出为3亿元，比上年提高0.47亿元；2006年1～3季度，万元GDP水耗31.98立方米，下降3.52立方米；同时，万元GDP能耗也继续保持下降趋势。可以看出，深圳市的经济不仅保持了较快速度的增长，而且实现了土地集约利用，资源消耗水平不断降低的可持续发展（见表2－1）。

表2－1　　2006年深圳市产业结构的基本构成

产　业	增加值（亿元）	比上年增长（%）	占全市GDP比重（%）
第一产业	7.48	－24.4	0.1
第二产业	3021.03	16.8	53.15
其中：			
工业	2858.12	17.3	50.28
通信设备、计算机及其他电子设备制造业	1285.34	33.3	22.61
建筑业	162.91	7.5	2.87
第三产业	2655.88	13.1	46.72
其中：			
交通运输、仓储、邮政业	259.23	18.3	4.56
批发零售业	583.71	11.5	10.26
住宿餐饮业	108.58	11.0	1.91
金融业	367.13	19.0	6.46
房地产业	527.91	5.3	9.29
其他服务业	800.32	15.9	14.08

资料来源：根据《2007年中国深圳发展报告》整理。

从产业结构来看，深圳市呈现出以先进制造业为主，服务业加速发展的趋势。在

2006 年全市生产总值中，第一、二、三产业增加值分别为 7.48 亿元、3021.03 亿元、2655.88 亿元，三次产业结构分别为 0.1∶53.2∶46.7，与上年相比，除第一产业下降 24.4% 外，第二、三产业分别增加了 16.8% 和 13.1%，整体产业结构在不断优化。

从工业结构来看，高新技术制造业发展十分迅速。2006 年通信设备、计算机及其他电子设备制造业增加值为 1285.34 亿元，比上年增长 33.3%，占规模以上工业增加值比重为 47.2%。2006 年高新技术产品产值 6293.68 亿元，比上年增长 28.8%，其中，电子信息产品产值为 5742.55 亿元，增长 29.7%，占高新技术产品产值比重为 91.2%。

从服务业结构来看，以批发零售、房地产、交通运输等传统服务业仍然是支撑深圳服务业的主要来源，其中，批发零售和房地产业实现增加值分别为 583.71 亿元和 527.91 亿元，分别比上年增长 11.5% 和 5.3%。此外，以金融业为主的一批现代服务业也在迅速发展。其中，2006 年金融业实现增加值 367.13 亿元，比上年增长 19%，占 GDP 比重为 6.4%，成为服务业中增长最高的行业；文化创意等其他服务业实现增加值 800 亿元，比上年增长 15.9%，占 GDP 比重为 14%。说明深圳市服务业结构已经由传统服务业向现代服务业升级转型。

（二）高新技术产业自主创新能力迅速提升

近年来，深圳市高新技术产业得到迅速发展，自主创新能力不断增强，高新技术企业充满创新活力，科技人才队伍不断壮大，高新技术产业已经逐步成为深圳市经济增长的重要支柱产业。主要体现在以下方面。

一是研发投入费用持续大幅度增加。据统计，2005 年全市研发费用总额为 1178.18 亿元，比上年增长 27.4%，其中 92.7% 的资金来源于企业。在资金投入总额中用于高新技术产品研发的经费达 160.07 亿元，比上年增长 28.04%，占资金投入总额比重为 13.59%。2006 年，全社会研发投入约 30 亿元，其中市政府研发资金投入约 6.5 亿元，安排项目近 900 个。

二是自主知识产权和自主品牌拥有量大幅度提升。2006 年，全市专利申请量和授权量快速增长，申请量达到 29728 件，比上年增长 42%；授权量达到 11494 亿件，比上年增长 30%，列全国大中城市第二位。发明专利申请量 14576 件，比上年增长 753%，在三种专利申请中发明专利申请所占比例达 49%，申请量居全国第一位，超过了上海（12050 件）和北京（14226 件）；PCT 专利申请 1650 件，比上年增长 120.6%，列全国第一位。2006 年，深圳共获得六项国家科技进步二等奖，荣获国家科技进步奖奖项居全国单列市第一位。2006 年，深圳共有 9 件商标被认定为驰名商标。共拥有驰名商标 21 件，广东省著名商标 69 件。形成销售额超过 100 亿元的自主品牌5个，超50亿元的7个，超10亿元的20多个。拥有“中国世界名牌产品”两个，占全国的28.6%，拥有“中国名牌”58个，与上海并列全国大中城市第一位。目前，深圳已经培育出5300多个自主品牌和近200个“深圳知名”品牌，被誉为“品牌之都”。

三是高新技术骨干企业继续引领技术创新。近年来，深圳市通过创新激励机制，培育形成了一批具有自主创新能力的高新技术企业，这些企业不仅具有较强的国际竞争能力，而且成为深圳市自主创新的发动机。如华为、中兴、比亚迪、大族激光、迈瑞等20多家企业国内专利申请量达12531件，占全市专利申请量的42.2%，其中发明专利10181件，占全市发明专利的69.8%。这些企业已经拥有自己的一批核心专利技术，并逐步参与国际与国内行业标准的制定。截至2006年，深圳高新技术企业累计达到1505家，共开发生产高新技术产品近3000种。高新技术产品产值达到6293亿元，比上年增长28%，占工业总产值的52%，其中拥有自主知识产权的产品产值为3708亿元，占高新技术产品产值的58%。高新技术产品增加值1808亿元，比上年增长29%，占全市GDP的31%。全市高新技术产品企业产值1亿元以上308家，其中10亿元以上49家，20亿元以上32家，50亿元以上14家，100亿元以上8家，200亿元以上5家，1000亿元以上1家。

四是一批高新技术产业已经形成。近年来，以电子信息、光机电一体化、生物工程等为主体的高新技术产业迅速发展壮大，表现出持续增长的良好态势，成为推动深圳市经济增长的重要引擎。2006年全市电子信息产业产值达到5742.55亿元，比上年增长29.71%。华为、中兴、比亚迪、富士康等龙头企业呈现较快增长。2006年，富士康集团的销售收入达到1992亿元，比上年增长46%，华为公司的合同销售额约为110亿美元，其中海外销售额达到70%。2006年中兴通讯销售收入230.3亿元，其中海外销售收入达44.4%。光机电一体化的高新技术产品产值为243亿元，比上年增长19.68%。新材料及新能源产业的产品产值为256.42亿元，比上年增长23.8%。生物医药技术产品产值为36.18亿元，比上年增长7.78%。

五是科技人才队伍不断壮大。2006年，全市从事高新技术产品研发的科技人员100602人，比上年增长28.09%，占职工总数比重为14.7%，其中高新技术企业从事研发的科技人员98583人，比上年增长27.47%，硕士、博士研究生总数为5683人，大专学历以上为188902人，留学归国人员4470人。

（三）现代服务业加速发展

随着改革开放的不断深入以及深圳国际化进程的加快，深圳市的现代服务业得到迅速发展，金融、航运交通、港口物流、国际贸易、文化创意等新兴服务产业都逐渐成为深圳发展的支柱产业。

1. 珠三角区域金融中心地位基本确立

深圳金融业经过多年发展，从总体规模、市场体系以及行业效益等方面都位居全国领先水平。

首先，从金融资产规模来看，深圳位居全国城市前列。截至 2006 年年末，全市金融总资产达到 1.61 万亿元，比上年增长 29%，名列全国第四。全市金融机构的本外币各项存款余额达 10616 亿元，各项贷款余额 8354 亿元，存贷款均列全国第四。此外，货币市场、外汇市场、黄金市场交易活跃，货币市场交易量 6.57 万亿元，占全国近 1/10；结售汇总额 765.2 亿美元，实现结售汇顺差 230 亿美元，约占全国新增外汇储备的 1/10；深圳黄金夜市总成交量 205 吨，占全国黄金交易量的 15%；深圳交割库黄金出库量 110 吨，占全国黄金交割量的 45%；资本市场融资能力提高，中小企业板上市公司达到 138 家；保险公司保费收入达 134.7 亿元，居全国大中城市第四位。

其次，资本市场体系发育逐步成熟。目前，深圳市共有各类金融机构 150 多家，其中，银行和非银行类金融机构 60 家，证券公司 17 家，基金管理公司 17 家，期货经纪公司 11 家，保险公司 43 家。共有保险中介机构 135 家，信用担保公司 154 家。共有上市公司 80 多家，创业投资公司 193 家，机构数量约占全国的 1/3，实收创业投资资本总额 250 亿元，占全国的 40%，成为国内创业投资资本集聚力最强、创业投资最活跃的地区之一。全市金融从业人员约 7 万人，出现一批在全国具有重要影响的金融机构，如深圳证券交易所、招商银行、平安保险集团、国信证券公司、招商证券公司、南方基金管理公司、博时基金管理公司、中国国际期货经纪公司、深圳创新投资集团公司等。已经建立起较为完备的金融组织体系、金融市场体系、金融宏观调控体系和金融监管体系。

最后，金融业效益显著提高，国际合作逐步加强。2006 年深圳金融业共实现税前利润 230 亿元，比上年同期增长 173.8%。其中银行、证券业分别实现税前利润 166 亿元、62 亿元，银行不良贷款余额 540 亿元，比上年减少 56 亿元，不良贷款率下降 1.3 个百分点。与此同时，深圳金融业与国际金融业合作日益加强。先后与渣打银行、东亚银行、永隆银行、印度银行、香港中国保险（集团）公司、香港民安保险公司等签署了有关合作协议。许多海外金融机构已经将深圳作为重要的投资目的地。

2. 现代物流业呈现快速发展趋势

2006 年深圳现代物流业整体规模继续扩大，基本确立了支柱产业地位。从 2006 年第 1～3 季度的情况来看，深圳物流业增加值占 GDP 比重、物流费用占 GDP 的比例两项指标分别为 9.14%、15.31%，明显高于全国 6.71%、18.5% 的平均水平，基本接近于发达国家韩国、西班牙的水平。2004 年、2005 年、2006 年深圳市物流业实现增加值分别308.3亿元、465.59亿元、547.55亿元，年平均增长34.5%；占GDP比重分别为9%、9.45%、9.56%，分别增长了0.45%和0.11%，成为仅次于高新技术产业的第二大支柱产业。2004年、2005年、2006年深圳市社会物流总额分别为12417.5亿元、14959.6亿元、19188.34亿元，年均增长24.1%。2006年，深圳市货运量为11316.81，比2005年增长15.4%。从物流方式来看，目前，深圳市仍然以公路运输为主，占社会总货运量的69.9%，但海运和航空运输货运量增长速度明显加快，2006年海运和航空货运量分别比2005年增长53.1%和23.39%，反映出深圳市物流业市场空间不断扩大，物流方式更加先进，物流运输结构进一步优化，物流效率大幅度提高的趋势（见表2-2）。

表2-2　　2005～2006年深圳市社会货运量构成

项　目	2005年	2006年	同比增长（%）
铁路货运量（万吨）	394.60	311.60	-21.03
公路货运量（万吨）	7390.00	7914.00	7.09
海运货运量（万吨）	2005.00	3070.00	53.12
民航货运量（万吨）	17.19	21.21	21.21
货运量合计（万吨）	9806.79	11316.81	23.39

资料来源：《2007年中国深圳发展报告》，第157页。

目前，深圳市的海运和航空运输业已经呈现出良好的发展态势。深圳港口从规模、货运能力、经济效益都在全国港口居领先地位。截至2005年底，深圳已建成蛇口、赤湾、妈湾、东角头、盐田、福永、下洞、沙渔涌、内河九大港区，码头岸线总长2.4万米，500吨级以上各类泊位146个，其中万吨级以上泊位55个；经营性泊位90个，其中万吨级以上经营性泊位43个。年设计综合总吞吐能力约10692万吨，其中集装箱吞吐能力912万标准箱，客运通过能力550万人次。共有50家世界著名集装箱船公司在深圳港开辟远洋国际集装箱班轮航线154条，基本形成了以深圳港为枢纽，覆盖世界十二大航区主要港口的国际集装箱班轮航线。2005年深圳港完成货物吞吐量达1.5亿吨，自2000年以来年均增长21.9%，连续14年排行内地沿海港口第8位，其中外贸货物吞吐量1.06亿吨，占全港货物吞吐量的69.3%。集装箱吞吐量达1619.68万标准箱，自2000年来年均增长32.3%，连续九年排行内地沿海集装箱港口第2位，连续3年排行全球集装箱港口第4位，进出港旅客368.7万人次。2006年，深圳港港口货物吞吐量达到17584.03吨，其中集装箱吞吐量达到1846.89万标箱，继续保持全球集装箱枢纽港第4位。

深圳机场是全国第四大机场，2005年共开通9条国际客运航线，10条国际货运航线，通往15个国际城市；约120条国内航线，通往50多个大中型城市。2005年航空器起降 15. 1 万架次，旅客吞吐量达 1574 万人次，货邮吞吐量达 46. 65 万吨，连续 3 年名列全国第 4 位，并进入全球百强行列。2006 年机场货邮吞吐量达到 55. 96 万吨，成为中国华南地区主要客货运枢纽港和珠三角区域性国际快件集散中心。随着深圳市国际化进程不断加快，以及内地与世界沟通的桥梁作用日益突出，深圳机场将成为重要的航空枢纽和门户，也是带动城市物流业发展的重要引擎。通过扩建，深圳机场将达到 2015 年 3600 万人次、2020 年 4500 万人次、2035 年 6000 万人次的旅客吞吐量的规模要求，成为具有世界一流先进水平的国际机场和国内客运骨干机场，成为中国航空货运及快件集散中心，以及国际旅客经香港与内地往来的桥梁机场（见表 2 -3）。

表 2 -3　　2005 ~ 2006 年深圳市港口、机场货运吞吐量

项　　目	2005 年	2006 年
机场货邮吞吐量（万吨）	46. 65	55. 96
港口货物吞吐量（万吨）	15351. 36	175854. 03
港口集装箱吞吐量（万 TEU）	1619. 68	1846. 89
#出口集装箱量（万 TEU）	840. 57	960. 59

资料来源：《2007 年中国深圳发展报告》，第 159 页。

3. 文化创意产业快速发展

近年来，旅游业已经成为深圳市经济增长的支柱产业（见表 2 -4）。2006 年 1 ~ 9 月，全市接待过夜海外游客人数 471. 36 万人次，其中过夜外国游客 92. 94 万人次，分别增长 12% 和 15%；旅游总收入 305. 57 亿元。到 2005 年年末，深圳纳入统计的 517 家旅游企业固定资产原值 227. 37 亿元，直接从业人员 7. 1 万人。目前，全市已建成富有地方特色、自然特色、文化特色的各类主要旅游景点、景区 50 多处，建成一批中国一流、极具国际水平、文化内涵丰富的主题公园。全市宾馆酒店日住宿接待能力达 12. 7 万人，同时还设立了 146 家旅行社，其中出境游组团社 21 家。此外，深圳市软件、游戏、动漫、工艺礼品、影视、服装设计、数据库、广告等创意产业得到迅速发展，深圳出品的动画电影《魔比斯环》，实现了动漫产业的创造性飞跃。集成电路布图设计等知识产权拥有量显著增长。深圳市设计业水平快速提高，出现了一批具有承接国际工业设计外包业务能力的设计公司。

表 2 -4　　2005 年深圳市旅游业发展状况

指标名称	单 位	12 月	1 ~ 12 月累计	累计同比（ ± %）
旅游过夜总人数	万人	238. 54	2317. 28	8. 1
总计中：海外游客	万人	93. 38	712. 74	15. 6
#外国人	万人	18. 35	139. 16	15. 7
港澳同胞	万人	69. 79	520. 40	16. 9

续表

指标名称	单 位	12 月	1～12 月累计	累计同比（±%）
台湾同胞	万人	5. 24	53. 18	4. 5
国内游客	万人	145. 16	1604. 54	5. 1
旅游外汇收入	亿美元	3. 23	22. 65	8. 7
宾馆酒店开房率	%	63. 4	62. 5	+0. 6 个百分点

资料来源：深圳市统计局。

（四）对外开放水平显著提高

1. 对外贸易增长方式发生了显著变化

根据深圳海关统计，2006 年深圳累计进出口总额为 2374. 11 亿美元，比上年增长 29. 9%；其中，出口 1361. 08 亿美元，比上年增长 34. 1%；进口 1013. 03 亿美元，比上年增长 24. 6%；实现顺差 348. 1 亿美元。与全国相比，深圳外贸出口增幅高于全国平均水平 6. 9%，高于广东省 7. 3%，连续 14 年位于全国大中城市首位。经过不断的产业结构调整和升级，深圳市的外贸结构进一步优化，外贸升级转型呈现出不断高级化的趋势。主要体现在以下四个方面。

第一，从出口结构来看，一般贸易出口比重明显上升。2006 年，全市一般贸易出口 320. 9 亿美元，比上年增长 89. 5%，呈现出大幅度增长，占全市出口总值的 23. 6%；加工贸易出口 919. 5 亿美元，比上年增长 21. 9%，占全市出口总值的 67. 6%，保持了平稳增长。

第二，从出口企业来看，内资企业出口增速快于外资企业，民营企业出口总值高于国有企业。2006 年，深圳市内资企业出口 500. 2 亿美元，占全市出口总值的 36. 8%，比上年增长 47. 4%；外商投资企业出口 860. 9 亿美元，比上年增长 27. 4%，低于内资企业 20%。在内资企业中，国有企业出口 225. 5 亿美元，增长 12%，占全市出口总值的 16. 6%；民营、集体企业累计出口 274. 7 亿美元，比上年增长 99. 2%，占全市出口总值的 20. 2%，高于国有企业。说明深圳市国际贸易已经由外资主导向内资主导转变，尤其是民营企业的国际市场竞争力明显提高。

第三，从出口产品结构来看，高新技术产品和机电产品逐步成为主导产品。2006 年，深圳市高新技术产品出口 613. 5 亿美元，比上年增长 30. 3%，占出口总值的 45%；机电产品出口 954. 7 亿美元，占出口总值的 70%，比上年增长 26. 4%，实现了快速增长。目前，这两大类产品出口已经分别占全国比重的 21. 8% 和 17. 4%，对推动全国外贸结构升级转型发挥了重要作用。

第四，从出口市场来看，呈现出以欧美国家和中国香港地区为主的多元发展趋势。2006 年，深圳远洋贸易出口 546. 2 亿美元，占全市出口总值的 40. 1%，比上年增长

52.2%，前十大市场出口国（地区）依次为中国香港、美国、欧盟、东盟、日本、中国台湾、加拿大、澳大利亚、独联体、韩国，出口总额为 1191.5 亿美元，占全市出口总值的 92.7%。其中，中国香港、美国、欧盟三大贸易伙伴出口额分别为 581.4 亿美元、266.6 亿美元、70.8 亿美元。体现出以发达地区市场为主，多元化发展的格局，对于降低贸易摩擦、分散贸易风险十分有利。

2. 吸引外资能力进一步加强

改革开放以来，深圳市的市场经济体制不断成熟，基础设施建设不断完善，政府服务职能不断加强，对外开放水平不断提高，为外资创造了良好的投资环境，使深圳成为全国外商直接投资意愿较高的城市。2006 年，深圳市新批外商直接投资项目 3105 个，比上年增长 11%；合同利用外资金额 52.64 亿美元，比上年增长 0.25%；实际利用外资金额 32.69 亿美元，比上年增长 10.1%，列广东省第一位。截至 2006 年，深圳累计批准外商直接投资项目 32783 个，合同外资 539.18 亿美元，实际利用外资 337.69 亿美元。深圳市外资结构在不断优化。从外资分布行业来看，第一、二、三产业实际利用外资比重分别为 0.04∶61.74∶38.22，外商投资较高的行业主要是制造、交通运输及仓储业、租赁和商务服务业、电力燃气及水生产供应、房地产等生产性服务业，其中，金融业实际利用外资金额达到 7266 万美元，比上年增长 362 倍，占全市利用外资总额的 2.2%；批发和零售业等传统服务业的比重增长也超过了 100%。此外，通信设备、计算机及其他电子设备制造业实际利用外资金额比上年增长 18.9%。可以看出，深圳市外资产业结构正在向服务业和高新技术产业升级。从外资来源国别来看，来自发达国家和地区的投资增长。港资占深圳外资的 1/3，此外，英国、美国、日本、德国以及中国台湾都成为主要的投资地区，法国、意大利、荷兰等国家的投资金额增长均超过 100%。从外资企业结构来看，世界 500 强投资规模不断扩大。2006 年，世界 500 强企业在深圳投资项目共计 44 个，投资总额 24.89 亿美元，在广东省列第一位。

（五）公共交通基础设施不断完善

经过 20 多年建设与发展，深圳市已经形成了完备的交通基础设施体系，形成了以港口和机场为依托，高速公路和铁路相互配套，由水运、航空、公路、铁路和管道组成的现代化立体化综合运输体系。

1. 铁路干线

深圳市唯一连接内地的铁路通道为广深线，是 1 级国家干线铁路，在深圳境内总长 24 千米，广深铁路通过实施以“高速度、高密度、小编组”为特点的城际旅客列车“公交化”战略，基本实现了广深城际列车的公交化运行。广深线开行旅客列车 116 对，其中广深城际特快旅客列车 64 对，广九直通车 12 对，2005 年共发送旅客

3290万人次，货物发送量为846万吨。深圳铁路成为内地连接香港的重要铁路枢纽，国家18个集装箱运输枢纽之一。“十一五”期间，深圳铁路将继续向“区域性铁路枢纽”转变，不仅促进了深圳综合运输体系功能全面提升，而且使深圳成为中国重要的交通枢纽型城市。

2. 公路干线

截至2005年年底，全市公路总里程约1580千米，其中高速公路244千米、一级公路588千米。全市基本实现了各街道通一级公路，初步形成以特区为中心，以各区、街道、国际机场、主枢纽港口为节点，以高等级公路为骨架的公路网络，区道路网密度近10千米/平方千米，居全国大中城市前列，形成了完善的城市道路系统。全市共有汽车客运站42个，一级汽车站4个，二级汽车站6个，三级及以下的汽车站32个。2005年全市公路旅客运输量9895万人次，同比增长2.9%；旅客周转量65.5亿人千米，同比增长9.3%。目前，深圳市长途客运班线除覆盖省内各市县外，还辐射香港、澳门及海南、广西、湖南、江西、福建、上海、重庆、湖北、江苏、浙江、山西、四川、河南、安徽、贵州、陕西、甘肃等20多个地区。

3. 口岸建设

深圳是全国唯一的海陆空口岸俱全的城市。目前深圳已建成通往境外的各类口岸17个，经国务院批准的一类口岸12个。其中陆路口岸4处（罗湖、皇岗、沙头角、文锦渡），港口口岸7处（盐田港口岸、大亚湾口岸、蛇口口岸、赤湾口岸、妈湾口岸、东角头口岸、福永口岸），航空口岸1处（宝安国际机场口岸）。2006年，深圳口岸入出境人员1.67亿人次，日均45.7万人次，比上年同期增长4.6%；出入境车辆1526万辆次，日均4.2万辆次，比上年同期增长2.8%。其中，罗湖口岸是全国最大的陆路客运口岸，皇岗口岸是全国最大的陆路货运口岸，全市一线口岸出入境人数和出入境交通工具，已分别占到全国口岸出入境总量的60%和80%。到2020年，深圳口岸将能够满足日均100万人次以上的铁路通关需求。

4. 城市公共交通

目前，深圳市已经建立了较为发达的公共交通体系。截至2005年年底，深圳市高速公路里程达244千米，高速公路路网密度位居全国大中城市前列。全市实有常规公交运营车辆8404辆，公交运营线路366条，总长度9850千米，全年常规公交客运量达10.4亿人次/年。共有大中小巴营运线路366条，总长度9850千米，公交场站268个，公交营运车辆8404辆，公共客运量达10.4亿人次。2004年以来，深圳市城市轨道交通得到迅速发展，2004年地铁一期工程建成共21.6千米，2005年承担总客运量为5765.7万人次/年。2005年2月国家发改委正式批准了《深圳市城市轨道交通建设规划》，到2010年，深圳市将完成轨道1、2、3、4、5号线的建设共计129千米。未来的轨道交通在综合交通中的分担率达到40%，在公共交通中的分担率达到50%以上。“十一五”期间，深圳市将建立以轨道交通为骨干、常规公交为主体、出租车为补充的公共交通体系，确立公共交通在城市客运交通体系中的主导地位。到 2020 年，公共交通将承担全市 60% ~70%以上的客运机动车出行。

（六）深圳经济发展面临的主要问题

建设现代化大都市，深圳市仍然面临许多发展中的问题。主要表现为，第一，服务业发展滞后于城市发展。目前，深圳市产业结构仍然以制造业为主，服务业比重仅为46.72%，远远低于世界发达城市标准。说明深圳市产业结构需要进一步优化和升级转型。加快生产性服务业发展，一方面为制造业发展提供技术和服务支持，另一方面能够更好地解决深圳市产业发展与资源环境约束之间的矛盾。第二，人口、资源、环境约束进一步加剧。深圳市土地资源贫乏，工业所需矿产资源基本依赖进口。在全国 19 个副省级以上城市中，深圳行政区域面积约 2000 平方千米，列倒数第二，可供城市开发的面积不足 1000 平方千米。目前，深圳市常住人口达到 827 万人，实际管理服务人口突破 1200 万人，人口密度已经超过上海、北京、天津、重庆、广州等中心城市。人口与城市空间承载力、与生态环境承载力的矛盾日益突出。土地资源开发、水资源利用、环境建设治理等方面的压力越来越大，成为深圳市经济社会可持续发展的瓶颈。

三、香港经济发展的基本现状及对中国经济的影响

（一）香港经济发展的基本特征

1. 经济实现平稳健康增长，成为具有国际竞争力的经济体

香港是亚太地区乃至全球重要的国际金融、商贸、航运和科技资讯中心，具有开放经济条件下成熟的市场经济体制，以及发展完备的金融体系、庞大的外汇储备、货币可自由兑换、低税率的简单税制。此外，还有世界先进的运输和通讯基础设施、世界一流的高等教育水平和国际化人才体系，是世界经济最活跃、最具竞争力的经济体之一。

香港回归后，在中央政府的政策支持下，经济迅速复苏并转向持续增长。从 2006 年香港主要经济指标来看（见表 2 – 5），香港经济已经进入了平稳健康的增长时期。2006 年，香港 GDP 为 1887.6 亿美元，列世界第 34 位，增长速度为 6.8%；人均 GDP2.8 亿美元，列世界第 7 位；出口总额为 3155.2 亿美元，进口总额为 333.1 亿美

元，比上年分别增长8.7%和11.9%，分别列世界第12位和第11位，均占世界总量比重的2.7%；截至2006年外汇储备达1332亿美元，列全球第8位；入境旅客2525.1万人次，比上年增长8.1%，其中内地赴港旅游1359.1万人次，比上年增长8.7%；财政收入263.5美元，支出254.3亿美元，基本实现了收支平衡；失业率为4.4%，已经恢复到正常水平。

表2-5　2006年香港主要经济指标　单位：美元（1美元=7.8港币）

GDP	188.7亿	人均GDP	2.8万	经济增长率	6.8%
进出口总额	6488.3亿（↑10.3%）	出口	3155.2亿（↑8.7%）	进口	3333.1亿（↑11.9%）
外汇储备	截至2006年1332亿（全球第8位）	汇率	1美元：7.8港币	失业率	4.4%
入境旅客	2525.1万人次（↑8.1%）	内地赴港旅游	1359.1万人次（↑8.7%）		
财政收入	263.5（2005~2006财政年度）	财政支出	254.3（2005~2006财政年度）		

资料来源：中国商务部。

2. 经济社会和谐发展，综合竞争力显著提高

香港经济具有较强的综合竞争力，许多指标远远高于内地水平。从表2-6可以看出，香港在金融、国际贸易、国际投资的国际竞争力分别排在世界第2位、第3位和第5位，指标分别高于内地的第51位、第6位和第27位；体现政府管理方面的指标公共财政、财政政策分别排在世界第1位和第4位，与内地的第10位和第1位大体相当；体现社会法制环境方面的指标制度结构、商业立法、社会结构分别排在世界第8位、第1位和第13位，分别高于内地的第24位、第43位和第30位；体现企业管理的指标生产效率、管理实践、价值观分别排在世界第1位、第2位，高于内地的第29位、第37位和第24位；体现要素环境方面的劳工市场、基础设施、技术条件、教育、健康环境、科技条件等指标分别排在世界第2位、第3位、第2位、第24位、第23位和第32位，均位于先进水平，除科学条件（第32位）低于内地（第17位）外，其于均高于内地水平。由此可见，香港不仅在对外经济上有较强的国际竞争力，而且具有世界一流的营商环境。也正是香港积累了上百年的市场经济管理经验，具有世界先进的政府管理体制、社会法制环境、教育环境以及完善的基础设施和要素市场，使香港成为国际竞争力较强的经济体。

表 2 - 6　　2006 年内地与香港的国际竞争力排序

指标	国内经济	国际贸易	国际投资	就业	价格	公共财政	财政政策	制度结构	商业立法	社会结构
内地	2	6	27	1	12	1	10	24	43	30
香港	5	3	5	20	52	4	1	8	1	13
指标	生产效率	劳工市场	金融	管理实践	价值观	基础设施	技术条件	科学条件	健康环境	教育
内地	29	5	51	37	24	20	33	17	51	51
香港	1	2	2	2	2	3	2	32	23	24

资料来源：《2006IMD 世界竞争力报告》。

（二）香港产业结构特征与比较优势

1. 以服务业为主体，生产性服务业加速发展

从产业结构来看，香港产业结构总体表现为以服务业为主，高端服务业加速发展的国际化大都市产业格局。首先，从三次产业占 GDP 比重来看，2006 年第一、二、三次产业比重分别为 0.1∶9.3∶90.7，可以看出，香港基本没有农业部门，只有少量制造业，服务业比重超过了 90%。从服务业结构来看，香港服务业大致可以分为两大类：一类是为面向国际提供生产服务的生产性服务业，如金融服务、航运航空及综合物流、创意产业、科技资讯以及专业服务等，这类产业逐渐成为支撑香港经济发展的支柱产业；另一类是以在港消费为主的服务业，如旅游、房地产、酒店餐饮、商业、娱乐业等，这类消费性服务业成为拉动香港经济增长的重要因素。

从表 2 - 7 可以看出，2005 年香港服务业实现增加值 12192.4 亿港币，占香港 GDP 的 90.7%，比 2001 年增长 1.1 倍，其中，商贸（批发零售、进出口贸易、餐饮及酒店业）、金融（金融、保险、地产及商用服务业）、物流（运输、仓库及通讯业）、专业服务（社区、社会及个人服务）以及楼宇业分别占当年 GDP 的 28.8%、21.9%、19.2%、10.7%，是主要的支柱产业。从产业增长速度来看，2005 年服务业比上年增长 8.1%，其中，以金融、商贸、物流业为主的生产性服务业分别增长 11.7%、10.4%、8.6%，均高于服务业平均增长水平。

表 2 - 7　　2001 ~ 2005 年香港产业结构状况　　（单位：百万港币、%）

年份	2001 年		2002 年		2003 年		2004 年		2005 年	
	增加值	比重	增加值	比重	增加值	比重	增加值	比重	增加值	比重
农业渔业	1003	0.1	1002	0.1	824	0.1	886	0.1	847	0.1
采矿及采石业	174	※	136	※	116	※	72	※	100	※
制造业	59760	4.8	51396	4.2	44403	3.7	44455	3.5	45547	3.4

续表

年份	2001年		2002年		2003年		2004年		2005年	
	增加值	比重	增加值	比重	增加值	比重	增加值	比重	增加值	比重
电力燃气及水务业	37957	3.1	39609	3.2	38839	3.2	39726	3.2	39924	3.0
建造业	57167	4.6	51534	4.2	44910	3.7	40376	3.2	38538	2.9
服务业	1088211	87.5	1091272	88.4	1073941	89.3	1130695	90	1219239	90.7
批发零售进出口贸易餐饮酒店业	309926	24.9	310500	25.1	308872	25.7	345092	27.5	386726	28.8
运输仓库及通信业	117526	9.4	121766	9.9	117420	9.8	126820	10.1	135119	10.1
金融保险地产及商用服务业	251495	20.2	247045	20	251085	20.9	266834	21.2	294666	21.6
社区社会及个人服务业	262960	21.1	265746	21.5	261917	21.8	264008	21	258449	19.2
楼宇权业	146304	11.8	146214	11.8	134648	11.2	127940	10.2	144280	10.7
以要素成本计算的GDP总值	1244271	100	1234949	100	1203034	100	1256209	100	1344196	100
生产及进口税	53917		43325		48057		58729		62889	
统计误差%	※		-0.1		-1.4		-1.8		-1.8	
以当时市价计算的GDP总值	1298813		1276757		1233983		1291425		1382675	

注：符号“※”表示少于0.05%。

资料来源：香港特别行政区政府财政司《2006年经济情况及2007年展望》，第148页。

2. 高端服务业具有较强国际竞争力

香港的高端生产性服务业具有较强的竞争优势，在设计、研发、采购物流、贸易融资以及产品认证测试、品牌推广、销售渠道等方面都具有雄厚优势，不仅确立了香港的国际商贸中心、国际金融中心、国际航空航运物流中心地位，而且使香港资讯科技、文化创意产业具有很强国际竞争力。

（1）国际商贸中心。2006 年，香港进出口总额为 6488.3 亿美元，是当年香港 GDP 总额的 34.4 倍。之所以具有国际商贸中心地位，是因为香港商贸服务业具有规模大、国际竞争力强、高端服务业十分发达等特点。

从国际竞争力来看，2004 年，国家发改委对外经济研究所通过计算研究证明，香港在国际服务贸易中的比较优势集中在 3 个方面：物流（运输）、金融与其他商业服务，包括专业服务、通讯等。物流业仅日本和韩国 RCA（显性比较优势指数）指数高于香港，金融业只有英国 RCA 指数高于香港，香港服务贸易竞争力指数为 0.248，在全球国家和地区中竞争力指数最高①。从进出口结构来看，香港货物与服务贸易都表现出快速增长的态势，尤其是生产性服务业增长呈现加速趋势（见表 2－8）。2006 年，香港整体货物贸易出口（包括转口及港产品出口）总值为 24674 亿港币，比上年增长 10.2%，其中转口贸易增长 10.8%。货物贸易进口总值为 25763 亿港币，比上年增长 10.2%，其中通信设备、办公器械等资本货物增长 27%，增长率最高。2006 年，香港服务贸易出口总值为 5623 亿港币，比上年增长 8.7%，其中，与贸易有关的服务 1814 亿港币，增长 32.3%；运输服务业 1724 亿港币，增长 30.7%；金融、商用及其他 1198 亿港币，增长 21.3%；旅游服务 887 亿港币，增长 15.8%。2006 年，香港服务贸易进口总值为 2839 亿港币，比上年增长 6.3%，其中，旅游服务业 1086 亿港币，增长 38.2%；运输服务业 877 亿港币，增长 30.9%；金融、商用及其他服务 685 亿港币，增长 24.1%；与贸易有关的服务 191 亿港币，增长 6.7%。旅游业成为服务进口最大的组成部分。从出口市场来看，表现为以中国内地为主要市场，多元化的出口市场格局。在 2006 年香港货物出口中，中国内地为 11562 亿港币，占 47%，是香港最大的出口市场；其次为美国 3711 亿港币，占 15%。

表 2－8　2005～2006 年香港货物与服务贸易发展状况

（单位：十亿港币，按当时市价计算）

年份	出口		进口		贸易差额		
	货物	服务	货物	服务	货物	服务	综合
2005	2251.7	495.8	2311.1	264.2	－59.3	231.6	172.2
2006	2467.4	562.3	2576.3	283.9	－109	278.4	169.4

资料来源：香港特别行政区政府财政司《2006 年经济情况及 2007 年展望》，第 53 页。

香港离岸贸易服务十分发达，已经成为全球采购中心，主要得益于人才、环境、

① 张燕生：“香港生产性服务业与内地制造业合作的重点领域及发展前景”，商务部、香港贸发局、对外经贸大学联合主办论坛，2006 年 7 月 21 日。

基础设施等方面的因素。无论是转口贸易还是直接出口，整个交易过程所需的融资、保险、理赔、仲裁等相关的贸易及贸易支持服务由香港提供。香港企业的离岸贸易形式之所以能够蓬勃发展，主要依托长期国际化经营培养出来的香港商人，他们在长期的国际贸易中积累全球运作能力，包括语言能力、国际化商业网络和人脉以及长期形成的商业信誉等。据香港贸易发展局 2003 年 8 月对海外进口商的一项调查显示①，82% 的欧、美、日受访进口商表示通过香港采购内地产品，其中四成公司表示经香港采购内地产品超过 40%。这项调查表明，香港之所以成为内地的采购中心，受访者认为十分重要的优势有：运营成本优势（51.8%）、金融设施良好（45.2%）、商品展览中心（45.1%）、各种商品供应商聚集（42.2%）、法律保障完善（42.6%）、利用内地作为生产基地（42.4%）、低税率（40.6%）、自由港（40.1%）、从事国际贸易的专业水平（39.6%）、电信运输设施健全（37.7%）、英语能力良好（36.6%）②。可以看出，香港发达的金融、物流、会展业是吸引国际买家的主要因素。此外，背靠大陆生产基地的优势，以及低税率、自由港、国际贸易专业化水平、基础设施、语言优势等国际化条件，也是香港成为全球采购中心的重要优势。目前全球已有 400 多家采购公司在香港常设采购办事处，而在香港的 3798 家跨国公司地区总部或办事处中有 1983 家从事批发零售及进出口贸易，占 52%。香港当地近十万家贸易公司，多年来在全球各地建立的庞大商贸网络，也是支持香港贸易蓬勃发展的基本因素。

（2）国际金融中心。香港是全球著名的国际金融中心之一。香港目前是全球第 12 大国际银行中心、第 6 大外汇市场、市值第 6 大股市，以及亚洲第 3 大国际银行中心、第 2 大股市、第 2 大银团贷款中心、第 2 大基金管理中心（以管理资产额计算）和第 2 大保险市场。许多国际评级机构认为，香港在经济和金融两方面足以与爱尔兰、瑞士、新加坡、英国和美国等获得“AAA”评级的经济体媲美③。根据《世界经济论坛》的评比，香港反映金融市场成熟程度的指标仅次于英国、美国和瑞士，列全球第 4 位；反映银行业素质的指数仅次于英国，列全球第 2 位；反映本地资本市场融资功能指数列全球第 1 位。

截至 2006 年 12 月，香港共有 138 家持牌银行、31 家有限牌照银行、33 家接受存款公司，来自 31 个国家和地区共 202 家机构在香港营业。2006 年，香港机构存款额达到 47660 亿港币，比上年同期增长 17.2%，反映出经济持续好转，企业和居民收入增加；2006 年贷款和垫款总额达到 5500 亿港币，比上年增长 6.7%，其中，反映股票市场投资、物业投资、货物贸易的金融机构贷款增长较大。为了加强香港的国际金融中心优势，特区政府通过引进新的金融工具和加强市场流通量等方面，促进香港债务市

①② 参看《香港作为中国内地产品采购中心——买家观点》，香港贸易发展局，2003 年 8 月。

③ 香港特别行政区财政司：《2006 年经济状况及 2007 年展望》，第 81 页。

场的规模和深度发展。2006 年，港币的债务发行总值达到 4540 亿港币，比上年增长 520 亿港币。香港股票市场交易十分活跃，2005 年超越日本成为亚洲集资额最高的市场。截至 2006 年年底，香港有主板及创业板上市公司 975 家和 198 家。2006 年，香港股市全年报收 19965 点，比上年增长 34.2%；平均日成交额创下 339 亿元的历史新高，比上年增长 85.3%，市场十分旺盛；股市总值 133380 亿港币（主板市价总值 132490 亿港币，创业板 890 亿港币），比上年增长 63%。2006 年，恒生指数期货合约、恒生指数期权合约、H 股指数期货合约和股票期权合约等衍生工具的交易量也大幅度增长。2006 年，香港互惠基金的总销售额为 243.39 亿美元，对冲基金销售总额为 16.6 亿美元，分别比上年增长 102.29 亿美元和 6.2 亿美元。截至 2006 年年底，香港获得授权的保险公司为 181 家，分别来自 21 个国家和地区。2006 年前 3 季度的保费总额收入达到 180 亿港币。

（3）国际航运航空物流中心。到 2006 年，香港机场和港口的货运量已经保持 5 年持续增长，其主要原因来自香港对外贸易，尤其是由内地贸易的持续增长带动。此外，香港机场和港口的优质服务、遍及世界各地的网络、高效率的货运处理系统以及简单、清晰的清关手续都使香港成为货物进口的理想通道。

香港是亚太地区最为重要的国际航运中心，也是全球最为繁忙、最具活力的港口之一，其管理水平、运作能力、技术应用都居全球领先地位；其地理位置、港口基础设施建设、自由港政策以及与国际接轨的法律体系，使香港航运物流业快速增长。目前，包括港口配套业务在内的港口核心行业，约占香港 GDP 的 4%，为香港提供约 11 万个就业岗位，占总就业人口的 3.5%。如果包括与之相关的贸易、金融、保险服务在内，整个与港口有关的经济收入约占香港 GDP 的 20%，相关就业人数占总就业人口的 25%，港口贸易货值占香港贸易总值的 50% 以上。香港航运业在规模、效率、技术上都显示出很强的国际竞争力。从规模上看，目前开通的远洋定期班轮航线在 300 条左右，平均每月靠泊的集装箱班轮超过 1200 条。从效率上看，香港港口平均一艘集装箱船在码头周转的时间是 12 小时，高于上海洋山港目前 20 小时的水平。2006 年香港集装箱吞吐量为 2330 万标箱，比上年增长 3.1%，是全球最大的集装箱码头之一（见表 2－9）。

表 2－9　2000～2005 年香港港口集装箱吞吐量的情况　（单位：万标箱）

年份	2000	2001	2002	2003	2004	2005	2006
箱量	1810	1783	1914	2045	2198	2242	2330

资料来源：《港澳经济年鉴 2005》，港澳经济年鉴社，香港财政司《2006 年经济概况及 2007 年展望》。

香港位于亚洲中部，得天独厚的区位条件使其成为重要的国际航空枢纽，国际贸易和物流业高度发达，使其成为国际航空运输中心。目前，有 71 家航空公司提供定期航班服每周 5300 多个航班往返全球 140 个城市，每天运货量 1 万多吨，航空货运量为全球最高。2006 年，香港空运货物吞吐量达到 360 万吨，比上年增长 5.2%，比 2000 年增长 1.6 倍，国际货物吞吐量居第 1 位；2006 年以空运货物处理的贸易货值（不计转运）比上年增长 11.3%，反映出高价值货物，空运货量明显上升。此外，在 2006 年的空运贸易货值中，16.1% 来自内地或以内地为目的地，比 2001 年上升 9.4%。从航空运输市场来看，香港作为亚洲门户机场，面临着一个广阔的“5 小时飞行圈”市场，其中包括 7 个亚洲经济高速增长的国家和地区：日本、中国内地、韩国、新加坡、印度、中国香港和中国台湾，这为香港航空运输业提供了有利的市场基础。

（4）资讯科技业具有国际竞争优势。香港高科技产业的优势主要体现在高新技术应用和交易上。香港每年要大量购买国外的硬件和软件以及相关服务，以提高资讯科技的应用水平。主要表现在以下几个方面：一是电讯和互联网基础设施位于世界先进水平；二是高科技在房地产、金融、商贸、旅游、交通运输等支柱产业的应用处于世界前列；三是应用软件的发展具有一定基础；四是香港已经发展成为亚洲区域科技交易中心和高科技产品贸易枢纽。此外，近年来香港在集成电路、光电子、数码娱乐的设计、测试等方面也有广泛的国际市场。

香港资讯科技业在传统服务业，如物流、金融、航运、信用卡发行、公营医疗等领域的运用十分广泛，这不仅为香港资讯科技业的市场带来广阔的需求，而且使传统服务业的高科技的应用水平处于世界领先地位。如金融业方面，在线银行服务、证券交易所的电子场外交易系统和银行间实时结算系统在世界领先，网上投资、网上证券、网上银行服务也日趋普及；航运及物流业方面，企业普遍使用电子数据交换系统传送信息与控制船运，仓储、运输、货柜管理以及其他供应链相关活动使用全球定位系统，使香港码头货柜处理能力居世界前列，航空货物运输和日处理量在全球最高、误差率最低；批发零售业方面，企业广泛应用计算机电子辅助设计、生产系统，改善操作流程，推动数字化生产的发展。2005 年，香港工商企业研发开支总额 56.22 亿港币，比上年增长 22.5%，其中用于科技创新活动的支出达 185 亿港币，占 GDP 的 1.3%。在工商企业的研发开支中，资讯及通讯科技占 47.6%，电机及电子工程技术占 32.9%，制造技术占 12.3%；按行业划分，金融、保险、地产及商用服务占 65%，批发零售及进出口贸易、餐饮酒店业占 23.8%。这些研发费用支出约有一半用于资讯及通讯科技方面，主要是通过金融、贸易物流等服务业进行，另一半则以新产品开发为目标，许多参与企业是在珠三角地区设有生产基地的香港公司。

香港已经成为全球电信网络最先进、设施最完善的城市之一。香港是全球第一个拥有全面数码化固定电话网的城市，拥有亚洲最大的卫星地面收发站，目前，电讯业收入占当地 GDP 的 2%。移动及音频电话在商业上的应用居全球前 5 位，普及程度高于美、英、法、德等国家。截至 2004 年，香港有 377 万条电话线，电话密度列亚洲第 3 位，人均拥有 1. 17 部移动电话，互联网普及率列全球第 10 位；每 100 个居民使用互联网比例列全球前 8 位；每 100 个居民拥有个人计算机的比例列世界前 12 位。

软件业是香港资讯科技的主要组成部分。目前香港共有 700 多家软件开发商，雇用约 1. 4 万人。2005 年香港软件业出口 24. 3 亿港币，在出口市场中，中国内地占 53. 7%，其余分别为日本（16. 2%）、美国（14. 3%）、中国台湾（5. 2%）。

此外，香港电子科技产业发展十分迅速。2006 年香港的高科技产品出口总值超过 800 亿美元，主要是电子相关产品。香港回归后，香港特区政府开始注重高科技产业的发展，先后推出了科技园、数码港等项目。其中，科技园是特区政府为推动创新科技组建的专业机构，致力于本地和国际间的合作及创新科技活动。数码港主要提供先进的资讯科技及数码媒体设施，以形成一个资讯科技企业集群。特区政府设立了 50 亿港币的创新科技基金和 7. 5 亿港币的应用研究基金用于扶持科技创新。科技园容纳各种规模的集成电路设计公司，汇集了世界一流的科技人员。

（5）旅游、会展、设计等文化创意产业快速发展。香港旅游业具有世界一流的旅游硬件设施和服务质量。2006 年访港旅客总人数达到 2530 万人，比上年增长 8. 1%，旅客近 50% 来自亚洲地区，其中内地旅客人数上升 8. 4%。其中，以“个人游”计划访港的旅客人数达到 670 万，占访港旅客人数的 26. 4%，比上年增长 20. 2%。2007 年，“个人游”计划共涵盖内地 49 个城市，总人数超过 25000 万人。据香港旅发局统计，如迪士尼乐园开幕第一年接待 560 万旅客，约有 1/3 来自内地，1/3 来自香港，其余 1/3 来自亚洲其他地区。香港财政司预计，迪士尼主题公园开幕后前 40 年将为本地带来 1480 亿元港元收益，迪士尼工程进行期间创造了 11400 个就业机会，未来将提供 18000 个职位。此外，香港旅行社具有较大规模和丰富的客源，如港中旅作为一家跨国旅游集团，在美、英、加、澳、日等客源大国设有 30 多家分支机构，在内地也设立了合资旅行社或分支机构。

香港是国际著名的会展之都，已经形成了一批成熟的会展经济运作专家、从事会展经济的部门和企业，以及规范完善的会展行业法律、法规。香港会展公司最大优势是能提供世界范围内的买家资源，这为企业产品进入国际市场、寻找国际客户资源，提供了重要途径，中国内地的许多制造商正是通过香港会展公司实现了产品进入国际市场。香港尤其成为亚洲消费品展览会的首选地，目前香港每年举办 70 多场大型会展，主要集中在消费品方面。2006 年，参加会议及展览活动的外地人数约 70 万人，增长 11%，2005 年亚洲国际博览馆开幕后已举办了 40 个展览活动。

2006 年，香港创意产业产值达到 500 亿港币。设计业是香港重要的优势产业，香港聚集了各种设计人才、信息、资源等基本要素。由于香港既植根于中国传统文化，又能够有利地把握国际发展的脉搏，使香港设计业具有中西合璧的独特优势，既能够将国际化设计潮流与中华民族传统文化有机结合在一起。一方面，香港的设计师能够掌握全球数据、产品潮流、市场调查等信息，较内地设计师更能够适应国际市场需求；另一方面，收费较低，较发达国家设计业具有较强的成本优势。2006 年底，香港第五届“设计营商周”吸引全球 20 多个国家的 70 位顶尖设计师和 3 万多人参加，成为设计界的亚洲中心。

（6）总部经济快速发展。香港背靠中国大陆、面向国际的区位优势，也是新加坡等亚洲竞争对手难以比拟的。由于香港的国际金融贸易中心地位、完善的法律制度、一流的通信设施、良好的教育及语言水平、快速的信息流通以及出入境自由、货币可自由兑换等自由港的便利条件，都为跨国公司在香港设立地区总部和研发中心提供了诸多便利条件。目前，共有 1200 多家跨国公司在香港设立总部，每年增长 30% 以上。许多台商将制造基地搬到内地，而在香港设立机构向全球推广业务。

3. 制度与环境优势

香港完善的法律制度、低税制、开放的外向型经济体制都是香港成为具有国际竞争力经济体的基础。经过多年发展，香港已经形成了一套完善的法律制度，能够与英美国家对接；香港特区政府实施简明和低税率的税制政策，标准税率仅为 16%，只对源自香港的收益征税，每年税收总额平均不到地区生产总值的 10%，没有增值税和销售税，也不设资本收益税和股息税。香港是全球最开放的外向型经济体系之一，对外来或离岸投资、资本流动，以及企业的国籍或拥有权等均没有限制。香港长期实行自由港政策，政府不干预企业经营。如船舶实行开放登记，现有 2700 多家航运企业在香港注册，与 100 多个国家和地区的 460 个港口保持联系，是世界上最大的船东总部。香港作为国际化城市，加上良好的教育基础，在吸引全球高端人才方面具有很强的优势，从而起到内地和海外人才桥梁中介地的作用。例如，在科技创新领域，香港有良好的生活品质、发达的资讯、技术基础设施以及创新激励机制，吸引了许多国际高水平专家与香港和内地合作研究并共同开发新产品。改革开放以来，香港为内地培训了大批的商业和行政人才。

（三）香港对内地经济的影响与作用

1. 为内地提供优质的生产性服务业

香港与内地的产业具有很强的互补性。香港服务业比较优势主要集中在知识密集型的高端生产性服务业，而内地比较优势则主要集中在以劳动密集型为主的制造业上，因此，多年来的经济合作形成了良性互动和双赢效果。目前内地制造业相当一部分高增值生产性服务业，如金融、物流、专业服务、设计、营销等是由香港提供，这些行业的投资对于促进内地生产性服务业增长，以及制造业优化升级都发挥了积极作用。

国家发展改革委外经所课题组调查表明，42.86%的内地企业已利用香港全球网络进行采购，24%的制造业企业已利用香港引进成套设备。香港还为内地制造业企业提供管理资讯和员工培训。香港专业设计公司在广东江门已为众多中小企业提供专业设计服务。香港贸发局调查结果显示，私营企业最希望得到的服务依次是市场调研、市场营销，以及信息中介工作、企业管理培训、企业形象宣传、法律咨询等。有 79% 的受访企业表示，未来进行并购或引入外资时，会选择香港的财务顾问及法律顾问提供的服务；75% 的受访公司表示会选择到香港上市。从地域上看，所有受访企业 90% 表示，会考虑使用香港生产性服务业，广东接近 100%，山东和江苏企业在 80% 以上。从表 2－10 可以看出，在交通运输、仓储和邮政业，信息传输、计算机服务和软件业，批发和零售业中，港资在中国外商直接投资同行业的比重分别占 50.3%、20%、25.1%，成为生产性服务业外资的主要来源。从港资生产性服务业的地区分布来看，主要分布在广东、上海等地区。

表 2－10　　港资企业在内地投资生产性服务的情况

	港资企业占全部外资的比重（%）	港资企业在内地服务业投资的地区分布	
		省市名称	比重（%）
交通运输、仓储和邮政业	50.3	广东省	36.26
		上海市	21.97
		浙江省	8.76
信息传输、计算机服务和软件业	20.0	广东省	42.73
		北京市	16.85
		湖南省	16.56
批发和零售业	25.1	上海市	32.93
		广东省	23.58
		天津市	16.06

资料来源：DRC 数据库，转引自张小济：“CEPA 与两地生产性服务业合作”，商务部、香港贸发局、对外经贸大学联合主办论坛，2006 年 7 月 21 日。

自 CEPA 实施以来至 2007 年 5 月底，已有 1113 家香港公司申请《香港服务业提供者证明书》，获批 1078 家。在所有获批申请中，运输服务及物流服务业有 487 家，其次为分销服务（批发、零售及进出口代理）253 家。此外，广告服务 79 家、建筑服务 60 家、管理咨询及会展服务 29 家、增值电信服务 27 家、人才中介服务 23 家、房地产服务 16 家、航空运输服务 14 家、法律服务 14 家、信息技术服务 13 家、金融 18

家、旅游服务7家（见表2－11）。随着香港生产性服务业的大量投资，必将带动内地制造业与服务业的发展。

表2－11　《香港服务提供者证明书》申请书统计

（截至2007年5月31日）

	服务行业	申请书数目	申请获批
1	法律服务	14	14
2	建筑专业服务及建筑及相关工程服务	63	60
3	医疗及牙医服务	1	1
4	房地产服务	17	16
5	广告服务	83	79
6	管理咨询服务	36	29
7	会议服务和展览服务	10	10
8	增值电信服务	31	27
9	视听服务	23	22
10	分销服务	259	253
11	所有保险及其相关服务	3	3
12	银行及其他金融服务（不包括保险和证券）	8	8
13	证券期货服务	7	7
14	旅游和与旅游相关的服务	7	7
15	运输服务及物流服务	492	487
16	信息技术服务	13	13
17	职业介绍机构服务及人才中介机构服务	23	23
18	文娱服务（除视听服务以外）	2	2
19	航空运输服务	18	14
20	商标代理服务	3	3
	总数	1113	1078

资料来源：香港贸发局网站。

2. 促进内地对外贸易增长

香港是联结中国内地与世界的纽带。2005年内地与香港的贸易总额为1367.1亿美元，其中出口1244.8亿美元，是2001年的2.8倍（见表2－12）。2006年香港整体货物出口总值中，中国内地为11562亿港币，占香港货物出口总值的47%，是香港第一大出口市场。据香港贸易发展局调查，2003年，90%受访香港制造商及贸易商都在内地生产及采购过货物①。在香港离岸贸易中，大约60%的货值是将内地产品出口到

① 参看《走向世界——全球化下香港工业和贸易发展趋势》，香港贸易发展局，2004年12月。

海外，另外 35% 的离岸贸易是香港将国外货物运往内地。因此，内地通过香港的贸易平台，可以增加对经济发展急需的高新技术产品、矿产能源等战略资源的进口，有效调整中国进口产品结构。

表 2－12　　2000～2005 年内地对香港贸易情况

年份	内地出口到香港（亿美元）	内地从香港进口（亿美元）	内地与香港贸易总额（亿美元）	香港占内地贸易总额（%）
2000	445.2	94.3	539.5	11.4
2001	465.4	94.2	559.6	11.0
2002	584.6	107.3	691.9	11.1
2003	762.7	111.2	873.9	10.3
2004	1008.7	118.0	1126.7	9.8
2005	1244.8	122.3	1367.1	9.6

资料来源：中国海关统计。

CEAP 实施以来，截至 2006 年 5 月 31 日，香港工贸署在货物贸易方面共批出 1300 多例 CEAP 原产地证书的申请，获得批准货物出口总值超过 35 亿港币。涵盖产品包括：纺织及成衣制品、食品、药物，以及塑胶和塑胶制品等。香港向内地的出口规模将进一步扩大。由于香港的国际商贸中心优势，内地在香港设立的窗口公司有 1000 多家，内地生产企业越来越多在香港设立办事处或通过香港贸易公司进行销售和采购，以及通过香港大型国际商品展览会参展获得国际交流的机会。在香港贸发局主办的展览会中，来自内地的参展企业由 2001 年的 1200 多家上升到 2005 年的 4300 多家，年均增长 35%。如，华为集团于 2000 年设立香港分公司，利用香港作为全球采购平台，此后，又将海外销售的功能放在香港，目前华为通过香港出口占企业出口总额的 90%。香港的转口贸易十分发达与内地因素有着密切关系。随着内地尤其是珠三角地区、泛珠三角地区出口增长，到 2010 年之前，珠三角地区集装箱量将继续增加，香港将继续发挥中转港口的优势，随着珠三角地区高科技电子产品出口的增长，香港航空货运量也将进一步增长。

3. 对内地投资贡献十分明显

自改革开放以来，香港一直是内地最大的 FDI 流入地区（见表 2－13）。截至 2005 年年底，香港在内地投资累计设立企业 260953 家，合同外资金额 5943.57 亿美元，实际投资 2889.48 亿美元，分别占中国外资企业数、合同外资总额、实际使用外资总额的 47.2%、46.3%、46.42%。从投资领域来看，香港对内地的投资主要集中于制造业，占总投资的 65% 以上。据香港工业总会的一项研究估计，大约有 63000 家香港制造企业在内地有直接投资、管理/控制等经济活动，直接或间接雇用了1100万内地工人①。近年来，服务业投资明显上升，2005年，港资服务贸易实际使用外资额为61.2亿美元，占港资总量的34%，说明港资质量进一步优化，对中国服务业的贡献增大。从投资区域来看，港资主要分布在东部广东、江苏、浙江、山东、辽宁五省，约占港资总量比重85%。据广东省的统计数字，在1979~2004年的实际使用外资总额中，有66.2%来自香港公司。近年来，西部地区的港资明显上升，2005年为8.75亿美元，比上年增长41.32%，说明香港对西部地区经济的贡献增大。

表2-13　　1997~2006年香港对内地投资情况　　（单位：亿美元，%）

年份	项目数			实际使用港资金额		
	个数	同比增长	占比重	金额	同比增长	占比重
1997	8405	-19.2	40.02	206.3	-1	45.59
2000	7199	22	32.21	155	-6.3	38.07
2001	8008	11.2	30.64	167.1	7.8	35.66
2002	10845	35.4	31.74	178.6	6.88	33.86
2003	13633	25.7	33.19	177	-0.9	33.08
2004	14719	7.97	33.71	189.9	7.29	31.08
2005	14831	0.76	33.71	179.5	5.48	24.72
2006	15496	4.5	37.36	202.3	12.7	32.11

资料来源：中国商务部。

4. 支持内地企业走出去的有利平台

曾荫权（2004）认为，内地企业在香港设立地区总部或办事处，可以利用香港高度国际化的优势，既把资金“引进来”，也能借助香港的技术、管理和专业服务，尤其是香港的国际地位走出去，加快国际化过程，与世界接轨，进一步拓展国际市场。多年来，香港成为内地企业“走出去”的重要平台，主要体现在以下方面。

一是香港成为内地对外直接投资的最大目的地。截至2005年年底，内地企业对香港投资304亿美元，占内地对外投资的65.5%。长期以来，香港是我国最主要的承包工程和劳务合作市场，2005年，承包工程、劳务合作及设计咨询合同金额为16.7亿美元，完成营业额20.2亿美元（见表2-14）。

① 参看《珠三角制造——香港制造业的蜕变》，香港工业总会，2003年。

表 2－14　　内地对香港投资情况

内地对港投资	2005 年	截至 2004 年年底	截至 2005 年年底
设立非金融企业数	253 家	2258 家	2511 家
非金融直接投资金额	16 亿美元，占内地境外投资比重 39.3%	304 亿美元占 67.9%	320 亿美元占 65.5%
承包工程、劳务合作及设计咨询	2005 年		
合同金额	16.7 亿美元（↓16.5%）		
完成营业额	20.2 亿美元（↓27%）		
在港劳务人数	20926 人（↓4.5%）		

资料来源：商务部台港澳司。

二是帮助内地企业进入国际市场。多年来，香港成功地协助内地企业来港扩展国际业务，包括提供香港经济环境和投资形势的最新资料；协助企业与不同的政府部门联系和处理各项申请；为投资者在港寻找商业合作伙伴等。尤其是香港中小企业市场触觉敏锐，国际贸易经验丰富，有广泛的网络，成为内地企业进军海外市场的最佳伙伴。内地企业在实现跨国经营的过程中，利用香港中小企业的营商模式开拓国际市场，即把办事处设在香港，把工厂设在内地，利用香港统筹业务、设计产品、筹划税务、安排融资等，以香港为基地管理海外业务，或者利用香港的商贸服务提升在国际市场的竞争能力。目前，许多内地公司在香港设立地区总部管理区内的商业活动。据统计，到 2005 年 6 月，共有 267 家内地企业在香港设立地区总部或办事处。

三是利用香港承接海外业务。内地可充分利用香港国际性大都会的语言、信息、人才以及国际商业网络发达、中介服务经验丰富等优势，承接国际服务外包业务订单，通过内地完成服务分包的业务流程。这种新的服务分工模式对两地都有利，使内地可以更快地进入国际服务业分工格局之中。

5. 支持内地金融发展的重要平台

香港是内地目前能够充分利用和发挥影响力的唯一国际金融中心。无论是金融机构数量、市场规模、金融产品的种类，还是金融运行机制、市场开放程度等方面的优势，内地目前都无法与之相比。由于香港既是海外资金进入内地的中介，又是内地资金流向海外的桥梁，这一重要特点决定了香港金融业既是中国企业融资的首选目的地，又是推进人民币可兑换和国际化的试验田和缓冲器。此外，香港银行、保险等金融机构进入内地，有助于提高内地金融机构的效率。

从 1993 年首家内地企业来港集资算起，香港股市已经为内地企业上市服务积累了 13 年的经验，聚集了一支国际化、水平一流的专业服务团队，形成了一个为中国企业上市集资服务的高效服务体系。2006 年，内地企业在香港股票市场共集资 3690 亿港币，相当于香港股市全年总集资的73%，进一步促进了香港作为内地企业首选融资中心的地位。到2006年8月底，已有130家内地企业在港上市（其中主板86家，创业板44家），总市值近2万亿港元。2006年，由于有中国银行、中国工商银行等大型招股活动，香港1~10月份的新股集资额约2600亿元，超过纽约，与伦敦相当。截至2006年年底，共有367家内地企业（141家H股公司、90家红筹股公司、136家民营企业）在香港上市，占上市公司总数的31%，总市值2006年达到6.7亿港币，占香港股票市场总值的50%。2006年，香港股票市场有60%的股本证券成交额来自与内地有关的股票交易。内地经济迅速增长以及对资金融通需求的日益扩大，是影响香港国际金融中心地位最显著的因素。同时，香港的国际金融中心地位为内地经济走向国际源源不断地注入新鲜血液。2004年，香港的银行开始为客户提供人民币业务，共有38家持牌银行在香港从事人民币业务，机构的人民币存款达到227亿元。目前，大量著名国际金融机构在香港设立分支机构，开拓内地市场，内地许多机构也在香港设立窗口公司，通过香港筹集贷款。

6. 提升珠三角、泛珠三角地区产业结构

香港对内地的投资主要集中在珠三角地区，由于与香港经济的融合，使珠三角地区创造了26年GDP年均增速15%以上的超常发展，率先实现了由传统农业向现代工业的转变，主要体现在以下方面。

（1）对加速珠三角地区产业升级的重要作用。改革开放以来，大量的香港企业将生产基地转移到珠三角地区，而将设计、贸易、品牌推广、销售网络等服务业增值环节留在香港。由此形成了香港和珠三角地区的产业对接特点——“前店后厂”模式。一方面加快了香港产业结构转型，使促进香港成为国际贸易和航运中心；另一方面，珠三角地区通过承接香港生产制造业转移加快了工业化和国际化进程，进入了全球一体化的产业分工体系。可以说，“前店后厂”之所以成为两地经济融合的成功模式，是因为同时提升了香港和珠三角地区的产业结构。珠三角地区通过这个模式实现了外向型经济的发展，香港则通过这一模式实现了以服务业为主导的国际化大都市的产业转型。事实上，珠三角地区也正是通过香港的投资、贸易网络与运营指挥这些中心枢纽作用，成为全球经济网络中的生产出口基地。

20世纪80年代以后，香港以“前店后厂”模式在珠三角地区进行纺织服装、鞋帽箱包、日用金属及塑料制品、玩具、钟表、家用电器等产品的加工生产和出口，为珠三角地区消费品工业发展提供所需资金、设备和适用技术，同时为内地企业提供了市场经营知识和进入国际市场的渠道。香港与珠三角经过20多年的经济合作，不仅使珠三角成为全国市场经济意识最强的地区，也使珠三角工业化进程加快，由原来经济比较落后的农村一跃成为全国经济最发达地区。目前，珠三角地区的对外贸易、高新技术产业、信息化水平均在国内居领先地位。2005 年，珠三角地区实现生产总值 1.8 万亿元，占全国 9.6%；出口占全国 29.8%。2006 年珠三角地区生产总值 21468.2 亿元，占广东省 GDP 的 79.6%，成为中国经济最发达、最开放、最具活力的地区。

CEPA 的实施使香港与珠三角地区的产业融合进一步升级，其主要特点是服务业相互融合。“十一五”时期，两地服务业开始出现“前店后置”和“强化前店”两个趋势。香港物流运输、贸易等服务业优势进一步向内地转移。例如，香港的港口运营商是最早进入内地的，主要分布于深圳港、珠海港，并且把这些口岸作为了香港港口的境外作业区。这种做法取得了两个方面的效果：一是进一步强化了香港的物流运输运营、指挥和枢纽功能；二是进一步放大了香港物流运输的能力，使这个能力不仅遍布整个珠三角地区，并且向泛珠三角地区扩展。CEPA 实施以来后，越来越多的香港中小服务业企业进入内地，服务对象直接面向珠三角各种所有制类型的中小制造企业。香港生产性服务企业的进入使珠三角制造业嫁接了一个国际化服务业体系，有利于珠三角地区制造业结构的升级和服务业链条的延伸。目前，随着珠三角的制造业聚集（见表 2-15），对融资服务、科技研发、设计管理、仓储运输、物流配送、会计、法律等生产性服务需求日益增多，香港生产性服务业无疑将发挥重要带动作用。此外，香港也是珠三角制造业采购技术设备、原材料的重要平台。香港贸易发展局的调查结果显示，60% 在珠三角的企业曾通过香港采购进口。

表 2-15　珠三角主导产业发展情况　（单位：亿元，%）

产　业	主营业务收入	占行业比重
通信设备、计算机及其他电子设备制造业	9338.05	46.80
电气机械器材制造业	3478.21	17.43
电力、热力的生产和供应业	1828.2	9.16
交通运输设备制造业	1500.57	7.52
化学原料及化学制品制造业	1466.15	7.35
金属制品业	1289.78	6.46
塑料制品业	1054.15	5.28
合计	19955.11	100

资料来源：广东统计局，2006 年。

（2）对泛珠三角地区产业结构的影响。近年来，香港与泛珠三角地区的经济合作进一步加深，泛珠三角地区是指广东、福建、江西、湖南、广西、海南、四川、贵州、云南和香港、澳门特区。由于香港与泛珠三角地区特殊地理环境、历史与人文的联系，以及与珠三角形成的长期经贸合作关系，使香港的经济腹地进一步向珠三角地区延伸。香港与泛珠三角地区的经济融合，带动了泛珠三角地区的结构升级，对缩小泛珠三角区域间经济发展的不平衡具有重要作用。

泛珠三角地区经济发展不平衡十分突出（见表2－16）。从城市化水平来看，2005年，全国城镇与农村人口比重分别是42.99%和57.01%，该地区中的广东超过了全国平均水平，达到60.68%和39.32%；福建、海南略高于全国平均水平，分别达到47.3%和52.7%，45.2%和54.8%；其余地区均低于全国平均水平，其中，最低省份贵州为26.87%和73.13%。目前，香港有63000家公司在内地从事制造业，53000家在大珠三角地区，为其服务的主要是香港生产性服务业。香港贸发局调查结果显示，广东企业使用过香港公司服务的比例最高，占41%①。香港物流企业达6000多家，主要为泛珠三角企业提供物流和信息管理服务。

表2－16　2005年泛珠三角地区经济结构比较　（单位：%）

省市/地区	第一产业	第二产业	第三产业
广东	6.4	50.7	42.9
福建	12.8	48.7	38.5
广西	22.4	37.1	40.5
湖南	19.6	39.9	40.5
江西	17.9	47.3	34.8
海南	33.6	24.6	41.8
四川	20.1	41.5	38.4
云南	19.3	41.2	39.5
贵州	18.6	41.8	39.6
全国	12.6	47.5	39.9
东部地区	7.9	51.6	40.5
中部地区	16.7	46.8	36.5
西部地区	17.7	42.8	39.5

资料来源：《中国统计年鉴2006》。

7. CEPA的实施有力地支持了香港经济的繁荣与稳定

2003年6月，内地与香港签署了《关于建立更紧密经贸关系的安排》（CEPA），并于2004年1月1日起实施。CEPA是内地第一个全面实施的自由贸易协议，是内地与香港经贸交流与合作的重要里程碑。

CEPA涵盖了内地与港澳经贸交流的所有领域，主要有：自2006年1月1日起对输往内地的原产香港货物全面实行零关税；在专业服务、金融、分销、建筑、视听等

① 张燕生："香港生产性服务业与内地制造业合作的重点领域及发展前景"，商务部、香港贸发局、对外经贸大学联合主办论坛，2006年7月21日。

27 个服务领域对香港扩大开放，在贸易投资促进、通关便利化、电子商务等 7 个方面加强合作；率先在香港试点办理个人人民币业务，并逐渐扩大业务范围；在广州、北京、上海等 44 个内地城市开办居民个人赴港旅游。CEPA 签署后，香港物流协会对 136 个会员的一项电话调查显示，超过 98% 的受访者认为 CEPA 会为香港物流业带来新商机，42% 的会员考虑将公司部分运作搬至内地、在内地独资或合资设立据点，近八成的会员认为国际物流公司会通过并购香港物流公司以获得 CEPA 中进入内地物流市场的优惠条件①。

自 CEPA 实施以来，截至 2007 年 3 月底，内地累计进口享受零关税待遇港澳货物总值 9.9 亿美元，免征关税额 7.06 亿人民币。2007 年 1～3 月，内地进口港澳零关税货物货值为 1.2 亿美元，免征关税额 0.83 亿元人民币。共有 2052 家港澳服务提供者按照 CEPA 的优惠申请到内地投资；建筑领域两地共有 1425 人通过互认取得了对方的专业资格；累计在港交所主板及创业板上市的内地企业分别达 185 家和 49 家，市值分别为 64960 亿港元和 232 亿港元，占主板和创业板总市值的 46% 和 20%；内地累计赴港“个人游”旅客达 3640 万人次。截至 2006 年年底，内地共注册港澳个体工商户 2746 户，从业人员 7006 人，注册资金 1.4 亿元。

四、深港经济融合的可行性分析

（一）深港经济融合的制度与政策环境

1. “一国两制”的伟大构想为深港经济融合提供了制度基础

邓小平同志创立的“一国两制”是处理内地与香港关系的基本原则，并在实践中得到了成功实施，在香港回归 10 年中得到了很好的验证，获得了世界认同。“一国两制”为两地经济融合提供了基本的制度保证。在“一国两制”的制度框架下，深港经济融合既在政治、法律制度层面继续坚持两地“两制”的基本原则，又能够在经济领域强调“一国”的共同利益，克服“两制”的人为阻碍。在满足双方市场需求、增强双方国际竞争力、带动全国经济健康发展的共同目标下，为两地要素自由流动提供便利条件。因此，“一国两制”是深港经济融合的制度基础。

2. 区域经济一体化战略为深港经济融合提供了宏观经济环境

以新技术革命为内在动力的经济全球化浪潮，在推动全球贸易和投资自由化、便利化以及全球经济一体化深入发展的同时，区域经济一体化合作正日益改变着众多经

① 张莉：“关于加强两地物流业合作研究”，商务部、香港贸发局、对外经贸大学联合主办论坛，2006 年 7 月 21 日。

济体参与全球竞争的形式和制度安排。区域经济一体化合作已经突破传统的地缘、文化等因素的限制，呈现出跨地域和跨洲际、多边和双边并存、区域和次区域同行、合作机制灵活等特征，成为经济全球化中支配世界经济发展的重要趋势。中国也在积极参与和推动亚洲乃至全球范围内的区域经济一体化进程中发挥着重要作用并从中受益，实现了连续四年两位数的加速增长。目前，内地与香港和澳门建立更紧密经贸关系的安排（CEPA）、“9+2”泛珠三角区域合作、“1+8”深港合作协议的稳步推进，正是在区域经济一体化框架主导下，中国区域经济合作的进一步深化，这为深港经济融合提供宏观环境。

（1）CEPA为深港经济融合创造了制度条件。2004年实施内地与香港和澳门关于建立更紧密经贸关系的安排（CEPA），CEPA在WTO原则指导下为内地与香港的经贸关系发展提供制度保证，深圳与香港在地域空间上连为一体，具有多年的经贸合作基础，因此，CEPA的实施必将有利于促进深港在货物贸易、服务贸易以及投资便利化等方面合作的深化，为深港经济融合提供了制度层面上的支持，使其不但可以在合作范围和领域上得到大力拓展，而且在合作深度上也将取得更具实质意义的开拓。深圳已于2005年设立专门的CEPA登记受理窗口，组建“一站式”审批注册服务体系，简化登记注册手续，从政策上为深港经济融合提供便利。

（2）“9+2”协议进一步强化深港经济的重要地位。“9+2”泛珠三角区域合作是2003年由广东省倡导，并得到福建、江西、湖南、广西、海南、四川、贵州、云南等八省（区）政府和香港、澳门特别行政区政府的积极响应而开展的。参与合作的内地省区与香港、澳门，按照“一国两制”方针，在CEPA框架内开展合作，平等互利，按照市场原则推进区域合作，充分发挥各自优势和特色，拓宽合作领域。在这一框架下，深圳凭借其独特的地理区位和交通优势，成为联系内地其他省区与香港的重要通道。因此，位于泛珠三角区核心地位的深圳和香港，必将在“9+2”合作中发挥龙头带动作用。

（3）“1+8”协议为深港经济融合提供具体政策安排。2004年6月17日，深圳市政府和香港特区政府双方签署了以《关于加强深港合作的备忘录》为总则的9项合作计划（“1+8”协议），这是深港合作在CEPA和粤港合作框架下迈出的重要一步，涉及合作领域广泛，标志着两地合作进入更高水平、更深层次、更宽领域发展的新阶段。从合作内容来看，该协议将两地的合作从口岸基础设施、经贸等领域拓展到法律服务、科技、教育、金融、环保、旅游、文化等众多服务业领域，为深港经济的全面融合奠定了坚实基础，并对深港的合作机制、沟通机制进行了深层次的探讨，为深港经济融合的制度创新做出了准备。

目前，深圳市政府提出，深港合作应立足于“一国两制”的基本原则，立足于

CEPA 和“9 +2”泛珠三角区域合作的广阔背景，立足于粤港合作的制度框架，立足于深港“1 +8”协议确立的有效合作机制，立足于深港两地在全球区域竞争中的共同利益，推动深港共同繁荣，增进两地人民福祉。可以看出，深港经济融合的制度和政策环境已经具备。

3. 深港经济融合反映了深港两地政府和人民的共同愿望

如何更加有效地整合深港两地资源，共同创建国际化大都市，发挥两地优势，增强区域未来整体竞争力，已经成为深港两地政府和民间共同关注的焦点。

在政府层面，随着 CEPA 的逐步实施，两地关系更加密切，两地政府高度重视深港经济的融合。双方领导的会晤越来越频繁密切，香港特区政府高度重视深港两地的合作，在其报告中已经三次提到合作问题，香港努力将自身的发展融入中国的“十一五”规划，同时加强港粤、港深的互动与合作，联合打造“特大城市”，催生“国际化大都会”。最近，香港特首曾荫权先生在其竞选政纲中提出，香港要“与深圳建立战略伙伴关系，共同建设世界级都会”的战略构想。深圳则以“向香港学习，为香港服务”的指导思想，提出“共建国际大都会”的目标，并签署了一系列有关科技、教育等协议。如“深港创新圈的合作协议”“共建深港生产力基地的协议”“深港会计师事务所备忘录”等，尤其是共同构建深港创新圈的规划，提供了很多方便的条件和政策。

在民间层面，两地企业和居民加强和促进两地经济合作，要素自由流动的诉求越来越强烈。目前，两地学者都在研究有关深港合作目标模式，并出现了许多研究成果以及富有真知灼见的提法，大体上可以归纳为两种类型：一类是参照欧盟一体化进程模式，侧重从经济合作方面提出目标选择，如“深港经济一体化”“大保税区”“深港经济区”“自由贸易区”“共同市场”“深港经济共同体”等理想模式；另一类则从深港两大城市合作的角度，提出“深圳湾区”“双子城”“深港同城化”“一都两区”“一都两制”“深港创新圈”“深港都市圈”等目标设想，其基本目的都是要最大程度地促进深港经济融合。

4. 深港经济融合强化了双方制度优势互补

深港两地有着各自的制度优势，香港是具有成熟市场经济优势的国际化自由港，而深圳是改革开放以来中国建立的第一个特区，一直成为社会主义市场经济的窗口和试验田，是内地市场经济最活力的地区。随着长期以来两地经济合作、政治文化、生活交流的不断加深，两地在经济体制等方面也进一步相互衔接和融合。尤其是深圳在建立市场运行机制、按国际惯例运作，以及城市管理建设等方面，大量借鉴了香港经验和模式。这为深港进一步融合奠定了制度基础，也将为深圳进一步完善市场经济体制提供制度创新。而香港则可以进一步放大制度优势的效应，并利用深圳的制度优势克服与内地衔接中的制度性障碍。

（二）扩大深港经济合作的客观基础

1. 产业已经具备了对接条件

从两地经济规模、产业结构特点以及发展趋势来判断，深港经济融合已经具备了产业对接条件。主要体现在两个方面，一方面是产业的趋同性，另一方面是产业的互补性。

（1）经济规模差别不断缩小，发展质量均居全国和国际领先水平。

从表2－17可以看出，随着深圳经济20多年来的快速发展，经济规模与香港差距在迅速缩小。1979年深圳、香港GDP总量分别为1.96亿元和3994亿港币，比例为1:2037;1990年，差距大幅度缩小为1∶49；2006年深圳、香港分别为5684亿元和14723亿港币，比例为1:2.6，两地经济规模已经越来越接近。

表2－17　　香港/深圳GDP增长对比

年份	香港（亿港币）	深圳（亿元）	深圳:香港
1979	3994	1.96	1:2037
1980	4408	2.7	1:1633
1985	5822	39	1:149
1990	8455	172	1:49
1995	11100	796	1:14
1997	12161	1130	1:10
2000	13148	1665	1:7.9
2004	15041	4282	1:3.5
2005	16199	4927	1:3.3
2006	14723	5684	1:2.6

注：两地之比按1:1计算。

从其他主要经济指标来看，深港两地的综合实力国际化程度也都居于全国领先水平。2006年，深圳和香港人均GDP分别为8619美元和2.8亿美元，分别列全国大中城市第1位和世界第7位；出口总额分别为1361.08亿美元和3155.2亿美元，分别列全国城市第1位和世界第12位；外汇储备分别为2124亿美元和1332亿美元，分别占全国的11%和世界第8位水平，城市失业率分别为2.31%和4.4%，处于较低水平。两地合作所形成的综合经济实力远远超过国内任何其他联体城市，这是深港两地共同构建国际化大都市的重要经济条件。

（2）深港两地城市综合竞争力显著。根据2006年中国社会科学院及国外学者联合对全球110个城市的最新研究结果，香港和深圳的全球城市竞争力综合排名分别列第 19 位、73 位（见表 2－18）。以此为基础，如果仅用简单相加的方法，两地的综合指标值已超越位居全球第 1 位的纽约，部分指标值超越东京而位居前列（见表 2－19）。考虑到深港经济合作产生的优势放大效应，深港合作产生的综合竞争力完全有可能产生“1＋1 大于 2”的绩效，那么深港综合竞争力完全还有进一步提升的可能。

表 2－18　全球城市竞争力（2005～2006 年）

城市		综合	规模	质量	效率	增长	就业	结构	效益
纽约	分值	1.00	1.00	0.54	0.17	0.29	0.33	0.29	0.25
	排名	1	1	16	5	73	44	21	25
伦敦	分值	0.98	0.79	0.46	0.06	0.64	0.37	0.36	0.28
	排名	3	2	34	15	3	34	12	20
东京	分值	0.77	0.78	0.41	0.12	0.07	0.28	0.27	0.23
	排名	11	3	52	6	102	58	34	29
香港	分值	0.68	0.29	0.18	0.09	0.24	0.22	0.59	0.10
	排名	19	10	82	10	83	81	3	62
深圳	分值	0.43	0.10	0.10	0.005	0.60	0.66	0.36	0.02
	排名	73	41	89	74	6	7	14	103

资料来源：根据《全球城市竞争力报告（2005～2006）》整理，社会科学出版社，2006 年 6 月。

表 2－19　深港竞争力及其与最接近城市的比较（2005～2006 年）

城市		综合	规模	质量	效率	增长	就业	结构	效益
深港合计	分值	1.11	0.39	0.28	0.11	0.84	0.88	0.95	0.12
最接近城市情况	城市	纽约	首尔	京都	慕尼黑	都柏林	迪拜	都柏林	神户
	分值	1.00	0.39	0.28	0.12	0.82	1.00	1.00	0.12
	排名	1	6	71	7	2	1	1	51

资料来源：数据选自《全球城市竞争力报告（2005～2006）》。

（3）产业结构具有较强的同质性和互补性。深港两地产业结构既具有较强的同质性，又存在较强的互补性特点。其中，金融、航空航运物流、交通运输、国际商贸、文化创意等新兴服务产业都成为深港发展的支柱产业，发展指标均居全国和国际领先地位，两地产业融合必然使这些产业的国际竞争力得到提升。

从产业互补性来看，深圳产业结构仍然是以制造业为主，2006 年三次产业比重分别为 0.1:53.2:46.7；香港则是以服务业为主的国际化大都市结构，2006 年三次产业比重分别为 0.1:9.3:90.7，服务业比重高于深圳 44%，尤其是高端生产性服务业发展水平远远高于深圳，因此，深圳充分借助香港这一优势将有助于金融、现代物流、国际商贸以及设计、研发、品牌推广、科技资讯等现代服务业的发展。此外，深圳在高新技术产业发展上具有明显优势。由于深圳的创新制度优势明显，自主知识产权、自主品牌拥有量以及发明专利申请量均居全国城市领先水平，这一优势为香港服务业提供了巨大的市场和技术支持。

从合作方式来看，早在20世纪80年代初期，深港两地就开始建立了“前店后厂”，以产业垂直分工为特征、以劳动密集型制造业为主体的产业合作关系，为促进两地经济发展和产业结构调整提供了有利的成长空间。随着两地产业合作深入和结构升级，这种“前店后厂”模式也在进一步向纵深发展，形成产业交互转移、服务业竞相发展的水平分工的新格局，这为两地经济融合打下了有利基础。

香港拥有一流的基础研究、应用基础研究和人力资源，与世界高度融合的国际化资源，规范、完善的知识型服务业资源，国际航运中心、国际金融中心和现代服务业中心；深圳具有较强的研发成果转化和产业化的能力，相对低成本的创业环境和人力资源，辐射内地和产业扩散的地缘优势，高新技术产业和自主创新的重要基地。香港凭借其高度发达的现代服务业优势，不仅可以为深圳的制造业和工业化提供支撑，而且还也可以直接带动深圳服务业的发展。深圳则依靠其高效的加工制造能力和特殊的地缘优势，不仅可以顺利承接香港的产业转移，而且还可以为香港服务业拓展广阔的内地市场空间。目前，深港两地的产业合作已从传统制造业扩展到高新技术产业领域，包括金融业、物流业、旅游业等在内的服务业合作也显著增强。在市场的推动下，深港在资金流、人流、物流、信息流方面正全面融合，两地在消费、就业、教育、科技、金融、医疗、通讯、交通等领域的往来和资源共享日益频繁和紧密。

（4）相互贸易和投资增长。香港一直是深圳重要的进出口伙伴，成为深圳连接世界各国的主要通道。1995年深圳直接出口香港48.7亿美元，从香港直接进口16.7亿美元，分别占深圳全年出口和进口总额的26.1%和12.11%。香港回归以来，深港贸易年均增长速度明显加快，2004年CEPA实施后进一步加深，2005年深圳口岸与香港之间的年货物贸易总额达到473亿美元（见表2－20）。

表2－20　1997年以来深港两地贸易额增长情况（单位：亿美元）

年　份	1997	2000	2003	2004	2005	2006（1～7月）
进口额	12.4	16.1	20.3	24.6	23.1	10.3
出口额	72.3	113.7	263.7	341.7	450.6	286.9
进出口总额	84.7	129.8	284.0	366.3	473.7	297.2

深圳利用港资规模一直持续增长。1987～1994年，深圳实际利用港资增长率为21.51%；1995～2001年为9.1%；2006年1～7月为15.72%。目前深圳外来投资中约有70%来自香港，在深设立的港资企业有1万多家，占全市外商投资企业总数的70%以上。深圳积极利用香港进入世界市场，20世纪末，深圳设立的153家驻外企业中，

有 69 家设在香港，占深圳在海外设立驻外企业总数的 45%。2005 年深圳在香港新设立企业数达 24 家，协议投资额为 2.13 亿美元，实际投资为 0.44 亿美元，2006 年 1～8 月新设立企业达到 20 家，投资额为 1.88 亿美元。具体如表 2－21 所示。

表 2－21　　1997～2006 年 7 月深港相互投资情况

项目 \ 年份		1997	2000	2003	2004	2005	2006（1～7 月）
香港投资深圳（万美元）	新建项目数	745	768	1628	1943	1962	1241
	协议投资	57087	92194	621616	196255	260282	198616
	实际投资	134972	124961	207781	125141	157089	85518
深圳投资香港（亿美元）	设立企业机构数			8	15	24	20（1～8 月）
	协议投资		0.11	0.56	1.84	2.13	1.81
	中方协议投资		0.10	0.53	1.26	0.44	1.81

2. 深港具有深厚的经济社会合作基础

自改革开放以来，深港两地就在不同领域建立了密切的合作，这些长期的经贸合作为深港经济进一步融合提供了现实基础。

（1）金融服务合作。在货币流通方面，深圳已经成为港币在中国大陆流通的主要地区，约占港币流入中国大陆总额的 75% 左右，占港币发行量的 30%。在银行业，CEPA 协议实施后，相继有 5 家港资银行机构落户深圳，截至 2005 年年底，深圳共有 20 家港资银行机构，是全国港资银行最多的城市。经中国人民银行批准，香港清算行接入支付系统方式已由间连改为直连，2006 年 3 月 6 日起，香港居民个人人民币支票业务正式开通。1998 年深港两地启动深港港元和美元双向票据交换安排、实时支付结算系统联网以来，使用量不断增加，联合票据交换安排每日成交金额从 1998 年上半年的 0.25 亿等值港币，增加到 2006 年 6 月份的 1.37 亿等值港币，同期实时支付结算系统联网每日成交额从约 0.5 亿等值港币上升至 7.37 亿等值港币，2005 年，双向实时支付结算系统处理的交易总值超过 1500 亿等值港元。

在证券业，深交所与港交所已经建立了技术系统合作，实现信息共享与信息合作。目前有 20 多家深圳企业在香港成功上市。为帮助深圳证券从业人员取得香港证券从业资格，香港证券学会与中国证券业协会联合主办第一次“香港证券及期货从业员资格考试”，举办内地证券从业人员香港从业资格考试培训班，共有一百多人参加培训班。在保险业，深圳大力吸引香港优秀保险人才来深执业，截至 2005 年年底，在深圳考试合格、取得执业资格的香港居民有 990 人。此外，随着两地合作深化，香港居民在深圳消费购房不断升温，客观上也促进了两地金融业务的提升。据统计，2005 年年末港资银行个人消费信贷总额达到 4.8 亿美元，占深圳外资银行个人消费信贷总额

（5.2 亿美元）的 93%。

（2）高新技术产业合作。深圳高新技术产业已经具有一定基础和规模，对香港技术支持的需求旺盛。深圳许多集成电路产品放在香港测试。比如，华为公司的 3G 套片就是在香港科学园的 IC 测试线上测试出来的，中兴通讯与香港多家研究中心进行多个项目的开发合作；在医药产业，深圳与香港多家生物公司、大学开展研究合作等。深圳市政府设立了“深港创新圈”专项资金，专门用于资助香港各大学或科研院所在深圳设立的分支机构，以及香港各大学或科研院所与深圳企业的合作开发项目，2006 年共资助 27 项，资助金额总计 1605 万元，2007 年预算 3000 万元。在信息平台建设方面，双方合作建立了深港科技资源信息库，加强两地创新人才、设备、项目信息资源的交流与共享，解决两地创新资源信息不对称问题，并建设了“深港创新圈”网站。与此同时，香港大力推进香港重点实验室、研究中心与深圳高新技术产业形成创新链上下游互动关系。据统计，目前香港院校在深注册企业 22 家，注册资金人民币 19400 万元、港币 3520 万元；设立研发中心 10 家，总投资港币 1850 万元。此外，两地在加强知识产权保护方面获得很大成功。双方知识产权部门在教育、培训、执法、资源共享等领域开展长期合作，建立深港知识产权重大情况通报制度、全面推进落实有关知识产权的工作要求，切实推进深港在知识产权宣传培训、信息资源、战略研究、边境保护、人才成长的五项合作计划等方面取得了进展。

（3）基础设施建设合作。随着深港产业合作的不断推进，深港两地启动了以口岸建设、深圳河治理、西部通道投资等为代表的重大跨境基础设施项目建设，为深化深港合作提供了便捷高效的跨境城市设施。目前深圳与香港已形成较大面积、多个渠道的口岸衔接，交通、能源、通讯等跨境基础设施建设与对接也不断深化，使深圳在城市功能上基本具备了与香港国际性金融、贸易、航运、信息中心等功能互补的条件。

20 多年来，深圳在港口方面的总投资约 200 亿元，其中外资占 65%，这其中港资占 90%。盐田、蛇口、赤湾三个主要港区都是由港资为主建设和经营的；港口管理、信息、结算中心都设在香港；轻重箱、船期安排也完全由香港控制。在盐田港扩建工程中，深港双方的出资比例为 35:65；大铲湾一期工程，深港双方出资比例达到30:70。目前，深港合资在建集装箱码头项目主要有：盐田港区集装箱码头扩建工程，建设规模为 7 万吨级以上深水泊位 5 个，投资 112 亿元人民币，深港双方按 35:65 的股比出资建设；大铲湾区集装箱码头一期工程，建设规模为 10 万吨级以上深水泊位 5 个，投资 70 亿元，深港双方按 35:65 的股比出资组建；蛇口集装箱码头三期工程，建设规模为 8 万吨级以上深水泊位 3 个，投资 38 亿元。

（4）跨境服务合作。深港两地形成日益紧密的人流、物流联系，不但使深圳成为全国最繁忙的口岸城市，而且也推动深港两地共同成为中国与世界经济联系的重要通道。1996 年，经深圳口岸入出境的旅客达 6320 万人次，占全国总数的 50% 以上，连续多年位居全国首位；入出境车辆 853 万辆次，占全国总数的 75%。2005 年，经深圳一线口岸入出境的人数 1.59 亿人次，所占全国入出境比重仍保持在 50% 以上；入出境交通工具 1494 万辆（艘）次，占全国入出境比重继续保持在 75% 左右。有关调查显示，目前平均每天大约有 20 万人经罗湖过关，其中近 70% 以深圳为首选目的地。

从 20 世纪 80 年代香港与深圳合作以来，香港居民除到内地观光旅游以外，还逐步开展投资商务、购物、居住，其中深圳一直成为港人北上消费的重要城市，香港回归后这一趋势更为明显（见表 2－22）。与此同时，随着深港两地在鲜活产品供应、水电供应、跨地区居住、旅游等方面形成日益紧密的城市依存关系，跨境服务随之出现并不断增长，为两地经济融合打下了良好的社会基础。由于生活习惯、生活条件的接近，港人来深置业不断增加，香港居民来深居住人数逐步增长。有关调查表明①，近年来深圳楼市外销比例保持在 10% 左右，70% 以上的受访港人愿意考虑在深圳买房；60% 以上认同“香港工作、深圳居住”的生活方式。

表 2－22　深圳市在香港居民北上消费中所占比重　（单位：%）

年份	按消费人次计算				按消费额计算		
	广东省	其中深圳	广东以外	合计	广东省	广东以外	合计
2001	93.0	45.7	7.0	100.0	71.0	29.0	100.0
2002	93.8	45.3	6.5	100.3	73.4	26.6	100.0
2003	94.1	48.2	5.9	100.0	75.0	25.0	100.0
2004	94.0	48.2	6.0	100.0	71.3	28.8	100.0

（5）旅游服务合作。目前，深港两地旅游黄金周和旅游高峰期预报和协调机制已经形成，在深圳市各口岸共设立了 14 个“个人港澳游”服务专柜。2005 年两地共同推出“深港文化风俗之旅、主题公园之旅、家庭之旅”三条深港联游线路，共同推出深港连线的五天四晚的旅游产品；深港两地联合参加在印度孟买和新德里举行的“2005 年印度出境旅游展”；2006 年分别在重庆及日本东京举行联合旅游推介。2006 年，通过旅游合作使深港两地的旅游业收入都获得了大幅度增长。2006 年，深圳全年旅游外汇收入 22.65 亿美元，比上年增长 8.7%；宾馆、酒店、度假村开房率达到 62.5%，比上年提高 0.6%；全年旅游住宿设施接待过夜游客 2317.28 万人次，增长 8.1%，国内游客和海外游客分别为 1604.54 万人次和 712.74 万人次，分别增长 5.1% 和 15.6%，其中港澳同胞 520.40 万人次，增长 16.9%，占海外游客的 72%。可以看出，深圳旅游业的增长中香港因素十分突出。

① 据新华社 2005 年 4 月 5 日深圳电。

（6）社会公共事业合作。长期以来，深港两地在社会公共事业合作中取得了长足进展。主要体现在以下几个方面。

第一，信息共享系统合作。两地许多部门都通过网络建立了信息共享平台。例如，市工商局建成涵盖全市 93 万多家各类市场主体的网络平台，存储有关登记、资质认定、纳税、信贷等信息 3276 万余条，实现了与香港等地的联网互访、信息共享。

第二，生态环境保护合作。2005～2006 年，两地共同开展深圳湾水动力及水质模型研究，制定了《深圳湾水污染控制联合实施方案》；对共同的区域大气、海域、河流均设有常规监测点；对加强跨境货柜车尾气污染联合监管和控制形成共识。

第三，教育合作。深圳与香港大学、香港理工大学等高校开展定期交换教师讲学、互派学生交流、师资赴港培训等活动；目前，深圳高校已经开始招收香港学生。深港 36 所中小学正式与香港学校结为“姊妹学校”，定期开展教师和学生交流活动，2005 年已安排了 56 批次 1263 多人次学生的教育交流。

第四，文化合作。深港两地建立了政府间沟通与合作机制，从 2002 年起每年选派文化系统的专业人员到香港有关文化机构学习；2005 年深圳卫视已在香港有线电视网络落地播出；深圳图书馆与香港公共图书馆已实现互通互查，建立了图书、期刊、光碟交换制度。在文化创意产业，香港具有文化信息、文化人才、文化的产业化运作、文化的知识产权保护、文化的国际交流和文化资源配置等方面得天独厚的优势；深圳则拥有丰富的文化资源、雄厚的文化产业基础和较低的文化产业化运作成本，这种互补优势为两地文化合作提供了政府、民间的合作基础和空间，积极推进了两地的文化信息、文化活动交流，以及文化管理的发展，为两地经济融合提供了文化基础。

第五，医疗卫生合作。2005 年，深圳市首次接受香港考生参加深圳考点的医师资格考试，2006 年共有 22 名香港考生参加了医师资格考试。深圳北京大学香港科技大学医学中心首批 MD－PhD（医学博士－理学博士）于 2004 年 8 月毕业，目前与香港科技大学联合开展肿瘤疫苗研究；市疾病预防控制中心与香港大学准备合作开展有关新发重要传染病以及艾滋病等病原的研究工作；龙岗中心医院与香港理工大学康复治疗科学系建立了见、实习基地的关系，互派人员见习、学习；与香港中文大学医学院合作开展“青光眼研究”“中国深圳 HIV 病例随访相关因素研究”。

3. 地理区位与交通优势

温家宝早前视察深圳时曾指出，支持香港长期繁荣是中央赋予深圳特区的重要使命。这是因为两地唇齿相依，具有得天独厚的地理区位优势。两地只有一河之隔，随着 2009 年 7 月 1 日西部通道建成通车，以及未来两地地铁贯通，核心区域车程仅需半小时，实现了无缝对接，使两座城市从地域上连为一体。深港之间平均每天有 4.1 万辆汽车在两地流动，平均每天 44 万人在两地流动。已有的多个口岸和即将建成的西部通道，为两地的人员和物资往来提供了其他城市无法比拟的极大便利。

深港两地发达的海、陆、空立体化交通体系，不仅为两地共同融入世界经济提供了强有力的保障，而且成为珠三角的交通要塞。深港两地具有全球一流的港口，两地航空港设施和营运能力也处于全球领先水平，铁路、公路与珠三角城市之间形成的密集高速公路和干线道路网以及区域铁路干线相连接，四通八达。同时，深港发达的口岸设施和通关能力，以及两地之间保税区的设立，也为人员、货物、资金的双向自由流动提供了可靠保障。这种区位和交通优势将为两地带来极大的成本优势，并转化为区域竞争力优势。

（三）扩大深港经济合作的现实障碍

深港经济融合仍存在诸多现实障碍，主要表现在制度安排、人口流动、人才交流等方面。

1. 体制障碍

港深经济融合不仅是单一的跨境合作，还体现为在“一国两制”框架下两种不同制度基础上的合作。由于深港两地社会制度不同，政治和经济体制不同，又隶属于不同的关税区，因此制度上的对接与协调将会对深港经济融合的程度产生较大影响。目前，由于两地制度不同引发了许多不便，使港深两地的要素流动呈现不对等、不平衡的特征，影响了双方经济互补优势的发挥。如，在通关问题上，货物通关实行“一地两检货”。深圳的 IC 业务加工到香港为出口，回来是进口；人员通关十分复杂，目前，每天香港到深圳上学的孩子有 2000 ~ 3000 名要过关，不仅麻烦而且危险；又如，在通信上，深圳到香港的电话是国际长途等，这些都提高了两地的融合成本。

2. 人口流动

随着深港两地经济融合的深入发展，两地在鲜活产品供应、水电供应、跨地区居住、旅游等方面形成依存关系，人员流动日益紧密。但两地人员尤其是行业协会和科研人员等流动不够畅通的矛盾也随之日益突出，增加了融合成本。在两地人员来往方面，港人进出深圳没有障碍，而深圳到香港的人口流动仍然受到一定的限制。虽然 CEPA 的签署、个人自由赴港游、皇岗口岸 24 小时通关、西部通道建设和粤港澳大桥的建设等在一定程度上会大大简化申请来往香港的手续，但商务常住的手续仍比较繁琐。

3. 人才交流机制

人才交流对促进深港两地的经济融合及长远合作发展，有着重要和积极的推动作用。但在“一国两制”的框架下，深港隶属两种不同的法律和会计制度，这为两地人才的交流设置了障碍。CEPA 虽为香港专业界进入深圳扫清了障碍，但迄今为止香港专业人士进入深圳的数量不多。由于法律和会计制度上存在的差异，以及两地对于专业资格的认可不同，一些证券、期货、保险业人士在深圳难有发展机会。因此，应积极探讨加强双方在人才教育、培训、评估和聘用等方面的交流合作机制，建立互利共赢的人才交流机制。

五、促进深港融合的深圳新型特殊经济功能区模式选择

由于深圳是内地第一个经济特区，又有毗邻香港的独特优势，改革开放以来，深圳与香港之间的经济联系日益密切，香港作为国际贸易、金融、航运中心的功能率先辐射深圳，深港各种形式、各个领域的经济合作不断发展，经济一体化程度在市场力量驱动下也得到了明显提升。20 世纪 80 年代“前店后厂”是主要的合作模式；90 年代以来香港最有优势的生产性服务业与深圳制造业对接也日益深化。进入 21 世纪以来，内地加入 WTO 以及 CEPA 机制使香港服务业准入水平显著提高，服务业领域的合作大大加强，并呈现新的特点：一是从过去的跨境服务业大量向商业存在转型，服务业对深圳投资大量增加；二是从过去的制造业“前店后厂”向现在服务业“前店后厂”模式转型，香港服务商开始将部分信息软件和业务流程向深圳外包；三是香港的物流港口运输等服务由于自身商务成本和供给能力限制，也开始向深圳转移。但是，一直以来，深港合作主要是由市场力量驱动的，要共建港深国际大都市，还必须重新考虑推动深圳经济特区向规范的自由贸易区转型，通过全面的制度创新进一步消除深港之间人员和生产要素自由流动的障碍，以便充分整合优势、整体规划，促进整体转型和升级。

（一）世界上各类自由经济区及自由贸易区的模式比较及启示

世界各国根据各自发展的目的和需要，设置了大量不同形态与名称的各种自由经济区，例如，自由港、自由贸易区、出口加工区、对外贸易区、自由贸易港区、保税区及保税仓库等。自由贸易区（Free Trade Zone）是最主要的一种模式，它是指一个国家或独立关税区为达到一定的经济目的，通过特殊的经济政策和手段而开辟的封闭经济区域，其本质特征是“境内关外”。从 1547 年热那亚湾的里窝那设立世界上第一个自由贸易区开始，自由贸易区已经经历了四百多年的发展历史。其中，自由港与自由贸易区的概念最为接近，二者的区别仅在于自由港必须是港口或是港口的一部分，而自由贸易区除了可设在港口或港口附近外，也可设在内陆地区。其他自由区也都有共同的特点，即对特定区域实行“境内关外”的特殊政策，但区别主要是功能不同、作用不同，相应的在税收、金融政策等方面也有各自的特点。

第二次世界大战前世界共有 26 个国家、地区设立了 75 个自由港、自由贸易区。第二次世界大战后，世界上各类自由经济区进入蓬勃发展阶段。20 世纪 50 年代，一些发达国家先后开辟了一些商品贸易型的自由港和自由贸易区，如美国从 20 世纪 50 年代开始至 70 年代中期共设立了 274 个对外贸易区，成为发达国家设立自由贸易区最多的国家。从 20 世纪 60 年代开始，以新加坡、韩国和中国台湾为代表将自由贸易区与工业区结合起来，创办了兼具贸易和生产功能的出口加工区，利用区域内的低成本优势，拓展了自由贸易区的功能，即允许外商在港口或靠近港口的地方设厂，发展“出口替代”工业。这类出口加工区一方面承接了发达国家转移出来的劳动密集型制造业，另一方面也带动了所在地区或国家的经济繁荣。20 世纪 70 年代后，台湾高雄、新加坡裕廊、韩国马山出口加工区成功的示范作用，使“出口替代”模式的自由贸易区在全球范围内被广大发展中国家竞相效仿。到 1980 年，全世界出口加工区发展到 70 多个，分布在 40 多个国家和地区。

1. 世界上各类自由经济区的功能定位

（1）自由贸易区的功能定位。随着世界市场和国际贸易的不断扩大，世界自由贸易区的功能定位不断进行调整，主要经历了以下几个阶段：一是早期自由贸易区，被称为商业导向性自由贸易区。它的功能比较单一，主要利用区位优势和港口基础设施条件，发挥仓储、保税、商品集散中心的作用。二是第二次世界大战后，发展中国家的崛起，为了吸引外资和增加出口而设立自由贸易区，同时，发达国家的跨国公司也愿意将大量的剩余资本转移到这些国家，促使越来越多的自由贸易区开始注重吸引外资、发展加工制造业和出口创汇的功能。三是近十年来，自由贸易区的功能进一步向复合型演变，集保税仓储、国际贸易、加工制造、高端研发和测试维修等功能于一体，呈现出高级化的趋势。因此，发达地区设立自由贸易区，往往更加看重它所创造的新形态的投资环境，设立自由贸易区的目的是为了提升当地在国际产业分工中的地位，以及谋求更高的产业附加值。在发达地区的自由贸易区内，引进的产业不再是过去的劳动密集型制造业，而更多的是新兴的知识产业与物流、金融等高端服务业。

（2）自由港的功能定位与特点。自由港又称自由口岸。指全部或绝大多数外国商品可以豁免关税进出的港口，划在一国的关税国境（即“关境”）以外。自由港绝大部分位于沿海港口，也可位于内陆地区（如内陆国瑞士全国有 20 个自由港）。绝大部分凭借其优越的地理位置、良好的港口和先进的运输、装卸设备，以豁免货物进出口关税和海关监督的优惠，以及开展货物储存、分级挑选、改装等业务便利，通过吸引外国货船、扩大转口贸易，发挥商品集散中心作用，以达到赚取外汇收入的目的而发展起来。

按其限制程度，分为完全自由港和有限自由港。前者对外国商品一律免征关税，现今世界上已为数不多；后者仅对少数指定出口商品征收关税或实施不同程度的贸易限制，其他商品可享受免税待遇，世界绝大部分自由港均属此类，如直布罗陀、汉堡、香港、新加坡、槟榔屿、吉布提等。

按其范围大小分为自由港市和自由港区。前者包括港口及所在城市全部地区，将其划为非关税地区，外商可自由居留及从事有关业务，所有居民和旅客均享受关税优惠，如新加坡和香港。后者仅包括港口或其所在城市的一部分，不允许外商自由居留，如汉堡、哥本哈根等。

自由港是世界自由港区中历史最悠久的形式，最早于1547年出现在意大利热那亚湾的雷格亨（Leghoyn）港，以后随世界经济发展和国际贸易扩大而迅速增加。其主要特点为：①可为港口或港口的一部分，也可在港区范围内划出自由区（如香港整个地区为自由港，内设7个自由区）；②主要开发目标和营运功能同港口本身的集散中心作用分不开；③对基础设施的要求较高，并需拥有足够的现代化运输辅助部门（如转运公司）和相当规模的船队，其指挥、管理系统效率和技术水平也较高。开辟自由港，可通过有限的自由和关税的有限损失，给东道国、港口和客户各方带来许多好处，如可大大提高港口营运效率，利于扩大贸易量和港口吞吐量，提高主、客双方经济利益，给所在国提供大量就业机会等。自由港的进一步发展，会导致部分再出口产品的加工工业发展，进而扩大港口功能。当前，积极发展出口导向的加工工业已成为世界各国主要自由港的共同发展趋势。

2. 各类自由经济区的模式比较

世界自由经济区虽然名称各异，但依据其功能可分为贸易型、贸工型、科技型和综合型自由经济区4种发展模式。

（1）贸易型。这是一种以货物进出口关税和管理自由化为主要优惠政策，吸引外商、外贸、外资和各种商品，发展对外贸易和转口贸易，以商业盈利为主要目标的区域。自由港、自由贸易区、自由关税区、自由边境区、自由银行区、自由保险区、自由企业区和海关仓库等均属此类。这类自由贸易区是对在国际航海线上条件优越的港口或城市，实行特别的关税管理制度，以促进本国和本地区经济发展的一种经济管理模式。它规定外国商品在该区可以免税进出口，自由存储、分类、包装转运和简单加工，借以吸引外国船只和商品进入港区，发展贸易和转口贸易。由于其经营范围主要是商业、金融、保险等流通领域，往往不能同中心城市或毗邻地区的工业发展有效地协调起来，因而也就不能最大限度地发挥其向附属地区“传播效益”的功能。自由港、自由贸易区等形式的经济特区主要集中在发达国家和地区。

（2）贸工型。这是一种以减免关税和所得税为主要优惠政策，吸引外商直接在区内投资、生产和出口各种加工制品，以生产收入为主要目标的区域。这类自由经济区把贸易型和生产型两种经营结合起来，兼具工业生产与出口贸易两种功能。它的基本形式是出口加工区，此外还有自由工业区、投资促进区、经济技术开发区和保税工业区等。这类自由经济区的经营范围主要是工业、农业等生产领域，对毗邻地区经济能产生辐射、扩散效应，具有作为宏观经济促进器的作用，因而往往被看作刺激国内经济发展的基地或“增长极”。这类模式多见于经济发展水平和工业化程度都不甚高，但又有一定工业基础的发展中国家和地区。目前，贸工型自由贸易区处于相对饱和时期，它正经受着相持阶段的稳定和产业结构升级的考验。

（3）科技型。这是一种以大学和科研机构为依托，通过吸引外资、外技建立高新技术出口产业，以研究、出口和生产高新技术产品为主要目标的区域。它的典型形式是科学工业园区，类似的称谓还有工业科学园、科研工业区、新技术开发区、高技术园区、科学公园、大学研究园、大学科技园、科学城、技术城等。科技型自由区有三个显著特点：一是它所依托的是高等学府和科学研究机构，它的发展主要侧重于人才和知识，而不是依赖自由资源和一般劳动力资源；二是它对技术和知识的集约程度要求比较高，而对劳动密集型与资源密集型的企业则采取限制甚至拒绝的态度；三是它对东道国或地区的科技发展、工业化以及经济发展将发挥更为巨大的促进作用。因为它能实现产业、科研、教育“三位一体”的发展，在促进设区国或地区的产品更新换代和产业结构调整与升级中起先导作用，因而已成为当今世界自由经济区发展的新方向。

（4）综合型。这是一种以一业为主，多业经营，具有多层次的产业结构，多功能和规模比较大的自由经济区。它是在贸易型、贸工型基础上形成和发展起来的一种更先进的新型自由区。它横跨生产、流通两个领域，既可以生产出口商品为主，也可以发展商品贸易为主，同时发展工、商、农、牧、旅游、金融、高技术等各项业务。由于具有多行业、多部门、多功能的优势，与一般的自由港、自由贸易区和出口加工区比较，具有更强的竞争能力和应变能力，对毗邻地区及至全国经济的影响更广泛。虽然目前世界上综合型自由区为数极少，但却代表了自由区的未来发展方向。从各国实践来看，综合型自由区的建立必须经过一定发展过程。综合自由区没有统一的称谓，有的称工业区，有的称自由贸易区，在中国则称为经济特区。如巴西玛瑙斯自由贸易区，中国香港、新加坡自由港，中国的深圳、厦门、汕头、珠海、海南、上海浦东等。

3. 世界上自由经济区的最新发展趋势及启示

虽然目前全球范围内贸易自由化、区域一体化迅速推进，世界贸易自由化、便利化程度不断提高，世界平均关税特别是发达国家平均关税已降到空前低的水平，但各国各类自由经济区发展步伐没有停顿，而且是在不断发展，形式、功能日益多样化，层次不断升级，多功能综合型自由贸易区成为新的趋势，俄罗斯、印度等新兴经济体开始后来居上，在世界货物和服务贸易中的地位进一步上升，对各国经济发展的作用越来越大。

（1）世界自由区的发展趋势。进入 21 世纪以来，世界自由区呈现出不断升级的新趋势。第一，跨国合作的特殊自由区如雨后春笋般崛起。作为一国境内自由区的一种延伸，近年来毗邻国家在毗邻区域共同兴建各类自由区的势头迅猛。新加坡、马来西亚和印度尼西亚谋划组成“成长三角经济合作开发区”；中南半岛三国拟成立“印度支那黄金半岛经济圈”，以泰国为中心，联合越南、老挝、柬埔寨和缅甸建立类似欧共体的“中南半岛共同经济体系”；泰国和马来西亚准备成立北三角自由区；马来西亚的槟城、泰国的万伦及印度尼西亚的棉兰组成的“大马成长自由区”自由贸易区以及印度尼西亚、菲律宾、文莱等国成立的“东成长三角”自由区；亚太经合组织采取首次行动，加速贸易投资自由化进程；中国、朝鲜、俄罗斯、韩国和蒙古等五国在图们江地区建立世界一流的自由港和自由贸易区；2006 年 4 月 28 日蒙古建立新的国际自由贸易区——Zamiin Uud 自由贸易区，以便加强蒙古和东北亚在全球经济中的地位。

第二，世界各个国家或地区的自由区开始进行升级换代。在世界科技革命蓬勃发展和经济转型的推动下，科技型自由贸易区迅猛兴起。发达国家自由区同高科技结合更加密切，功能日益多样化，科学工业园区迅速发展和升级，科技型自由区成为发达国家的新趋势。同时，一些新兴经济体各类自由区也出现全面调整和升级，产业由劳动密集型开始向技术密集型过渡，甚至设立专门引进资本与技术高度密集的园区。比如，爱尔兰的香农自由贸易区，近年强调使包括裕廊工业区在内的所有工业部门改变内部结构，实现技术升级。有些国家也开始兴建科技型自由区。

第三，以区位、服务和产业集群优势来谋求更大发展，发展中国家自由区向多功能综合型转变。过去发展中国家更多地侧重考虑解决经济发展中的一些短期问题，如促进出口、赚取外汇、解决就业以及开发落后地区等。这种单一功能的自由区在初期会起一定作用，但随着内外部形势的变化，逐步遇到一些发展瓶颈和困难，不得不顺应时代潮流的变化加快转型和创新的步伐。发展中国家各类自由区的内涵和功能经历了从单一到综合、由初级到高级的转变过程，经历了从最早的单一贸易型向工业、贸易结合型，科技型以及贸易、工业和服务业相结合的综合型自由区四个发展阶段。进入 21 世纪以后，以印度、爱尔兰、韩国为代表，以承接服务外包为特点的服务型经济自由区成为最新发展潮流。在亚洲、拉美、中东的一些综合型自由区还成为离岸金融中心，实现了金融业务的自由化。

第四，监管手续进一步简化、高效化。在能够保证“二线管住”的前提下，尽可能地减少对第一线活动的干预。海关的管理已从传统的货物监管转向单证监管。采用现代计算机技术对自由贸易区货物的进出和区内流动进行区域性的动态监管，使海关的管理效率成倍提高。

第五，各类自由区在世界和各国经济贸易中的地位和作用继续上升。由于世界各国间的竞争日益激烈，世界分工日益深化，世界双向贸易和投资对交易效率、质量的要求日益提高，交货期日益缩短，因而相应对要素自由流动和制度自由化方面的要求也日益提高。虽然全球贸易自由化程度不断提高，但贸易监管效率和形形色色的保护主义仍构成壁垒和障碍。各类自由区仍有独特的作用，在进一步升级过程中，其在世界经济贸易中地位继续提高，在各国经济发展中的作用也越来越大。

从世界自由贸易区的发展趋势可以看出，当今世界自由贸易区依然具有强大的生命力，它正朝着纵横两个方向发展。这一方面促使有关国家开始调整现已存在的自由贸易区的类型和功能；另一方面提示人们在建立新的自由贸易区时必须顺应时代潮流，加快转型升级步伐，在本国扩大开放和参与国际竞争中发挥更积极的作用。

（2）对中国自由贸易区建设的启示。第一，中国经济特区和国家级经济技术开发区作为一种特殊的“准自由区”，在中国现代化建设进程中发挥了巨大的开放窗口和示范带动作用，取得了巨大成功。但是，我们不能停止不前，必须顺应世界自由区的发展潮流，加快转型升级步伐，在中国未来对外开放中发挥新的带头作用。第二，世界各国自由贸易区的运行模式与其所在地的政治体制、经济发展水平、地理环境以及对外贸易程度有着密切联系。中国自由贸易区的转型应充分考虑这些因素。第三，发展中国家自由贸易区的设置与发达国家有一定差异，所以中国的自由贸易区定位要适合中国的国情和设区当地的条件以及经济环境等。第四，20 世纪 90 年代以来，自由贸易区的内容和形式都有较多的创新和发展，创新成功的案例也很多。如果说今后若干年是中国自由贸易区转型的大好时机，那么也将是中国创新和发展自由贸易区新形式的重要时期。第五，在中国贸易行政环境和监管水平较低条件下，建设自由贸易区有着更大的必要性，是中国抓住新一轮经济全球化和国际产业转移机遇的战略选择。第六，在深圳等有条件的地区建设型多功能自由贸易区，符合发展中国家自由贸易区转型的新趋势，有利于改变我们在与印度、爱尔兰等在承接服务外包方面的劣势，抓住新一轮服务业跨国转移的机遇，加快服务业开放、发展和升级，提升中国在国际产业链、价值链和创新链中的地位，特别是有利于推动香港与内地在承接国际服务外包和服务业升级方面的合作，促进香港、深圳和整个内地的转型，为香港长期繁荣提供支撑。

（二）深圳特区特殊区域功能及制度设计的特点与优劣

1. 建立深圳经济特区的目的和作用

1978 年 12 月，党的十一届三中全会提出把工作重点转移到社会主义现代化建设上来。为了规避制度变革的风险和阻力，增加改革开放的说服力，中央批准了招商局在深圳的西部海岸租用土地创办蛇口工业区的设想。同年4月，中央召开工作会议正式明确广东的深圳、珠海、汕头试办出口特区。1980年3月，国务院在广州召开广东、福建两省工作会议，研究并提出了试办特区的一些重要政策，并同意把原拟的“出口特区”名称改为“经济特区”。同年8月26日，第五届全国人大常委会第十五次会议批准了《广东省经济特区条例》，经济特区正式设立。由于中国经济文化落后和发展不平衡，社会主义现代化建设是一个长期而艰巨的任务，完全依靠自力更生，关起门来搞建设是不行的，必须尽可能地利用国外的资金、技术和管理经验。而深圳等经济特区正是中国实行梯度开放战略中的突破口，成为中国实行对外开放政策的最初结果，而开放的特区又成为初期对外开放的“窗口”。1984年，邓小平在考察经济特区后指出：“特区是个窗口，是技术的窗口，管理的窗口，知识的窗口，也是对外政策的窗口。”① 显然，当时中央兴办深圳等经济特区的目的是吸引外资、刺激出口、获取现代科技和管理方法。随着全国多层次、多形式、全方位对外开放的新格局的形成和发展，随着原来在经济特区实行的某些优惠政策和灵活做法在内地的不少地方逐步推行并取得显著成效，人们对经济特区的地位和作用产生了争论。1995年，江泽民指出：“在更高的层次和更宽的领域进一步深化改革、扩大开放，努力增创各个方面的新优势，更好发挥深圳经济特区对外开放的‘窗口’作用，经济体制改革的‘试验场’作用，对内地的示范、辐射和带动作用，对保持香港繁荣稳定的促进作用。”② 这“四个作用”是党中央和江泽民同志在新的发展时期，对经济特区地位和作用的新概括。

进入21世纪，中国将进入全面建设小康社会、加快推进社会主义现代化的新的发展阶段。世界政治多极化、经济全球化和科技进步的继续发展，为中国的现代化建设提供了难得机遇。到21世纪中叶实现中国现代化建设的第三步战略目标，即人均国内生产总值达到中等发达国家水平，基本实现社会主义现代化，是关系到建设有中国特色社会主义伟大事业非常关键的一步。中国是发展中大国，由于历史和自然的原因，地区间发展极不平衡，体制转换任务还非常艰巨。在实现现代化第三步战略目标的过程中，仍然需要一些地区先行先试，提供新的经验。为此，2000年11月，江泽民同志在深圳经济特区建立20周年庆祝大会上提出：“经济特区要继续当好改革开放和现代化建设的排头兵，继续争当建设有中国特色社会主义的示范地区，继续发挥技术的窗口、管理的窗口、知识的窗口和对外政策窗口的作用，努力形成和发展经济特区的中国特色、中国风格、中国气派”，要发挥“五个带头作用”，即“经济特区要带头加

① 邓小平：《邓小平文选》，人民出版社，1993年版，第3卷，第51～52页。

② 钟坚：《江泽民新时期经济特区发展思想探讨》，载于《深圳大学学报》，2000年第3期。

快体制创新，率先为全国建立比较完善的社会主义市场经济体制积极探索和实践”；“经济特区要带头大力推进科技创新，在加快结构调整和产业优化升级、实现经济增长方式的根本转变上创造新鲜经验”；“经济特区要带头增强服务全国的大局意识，加强与内地的经济技术交流与合作，积极支持实施西部大开发战略”；“经济特区要带头始终不渝地坚持‘两手抓，两手都要硬’的方针，大力加强社会主义精神文明建设，交好物质文明建设和精神文明建设两份答卷”；“经济特区要带头按照‘三个代表’的思想，加强党的建设，不断提高党组织的战斗力和凝聚力，增强拒腐防变的能力”。①

而具体到深圳特区，深圳市委、市政府提出了新时期特区“新内涵”，就是要成为特别能改革、特别能开放和特别能创新的地区。深圳市委书记李鸿忠更是明确提出，要“以特别之为立特区之位”。创新不仅包括经济制度创新，还包括社会制度、政治制度、文化制度等的全面创新。与过去领先政策取得发展相比，制度创新是主动创新。这是对改革开放新形势下经济特区在社会主义现代化建设进程中的功能与作用的科学定位，标志着经济特区已由经济政策创新为主进入了制度创新为主的新阶段，是经济特区功能定位的新飞跃。

2. 中国经济特区模式的优点与成功实践

作为改革开放的一个伟大创举，中国经济特区的成功实践早已为世人瞩目。27 年来，经济特区作为中国经济体制改革的试验场，为加快建立社会主义市场经济体制做出了历史性贡献。

首先，经济特区是在全国最早实行市场取向改革的地区之一。它以先行一步的探索和成功的经验，为中国最终确定社会主义市场经济体制提供了坚实的实践基础。27 年前，深圳经济特区建立之初，便根据中央关于特区要“跳出现行体制”的要求，大胆冲破传统计划经济体制的束缚，确定了“在国家宏观调控下以市场调节为主”的经济改革模式。20 世纪 80 年代，深圳从发展特区经济的实际需要出发，大胆借鉴国外发展市场经济的经验和做法，不断加强市场调节和市场机制在经济生活中的作用，从而使资源配置方式发生重要变化。邓小平在南方谈话中明确指出：“市场经济不等于资本主义，社会主义也有市场。”这一科学论断，正是从包括经济特区在内的市场取向改革的成功实践中总结出来的。

其次，经济特区率先建立起社会主义市场经济的基本框架，为综合配套改革和体制全面创新提供了新的经验。党的十四大以后，深圳和其他经济特区按照中央“改革起点应该更高一些，步子应该更大一些”的要求，更加自觉地以构建社会主义市场经济体制的基本框架为目标，从企业制度改革、市场体系发展、政府职能转变、分配制

① 江泽民：《在深圳经济特区建立二十周年庆祝大会上的讲话》（2000 年 11 月 14 日）。

度改革、社会保障制度建设等几个重要环节上，全面进行综合配套改革。同时，海南、深圳、厦门三个特区还利用全国人大授予的立法权，加快建立规范社会主义市场经济的法律、法规体系。目前，深圳通过综合配套改革，已形成社会主义市场经济十大体系，即：以公有制为主体、多种所有制经济平等竞争共同发展的体系；以资本为纽带的国有资产监督管理和营运体系；以市场为基础的价格体系；以商品市场为基础、要素市场为支柱的市场体系；社会共济与个人保障相结合的社会保障体制；以中介组织为主体的社会经济服务监督体系；适应市场经济需要的国民经济核算和企业财务会计体系；以按劳分配为主体、多种分配方式并存的分配体系；以间接手段为主的面向全社会的经营管理调控体系；适应特区社会主义市场经济体系需要的法规体系。这十大体系构成了社会主义市场经济体制的基本框架，对加快建立和完善全国的社会主义市场经济体制，具有重要的示范作用。

最后，经济特区为解决公有制和市场经济结合这一世界性难题，进行了许多有益探索，为寻找公有制在市场经济条件下的有效实现形式，积累了丰富经验。有人把社会主义市场经济体制比喻为经济学上的哥德巴赫猜想，这里最大难题是公有制如何与市场经济相结合，问题的关键，是要突破传统观念，努力寻找和探索公有制经济特别是国有经济在市场经济条件下的有效实现形式。面对这个人类历史上的新难题，深圳从 20 世纪 80 年代中期开始，便从国有企业改革入手，积极进行股份制的探索。1986 年 10 月颁布的《深圳经济特区国营企业股份化试点的暂行规定》，是中国关于股份制较早的一个文件，随后，国有企业股份制改造工作逐步推开。党的十四届三中全会之后，深圳又以建立现代企业制度为目标，对国有企业实行公司制改造，陆续颁布了《深圳经济特区股份有限公司条例》《深圳经济特区有限责任公司条例》等多个法规。围绕建立现代企业制度，深圳还在完善企业领导体制、建立公司法人治理结构、改革企业分配制度、建立公司激励机制以及监督约束机制等方面进行了探索；同时，努力探索国有资产管理的有效形式，形成和完善了国有资产管理委员会、国有资产经营公司和国有企业三级构架的国有资产管理体系。近年来，深圳全面推进现代企业制度建设，基本完成了国有企业的公司制改造，而且通过“抓大放小”，对国有经济进行战略性调整，大力发展混合所有制经济，支持和完善城乡多种多样的股份合作制经济，从而促进了公有制实现形式的多样化，也提高了国有经济的活力和控制力。

3. 新形势下深圳经济特区模式的不足及面临的选择

（1）新形势下深圳经济特区发展面临的机遇与挑战。经过 20 多年的发展，中国经济特区尤其是深圳特区在货物贸易开放和部分服务贸易开放领域已经成为中国改革开放的窗口、排头兵和前沿阵地。近年来，国际产业转移的新一轮浪潮也悄然而至，中国经济特区的对外开放政策也在不断调整，新形势下深圳经济特区的发展面临着新的机遇与挑战。

20 世纪 80 年代，中国的经济特区发展抓住了世界范围制造业第三次转移的机遇，但从经济特区发展的国际环境来看，现在主要面临着全球第四次产业结构调整的外部压力。为了追求生产低成本优势，第二次世界大战后每隔约 20 年全球制造业就会发生一次大规模的区位产业转移。第一次是欧美制造业转向日本，造就了日本 70 年代的经济发展奇迹；第二次是从欧美、日本转向韩国、新加坡以及中国台湾、香港等东亚国家或地区，崛起了“亚洲四小龙”新兴工业化经济体；第三次是全球制造业转向中国大陆的东南沿海地区，在世纪之交形成了珠三角和长三角地区为核心的“世界工厂”。至今又经过了 20 余年的发展，中国东南沿海地区，特别是珠三角地区，生产要素价格明显上升，出现了“民工荒”现象，劳动密集型产业正在丧失竞争优势，部分企业向国内中西部地区和国外的印度、越南等低成本国家转移，第四次全球制造业转移的趋势初露端倪。

与此同时，随着新科技革命和高新技术产业的深入发展，国际产业转移也日益深化、广度化，呈现出新的趋势和特点。在产业上，转移的重心开始向高附加值加工制造领域延伸，由传统的加工组装向先进制造甚至生产性服务业拓展，跨国公司对外投资扩展到了新兴产业领域；在技术上，欧美等发达国家的跨国公司利用发展中国家高端产业技术人员工资水平相对低廉的优势，开始将其物流分拨中心和技术研发中心转移到发展中国家；在方式上，由过去的直接投资设厂向股权收购兼并等多种方式发展，跨国产业基金开始扮演越来越重要角色。从整体上看，国际产业转移已从跨国公司工厂“车间”的全球布局开始拓展到“仓库”和“办公室”的全球布局。

中国经济特区既面临着低端组装制造业转出的压力，也面临着产业结构调整升级的机遇。深圳等发展较快的经济特区已经在跨国公司工厂“车间”布局中抢得先机，这为吸引全球制造业的“仓库”和“办公室”奠定了基础，同时制造业的高度发达也对生产性服务业产生了大量的需求。因此，在中国由“世界工厂”向世界的“仓库”和“办公室”转型的国家战略中，经济特区也将承担起重要的历史使命。

从内部环境主要是目前中国的特区政策体系看，以货物贸易便利和优惠为基础的特区政策优势已经不复存在了。近年来，中国对经济特区实施的政策体系做了一系列的调整，经济特区原来实施的部分特殊政策改为了全国性的普及性政策，其余的优惠政策经过了多次调整后已经逐步取消，可以说在内外资企业所得税“两税合一”后，经济特区最后一项优惠政策即所得税优惠政策取消了。中国经济特区整体上已经越来越不同于国际上的经济自由区。经济特区被逐步调整的主要政策包括：

1988 年，将特区关税和代征的进口环节工商税由与中央对半分改为全部上缴国家；

1992 年，调整特区外汇留用政策，进入全国统一体制；

1994 年，调整特区财政留用政策，实行全国统一的分税制；

1995 年，特区进口的市场物资减半征收关税的政策执行到期，并从 1996 年开始取消；

从 1995 年起，对特区进口基础设施建设用的政策实行额度控制，并从 1996 年起每年递减 20%，到 2000 年特区的关税减免政策全部取消；

从 1995 年起，特区企业不分内、外资，一律享受 15% 的所得税率；

从 2003 年 1 月 1 日起，特区增值税"地产地销"优惠政策停止执行，恢复按照规范办法征收增值税；

2007 年，十届全国人大五次会议通过了企业所得税法，统一内外资企业所得税率为 25%。

（2）加入 WTO 后中国经济特区应该继续"特"下去。中国加入 WTO 后，经济特区究竟还有没有存在的必要？如果有存在的必要，其发展空间、后劲又在哪里？这是一个我们必须直面的现实问题。

从 WTO 规则上讲，WTO 并不限制各成员设立这种以"境内关外"为特点的特殊功能区域，自由贸易区并不要求最惠国的待遇的例外，所以还没有 WTO 反对其成员设立自由区的先例。从各国实践上看，大多数 WTO 成员国与地区都设立了包括自由贸易区、出口加工区、自由港等各种形式的经济特区，这种做法不仅没有同 WTO 原则相矛盾，而且随着经济全球化趋势的日益明显，各国的经济特区仍在发展。虽然不同 WTO 成员国与地区的经济特区形式和实施政策各有不同，但总的来说对促进贸易、吸引外资与先进技术仍有相当优势，在各国的经济发展中都能起到独特的作用。

就中国经济特区而言，在中国加入 WTO 进一步参与经济全球化的新形势下，经济特区仍然有存在的意义，仍然可以体现其对中国经济发展的特殊贡献。在深圳经济特区成立 25 周年之际，中共中央政治局常委、国务院总理温家宝到深圳考察，并主持召开经济特区工作座谈会，他指出："发展经济特区是建设中国特色社会主义的重要组成部分，要贯穿社会主义现代化建设的全过程。"在新的历史条件下，深圳等经济特区要把创新作为发展的生命线和灵魂，努力增创新优势，继续当好建设中国特色社会主义的示范地区，继续发挥改革开放的"窗口"和"试验田"作用。在中国进入全面建设小康社会、加快推进社会主义现代化的新的发展阶段，中央多次重申：发展经济特区的决心不变；对经济特区的基本政策不变；经济特区在全国改革开放和现代化建设中的历史地位和作用不变；经济特区不仅要继续办下去，还要办得更好。

特区要不要"特"的最为主要的根据在于其是否有必要被赋予特殊的历史使命。诚然，市场经济体制在中国已初步确立，对外开放也以加入 WTO 为标志发展到新的阶段，但是，根据中国社会主义现代化建设的要求，国家振兴来赋予经济特区的历史使命——发挥经济特区的“窗口”（技术窗口、知识窗口、管理窗口和对外政策窗口）、“试验区”（体制改革和对外开放试验区）和“排头兵”的作用——不仅并未终结，而且随着现代化建设、改革开放的深化发展，也有了新的发展，被赋予了新的内涵。知识经济才初露端倪，国际产业结构调整方兴未艾，经济全球化深化发展，加入 WTO 后的进一步对外开放既非齐步走也非一步到位，体制改革与完善也尚未全部完成，区域经济非均衡发展战略仍有必要，所有这些依然是经济特区继续存在的根据与理由。也正是这些基本层面的新的变化发展赋予了特区原有历史使命以新的内涵，进而使加入 WTO 后中国经济特区的发展需要转型，并决定了发展转型的方向。

（3）新形势下深圳经济特区亟需转型。深圳经济特区的进一步发展需要转型，以应对新形势下的机遇与挑战。

第一，发展高端服务业要求深圳特区转型。深圳的成功发展与经济特区的制度安排密切相关，如果说经济特区的制度安排帮助深圳的工业制造业从无到有，从弱小到强大并发展出高科技产业，那么更加开放的自由贸易区制度将为深圳服务业提供更完善的发展环境。一是，自由贸易区对商品流动免税，允许人员和资金自由进出境，这三方面要素必然会发生高度聚集，并产生大量的相关服务性需求，包括物流、金融、保险、商务、信息、展览、旅游等，这些服务需求与深圳市政府 2007 年 1 号文件中明确提出的重点发展高端服务业中的八大战略重点不谋而合。自由贸易区制度安排是深圳发展服务经济最有力的支持。二是，在产业导向上，早期的自由贸易区是以贸易和劳动密集型出口加工业为主导产业的，20 世纪 80 ~ 90 年代以后，通过技术进步实现了产业升级，自由贸易区才获得了持续的竞争力。在服务经济日益成为世界经济主要推动力的今天，可以确定，今后的自由贸易区在功能和产业趋势上必然通过服务业的发展进一步扩展，进而实现持续的繁荣。所以，设立自由贸易区与深圳发展生产性服务业或高端服务业在产业导向上是吻合的，深圳可以通过自由贸易区的制度安排来实现高端服务业的发展。

第二，发展总部经济要求深圳特区转型。国际上许多著名的港口城市都依托自由贸易区的政策吸引了大量的跨国公司总部进驻。目前，超过 50% 的跨国公司将其欧洲配送中心设在荷兰的港口城市，主要集中在鹿特丹和阿姆斯特丹。跨国公司除了看中荷兰得天独厚的地理位置之外，更多还是被荷兰便捷高效的物流配送和通关环境吸引。迪拜政府为摆脱对石油收入的过分依赖，于 1985 年设立了著名的 Jebel Ali（杰贝勒阿里）自由贸易区，并致力于打造跨国公司在阿拉伯地区的总部。Jebel Ali 自由贸易区实行港区一体化运作模式，区内允许企业拥有 100% 的所有权，资本完全自由流动，可享有 15 年的免税期。凭借上述自由贸易区的政策优势，加上健全的管理制度、发达的通讯和高效的交通运输系统，近年来 Jebel Ali 自由贸易区吸引了近 4000 家来自 100 个国家和地区的企业落户，成为名副其实的阿拉伯总部基地。

在国内，上海洋山港集保税区、出口加工区和保税物流园区政策于一体，成为国内在优惠性、开放性和便利性方面与特殊经济区域国际惯例最为接近的区域。从而有效地改善和优化了上海的软环境，为上海进一步吸引外资，特别是吸引跨国公司把地区总部、研发中心、采购中心、分拨中心等转移到长三角地区起到了重要的作用。根据上海 WTO 事务咨询中心和上海市外商投资企业协会所做的一项问卷调查，80% 至 90% 的外资企业认为，上海浦东综合配套改革试点的相关政策，以及洋山深水港和洋山保税港区的建设，对完善上海投资环境和外商投资上海会产生重大影响。这些政策也是外资企业，包括跨国公司决定在上海设立地区总部的重要参考因素。

目前，深圳的总部经济正呈现出良好的发展态势。已有 98 家跨国公司在深圳投资，其中有 9 家设立了地区总部、26 家设立了研发中心。但是，相对于上海、北京等地，深圳的总部经济发展水平仍有一定的差距。设立自由贸易区对改善深圳的投资环境具有至关重要的作用，并将极大地提升深圳发展总部经济的能力。

第三，改革创新经济特区功能要求深圳特区转型。改革开放以来，中国先后在部分条件较好的沿海地区设立了一系列的经济特区和保税区。中国的经济特区和保税区以国外的自由贸易区为设计蓝本，但在实践中又区别于国际通行的自由贸易区，其中最根本的差别在于经济特区和保税区仍属于“境内关内”，不具备关税豁免的属性。由于存在这种差异，中国的经济特区在功能定位和管理模式上完全不同于国际通行的自由贸易区，在开放优势上明显弱于自由贸易区。而保税区则在实际运行过程中出现了“多头分管”“名不符实”“区港分离”等情况，保税区对外资的吸引力也随着中国整体开放水平的提高而逐步减弱。

为此，中国学术界和实际工作部门提出应将一部分有条件的保税区和经济特区升格或转型为自由贸易区。2003 年和 2004 年，中国先后正式批准了上海外高桥、大连、深圳盐田港和天津港等 8 个保税区与其邻近港区开展联动的试点，迈出了保税区向自由贸易区转型的第一步。2005 年和 2006 年，中国又先后在上海洋山、天津东疆和大连大窑湾设立了 3 个保税港区。事实上，从“区港联动”到保税港区再到自由贸易区是中国保税区转型和升级道路上的几个环节，保税港区在时间与空间上进一步延伸了“区港联动”的政策，是分步接近自由贸易区目标的一种创新。

第四，推动深港经济融合需要深圳经济特区进行重大转型和创新。要充分利用和发挥香港作为“四大中心”在内地新一轮对外开放中的作用，必须将香港的优势与深圳的高科技产业基础与腹地结合起来，以深圳经济特区向自由贸易区转型为动力，加快深港经济的合作与融合。

深圳是中国最早设立经济特区和保税区的沿海城市，拥有中国最大的口岸和毗邻港澳的天然区位优势，积累了成熟的特殊经济区域管理经验，是中国最有条件实施经济特区和保税区升级转型的地区。

（三）促进深港经济融合的深圳新型特殊经济功能区模式选择

1. 香港自由港的功能和制度设计

香港地域狭小，人口不多，自然资源缺乏，但凭借其优越的地理位置、特殊的历史背景、灵活的市场机制和功能齐全的“自由港”政策，创造了举世瞩目的经济奇迹，成为亚太地区公认的国际金融、贸易和航运中心，被评为世界上最自由的经济体系之一。与新加坡一样，经过历史的演变，香港实际上变成了一个综合型自由港区，而不是单纯的自由港。

香港政府奉行“积极不干预”的经济管理政策。“积极不干预”的内容包括：①市场主导。政府不对经济或市场做任何指导性规划，而是相信投资者和企业家远比政府官员了解市场，并相信市场的力量；②最大支持，最少干预。政府的角色主要是提供有利于营商的条件，包括自由、法治、廉洁、高效的公营部门和鼓励公平竞争的环境等“软件”，以及社会发展所必需的土地和基础设施建设，例如，学校、道路、机场等“硬件”。只有在市场失效，或者未能对一些明显符合香港整体经济利益和项目做出投资时，政府才会考虑介入市场。少数介入市场的例子中，最明显的是 1983 年建立港元与美元挂钩的联系汇率制度、发展地下铁路和展览中心以及 1998 年亚洲金融危机中入市反操控等。因此，香港是目前世界上功能最齐全的“自由港”。现在香港的“积极不干预”政策已发展成为由完全不干预政策、直接干预政策及临时性干预政策这 3 个基本内容所构成的比较完善的政策体系。

（1）全球最自由的经济体系。完全不干预政策是香港自由港经济政策体系的最为重要的基石及组成部分。在完全不干预政策指导下，香港经济活动基本上不受干预，享有高度的自由。与新加坡自由港一样，香港自由港也经历了一个长期不断转型的过程，已经不是单一的自由港功能，而是逐步成为世界上自由度最高的多功能、综合型自由贸易港区。香港具有全球最自由、最开放的经济体系，美国传统基金会自 1995 年公布经济自由度指数以来，香港一直高居榜首。经过 100 多年的演变，香港作为多功能、综合型自由港区，主要有以下制度安排：

其一，自由贸易制度。香港的自由贸易制度在世界上的表现最为彻底。具体表现：一是对进出口贸易不设置管制。除为履行国际义务及维护香港安全原因，对贸易实行必不可少管制外（前者如武器、毒品及有关国际默写所规定的内容等，后者如食品卫生及大米贸易管制等），进出口贸易（包括进出口商品种类、进出口商品价格、贸易主体的身份和进出口市场的选择等方面）都不受管制，享有极为广泛的自由空间；二是不设置关税壁垒。除对烟、酒、甲醇（酒精及其制品）、碳氢油（汽油及柴油）、化妆品和若干不含酒精饮品这6类商品征收进口关税及消费税（若为转口或加工后再出口，则可输退税）外，对其他一般商品的进出口均不收关税，而征收0.05%的从价税用于支持香港贸易发展局发展，进出口贸易“门槛”极低；三是进出口手续极为简便。除少数受贸易管制的商品需要进行事前申请并获批准后才能进出口外，一般商品的进出口无须报批，办理的手续只需于14天内向香港海关递交一份填写完整的报关表（供海关作统计、管理“备忘录”和征收用于支持香港贸易发展局发展的从价税的依据）即可；四是外来船舶免办进港申请及海关手续，实行非强制引水，关检及卫检手续简便，并豁免港口行政费，物流体系流畅。

其二，自由企业制度。香港的自由企业制度表现在如下几个方面：一是自由进入及经营制度。在香港，政府只直接经营一些港口、机场、道路、邮政和工业村公司等公共事业，以向社会提供一定有益的公共服务；同时，也对列入管制的行业，诸如武器和毒品等违禁品的生产与经营、产生生态环境污染行业（如漂染业及禽畜养殖业等）、需由政府监管以防对社会产生负面影响的行业（如麻将馆等），进行分类管制。而其他绝大多数投资领域的进入及经营均是由投资自我决策的。同时，只要企业依法经营，政府绝不干涉其经营活动；二是企业进入及经营门槛低。新开办企业不仅向当局注册的手续简便，而且缴费少（只需交纳600港元注册费，每千港元资本费资本另缴费6港元）；三是居民待遇制度。在香港设立并经营企业，不管资金来源为本地或海外，资产所有制为集体或私人，均享受一视同仁的“居民待遇”，不因身份不同而受歧视或偏袒。政府对企业所采取态度均为“你投资，我欢迎；你赚钱，我收税；你亏损，我同情”。企业经营环境颇为公平。

其三，自由外汇制度。作为自由港区，香港的外汇管制一直较为宽松。20世纪70年代初期，英国的国际收支严重恶化，英镑自由浮动，港元与英镑脱钩并脱离英镑区后，便进一步撤销外汇管制，使原来有管制的官价外汇市场和自由外汇市场合并为统一的完全开放的自由外汇市场；1984年香港又撤销黄金进出口禁令，从而使香港的外汇管制更为宽松。具体的表现为：外汇、黄金及钻石等可以自由地进出香港，各种货币可在香港自由地买卖及汇兑。

其四，自由出入境制度。香港居民及境外人员进出香港十分自由且所办手续也非常方便。香港居民持有旅行证件可自由进出香港，无需经过申请和批准程序。外国及外地人到香港，无论是办企业，还是探亲、旅游，手续都十分简单。有40多个国家和地区的人员每次来港逗留不超过一个月的，可用护照代替签证；持有英联邦成员国护照的人员来港，可免办签证手续。这对香港发展旅游业及吸引海外人才到港工作均十分有利。

其五，低税负政策。香港还是世界上综合税负最低的地区，税利很少，税率很低，企业所得税率仅为 17.5%，为世界最低水平；个人所得税起征点很高，现行免税额（即我们的“个人所得税起征点”）为 10 万港元（按年申报），已婚人士则为 20 万港元。

此外，香港的经济财税金融政策都与国际通行做法接轨，法律制度健全，贸易投资高度便利化，公共服务发达，政府行政和环境优化，这是香港成为国际四大中心的重要制度条件。

（2）直接干预政策。直接干预政策主要立足于对某些极为敏感和重要的经济活动的严格控制，以保证香港整体经济的有序运行，因而也是实施完全不干预政策的基本前提。当前，香港的直接干预政策主要集中在如下几个方面：

其一，对土地一级市场的干预。土地具有不可迁移的特点，使香港这一土地问题极少的地区，不能发挥其制度优势以有效地从境外调入（像吸纳海外资金、人力资源、信息资源等一样），因而是当地最为稀缺的资源。对土地一级市场实行直接的干预，可使香港有限的土地资源得到高效的开发，以最大限度地发挥香港土地资源的潜能。

其二，对关键金融活动的干预。金融市场具有非物质化的特点有效地增强了金融产品的流动性，但也在一定程度上诱发了投机性行为。对金融市场的某些关键活动进行直接干预，可有效地抑制金融投机和控制金融风险。香港对金融市场的控制主要集中在建立港元与美元的联系汇率制、指定发钞银行及控制发钞银行的发钞行为、推行“金融三级制”等方面。

其三，对贸易领域的干预。主要包括：对大米进口实行经营许可证制和预储制，以防个别商贩囤积居奇，哄抬米价，影响民生；对 6 类商品的进口征收高关税，等等。

综合起来看，香港自由港区主要有以下五个特点：一是条件优越，有优越的深水良港维多利亚港、现代化的机场、铁路、公路等内外交通设施及现代化的通信网络；二是自由度高，一般商品、资金、货币、黄金及一般人员进出自由，企业经营自由，货币买卖自由、兑换自由；三是开放范围大，开放区为整个香港地区，而世界上现有的自由港多为自由港区，即只将港口附件地区辟为自由港；四是有与自由港密切配合的低税率与简易税制。香港是世界现行所得税率最低的地区之一；五是功能齐全，香港的主导产业有贸易、金融、旅游、航运等第三产业，并成为贸易、金融、航运、旅游、信息等多个国际中心之一，制造业方面在世界占有非常重要的地位。

此外，香港政府还对若干影响国计民生的商品价格的形成也给予直接的干预。

（3）临时性干预政策。临时性干预政策是香港政府维护香港经济规范运行的辅助性政策手段，它主要用于对经济的非常态运行中所出现的问题。每当香港经济受外部因素冲击或自身变动影响而出现较大幅度的波动和振动时，香港政府便运用相应的临时性干预政策进行干预；待经济运行恢复常态之后，便又收回这些临时性干预政策措施，让经济在有限度的直接干预规范下，由“看得见的手”进行调控。

由于市场机制这只“看不见的手”对经济运行的作用是一种自发、自动和自然的过程，而政府对经济运行的干预这只“看不见的手”是一种自觉、主动和人为的经济行为。因此，香港政府在运用临时性干预政策时，主要是通过政府的经济作用，而不是限制市场投机的作用，使经济运行能获取更具效率的发展。

香港政府一般运用的临时性干预政府措施有按揭率管制、楼花转让管制、动用外汇管理基金干预金融市场，等等。

2. 深港经济机制化对接面临的主要问题

（1）“一国两制”问题。由于深港两地社会制度不同，政治和经济体制不同，又是不同关税区，因此在经济合作和经济一体化的进程中，有合作优势，但也需要考虑和解决许多与政治相关的问题。这些问题很复杂，有许多问题是地方政府力不从心的，必须中央政府给予支持才能解决。

（2）WTO 原则问题。作为单独关税区，我国对港资企业的政策待遇必须符合 WTO 的最惠国待遇和国民待遇原则。这不仅使现有的某些优惠政策存在疑问，更大的难题是使香港与内地的全面合作受到限制。CEPA 机制只是解决了部分问题，深港经济全面融合必将面临人员和要素自由流动方面的障碍。

（3）深港两地市场化程度不同。经过近百年的发展，香港建立了非常成熟的自由市场经济体制，经济法规相当完善，实行市场主导型发展模式，政府不直接参与经济活动，对经济活动干预很少。深圳是中国的经济特区，虽然在市场经济体系建设方面先行一步，作为后发展地区，政府在经济活动中仍然扮演着重要的角色，政府政策对经济活动的指导、规划和组织较强。这样，在深港经济联系和合作中，两个不同成熟程度的市场体系，必然会导致制度摩擦成本。

（4）利益相互协调困难。深港两地部门协调、权利义务平衡是基本原则。从区域角度分析，深港两地整体利益易于达到平衡。由于客观存在的利益矛盾，深港以企业为主体推动全面合作，面临诸多障碍，特别是服务业合作将受到内地垄断经营部门的阻碍。两地企业在经营模式、理念、职业操守方面也存在诸多差异，构成约束。

（5）深港两地在经济政策方面的差异。深圳虽然是经济特区，但原有的特殊政策基本上已被调整。深圳经济的开放度和自由度虽然与内地省市相比有一定的优势，但与香港经济政策相比却有很大的差异。香港是全球最自由的经济体系，实行自由港政策，货物、人员、资金进出自由。深圳经济与香港相比，无论是自由度还是开放度，都还存在很大的差异。香港经济运行的特点是自由、快捷、竞争灵活。深圳市场经济尚不成熟，在金融、贸易、口岸体制和经济法规等方面也存在着很大的差异。虽然深港经济合作存在市场经济的共性，但是两地在经济政策上的差异在不同程度上增加了两地经济合作的难度，影响了深港经济合作的进度。

（6）金融体系衔接阻碍重重。之所以将金融体系抽出来，是由金融业的特殊地位决定的。1997 年的亚洲金融危机就是由于金融体系缺乏足够监督，开放度过高，给国际金融投机有隙可乘。香港是著名的国际金融中心，外汇市场、黄金市场、股票市场分别排在世界第 5 位、第 4 位和亚洲第 2 位。此外香港还是位居世界第 3 的银团贷款中心。可以说香港金融业无论从规模上、对外联系上，还是扩展层次上看，均具较高水平，值得金融“小弟”深圳学习借鉴。但两地金融业相差很大，主要表现在：金融制度不同；金融组织结构不同；外汇管理制度不同；货币政策和利率不同；金融法规不同。因此需要政府下大力气改革整顿金融体系，自我完善和改革银行体制。但 1997 年的金融大风暴，客观上使中央政府对金融体制的改革极为审慎，进程也相应变慢。

（7）法律体系对接易发生冲突。深港两地实行的法律体系差异很大，主要表现：其一，所依托的社会制度不同，香港实行资本主义制度，深圳是社会主义。其二，法律传统不同，香港的法律传统以英美法系为主，深圳则使用原苏联移植的改造后的社会主义法律体系和司法模式。其三，两地立法权限不同，香港在“高度自治”的方针下，拥有很大的立法权，可以根据自身的需要，制定政治、经济、文化、贸易、金融、旅游、航运等方面的法律制度，中央政府无权干预；而深圳特区虽有一定的立法自治权，但必须不能与《中华人民共和国宪法》相抵触，中央政府制定的法律制度，深圳必须无条件执行。其四，经济体制完善程度不同，香港现行经济体制为市场经济、法制经济。法律的完善在经济运行中至关重要，尤其是金融、证券方面。只有建立健全严密的法律体系，才能在经济生活中做到有法可依，有章可循。香港的法律体系高度完善，执法严格，深圳法律体系不健全，有法不依、执法不严情况较严重。在深港两地经济交往和经济合作中，由于法律制度的不同，造成了两地经济合作中的协调困难，使深港两地的经济合作进程缓慢。

3. CEPA 机制下深港经济融合的可能与局限

在 CEPA 框架下，内地将分阶段取消对港产品征收关税，对香港提前开放 18 个服务行业，并且对内地人员访港做出了制度性安排。CEPA 是一个开放的框架，它要达到的长远目标是促进内地市场逐步扩大对港澳地区开放。在 CEPA 框架下，中国内地与香港在贸易、投资等经济合作领域发展势头迅猛。2006 年，内地进口香港 CEPA 货物总值为4.4亿美元，比2005年增长55.9%；税款优惠3.2亿元人民币，比2005年增长54.2%。截至2007年1月22日，香港有297家企业享受到CEPA零关税优惠。

（1）CEPA框架下深港经济融合的可能性。CEPA安排具有双赢的效果，是中央政府根据港澳经济长远发展需要，在一国框架下，量身订造的产物，因此它的内容既不同于现时北美自由贸易区，也有别于欧盟。总体上看，CEPA涉及的市场整合内容已超过了现在的北美或拉美自由贸易区，但不如欧盟。值得重视的是，在CEPA框架下，现阶段正在或正待推动的若干措施对香港与内地，尤其是与深圳的关系将产生深远的影响：

第一，放宽人员往来。内地居民可个人来港旅行措施实施范围的不断扩大，对两地人流及资金流的发展将产生极大的带动，促进生产要素在两地之间的流动更加便利、自由。

第二，跨境基础设施建设加快进行。香港与深圳及珠三角地区已在进行或者即将进行的三项大型跨境设施（西部通道、港珠澳大桥以及粤港澳高速铁路）建设完成后将大大改善两地往来的便利，为深化区域整合提供重要的基础条件。

第三，开放人民币离岸业务。央行已宣布的香港即将可以经营人民币存款、兑换、汇款及接受人民币信用卡消费的措施，虽然未满足香港成为人民币离岸中心的条件，却是朝这个中心发展的重要起步。

第四，宏观经济政策加强沟通与协调。鉴于CEPA对香港与内地经济往来的巨大推动，香港特区政府与中央政府、广东省政府多层面的协调与沟通将需要也正在大大加强。长远看，两地的经济政策即使不会趋向一致，也将变得更加协调与默契。

第五，加强产业及项目合作。香港在金融服务业的某些产品线及制造业的某些工序方面的经营与管理优势，将给区域合作提供广阔的发展空间。

（2）CEPA框架下深港经济融合的局限性。CEPA虽然对目前深港经济一体化的水平高度有重大突破，因为其贸易自由化、投资便利化以及服务贸易的规模进入，已经在相当程度上突破了自由贸易区和关税同盟的相关限制，但是CEPA中仍旧存在经贸安排上的单边色彩、只有产品市场的一体化而没有要素市场的一体化、只有功能上的沟通而没有体制上的衔接、只有市场流通的统一安排而没有市场规则的统一安排。

一是观念和意识差异方面。香港企业家抱怨，香港特区政府很忌讳带领企业家与中央政府商谈经济问题。内地各级政府对经济发展影响很大，许多香港服务提供者非常不适应。香港生产性服务业提供者认为不少内地制造企业对管理和技术的认识和尊重程度不够，对顾问管理和设计能带来的好处怀疑。认为仅为一些数字图表付出上百万不值。文化背景和思想意识差异，决定了香港企业服务内地制造业不可避免要经历经营理念和文化上的磨合过程。

二是对内地市场的熟悉和了解状况。大部分内地企业对香港生产性服务业的评价良好，但香港贸发局及本课题组调查表明，许多内地制造业企业对香港生产性服务业的能力和优势不了解。香港服务提供商进入内地市场，也存在对内地市场认识不足的问题。这些问题需要在市场竞争中逐步解决。

三是合作中的具体制度性障碍。问题的存在是长期以来制度建设滞后导致的。以会展业为例，港资企业习惯于市场化运作，但进入内地，须和国内有资质等级的企业合办国际展；组织国内企业参加展览，必须反复和政府打交道。人员流动申请批件复杂；民营企业家须找工商联、贸促会作挂靠，操作复杂，国有企业参展要找国资委；企业走出去参展贸促会有补助，但难以获得等。

四是香港服务业在内地仍有商业存在的不足。香港服务提供者服务内地制造业可以是商业存在的方式，也可以是跨境服务的方式。但多数情况下，被服务者一般希望提供服务者就在身边。内地制造业者需要香港的服务，但香港企业还不能根据需要在内地开业，香港服务业的辐射范围就受到很大影响，内地制造业企业很难用香港服务提供者。

五是香港服务业面临的竞争问题。来自内地服务业的竞争方面，内地在某些服务业（如港口）已具备一定优势，香港集装箱处理量份额持续下降，而深圳和广州港口以较快速度上升。港资生产性服务业企业规模较小，一些跨国企业往往使用本国物流体系。对内地一些大规模国企，特别是大型重化工业企业，香港物流业提供服务需要实现自身转型。金融领域，香港银行在境内网点不多，收费高于内地，在金融传统业务方面不占优势。此外，内地加入 WTO 后，有来自其他外资服务业的竞争。目前香港在和其他外资竞争尚有一定优势，但这种优势将随时间的推移越来越少。

六是香港与内地要素的跨境流动仍然受限。尽管 CEPA 安排实施后，两地之间的货物、人流、信息和资金等市场要素交流的制度障碍得到逐步消除，但是目前两地因海关、外汇和出入境管理制度差异和限制，仍然对两地的跨境要素流通造成障碍，影响香港发挥作为内地服务业中心的优势。目前影响香港与内地跨境要素流通的障碍主要有：内地商人及人才来港受签注规定限制；过境物流运输受海关检查限制；过境交通设施的限制；人民币业务限制。

4. 综合型、多功能的深圳自由贸易区模式是适宜的选择

综合型、多功能的深圳自由贸易区将兼具贸易、加工、物流、研发等多种功能，并允许和鼓励金融保险、旅游观光、科教文卫等配套服务业的发展，因此能够灵活适应全球经济调整和变化莫测的国际趋势，可以在各类自由贸易区的激烈竞争中不断创新和升级。之所以说综合型、多功能的深圳自由贸易区模式是适宜的选择，主要基于以下几点：

第一，建立综合型自贸区符合国际潮流。当今世界，许多国家和地区仍然选择了保留、改进或酝酿设立自由贸易区。据不完全统计，在全球已设立的1200个自由贸易区当中，发达国家为425个，占35.4%。韩国则在“釜山港2020”远景规划中提出打造“欧亚门户港”，建设具有高附加值的自由贸易区。

第二，将拓展香港的功能空间，有助于加快构建港深国际大都会。香港在中国对外开放的过程中扮演了重要的中介角色。近年来，随着中国整体开放水平的提高，香港的中介地位有所弱化，加上亚洲金融危机的影响，香港经济复苏缓慢，导致香港与亚太地区其他重要城市，比如东京、新加坡和釜山的竞争中处于不利位置。例如，新加坡在2005年超过香港成为全球最繁忙集装箱港口。香港土地面积狭小，单位面积人口比例高，无论是居民生活还是产业发展都已无太大空间，而深圳拥有1952平方千米的土地。在毗邻香港的深圳设立自由贸易区无疑将直接扩大香港的功能空间，降低香港的人工费用和土地物业成本，为解决香港经济发展后劲不足的问题找到一个根本的出路，从而提高和维护香港的国际竞争力。而构建深港国际大都会的意义则不仅仅是其地域空间扩大了两倍，更重要的是通过深港两地经济制度和体制的对接，实现两地资源的优化配置，并推动深港两地最终实现经济融合。

第三，有利于推动香港和深圳两地经济转型。建立深圳自贸区有利于充分发挥香港服务业的整体优势，包括良好的机制、丰富的经验、大量的中高端人才，以及一批有较高专业水平的生产性服务供应商，可以在加强合作过程中大显身手，同时也将有利于深圳生产性服务业和整体产业结构的优化升级。一是推动服务业供给总量的增加和结构优化，生产性服务业投入效率的提高将有利于减少经济增长对高投资和高资本积累的依赖，增加人力资本积累。二是有利于增强制造业的国际竞争力，获取更多的比较利益，特别是有利于增强自主创新能力，推动内地制造业由“中国制造”向“中国创造”的转型升级。三是有利于转变外贸增长方式，促进服务贸易与货物贸易的协调发展，并有利于减少贸易摩擦。四是有利于推动走新型工业化道路，为新型工业化提供高水平的生产性服务中间投入，不断挖掘经济效率提高的源泉，大大降低经济增长对资源投入的依赖，提高资源使用效率。

第四，符合内地新一轮对外开放的需要。目前，内地正进入新一轮对外开放，未来5年内地对外开放的主要方向可以归纳为：一是深化涉外经济体制改革，完善促进生产要素跨境流动和优化配置的体制和政策；二是继续积极有效利用外资，切实提高利用外资的质量，加强对外资的产业和区域投向引导，促进国内产业优化升级，着重引进先进技术、管理经验和高素质人才，做好引进技术的消化吸收和创新提高；三是继续开放服务市场，有序承接国际现货服务业转移；四是吸引外资能力较强的地区和开发区，要注重提高生产制造层次，并积极向研究开发、现代流通等领域拓展，充分发挥集聚和带动效应；五是支持有条件的企业“走出去”，按照国际通行规则到境外投资，鼓励境外工程承包和劳务输出，扩大互利合作和共同开发，完善对境外投资的协调机制和风险管理，加强对海外国有资产的监管；六是积极发展与周边国家的经济技术合作；七是在扩大对外开放中，切实维护国家经济安全。新一轮对外开放的最本质特征就是中国将更加主动地融入全球化进程，服务业开放和走出去是其中最重要的领域。深圳自由贸易区的建立正是这一战略发展过程中的重要步骤之一，有利于更充分发挥生产性服务业的综合优势，提高内地吸纳国际服务外包的竞争力和参与服务业全球化的水平，并使香港成为内地企业走出去的重要平台，对内地新一轮开放发挥更重要的桥梁和纽带作用。

第五，设立自由贸易区是中国创新服务业开放模式的有益尝试。随着信息通讯技术的快速发展，以及经济全球化进程的加快，全球产业结构发生了巨大变化，其中一个重要特征就是服务业的快速发展，服务业的产值和就业在整个经济中的比重持续上升并达到了一个很高的水平。目前，在世界 GDP 总量中，服务业产值已超过了 60%，其中一些发达国家的服务业产值已占国内生产总值的 70%，个别国家接近 80%。而服务业的就业比重，发达国家已高达 70% 左右，中等收入国家为 50%～60%。同时，世界服务贸易占到贸易总额的 1/4；服务消费占到所有消费的 1/2 左右。中国加入 WTO 后，服务领域的对外开放程度不断加深。但服务业利用外资规模和外资比重依然远远小于制造业，不但没有增加，反而逐年递减。2005 年，中国商品进口额达到 6601 亿美元，占世界进口总值的 6.1%，仅次于美国；同期进口的运输服务、旅行服务、其他商务服务只占世界份额的 4.2%、3.3% 和 3%，总体发展水平较低。

与此同时，中国服务业总体发展水平还比较低，特别是高附加值的服务业，如金融、保险、电信、商业、贸易、物流等行业与发达国家的差距甚远，必须通过加快开放、更多利用外资来提高服务业的整体水平和竞争力，提升服务业在 GDP 中的比重，促进产业结构升级。商品流、人流、资金流的高度聚集是服务业繁荣和发展的必要条件，自由贸易区恰好是这样的一个特殊经济区域可以为服务业的发展提供旺盛的需求。但是，这种需求在中国保税区目前的制度框架内，得不到充分的满足，保税区可提供的生产性服务非常有限。因此，设立自由贸易区将是中国创新服务业对外开放模式的有益尝试。

深圳自由贸易区的理想目标是“综合型、多功能的自由贸易区模式”，其主旨是改变内地在吸纳国际服务业跨国转移与外包的不利地位，核心内容是以自由贸易区为制度创新的突破口，将深圳建成一个服务经济型特区，续写中国制造业的辉煌，抢占国际服务业竞争的制高点，全面加快深圳经济转型和现代化步伐。当然，在这一过程中，我们也必须借鉴国外的经验，全面提升服务业监管水平，注意维护国家信息安全。

深圳建立综合型、多功能自由贸易区的主要目标包括：

成为国际枢纽港。推动香港作为国际航运和贸易中心功能全面升级，进一步将部分功能和业务向深圳转移延伸，形成整体连动。吸引国际主要船商在深圳港挂靠，集装箱国际中转的比例达到40%以上，港口设施和信息化程度均达到世界一流水平。

成为亚太营运中心之一。在继续推动香港国际营运中心发展升级的同时，逐步向深圳扩散。吸引更多的跨国公司将采购、配销中心设在深圳，形成一个在亚太地区具有相当影响力的跨国公司总部聚集区。

成为亚太高科技研发中心。推动深港科技创新合作，建设深圳湾国际创新基地。同时，充分发挥深圳高科技产业基础优势，创造优良环境，打造若干个国家级自主创新基地。

成为离岸金融中心。联合香港共同打造境外人民币的运作中心，构建区域性多元化的国际离岸金融市场。

成为内地生产要素和科技人才资源流动最自由的区域。以自由贸易港区为起点，逐步在人员和生产要素自由流动方面实现与香港的对接，使深港共同成为世界级的自由区。

5. 深圳自由贸易区的空间布局

（1）经济特区和全市方案。经济特区转型为自由贸易区与全市转型为自由贸易区这两个方案的内容大致相同，它们面临的主要问题也基本相似，因此归并为一个方案。

范围和面积。经济特区方案在范围上覆盖整个深圳经济特区，具体包括福田、南山、罗湖、盐田4个区，面积约为395平方千米。全市方案则是在经济特区的基础上增加特区外的宝安和龙岗两区，总面积约为1952平方千米。为实现经济特区或全市向自由贸易区转型，需要启用二线，实行“境内关外”政策，形成类似于香港的城市型自由贸易区。

可以实践的自由贸易区功能。经济特区和全市转型为自由贸易区方案覆盖的范围较大，几乎可实践当前国际上自由贸易区的全部功能，包括国际贸易、保税仓储、出口加工、国际中转、国际配送、国际采购、高端研发、维修检测、离岸金融、免税消费等综合功能。

经济特区和全市方案面临的困难较多。根据深圳综合开发研究院的研究，目前暂时不具备条件，主要原因是：

第一，需要对现行税收制度进行比较大的调整。对税收制度的影响主要涉及国内流转税和企业所得税。在流转税制度方面，深圳自由贸易区内企业生产的产品、提供的服务免征增值税、消费税和营业税。实行这一政策必须突破《中华人民共和国增值税暂行条例》《中华人民共和国消费税暂行条例》和《中华人民共和国营业税暂行条例》的有关规定。

第二，短期内对税收的影响较大。经济特区或全市转型为自由贸易区可能在短期内导致地方税收和国家税收大幅下降。下降税种主要涉及自由贸易区内发生的增值税、消费税和营业税。根据深圳市国税局基于当前税收结构所做的测算，如果经济特区转型为自由贸易区，2005 年，深圳全市税收将减少 567 亿元，占全市总收入的 50.73%；全市国税收入（含深圳海关代征增值税）减少 450 亿元，占国税实际收入的 60.87%；地税局的营业税减少 117.46 亿元；中央财政收入减少 271.71 亿元；地方财政减少 164.95 亿元，占地方一般预算财政收入的 40%。因此，可以预计，全市整体转型为自由贸易区产生的税收负面影响将会更大。当然，从长期来看，经济特区或全市转型为自由贸易区对经济和税收的负面影响将会随着经济规模的大幅提升、产业结构的迅速升级和税源结构的优化而逐步消减。

第三，通关压力将明显增大，监管资源和监管成本面临大幅增加。一是，一旦经济特区或全市实行封关运作，进出深圳的人流、物流受阻隔，目前的口岸将无法满足未来的通关需求。同时，原来在相同监管范围执法的边检、国检等部门，现在将在不同场地、对不同对象进行监管，口岸监管难度将随之加大。二是，经济特区或全市实行自由贸易区政策后，监管的范围较之经济特区转型方案更大，监管资源和监管成本将大幅提高。具体而言，二线设施需要重新规划、建设，投资大、周期较长；海关、边检和检验检疫在机构编制等方面也会有较大数量的增加。三是，与监管成本相关的问题是监管的效率问题。由于边检、国检仍然在一线监管，海关在一线保留部分任务，重点放在二线，将会形成事实上的“双重监管”。在陆路口岸，货物（包括车辆）在从内地经过深圳自由贸易区进入香港或者相反的路径，形式上由一次通关变为二次通关，可能会影响通关效率。另外，内销型企业较自由贸易区设立前将增加一道通关手续，相应地也将增加通关时间，相关企业将受到一定的影响。第四，深圳制造业与珠三角和内地其他地区的通关成本和其他障碍将大量增加。我们认为，最大的问题是：深圳现在的经济结构以制造业为主，与珠三角和广大内地联系十分密切。一旦二线管死以后，深圳制造业发展将面临劳动力流动、零配件采购供应、通关困难，以及各种生产要素流动等一系列难题，其发展将受到严重影响，不利于深圳经济顺利转型。

此外，深圳设立自由贸易区短期内也可能会与香港形成一定程度的竞争，对香港的部分行业，比如港口、房地产业和传统服务业等形成一定的冲击。以港口为例，根据课题组的测算，深圳设立自由贸易区将分流香港的一部分中转货物，可能导致香港转口贸易的增量部分在短期内下降 20%～40%，随后这种影响将不断减弱，5～8 年后基本接近于 0。香港转口贸易增长受深圳因素影响逐渐减弱的主要原因在于，深圳建立自由贸易区之初的成本优势会随着自身经济增长所带来的要素价格上涨而消失；香港转口贸易多年积淀下来的管理水平、服务能力等方面相对于深圳仍然有一定的综合优势等。

（2）“保税区＋港口”方案。范围和面积。“保税区＋港口”方案在范围上覆盖“三区两园两港”，占地约15平方千米。“三区”是指福田、盐田港、沙头角三个保税区；“两园”，即海港保税物流园、正在申报的空港保税物流园；“两港”，即准备设立的深圳东、西保税港区。通过保税运输系统，还可将市域范围内的保税区、保税物流园等海关特殊监管区域串联起来形成一种无形的自由贸易区。荷兰的鹿特丹港是这种方案的成功实践者。中国台湾省也在规划布局，目前已先期在高雄、台北等五个点设立“自由贸易港区”；未来将视各港区运作状况，由“点”串成“线”，进而谋求将整个台湾发展成为无形自由贸易区。

可以实践的自由贸易区功能。“保税区＋港口”方案所覆盖的空间相对狭小，适宜于发展占地规模较小的高端研发和服务业。相应地，该方案可实践的自由贸易区功能主要包括国际贸易、保税仓储、分销配送，以及研发、维修检测等服务功能。由于保税区和港区内没有居民，因此无法实践免税消费的功能。

“保税区＋港口”方案面临的困难较小，目前相对容易操作：

第一，不需要对现行税收制度作较大的突破。“保税区＋港口”方案与中国目前保税港区的运作体制大体相似，可参照保税港区的运作规定，不需要对中国现行的税收制度进行大的调整，因而容易得到中央各部委，如财政部、国家税务总局的支持。第二，可引领产业结构升级，优化税源结构。总体而言，由于“保税区＋港口”方案覆盖的范围较小，可供开发的土地不足，其保税区和港区内部本身形成的经济规模和税收规模对全市的影响相对有限。但是，保税区转型为自由贸易区，以及港区一体化将引领全市产业结构升级，特别将推动服务业向高端化方向发展，并带动周边区域的发展。由此，将优化全市的税源结构，增加全市的税收收入。与此同时，随着物流技术和监管手段的日益发达，以及保税区向自由贸易区转型，“保税区＋港口”的自由贸易区模式还可与其他在空间上分散的海关特殊监管区域，比如出口加工区、保税仓等串联成为一个无形的自由贸易区。届时，“保税区＋港口”方案的开发空间将大大延伸，可实践的自由贸易区功能也将趋于全面，其规模效应也将得到大幅拓展。第三，不会对监管和通关产生太大的影响。深圳是全国设立海关特殊监管区域最早、最多和发展最快的城市，管理经验和监管经验相对成熟，“保税区＋港口”方案并不会对现有的监管带来太大的影响。同时，该方案涉及的范围和面积相对较小，将来转型为自由贸易区也不影响内地与深圳之间的人流物流通关。第四，对香港港口的影响相对有限。深圳在保税区和港口地区开辟自由贸易区可能会与香港形成一定的竞争关系，但是总体来说影响不大，且这种竞争也是良性和有益的。根据有关研究，如果深圳通过成立保税港区以及实施便捷通关，香港 15% 左右的货源，即每年 450 万 TEU（集装箱标箱）将转移到深圳。当然，这种冲击更多的是针对香港集装箱吞吐量的增量部分而言的。事实上，如果考虑珠三角港商投资企业与香港港口天然的联系，以及内地驻港企业和机构与香港港口的密切关系，内地经香港转口的货物并不会因为深圳或是内地其他城市在港口地区设立自由贸易区而产生大的逆转。第五，能满足深圳发展高端服务业的部分需要，相关方案的研究也比较成熟。为适应全球化，特别是国际贸易日趋竞争加剧的新环境，世界各地普遍设立了集国际贸易、物流配送、制造加工、研发服务等功能于一体的自由贸易区。跨国公司更是广泛利用自由贸易区的优势来布局全球，以推进其全球化的生产、营销网络和国际贸易。在港口地区开辟自由贸易区可以把本地的开放经济与跨国公司的全球化经营很好地结合起来，有利于发展附加值更高的服务业和制造业，有利于发展总部经济，促进当地经济的发展。

从中国的实际情况来看，保税区转型为自由贸易区的研究已经相对成熟，有关方案也已经提交中央。因此，相对于经济特区和全市方案，“保税区 + 港口”方案更具操作性。

从“保税港区”向“现有经济特区二线”逐步过渡方案。“保税港区”方案也有很大局限性，由于地理范围较小，现在发展较为饱和，存在以下不足：一是主要满足港口物流运输服务业发展，难以为深圳和内地整体经济转型战略服务；二是虽然可以发展部分科技研发服务业，但仍难以形成产业聚集优势，无法对整体自主创新起重要支撑作用；三是香港生产性服务业的综合优势仍无法全面向深圳延伸，深圳中高端服务业发展空间有限，无法借吸纳国际服务业转移之机实现快速发展与升级；四是深圳整体经济发展仍局限于过去的模式，在体制创新以及与国际接轨方面仍存在障碍；五是对深港经济融合和建立国际大都市的推动作用仍然有限。我们建议“保税区 + 港口”方案可以作为起步阶段的选择，率先做出探索，避免向自由贸易区转型的其他负面影响。同时，中期目标应该是“保税区 + 港口”向生产性服务和科技创新区延伸。长期目标是以现有经济特区二线为界，与内地联系紧密的制造业向关外两区转移，金融、科技、研发和其他生产性服务全部向特区线内集中，逐步将现有经济特区建成服务型自由贸易区。

（四）深圳建设综合型、多功能自由贸易区的制度、政策设计

深圳自由贸易区的制度和政策设计是为国际贸易和国内国际企业创造一个自由、宽松和富有吸引力的营商环境的核心，必须在税收、金融外汇、人员进出等经济政策和海关、口岸、检验检疫等监管政策方面进行科学合理的政策设计。

1. 建成规范的自由贸易区

要全面参考借鉴国际上自由贸易区的基本做法和发展趋势，将深圳自由贸易区建

成规范的自由贸易区，实现人员和生产要素的自由流动，目标是成为像香港那样在世界上自由度较高的特殊功能区域，实现与国际通行做法的高度接轨，建成充分利用全球资源、要素、科技和高端人才的国际平台。

税收政策和外汇政策是设立自由贸易区所需的两个重要经济政策。根据国际上自由贸易区的通行做法，应当赋予深圳自由贸易区以下经济政策：

税收政策方面。一是自由贸易区进出口免征关税和进出口环节增值税；二是货物自境内区外进入自由贸易区，视同出口，实行“入区退税”；三是自由贸易区内销产品实行“按进口零部件征税”政策；四是自由贸易区内适用15%的企业所得税税率等。

外汇政策方面。一是取消进出口核销制度，建立贸易项下外汇资金非现场监测体系，并从事前审核转变为事后核查，建立服务贸易非现场监测体系；二是实行更灵活的外汇账户管理政策，允许企业按意愿结售汇；三是开展外币代兑机构双向兑换业务；四是允许符合条件的区内银行全面开展离岸金融业务；五是允许深圳进行人民币在资本项目下自由兑换试点，率先建成资本项目自由兑换的区域，为企业自主创新和创业投资创造良好的金融环境。

2. 实行规范的“境内关外”监管模式

促进深港经济融合，应将其明确定位于“境内关外”的特殊经济功能区。所谓“境内”是指，只要明确处于中国边境之内，是中国拥有主权的区域，在区内活动的法人和自然人都必须遵守中国的法律和法规，接受中国区内管理当局的管理，包括接受中国海关的监督。所谓“关外”就是处于中国海关管辖界限之外，并按照这一性质对区内的企业、人员和货物实行以下一系列特殊的管理办法，以尽量减少由于关税和复杂的海关手续所造成的贸易障碍：

海关监管。一是在自由贸易区与区外之间设置符合海关监管要求的隔离设施和出入卡口，实行封闭管理；二是“一线放开”“二线管住”；三是简化自由贸易区内的货物监管；四是各海关口岸实行24小时开放货物进出闸口；五是对于涉及境内外小批量货物与自由贸易区之间的频密物流，专门设计适应“小物流”要求的监管模式，建立适合小批量物流的便利通关环境；六是海关监管从传统的货物监管转向单证监管，同时运用现代计算机和先进的雷达监控设施，对自由贸易区的货物进出及区内流动进行区域性的动态监管等。

关税豁免。无论是发达国家还是发展中国家的自由贸易区，关税豁免是最普遍的和必要的优惠手段。区内生产性的基础设施建设项目所需的机器、设备和其他基建物资；区内企业自用的生产、管理设备和自用的合理数量的办公用品及其所需的维修零配件，生产用燃料，建设生产厂房、仓储设施所需的物资、设备；区内行政管理机构自用的合理数量的管理设备、办公用品及其所需的维修零配件，均免除关税。

外贸政策调整。自由贸易区内企业和个人拥有完全的进出口自主权；除了涉及国家禁止类商品外，原则上免除进出口配额许可证等数量措施。

外汇金融政策。放宽外汇管制，区内的中外合资金融机构可以开展境外融资、对外担保及其他特许业务；允许自由贸易区外资银行经营人民币业务；区内企业购汇无需到指定银行；允许外资银行、保险公司在区内设立分支机构。

人员进出监管。境外人员可自由出入自由贸易区。境内人员须凭特别通行证出入自由贸易区。在深圳自由贸易区人员进出政策方面，允许深港（澳）人员的双向自由流动。

检验检疫监管。一是实行“一线检疫”“二线检验”；二是实行鼓励发展物流业的检验检疫政策，比如在风险评估和企业信用分类管理的基础上，对“小物流”货物可免予检验，但应接受检疫监管；三是自由贸易区内企业进行简单加工和增值服务的出口产品，可向检验检疫机构申请签发普惠制原产地证书或者一般原产地证书、区域性优惠原产地证书、专用原产地证书等，以鼓励企业在自由贸易区投资。

3. 办成离岸金融区

离岸金融市场是相对于国内金融市场而言的，是一种国际金融市场的创新。它是指为非居民提供境外货币借贷、投资、贸易结算、外汇买卖、黄金买卖、保险服务和证券交易等金融服务，并且所在国的金融法规和税制对此有专门规范和要求的国际金融市场。深圳要建成综合型、多功能自由贸易区的一项重要内容就是发展国际离岸金融业务。与国内业务相比，离岸金融业本身就具有所管制少、经营自由度高的特点。因此，深圳可从以下几个方面入手建立离岸金融区：

第一，增加经营的自由度。取消对非居民的外汇管制，非居民可以自由兑换各种货币，汇价随行就市；允许资金自由流动，对贸易、非贸易和资金项目的收支不加限制，非居民之间可以自由进行资金转移；存、贷款利率自由浮动。

第二，降低市场经营成本。免缴存款准备金、存款保险金，放松对流动性比率和清偿力的要求等；提供高度的税收优惠，这是离岸优惠政策最集中的体现，也是现阶段离岸金融市场最显著的特征之一。通常有：取消存款及债券的利息预扣税、贷款利息所得税，废除各类有价证券及票证的印花税，大幅度降低所得税等，但是除少数避税型中心外，极少有国家或地区对离岸金融业务完全避税。

第三，增强业务的吸引力。如通过实施客户保密条款，鼓励金融创新等措施进一步增强本地区市场的吸引力。

第四，加强对离岸业务的检查与监管。应定期向监管当局报送离岸业务的各项报表或临时要求的特殊报表，供其了解离岸业务的规模并监督各项管理规定的执行情况，发现有违规行为时采取相应的处罚措施。

香港是世界金融中心之一，但地域狭小，人工成本很高。不少学者提出，深港金融业发展可借鉴加工贸易的发展，形成“前店后厂”的模式，即将会计、审计、律师等中介机构以及将金融产品生产线如制卡、数据库等放在深圳。预计今后将有更多港资银行将业务部门移至深圳，使深圳成为港资银行的内地业务中心，不但使深港合作具有世界竞争优势，且有利于巩固香港的国际金融中心地位。

深圳市正在构建区域性金融中心，大力支持本地金融企业发展，并提出深港金融“同城化”概念。深圳市“十一五”规划《建议》所确定的新一轮深港合作目标，其中一项重要内容就是金融业的合作。2009 年深圳市政府一号文件的有关配套文件，亦将金融体制创新作为今后发展的重点。深港两地可以在金融业务、支付清算、金融监管、人员培训与交流，以及开发新品种等方面开展合作，深圳还可以深港金融合作为一个突破口，进一步推动金融业的改革开放，共同增加在世界经济中的辐射力和竞争力。

应该说，深圳构建离岸金融中心，困难很多。不容忽视的是，深圳目前在金融整体优势上仍难以和上海抗衡，甚至与北京、广州相比所占优势也不多；同时，港资和台资企业的业务也开始从早期的珠三角转战长三角，进而挺进环渤海湾地区，这势必导致其银行业务区域范围的转移。不过，正如深圳市委书记李泓忠所指出的：“毗邻香港的地缘优势是深圳的一个无形资源，‘利用好了，就可以依托香港的国际金融中心地位建设区域性金融中心’。”

对香港来说，应把港深金融业深度合作放在国际大背景下，从如何更有利于巩固与发展其国际离岸金融中心地位，以及共同成为区域经济发展的主导力量上来考虑，积极推动合作。

4. 建成面向国际市场的生产性服务业聚集中心

加快承接生产性服务业国际转移需要在特殊功能区域开发开放上进行大胆探索和创新。借鉴印度、新加坡、韩国、爱尔兰通过建立出口加工区和针对服务业的科技园区来吸引各种生产性服务业的经验，像当初举办经济特区一样，在深圳建立综合型多功能自贸区，建成面向国际市场的生产性服务业聚集中心，创造与国际生产性服务业接轨的体制、制度环境，全面提高中国承接国际生产性服务业转移的能力。

加快承接国际生产性服务业转移和扩大服务业对外开放需要相应推进服务业体制和政府管理模式的全面创新。第一，要坚持以开放促改革促发展，以扩大服务业开放推动服务业体制和管理的创新。第二，深化体制改革和创新，要加快垄断性行业的改革和开放。通过引入外部战略投资者，加快中国服务业的重组和技术改造。第三，要加快建立和完善法律法规制度。推进建立现代企业诚信制度，加强知识产权保护，保证中国服务外包有一个良好的发展环境。第四，积极争取财政和金融支持，推动服务外包投资促进工作。培育一批具有自主知识产权、自主品牌和高增值服务能力的服务外包企业。打造国家级服务外包示范区，努力建设全球服务外包基地。建立健全鼓励服务外包企业自主创新的政策。第五，要加强服务业监管体系建设，确保国家利益和经济安全。

5. 加强深港在财经法律和政策上的协调

现行条件下深港在财经法律和政策上存在很大差异，客观上不利于生产要素和中高端人才的自由流动。应该推动深圳自由贸易区在财经法律与政策上逐步向香港靠拢，特别是在公司所得税、个人所得税和其他税制设计上，逐步创造条件与香港接轨，为深港经济一体化融合消除制度和政策上的障碍。

六、加强深港科技创新合作推动建设深港创新圈

加强深港科技创新合作是促进深港经济融合的重要内容之一。伴随着深港经济和产业合作的不断发展，深港在科技创新领域的合作也取得了重要进展。深港创新圈协议的签署，将有力推动两地科技创新合作机制的建设，使两地创新合作迈上一个新台阶。但是，深港科技创新合作仍会面临一些宏观层面的体制、制度和政策障碍，需要将深港创新圈提升到国家创新战略层面，才能对有关体制和政策进行重大改革和调整，达到最终建立深圳湾国际创新基地的目标。

（一）深圳高新技术产业基础和技术创新优势与不足

1. 深圳高新技术产业的基础和优势

深圳经济特区自 1980 年成立 27 年来，深圳经济以年均 27.3% 的速度增长，累计创造了超过3 万亿元的 GDP，成为中国改革开放的“排头兵”。2006 年，全市本地生产总值突破 5000 亿元大关，达 5684.39 亿元，按常住人口计算人均达到 8519 美元；外贸进出口总额连续 14 年居全国首位。

深圳经济和产业结构进一步优化，高新技术产业、现代物流业、金融业和文化产业优势地位不断巩固，深圳港和深圳机场发展成为全球第四大集装箱枢纽港和全国第四大航空港。

20 世纪 90 年代以来，在充分吸纳国际产业转移的推动下，深圳高新技术产业发展迅速，成为深圳现代高端制造业的第一支柱。1992 ~ 2005 年，高新技术产业产值（按现价）年均增长 42.9%。2006 年高新技术产业产值突破 6000 亿元大关，达 6306.38 亿元，比上年增长 29.1%，跻身全国首位，实现产业增加值占全市地区生产

总值和工业增加值的比重分别达到31.39%和63.26%，已成为深圳工业特别是制造业的主体。

深圳市目前已形成以电子信息产业为主体的高新技术产业格局。2005年电子信息产业产值4427.3亿元，同比增长49.9%，占全部高新技术产品产值的比重为90.6%，占全市限额以上工业总值的比重达到46.3%，销售收入和利税分别为4307.8亿元和498亿元，分别比上年增长51.9%和21.3%。新材料及新能源、生物医药技术、光机电一体化等行业也高速发展，2005年分别实现产品产值207.1亿元、33.6亿元和203.6亿元，分别同比增长42.1%、22.7%和59.7%，占全部高新技术产品产值的比重分别为4.2%、0.7%和4.2%。与此同时，深圳出口商品结构加快向以高新技术产品为主方向升级，2006年高新技术产品出口占出口总额的比重达45.9%。

深圳技术创新能力不断增强。在不断扩大对外开放和先行先试型改革的推动下，深圳走上了以开放促创新之路。外来资金、技术和管理外溢效应不断强化，同时，市场化改革优化了本地投资和发展环境，本地企业在学习消化吸收的基础上内生发展能力不断增强。不仅技术进步走在全国前列，自主创新能力也提高较快。

2005年，深圳专利申请量20940件，同比增长40.4%，占全省总数的29%，居全国大中城市第3位；全市PCT国际专利申请超过500件，继续居全国大中城市第1位。2005年，深圳专利授权量8983件，增长16.1%，占全省的24.3%。与此同时，专利质量稳步提高。2005年全市发明专利申请8327件，同比增长75.3%，占全省发明专利总数的64.6%，占深圳全部专利申请量的40%；发明专利授权量占全省比重为48.9%。

随着发明专利及其授权量的增长，深圳拥有自主知识产权的高新技术产品产值占全部高新技术产品产值的比重也逐年攀升。2005年全市具有自主知识产权的高新技术产品产值达到2824.17亿元，同比增长33.35%，占全部高新技术产品产值的比重达到57.81%。2006年全市具有自主知识产权的高新技术产品产值达到3708.24亿元，占全部高新技术产品产值的比重高达58.92%。

2. 民营企业成为技术创新的重要力量

深圳在率先改革开放的推动下，形成了以企业为主体的自主创新格局，具体体现为“四个90%”：90%以上的研发机构设立在企业，90%以上的研发人员集中在企业，90%以上的研发资金来源于企业，90%以上的职务发明专利出自于企业。2005年，全市研发经费总额达160.1亿元，占同期GDP的3.2%，高于全国平均水平。其中，企业的研发投入约为145.4亿元，占全市R&D投入的比重为90.8%。

深圳在改革开放大潮中涌现一大批有实力的民营科技企业群体，形成了在全国最具特色的技术创新格局。到2004年年底，全市民营科技企业达3.1万家，完成工业总产值 1677 亿元。目前，全市科技研发人员 40% 以上集中在民营企业，64% 的民营科技企业拥有自己的知识产权，有自主知识产权产品产值占深圳民营科技企业总产值的 88%。最为成功的案例如华为、中兴、创维、比亚迪等向技术研发的高层次迈进，不仅逐步占领技术创新的高端领域，而且开始通过自主创新走出国门，成为国际技术创新领域的重要竞争力量。2005 年，深圳对外投资主体以民营和股份制企业为主，所占比重在 70% 以上。在海外拥有研发机构的民营企业 20 多家，仅华为公司就在印度的班加罗尔、瑞典的斯德哥尔摩、俄罗斯的莫斯科、美国的达拉斯和硅谷等地设立了研发中心；中兴通讯公司则在海外设立 14 个业务平台，与全球 100 多个国家和地区的 500 多家运营商建立了业务关系。

3. 深圳技术创新环境的优化

深圳高新技术产业迅速发展和企业技术创新能力的提高，总体上得益于改革开放政策。与此同时，在参与国内外市场激烈竞争压力和国家、地方相关政策引导下，深圳的技术创新环境在全国也率先得到优化，不仅建立了国内较为先进的吸引世界上先进技术和全球科技资源的平台，而且率先形成了以市场为导向、技术创新与制度创新、管理创新良性互动的创新格局。深圳技术创新环境的优化主要体现在以下几个方面：

第一，通过对外开放建立了较好吸收国际先进技术和智力资源的平台与窗口。深圳吸引了一大批国际高端跨国公司，如 IBM、飞利浦、日立、三星、理光、西捷等，都分别在深圳建立制造和研发基地；而且，深圳吸收外资产业结构不断升级，技术水平不断提高，近几年服务业吸收外资增长迅速，特别是软件产业在内外资聚集的推动下，已经成为全国重要的软件基地，2005 年深圳软件总产值达 1500 亿元，出口达 18 亿美元。深圳还有大量企业走出去，在海外设立研发机构，吸收国外先进技术成果和高端人才。深圳在利用国际科技成果和资源方面取得成功的一个关键因素就是，较好利用和发挥了香港作为国际性自由港的功能。

第二，深圳在经济、科技、金融、投资等方面体制改革先行先试，为深圳技术创新奠定了相对良好的制度环境，特别是对民营中小企业和个人创业提供了更好的支持。

第三，支持自主创新的政策体系较为健全。20 世纪 90 年代中期以来，深圳市开始制定了促进高新技术产业化的战略和政策，逐步出台了一系列支持自主创新的政策体系。1998 年颁发《关于进一步扶持高新技术产业发展的若干规定》；2004 年出台的“1 号文件”——《关于完善区域创新体系，推动高新技术产业持续快速发展的决定》及相关配套政策规定；2006 年出台的“1 号文件”——《中共深圳市委 深圳市人民政府关于实施自主创新战略建设国家区域创新城市的决定》，并形成了“1 + 20”的政策框架，使自主创新成为城市发展的主导战略，一系列具体配套政策得到落实，企业技术创新的体制、政策环境有了较大改善。

第四，创新中介服务体系比较完善。包括政府资助、银行、创业投资、信用担保、产权交易、证券市场等在内的科技创新投融资体系，包含技术孵化、分析测试、评估认证等在内的公共技术服务平台体系，以及投资、会计、法律、咨询等在内的知识服务业体系，在内地各城市中居于前列。深圳市政府已累计投资近10亿元，与几十所国内外著名大学和研究机构合作建立了一批公共技术服务平台，用于支持全市技术创新活动和重大高新技术项目建设。

第五，积聚创新人才能力较强。多年来，深圳一直承担着全国“人才高地”的角色，人才的引进和就地培养的数量和质量均位于全国前列，积累了良好的创新人才基础。不仅吸引了大量国内人才，而且自2002年起，深圳连续三年引进“海归”逾千人，已成为“海归”的首选城市之一。不仅吸引了大量科技人才，更宝贵的是还吸引了大量支撑现代创新最稀缺的企业家、中高端管理人才和国际化人才。

4. 深圳技术创新方面存在的问题和不足

第一，科技公共服务仍存在不足。目前，深圳设立了8项资金用于扶持研发机构与企业，每年投入资金总量超过8亿元；已投资了近10亿元建立高新技术科研创新及产业化服务机构，包括中国科技开发院、深港产学研基地、虚拟大学园、深圳清华大学研究院、深圳电子工试中心等机构。但是，这些产业公共研发服务资源面临着效率不足的矛盾，难以在基础研发、产业技术服务领域形成良好的配套支持。不仅与发达国家比差距巨大，也大大落后于香港和一些新兴经济体。这主要体现在：公共技术尖端设备缺乏、公共服务机制不顺、效率低下，生产力促进和科技成果孵化等服务水平低下。

第二，大多数企业核心能力不足制约技术创新。深圳高新技术产业内虽然成长起一批龙头骨干企业，但绝大多数企业为小型民营科技企业。无论是大企业还是中小企业目前在产业产品分工上仍绝大多数重复“大而全”“小而全”的经营模式，没有适应国际潮流向追求核心竞争力的新型竞争战略转型，战线过长，外包业务稀少，整合利用全社会和国际科技资源能力仍有差距。由于产业分工模式严重滞后于经济科技全球化发展潮流，因此总体上大多数企业技术力量薄弱，缺乏核心竞争力，导致其无力承接国际大型项目，难以筹措到自主创新需要的基础资源，无法实现业务的升级和竞争力的提升，只能“盘踞”在加工制造的低附加值领域。目前，深圳高新技术企业研发投入占销售收入的比例平均不足发达国家的1/5，即使是华为这样的本土IT巨头，研发投入水平与跨国公司也具有一定差距，特别是没有形成以核心业务为导向、充分利用全球科技资源的平台，无法在全球产业创新链条中占据高端位置。因此，与全国情况一样，深圳多数行业的关键技术和关键零部件基本依赖进口，“研发投入不足→产品技术含量低→产业附加值低→企业规模小→研发投入不足”的循环普遍存在，阻碍产业自主创新能力的提高。

第三，自主创新人才缺乏问题依然突出。目前，表现在三个层次：一是行业技术领军人物缺乏，如深圳依然缺乏重量级科技专家、国家重点科技领域带头人，拥有原创性核心技术的专家更是短缺。二是中高层骨干人才如技术灰领不足，更缺乏既懂经营管理、又精通专业技术的复合型人才。深圳的高级技能人才仅 1446 人，占全市技工总量的 0. 13%，远低于上海 1. 2% 的比例，更低于广东省的 2. 34%。三是技术熟练工缺乏。更突出的问题是：不能像香港那样广泛吸引国际化的中高端科技人才；具有创新精神的企业家队伍和中高档管理人才和市场营销人才仍非常稀缺。

第四，知识产权战略意识不强，不利于自主创新。目前，深圳企业知识产权保护意识不强，现状堪忧：一是深圳的知识产权数量在全国居于前列，其中有不少具有较高的国际知名度，但是在海关总署备案数量并不多，给深圳自主知识产权保护带来难度；二是有不少国际知名的知识产权事务所已经在北京上海等大城市设立办事机构，而深圳至今仍未有此类机构；三是深圳企业投资、技术来源以外资和港澳台资为主，涉外知识产权纠纷多且复杂，近年来高科技、高端知识产权案件逐年上升，为深圳的知识产权保护敲响了警钟。这反映了很多企业不能适应全球科技发展和创新的潮流，树立新型的企业知识产权战略。

深圳在技术创新方面存在的问题与不足，总体上与中国仍处在体制转轨阶段及现阶段中国生产力发展水平和国情特点有密切关系，需要在中国实现新型工业化、现代化过程中逐步解决。同时，也必须在体制改革、制度创新、政策优化和开放带动等环节加大力度、加强指导、减少障碍、增添动力，特别是要强化抓住新一轮经济科技全球化的机遇意识，寻找以改革开放促创新的突破口，特别是利用好香港的国际平台作用，以大力加强深港科技合作为突破口，为深圳乃至全国技术创新提供重要动力。

（二）深港科技创新合作的现状

香港与内地在科技领域的合作，是整个经济和产业合作的重要组成部分，伴随着内地对外开放的进程经历了不断发展和升级的过程。在起步阶段，在内地和深圳实行开放政策和灵活措施的推动下，香港厂商将劳动密集型产业向珠三角转移，形成以“三来一补”为主导的“前店后厂”产业合作模式。20 世纪 90 年代以后，大量香港“三来一补”企业向外商投资企业转型，香港与内地的产业合作进入以“合资企业进料加工”为主的阶段。进入 21 世纪以来，香港对内地产业合作进一步向以服务业合资合作为主升级转型，过去制造业的“前店后厂”模式开始向服务业的“前店后厂”转型。与此相伴随，香港与内地（包括深圳）的科技合作从内容到形式也不断变化和升级。

1. 制造业“前店后厂”模式下的科技合作

从20世纪70年代末内地实行对外开放政策到80年代末香港制造业大量向以珠三角为中心的地区转移，以“三来一补”方式为主导，形成了很有特色的“前店后厂”合作模式，这对以广东为核心区域的内地生活消费品工业发展起到了很大带动作用，还逐步对国际上的跨国投资产生示范效应，填补了中国轻纺劳动密集型产业的技术空白，推动了轻纺工业的技术进步和生产效率的迅速提高。

据香港工业总会调查，到2002年，香港在广东共有“三来一补”企业32000家，其中深圳占有较大比重。在广东“三来一补”企业总数大约占全国60%以上。在制造业“前店后厂”模式下，香港厂商为内地制造业提供了以下方面的科技服务：一是引进提供先进适用技术设备，填补了国内轻纺产业的空白；二是提供科技和管理人才，提高产品质量管理水平和生产效率；三是开拓国际市场，发现国际市场需求变化趋势，建立营销网络，提供接单服务，及时开发新产品、实现产品升级换代；四是港商在香港享受的公共和中介科技服务也部分向内地延伸，促进了企业技术创新能力的提高。除此之外，在与技术创新相关的管理经验、人才引进和经营理念创新方面也产生了广泛的带动效应。总之，在中国消费品工业严重滞后的情况下，这种合作模式的技术效应是十分明显的。

2. 以合资企业为主体香港生产性服务业与内地制造业加快对接的阶段

据商务部统计，截至2000年，在全国批准的全部外商投资项目中，香港占52.77%，在内地累计实际使用外资中占48.89%。其中，香港在广东实际直接投资额185.173亿美元，占18.9%；深圳实际吸收港商投资37.26亿美元，占全国和广东吸收港商投资的2.2%和20.12%。随着中国加入WTO以及CEPA协议的签订，香港与内地产业合作模式进一步促进了香港服务业与内地制造业的合作。过去“前店后厂”模式下，香港厂商也主要是为内地投资和生产项目提供生产性服务，但服务方式主要是离岸服务，港商在珠三角地区是制造商，在香港是服务商。但是，这种离岸服务的领域主要限制在物流运输和贸易功能，科技服务相对滞后。在内地服务业对港商开放度不断提高情况下，内地和珠三角与香港服务业互动从产业间对接走向了产业内对接，即从提供离岸服务走向就地服务，也就是香港服务供应商以商业存在方式进入内地，形成“前店后置式”对接，产生了“厂店合一”的效果。

与此同时，在“前店后置”模式下合作范围不断扩大，内容进一步深化。一是合作领域从传统的物流运输和贸易功能进一步向金融、信息、科技和专业服务等延伸；二是香港的物流运输运营、指挥和枢纽功能得到增强，低端物流运输服务广泛向珠三角延伸，深圳港的功能进一步放大，成为全球第四大集装箱港口；三是合作地域虽然仍以珠三角和深圳为主，但也开始更多向长三角、环渤海和中西部部分地区延伸；四是在香港服务商的带动下，美、日、欧跨国公司“前店后置型”合作也开始进入，联邦快递、马士基、UPS 及德国汉诺威等大型物流会展企业、全球十大广告公司、知名会计师行等，都进入珠三角地区。据广东美国商会 2006 年度报告，美国服务商投资珠三角地区占全部投资的比例已从过去的 36% 上升到目前的 46%。

3. 服务业“前店后厂”新模式初见端倪

近年来，由于国际服务离岸外包迅速扩张，香港作为国际生产性服务聚集中心的功能日益强化，作为众多美、日、欧跨国公司的地区总部，越来越多的跨国公司不仅将香港作为营运中心，也作为中高端离岸服务外包基地和服务外包的地区营运中心。一批具有较好供应链管理能力的香港企业具有较强的外包服务接单能力，由于香港本地商务成本偏高和普通劳动力供应短缺，它们不得不把越来越多的后台业务向深圳和珠三角其他地区转包，如银行数据处理、办公室后勤服务和其他业务流程（包括人力资源、财务管理等）外包都进入较快成长期，服务业“前店后厂”式合作展现蓬勃生机。

随着香港与深圳产业合作模式的升级，两地企业科技合作也相应升级和拓展，出现了一些新的特点和趋势：一是随着香港生产性服务业与深圳制造业对接程度的提高，加快了深圳高端制造业整体升级步伐，技术进步和创新能力提升，使内地制造业在国际分工链条中的位置总体有所改善；二是大量香港服务供应商进入，有力促进了内地生产性服务质量的提升，引入了先进的经营理念、管理经验，促进了内地服务业信息化技术应用水平的提高；三是科技研发和市场营销等高端服务领域的合作得到拓展，并有着很广泛的发展空间，将对内地走以国际市场为目标的开放式自主创新之路产生重要推动作用；四是带动美、日、欧服务型跨国公司进入，有利于提升我国在承接世界服务外包方面的竞争力，加快整体服务业开放和升级步伐。香港和深圳在产业和科技合作方面的新趋势，其未来前景和潜力非常乐观，其对内地科技和产业发展与升级的重大意义还需要进一步观察和研究，对香港经济进一步转型的战略意义也还需要进一步提高认识。

4. 深港科技创新合作存在的主要制约因素

根据深圳、香港有关方面的调查，目前业界反映深港在共享科技资源、开展科技创新合作方面存在以下障碍：一是知识产权保护；二是科技人员、设备通关不便；三是两地研发方式和习惯的差异；四是不同税收标准影响合作；五是缺乏对口机构；六是香港科技公司和服务机构在内地营业范围和专业资格受到限制，如在软件开发、承建内地环保工程、信息集成项目等方面的业务合作难以开展。

在现行体制下深港科技创新合作面临以下制度障碍：一是香港特区政府在科技方面良好的公共服务无法直接覆盖在深圳的港资企业和本地企业；二是特区政府及中介

机构拥有的最尖端技术检测试验设备在内地非常缺乏，但无论是在深圳的港资企业还是内地企业都无法便利使用；三是香港在支持技术创新方面的优势，除了直接的科技研发之外，还包涵在金融、信息、创意设计、市场营销、专业服务、供应链管理等整体生产性服务业中，尤其是在制度、环境、思维和人才等一整套软件要素方面有得天独厚的优势；内地和深圳有巨大的市场需求和广阔的腹地，但在现行制度框架下，两地在科技创新方面的整体优势难以整合、作用难以充分发挥；四是深港两地法律制度、金融制度和财经政策等方面的重大差异，也从不同方面制约两地科技合作；五是两地在政府和企业管理方式、经营思维和职业理念等方面的较大差异，都会对两地科技合作顺利开展带来影响；六是CEPA机制虽然为包括科技研发服务在内的香港服务供应商准入创造了一定条件，但在执行过程中仍有不少障碍。

据香港贸发局调查，目前在CEPA机制下，科技研发等生产性服务进入仍面临7个方面的限制：

（1）市场准入限制及门槛。虽然CEPA给予香港26个服务业领域较其他地区的开放待遇，但部分服务行业在内地的经营模式及业务范围仍受限制，为这些企业进入内地造成了诸多障碍。部分香港服务企业即使进入了内地，由于市场限制，原有的经营范围被大大缩小，限制了自身的发展。以律师行业为例，CEPA后的市场准入限制仍然很多，主要表现在：一是在内地设立代表处的香港律师事务所可以与代表处所在地的内地律师事务所联营，但不可以独营；二是香港的公民可以参与内地司法考试，但他们只能受理非诉讼案子；三是香港律师事务所在内地的代表处不可以聘请内地律师进行案件代理。由于目前内地的律师事务所普遍发展不够成熟，业务范围不够全面，香港的律师事务所难以与他们联营，然后把所有的案子都交给他们。因此香港的律师事务所宁愿不联营，而因应个别案子的情况委托最合适的内地律师事务所，但是这样客户要承担的费用就要增加。香港的律师事务所普遍认为目前CEPA允许的联营方式对他们在内地的发展不仅没有帮助，反而有约束。类似的问题也出现在会计行业。CEPA下，香港的会计师可以参加内地的资格考试，但是在内地不能签字，目前的解决办法是成立会计师行，聘请内地会计师签字。而外贸及物流业较多遇到的问题是一些本来在香港经营的商品或服务，在内地申请审批时被取消了经营权。

准入门槛方面，虽然CEPA给部分香港服务业在内地开业时最低注册资本与内地企业相同的待遇，但是个别行业、香港小企业仍然要面对比较高的门槛。例如，CEPA允许香港的广告公司在内地独资经营，但必须与其他外资企业一样，每年营业额不少于2000万元人民币。一些行业要求使得小企业即便可以进入市场，但是成本过高，影响竞争力。例如，内地对建筑设计业参与项目投标的要求是要与具备资质的高级设计院合作。香港企业以挂单的方式提供服务，一方面没办法自由承担项目，同时价格也被压低，影响业务发展。

（2）资质认定。香港和内地在一些行业的资质认定上存在很大差异，影响香港专业人员在内地提供服务的机会。例如，在房地产服务业中，内地对于建筑师的资格审查方式与香港完全不同，许多香港建筑设计师不能参加内地的资格考试，无法取得内地执业的资格。理由之一是许多内地的设计院对外并不提供建筑业资格认证考试，导致很多香港企业的员工虽然有能力参加考试，但是不能考试。除了设计资质外，香港注册工程师、注册建筑师等资质在内地也不能认定，不能参加内地的执业资格考试。内地对房地产服务行业所设定的资质认定标准对于香港企业来说也很难满足，这其中有人员要求的因素，也有承建项目的内地认可度问题。香港建筑企业在承建设计及施工任务时，无法以独立承担项目的身份出现，只能通过与内地企业合作的方式获得资格认证。

此外，由于服务业的专业化程度越来越高，一些新兴行业如验房师、注册税务师等，在内地由于仍未发展起来，香港拥有这些专业资格的人员在内地就无法得到认定。

（3）行业标准及管理。内地和香港在行业细分上的标准不同，使许多香港公司按照原来的经营性质在内地很难注册。同时，内地的专业管理体制和专业体制与国际通用的做法还有一定的差距，因为这些差距而造成的障碍是港商普遍反映的问题。

例如，在内地仓储、运输、货代是分开的，而香港货代企业，由于缺乏了解相关的概念，只按照原来在香港的经营性质在内地注册公司，在经营范围只写上货代一项而没有运输，以致在实际开业后买不到运输车辆，经营范围被缩小，因为内地集装车的营运牌照只给运输类企业。因此，许多香港的物流公司在内地只能做代理或咨询，而不能进行运输营运。

另外，由于内地对房地产服务如结构设计、建筑设计等的资质管理非常严格，但是由于资质认定的问题，香港企业拿不到资格认证，在公司的营业执照也不可以写入“建筑设计”等需要认证的营业范围，只能写入“结构咨询”等。但是这样一来，投标项目就不可以算是设计公司，影响中标机会。

（4）与业务开放的配套政策及措施未到位。在内地经营业务涉及的政府部门很多，包括工商、税务、外汇、海关以及保障部门如消防、环保、卫生等。虽然 CEPA 对香港某些服务业已经开放，但是由于政府各部门欠缺沟通和协调，以致政策在执行过程中往往出现不配套、不到位的情况，影响香港服务业在内地的正常运作。例如，目前香港法律事务所在内地开设的代表处是允许开出发票、接收人民币的，但另一方面，又要求与其他行业的代表处一样，不能把人民币通过正常渠道汇出，这显然存在矛盾。

（5）行政审批障碍。从港商的抱怨看，市场准入本身并不是最主要问题，重要的是执行效率，这主要产生于内地行政审批制度。突出表现为：第一，政策法规执行过程的不透明、不规范，信息不对称，潜规则过多；第二，审批权过多集中中央政府，审批程序复杂，耗时过长，严重影响“时效”；第三，政府的服务意识不够，办事拖拉，缺乏承诺。一些港商只好依赖中介服务公司，不仅增大成本，而且并不可靠；第四，法律环境差，人治现象普遍，尤其在一些地方政府和办事机构，掌握政策的随意性使港商感到困惑。

（6）体制及营商环境。由于内地与香港两地经济形态不同，内地属于政府主导型市场经济，而香港是私人自由型市场经济，在许多运作方式上有较大的不同，两地政府与企业家之间的关系也有较大区别。例如，内地一些专业服务机构处于市场化的初级阶段，没有脱离政府主管部门的直接管理，香港专业服务机构很难直接在内地开展业务，往往需要与内地的设计院和咨询公司等机构合作。此外，由于内地政府在内地经济活动及商业发展中担当的角色功能，很多时候都给私人机构造成竞争，没有给予服务业应有的发展机会和商机。例如，企业在内地开公司或分公司，很多都是找工商局代理的。

内地专业服务市场体制不成熟，服务文化理念不同，是香港专业服务进入内地的另一大障碍。例如，内地医疗保险制度规定医保对象只能到指定医院，限制了香港合资医院在内地的服务。此外内地专业从业人员缺乏市场体制道德传承和训练，令市场竞争变得无序。第一，内地专业服务行业协会发展不成熟，对专业服务人员如医生、律师等的行为、职业操守没有约束，而且没有“专业负责保险”的概念，在市场竞争激烈的环境下，企业或者个人会不管后果、不择手段、甚至讲假话来争夺生意。这一方面对消费者没有保障，对其他守规矩、讲操守的企业也带来不公平的市场竞争环境。第二，市场透明度不够，信息披露不及时，企业信誉不高，市场风险大。第三，缺乏行业技术标准，内地企业重价格，不重质量，香港高水平服务外包企业多服务于外资企业，难以与内地企业对接。

管理体制不成熟、配套服务未到位也是影响香港服务业在内地正常经营的主要障碍。以法律服务为例，在香港和其他发达国家，为了保障消费者或是顾客的利益，律师事务所在银行的公司账户和客人账户是分开的，律师收取客人的费用是先划到客人的账户，到案子终结或双方同意时才把钱从客人的账户划到公司的账户，所以客人每一笔账的进出会计师是可以清楚看到。但是在内地律师事务所的律师其实是个体经营，公司对他们的行为没有约束，也没有把公司账户和客人账户分开的做法。同时内地银行体系对企业与个人的汇款限制也很多，以致香港律师事务所处理公司、委托律师代理与客户之间的费用汇入和汇出困难重重，影响律师事务所的正常运作。

（7）香港服务公司对内地的营商环境不甚熟悉。有些香港公司不了解在内地开设专业服务公司的具体程序，对在内地投资存在顾虑。目前内地各省市对 CEPA 的了解和认识程度不同，贯彻落实的程度也不同，对香港专业人员来说，对内地市场的了解还需要一定的时间，专业资格互认工作只是给两地企业人员的流动创造了一个基本的条件，真正能在内地市场开发还需要一个过程。从目前来看，有两类专业机构已经成为 CEPA 的直接受益者或已感受到 CEPA 的某些好处：一类是在 CEPA 之前已经先期进入内地的专业服务机构（很多不是通过商业存在的方式提供服务）；另一类是与内地专业服务机构有比较长期合作经历的香港专业服务机构。因为这些已经对内地市场有一定认识的专业机构比较熟悉内地的营商文化和环境，CEPA 放宽进入限制后，能够比较快地找到业务的切入点。与生产性服务相比，两地专业服务的合作更需要制度层面甚至文化层面的相互渗透，未来更深入的合作还依赖于内地市场体系的进一步完善以及专业服务市场的培育。

（三）香港的创新优势

1. 香港科技产业和资源优势

香港在科技知识的资讯、技术引进及应用、观念创新方面具有独特的特点和优势。香港已经成为典型的服务型经济，服务业增加值占地区生产总值的 91%，中高端服务业不仅成为充分应用信息技术的行业，也成为支撑本地科技创新的重要因素。

香港拥有商品及服务贸易的条件，包括交通、通讯、法制及专业人才等，加上现代化的国际银行金融服务，形成了信息及电子产品为主的科技研发及交易中心。香港的科技公司主要从事电子产品及元器件、汽车零件、信息产业及产品、环保等相关产品及服务。

当香港的生产活动转移到内地，若干产品开发及设计的业务仍留在香港，包括产品关键技术及品质控制、系统集成及软件编写等。香港厂商的强项是把科技研发产品及新软件知识应用于产品创新设计或改进工序并推向市场，完成科技的商品化及产业化发展。因此香港是科技与产业合作的整合中心。

香港的高科技产品出口增长迅速，2005 年出口总值 953 亿美元，占香港出口总额的 1/3。主要产品是电讯及影音设备，占 56%；其次是办公室设备及自动资料处理机，占 32%。科技产品的主要来源地及市场均是中国内地，特别是市场方面，内地占的比重达 54%，其次是美国，占 10%。香港已经成为中国内地高科技产业贸易的中转站，为内地高科技转移及贸易提供服务。

2. 香港的科技资源

香港拥有一批世界排名靠前的一流高等学校，香港高等教育具有高起点、高层次引进人才、高水平学术研究三大特色，而且在课程设置和管理方面都做到与国际接轨，可以培养国际化的高端人才特别是复合型人才。香港特区政府资助的 8 所大学每年各类投入达 250 亿港币，每年可以培养 5000 多名博士。香港作为国际营运中心和跨国公司总部，还聚集了一大批国际高端科技管理人才，并在招揽吸纳全世界优秀人士方面具有不可多得的优势。而且，香港特别行政区政府自成立创新科技署以来，拨款 50 亿港元推动科技开发及应用，通过协调已有的科研单位、大学及工商业界等，在现有及新建的平台上发展科研项目，包括原有的香港生产力促进局、大学的研发中心及较新发展的数码港、香港科技园公司、香港应用科技研究院有限公司、香港赛马会中药研究院有限公司、香港设计中心等。2006 年 4 月，又正式成立了五个重点科技领域研发中心，包括：

香港生产力促进局承办的“汽车零部件研发中心”；

香港大学及香港中文大学合办的“物流及供应链管理应用技术研发中心”；

香港理工大学承办的“纺织及成衣研发中心”；

香港科技大学承办的“纳米科技及先进材料研发中心”；

香港应用科技研究院有限公司承办的“资讯及通讯技术研发中心”。

各研发中心接受大学科研单位及人员，连同工商业界进行产业研究，通过三方的投入，开发及转移技术及知识，发展市场导向的科技，并转化为技术或服务软件商品。五个研发中心由创新及科技基金支持用于研发中心的成立、资助核心主题研发项目及较具前瞻性的创新研发项目。

3. 香港对内地高科技产业的服务模式

香港通过在内地投资及进出口贸易，对高科技产业提供的服务模式，主要有以下几种：

一是元器件应用设计中心外国高科技大型企业多在其本国进行基础科技研发及设计工作，而通过在香港设立的元器件应用设计中心，负责设计工程、技术顾问、制定技术规格等，为亚洲区内客户（多为制成品或半制成品的下游生产商）提供售后支援。电子元器件作为香港的主要出口产品之一，就多以这种模式为主。

二是项目管理服务。香港的公司为拥有专有产品技术的外国公司提供工业工程、项目管理等服务，发展内地及国际市场。使用高科技、高精密度工序的厂商已经由简单的加工（OEM）转向较高增值的业务，如 ODM 及电子专业代工服务业（Electronic Manufacturing Service，简称 EMS），成为香港电子业发展的主流。

产品不单包括传统的资讯科技、影音、电讯设备及其他电子消费产品，也包括医疗设备、汽车电子产品、自动化零件、工业机械用品等。这种制造业服务的重点是要解决科技设计应用在生产作业过程中的技术及成本等可行性问题，要保证产品符合国际市场上的品质、环保及售后服务等标准，使科技产品适应市场需求。

三是国际资讯科技市场枢纽。香港先进而成熟的资讯科技业，使香港成为资讯科技枢纽，为科技研产及交易提供了现代化的专业支援服务，形成科技产业服务的有利环境，具体的服务环节包括金融、信息及物流等。完善而有效率的服务链有利于香港成为科技交易平台、科技研发、产品设计策划、生产及营销的统筹枢纽，特别在软件开发及系统集成方面，香港的公司起了连接国际及中国内地市场的纽带作用。

四是掌握先机、发展技术创新及商业化业务。香港企业的优势在于能够掌握先机、利用技术创新及商业发展业务。例如，早在中国“十一五”规划中强调环境保护及循环经济的要求之前，香港的公司已经积极在内地开发商机，为内地地方政府及企业提供废物循环处理管理系统、节水节能控制系统、污染控制系统等服务系统有关的服务，通过市场经济的方式发展环保产业，而这些产业在内地正方兴未艾。

香港与内地的科技合作采取不同的形式，分别发挥着不同的作用。其中的科技服务合作范围包括：

生产设备及元器件科技改进及创新；

生产技术及工序改进及创新；

服务管理系统的现代化及创新；

科技产品及服务的市场推广；

为科技产品及服务提供资信及顾问服务。

香港及内地在科技合作形式方面，可以是单方面在合资企业内的研发工作；也可以是在引入或输出科技产品作为商业中介，提供技术咨询、技术改良及商业推广服务。此外，亦协助引进、改良和利用外国科技，以及为外国或内地产品和服务做市场推介及交易。

4. 香港较高水平的生产性服务及供应链管理能力是支持内地和深圳科技创新的重要平台

在世界各国经济全面加快向服务经济转型的今天，为制造业服务的生产性服务业水平高低，已成为决定产业国际竞争力和在国际分工链条中位置的关键，也是技术创新和自主创新的重要决定因素。香港主要生产性服务业都有很成熟的发展，不论在服务模式、经营理念还是管理制度等方面都非常先进，且与国际接轨。特别是一些专业性比较强的行业，如专业服务、金融、物流、现代商务、创意设计等服务业的效率、专业操守、技术水平、服务意识都在亚洲乃至世界上居于先进地位。同样，香港在科技研发支持服务业方面也有自己的特色和优势，特别是发现世界市场需求进行应用型产品开发设计、品牌管理和面向国际市场的技术应用与创新方面有着传统的优势，可以对内地和深圳企业在管理创新、业务创新、服务创新、理念创新等方面起到良好的示范和推动作用。特别是香港以最具自由度的制度和环境优势，具备吸引国际上各种科技资源、智力和高端人才的优越条件；加上不少服务业企业已建立较高水平的供应链管理体系，具备较充分整合利用全球科技智力资源的能力，可以为内地和深圳科技创新提高较高水平的国际平台。

5. 香港拥有支持创新的综合优势

香港作为一个世界上自由度最高的自由港，拥有支持创新的特殊综合优势，主要包括以下几方面：

第一，香港的自由港地位及优良的国际商贸环境。香港向来是一个开放的自由市场经济，并且是一个自由港，外国对高科技设备输港的限制不多，有利于在香港进行的各种科研活动。此外，世界各国及内地工商企业、专业人士均能够自由来香港营商，享受公平待遇。跨国企业及金融机构一直以来利用香港作为亚太区的地区总部，主要的考虑是香港有最开放及先进的资讯，资金的自由流通有利于发展跨国业务；而香港的自由企业环境、低而简单的税率及广泛而有效率的政府可降低成本及提高效率。

第二，知识产权交易服务及法律保护。香港的法律制度以普通法为依据，奉行司法独立的原则。香港的法院在审理案件时，不受政府或任何机构、人士的干预，对市场经济下的活动、合同的履行及产权交易都有良好的保障。对于科技产品的开发及生产销售，香港提供保护知识产权的保障，便更为重要。如果出现产权纠纷，可在香港通过协商、仲裁或法院诉讼解决。

第三，科技项目管理、科技应用及科技商业化优势。香港凭着过去在制造业及国际贸易领域的数十年经验，已发展成为亚太区内的科技交易中心，更长于从海外引进科技产品及知识，提升产业水平，以开拓中国内地的科技市场。

在深港的科技合作方面，香港不但是科技研发活动的伙伴，更重要的是香港在优良的市场环境下，通过两地合作，发挥作为华南地区的科技交流、科技交易平台的作用。香港能有效地汇集国际科技发展信息、科技产品市场的新趋势，通过香港的企业，发挥科技的商品化及产业化应用；利用技术创新加强产品的增加值及竞争力，改善科技信息管理系统提高效率。

6. 香港支持创新的金融服务和创业投资优势

香港是世界上主要的国际金融中心，拥有一个向世界开放的金融市场，资金自由流动，不设外汇管制，可以提供包括银行、证券、保险、创业及私募投资等在内的各类优良金融产品和服务，也能够为各类企业和个人创业、运营和创新活动提供全方位支持。香港还是投资组合管理活动的区域中心，尤其在风险投资基金和创业投资基金方面拥有内地无法比拟的优势，不仅规模较大，而且服务水平和效率较高。

香港优良的金融服务可以为深港科技合作提供支持。不同的金融机构，如银行、私募投资及创业投资基金等服务，通过各种融资，可为企业家的新业务发展提供资金，分担及降低风险，增加科技企业成功的机会。通过金融机构严格的要求，可使内地有关企业上市前做好充分准备，改善公司治理，推动管理的现代化，提高技术水平及科技创新能力。

7. 深港科技创新合作具有共同需要和巨大潜力

深圳的企业大多表示有兴趣加强与香港的联系，特别是分享香港的科技商贸信息，同时希望能享用香港的金融服务，发展科技产品及开拓国际市场。另外，深圳在前端研究与开发活动，以及高技术生产方面，在广东省甚至全国拥有相当优势。所以，香港工商界对深圳较强的高新技术制造业基础和巨大的科技服务需求也很感兴趣，合作的愿望也日益加强。

同时，两地科技合作空间和潜力巨大，加强优势互补，便能构建一个更大的科技产业集群，加快各自的经济转型，提升产业国际竞争力。

（四）建立深港科技创新机制，推动建设深港创新圈

加强深港科技创新合作是全面推进深港经济融合的重要支撑点，不仅是整合发挥两地经济和科技优势、加快两地自身经济转型升级的需要，也是增强中国整体科技创新实力、建设创新型国家的需要，有利于建立更充分地利用全球科技智力资源的平台，提升中国在全球分工和创新链条中的地位。

1. 深港科技创新合作机制建设的重点内容

根据两地的研究①，近期深港科技创新合作机制建设方面有以下 6 个重点：

第一，加强两地政府科技创新合作协调机制建设。深港两地政府建立市场推动、行政推动并重的合作机制，抓紧启动运作，主要工作有四项。一是建立启动协调小组，可深圳先行，待机与港府设立联合启动协调机构；二是设立创新服务机构，深圳先行委托资深中介机构启动相关服务工作；三是深港协商设立创新公共信息平台；四是两地政府筹备设立深港创新合作协调机构。深港双方高层成立创新合作领导小组，两地政府负责人和职能部门负责人参加，负责研究制订双方合作发展规划和重大政策措施，定期召开合作工作会议。

第二，加强技术创新体系合作。一是确定一批骨干企业并纳入创新合作范围，启动“龙头企业支持计划”和“深港产学研计划”，对两个计划的实施主体给予特殊政策扶持。二是充分发挥大型骨干企业的引领作用，遴选一批集研发、设计、生产、销售于一体，具有国际竞争力的大型骨干企业，纳入创新合作，制订创新计划，落实创新体系，引领创新发展。三是在现有条件下集成产学研资源，包括不同组合模式的共

① 香港贸发局近期完成了《深港科技产业合作》报告；深圳科技局完成了《深港创新圈方案》。

性技术研发和工程化平台以及共建双边、多边合作的联合研发机构和产业技术联盟等技术创新组织。

第三，加强知识创新体系合作。一是确认并充分利用香港创新科技署的科技与教育创新的四大资源体系。二是以上述四项创新体系为基础和先导，建设科学研究与大学有机结合的知识创新体系，以建立开放、流动、竞争、协作机制为基点，促进科研机构之间、科研机构与大学之间的结合和资源集成。三是加强社会公益性科研体系建设，发展研究型大学，努力形成一批高水平的、资源共享的基础和前沿技术研究基地。四是根据国家部署结合本地条件，制订知识创新规划，落实基础研究、前沿高技术研究、社会公益性研究项目。

第四，加强产业集群体系合作。有效发挥深港两地现有产业集群优势，从 5 个方面加强合作：（1）调整外向型加工业集群的产业结构，使其产业优化升级形成完整的产业链。（2）整合特色产品产业集群，提高其附加值和持续竞争优势。（3）强化高技术产业群，实现技术更新换代和产业价值链。（4）建设新兴技术产业集群，实现共性技术、关键技术、适用技术有机结合的集成创新。（5）加大产业技术中心、平台和网络的整合升级力度，形成技术、技能、资金、人才、技术服务和专业分工的合理配置，高效运行。

第五，加强中介服务体系合作。加强两地科技中介服务体系建设与合作，明确科技中介服务机构的任务是面向社会开展技术转移、成果转化、科技评估、创新资源配置、创新决策和管理咨询等专业化服务。中介服务的业务范围包括创新服务、创业服务、创优服务、技术市场服务、成果转化服务等。

第六，加强知识产权体系合作。主要包括：（1）突出保护，营造建设自主创新的优质环境。（2）强化创新，调动创新要素，迸发创新活力。（3）促进利用，推动自主知识产权项目产业化。（4）高效管理，加强政府公共服务职能。（5）扩大开放，促进国际合作交流。（6）保障资源，创造自主知识产权优势。

2. 建设深港创新圈的目标定位及合作协议的主要内容

2009 年 5 月 21 日，深港两地政府正式签署了《深港创新圈合作协议》，标志着深港科技创新合作机制在地方层面已正式启动。

第一，深港创新圈的目标定位。根据合作协议，创新圈的地理空间以皇岗口岸为中心、面积大概为 2000 平方千米，聚集了比较密集的研究院所、重点实验室、工程中心，以及几万家科技型企业和比较完整的产业链。

“深港创新圈”的目标定位是，以科技合作为核心，以政府为主导、民间为基础、市场为准则，以边界地区为纽带，以港北教育研发集群及深南产业集群为主轴，以珠三角为纵深，全面推进和加强深港科技、经济、教育、商贸等领域的广泛合作，加快建设在国际上有较大影响、在国家战略中有重要地位、对区域发展有突出贡献、创新资源最为集中、创新活动最为活跃的“半小时深港创新圈”、改革创新“新坐标”和泛珠三角地区经济共同体。

“深港创新圈”的功能：一是资源共享。资源包括两类，实验试仪器设备等硬件资源以及人力、智力、管理经验等软件资源。二是要素融合。包括金融要素、产业要素、中介要素和条件平台。三是通道公用。深港地区对内地和海外来说是非常好的通道，应该努力使深港创新圈成为内地和海外进行沟通的桥梁和载体。四是教育同城化。五是产业同构化。

第二，深港创新圈合作协议的主要内容。深港创新圈合作协议框架共有17个条款，包括8个大的方面，如人才、规划、知识产权、市场推广、园区建设、科技中介、公共平台等。近期落实该协议确定了以下几条措施：一是建立深港政府层面的工作机制，双方成立督导会议，由两地政府职能部门根据需要成立小组，日常工作由香港创新科技署、深圳科技和信息局负责。二是制定深港创新圈规划纲要和深港创新圈实施方案。三是设立深港创新圈专项资金，资助目的是促进深港之间创新交流合作，资助对象是香港各大学科研院所在深圳设立的分支机构。四是建立深港科技资源信息库，解决两地创新人才设备、项目信息资源信息共享问题，建设深港创新圈网站，共建共享公共技术平台，共同促进实验室、研究中心与深港高新技术产业互动。五是知识产权保护与合作。

3. 深港科技创新合作需要进一步配套解决的问题

目前，深港创新圈合作协议的签署，将对推进深港科技创新方面的合作提供一个有益的契机。由于深港创新圈合作内容尚在两地讨论或者落实之中，虽然可以肯定会在两地政府层面推动科技创新合作机制建设的启动，并在两地政府协调机制建设、加强规划和指导、推动两地科技资源共享、共建科技信息库以及公享两地部分公共科技服务、共建共享部分中介服务方面，有可能逐步获得一些进展；另外，两地在推进教育同城化、对外科技交流合作通报共用以及设立创新圈专项资金方面的努力，也将会收到一些成效。可以说，在两地政府层面可以自行协调解决的一些中观体制、机制、政策和公共服务、中介服务层面的问题上，都将会为深港发挥各自优势、加强科技创新合作发挥积极作用，消除现有一些障碍和约束因素。

但是，可以预见，由于香港是单独关税区，香港与深圳在人员和生产要素自由流动方面必然会受到现行体制的约束，继续存在着制度、政策和法律方面的障碍。特别是由于香港在科技创新方面的优势更多地体现在其自由港等软件制度环境和生产性服务业的特殊综合优势上，深港科技创新合作仍然面临不少宏观层面的制度性障碍：

第一，科技人员等无法自由流动；

第二，CEPA机制解决了货物贸易的自由化问题，服务业准入也得到部分开放，但实际上仍有不少障碍；

第三，生产要素基本上仍不能实现自由流动；

第四，由于存在准入限制香港生产性服务业的整体优势无法向深圳延伸，香港作为自由港招揽全球高端人才和吸纳科技智力资源等的优势，却无法向深圳科技创新活动提供有力的支持；

第五，两地法律、金融财税政策上的差异也会对两地科技创新合作带来一些约束性影响；

第六，两地在知识产权法律、观念和执法等方面的差异，不利于为科技创新合作创造适宜的条件等。

因此，建议考虑将深港科技创新合作升格为国家战略，并在特殊功能区域制度安排方面和其他配套体制、政策和法律安排上相应进行重大改革，以更好地配合深港建成国际大都市战略，建成国际一流的深圳湾科技创新基地，为建设创新型国家发挥重要支撑作用。

在深港科技创新合作机制建设方面，国家需要从战略上做出两个关键性安排：

第一，以深圳港口为中心的区域，建设多功能综合型自由贸易区，实行人员和生产要素的自由流动，实现深圳湾区产业和科技创新的无缝对接；

第二，国家对深圳自贸区在经贸法律、财税和金融政策等方面实行配套政策，消除深港科技创新合作的政策障碍。

七、促进深港资本市场合作发展

香港回归10年，两地资本市场有了初步的合作。香港在与包括深圳在内的内地合作中，进一步拓展了资本市场的发展空间，巩固和强化了国际金融中心的地位；深圳在人才培育、产品创新、市场估值、创业投资等方面也是受益匪浅。未来10年，伴随着中国经济的“又好又快”地增长和金融市场的纵深发展，深港将面临建立建设性伙伴关系、共建世界级大都市的战略任务，两地的资本市场在获得巨大发展的基础上，将迎来广阔的合作空间。本报告对此作一些阐述。

（一）两地资本市场合作是一个必然的、水到渠成的过程

1. 在CEPA和“9+2”合作框架下，深港经济往来越来越频繁

2003年6月和10月，香港、澳门先后与内地签署“关于建立更紧密经贸关系安

排”协议（简称 CEPA）。CEPA 的签署击中了区域协调发展的鼓点，顺应了历史发展的潮流，得到了南中国地区的积极欢迎。2004 年 6 月，“泛珠三角区域合作与发展论坛”召开，最终“9 + 2”省区签署了《泛珠三角区域合作框架协》，CEPA 的精神得到了更进一步的保证。2007 年 6 月《CEPA 补充协议四》正式签订，在医疗、银行、证券、保险、旅游等方面进一步放宽了合作领域。

无论是 CEPA 还是“9 + 2”合作框架，深港合作都是最紧密、最前沿和最核心的层次。香港与内地的经济一体化将首先从深圳展开，从天时看，深港经济合作由来已久，两地经济落差在逐步缩小；从地利上看，深圳毗邻的区位优势，其他地区难以比拟；从人和上看，香港居民多以粤籍为主，语言相通、生活习惯相近。

在 CEPA 的推动下，深港经济交流更加频繁，合作正走向一个新的层次。一方面，双方的合作模式正由原来单纯的产业互补向创新一体化发展。深圳最初的经济发展是在承接香港制造业转移下带动起来的。随着中国经济结构的调整和国家自主创新战略的实施，新技术产业逐渐发展为居深圳四大支柱产业之首的战略产业，形成了电子信息产业、新材料及新能源、生物医药技术、光机电一体化、环保等高新技术产业集群。“深港创新圈”正逐步形成，成为引领两地经济发展的发动机。

另一方面，两地的资本、人才、商品的联系日益紧密。目前，到深圳开展业务的港资金融机构已达 20 多家，位居大陆城市榜首，资产收益率在大陆的外资同业中亦居第一位。1978 年，中国第一家外资企业就由香港人设在当时的宝安县。截至 2005 年年底，深圳共批准港商投资项目 30971 项，合同投资 355.75 亿美元，实际利用港资 266.45 亿美元，分别占全市引进外资的 81.59%、61.31%、60.30%①。深圳作为新的物流中心，正成为连接香港和内地的最为关键的环节。香港则成为深圳触摸世界的长臂。2006 年深圳在境外新设 54 家企业和机构，23 家在香港；在港投资所涉资金占新增协议投资总额的 88%。从金蝶到比亚迪，从中兴通讯到百丽，越来越多的深圳企业从香港走向世界。

2. *港交所是深交所走出去的窗口*

资本市场对外开放的步伐在加快。截至目前，沪、深证券交易所共有 7 家特别会员，有 58 家境外证券经营机构可直接从事 B 股交易；共有 7 家合资证券公司和 19 家合资基金管理公司。从 2002 年 12 月起开始试行合格境外机构投资者制度（QFII），至今已有 50 多家外资机构获得 QFII 资格；QFII 额度也在迅速提高，根据中美第二次战略会议的最新结果，额度将增加到 300 亿美元。

港交所对外积极推行其全球化战略，已与纳斯达克、伦敦证券交易所等结成战

① 《深港将进一步加强高层次合作》，载于《深圳商报》，2006 年 11 月 16 日。

略联盟，建立了多个通向全球主要市场的通道，成为全球市场24小时不间断交易中一个重要的环节。2006年，港交所的新股集资额高达429.7亿美元，仅次于伦敦证券交易所，超过纽交所成为全球第二，其背后是众多优质国内公司在港上市）见图2－1）。

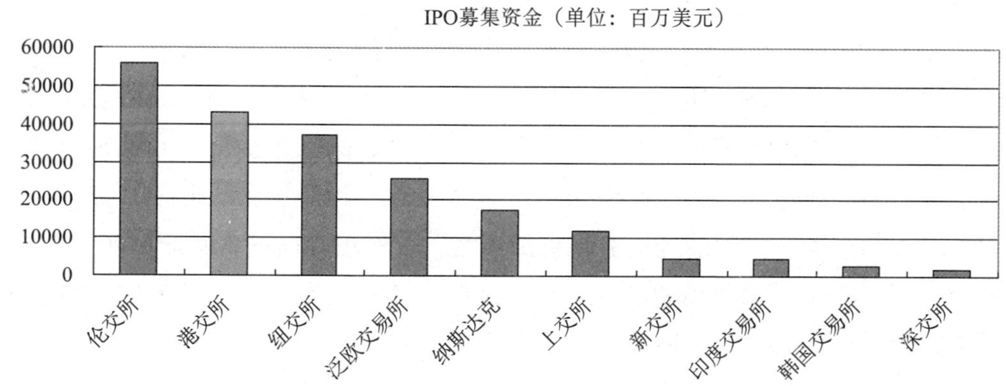

图2－1　全球主要交易所及亚洲新兴市场2006IPO筹资情况

资料来源：WFE2006年报。

内地交易所走出去的进程也将提速。深交所是一个全国性市场，产品系列包括股票、债券、基金、权证，承担着建设中国多层次资本市场的重任。其国际化程度较低，但国际化的步伐正在加快。港交所的国际性交易所影响力，可以为深交所及其上市公司的国际化提供一个平台，为内地投资者提供一个参与规范国际证券市场的通道，从而进一步提高深交所作为全国性市场的地位，加快实现深交所的国际化进程。

3. 资本项目逐步放宽，人民币自由兑换趋势明显

较为宽松的国际经济金融环境为中国参与国际金融市场创造了良好条件，中资企业和金融机构对国际金融市场的参与进一步加深。与此同时，国内金融市场对外开放不断扩大，外资影响力增强，国内外金融市场的联动效应更加明显。

人民币自由兑换趋势日益明显。自2005年7月21日汇改启动以来，人民币对美元的升幅已超过6%。人民币的强势为其自由兑换创造了良好条件。中国外汇资产储备已超万亿美元，也为人民币自由兑换提供了保证。一个国家货币的国际化程度是其政治、经济、军事、文化实力等的综合反映。人民币国际化，不但可以为中国带来巨大的商业利益，还有利于国家地位的进一步提升。

4. 国内资本市场发展速度加快，日益受到中央高层的重视

2004年国务院发布了《关于推进资本市场改革开放和稳定发展的若干意见》（即“国九条”），为股市的长期健康发展提供了制度保障。“十一五规划纲要”中明确指出

“积极发展股票、债券等资本市场，稳步发展期货市场。推进证券发行、交易、并购等基础性制度建设，促进上市公司、证券经营机构规范运作，建立多层次市场体系，完善市场功能，拓宽资金入市渠道，提高直接融资比重”。2009 年以来，市场指数涨幅创近年来新高；总市值到达 16.7 万亿元①，证券化率由上年的 39% 提升到 80%。尤为重要的是，自 2006 年 5 月初市场恢复融资功能以来，中国银行、大秦铁路、中国国航、工商银行等一批关系国计民生的大公司成功登陆 A 股市场，市场结构发生转折性变化。

5. 深交所是港交所进入内地的中继站

港交所在积极推进全球化战略的同时，也努力实施本地化的策略。“十一五与香港发展·金融服务小组”金融业行动纲领中针对港交所的建议就有 30 多条。港交所内地发展主要是为了给自身寻求更坚实的实体经济基础，在这方面的战略安排主要表现在以下三个方面：

（1）开发内地上市资源。由于香港企业数量有限，再加上港交所还缺乏在全球范围内与纽交所、伦交所等争夺上市公司资源的实力，将目光投向内地是港交所寻求规模扩张必然的选择。以主板市场为例，截至 2006 年年底，港交所已经从内地吸纳了 174 家上市公司（包括 H 股和红筹股），其股票市值占香港股市总市值的 44.95%，成交额占市场的 55.52%，充分说明了内地上市资源在其发展中的重大意义②。

（2）发展内地投资者。从港交所现货市场交易的资金来源看，内地资金目前所占的比例还比较低。相对较低的地位，加之内地雄厚的资金实力，使港交所通过发展内地投资者来强化整个市场的投资者基础具有十分广阔的想象空间。

（3）开发内地相关交易品种。债券产品和衍生品产品在香港和内地证券市场的缺位，加之人民币地位的上升，使港交所对开发相关产品浓厚的兴趣。

6. 深港两地优越的地理位置决定资本市场合作前景广阔

深港交易所合作有着很多独特的优势，地缘优势尤其突出。深圳地理位置得天独厚，与香港仅一河之隔，交通便利，来往两地市区只需一个多小时。随着西部通道的开通，两地来往更为方便。《创新阶级》一书的作者、美国学者理查德·佛罗里达近日与地理学家合作，以卫星观测夜间城市灯光，他惊异地发现，地球上目前夜间灯光最亮的地方之一是中国华南地区的香港和深圳，这是一个新的特大城市将要出现的先兆。

---

① 截至 2007 年 6 月 29 日。

② http://www.hkex.com.hk/data/chidimen/CD_TO.htm。

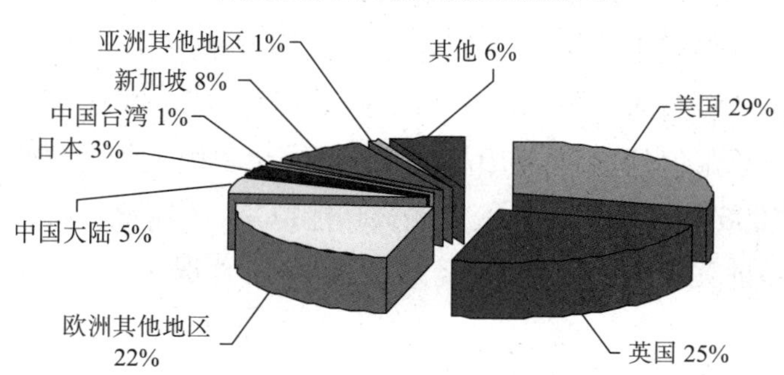

图 2－2　港交所海外投资者情况

资料来源：HKEx Fact Book，http：//www. hkex. com. hk/data/factbook/2005/fb2005. htm。

随着中国经济实力的不断增强，与一些发达国家的经济关系在发生微妙变化。最近不断升温的中欧、中美贸易摩擦提醒我们，过分依赖与发达国家的经济联系对持续发展不利，必须加强与其他国家的经济合作，其中推动中国与东盟国家的合作是一项关键的战略举措。一方面，马六甲海峡对于保障中国未来的石油供给至关重要；另一方面，中国与东盟国家在经济上也存在较强的互补性。在这一背景下，整合深港两地的资本市场，使其成为面向整个东南亚地区的融资平台意义重大。

（二）两地资本市场融合发展的现实条件

1. 深港合作的经济基础

首先，深港“两地”具备良好的市场发育基础。香港接受西方经济的价值观与思维植入，经过 100 年的洗礼与发展，打造了一座具有现代经济气质、成熟经济环境的现代经济之都。深圳虽年轻，但伴随“经济特区”而成长，是南中国最早应运市场手段而发达全市经济的城市，具有显著的市场经济特征。

其次，深港“两地”具有极强的互补产业特征。就产业特性而言，深圳经济以高科技制造业为龙头。2005 年深圳全市实现高新技术产品产值 4885 亿元，占工业总产值的比重从 1991 年的 8% 上升到 51. 1%；其中拥有自主知识产权的高新技术产品产值占全部高新技术产品产值的 58%①。而香港则拥有优质成熟的第三产业，特别是金融业是香港经济中最重要的产业，比重占 GDP 的 12. 7%②，其成熟的融资体系可以为高科技产业的发展提供充沛的风险投资支持。

2. 两地资本市场的发展

深圳一直是资本市场创新的试验田，曾创下多个第一。日前证监会已表示要根据

① 《“深港创新圈”与“品牌之都”》，载于《上海证券报》，2006 年 12 月 11 日。

② 《“十一五”与香港发展》，经济高峰会报告。

《国家中长期科学和技术发展规划纲要》及其配套政策的要求，依照《公司法》《证券法》的规定，在中小企业板实践积累和参考海外市场经验的基础上，适时推出创业板市场。深圳市政府也大力支持深圳市场打造多层次市场体系，无论是2003 年出台《深圳市支持金融业发展的若干规定》，还是最近颁布的“十一五”规划，深圳市都旗帜鲜明地提出了支持多层次资本市场建设的构想，力争把深圳建设成为中小企业融资中心和创业投资的乐土。

香港是亚太区的国际性金融中心，具有资金流通自由、金融市场发达、金融服务业高度集中的特点。香港银行体系的总资产超过 8000 亿美元，居亚洲第 4 位，全球第 17 位①。股票市场的市值超过 17000 亿美元，稳居亚洲第 2、全球第 6 大股票市场②。香港市场各项基础设施完善，市场机制健全，其成熟的法律制度、自由的货币体系、专业化的人才队伍，吸引着世界各地的资金。

3. 人民币与港币的交互使用

深圳现在已经成为港币的覆盖区。虽然中国的《外汇管理条例》规定“在中华人民共和国境内，禁止外币流通，并不得以外币计价结算”，但由于深圳地理位置的特殊，港澳台同胞较多，港币在深圳大行其道。特别是港人消费比较集中的部分场所，多数商家对港币来者不拒。据估计，香港游客每年在深圳的消费超过 300 亿港币，部分深圳人的工资甚至都以港币发放。

香港具备成为人民币离岸金融中心的条件。自 2003 年 11 月起，作为在 CEPA 框架下金融方面内容的重要充实，中央政府分阶段允许香港银行经营个人人民币业务。2004 年 2 月 25 日，中国人民银行深圳中心支行开始为香港银行办理香港个人人民币提供清算安排。2005 年 10 月 29 日，中国人民银行发布 26 号文，宣布扩大香港人民币业务范围，扩大允许兑换人民币的指定商户范围；提高香港居民汇款限额；取消香港银行发行的人民币银行卡的授信限额等。截至 2006 年 6 月底，香港银行经营人民币业务情况具体如表 2－23 所示。

表 2－23　　香港银行经营人民币业务情况

项　　目	数　　据
开办了人民币业务的香港持牌银行和信用卡公司数	42 家
在清算行的人民币存款余额	226.99 亿元
人民币兑换总量	255.8 亿元
两地人民币汇款	16.5 亿元
内地人民币银联卡在香港的交易额	67.7 亿元

① 数据来源：香港金融管理局，2005。

② 香港交易所网站。

4. 两地银行业的合作、支付结算体系的联通

深港支付结算系统起步于银行卡联合结算机制。自1998年以来，香港金管局与中国人民银行深圳市中心支行开始密切合作，陆续推出了深港港元和美元双向票据安排，以及深港港元和美元双向及时支付结算系统联网。这些安排为香港和深圳之间的外币资金往来提供了高效和安全的通道。随着两地贸易和投资往来的日益增加，其交易金额也在不断增加。2002年实时支付结算系统处理的交易总值为0.5亿港元，2006年6月已增加至7.37亿港元。①

两地支付结算体系的合作，使两地的人民币和港币业务由非正式的、自发性的业务逐渐纳入正规的、规范的银行市场，从现钞和个人业务逐渐向非现钞和非个人领域扩展，促进了两地经济融合的加深，并成为未来人民币逐步走向区域化和国际化的基本平台，为进一步试验人民币的自由兑换打下了基础。

5. 信息技术的发展

信息技术革命提高了信息收集、储存、处理和发布的能力，通过无纸化的发行，不仅降低了清算交割成本，也降低了证券交易服务的进入壁垒和不同交易市场的分割性。网络高效、迅捷的信息传递和交换，可以极大地提高证券市场的运作效率。两地证券发行、上市、交易、结算等环节的完全无纸化，使交易所合作的有形限制被消除。

（三）国际上资本市场融合发展的三种主要方式

1. 整合

具体而言，整合又可以分为两种方式。一是现货、衍生产品与结算一体化的整合。如德国法兰克福交易所、香港交易所、新加坡交易所和韩国交易所的整合。通过整合，将主板、创业板、期货市场以及结算公司融为一体，形成独特的单一交易所体制，使衍生产品市场和现货市场互相促进、共同发展，降低了整个市场的交易成本和运行风险，提高了资本市场效率。二是交易所之间的合并。如1998年纳斯达克合并美国证交所；1999年加拿大温哥华交易所和阿尔伯特交易所合并成全国风险资本交易市场（CDNX）；2001年加拿大CDNX与多伦多交易所合并成为多伦多交易所集团；2006年纽交所与泛欧交易所合并。

上述两种整合的结果，诞生出一种新的交易所组织模式——交易所集团。这种新的交易所集团将提供包括现货、衍生产品、存管结算以及技术发展等相关业务的一揽子服务，充分发挥交易所运营中的“规模经济性”，增强证券市场在全球范围内的竞争力。

① 《深港金融业合作与创新研究报告》，深圳特区经济研究会。

2. 战略联盟

战略联盟是指两个交易所之间达成协议，在共同上市、共享技术等方面进行战略合作。1998 年德国交易所与伦敦证交所共同宣布形成策略联盟，并尝试合并为国际交易所（IX），后来计划搁浅；1999 年，纳斯达克与香港联交所、澳大利亚交易所及墨西哥等交易所结成相互挂牌的联盟；纽约证交所在宣布与泛欧交易所合并前与泛欧、东京等 9 家交易所组成“全球股市联盟”等。

3. 连线交易

连线交易也有两种形式：一是共同进入系统。两家交易所的交易系统通过网络联结起来，一家交易所的会员可通过网络接口进入对方的交易系统。二是共同交易平台。一家交易所的会员资格将自动向另一家交易所的会员开放，两家交易所的会员通过同一交易平台进入彼此产品领域。

根据我们的了解，目前运作比较成熟的合作模式主要有以下几个案例（见表 2－24）：

表 2－24　目前三种最成熟的合作模式的主要案例

	澳交所/新交所连线交易	NOREX 联盟	Euronext 集团
买卖盘统一报价	✓	✓	✓
单一交易平台		✓	✓
共同交易条例		✓	✓
共同交易数据及纪录		✓	✓
共同发行人分类方式		✓	✓
共同指数		✓	✓
单一结算平台			✓
单一中央结算			✓
共同收费表			✓
共同交易所的所有权			✓
共同会员及参与者			✓
共同货币			✓
单一交割机构			✓
共同上市条例			
单一监管机构			

澳洲证券交易所与新加坡交易所的连线交易。这是亚洲及大洋洲地区内两家独立交易所在 2001 年 12 月设立的电子交易连线，通过交易所会员的参与，使买卖指令由一地传送到另一市场。

NOREX 联盟。由北欧四家独立交易所组成的证券交易连线，始于 1998 年哥本哈根交易所与斯德哥尔摩交易所的建盟，冰岛交易所与奥斯陆交易所则于 2000 年加入。

Euronext 集团。由阿姆斯特丹、布鲁塞尔、巴黎及葡萄牙交易所合并而成，并在 Euronext 巴黎交易所上市，继而收购英国金融期货交易所（Liffe），最近又与纽交所合并。

以上 3 种模式合作的深度是逐渐深入的。

（四）两地资本市场融合发展的积极效应

1. 巩固香港金融中心地位和深圳区域金融中心地位

香港国际金融中心的地位目前还相当稳固：2006 年港交所的 IPO 募集资金金额超过纽交所，稳居全球第 2；市值超过 13 万亿港元，位列全球第 6。然而从长远考虑，香港作为今后国际金融中心面对的困难并不少。首先，亚洲金融危机后，香港本地实体经济遇到了不小打击，金融服务业成本高起，加上周边国家特别是新加坡的竞争，香港国际金融中心地位受到削弱。其次，内地金融体制改革的推行将会给香港带来严峻挑战：一方面，随着内地资本市场的不断完善，内地企业可利用本地市场集资，减少对香港平台的依赖；另一方面，一旦人民币实现资本项目的可自由兑换，境外投资者可直接进入内地市场，不必再绕道香港。因此香港作为国际金融中心的作用很可能会随时间的推移逐步减弱。香港要维持和强化其国际金融中心地位，必须要内地经济的支持。加强深港金融合作，是香港金融持续发展的重要途径，是保证其世界金融中心的重要步骤，更是国家从政治和宏观经济大局考虑帮助香港稳固国际金融中心的现实选择。

深圳金融业在短短的二十几年里取得了引人注目的辉煌成就：金融机构种类齐全，体系较为完备；金融业务不断推陈出新，功能日趋完善；金融业对外开放程度持续提高，金融业现代化进展加快。截至 2006 年 6 月末，深圳市金融业总资产 1.44 万亿元，仅次于上海、北京和广州，位居全国第 4 位。2006 年上半年金融业增加值 251 亿元，占全市 GDP 的 9.8%，占第三产业产值的 20.8%。深圳资金进出量 2006 年全年大约 20 万亿元，与整个广东省基本持平，高于江苏、浙江和山东几个大省的水平；货币市场交易量占全国的 25%，净融入资金 1.5 万亿元①。

深圳“十一五”规划明确提出“以香港国际金融中心为依托，以货币市场、证券市场和保险市场为主体，以金融产品创新、制度创新和技术创新为重点，建设创新型区域金融中心”。从现在的情况看，要实现这个目标任务还很艰巨，其他金融中心城市对深圳市建立区域性金融中心形成竞争压力。深圳经济特区的优惠政策逐步弱化，特别是在金融改革和开放上先行先试的地位下降，加大了深圳金融业创新和争取自身主动发展的难度。

---

① “发挥创新优势，服务区域经济——深圳积极参与区域金融合作的初步构想”，深圳市金融办，2006 年 12 月。

与国内其他城市相比，深圳最大的优势是与香港接壤，有利于快捷地获取国际金融市场的信息，便于利用和借鉴香港的金融资源和管理经验。因此深港资本市场的合作对于推动深圳区域金融中心地位的建设也至关重要。

2. 走出去，请进来

深圳先行先试。改革创新是深圳的魂。深圳的金融业之所以能从一无所有发展到今天的规模靠的就是创新。1982 年，中国第一家外资银行——香港南洋商业银行开业；1987 年，中国最早的股份商业银行——深圳发展银行和招商银行创办；1990 年，中国第一家股票交易所——深圳交易所成立；1992 年，中国第一家非国有保险公司——平安保险公司诞生；2004 年第一只交易所上市基金（LOF）——南方积极配置基金成功发行，开辟了基金发行的新模式。无数个第一次，书写了深圳金融业创新的篇章，使深圳无愧于改革开放窗口的称号。深圳发展到今天，其原有的政策优势已不复存在，只有靠创新才能保持深圳的竞争优势。利用毗邻香港的优势，模仿香港，可以降低深圳金融机构的创新成本，提升深圳金融业的创新能力。客观地说，深圳金融业在走出去方面的力度还远远不够。近年来，深圳本地的金融企业只有招商银行在香港设立了分行，资产规模仅 90 亿美元。证券等其他金融行业还未实现零的突破（君安证券最早在香港设立了分公司，但由于后来与国泰合并，成为上海的企业）。

香港先进先试。香港在深圳设立金融机构可以分为两个阶段，20 世纪 80 年代末至 90 年代初期为第一个阶段。早在 1982 年 1 月，中银香港旗下的南洋商业银行率先在深圳开设分行，接着又有东亚、汇丰银行等香港银行进入。但在 90 年代中期至 2003 年，受亚洲金融危机影响，香港银行业放慢了进入深圳的步伐。2004 年，受惠于 CEPA 降低银行准入门槛到 60 亿美元的规定，香港的中小银行加快了进入内地的步伐，中小港资银行纷纷在深圳开设分行或以收购/重组的方式在深圳开展业务。两年多来共有 6 家港资银行机构落后深圳，占深圳新设外资银行机构的 75%。这 6 家港资银行机构中，设立分行 3 家，重组深圳法人机构 2 家，设立代表处 1 家。截至 2006 年 5 月，深圳共有港资银行 25 家，其结构具体如表 2－25 所示。

表 2－25　　在深港资银行机构分类

银行机构	家数
法人机构	2
分行	10
支行	12
代表处	1
合计	25

3. 让国内投资者分享两地经济增长成果

深港资本市场融合使国内普通老百姓分享两地经济增长带来的成果。近年来，一些大型国企在海外上市，其中香港市场是最主要的窗口。由于国内体制的原因，这些大型和特大型企业所创造的利润并不完全是因为境外资本投资这一要素所创造的，更多的是缘于这些企业所处的垄断行业和垄断地位。把这些稀缺资源所创造的垄断利润让境外投资者独享，内地普通的投资者却享受不到，这既不公平，也不正常。据初步估算，海外上市企业每年产生的利润是国内沪深两市上市公司利润总和的数倍之多。中国的三大石油企业、三大电信企业、三大电力企业、三大航空企业等这些垄断性企业全都在海外上市。以石油企业为例，中石油2005年度利润达到创纪录的1334亿元，每股派息高达0.34港元，当年派息超过600亿港元①。而根据《证券时报》的统计，截至2006年4月28日年报公布截止日，共有604家上市公司提出了2005年分红派现方案，拟分红派息总额合计735.94亿元。2005年中石油一家的分红派息就接近整个A股市场的总额，为中石油巨额利润买单的国内消费者却无法分享投资中石油带来的收益。

4. 有利于深圳资本市场在产品开发、人才培育等方面学习香港

对于科技、知识、智力高度密集的现代金融业来说，人才显得尤为重要。金融竞争的核心是人才竞争。人才资源是最重要的战略资源，人才优势是最大的优势，人才开放是金融发展重要的推动力量。

香港作为国际金融中心，不仅拥有完整的金融产品链，而且还拥有一大批国际水平的金融专业人才，具备良好的专业素质和外语水准，能应对国际金融市场的新变化、新需求。在产品方面，以创业板为例，香港交易所早在1999年就开设了创业板，虽然到目前为止发展谈不上很成功，但毕竟还是积累了大量的一线经验。在金融衍生品方面，香港交易所的前身联交所早在1986就推出了首只金融衍生品——恒生指数期货，在衍生品的开发、结算、风险控制和监管方面具有丰富经验。

（五）两地资本市场合作面临的困难与障碍

1. 在人民币未能完全自由兑换的情况下，缺乏足够的条件建立真正联系

深港资本市场合作的任何实质性方案都会遇到中国外汇管理政策能提供多大空间的问题。1994年，中国外汇管理体制发生重大变化，实现了人民币经常项目下有条件可兑换。1996年中国正式接受国际货币基金组织第八条款义务，取消了经常项目下尚存的一些管制措施，于同年底实现了人民币经常项目下可兑换。但到目前为止，中国仍然对资本项目下的外汇进行“严格管理”。

深港资本市场合作涉及外汇管理领域的股本证券投资收支管理，该项目的管理沿

① Wind资讯。

革了中国对外债和直接投资的管理模式，包括对证券收支的职能部门管理和外汇部门管理两部分。所谓职能部门管理是指“证券境外发行和境外证券投资等证券收入行为、对外证券投资和境外证券投资撤回等证券支出行为”必须经过职能部门中国证监会审批；所谓外汇部门管理是指外汇管理局对证券收支的外汇的具体额度、开立账户、结售汇、购汇支出等外汇行为过程进行审核。这种双重管理相当严格。目前国内企业境外发行股票、QFII 投资中国证券市场须经证监会审批，外汇局核准外汇额度；中国投资者投资境外证券、QFII 撤资等须证监会审批，外汇局核准。因此，涉及证券收支的深港交易所合作方案一定不可避免地触及证监会和外管局的政策边界。

虽然从目前的政策取向上看人民币兑换的政策日趋灵活，特别是自 2005 年 7 月 21 日汇改启动以来，人民币的定价机制也更加透明。但客观地说，人民币已错过了实施自由兑换的最佳时机。当前对人民币升值的强烈预期，使人民币在今后相当长的一段时间内都无法有充裕的空间实现向完全自由兑换的转换。而在人民币尚未实现自由兑换的情况下，深港资本市场的合作将面临制度障碍。

2. 内地宏观政策和市场条件尚存在若干限制

2006 年实施的《中华人民共和国证券法》中去除了交易所“不以营利把目的”的字样，但目前深、沪两个交易所在其章程中都为自己定性为“实行自律管理的会员制法人”。香港交易所早在 2000 年就实现了由会员制向公司制的转变。如何实现会员制交易所和公司制交易所的融合，国际资本市场上尚无先例。

从法律环境上看，深港两地监管法律的不一致将给深港交易所的合作带来很大困难。泛欧交易所的合作模式虽然开创了不同监管环境下交易所联合的先河，但泛欧交易所的各成员国同属大陆法系，法律体系相近，资本市场市场化程度高，因此对接起来相对容易。而内地和香港，一个属大陆法系，一个属英美法系，两地法律体系和法律文化的成熟度都存在巨大落差。

两所的决策权地位也不相同。尽管深交所是独立的法人，但是其发展规划和定位实际上都是由中国证监会直接决定的。首先，内地资本市场管制非常严格，深交所没有上市审批权，主要靠证监会安排上市公司上市；其次，深交所制定和修改业务规则，都需要上报证监会批复；最后，证监会直接决定深交所高级管理人员的人事任免，其中“总经理、副总经理由证监会任免”“财务、人事部门负责人的由证监会批准”。相比之下，香港是世界上最为宽松的资本市场之一；港交所是上市公司，有独立的上市审批权和人事权。

3. 两所强弱地位不对等

无论是从市场规模还是交易的活跃程度来讲，深港交易所的差距都比较大。以市场规模为例，截至 2007 年 3 月香港交易所市值已经高达 13 万亿港元，跻身全球第 6

大交易所；相比之下，深交所目前市值仅有3万多亿港元，仅相当于港交所的1/4。港交所上市公司的市盈率平均只有16.94，远远低于深交所的49.54，上市公司质量也普遍好于深交所①。

再从市场的筹资能力看，根据我们从Wind提取的数据，2006年香港交易所总计筹资接近3000亿港元，仅次于伦敦证券交易所，居全球第2位，超过了纽交所和泛欧交易所。不仅如此，2006年香港市场的IPO中还有全球规模最大的首发——工商银行，其市场的广度和深度是深交所都还无法与其媲美。

从盈利能力的角度分析，深交所与港交所相比亦存在较大差距。根据港交所公布的2006年报显示，当年实现收入41.47亿港元，利润25.19亿港元。由于深交所目前仍为会员制法人，没有其公开的财务资料。不过，根据其2006年的成交量和收费标准，其收入只占港交所的约1/3。

（六）从最基本方面做起，为合作奠定一个扎实的平台

1. 信息共享和信息产品的共同开发

信息共享是合作的基础。目前深港交易所已经有一个信息互换的协议，可以考虑该协议为基础，成立专门的工作小组就加强咨询合作提出进一步的建议，以进一步推动双边的信息共享活动。近期的具体措施可以考虑：完善现有的“中国证券市场网页”内容，加强深港交易所信息合作，开发信息产品。深交所可以由深圳证券信息有限公司全权代理信息产品的开发、发布和运营，开发符合香港资本市场投资者需要的信息产品，同时代理香港交易所的信息发布。香港交易所可以参股深圳证券信息有限公司，或者两者合资成立新的信息机构，专门经营跨境的信息产品。在远景方面，要实现深港证券交易实时行情终端相互延伸，以此扩大深港两个证券市场的覆盖面和辐射力。

2. 人员交流与培训

深港交易所目前已经建立了每年定期的安排员工交流机制，鼓励双方员工到对方交易所和金融机构实习，从而促进两个交易所和两地证券从业人员的交流与培训。近期可以探讨中层管理人员的交流机制，比如中层管理人员可以利用周末访问对方交易所，实地了解和感受交易、结算和信息发布等交易系统的运作。此外，还可以采取包括双方高层定期磋商、互访、举办相关论坛等多种形式，建立双方在人员培训与交流方面的全方位合作的机制。

3. 技术合作与互通

技术进步是推动交易所合作的最基本因素。技术进步使跨境合作的成本大大降

---

① 数据来源：港交所和深交所网站。

低，股票交易的无形化、电子化使大规模的股票跨境交易、结算成为可能，跨境合作更加体现为一种交易系统的相互接入和协议安排，效率大大提高，合作的门槛越来越低。从目前的情况看，香港交易所的交易系统是 AMS/3，在市场模式、交易形式、市场接触功能、交易实施以及投资者接触市场渠道方面均拥有广泛的功能。深交所的交易系统是自主研发第五代交易系统，是委托指令驱动、集中竞价撮合的电子化、自动化交易系统，具有高可用性、高效、稳定的特点。客观地讲，两地交易系统差别较大，技术上的合作必须一步步做起。

4. 新产品设计的合作与开发

双方在新产品设计的合作与开发方面前景广阔。一方面，香港市场容量有限，其对内地庞大的投资者队伍可以说是心仪已久，但由于目前制度的限制，内地的投资者还无法直接投资香港资本市场。香港金融界迫切希望能通过产品创新的形式绕过现有的制度性障碍，拓展内地市场，例如，《“十一五”与香港发展·金融服务小组建议的行动纲领中》就提出通过考虑引入“托管证明书”的形式在内地交易所交易，使内地投资者可以间接投资香港市场。另一方面，内地资本市场的产品创新正在如火如荼地进行，而香港资本市场多年的经验在创新方面为内地提过了很好的学习榜样和合作伙伴。例如，前年权证的推出就直接得到了香港众多金融界人士的帮助，深交所曾专门组织人员赴港进行权证业务的培训，收获很大。

5. 监管合作

协同监管是合作成功的重要条件。在交易所的何种合作模式中，不论交易活动如何融合，本国监管架构都保持了相对独立。单一规则和单一监管并不是合作的必要条件。但是，监管的协调与合作必不可少，特别是在成熟的大规模市场与新兴的小规模市场得合作上。否则，可能会出现“监管套利（Regulatory Arbitrage）”现象，导致新兴小市场的监管措施完全丧失效力；或者导致“好的”上市公司和投资者集中到相对成熟规范、监管得力的市场，而“坏的”上市公司和投资者集中到相对落后、不规范、监管松懈的市场。

（七）一步一个脚印迈出实质合作的步伐

1. B 股市场的统一与发展

股权分置改革完成后 B 股被看作是内地证券市场最后一个结构性障碍，成为中国股市最大的遗留问题。首先，B 股市场已经基本丧失融资功能，是一个功能不健全的“畸形”市场；其次，B 股市场还是一个被人为分裂的市场，上海与深圳两个市场分别用美元和港币计价，进一步妨碍了其市场功能的充分发挥。

B 股市场何去何从，各方见解不一，概括起来主要有四种意见：继续推进发展、与A股市场合并、关闭B股市场和维持现状等。从目前来看，人民币的国际化尚需时日，A、B股市场的合并只能是一个方向，目前尚不具备可操作性；关闭B股市场会严重影响投资者的信心和心理预期，有可能产生新的遗留问题；维持现状则意味着B股市场将不断萎缩，有违当年向境内投资者开放的初衷，失信于投资者，而且会影响和拖累A市场特别是同时发行A、B股的上市公司。

继续推进B股市场的发展，是一种战略选择，对于中国资本市场的整体发展有着重要意义和积极作用，主要体现在：第一，提供投融资渠道，缓解人民币升值的压力；第二，改善券商经营状况，拓展券商业务空间；第三，为中国资本市场制度和产品创新提供试验场。

深圳B股市场上市公司整体质量较高，市场基础较好，特别是毗邻香港，有着雄厚的货币基础和稳定广泛的投资者群体等有利条件，因此可以考虑在深圳证券市场进行B股改革的试点，与香港交易所联合办B股，一方面解决B股市场现存的发展问题，另一方面也为A股市场的国际化与产品及制度创新进行前期探索。具体措施可以考虑：

（1）联通B股市场与香港市场，扩大投资者范围。任何一个证券市场的发展，都离不开广大的投资者群体。通过与香港交易所的合作，实现B股在香港市场上的挂牌交易，拓宽海外资金进入B股的渠道，扩大投资者范围。

（2）恢复B股市场融资功能，推进融资方式变革。鉴于境外机构投资者较为成熟和理性，可以考虑进行B股市场融资的市场化改革，简化发行上市程序，逐步由目前的核准制过渡到注册制，同时引入国际监管惯例，以国际标准对B股市场进行管理。把B股市场办成改革的试验田，为A股市场的国际化积累经验。

（3）鼓励港资企业、外资企业和外国企业在中国境内发行B股。上述企业已经成为促进中国经济增长和发展高技术产业的重要力量，此外海外投资者对其认同度相对较高，在现有政策条件下，可以鼓励上述企业通过B股市场融资。同时，吸引外国企业到国内上市，也是中国资本市场走向成熟和国际化、扩大国际影响力的现实选择，初期可以尝试让外国公司到B股市场上发行上市。

（4）允许成立B股市场基金，对境内机构投资者开发。在中国外汇相对比较充裕的情况下，当初限制境内机构投资B股、防止外汇的流失的前提已不存在。可以允许证券公司及其他机构投资者以合法自有的外汇投资B股；可以建立以外币筹集的证券投资基金，专门投资于B股市场；可以对以人民币筹集的证券投资基金给予一定的外汇额度，让其投资于B股市场。这样做可以有效地部分缓解人民币的升值压力。

（5）积极推进B股市场的产品创新与制度创新：一是进行新产品创新试验；二是探索海外上市公司与境内市场并轨。另外，B股市场还可以择机进行做市商制度和做空机制的试点，增进B股市场的流通性。

（6）推进B股市场的合并。一个割裂的市场是缺乏市场效率的市场。市场规模越大，效率也越高，交易成本也越低。在通过前述五项措施积极对深圳的B股市场进行改革后，择机将上海的B股市场统一到深圳来，全面搞活B股市场。

2. 创业板的建设：A+H在创业板市场的运用

当前，中国多层次资本市场体系的总体框架已基本清晰，主要包括主板、中小板、创业板及场外转让市场这四个层次，不同层次的市场面向处于不同发展阶段的企业群体，创业板的推出箭在弦上。不过，考虑到创业板的风险性，监管层对于创业板的推出时机和具体的制度设计仍很谨慎。

采用A+H模式的创业板运作会带来一个多赢的结果。首先，A+H模式救活了香港的创业板市场，香港的创业板市场发展踯躅不前的一个主要原因就是缺乏优质的中小型高科技企业，内地的优质高科技中小企业很难通过H股或红筹模式直接在香港上市；其次，A+H为我们引入了宝贵的监管经验，可以最大限度地规避创业板可能带来的风险；最后，香港市场上相对成熟的理性投资行为会对国内市场起到引导作用，防止创业板推出时爆炒现象的出现，避免“中工国际”上市“一飞冲天”的局面再现。

3. 积极进行CDR试点

尽管从长远看，两地市场的联通是趋势，也是更为有效的制度安排。但从近期看，打通A股和H股的交易，牵涉范围较广，需要多个部门的合作，存在一定难度，更何况还牵涉人民币是否可自由兑换的大背景。因此，短期的可操作性不强。而存托凭证产品经过多年在全球的实践，已经形成了一套成熟的操作模式，不存在法律障碍和实际的障碍。因此，目前可以首先优先考虑实现广东在香港上市企业选择深圳作为第二上市地，为两地市场的联通打开缺口。

香港方面也有同样的想法，其“‘十一五’与香港发展·金融服务小组”就建议“引入在香港发行的金融产品的‘托管证明书’在内地交易所，银行同业市场或场外交易。这需要设立套戥机制，允许在有关当局特别批准下进行所涉及的外汇交易，使在内地交易的‘托管证明书’与其在香港交易的原本金融产品的价格趋于一致”。

4. 从技术的连接入手，考虑交易上的联通

只有资金及金融工具可以自由地在香港和内地流动，才能最大限度地利用深港资本市场体现的作用。而实现这一目标的前提除了人民币可自由兑换等政策层面的问题外，关键是要具有一个健全可靠的技术基础设施，以确保资金及金融工具的流动是安全和有效率的。

CDR只是一个过渡产品，未来的趋势是两地资本市场交易上的联通。交易上的联

通有四种方式：第一种方式，香港居民通过港交所交易深交所挂牌证券；第二种方式，内地居民通过深交所买卖港交所挂牌证券；第三种方式，双重挂牌，即一只股票在深港两个交易所上市，在两个市场分别筹资和挂牌；第四种方式，连线交易，深港交易所各拿50～100只股票，作为连线交易股票，深港两地投资者可以分别通过深港交易所的会员买卖这些股票。

第一、第二种形式比较简单，主要是货币兑换的问题，可以通过QFII、QDII可以实现类似功能。给内地的上述指定机构投资者一个QDII额度，让其从事此项业务，将A股转成H股，即视同占用了相应的QDII额度；给境外的上述机构投资者一个QFII额度，使其从事此项业务，将H股转成A股，也视同占用了QFII额度。总之，将有关外汇的事项纳入QFII和QDII的范畴内管理，可便于此事的推出和运行。

第三种方式双重挂牌，类似的有B股和H股，使香港投资者部分实现了交易内地上市股票的目的。但正如上文所提到的，这种情况也只是权宜之计，因为两地挂牌对企业的上市成本、对交易所的监管成本都会引起增加，不符合金融市场效率的要求。

第四种方式比较可行，也符合深港交易所特点。可以考虑建立一个联通深交所和港交所的交易窗口，筛选香港恒生指数成分股在深交所进行联网交易，满足内地投资者投资港股的需求；同时筛选深圳的优质上市公司股票在香港交易。

5. 共同推进两地债券市场的发展

2009年6月8日，由中国人民银行与国家发展和改革委员会共同制定的《境内金融机构赴香港特别行政区发行人民币债券管理暂行办法》正式发布。6月26日，国开行宣布在港发行最高不超过50亿元的人民币债券，发售对象为银行机构和个人投资者，期限2年，票面年利率为3%。其中零售债券的最低发行量为10亿元人民币。

毫无疑问，人民币债券在香港的发行，将进一步扩大香港居民与企业所持有人民币回流内地的渠道，促进内地与香港的经济往来。同时将为香港金融市场增加新的市场主体与债券币种，增加香港居民与企业的人民币投资选择，有利于加强香港国际金融中心的地位。应该说，这些还只是宏观方面的直接可见市场效应。从微观层面，也使香港居民多了一种投资品种与选择，同样于民生有利。

就内地而言，其债券市场发展缓慢。2006年底中国债券资产总量为6.05万亿元，仅为当年GDP的28.7%，远低于海外成熟市场水平，与韩国、印度等新兴市场相比也比较低。与股票市场相比，债券市场规模过小，不利于多层次资本市场建设。债券市场在品种结构、期限配置、投资者结构等多方面都存在不合理因素。香港的债券市场是全球最开放的债券市场之一，国际投资者可以自由投资香港发行的债券，对外国借款人利用其当地市场发债也无限制。与香港市场合作，一方面可以充分利用其窗口作用，作为中国债券市场未来国际化的试验基地；另一方面，香港的债券市场品种齐全、结构合理、基础设施和中介机构也比较完善，与其合作可充分借鉴其成熟经验，在制度设计上少走弯路。

6. 共同推出大中华衍生指数

两岸四地四个交易所，每个交易所均有相当不错的上市公司，可以考虑从每个交易所选择 25 家上市公司作为成分股，编辑成“大中华 100 指数”，在四家交易所同时挂牌。这既有利于强化四个交易所的合作，又有利于强化中华民族一整体的概念，既可以使投资者合一理想的投资品种，又可以巩固和提升中国四地的金融中心地位。

八、推动香港经济长期繁荣的设想

香港及澳门相继回归后，中央政府坚定不移地贯彻实施“一国两制”基本方针，支持香港特别行政区政府的工作，相继出台了香港及内地更紧密经贸安排特别等政策措施，有力地推动和支持了香港经济持续发展和繁荣稳定。这些重要的政策措施，与香港特别行政区政府合理的经济政策选择，以及香港全体市民的努力工作和拼搏一道，共同构成了推动香港经济逐渐摆脱亚洲金融危机的阴影，走向新的繁荣与稳定的决定因素与力量。

但是，我们也要看到，香港的比较优势在新的环境下正面临更多的不确定性，过去赖以成功的竞争优势已有削弱或丧失的迹象，而此种态势如果发展成为趋势性变化，特别是在金融服务领域形成竞争力下降的趋势的话，则未来香港的经济发展将面临失去增长动力的巨大隐忧，将十分不利于稳固香港“一国两制”的基础，也不利于未来台湾问题的解决。

然而，香港是全球第六大外汇市场，第九大股票市场，中国经济发展到今天，在物质产业已经高度发展的基础上，也迫切需要向更高层次的金融领域迈进，因此，如何在新时期充分发挥香港的金融产业优势，带动中国金融领域国际竞争力的提升，是目前需要认真研究的新课题。可认考虑在深圳建立货币特区，促进港深金融市场融合，推动香港经济长期繁荣的设想。

（一）香港的金融产业优势

香港的金融产业优势概括起来说，主要表现在以下 5 个方面：

1. 香港法律制度比较完善

香港自 1842 年以来，主要沿用的是从英国引进的法律制度，与中国内地的法律制度在其基本理念、价值取向、架构设计、文化基础，以至法律体系、司法制度等方面，都有着较大的差异。第一，香港的法律制度的价值取向更注重实用性、灵活性。香港的有关合同法并未对合同的形式作出明确的规定，内地对合同的形式要求比较严格，除即时清结的经济合同外，其余一般要求以书面形式达成，而且对某些特别的合同，不但要求以书面的形式签订，而且强调政府有关部门的宏观调控和审批。香港合同法对合同的形式要求比较宽松，除几类合同要求必须以书面形式作成外，其余一律不拘形式，而且合同的成立完全取决于当事人的意愿，没有政府部门的干预。这种规定似乎更有利于市场的活跃和自由市场经济的发展。第二，香港有一套比较完善和复杂的法院系统。分别是：终审法院、高等法院、区域法院和裁判法院。香港终审法院于1997年7月1日成立，终审法院是香港特别行政区级别最高的上诉法院，其职责是管辖上诉案件。第三，由于法院的程序可能极为冗长、费用高昂及耗费大量时间，为加快执法程序，因此设立审裁处。审裁处对举证的要求不如法院严苛，并且是非正式程序，可迅速完成聆讯。审裁处是政府根据需要而设立。《仲裁条例》为仲裁提供法定架构。一般认为，仲裁具有快速、价格合理、非正式及非公开等优点。第四，香港法例的来源包括普通法、衡平法、商法及商业法、各种条例、附属条例及习惯法等。普通法、衡平法及其他法规均源自英国法律。习惯法则源自香港居民的习惯及惯例。普通法是香港法律制度的架构，亦是香港成长及繁荣所依赖的基础。第五，司法独立是香港法律制度的基本原则，司法机构完全独立于其他政府部门；法官并非政府委任，他们是基于本身对法例的诠释做出裁决，不会屈服于来自政府、立法会、公众、传媒或任何团体的压力。香港权力架构的基础原则是立法、行政、司法三权分立，司法独立是三权分立的核心概念，是香港法制的首要原则。第六，与金融服务业相关的法例类别主要有刑事法、民事法、合约法、代理法等。

2. 香港国际金融中心地位突出

作为一个国际金融中心，香港汇聚了全球最大的金融机构。香港是全球第14大、亚洲第3大的银行中心，全球最大的100家银行中有70家都在香港有办事处。香港的股票市场以市值计算，全球排名第9，亚洲排名第2。2006年香港交易所的集资额超越纽约交易所，仅次于伦敦，位列全球第2，全年集资418亿美元。香港是全球最开放的保险中心之一，在2005年3月底，共有180家保险公司设立在香港，其中87家是来自海外。

香港是亚太地区知名的国际金融中心，香港交易所是亚太地区乃至全球最重要的证券市场之一，也是内地企业在国际资本市场最主要的直接融资平台。深圳证券交易所是内地仅有的两家证券交易所之一，自开设中小企业板以来，为泛珠三角区域发展利用资本市场提供了新的融资平台。香港人杰地灵，最大的优势是杰出的国际人才和“背靠内地”及“一国两制”的独特条件，再加上香港发展完备的金融体系，正好与内地优势互补，共同促进两地发展。

3. 香港的金融体系灵活、监管制度完善

香港多年获选为全球最自由的经济体系，没有外汇管制，资金可以自由进出香港，外币自由兑换。香港的金融体系灵活稳健，市场在有效和有透明度的监管下自由运作，监管制度达国际水平。香港拥有国际级的金融专才，包括银行家、会计师、律师、基金经理、分析师等，他们具备相关的专业资格、国际视野和丰富的经验。相比其他国际金融中心的金融从业人士，香港的专才由于过去多年服务内地，跟内地又有共同文化、共同语言，能够更好地与内地进行金融合作。

4. 香港的语言与文化环境很有特色

香港回归以后，香港的语言有“两文三语”，两文是中文、英文，三语是普通话、粤语、英语。香港市民一般交流用的是粤语或广州话。香港回归后，普通话成为法定语言，现在香港特区政府正在大力推广普通话。香港通行多种语言，其中中文及英语同属香港的官方语言。广东话是华南地区的方言，也是香港最普遍的口语，香港有97% 人口懂广东话。不少人也能听、讲英语，而本港的政府部门及法庭也使用英语。本港有部分人能说普通话，而一般人都能听懂普通话。此外，另有部分人士使用中国其他方言，他们多属从华南地区及沿海省市来港的居民。香港是一个国际大都会，劳动人口适应力强，教育程度高。

香港融汇了古今中外的优良传统，文化环境既有中华文化博大精深、源远流长的底蕴，又有西方文化的特色，这点能从遍布全港的文化博物馆及艺术馆反映出来。正因为文化根源深厚，香港的博物馆和艺术馆除了展出珍贵的中国历史文物外，还摆放了不少当代艺术杰作，堪称中西合璧，一应俱全。全港最大的博物馆——香港艺术馆，长期展览中国艺术品，展示中国古代艺术。位于港岛区的茶具博物馆，展示华夏文化的茶道艺术及精粹。

5. 多币种的跨境支付清算体系

香港是全世界最自由和繁荣的商贸港口，香港不单人流进出自由，物流进出自由，资金进出也自由。香港没有外汇管制，各种外币可以随时兑换、调动，而且资金进出完全没有限制，许多商人更喜欢利用香港银行的便利收发国际信用证。香港不仅能应付本地银行的资金转拨和支付需要，而且可为内地与香港的资金融通提供同样的高效率支付服务。

香港是全球第 6 大外汇中心，拥有绝佳的外汇结算系统。香港吸纳的外来直接投资额位列亚洲第 2，仅次于中国内地。香港拥有具国际先进水平的多层面、多币种的支付、清算及托管系统，提供安全、稳妥、高效率及全面的金融基础设施平台，进行各类金融交易的清算。已建立的大额即时支付系统，包括港元、美元、欧元即时支付系统，也建立了为在香港的人民币业务清算的系统，可以提供这几种货币的外汇交易同步交收，并可提供货银两讫清算。

香港境内的资金融通与经济活动衍生的金融产品，不论币种、无论是个人零售或企业、银行的批发层面上的活动，皆畅顺无阻，就像于金融网络上建起纵横交错的高架路和桥梁，环环紧扣，却又路路畅通。与此同时，金管局一直致力建立与内地完善的跨境金融桥梁，为内地提供更快、更方便的跨境资金支付。过去数年，金管局不断与北京、广州及深圳有关部门商讨，发展和逐步落实两地跨境支付、清算合作项目，包括与广东省及深圳市的跨境港元、美元即时支付联网，以及跨境港元、美元、人民币支票结算。

以上 5 个优势都是针对与内地金融业的比较而言，是内地金融业目前乃至今后较长时间内都不具备的。

（二）内地加快金融体制改革与发展金融市场的迫切性

在改革开放以来的 30 年里，中国内地的经济实力不断攀升，稳占全球大型经济体系中经济增长最快的地方之一，在过去 10 年 GDP 每年平均增长超过 9%。2006 年中国的 GDP 超过 20 万亿元人民币，连续四年增长率保持在 10% 以上。在内地经济蓬勃发展过程中，香港作为中国的一部分做出了多方面的贡献，同时又可巩固香港作为国际金融中心的地位，达到“互惠共赢”。从总体来看，当前中国处在一个良性增长过程中，但是与中国的经济发展水平相比，中国的金融市场发展的速度不仅不够快，结构也很不完善。

融资结构不仅与一国经济金融发展水平密切相关，而且与一国经济发展的模式密切相关。直接融资主要依赖市场机制，容易削弱政府对金融资源的控制基础。间接融资有利于政府通过制定合理的信贷政策，引导资金投向重点产业和重点领域，实现经济的跳跃式发展。美国推行以市场为主导的自由主义经济发展模式，其融资结构自然以直接融资为主。日本推行以政府主导的经济发展模式，其融资结构当然会以间接融资为主。由于中国经济发展水平还较低，股票市场的法规制度还不完善，社会信用观念和风险意识还没有完全建立，政府的监管意识和能力也不足。因此，尽管我们提倡逐步扩大直接融资的比例，降低间接融资的比例，但是目前直接融资比例仍然较低。中国正在努力实现间接融资到直接融资的转变。表现在，大多数企业从国家或自然人控股公司向公众公司的转变，企业融资从依赖于银行贷款向依赖于股票、债券市场直接融资转变。当然，近年来中国直接融资的比例逐步增加，尤其是 2006 年证券市场融资规模急剧扩大。2006 年深沪两市融资规模为全球第三大 IPO 市场，IPO 总额 1642.56 亿元，再融资 1106 亿元。

国家经济增长的速度与效率，在很大程度上取决于该国金融体系将储蓄转化为投资的速度与效率，国家的融资结构又与该国经济金融发展的水平密切相关。随着经济发展水平的提高，一方面，金融制度不断完善，金融工具不断增多，金融市场不断走向成熟；另一方面，居民金融投资的需求趋于多样化，风险意识和信用意识不断提高。这样，发展直接融资的条件不断改善，直接融资在融资结构中的比重将不断上升。1995 年、2005 年中国的储蓄率分别为 42% 和 51%，而 2005 年全球平均储蓄率为 19.7%。当前的储蓄率无论与中国历史平均水平相比还是与世界其他主要国家相比均处于高位。此外，中国个人储蓄率均占可支配收入的 25%，大大高于被认为储蓄率较高的日本。高储蓄率为中国经济发展提供了充裕的资金，支持了中国近几年用于经济建设的资金投入，对经济社会稳定起到了重要作用。随着社会保障体系的完善、信用体系的健全、企业诚信度的提升，储蓄转化为投资的速度将明显加快。2006 年居民户存款增加 2.09 万亿元，同比少增 1125 亿元。2006 年以来由于股市连续上涨，分流了部分居民储蓄存款。储蓄分流在一定程度上是近几年来政府积极发展资本市场、鼓励居民金融投资多元化的效应的体现，储蓄分流对于启动消费、刺激生产也具有积极意义。

较长一段时期以来，中国经济持续快速发展，外汇储备迅速增加，人民币升值预期增强，国民人均收入水平不断提高，居民和家庭金融资产及可支配收入快速增加。人们的财富积累到了一定阶段，人们对金融资产的投资需求也日益增加。随着居民对理财产品认知度的加深，特别是受股票、基金等收益较高金融理财产品的影响，广大居民的金融投资意识越来越强，家庭资产结构发生深刻变化。所以，居民储蓄的庞大规模和居民投资需求、投资行为和投资心理的成熟和变化，为资本市场和基金行业的发展奠定了坚实的基础。人们长期投资需求日益凸现，对通过专业化的理财机构实现财富保值增值的需求日益迫切。2006 年以来，开放式基金受到投资者的追捧，嘉实策略增长基金曾一度创下首发规模 419 亿的记录。为了控制基金规模，基金公司都实行了限量发行的政策。2007 年 2 月 26 日，建信优化配置基金火爆发行，仅用了不到一个上午的时间就紧急叫停，最终发行规模 96.59 亿份。信达澳银领先成长、汇添富成长焦点、中海能源策略都在短短一天内就因认购踊跃而提前完成发售。基金发行愈来愈火，偏股型基金平均发行份额节节高升，2007 年以来基金发行（包括封转开基金发行）平均规模高达 94.55 亿份，再次刷新历史纪录，基金发行的火爆程度、销售速度之快令人惊讶。2007 年 3 月份成立的基金规模将突破 700 亿元，成为历史上单月募集资金规模最高。

金融体制是改革的核心，资本市场不但是改革的重点，而且是这些改革所依托的重要平台。回首 2006 年，中国的金融体系和资本市场都发生了重大变化，主要体现在以下几方面：第一，金融业发生了全面的重组，无论是银行、证券、保险，还是货币政策操作，都出现了重大的进展。在国有银行等金融市场主体部分已经基本完成市场化重组的情况下，2007 年面临的主要问题，应该是对原来金融体系中的空白地带、欠缺和不完善部分进行调整、补充和提高。第二，汇率机制改革取得成功，人民币对主要货币的汇率变化，成为影响世界资本市场的变量。第三，中国的资本市场和股份公司正在迅速与国际市场接轨，工商银行、中国银行 A + H 股上市、中国人寿、平安保险 A 股上市取得了轰动效应。如今众多国际大公司参股中国上市公司，许多海外投资基金加入中国市场，使中国的资本市场今非昔比，再也不是孤立于世界资本市场之外的“卡西欧”了。第四，2006 年中国资本市场规模迅速扩大，股权分置改革基本取得成功。第五，多层次资本市场体系正在逐步建立和完善，主板市场已经出现比较好的趋势，市场化的运作机制基本建立。第六，机构投资者队伍迅速壮大，以前的牛市或多或少通过银行资金流入股市形成，这次则是储蓄的分流，是投资者分散的决策。原来银行一清理资金，股市马上下来；原来市场主体是庄家，现在市场主体是机构投资者，掌管着8000 亿资金的是专业资产管理机构——基金管理公司。第七，原来 A 股定价基本上看 H 股，因为最优秀的公司在 H 股上市，现在这些企业陆续回到 A 股市场，主板市场也已经没有太大的制度性障碍，目前面临的是逐步完善的问题。第八，“十一五”规划第一次明确要搞金融综合经营试点，表明正式放弃 1993 年确定的分业经营体制。金融机构综合经营、金融监管机构分业监管，这会使监管协调压力加大。目前还没有一个整合的、全景的和并表监管的流程，所以必须有统一的、一致的金融法制框架。WTO 过渡期结束，很多全球性金融机构在中国境外是混业经营，在中国境内是分业经营，这不仅对监管有挑战，对金融机构也有挑战。第九，外汇储备仅仅靠中国人民银行、国家外汇管理局去管，很难控制外汇储备的增长。实际上，这是剩余储蓄的问题。要把外汇储备降下来，必须把储蓄率降下来。随着外汇储备的快速增长，不可能都把外汇储备放在低收益的债券投资上。在满足基本进口流动性需求和债务偿还需求外的外汇储备，应该以清晰、规范的公司治理决策体制和透明的问责制度进行运营，提高资金运营效率。

（三）在深圳建立货币特区，促进深港金融合作的迫切性

自 20 世纪 90 年代后期以来，全球金融一体化的进程显著加快。比较典型的代表是欧洲政治、经济、金融的一体化。金融一体化又以欧元的诞生和欧洲中央银行的成立为标志。欧洲证券交易所正是在这样的大背景下由法国、荷兰、比利时和葡萄牙四国的股票交易市场，以及这四个国家加上英国伦敦的金融衍生产品市场合并而成的。欧洲证券交易所是欧洲第一个完全整合的跨国电子交易平台，经过几年的运行，这一新的邦联制模式得到越来越多人的认可。

同时，欧交所与纽交所的合并正在形成全球证券市场的加速融合。欧交所与纽交所的合并是在全球一体化的大背景下发生的，目前纽交所和欧交所的股东已经达成合并共识，共同成立欧交所——纽交所集团，成为世界上最大的证券交易所和金融衍生品市场，合并工作估计将在 2007 年第一季度内完成，这是第一个跨大西洋（或者说是跨大洲的）的交易所，全球最大。合并后的交易所集团无疑会为广大的用户提供交易所的一站式服务，服务质量会进一步改善，交易成本会进一步降低。

在全球金融化不断深入的背景下，可以预见，未来全球的交易所数量肯定会减少，但深度和广度会大大提升。中国是世界经济的组成部分，也应该顺应这种趋势。国内已经有了深圳证券交易所，有了上海证券交易所，如果再开别的市场，只能削弱中国资本市场的整体国际地位与影响力。2006 年中国资本市场取得了跨越式发展，由于内地大型国企赴港上市，也使香港证券市场的筹资额增长迅猛，内地经济与香港经济达到了相互促进的作用。上海、深圳、香港三大证券交易所 2006 年 IPO 筹资额近 450 亿美元，首次超过了美国，仅次于新近崛起的英国。香港交易所吸引首次公开募股（IPO）规模约 418 亿美元，比 2005 年增长一倍，超过了排名第三的纽约证券交易所（IPO 总金额 336.1 亿美元）。这些背景都为通过中国整合境内的资本市场来提升金融产业国际竞争力提供了良好背景，也是中国在未来促进金融产业国际竞争力提升的必由之路。

香港在中国改革开放前的主要经济优势在于贸易、航运、金融、房地产和现代轻型制造业。在经历 30 年后，香港的现代轻型制造业已经基本“北移”，香港的大房地产商在内地的主要投资领域，也集中在“长三角”地区，贸易和航运优势则逐渐被内地沿海地区取代，目前的优势仅存在于金融产业，并且主要作为国际资本进入中国内地的资本运作中心而显示此种优势，其资本市场越来越依靠内地的 H 股和“红筹股”支撑，而金融体系的其他部分也和进入中国内地的外国直接投资息息相关。但是，随着近年来中国内地在加入 WTO 之后经济的持续快速增长，内地金融领域改革取得重要进展和资本市场的逐步开放，香港历来所扮演的国际资本进入中国的“转口港”的角色的重要性已有所下降。而 2006 年人民币汇率形成机制改革以后，人民币兑美元汇率走高，港币则相对人民币形成弱势，内地资本市场发展改革取得重大进展，股票市场的基本态势出现转折性变化，更进一步削弱了香港资本市场的吸引力。

另外，尽管中国内地经济在加入 WTO 之后实现了持续增长，全面履行了有关加入 WTO 的各项承诺，经济体制改革，特别是金融体制改革取得了新的进展。但是，中国内地在促进经济发展方面，面对全球化进程的不断加速，仍然需要不断迎接新的挑战。就目前阶段而言，这方面的挑战，对内集中在如何实现经济增长模式向资源节约和环境友好的可持续发展模式转化，以及在收入分配领域向符合和谐社会发展需要的方向前进等领域；在对外经济领域，则主要集中在如何在全球经济不平衡的背景下，处理好国际收支经常项目较大规模的不平衡与人民币面临的巨大升值压力，以及由此导致的巨额外汇储备、人民币被动发行和货币政策操作困难等方面。

冷战结束后，国际经济格局与金融格局正在进行大调整，国际资本的主体已经位移到虚拟经济领域内，发达资本主义国家由此相继走入“虚拟资本主义”阶段。庞大的国际剩余货币资本越积越多，在主要资本市场和国际主要货币间不断大规模流动。国际资本的正常流动，对于发展中国家的经济发展，特别是经由外国直接投资的形式，当然是有正面意义的。但是，我们也要看到，国际资本，特别是那些仅仅停留在虚拟经济领域的投机资本在国际金融市场和资本市场上的流动，在全球流动性泛滥的条件下，在流入和流出发展中国家和新型资本市场的时候，却又往往导致资产泡沫的形成和破灭，并对各新兴资本市场和发展中国家的金融体系形成剧烈冲击，甚至打断发展中国家的经济增长过程。历史上拉美经济危机和1997年的亚洲金融风暴都是值得我们关注的案例。

目前中国内地仍处在工业化中后期阶段，金融体制改革尽管在近年来取得了令人鼓舞的进展，客观上却仍然存在金融体系脆弱和抗风险能力较低的问题。因此，我们基本上没有力量参与国际虚拟资本的“游戏”，从这个意义上讲，在未来相当长的一个时期内都不宜允许国际资本全面进入中国资本市场，人民币也不宜国际化。

当然，中国加入WTO以后，已经承诺要逐步开放金融市场，最近美国财长保尔森也提出，中美第5次战略会谈的主要内容是要求中国开放资本市场，中国如果不开放资本市场，人民币不国际化，会面对日益增高的国际压力。因此，出于经济安全和金融安全考虑而形成的人民币不国际化的政策选择，势必会与国际资本要求直接进入中国内地、直接分享中国经济成长的利益、期望投资于强势货币资产的需求形成比较尖锐的矛盾。

我们认为，近年来中国内地外汇管理的实践证明，如果“前门”不开，国际资本就会走“后门”。2000年以来在中国外汇储备增加额中，不明外汇流入已经占到40%，有些年份已经高达50%，所以仅靠“堵”是堵不住的。因此，坚持资本项目管制和人民币不国际化，在有效管理和不改变现行外汇管理制度基本格局的前提下，“局部开放”中国内地资本市场和人民币离岸结算业务，是解决目前对外经济金融领域问题的比较合理的政策选择，这就突显出在深圳试办货币特区，首先整合香港与深圳这两个资本市场的重要意义。

深圳紧临香港，过去特区的“特”字是建立在贸易特殊政策的基础上，随着时间的推移，深圳已经成为中国南部地区重要的资本市场和高科技产业基地，但紧邻香港的优势却没有进一步发挥。如果能在深圳建立“货币特区”，推进港、深两地的资本市场跨地域融合，则中国的资本市场就可以实现“局部开放”道路，既满足国际资本想要直接投资中国资本市场的要求，又可以带动香港经济找到新的经济增长点，还有利于深圳进一步发挥特区优势，一举而三得。

此外，目前中国庞大的外汇储备也给打通深圳与香港的资本市场提供了强大背景支持。1978 年中国的外汇储备仅有 1.67 亿美元。随着改革开放的不断深入，国民经济持续增长，对外贸易迅速发展，外汇储备总额终于在 1996 年首次突破了 1000 亿美元关口。2006 年底国家外汇储备余额为 10663 亿美元，全年外汇储备增加 2473 亿美元。中国的外汇储备持续增长并且突破了 10000 亿美元大关，可以看成是中国坚持改革开放取得的伟大历史性成就的象征。中国在这样短的时期内，从一个外汇极度匮乏的国家，跃升为世界头号外汇储备大国，确实令世界瞩目。外汇储备增加，有利于坚持改革开放，推动中国经济持续稳定地发展；有利于确保国家金融安全，防范和抵御金融风险；有利于维护和巩固中国作为大国的国际经济地位和国际影响。但是外汇储备高速增长，外汇占款不断增加，使货币政策难以保持较大的自主性和灵活性，进而影响了宏观调控的有效性，还会引起国际上对中国贸易状况和人民币币值的高度关注，容易诱发争端。目前中国正在通过增加进口、组建对外投资机构、放宽企业和个人用汇的限制等措施给外汇储备找出路，实际上加强深港金融合作，是中国外汇储备的一条重要出路。

（四）在深圳建立货币特区，促进港、深两地金融市场融合的经济合理性

1. 可以充分发挥两个市场的作用、充分利用国内、国外两种资源，更好地发挥市场配置资源的作用

近 30 年的改革开放，使中国的国力得到极大的增强，经济总量得到极大的提高，社会资产，尤其是存量资产都有了极大的壮大和发展。为了使这些存量资产在经济发展中发挥更大的作用，必须充分发挥市场在配置资源中的作用。在深圳建立中国货币特区和港、深资本市场融合可以充分发挥两个市场的作用，充分利用国内、国外两种资源，更好地发挥市场配置资源的作用。其作用主要在于：一是可以有效解决中国民营企业、中小企业的资本需求问题；二是可以更有效地解决海外金融资本在中国资本市场投资的问题。

民营企业、中小企业的融资问题一直是制约中国中小企业发展的瓶颈，在深圳和香港之间构筑一个货币特区，建立稳定的、沟通海内外的资本市场，使之成为中小企业发展的长期、稳定的资金蓄水池，不但有利于满足这部分企业的融资需求，而且可以提高中国企业直接融资比例，完善金融市场结构，维护金融安全，增强资本市场实力，也必将为资本市场的创新与发展提供新的活力与源泉。

根据加入世贸组织的有关协议，中国资本市场必然加大对外开放，开放意味着双向互动，不仅要解决中国企业到国际资本市场融资和海外企业到中国资本市场融资的问题，而且要有效解决海外金融资本在中国资本市场投资和中国日益增长的储蓄和高额的外汇储备的投资渠道和场所问题。在中国资本市场还没有完全对外开放的条件下，可以先在深圳和香港建立一个货币特区，使两个相互割裂的毗邻市场融合起来，建设一个现实的资本市场试验区，为中国的资本市场开放和发展积累有价值的经验。

2. 支持香港国际金融中心地位，促进香港和内地的经济增长

长期以来，香港一直是国际著名的金融中心，香港拥有发达的市场经济；健全的资本市场；完善的金融法规和管理制度；金融产业的聚集度高等优势。但是，在全球资本市场进一步集中和整合的大背景下，香港的资本市场在内外两大力量的夹击下，有被边缘化的倾向和危险，一旦这种倾向成为现实，对香港的发展和“一国两制”的国家统一战略部署需要都是一种严重损害。因此支持香港的国际金融中心地位具有特殊重要的现实意义。支持香港的国际金融中心地位就是要继续发挥香港作为世界金融中心的优势，推动两地金融、保险、证券机构开展多种形式的合作，促进香港和内地的经济增长。在深圳和香港之间构筑货币特区，使两个市场有机地融合，使香港的国际金融中心地位得到进一步的巩固。而且，在这个金融货币特区可以争取国家对金融创新更多的政策支持，如建立以市场为主导的品种创新机制，探索开展区域内上市企业以存托凭证（DR）异地上市；民营企业、中小企业也实现内地香港同步 IPO（A + H）、合资格境内机构投资者（QDII）试点等，更有效地促进两地资本市场的发展和壮大，必将更有力地促进香港和内地的经济增长。

3. 支持两地的经贸联系

为了顺利实施改革开放和国家统一的战略方针，巩固已经取得的成果，多年来，国家一直着力支持和发展两岸三地更紧密和稳定的经贸联系。在深圳和香港建立货币特区，使两地资本市场融合，是对相关政策的有力支持，必将进一步加强和密切两地的经贸联系，为实现大国崛起和和谐社会建设创造更有利的外部环境。

在深圳建立货币特区，实现港深资本市场的融合，可以吸引更多两地企业到特区资本市场融资，使两地的经济贸易关系更紧密，使两地企业特别是上市公司实行跨地区、跨行业的投资和企业重组并购，加速资本的有序流动。这样，一方面可以进一步壮大和发展香港的资本市场，进一步促进香港经济的繁荣发展，使香港的资本、人才、技术和贸易与内地建立更紧密的联系，使香港经济发展有了更多的源头活水；另一方面也为中国企业积极利用外资、学习发达资本市场的资本运营技术、规范资本运营行为、树立现代资本运营理念提供近距离的便利条件，使中国企业、人员和经贸更方便地渗透到海外市场，有效实现中国企业“走出去”。

（五）更紧密金融关系安排的政策建议

在深圳建立货币特区，推进港深两地资本市场融合的具体的策略选择方面，我们认为应该遵行以下三个基本原则：首先，有利于内地改革开放，有利于内地及香港宏观经济的持续稳定发展，实现双赢；其次，货币特区及资本市场融合的相关制度安排，不应该影响国家有关人民币汇兑机制和资本项目开放的长期制度安排；最后，有关的特殊制度安排，不应该对内地及香港两个金融管理当局的货币政策的独立性形成冲击。

因此，在建立深圳货币特区及推进港深资本市场融合的实践中，应采取循序渐进的策略，在国际收支的经常项目领域内进一步放松管制，先行试点不影响当前人民币汇兑安排的人民币离岸业务，特别是深港间贸易与服务的人民币结算，扩大香港商业银行人民币离岸业务的范围；同时，在合格境外投资者（QFII）及合格境内投资者（QDII）制度的框架内，初步建立港、深两个资本市场融合的机制，提高港、深两个资本市场在间接融资、资产定价和资源配置方面的效率，为内地及香港的经济发展提供更好的金融服务，巩固香港国际金融中心地位。

考虑到香港的竞争优势和巩固国际金融中心地位的重大政治经济意义，以及内地实行资本项目管制和有浮动汇率制度、香港采取联系汇率制度，内地及香港在“一国两制”条件下由不同的货币当局管制相互独立的金融货币体系，深圳作为区域金融中心在区位及经济金融领域与香港联系紧密的现实情况，我们认为，在建立深圳“货币特区”及推动港深资本市场融合的较早阶段，可以先行开放以下若干领域的人民币离岸业务，并且允许港、深两个证券交易所初步建立金融工具的跨市场上市交易和套利的机制：

（1）香港与深圳经济特区的货物贸易，允许贸易商或生产商自由选择采用人民币或港币结算，不实行强制结售汇制度。深圳特区内注册的贸易商或生产商，对香港出口允许其在香港本地注册的交易对手以人民币或者港币支付，其中以人民币结算的，中国人民银行深圳特区分行应安排通过已经建立的香港人民币业务清算体系，保证香港贸易商和生产商使用其在香港商业银行的人民币资金完成支付和结算。深圳特区注册的贸易商或生产商，从香港进口货物及服务可以自由选择以人民币或者港币及其他外币结算，其中以人民币结算的，中国人民银行深圳特区分行应通过香港人民币业务清算机制，完成人民币资金从内地商业银行到香港地区商业银行的结算和划付。

为防止通过贸易结算逃避监管和人民币非贸易流出境内的情形，深圳特区及香港间贸易开放人民币结算应以海关通关凭证为结算基础，商业银行应在中国人民银行的监管下按照海关凭证为贸易商和生产商办理人民币贸易结算。

（2）开放香港持牌银行在香港本地接受企业及个人的人民币存款及贷款业务，为香港与深圳特区的经济贸易提供金融支持。在前期已经开放香港持牌银行接受本地企业及个人的人民币存款，以及部分开放香港商业机构接受人民币现金及信用卡消费结算的基础上，适应开放人民币贸易结算业务的需要，进一步在香港开放人民币离岸业务范围，允许香港持牌银行在接受人民币存款的同时，按照香港金融管理当局关于资本充足率、准备金率和利率管理的规则，以香港本地银行的人民币存款为基础，向香港本地工商企业及个人发放人民币贷款，支持有真实贸易背景的深港两地企业间的结算需要。

（3）进行内地及海外金融机构或其他合格机构在香港发行人民币债券试点，在坚持借人民币还人民币的基础上，允许内地金融机构及其他合格机构持有和交易在香港市场上市的人民币标价债券。允许内地及海外金融机构经过中国人民银行、中国证券监督管理委员会同意和香港金融管理当局核准，在香港发行上市以人民币标价的债券，同时允许内地商业银行、非银行金融机构或其他合格机构通过香港人民币业务清算体系的安排，认购、持有和交易在香港上市的人民币债券，允许各类机构发行债券募集获得的资金，通过香港人民币业务清算体系汇入内地商业银行，用于投资和贸易支付。允许相关的发债主体，以其在内地及香港获得人民币收入支付债券本息。同时，允许香港本地办理人民币存贷款业务的商业银行认购、持有和交易在香港上市的人民币债券。

（4）吸引海外金融机构在香港联交所发行上市港币债券，并通过存托凭证（CDR）的方式在深圳证券交易所上市并以人民币标价交易，国家外汇管理局提供类似 QDII 的特别汇兑安排。

允许海外金融机构在香港发行港币债券的同时，经中国人民银行、国家外汇管理局、中国证券监督管理委员会的批准和香港金融管理当局核准，将部分港币债券托管于香港地区具有托管资格的商业银行，由香港托管银行向内地具有托管资格的商业银行开立以这些债券对应的存托凭证并由内地银行托管，通过内地证券经营机构的承销以存托凭证方式在深圳证券交易所发行、上市、交易。存托凭证发行获得人民币资金，允许债券发行人兑换成港币后汇出。存托凭证在深圳证券交易所以人民币标价交易，债券本息支付允许发债机构按本息发生当时汇率以港币结汇向内地投资者支付。存托凭证不能以合理价格交易的，允许投资者要求内地证券经营机构或者托管银行，通过香港地区托管银行，按照当前汇率回购或者注销存托凭证，内地托管银行应该要求香港托管银行以市场价格在香港卖出存托凭证对应的债券，出售债券所得港币资金允许按当时汇率结汇并支付给内地投资者。

（5）试点安排在香港联交所上市的 H 股、红筹股及其他蓝筹股，以存托凭证方式在深圳交易所上市并以人民币标价交易，国家外汇管理局提供类似 QDII 的特别汇兑安排，丰富深港两地金融市场的产品，满足投资者的需求，同时也为解决 A 股、H 股定价差异和提高市场效率提供目前体制下可能的局部解决方案。

考虑到已经有多家公司同时在内地及香港上市，而 A 股价格与对应 H 股价格形成较大差异，应优先选择目前已经安排在内地 A 股市场及香港市场同时上市的 A + H 股上市公司，经中国人民银行、国家外汇管理局、中国证券监督管理委员会的批准和香港金融管理当局核准，将其所发行部分 H 股托管于香港地区具有托管资格的商业银行，由香港托管银行向内地具有托管资格的商业银行开立以这些股票对应的存托凭证并由内地银行托管，通过内地证券经营机构的承销以存托凭证方式在深圳证券交易所发行、上市、交易。存托凭证发行获得人民币资金，允许兑换成港币后汇出。存托凭证在深圳证券交易所以人民币标价交易，股息支付允许按发生当时汇率以港币结汇向内地投资者支付。存托凭证不能以合理价格交易的，允许投资者要求内地证券经营机构或者托管银行，通过香港地区掩干银行，按照当前汇率回购或者注销存托凭证，内地托管银行应该要求香港托管银行以市场价格在香港卖出存托凭证对应的股票，出售股票所得港币资金允许按当时汇率结汇并支付给内地投资者。

试点初期可考虑对基于 H 股的存托凭证所涉及的股票和外汇交易实施额度管理，具体办法应采取类似 QDII 的管理框架。待试点工作取得经验后，可扩大试点范围，允许中介机构以未在两地同时上市的 H 股公司、红筹股公司，以至于香港市场上市的其他本地蓝筹公司，通过存托凭证的形式间接在内地上市交易。

（6）条件成熟后，首先试点开放在深圳交易所上市的 A 股公司的股票，以存托凭证形式在香港联交所上市并以港币标价交易，国家外汇管理局提供类似 QFII 的特别汇兑安排。

经中国人民银行、国家外汇管理局、中国证券监督管理委员会的批准和香港金融管理当局核准，将其所发行部分 A 股托管于内地具有托管资格的商业银行，由内地托管银行向香港地区具有托管资格的商业银行开立以这些股票对应的存托凭证并由香港地区银行托管，通过香港地区证券经营机构的承销以存托凭证方式在香港联合交易所发行、上市、交易。存托凭证发行获得港币资金，允许兑换成人民币后汇回内地。存托凭证在香港联合交易所以港币标价交易，股息支付允许按发生当时汇率以人民币结汇向香港投资者支付。存托凭证不能以合理价格交易的，允许投资者要求香港地区证券经营机构或者托管银行，通过内地托管银行按照当前汇率回购或者注销存托凭证，香港地区托管银行应该要求内地托管银行以市场价格在内地卖出存托凭证对应的股票，出售股票所得人民币资金允许按当时汇率结汇并支付给香港投资者。

（7）在已经开放的各类 QDII 业务基础上，在深圳证券交易所发行并上市以香港联合交易所上市公司股票和其他金融工具为标的之封闭式海外基金，由国内基金管理公司管理，内地及香港商业银行托管，国家外汇管理局提供类似 QDII 的特别汇兑安排。

封闭式海外基金的运作和监管可以按照国内证券投资基金的现有制度安排，包括基金的信息披露和交易安排，基金份额以人民币为计价货币交易，基金净值按照基金持有的香港市场金融工具的交易价格与法定程序估值。

九、促进深港经济融合的法治保障

深圳等内地城市和省区与香港的经贸联系已日益密切，货物、资金、人员、信息往来日益频繁，双方经贸合作的水平显著提高，进一步促进两地经济融合已经成为经济发展的客观需要。而深港经济合作（或融合）不仅仅是一个经济问题，而且也是一个法律问题，是一个需要在《中华人民共和国宪法》和《中华人民共和国香港特别行政区基本法》（以下简称香港《基本法》）框架下加以研究解决的法律问题。

（一）深港经济合作（融合）的法制现状

1. 中国法制概述

目前，中国特色社会主义法律体系已经初步形成，在政治、经济、文化和社会等主要方面已经有法可依。特别是近些年来，随着中国成为世界贸易组织的正式成员，一是陆续对法律进行清理和修改完善，已经修改了《中华人民共和国海关法》《中华人民共和国中外合资经营企业法》《中华人民共和国中外合作经营企业法》《中华人民共和国外资企业法》《中华人民共和国专利法》《中华人民共和国商标法》《中华人民共和国著作权法》《中华人民共和国保险法》《中华人民共和国对外贸易法》《中华人民共和国进出口商品检验法》《中华人民共和国公司法》和《中华人民共和国证券法》等。二是在行政法、经济法等的立法方面，又有了新的进展，比如制定了《中华人民共和国政府采购法》《中华人民共和国行政许可法》《中华人民共和国企业所得税法》（统一了内外资的所得税）、《中华人民共和国劳动合同法》等，并且全国人大常务会已经对《中华人民共和国反垄断法（草案）》进行了两次审议。

同时，国务院也已制定了大量的行政法规。最近几年就制定或修改了关于货物贸易的《货物进出口管理条例》；关于服务贸易的《外资金融机构管理条例》《外资保险公司管理条例》《外国律师事务所驻华代表机构管理条例》（这是中国政府在世界贸易组织规则框架下规范对外开放法律服务市场的第一部行政法规）、《外商投资电信企业管理规定》《旅行社管理条例》《国际海运条例》《音像制品管理条例》《电影管理条例》等；关于知识产权保护的《集成电路布图设计保护条例》《计算机软件保护条例》《著作权法实施条例》《商标法实施条例》《专利法实施条例》以及《技术进出口管理条例》等；关于外商投资保护的《中外合资经营企业法实施细则》《中外合作经营企业法实施细则》《外资企业法实施细则》以及《指导外商投资方向规定》等；关于反倾销、反补贴和保障措施的《反倾销条例》《反补贴条例》《保障措施条例》等。

2. 深圳经济法制的现状

深圳经济特区从成立伊始对法制建设就比较重视。1989 年 3 月，七届全国人大二次会议决定，由全国人大常委会根据实际情况授权深圳市人大及其常委会和深圳市人民政府分别制定深圳经济特区法规和规章。同年 7 月，全国人大常委会正式授权深圳经济特区立法权。

从此，深圳为了适应经济飞速发展的形势和需要，确立了“急用先立，先行先试”的原则，自 1992 年共制定法规近 170 件、规章 180 余件，特别是自 2000 年《中华人民共和国立法法》颁布以来，在保持年均制定法规、规章 20 件左右的水平的基础上，在很多方面都有着“排头兵”的作用，较好地解决了法律滞后的问题。从 1993 年开始，深圳先后制定并实施了股份有限公司条例、有限责任公司条例、合伙条例、国有独资公司条例、商事条例、企业破产条例等，这些条例为 1993 年全国人大常委会制定《中华人民共和国公司法》提供了立法试验。1995 年出台的律师条例，在律师体制、律师行业管理，尤其是率先规定律师提前介入案件，为 1995 年的《中华人民共和国律师法》的制定和 1997 年《中华人民共和国刑事诉讼法》的修订，提供了宝贵的经验。1995 年出台的深圳经济特区公民无偿献血及血液管理条例，开创了中国无偿献血历史先河。1998 年出台的政府采购条例，成为全国第一部关于政府采购的地方性法规，为深化财政支出管理制度改革，建立完善的政府采购制度奠定了法律基础。1999 年出台的行业协会条例，是全国第一个行业协会方面的地方性法规，加快发展和培育了工业领域的行业协会。

近年来，随着市场经济法制框架的逐步建立和完善，深圳市立法工作的重心逐步转移到围绕规范政府自身行为、建设法治政府上来。近 5 年来有关规范政府自身行为的立法，占到了全部立法项目的近 50%，对政府从制定规范性文件等抽象行政行为到具体执法主体的公告、协调等具体行政行为，以及行政许可的具体程序等进行了全面的规范，确保了政府行为的规范化、法制化。同时，充分发挥立法对改革的引导、促进和保障作用。在公用事业领域，2003 年出台了《深圳市公用事业特许经营办法》，在燃气、公交、供水、污水处理等公用事业全面推行特许经营制度。在机关事业单位人事制度改革方面，出台了《深圳市机关事业单位雇员管理试行办法》和《深圳市事业单位职员管理办法》，在除公务员岗位外的其他岗位引入市场入市场化、契约化的管理理念，引导和推动了机关事业单位的人事制度改革。

但是，深圳立法工作也存在也较突出的问题。一是深圳前些年的立法过于偏重经济，体现以人为本、具有人文色彩的立法较少。如对于外来务工者的保护性法规条例就很少，而这使城市一定程度上缺乏凝聚力和归属感。这两年，深圳立法正在朝着“以人为本”的方向改进。例如，深圳在保障百万外来劳务工方面，先后颁布实施了《企业欠薪保障条例》《企业员工工资支付条例》《工伤保险条例》，也有帮助下岗职工渡过难关的《失业保险条例》，有力促解决市民关心的“净畅宁”难题的《社会治安综合治理条例》《市容和环境卫生条例》，有保护生态环境、为市民营造良好家园的《生态公益林条例》《城市绿化管理办法》等。

二是深圳特有的“一市两法”现象没有得到解决。深圳制订的地方法规分为两种：一种是特区条例，但是这种条例只适用于特区内的福田、罗湖、南山、盐田四区，宝安区和龙岗区被排除之外；另一方面，《中华人民共和国立法法》也赋予深圳市“较大市立法权”，可制订通行全市六区的地方法规，但必须与广东省、国家立法保持一致。特区内外两种制度，在客观上造成了法制环境的割裂，不利于深圳的协调发展。

三是部门利益倾向严重。深圳的立法主要倚重各职能部门起草法规草案，它们往往为本部门利益考虑过多，或者突出强调本部门的职权。

这些问题都是急需加以解决的。只有如此，才能为深圳的经济社会发展、为深港经济融合创造良好的法制环境。同时，深圳企业经营的市场化、国际化、法制化水平还不高，深圳城市管理和市民素质的国际化水平还比较低。这都要求深圳急需提高法制化水平。

3. 香港经济法制的现状

香港《基本法》规定了资本主义条件下的市场经济。它一方面全面保留了原有的自由经济制度，特区在经济领域享有充分的自主权；一方面授予香港特区在经济事务方面的高度自治权，实行“港人治港”、高度自治。其主要内容有：依法保护私有财产权；保持财政独立；实行独立的税收制度；保持国际金融中心地位；自行制定货币金融制度和政策；港币为法定货币，自由流通；不实行外汇管制政策；保持自由港地位；实行自由贸易政策；保持单独关税区地位；保持原已实行的航运经营和管理体制；保持国际与区域航空中心的地位。就是说，香港基本法以宪制性法律的形式，对保持香港繁荣的经济制度给予了全面系统的规定。同时，香港特区政府在亚洲金融风暴之后，也根据形式以及基本法的规定，制定适当的货币金融政策，适时推动经济转型。

总之，在香港《基本法》的框架下，香港的国际金融、贸易、航运中心等地位进一步加强。这也与香港较为完善的法律体系密不可分，为服务业的发展提供了很好的环境，在国际金融、法律、管理咨询和其他服务方面有很大的优势。香港作为特别行政区和单独关税区，与内地实行不同的经济制度，而内地与香港之间不断扩大的物流、人流、资金流和信息流却又要求减少彼此间的制度障碍。

香港的法制体系是资本主义性质的，属于英国的普通法系。而深圳经济则是具有中国特色的社会主义市场经济，其法治属于中国特色社会主义法律体系（如果仅从法律技术等方面来考察，它是法、德的大陆法系）。这就决定了香港与深圳的经济融合从法治层面而言，将是十分困难的。

4.《内地与香港关于建立更紧密经贸关系的安排》的制度局限

CEPA 框架是两地经贸关系全面发展的良好开端。CEPA 在实质内容上是一种自由贸易区的安排，其核心是通过取消两地间贸易壁垒，创造更多的贸易机会，促进商品、服务、资本、技术和人员的自由流动，实现两地经济的共同发展。这种制度安排的自由化程度虽然低于关税同盟、共同市场和经济同盟等其他区域一体化形式，但 CEPA 在货物贸易自由化基础上增加服务贸易自由化、贸易投资便利化等内容，有力地促进两地经贸关系的全面发展。不过，CEPA 本身的效益是有限的，它的意义并不在于其经济效益，而在于把两地的关税与非关税壁垒全部消除。因此，要在此基础上进一步加以发展完善，为深港经济融合创造更好的法制环境。

（二）进一步修改完善内地的法律法规

两地经济全面合作，使香港与内地经济最终将向一体化方向发展与融合，最终实现生产要素在区域内的自由流动。目前香港和内地之间障碍较多，而贸易便利化在 7 个领域的率先合作可以有步骤地消除这些障碍。因此，要以贸易便利化为契机，从制度层面加速推动香港与内地经济融合。

1. 中央政府及内地有关部门制定或修改相关法规规章的情况

（1）清理有关法规规章的情况。

中国已分别于 1988 年、1991 ~ 1994 年、2000 ~ 2001 年进了三次大规模行政法规清理工作。2000 年 1 月 15 日国务院办公厅发布关于开展现行行政法规清理工作的通知中，列入清理范围的行政法规是 736 件，截止日期是 1999 年底。后来，对 2000 年国务院所颁布的 27 件行政法规也进行了清理。实际上，截至 1999 年底的 736 件行政法规中有 7 件已被 2000 年制定的法律和行政法规废止，这样，到 2000 年年底，列入清理范围的行政法规实有 756 件，其中，废止 71 件，失效 80 件，另有 4 件被认定为法规性文件而不是行政法规，余下的 601 件行政法规继续有效。这次废止和宣布失效的行政法规占清理总数的 20%，是历次行政法规清理中废止和宣布失效数量最多的一次。而且，从内容上看，废止和宣布失效的151件行政法规中，涉及企业管理、财贸等经济领域的有96件，占废止和宣布失效的行政法规总数的63%以上。

2001年12月7日，国务院办公厅发出《关于停止执行有关国务院及国务院办公厅文件的通知》。经国务院批准，决定停止执行国务院及办公厅文件34件。这些文件涉及的内容主要包括：进出口、招投标、吸收外商投资、审批设立外贸公司等。

2007年2月25日，国务院办公厅颁发了《关于开展行政法规规章清理工作的通知》。这次行政法规和规章清理工作，按照国务院的要求，要在2007年10月底前完成。

各部委也制定、修改或废止了1000余件部门规章，而在CEPA签署后，国家商务部牵头对它所涉及的法规和规章作了全面清理，共提出30项需要补充、修订或新制定的法规、规章，其中绝大部分已完成修订、制定，并积极推进法律、会计、医疗、建筑、证券、保险6个行业的专业人员资格互认磋商等。

（2）修改制定法规、规章的情况。国务院有关部门清理、制定完善了相应的数量庞大的部门规章。比如，中外资银行结售汇将一视同仁：中国人民银行公布了《外汇指定银行办理结汇、售汇业务管理暂行办法》；促进中国引资方式发生改变：中国证券监督管理委员会、财政部、国家经贸委联合发布《关于向外商转让上市公司国有股和法人股有关问题的通知》，中国人民银行和中国证监会联合颁布《合格境外机构投资者境内证券投资管理暂行办法》；关于进出口的一系列规定：外经贸部根据《对外贸易法》和《货物进出口管理条例》等的规定，修改、制定了《机电产品出口招标办法》《货物进口指定经营管理办法》《货物进口许可证管理办法》《机电产品进口配额管理实施细则》《机电产品自动进口戍科管理实施细则》《纺织品被动配额管理办法》等一系列部门规章；法律服务国际化：司法部颁布了《关于执行〈外国律师事务所驻华代表机构管理条例〉的规定》《香港、澳门特别行政区律师事务所驻内地代表机构管理办法》等；外商可独资设立建筑企业：建设部废止了《建设工程质量管理办法》《城市公有房屋管理规定》和《工程建设若干违法违纪行为处罚办法》等规章，后又与外经贸部联合制定了《外商投资建筑企业管理规定》和《外商投资建设工程设计企业管理规定》；出口产品反倾销应诉规定：对外经济贸易合作部发布《出口产品反倾销应诉规定》等。

2. 中央政府应进一步修改完善内地的法律法规

香港基本法明确规定了香港特区实行的经济制度，提供了香港经济持续发展繁荣的制度保障和法律保障。因此，就中央政府制定法律等来看，一方面，应当着眼于内地；另一方面，就内地与香港之间而言，则主要应着眼于程序。

（1）全国人大及其常委会制定法律。这方面有许多工作要做。举其要者如下。

现行《中华人民共和国刑法》没有对内地与香港等地的区际刑事管辖权冲突作明确规定。应当抓紧修改《中华人民共和国刑法》，设专条明确规定内地与港澳特别行政区刑事司法管辖权的确立原则。

2002 年 12 月 23 日，九届全国人大常委会第 31 次会议对《中华人民共和国民法(草案)》进行了第一次审议。民法草案分为九编，其中，第一编“总则”，包括一般规定、自然人、法人、民事法律行为、代理、民事权利、民事责任、时效、期间；第九编“涉外民事关系的法律适用法”，包括一般规定、民事主体、物权、债权、知识产权、婚姻家庭、继承、侵权，共八章九十四条。草案涉外民事关系的具体情形作了规定，并增加了反致、外国法的查明、国际惯例的适用、互惠对等原则等一般规定；增加了物权、知识产权以及债权中的不当得利和无因管理的法律适用的规定；对民事主体、合同、侵权、婚姻家庭以及继承的法律适用问题进一步具体化。但第九编还没有正式颁布实施，应该加快进度，并使《民法（典)》尽快出台。

应把反倾销条例、反补贴条例上升为反倾销法和反补贴法。虽然《反倾销条例》比起《反倾销和反补贴条例》来，有了很大的进步，但其不足也是十分明显的。表现在：一是条例的规定仍然过于简单，不便于操作；二是立法层次较低，使得一些问题没有规定或者规定得不明确，如司法复审问题，根据《中华人民共和国宪法》和《中华人民共和国立法法》等的规定，它应由全国人大或者其常委会来规定。所以，全国人大或者其常委会应加快步伐，尽快制定《反倾销法》。实际上，《反补贴条例》和《保障措施条例》也存在类似的问题，具有相同的需要。

（2）国务院制定行政法规、相关部委制定规章。这方面的工作较多，当前急需解决：其一，两地资格互认“门槛”太高问题。两地业界在商讨资格互认问题上，遇到不少阻碍，主要是门槛过高。在多个专业界别中，许多界别还存在困难，影响和制约了 CEPA 有关服务的自由化。应着眼于长远，并从现实出发，尽快寻求解决这些细节问题的方法和途径。其二，申请手续繁杂，经营范围仍有不同程度限制。有必要增加前期咨询的时间及广泛程度；统一执行过程的诠释，设立具体问题的处理机制，同时进一步简化清关手续，减少报关单或产品分类技术问题引致的延误等。两地海关实施全面电子化报关，帮助缩短跨境货物通关等。商务部应出台便利和支持内地有能力的各种所有制企业赴香港投资经商的规定，采取简化审批程序、扩大地方审批权限、缩短审批时间等多种措施，以支持各类所有制企业赴港投资经商。

3. 深圳应进一步完善法制环境

深圳利用全国人大的授权，从事一些立法，进一步完善法制环境。一是要及时细化全国人大及其常委会制定的法律、国务院制定的行政法规，尤其是要抓紧制定有关经济、社会等方面的法规。要注意借鉴国际上的经验，包括香港法律的相关规定与做法。二是解决“一市两法”的问题。当然，这个问题可以考虑由全国人大或其常委会将深圳经济特区加以扩大，使整个深圳都成为经济特区。

4. 香港应完善相关法制

香港立法会也应及时加以制定或修改完善相关法制，特别是要及时将全国人大及其常委会制定的有关法律通过立法加以实施。如 2006 年 10 月全国人大常委会通过的《关于授权香港特别行政区对深圳湾口岸港方口岸区实施管辖的决定》，为新建的香港深圳西部通道在深圳方口岸实施“一地两检”（即香港的出入境和海关部门官员可在深圳境内的边境地带按香港法律行使职权）提供了法律依据，据此香港立法会在 2007 年 4 月通过了《深圳湾口岸港方口岸区条例》。这就有利于两地法制的衔接。

香港和内地在民商事案件中两地法院的判决的相互承认和执行方面，于 2006 年 7 月达成的《关于内地与香港特别行政区法院相互认可和执行当事人协议管辖的民商事案件判决的安排》，就需要通过立法予以实施。

（三）加强深圳（内地）与香港执法合作

1. 增强法律法规的透明度

中国法律法规通过之后就予以公布。为适应加入世界贸易组织的需要，同时还决定出版中国对外经济贸易文告，增加透明度。2002 年 6 月 3 日，国务院办公厅做出决定：为了履行中国加入世界贸易组织议定书透明度条款中关于应设立或指定一官方刊物用于向 WTO 成员及其个人和企业披露所有有关或影响货物贸易、服务贸易、与贸易有关的知识产权或外汇管制的法律、法规及其他措施的承诺，做好加入 WTO 的有关通报咨询和贸易政策审议工作，同意将《中华人民共和国对外贸易经济合作部文告》更名为《中国对外经济贸易文告》，汇集刊登中国已按现行规定公布的上述信息，并作为中国政府向 WTO 及其成员通报咨询和 WTO 对我贸易政策审议的官方刊物。

贸易投资便利化是促进经济融合的基础，是推动深港两地经济融合的有力手段。CEPA 中贸易投资便利化所包含的内容涉及经贸领域的许多方面，从制度方面来说，主要是政府间为促进贸易投资便利而加强协调与配合的行政互助，如通关便利化的合作，商品检验检疫、食品安全、质量标准的合作，电子商务的合作。CEPA 附件六特别强调，本着为两地工商企业服务的精神，加强提高法律法规透明度领域的合作。一是通过联合指导委员会设立的有关工作组和互设的代表机构开展合作。二是合作内容包括：就投资、贸易及其他经贸领域法律法规规章的颁布、修改情况交换信息资料；通过报刊、网站等多种媒体及时发布政策、法规信息；举办和支持举办多种形式的经贸政策法规说明会、研讨会；通过内地 WTO 咨询点、中国投资指南网站和中国贸易指南网站等为工商企业提供咨询服务。

这需要进一步强化，切实加强就各自对外贸易、吸收外资的政策法规的通报和宣传，实现信息共享。

2. 加强深圳与香港执法合作

近年来，深圳市政府按照国务院《全面推进依法行政实施纲要》的要求，加强政府法制工作建设，在政府法制监督与协调方面，除了行政执法证件管理和行政执法检查等日常性工作外，还建立了行政执法主体公告制度、行政执法协调工作机制。2003年制定的《深圳市行政执法主体公告管理办法》，一是规定深圳市所有行政执法主体的名称、执法依据、执法权限、办公地址、联系方式等都要报政府法制机构审查后在公告，以上内容发生变更的还要重新公告；二是对行政机关委托事业组织实施行政执法规定了审查程序，规定行政机关委托事业组织实施行政执法应当报政府法制机构对委托的必要性进行审查，同时要求委托方和被委托方要通过书面协议明确委托事项、范围、期限及双方的责任，以避免行政机关随意委托行政执法权。《深圳市人民政府行政执法协调办法（试行）》授权政府法制机构代表市政府承担行政执法协调的具体工作，明确了行政执法协调的事项范围，确立了协调程序的启动方式，规定了行政执法协调的程序和《深圳市人民政府行政执法协调意见书》的效力。通过开展执法协调工作，有效解决了行政执法中存在的部门互相推诿、配合不力等问题，提高了行政效率；有助于实现政府机构设立、职能的法定化；拓展了政府法制工作的领域。三是落实《全面推进依法行政实施纲要》。市政府制定了《关于贯彻落实〈全面推进依法行政实施纲要〉的若干意见》，把实现《纲要》各项目标的时间定为5年左右；确定将转变政府职能、深化行政管理体制改革、建立健全科学民主决策机制、提高制度建设质量、完善行政监督制度和机制、强化对行政行为的监督等21项具体制度建设。

所有这些，都为深圳与香港开展执法合作提供了有利条件。

目前，两地政府部门间还建立了促进两地中小企业合作的工作机制，支持和促进以下方面的合作：（1）通过考察与交流，共同探讨支持中小企业发展的策略和扶持政策。（2）考察、交流双方为中小企业服务的中介机构的组织形式和运作方式，并推动中介机构的合作。（3）建立为两地中小企业提供信息服务的渠道，定期交换有关出版刊物，设立专门网站，逐步实现双方信息网站数据库的对接和信息互换。（4）通过各种形式组织两地中小企业直接交流与沟通，促进企业间的合作。通过推动两地企业间相互交流，开展经贸信息交流合作。

3. 以行政审批制度改革为契机，加大政府管理体制改革力度

这些年，中国进行了大规模的行政审批制度改革。行政审批作为传统计划经济的产物，存在着诸多弊端，如审批事项过多、审批范围过宽，审批环节过多、审批时间

过长，自由裁量权过大，重审批、轻监管，重管理、轻服务，重行政手段、轻契约的现象等，严重制约了市场经济体制的建立健全，违反了公平竞争的原则，增加了企事业单位和人民群众的负担，同时降低了行政工作效率，也极容易滋生腐败。

朱镕基总理在国务院第四次廉政工作会议上强调，要“加快行政审批制度改革”。2002 年 3 月，在九届全国人大五次会议《政府工作报告》中又提出了“进一步改革和减少行政审批”的要求。之后，国务院成立了行政审批制度改革领导小组并制定了《行政审批制度改革工作的实施意见》，并召开了“行政审批制度改革会议”，对这项改革的意义作了全面深刻的论述，明确了改革的重要方针和政策。为配合改革，国务院成立了行政审批制度改革领导小组还印发了《关于贯彻行政审批制度改革的五项原则需要把握的几个问题》。据此，国务院行政审批制度改革领导小组及其办公室，对国务院 65 个有行政审批职能的部门和单位的行政审批项目进行了清理，并对其实施严格、规范的审核和论证。在此基础上，国务院决定取消 789 项行政审批事项。

中国沿海一些经济特区最先开始行政审批制度改革，在一些地方部门逐步推行，一些地方的行政审批项目被成批砍掉，许多城市都出现了“一站式”服务。这次地方政府取消的审批事项数量要多于中央部委，改革的幅度也比较大。深圳市作为行政审批改革的先锋，从 1997 年至今，总共将精简审批项目 418 项，减幅为 57. 8%。广东省政府部门取消审批项目 878 项，减幅达 63%。北京市政府精简审批事项 454 项，减幅为 41. 7%。同时，在各地的行政审批改革过程中，一些地方还纷纷建立起“政府行政审批服务中心”（有的地方叫“行政服务中心”“政务服务中心”）。

行政改革的核心是转变政府职能，而行政审批的改革又是转变政府职能的一个突破口。要以行政审批制度改革为契机，加大政府管理体制改革力度，建立与社会主义市场经济体制和世贸组织规则相适应的政府管理体制和运行机制，切实清理并解决政府经济管理职能中“错位”“越位”和“缺位”现象。

第一，完善听证制度。《中华人民共和国价格法》颁布实施后，国家计委发布了《政府价格决策听证暂行办法》《国家计委和国务院有关部门定价目录》《国家计委价格听证目录》《政府制定价格行为规则（试行）》。《政府制定价格行为规则（试行）》的颁布施行，进一步规范了政府价格主管部门或其他部门在制定或调整实行政府指导价、政府定价的商品和服务价格时，有关受理申请、调查、论证或听证、审核、决策、公告、跟踪调查和定期审价等。但应将听证的范围加以扩大，并对听证程序及规则加以完善，提高政府决策的科学性和透明度。

第二，进一步改革行政管理体制。如物流业的发展，关键仍是政府职能的转变。外国物流供应商认为，“政府限制”是首要挑战。他们希望尽快出台产业政策，包括运营许可、跨省运输、登记注册、税收政策、行业标准等。2002 年 6 月 20 日外经贸部发布了《关于开展试点设立外商投资物流企业工作有关问题的通知》，将江苏、浙江、广东 3 省和北京、上海、天津和重庆 4 个直辖市及深圳特区作为外商投资物流企业的试点，允许设立中外合资合作物流企业。这是中国加入世贸组织后在逐步开放物流业中的一个实质性步骤。

第三，在行政执法过程中，各级政府尤其是中央政府要严格按照世贸组织透明度原则的要求，大力推行政务公开。

（四）建立健全纠纷协调解决机制

1. 建立协商交流机制

在合作内容上，双方要就解决双方贸易投资领域中存在的普遍性问题交换意见，进行协商。特别是要建立健全有关贸易政策通报咨询和审议工作的协调机制。2002 年 9 月 29 日，国务院办公厅发出通知，经国务院批准，决定建立由外经贸部牵头、有关部门参加的工作协调机制。通报咨询和审议工作中的具体问题，外经贸部应当向国务院有关部门及时通报情况，沟通信息，并代表中国政府统一对外开展相关工作。国务院有关部门对其各自职责范围内的事项，应当认真组织研究，及时提出方案。需要有关地方提供情况的，地方政府应当积极配合提供情况。重大事项，由外经贸部会同国务院有关部门上报国务院决定。各地方、各部门应在有关或影响贸易的法律、法规或者其他措施（涉及国家安全的法律、法规及其他措施，确定外汇汇率或货币政策的特定措施以及一旦公布会妨碍法律实施的其他措施除外）公布后、施行前，提供一段可供进行评论并提出意见的合理时间，不得一公布就施行。

香港方面也可以在这方面加强与深圳等沟通、交流和协商，从而促进两地共同发展。

2. 仲裁

1994 年 8 月 31 日，第八届全国人大常委会第九次会议通过的《仲裁法》第七章专门就“涉外仲裁”作了特别规定。1995 年 10 月 4 日，最高人民法院发出《关于认真贯彻仲裁法依法执行仲裁裁决的通知》，1997 年 3 月 6 日又发出《关于实施〈中华人民共和国仲裁法〉几个问题的通知》。根据香港《基本法》第 95 条的规定，最高人民法院与香港特别行政区政府协商，香港特区法院同意执行内地仲裁机构依据《中华人民共和国仲裁法》所做出的裁决，内地人民法院同意执行在香港特区按香港特区《仲裁条例》所做出的裁决。2000 年 1 月 24 日，最高人民法院公布了《关于内地与香港特别行政区相互执行仲裁裁决的安排》。这是司法协助领域签署的又一个具有重要意义的法律文件，可以妥善解决内地与香港特别行政区相互执行对方仲裁裁决中的问题，其方便、快捷的执行程序，将为维护内地与香港特别行政区当事人合法权益，保持香港的繁荣稳定提供有力的法律保障。

目前，一方面需要执行这个“安排”，另一方面，也要根据需要进一步加以完善，就深圳而言，要在执行“安排”的过程中，加以细化。

3. 司法管辖

2006年7月14日，最高人民法院与香港特区政府在香港签署了《关于内地与香港特别行政区法院相互认可和执行当事人协议管辖的民商事案件判决的安排》。根据这个“安排”，内地人民法院和香港特别行政区法院在具有书面管辖协议的民商事案件中做出的须支付款项的具有执行力的终审判决，当事人可以根据本安排向内地人民法院或者香港特别行政区法院申请认可和执行。

4. 司法协助

香港基本法第95条规定：“香港特别行政区可与全国其他地区的司法机关通过协商依法进行司法方面的联系和相互提供协助”。这为香港与内地之间开展司法协助提供了法律依据。香港回归10年来，两地侦查机关联手侦破了不少跨境犯罪案件，内地警方协助特区抓获一些潜逃的犯罪嫌疑人，在民商事合作方面，双方互相协助送达司法文书，相互承认与执行生效的仲裁判决，为两地的社会稳定与经济发展提供了法律保障。但目前，香港和中国内地两地司法互助的密切程度仍低于香港与一些外国的司法互助水平（香港特别行政区以“中国香港”的名义在中央的授权及协助下，签订了超过90份在司法互助、民航运输、互免签证等方面的双边协定），除了在司法文书送达，相互认可和执行仲裁裁决、当事人协议管辖民商事案件生效判决上达成一致外，在刑事司法协助方面还没有达成任何司法协助安排。

随着区域经济合作的不断深化，过境人员和物资日益增加，涉及不同地区的法律事务大批涌现，亟待全面建立香港《基本法》框架下的区际司法协助机制，为有效控制跨境犯罪和妥善处理民商事纠纷提供制度保障。按照“一国两制”原则，根据香港《基本法》的规定，建立区际司法协助的新模式，不仅要在体制上有所创新，还要比现有国际司法协助机制更为广泛、灵活和务实。由于香港与内地分属不同法系，现行法律制度存在较大差异，使两地司法合作存在不少难题，在法律技术层面上比国际司法合作更为复杂。如中国政府在参加某些国际条约时明确提出不接受和保留的普通法规则，都需要在两地的司法合作中加以妥善解决。

（1）关于中国区际司法协助的特征。①基本法为司法协助设定总体框架，具体事宜由当事方协商解决。要根据香港《基本法》第95条的规定，“通过协商”的办法，充分尊重各方的意志，按照平等协商、互利互惠的方式依法进行，推动区际司法协助的法制化进程。②协助主体法律地位平等，不存在上位调整。《中华人民共和国宪法》

第三十一条和第六十二条第十三项，只是设立特别行政区的法律依据，关于特别行政区与内地之间的司法互助关系是由香港《基本法》所规定，附件三所列适用于香港的全国性法律也没有这方面的内容，所以，中国不存在调整区际司法协助关系的上位法。

（2）关于构建区际司法协助机制应遵循的原则。第一，“一国两制”原则。“一国两制”是解决中国不同法域间所有法律问题必须坚持的政治原则，区际司法协助是一国的内部事务，没有任何国际属性，应始终不渝地把“一国两制”作为总的指导思想，维护“一国”在“两制”中的主导地位，同时也要维护“两制”并存的局面，确保香港的高度自治和司法独立。第二，相互尊重原则。要确认各法域当事人的主体地位，把如何有效打击犯罪，维护经济社会法律秩序的稳定作为共同追求的目标。在个案的具体协助中，要尊重对方的合理意见，只要协助请求符合请求方的法律并在客观上能够合作的，就应当积极接受这种请求并组织落实。第三，主动合作原则。一方面，被请求方在接受请求方的协助请求后，应当尽快加以审查，组织精干力量，采取积极措施，争取在最短的时间内依法对可疑人员和争议财产做出妥善处理；另一方面，当一法域的司法当局发现某人行迹可疑，某些财产来历不明，或某些入境人员因缺少合法手续而怀疑是逃犯或者是偷渡人员时，在没有得到明示的协助请求下也要迅速采取有效措施，先对嫌疑人和有争议的财产加以控制，在经过初步审查认定后及时通报有关法域的司法当局，要求提供相关的信息资料和法律文件，抑或根据有关方面的请求，按照法律规定或者合作惯例将非法入境人员、有争议财产移交对方处理，以防止造成新的危害，将损失降到最低的限度。第四，注重程序原则。区际司法协助，是在相互承认和尊重对方法律制度的前提下“进行司法方面的联系和相互提供协助”，应严格贯彻执行互不干涉的司法准则。从现实需要出发，最大限度地避开实体争议，更加注重程序和程序合作。被请求方在接受对案件有管辖权一方的协助请求后，需着重进行程序性审查，只要请求事项符合请求方的实体法和程序法就应当提供司法协助。第五，效率优先原则。刑事司法中的侦查活动是追究犯罪的首要环节，针对社会黑恶势力密谋策划，突击实施，迅速逃匿的特点，侦查工作必须采取快速反应、以快制快的策略，用最简捷的联络手段和最快速的协助方式来控制嫌疑人和赃款赃物。因此，内地与香港之间应充分发挥地缘上相邻的优势，在合作程序上不仅要直接简便，而且在行动上也要做到反应敏捷。而发生于民间的权益纠纷，也要进行及时合理地处理。当前，为有效遏制跨境犯罪，尽快消除影响经济发展和社会稳定的消极因素，必须实行效率优先原则，并确保实体公正。在刑事诉讼的侦查阶段应强调快速反应，注重效率；而在审判阶段对实体的重视程度应高于程序，坚持公正优先，确保裁判准确。对于诉诸法律的民商事纠纷也应做到立案快、证据保全快，尽可能适用简易程序，以实现快调解、快裁判、快执行。

十、深港经济融合的政策研究

深圳是中国改革开放的排头兵。从改革开放初期起，一直是国家进行体制改革和吸引外资的基地。香港回归后，深港之间的经济联系日益紧密，经济一体化程度不断增强。

深圳和香港的发展，未来的共同目标是加强经济融合、共同建设深港国际大都市。这个国际大都市的定位是：在坚持“一国两制”的前提下，通过体制和机制创新，依托珠三角都市圈，建设对全国经济发生重要带动作用的、在全球城市体系中有较大影响力的世界级大都会。

为加快深港国际大都市的建设，提出以下政策建议：

（一）制定涵盖深圳和香港两地的经济融合发展总体规划

根据有关方面的预测，中国到2009年年底将成为世界第三大经济体。中国作为一个具有全球影响的、综合国力不断提升的大国，需要培育国际级大都市参与国际竞争，参与全球的资源配置。

世界公认的国际大都市一般都具有如下的功能：国际金融中心、国际制造业中心、国际交通枢纽和国际性服务业中心。从这点讲，香港以其雄厚的经济实力和发达的金融业、服务业，具备了建设国际大都市的条件。深圳作为与香港相接的大都市，高新技术产业等十分发达，与香港形成了优势互补。因此，深港共建国际大都市的条件已经成熟。《香港2030年城市发展策略》和《深圳2030年城市发展策略》的制定，为深港融合共建国际大都会打下了全面的基础。

1. 深港共建国际大都市的类型

深港共建的国际大都市是“一国两制”背景下的、跨行政区组合的、特殊类型的国际大都市。

香港是中国“一国两制”的一个特别行政区，深圳是广东省的一个计划单列市、经济特区。深港共建的国际大都市，首先就要定性为“跨行政区”的国际大都市。

国际大都市空间范围超出行政区管辖地域或跨行政区域，在国际上是一个普遍现象。美国的纽约大都市圈跨纽约州、新泽西州和康涅狄格州；日本的东京大都市圈包括东京、横滨、川崎、千叶四个大城市；法国的大巴黎都市区中，巴黎市的面积只占1%左右，而英国的大伦敦都市区中，伦敦市的面积也只占不到5%。

深港共建国际大都市，可以说是国际上跨行政区大都市的继续发展，而由于其“一国两制”的背景，又增加了其多彩性。

2. 发挥优势，深港共荣，构建国际大都市

深港共建国际大都市，是深圳和香港两市未来发展的需要，也是两市经济社会发展的互补性所决定的。

从深圳方面看，深圳特区政策是二十几年高速发展的最根本的因素，特区政策在深圳的实施，实际上使深圳对其他地区形成一种体制优势，使各类资源通过各种渠道向深圳集聚。20 世纪 90 年代之后，浦东开发取代深圳成为改革开放的排头兵；进入 21 世纪，天津滨海新区开发更是如火如荼。加上各地普遍存在的开发区、保税区等，很多地方吸引外资的政策力度远远大于深圳。深圳特区政策的弱化是一个不争的事实。

特区政策的弱化导致城市地位的下降。虽然中央对深圳与其他城市是一视同仁的，也坚决反对唱衰深圳。但市场经济条件下，资源的聚集有一个趋利的动力，我们感到，现在资源聚集的方向，首选上海和天津滨海新区，然后才是深圳等城市。2009 “两会”之后，新修正的《中华人民共和国企业所得税法》出台，深圳面临新的考验。全国政协常委厉有为认为：对于深圳特区，长期以来都实行特区内企业所得税 15% 的优惠政策。如果将内外资企业所得税统一到 25%，对于国内其他一些地区的内资企业，将把企业所得税由原来的 33% 降到拟议的 25%，从而减税。但对于深圳特区内的企业，所得税将由原来的 15% 提高到拟议中的 25%，提高近 10%。如果将上述特区唯一的优惠政策改变，可能会对特区的发展产生一些影响。虽然中央多次表示，暂不改变深圳特区 15% 的企业所得税率，但是，在学术界和其他城市的领导当中，认为应当对所有城市一视同仁的看法占主流。如果取消特区的税收优惠政策，深圳是否还能够保持目前的发展势头？这里面有很大的不确定性。

深圳 20 世纪 80 年代初承接香港转移的劳动密集型产业，大力发展以“三来一补”为主的劳动密集型轻工业；进入 90 年代后，抓住新一轮国际产业转移机会，着力发展高新技术产业，从而以电子通信设备制造为主导的高新技术产业迅速崛起。但是，如果我们将深圳的工业增加值率与美国、日本、德国、韩国等国家的工业增加值率相比较，发现深圳的工业增加值率尚低于这些国家 80 年代水平，只与马来西亚、菲律宾相近。

虽然深圳在交互式多媒体计算机、无线电移动通讯基站、数字电视机等一大批高新产品的开发上取得了成功，具备了一定的先进技术的研发能力。但一些高新技术产品的核心技术仍然在国外，没有从根本上改变关键技术受制于人的局面，主要产品的产业集群没有形成，高科技人才仍大量缺乏。深圳的制造业发展不能满足国内领先的地位，而要把自己放到国际上去比较和竞争，所以，利用香港的有利位置和研发能力、融资能力等，就成为深圳继续发展的一条捷径。

从香港方面看，对于只有 1092 平方千米土地（80% 是山坡）和 700 万人口的城

市，在国际竞争中无法与纽约、东京、伦敦等相比；在国内竞争中与上海相比也处于劣势。上海的面积相当于香港的5.7倍，且基本上是肥沃的三角洲平原，人口也是香港的2.6倍；加上上海十分广大的经济腹地、实力强大的长江三角洲都市圈作为后盾，在很多方面将逐步超过香港。例如，2008年上海港的集装箱吞吐量已经超过香港。

面对激烈的国际国内竞争，深港融合、共建国际大都市，是应对的唯一途径。深港国际大都市建成后，面积3000平方千米，人口近2000万，而且深圳的高新技术产业和现代制造业与香港的高端服务业互补明显。相信必将成为南中国与东南亚地区最大的城市和最强有力的经济中心。

3. 共同制定深港国际大都市的发展规划

深港共建，规划先行。考虑到深港国际大都市的“一国两制”背景，应当遵循合作双赢、整体提升的原则，共同制定深港城际资源配置和布局规划，以提升两地的综合竞争力。

大型基础设施建设规划。深港两地目前都有较为完备的城市基础设施，包括道路系统、机场、码头等设施。大型基础设施建设规划以功能衔接为重点，共同投资建设城际交通、水电气供应等跨境设施，特别应当重视轨道交通的衔接，使两市的互通时间尽可能缩短。

大型商务设施建设规划。深圳的商业中心和商务区，基本上都处在深港边界地区，以现有的深圳中央商务区为基础，综合利用双方的边界优势，规划建设深港跨境商务区。

生态环境保护规划。为了共同营造一个优美的生态环境，加强环境治理和生态保护等内容的跨境设施建设，十分重要。生态环境保护规划应当优先于其他的规划先行制定和实施。

（二）树立同城化观念，共建深港创新圈

深港融合共建国际大都会，需要树立同城化的合作观念。用同城化的观念指导规划建设，要把对方视为大都市的一部分，要考虑双方民意，照顾双方利益，实现科学发展，共建和谐社会。

2006年，《“深港创新圈”合作协议》的正式签署，标志着深港合作进入一个崭新的时代，实现从“三来一补”“前店后厂”向更高领域、更高层次合作的转变，“深港创新圈”的建设将进入“快车道”。“深港创新圈”的主要任务是建成深港融合的政府管理体系、技术创新体系、知识创新体系、产业集群体系、中介服务体系、知识产权体系等六大体系。

“深港创新圈”的运作模式是两地政府、产学研、资本、中介等相互融合、良性

互动，在“一国两制”框架内，依托泛珠三角的产业基础和市场空间，充分发挥 CEPA 的作用，形成以共同研发和产业化互动为基本特征的区域合作共同体。具体的政策建议是：

1. *以深港政府合作为基础，探索深港合作的长效机制*

伴随深港跨境经济活动与合作领域不断扩大，两地在经济运行机制、管理体制、城市治理等方面也进行了相互衔接与合作。深圳在建立市场运行机制，按国际惯例运作，完善市场体系以及城区管理等方面，大量借鉴了香港经验和香港模式，甚至在许多行为观念上也形成了与香港相互适应的习惯。这不但成为初期深港合作在制度层面的重要内容，而且还为后来深港运行机制合作奠定了广泛的社会基础。深港经济合作是中国体制改革和对外开放的产物，在一国两制基础上开展的深港经济合作本身就是制度创新的结果，没有改革开放的大前提，就根本不可能有深港合作；同时，不论是产业合作还是运行机制衔接，对深圳而言实际上也是制度创新的过程，正是通过在政府主导下对市场体系、市场机制、市场调控等方面的改革与创新，直接参与市场的形成和运作，形成制度模式层面的创新，深圳得以率先于全国初步建立由政府调控的市场经济体制。

下一步的合作，要充分发挥政府在两地经济合作中的作用，建立深港经济合作的政府机制。一是在深港政府间建立例会制度，条件成熟时设立深港经济合作的常设机构，具体负责两地有关合作事宜的组织、协调和实施。二是组织、引导和推进两地大学、科技人员、科研机构、孵化器、风险投资、金融服务等方面的资源整合，形成两地资源融通和共享机制。三是通过金融制度创新，向深港各类企业提供多样化的融资途径和渠道，落实两地的技术合作项目，为深港经济合作提供必要的金融服务。

加强深港两地大学及研发机构的合作，提升深港城市合作的源头实力。目前香港拥有两院院士 26 人，大学和基础科研实力较强，取得了多项具有国际影响的成果，同时特区政府近年来开始不断加大研发投入，设立多个研发中心，但也出现因制造业转移内地后科研成果转化无力的情况。相比之下，深圳科技自主创新能力较强，科技成果转化和产业化水平较高，已成长起一批具有国际竞争力的知名科技型企业，但大学和科研机构的基础科研力量却不够强。为此，深港双方应加强整合科技资源，推进大学及科研机构以科研项目为纽带进行合作，利用双边优势扩大原创型、源头式成果合作，增强和提升区域创新实力。

2. *以项目合作为先导，探索深港合作的途径和模式*

深港两地应根据各自优势功能与强势地位，通过两地合作、总量扩张、资源整合与功能再造，推动深港城市功能叠加和城市区域组合，进而形成深港国际大都会的核心主导功能。

以项目合作为先导，应当成为深港合作的切入点。两地政府应当加大协调的力度，推进科技园区之间的合作、科技企业之间的合作，进而推进大型项目的进展。如目前正在进行的粤港合作项目、电子集成技术项目、纳米项目和中药现代化项目等。

3. 以发展高新技术产业为合作方向，加快筹建深港创新基地

整合科技资源，明确区域创新定位，提升深港区域创新实力。香港有科技信息、科技融资与实验设备的优势，更有自由港的优势，而深圳在科技成果市场化转化、科技产业化运作机制等方面拥有一定优势，深港应以此为基础，共同拓展两地在创新科技领域的合作空间，确立由两地共同构成的区域创新定位，共同努力占领创新科技发展的制高点。其中香港重点发展成为亚太地区多功能的科技创新中心，深圳则发展成为具有重要国际地位的高新技术创新与产业基地。深圳的制造业在经历了劳动密集型产业向高新技术产业转型之后，自主创新的步伐正在加快。香港则具有研发、资金、信息、管理和进口设备方面的优势。以深圳自主创新和高新技术产业为主导，依托深圳加工制造体系、高科技产业发展优势；依托香港高端服务业、国际化和高等教育的优势，结合香港创意产业与网络数码技术，通过已具有全球优势的网络信息等创新产业和相关高科技增值服务为重点，以创新作为突破口，以人才、设备、项目等硬性资源和软性资源共享为重点，抢占国际产业链的全球布局制高点和重要环节，努力建立与国际大都会相适应的新型产业集群，使深港成为创新产业集聚和扩散的全球中心之一，进而对全球经济产生足够的影响力，加快建设和培育“深港创新圈”，把深港合作推向高端化。

深港创新基地的建设，需要两地加快融合、提升竞争力。建议两地可依托深圳高新技术产业园区来具体建设创新基地，政府加强引导，产业集群化发展，企业共同研发，促进两地的加工贸易型企业转型升级。

4. 共同开发深港边界地区和河套地区，建设深港合作创新服务中心

近期，可以选择对深港边界地区和河套地区的开发利用作为建设深港创新圈的切入点。边界地区又称“边界禁区”，在边界香港一侧，根据港英政府《1951 年边境封闭区域命令》设立。1962 年“边界禁区”扩大到目前的沿边界 35 千米地域，面积 28 平方千米。河套地区位于深圳河南，在 1995 年治理深圳河时，拉直弯曲河道，用泥沙填平后形成，面积 96 公顷。按照 1997 年国务院 221 号令规定，河套地区所有权归深圳市，管理权归香港特区。

按照深港国际大都市的同城化理念，边界地区和河套地区不是边缘而是城市中心。也正是该地的特殊的位置关系，在此建立“深港合作创新服务中心”，有许多天然的优势。建议首先在河套地区进行开发建设，重点发展两地的产学研一体化、资本、中介服务等，聚集生产要素，实行人员和货物的自由流动，探索小额货币可自由兑换

的“创新型保税区”。

（三）探索建立深圳“自由贸易区”

作为深港国际大都市的两个组成部分，香港是国际知名的自由港，深圳是大陆第一个经济特区。从未来应对国际竞争的角度看，探索建立深圳“自由贸易区”，尽快争取把建设深圳“自由贸易区”列入国家综合改革实验区的行列，上升为国家战略，是深港国际大都市的体制建设的当务之急。

自由贸易区是经济一体化的一种形式，目前，全球已有240个自由贸易协定，在世贸组织的142名成员中，形成了135个自由贸易区。自由贸易区具有关税联盟的特点，即在参与成员之间相互取消关税和其他贸易限制，同时又各自保留自己的对外政策，特别是关税政策。

1. 深圳自由贸易区的体制建构

深圳建设自由贸易区的条件已经成熟。在珠江三角洲中，深圳是中国改革开放的经济特区，经济发展水平与香港趋近，经济联系广泛而深厚，货物、人员、资金流动频繁，港资的投资相对集中；在产业联系方面，深圳的高新技术产业、物流业、商贸业、金融、旅游等，同香港的互补性在日益增强，人员、产品、资金的单向流动转为双向流动的愿望越来越强烈，而且深圳在市场机制的形成上领先于全国，有地方性立法的制度条件。建立自由贸易区可以为深圳带来率先启动新发展的机遇。因为无论中国与东盟建自由贸易区，还是港澳同内地建自由贸易区，都绕不开深圳这个独特的地缘位置。以深圳自主创新和高新技术产业为主导，结合香港创意产业与网络数码技术，通过已具有全球优势的网络信息等创新产业和相关高科技增值服务为重点，抢占国际产业链的全球布局制高点和重要环节，努力建立与国际大都会相适应的新型产业集群，可以使深港成为创新产业集聚和扩散的全球中心之一，进而对全球经济产生足够的影响力。

关于深港自由贸易区的启动，学术界有以下三种操作思路：

第一，直接把深圳特区辟为自由贸易区。可以参照过去的“放开一线，管住二线”的政策，并根据变化了的情况，直接把深圳特区内辟为自由贸易区，与作为自由港的香港、澳门对接起来，在两地率先实现人员、资金、商品、资讯的自由流动，实行港元与人民币通用。这种做法虽然实质上是将香港自由港的属地延伸到内地，并不代表建立真正意义上的自由贸易区，但它对于在内地与香港之间逐步建立起自由贸易关系则有着相当重要的试验功能，通过试验，可以发现人员、资金、产品在自由流动中出现的各种问题和探索解决办法，还可以在取消关税和贸易限制以及构筑统一的对外关税方面实验出有效的操作方式和实施步骤。这样做，相当于深圳再次成为自由贸易区概念下的新的经济特区。

第二，制定深圳和香港城市政府一国之内的单独关税区之间的双边自由贸易协定。按照 WTO 所认同的授权原则，即由中央人民政府授权地方政府，例如广东省或深圳市政府，负责同香港政府商谈一国之内单独关税区之间的双边自由贸易协定，先在深圳或珠江三角洲地区搞次区域性的自由贸易合作，进而扩展到全国的其他地区。这种做法可以援引的事例是新加坡同马来西亚的柔佛州、印度尼西亚的廖内群岛组成的增长三角的自由贸易安排，这个安排在短短四五年内取得了成功，现正向其他地区推广。

第三，制定深圳和香港城市政府一国之内的自由投资协议。还有一个思路是参照最近日本与新加坡商谈的自由贸易协议的做法，搞投资协议，而不是整体的关税减免，主要选择某些行业，如电子信息产业作为切入点来展开自由贸易，然后逐步扩大到其他方面。

我们的设想是港深国际大都市内部的深圳自由贸易区，我们设计的构建框架，如图 2－3 所示。

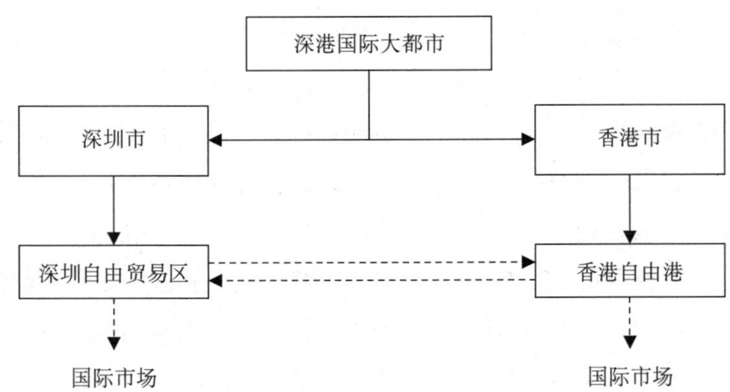

图 2－3　深港国际大都市和深圳自由贸易区建构图

2. 深圳“自由贸易区”的建设目标

深圳自由贸易区应当具备综合型、多功能的自由贸易区的特征。从传统的关税减让、产品贸易扩大经济技术合作、服务贸易、金融、投资等领域。

其主要建设目标包括：

建设面向全球的自由贸易区；

构建完全的市场经济体制；

建设和完善创新型区域金融中心；

发展差异化的现代服务业；

形成联系全国、面向全球的信息网络中心；

巩固作为现代制造业和高新技术产业中心的地位。

其核心内容有：

第一，国际枢纽港和营运中心。深港形成整体连动，推动深港国际大都市成为国际航运和贸易中心。在继续推动香港国际营运中心发展升级的同时，逐步向深圳扩散。

第二，高科技研发中心。推动深港科技创新合作，建设深圳湾国际创新基地作为深港国际大都市的产业发展基地。

第三，国际金融中心。深圳香港共同打造人民币运作中心，构建多元化的国际离岸金融市场。

第四，科技人才资源流动中心。在人员和生产要素自由流动方面实现深圳与香港的对接，使深港共同成为世界级的科技人才流动中心。

3. 自由贸易区的政策设计

根据国际上自由贸易区的通行做法，应当赋予深圳自由贸易区以下经济政策：

建立自由贸易体制。从传统的自由贸易区的关税减让、产品贸易扩大到经济技术合作、服务贸易、金融和投资协议等领域，一方面是深港间的全方位合作，另一方面是共同应对国际竞争。

特殊的税收政策。一是自由贸易区进出口免征关税和进出口环节增值税；二是货物自境内区外进入自由贸易区，视同出口，实行“入区退税”；三是自由贸易区内销产品实行“按进口零部件征税”政策；四是自由贸易区内适用 15% 的企业所得税税率等。

特殊的外汇政策方面。一是取消进出口核销制度，建立贸易项下外汇资金非现场监测体系，并从事前审核转变为事后核查，建立服务贸易非现场监测体系；二是实行更灵活的外汇账户管理政策，允许企业按意愿结售汇；三是开展外币代兑机构双向兑换业务；四是允许符合条件的区内银行全面开展离岸金融业务；五是允许深圳进行人民币在资本项目下自由兑换试点，率先建成资本项目自由兑换的区域，为企业自主创新和创业投资创造良好的金融环境。

4. 深圳“自由贸易区”的空间范围

深圳自由贸易区的设立方案可以分两期来建设。第一期在范围上覆盖整个深圳经济特区，具体包括福田、南山、罗湖、盐田四个区，面积约为 395 平方千米。第二期在经济特区的基础上增加特区外的宝安和龙岗两区，总面积约为 1952 平方千米。为实现经济特区向自由贸易区转型，要彻底打破关内关外分区、确定新的自由贸易区的界限范围。

深圳经济特区与非特区的分界线，即深圳经济特区管理线，俗称“二线”。深圳二线早在 1982 年 6 月划定，于 1986 年建成。长 84.6 千米，东起小梅沙，西至南头安乐村，沿途以巡逻公路及高2.8米的铁丝网分隔，沿线设有南头、布吉等9个检查站和多个便于当地居民出入耕作的耕作口。

随着深圳经济社会的发展，以关内关外的分区方式统筹深圳发展的弊端日趋暴露出来，深圳建设自由贸易区，就必须打破分区，在全深圳土地上建设。鉴于“一国两制”的现实背景，深圳自由贸易区的建立可分阶段实施。切入的角度，可以先选择两地的行业合作，如信息、科技产业等，关税互免、互惠投资。共同吸引资金，形成共同的行业规则。然后可以逐步推广，进而建成深圳自由贸易区。

（四）加强深圳与香港的合作，打造面向全球的金融中心

深港合作，构建国际大都市的首要目标，是把香港和深圳共同建成一流的国际性金融中心。

1. 巩固香港金融中心地位和深圳区域金融中心地位

香港国际金融中心的地位目前还相当稳固：2006年港交所的IPO募集资金金额超过纽交所，稳居全球第2；市值超过13万亿港元，位列全球第6。然而从长远考虑，香港作为今后国际金融中心面对的困难并不少。首先，亚洲金融危机后，香港本地实体经济遇到了不小打击，金融服务业成本高起，加上周边国家特别是新加坡的竞争，香港国际金融中心地位受到削弱。其次，内地金融体制改革的推行将会给香港带来严峻挑战：一方面随着内地资本市场的不断完善，内地企业可利用本地市场集资，减少对香港平台的依赖；另一方面，一旦人民币实现资本项目的可自由兑换，境外投资者可直接进入内地市场，不必再绕道香港。因此香港作为国际金融中心的作用很可能会随时间的推移逐步减弱。香港要维持和强化其国际金融中心地位，必须要内地经济的支持。加强深港金融合作，是香港金融持续发展的重要途径，是保证其世界金融中心的重要步骤，更是国家从政治和宏观经济大局考虑帮助香港稳固国际金融中心的现实选择。

深圳金融业在短短的二十几年里取得了引人注目的辉煌成就：金融机构种类齐全，体系较为完备；金融业务不断推陈出新，功能日趋完善；金融业对外开放程度持续提高，金融业现代化进展加快。截至2006年6月末，深圳市金融业总资产1.44万亿元，仅次于上海、北京和广州，位居全国第四位。2006年上半年金融业增加值251亿元，占全市GDP的9.8%，占第三产业产值的20.8%。深圳资金进出量2006年全年大约20万亿元，与整个广东省基本持平，高于江苏、浙江和山东几个大省的水平；货币市场交易量占全国的25%，净融入资金1.5万亿元①。

---

① “发挥创新优势，服务区域经济——深圳积极参与区域金融合作的初步构想”，深圳市金融办，2006年12月。

深圳“十一五”规划明确提出“以香港国际金融中心为依托，以货币市场、证券市场和保险市场为主体，以金融产品创新、制度创新和技术创新为重点，建设创新型区域金融中心”。从现在的情况看，要实现这个目标，任务还很艰巨，其他金融中心城市对深圳市建立区域性金融中心形成竞争压力。深圳经济特区的优惠政策逐步弱化，特别是在金融改革和开放上先行先试的地位下降，加大了深圳金融业创新和争取自身主动发展的难度。

与国内其他城市相比，深圳最大的优势是与香港接壤，有利于快捷地获取国际金融市场的信息，便于利用和借鉴香港的金融资源和管理经验。因此深港资本市场的合作对于推动深圳区域金融中心地位的建设也至关重要。

借助香港国际金融中心的优势，加快深圳金融产业升级，促进深港资本市场的融合与对接；要发挥毗邻香港这个亚太地区国际金融中心的优势，以 CEPA 为契机，抓住中小企业板启动的有力机遇，大力推动资本市场改革与发展：建设金融基础设施平台和金融合作网，加快金融业信息化进程，提高金融业运行效率；培育一批以珠江三角洲地区为发展腹地的投资公司、控股公司，扩大跨地区的直接融资业务；要积极开发债券、股票、委托投资、联合贷款、银行贷款等多种金融工具和融资形式，使资金在市场内合理流动，财尽其用；提高监管能力，加强金融监管部门的跨地区合作；加强各类金融机构之间纵向与横向金融合作、金融创新、金融产品研发与大力拓展中间业务等方面的合作；尽快实现人民币自由兑换和外汇自由出入，不断提升证券交易中心、基金管理中心和风险投资中心的地位，打造区域金融期货中心和金融产品研发中心。逐步完善深港结算、支付体系等金融基建设施，共同构建立足华南、辐射东南亚的金融中心。

2. 加强深港银行业的合作

作为改革开放的重要标志，银行业的开放是金融开放的重要组成部分。鼓励港资银行到深圳开设分支机构，是深港国际大都市建设的重要措施，也是发挥香港银行业优势、把香港银行业务延伸到在深圳及珠三角地区港资企业的具体步骤。国家、广东省和深圳市的金融监管机构应当积极创造条件，制定和完善相应的政策和措施，推进两地的银行业合作。

具体业务应当包括：

第一，坚强深圳和香港两地银行间同业拆借市场的建设；

第二，稳步推进两地商业银行的优化重组，拓展业务的合作领域；

第三，加快实现“深圳通”与香港“八达通”的互联互通，促进两地贸易便利化。

为此，建议建立深港银行业合作的协调机制，从国家和深港两地政府的角度，制定发展规划，拿出具体的规划方案。

3. 加强深港证券业的合作

进行内地及海外金融机构或其他合格机构在香港发行人民币债券试点，在坚持借人民币还人民币的基础上，允许内地金融机构及其他合格机构持有和交易在香港市场上市的人民币标价债券。

允许海外金融机构在香港发行港币债券的同时，经中国人民银行、国家外汇管理局、中国证券监督管理委员会的批准和香港金融管理当局核准，将部分港币债券托管于香港地区具有托管资格的商业银行，并由香港托管银行向内地具有托管资格的商业银行开立以这些债券对应的存托凭证并由内地银行托管，通过内地证券经营机构的承销以存托凭证方式在深圳证券交易所发行、上市、交易。存托凭证发行获得人民币资金，允许债券发行人兑换成港币后汇出。存托凭证在深圳证券交易所以人民币标价交易，债券本息支付允许发债机构按本息发生当时汇率以港币结汇向内地投资者支付。存托凭证不能以合理价格交易的，允许投资者要求内地证券经营机构或者托管银行，通过香港地区托管银行，按照当前汇率回购或者注销存托凭证，内地托管银行应该要求香港托管银行以市场价格在香港卖出存托凭证对应的债券，出售债券所得港币资金允许按当时汇率结汇并支付给内地投资者。

试点安排在香港联交所上市的 H 股、红筹股及其他蓝筹股，以存托凭证方式在深圳交易所上市并以人民币标价交易，国家外汇管理局提供类似 QDII 的特别汇兑安排，丰富深港两地金融市场的产品，满足投资者的需求，同时也为解决 A 股、H 股定价差异和提高市场效率提供目前体制下可能的局部解决方案。条件成熟后，首先试点开放在深圳交易所上市的 A 股公司的股票，以存托凭证形式在香港联交所上市并以港币标价交易，国家外汇管理局提供类似 QFII 的特别汇兑安排。在已经开放的各类 QDII 业务基础上，在深圳证券交易所发行并上市以香港联合交易所上市公司股票和其他金融工具为标的之封闭式海外基金，由国内基金管理公司管理，内地及香港商业银行托管，国家外汇管理局提供类似 QDII 的特别汇兑安排。

4. 探索深港统一的货币体系

在深圳自由贸易区，建立深港统一的货币体系，是推进港深两地资本市场融合的具体的策略选择方面，应该遵行有利于内地改革开放、有利于内地和香港经济的持续稳定发展、实现双赢的原则，探索深港统一的货币体系的相关制度安排，同时不应该对内地及香港两个金融管理当局的货币政策的独立性形成冲击。

因此，在建立深港统一的货币体系的实践中，在国际收支的经常项目领域内进一步放松管制，先行试点不影响当前人民币汇兑安排的人民币离岸业务，特别是深港间贸易与服务的人民币结算，扩大香港商业银行人民币离岸业务的范围；同时，在合格境外投资者（QFII）及合格境内投资者（QDII）制度的框架内，初步建立港、深两个资本市场融合的机制，提高港、深两个资本市场在间接融资、资产定价和资源配置方面的效率，为内地及香港的经济发展提供更好的金融服务，巩固香港国际金融中心地位。

考虑到香港的竞争优势和巩固国际金融中心地位的重大政治经济意义，以及内地实行资本项目管制和有浮动汇率制度、香港采取联系汇率制度，内地及香港在“一国两制”条件下由不同的货币当局管制相互独立的金融货币体系，深圳作为区域金融中心在区位及经济金融领域与香港联系紧密的现实情况，我们认为，在建立深圳“货币特区”及推动港深资本市场融合的较早阶段，可以先行开放以下若干领域的人民币离岸业务，并且允许港、深两个证券交易所初步建立金融工具的跨市场上市交易和套利的机制。具体包括：

第一，香港与深圳经济特区的货物贸易，允许贸易商或生产商自由选择采用人民币或港币结算，不实行强制结售汇制度。

第二，开放香港持牌银行在香港本地接受企业及个人的人民币存款及贷款业务，为香港与深圳特区的经济贸易提供金融支持。

第三，吸引海外金融机构在香港联交所发行上市港币债券，并通过存托凭证（CDR）的方式在深圳证券交易所上市并以人民币标价交易，国家外汇管理局提供类似QDII的特别汇兑安排。

（五）以深港产业互补为导向，加快深港自主创新型城市的建设

以深港两地深水港、航空港、信息港为骨架，搭建具有国际领先水准的城市基础设施和网络化商务体系，使深港共同成为全球经济社会能量的重要聚合体，吸纳和输送全球技术、资金、人才，服务全国和全球，成为运营环境优越、经济活动高效、总部经济发达的总部营运中心。依托香港高度发达、功能完善、监管有序的国际金融体系，强化深港国际物流功能，以生产性服务业为重点，着力推进信息、商贸、会展、国际文化交流、传媒，大力发展中介、评估、市场营销等专业服务行业，使深港成为以金融、物流、信息、文化交流、专业服务为支撑的高端服务中心。

深圳与香港的产业合作，可以分为三类：

第一类，以区域分工为前提，以区域优势互补、产业分工为方向，发展深圳具有优势的产业。以高新技术产业为主，以制造业为中心；

第二类，以区域联合为前提，以共同面对全球化趋势、向产业一体化迈进为方向，借助香港优势，形成共同经济发展优势的产业。主要有金融业、高端服务业（含服务外包等）；

第三类，两市同时拥有优势的基础产业。包括信息、旅游和物流等产业。这些产业在香港发展已经十分成熟，服务范围很广；在深圳则经过近30年的发展，在大陆处于领先位置，辐射珠三角以及华南广大地域。

1. 发挥深港比较优势，有效配置区域产业链，调整和提升深港产业结构

在共建国际大都市的所有这些合作领域中，作为深港合作基础和主体的则是两地之间的产业合作，深港经济合作的重点在于产业合作。

如前所分析，经过20多年的不断探索，深港经济合作在产业合作领域内，已经从早期的“前店后厂”，推进到基于比较优势在深港两地间优化配置区域产业链。深圳产业合作路径的演进，不但是深港经济合作对东亚模式中产业雁行发展路径的有益探索和创新，推动了深港双方逐渐走出雁行结构下产业合作停滞不前的困境；而且还应当成为未来深港产业合作的重要路向，即深港双方在确立各自比较优势的基础上，形成基于比较优势配置产业链的产业合作方向，形成区域产业链在两地的双向式转移与吸纳，彻底改变两地产业合作原来单一、单向的垂直分工做法。

因此，按照比较优势确立区域产业链在深港两地之间优化配置的合作思路，以产业合作为主体的深港经济合作，重点和关键是参照欧盟一体化进程中的共同市场模式和经济同盟模式，推动要素流动在两地之间放宽、加深和双向化，发展以资本流动（投资）、货物流动、技术转移、产业协作等为主要内容的共同经济活动，推动两地从一般制造业合作延伸到高新技术产业和创新产业，从货物贸易延伸到服务贸易，从制造业拓展到服务业，同时两地政府要按照为产业合作提供制度平台的要求推进政府层面和制度层面的合作。

新时期深港产业结构调整的基本思路是：在深港产业分工与合作的框架内，以优化产业结构、增强产业国际竞争力为核心，重点完善高科技产业，适当发展先进制造业，调整、改造传统优势制造业，大力发展现代服务业，综合完善各种配套产业，稳步发展现代化商品农业，建立多元化、高级化、国际化的现代产业体系。

2. 重点完善高科技产业

继续支持信息产业发展，提高信息产业发展质量，努力扶持信息产业的技术创新和自主品牌建设。以市场需求为导向，把握技术发展趋势，着力发展应用型信息产品。在继续发展消费型信息产品的同时，重点加强与金融业、物流业、生物工程等深港两地重点产业现代化相配套的生产型信息产品的研发和制造。

大力发展生物工程、新材料等高新技术产业，积极培育高新技术产业的新增长点，完善高新技术产业内部行业结构，提高产业抗风险能力。提供优惠政策，支持生物制药和中医药新产品的研发，建设若干个生物工程产业基地，提高新产品的产业化能力；加强深港中医药产业合作，努力把深圳建设成中国最大的生物制药和中医药产业基

地。重点开发与信息产业、生物工程、先进设备制造等深圳欲重点发展的产业部门相配套的新材料，引入优秀人才，加快形成区域优势。

同时积极扶持新兴环保产业和海洋产业的发展。重点发展与汽车产业、化工产业、清洁能源相关的环保产品的研发和制造，建设集研发、制造于一体的综合性环保科技产业基地。充分利用丰富的海洋资源和从事海洋产业的人力资源、社会资源，选择若干个具有市场潜力、高附加值的项目重点突破积极发展海洋产业。

3. 适当发展先进制造业

适当发展先进制造业，要审慎选择项目，科学布局，稳步推进深圳产业的适当重型化进程，为服务业、轻工业的改造和提高夯实制造业基础，以提高深港两地的经济发展后劲。要重点发展先进装备制造、精细化工等高附加值重化工业。大力发展自动化、智能化、数字化的精密机床、机器人、医疗设备、物流设备、环保设备以及具有现代水平的轻工业设计、制造装备等。重点扶持和拓展与惠州大石化项目配套和并进的高附加值精细化工等项目，同时利用“泛珠三角”合作的机遇，把握机会，培育、发展高科技水平、高附加值、低污染的精细化工项目。

把握国际汽车产业转移趋势，重点发展发动机、安全气囊等关键零部件以及汽车电子项目。要在龙岗区选择适当地区建立汽车零部件、汽车电子产业集群，制定产业集群优惠政策，鼓励跨国汽车厂商将其零部件、汽车电子生产部门转移至该研发、生产基地，鼓励产业集群中的企业与跨国汽车厂商建立战略合作关系。同时，在市场时机成熟时，开发具有自主品牌，适合“泛珠三角”地区、东南亚地区地域特征的节能、环保型整车产品。

4. 调整、改造传统优势制造业

以“三来一补”为主的劳动密集型轻工业是深圳的传统优势制造业，今后要逐步减少对这类产业的投入，引导生产要素向高科技产业、先进制造业、现代服务业转移。一方面，要鼓励劳动密集型轻工业逐步向其他地区转移，尤其是这些产业的加工部分，借鉴香港转移劳动密集型产业的经验，支持企业将其管理、设计中心集群布局在深圳；另一方面，选择若干集约用地、环保、具有发展前景的产业部门，采用现代技术进行改造，加强企业自主品牌建设，以提高产业附加值，增强产业国际竞争力。

（六）完善跨境服务体系，加快发展现代服务业

产业的分工和合作是深港经济融合的核心内容。考虑深港产业分工的演变和分工目的，我们认为深港产业合作应采取如下模式：即以落实 CEPA 为契机，以旅游业合作为先导，以高科技产业合作为重点，以金融、商贸、物流合作为支撑，综合完善各种服务配套体系，整合区域经济，全面提高深港产业国际竞争力。

1. 完善城际跨境服务体系

发展以两地居民为主要对象的城际跨境服务，为两地市民提供高效率、高质量的生活居住环境，形成有助于人员跨境活动的服务功能，加快构建深港两地跨境城际服务体系。

顺应香港服务业北移趋势，推进深港现代高端服务业合作。近期重点培育以金融结算和网络服务为主体的现代商务服务业，以计算机通信网络和软件为对象的现代科技服务业，以法律、会计、资产评估、中介等为主的现代中介服务业。

大力发展跨境城际都市服务业。以香港居民北上消费为依托，发展以深港两地为基础的城市消费娱乐型服务业，规划建设“深圳—香港消费圈”。完善香港居民北上消费、购物、娱乐、观光、购房、居住等行为的跨境服务体系，同时逐步放开深圳居民去香港购物、观光、娱乐等的限制并培育相应的跨境服务体系。

开发以投资—置业为基础、居住—消费为重点的跨境居家型服务业。配合香港居民在深圳、珠江三角洲地区投资、购置房地产业的趋势，在深圳全面引进香港房地产市场投资、建设、物业管理、按揭、中介服务等运营机制，同时大力发展以居住和消费为特色的家居型服务业，如社区服务、教育、保安、健身、医疗、保育、老人看护等行业，提供从居住点到口岸的通关等系列服务，推进两地在跨境教育、医疗、保健、治安等社会服务方面的合作。

2. 以旅游业合作为先导

旅游业合作涉及利益冲突最少、利益产生最直接、最易被双方接受，同时旅游业的合作可以为其他产业的合作提供帮助、奠定基础，因此其理所应当成为深港产业合作的先导部门。深港旅游业合作具有良好的基础，自深圳成立经济特区时港商就开始涉足深圳旅游业，合作领域涉及旅游景点开发、酒店建设等；同时深港两地政府和旅游业协会一直努力推进旅游业合作的制度建设，有力地推进了两地旅游业合作。CEPA框架中，对内地与香港的旅游业合作进行了专门的规定。

促进相互旅游、合作进行旅游推广的基础上，率先进一步深化旅游业合作，要相互开放旅游中介市场、相互承认旅游服务人员的从业资格，要统一规划开发旅游资源并合力进行国际推广，要加强两地旅游信息共享系统的建设，要加强旅游管理机构的合作协调；同时，为深化两地旅游业合作，需要深港两地在通关、交通通讯服务、金融服务等方面深化合作，进一步扩大“同城效应”。

3. 以现代服务业合作为支撑

旅游业、高科技产业的发展要求金融、商贸服务业的支撑。深圳是中国区域性金融中心和物流中心，香港则是世界性的金融、商贸、物流中心。加强深港金融、商贸服务业的合作，可以巩固香港的世界金融、商贸、物流中心地位；同时深圳通过承接香港转移的服务业可以完善自身的三次产业结构，通过合作提高服务业质量，还可以改善第三产业内部结构，为第二产业发展提供良好的支持。

其中，房地产业要科学规划，规范城市更新行为。以落实 CEPA 为契机，引进香港房地产、建设等方面的专业人才和管理人才，提高深圳房地产业的专业水准和管理水平。鼓励具有良好素质的房地产企业拓展新市场。重点发展房地产金融和房地产中介服务，积极发展物业管理等相关行业。鼓励房地产金融、房地产中介服务业与房地产企业组团进行市场拓展，以国内市场为主，兼顾国际市场。

另外，深圳工业化和城市化进程的高速推进，使深圳农业在很短时间内完成了由自然农业到商品农业的转变。今后深圳要科学规划农业用地，稳步发展现代化商品农业。要以满足深港两地市场需求为基础，着力发展集约型、生态型的现代化都市农业，进一步发展创汇农业、观光旅游型农业。要加强农业技术的研究、推广和应用，实施科技兴农战略，提高农产品附加值。要加强农业生产的制度建设，实行企业化经营，同时要完善农业社会化服务体系、农产品流通体系和农产品标准认证体系，提高农产品的市场竞争力。

4. 加快深港“总部基地”建设

深港共建中国最大的“总部基地”，应当成为深港国际大都市建设的重要内容。

共建跨国公司营运中心。以吸引跨国公司总部来发展“总部经济”，不仅可以大大提高一个城市或地区的国际知名度和国际化水平，而且会给这个地区和城市的发展带来极大的商机，因而成为深港合作的重要选择和主要内容之一。一方面，深港两地应整合各自优势成为区域整体优势，共同吸引更多跨国公司以深港为基地设立营运中心、地区办事处或区域总部。另一方面通过利益分享机制、补偿机制等制度安排，避免内部恶性竞争，按资源优化配置要求提升深港两地在全球总部经济竞争的综合实力和影响力，促进“总部经济”在本地区的健康发展。

合力打造旅游会展之都。充分挖掘、整合和利用区域黄金旅游资源，开展深港多层次旅游合作，共同制定旅游规划，合作加强旅游形象宣传，共同开展捆绑式旅游推广，共同简化签证及出入境手续，共同设立旅游专用通道，通过旅游一体化促进经济一体化。

会展业、中介服务业是与旅游业发展紧密联系的相关产业，要充分发挥现有会展场馆的作用，积极开拓国内外会展市场，将会展同促进地方经济紧密结合。加强深港两地会展业的合作，统筹规划建设会展场馆，携手开拓国内外会展市场。在落实 CEPA 关于服务贸易自由化条款的基础上，进一步开放服务业市场，率先引进香港的法律、会计、咨询、评估等专业中介服务机构，提高深圳中介服务机构的服务水平，推动深港成为全球“会展之都”。

大力培育现代都市社区服务业。适应深港两地居民跨境消费不断增加、生产性服务业重新在深港之间优化配置的发展趋势，大力鼓励由深港企业界通过产业合作，培育和发展深港都市社区服务业：包括跨境购物、文娱餐饮、美容保健及休闲，以及医疗疗养、教育培训和资讯信息等。

共同提升深港区域和国际竞争力。以香港的国际地位和经济总量，其理应成为大珠三角经济圈的核心，但由于香港产业结构存在的种种问题以及香港实行与内地不同的管理体制等原因，制约了香港经济对大珠三角经济圈的作用和影响。唯有深港经济实现进一步的融合，深港产业的区域和国际竞争力才可能提升。

从深圳提升区域和国际竞争力来看，要着力解决制约服务业发展的体制性障碍，更好地利用香港的服务业资源；大力培育服务业所需的人才，增加对服务业投入；还要深化国有服务企业的改革，完善企业治理结构，加快现代企业制度的建立。

（七）推进深港物流业合作，建设国际航运物流中心

建设国际航运物流中心，是深港国际大都市建设的重要内容。

1. 深港两地已经具备建设国际航运物流中心的条件

深港两地已建成处于世界领先地位的全球化港口设施。自20世纪90年代以来，香港集装箱吞吐量已连续多年位处世界首位，2005年、2006仍保持全球第二集装箱大港的地位。由东西两大港区构成的深圳港集装箱吞吐量，自2003年以来也连续4年稳居全球第4位。把深港两大港口因素综合起来考虑，不论是集装箱吞吐能力，还是货物运输水平，深港两地显然已构成具有世界一流水准和全球领先的大港区，为两地共同构建国际大都会提供了有力保障。

深港两地航空港设施和营运能力跻身全球一流水平。香港机场长期以来均为世界知名的国际航空港，航空货运长期位居全球第一，客运量保持前列；深圳机场则是中国内地重要的国际机场，客运、货运处于国内领先水平，其中航空货运增长率保持国内第一。深港两地发达的航空港设施和运营能力，为深港国际大都会提供了强大的航空港保证。

深圳陆路交通枢纽地位逐渐确立，为深港两地共同扩展市场腹地和经济成长空间、共建国际大都会提供了强大支持。在公路方面，目前深圳已建成多条高速公路，形成与珠三角城市之间密集的高速公路和干线道路网。在铁路方面，已建成全国第一条准高速铁路（广深准高速铁路），京广铁路、京九两条全国性铁路大动脉汇集深圳，深圳不但成为内地与香港联系的咽喉，而且还成为京九沿线城市融入国际市场的重要通道。另外，发达的口岸设施和强大的通关能力，为深港内部及其作为整体共同融入世界均提供了强有力的保障。

2. 协调深港物流发展规划，确立两地物流发展定位

按照构建深港共建国际大都会的总体目标定位，深港物流合作的重点方向是：搭建深港物流一体化平台，探索深港物流业合作的新领域、新途径与新机制，共同打造以深港两地为核心、以泛珠三角为腹地的供应链基地和全球物流运作平台，形成与国际大都会定位相适应的全球物流服务功能，增强作为珠三角区域核心物流枢纽港的竞争力。

加强资源整合，加强双方在包括港口、机场等区域物流资源上的整合，明确各港口、机场的地位与分工，重点加强以港口为依托的集装箱运输和以机场为供应链接点的航空物流协作。鼓励香港物流企业参与深圳港口物流设施建设，鼓励香港参与深圳西部港区资本运营工作，协调两地港口国际班轮航线开辟与经营，协同发展集装箱业务与临港增值服务；加强深圳机场与香港机场相互合作，参股、参与候机楼或货运站建设、参与机场管理，参与机场航油供应服务；加快两地客货运业务转运合作，设立国际空运货代服务，开展跨境物流配送业务。

3. 推进深港物流业的合作

借助珠三角和泛珠三角制造业外包物流业务的机会，通过深港物流企业优势互补，合作提供包括运输、仓储、装卸、加工、包装、配送及相关信息处理服务和有关咨询业务、国内货运代理业务在内的各项物流业务，共同打造以大珠三角和泛珠三角为腹地的供应链基地，共同探索珠三角、泛珠三角联运模式，提高深港两地在区内处理物流的能力，建立全球物流运作平台。近期合作领域可重点选择为：各类批发市场和采购中心、提供第三方物流服务的现代物流行业、社会化物流配送中心、提供物流增值业务的行业、以电子商务为基础开展商流、物流和信息流综合服务的行业、为园区商流和物流业务提供支持的各类信息行业、货运代理业、传统物流服务业、为园区物流、商流、信息流提供服务的各类配套行业，有利于园区发展的其他行业。

4. 推进深港物流区域通关协作一体化

借鉴长三角在跨关区快速通关基础上建立虚拟区域数据平台、实施“选择申报，多点放行，统一平台，区域联动”的区域“通关一体化”新模式，加快深港快速通关建设，提高深港口岸通关效率。以此为基础，加大深港通关单证统一和快速通关协调力度，完善“粤港快速通关”模式和信息交换机制，深化“泛珠三角”海关管理区域一体化改革试点，推动区域内生产要素合理流动、资源互补共享。

（八）建立人口合理流动的机制，提升深港可持续发展能力

香港具有严格的人口控制机制，而人口增长过快的问题是困扰深圳发展的大问题。共建深港国际大都市，必须解决人口规模问题，确定与深港经济规模相适应的人口规模，从可持续发展的要求出发建立合理的人口流动机制。

创造一个良好的体制环境、吸引人才的环境、工作和生活环境以及产业配套环境，是深圳产业发展的重要因素。特别是对于高新技术产业来说，在企业内实施知识产权化、产权多元化，积极推广员工持股、股份合作等多种企业组织形式，允许科技人才以专利、项目、和技术入股，提高其创业积极性。在实践中找到了合乎科技与经济发展规律的知识资本价值的实现途径，初步形成了符合高科技产业特点的、以保护知识产权为核心的分配制度和经营管理制度。

深圳目前人口已经达到1200万，应当是接近所能够容纳人口规模的上限。如果人口突破限度，实现现代化的目标，就只有进一步加快经济发展的速度，但这显然是深圳现有的资源环境所无法允许的。所以，将控制人口的第一道防线北移到深圳与东莞、惠州交界处，是最现实的选择。第一，以目前香港和深圳常住人口为基础，适度放宽深港之间的人员的自由往来。目前香港居民自由往来深圳已经基本实现，下一步要给予深圳居民自由往来香港的权利。第二，在深圳北部边界设关，采取相对严格的务工人员进入管制制度，主要是管制无组织的、盲目流入深圳的务工人员。第三，对进入深圳的公务、探亲、学习、旅游等正常往来人员，应当维持目前的管理办法。

（九）共同构建深港国际大都市的基础设施

共同建设深港国际大都市，就必须共同建设跨境的基础设施。

1. 共同规划建设城际跨境基础设施

根据深港共建国际大都会的战略目标，结合深圳与香港两市城市总体规划与建设项目安排，在两地城际资源整合、城际功能衔接的同时，共同规划、共同投资建设以城际交通、水电气供应、环境治理、生态保护等为重点内容和范围的城际跨境设施。

近期可推进的跨境重大基础设施项目包括：跨境交通网络设施。如城际地铁、快速干线；跨境市政设施。如供水系统、排污系统、生态环境设施；跨境地区开发设施。配合香港和深圳的城市长远发展策略，共同制定深港边界区域的合作发展规划，如深圳河皇岗段河套地区开发、深圳湾合作开发、大鹏湾合作开发，增强两地合作的前瞻性和协调性。深港环境治理与保护设施。如深圳河流域跨境地段治理、红树林湾区保护。现有口岸改造及新口岸建设设施。共同规划建设莲塘口岸、福田口岸、大铲湾口岸、沙鱼涌海港口岸、南澳海港口岸和龙华铁路口岸等新口岸；完善口岸基础设施建设和管理协调，重点加快罗湖、皇岗等口岸区改造；西部通道投入使用后应进一步完善口岸区建设。

2. 规划建设深港跨境商务区

按照深港国际大都会的战略目标和合作方向，在香港、深圳现有中央商务区的基础上，在深港结合部地区规划设立若干个综合型或专业型深港城际跨境商务区，综合利用双方边界优势，形成较强的国际国内吸引力，一方面为深港相邻地区的企业提供便利的跨境商务服务，另一方面则为珠三角、泛珠三角地区提供信息、咨询、销售、交通运输、海外市场开发、业务代理、产品推广等服务，建立连接国内外的国际营销网络和生产服务网络。

近期可规划设立新的深港跨境商务区：香港新机场商务区：定位为以航空物流为重点的跨境物流中心。深圳罗湖中央商务区：发展方向定位为跨境城市生活服务中心。深圳湾商务区：重点培育以科技研发及科技后勤服务为主的科技总部营运功能。

（十）完善城际协调机制，提升深港国际大都市的战略定位

推进深港两地政府之间合作，建立深港大都市规划机制、城际协调机制，既是深港合作的重要内容，又是新形势下创新与完善深港合作机制的重要任务。

1. 完善深港国际大都市共同规划机制

深港双方共同协商组建深港大都会规划委员会，在“一国两制”原则下，按照深港合作总体目标与方向，在保证深港城市各自利益的基础上，遵循区域利益最大化原则，就深港国际大都会相关的发展方向、功能定位、总体规划、城际规划等重大事项展开研究咨询，形成规划方案，报双方立法机构通过后，由深港两地政府共同组织实施。

2. 确立深港公共服务标准

适应深港两地经济社会发展与合作的客观需要，制定适用于深港两地的区内城际双边服务标准，推动城市内部政策扩展到区内城际公共政策，从而营造跨越深港两地的具有同城化特征的高质量的生活居住环境和高效率的营商空间。近期可从以下两大方面推进：

城市管理标准：如深港两地的城市交通管理网络、过境交通与市区交通组织与连接、两地汽车异地行驶及证件管理等。

都市服务标准：如立足于深港两地的物流配送系统、商务系统；把跨境交通与市区交通统一起来的同城化票据系统；立足于电子银行的同城金融结算系统；包括保险、会计师、评估、咨询、认证、设计等在内的各类中介服务体系。

3. 构建城际公共事务协同机制

推动深港城际公共管理，探索和建立以城际协调、利益补偿、争端解决为重点的城际公共事务协同机制。

城际协调机制。探索和建立正式与非正式相结合、官方与民间相协调的多层次、多形式城际对话交流协调机制，为深港两地合作搭建合作框架与运作平台。近期着重建设政府层面的对话交流，建立定期（如每季或每半年一次）会晤协商机制，相互沟通，及时协调，共同磋商有关深港城际合作的重大事务。

利益补偿机制。为推进资源配置在深港区内最优化，避免重大基础设施建设和重要产业项目在区内恶性竞争，提高深港国际大都会的综合竞争力，参照欧盟等区域经济一体化取得明显成效的有益做法，深港之间应建立利益补偿机制，用包括经济手段在内的多种形式，如收益分享、财政补贴、就业匹配、用户分担等多种形式，形成在共同市场/经济同盟基础上的利益补偿体系，从而确保合作双方自觉参与区域合作。特别是对那些因为优化区域资源配置、提升区域整体利益而导致自身利益暂时受到影响的合作城市，更是需要利用区域补偿机制来进行合理的补偿，从而在提升整体竞争力的同时，推动双方共同发展、共同繁荣。

争端协调机制。为有效处理深港在共建国际大都市、加快区域经济一体化进程中可能出现的各种争端，包括两地居民、经济组织、社会团体以及政府机构之间的矛盾与纠纷，深港两地需要建立城际争端协调机制，通过居民、非政府组织、政府层面直到法律途径，形成有效的争端协调处理体系。

公务员交叉培训与交流。为方便深圳公务员熟悉国际惯例、香港公务员了解国内政策操作程序，参照两地公务员轮换以及深圳选派公务员到国外定向学习的有关做法，在深港两地政府部门之间试行公务员交叉培训和相互交流制度，为两地培训熟练掌握国际惯例和国内运作的公务员队伍。

共享政府信息资源。以深港政府网站为支撑，建立两地政府信息定期沟通制度，同时在各自政府网站建立热线链接，实现深港政府信息资源共享。

4. 建立法律保障机制

以国际大都会为导向来推进深港合作，需要得到法律体系的支援与保障，建立法律保障机制是深港合作制度性安排的重要内容。建议在国务院的统一协调下，尽快制定“深圳和香港开发管理法规”“深圳和香港经济合作条例”等法律文件。

5. 提升深港国际大都市的战略定位

深港共建国际大都市是在国际经济全球化和区域经济一体化的背景下进行的，作为一个战略决策，不仅关系到中国“珠三角地区”和“泛珠三角地区”的经济社会发展，而且关系到中国未来在东南亚地区的战略地位和全球化竞争中的位置的确立。因此，我们建议：应当适时地将深港共建国际大都市从地方性的战略提升为与上海浦东新区建设和天津滨海新区建设等同的国家发展战略。

调研报告三

前海要素市场发展战略研究（2013 年）

前海现代服务业合作区的建立，体现出在经济发展中前海具有的高度开放、高端发展的特点。生产要素以空前的规模和速度在全球范围内流动，寻求最佳要素组合。发展前海要素市场，建立前海国际要素交易平台，有助于进一步提高我国对外开放水平，增强国际竞争力。前海发展定位：产业定位是建立现代服务业体系，经济目标定位是单位土地 GDP 高增长，战略定位是代表国家谋求要素市场话语权。立足于前海发展定位，探索前海要素市场发展的策略、方法、路径和措施，对中国其他地区发展将起到参考、借鉴和促进的作用。

40

本报告课题组顾问：郑新立。

课题组组长：徐伟。

一、前海国际要素交易平台战略定位

全球经济是以生产要素在全球范围的自由流动和优化配置为基础的经济。商品、资金、技术、劳动力等要素正以空前的规模和速度在全球范围内流动，寻求最佳要素组合。前海现代服务业合作区的建立，体现出在经济发展中前海具有的高度开放、高端发展的特点。前海确立的四大重点产业，即金融、现代物流、信息服务、科技服务及其他专业服务业，是现代服务业的核心内容。这些产业的发展为前海实现现代服务业集聚，促进前海在经济发展中先行先试，使前海在为深圳未来实现新跨越中发挥重要作用。建立前海国际要素交易平台，有助于促进各类要素在前海、中国和全球范围内高效流动，保障中国经济持续健康发展，进一步提高中国对外开放水平，增强国际竞争力。党的十七大报告提出转变经济发展方式，其中指出，促进经济增长“由主要依靠增加物质资源消耗向主要依靠科技进步、劳动者素质提高、管理创新转变。”实现党的十八大提出的“要适应国内外经济形势新变化，加快形成新的经济发展方式，把推动发展的立足点转到提高质量和效益上来，着力激发各类市场主体发展新活力，着力增强创新驱动发展新动力，着力构建现代产业发展新体系，着力培育开放型经济发展新优势，”使经济发展“更多依靠科技进步、劳动者素质提高、管理创新驱动。”

（一）深港经济合作的加速器

开始于 20 世纪 80 年代初期的深港经济合作，是在深港两地比较利益引导下，以香港劳动密集型制造业北移深圳的方式，把香港的资本、市场和管理优势与深圳的区位、政策和成本优势结合起来，通过两地优势互补，建立分工协作关系，从而形成优势互补的区域型经济合作，也极大地推动了合作双方的经济发展。

为了使深港在产业转移与发展、合作机制创新两大方面继续推进，加强双方合作，2004 年 1 月 1 日，中央政府与香港特区政府签署的《内地与香港关于建立更紧密经贸关系的安排》（简称 CEPA）正式启动。CEPA 协议的正式启动，在促进内地与香港之间经贸合作关系方面具有里程碑的意义。这将从根本上解决长期以来内地与香港之间存在的人流、物流、信息流、资本流互联但不畅通的状况，将内地与香港两个经济实体更紧密地融合在一起，不仅有利于提升两地参与亚洲经济合作的总体实力，而且有利于提升两地参与全球经济一体化的竞争力。

前海国际要素交易平台的建立将有助于全面推进深港紧密合作，成为深港经济合作的加速器。实现在粤港澳合作的框架下，进一步巩固合作基础，拓宽合作领域，创新合作方式，完善合作机制。通过全面推进深港紧密合作、融合发展，促进两地经济一体化发展和两种机制对接叠加，实现提升城市功能，优化生产力布局，增强辐射带动能力，在粤港澳共同打造亚太地区最具活力和国际竞争力的城市群中发挥主力军作用，为把粤港澳建设成全球最具核心竞争力的大都市圈之一提供强有力的支撑。同时，还要实现与香港功能互补，错位发展，推动前海发展成为全球性的物流中心、贸易中心、创新中心和国际文化创意中心。

（二）深圳改革开放的新起点

1980 年 8 月 26 日中国第一批经济特区中的头号特区——深圳经济特区宣告诞生。30 多年的风风雨雨，深圳创造了无数个“第一”。1981 年，深圳国际商业大厦在全国第一个推出“工程招投标”方案；1987 年，新中国成立以来第一个土地使用权公开拍卖；在劳动力市场，深圳率先实行招聘录用、竞争上岗、合同用工；在金融领域，1985 年深圳在全国率先建立外汇调剂中心，1986 年兴办了深圳发展银行，1990 年成立深圳证券交易所，发行新中国第一张股票。走在改革前列的深圳，30 多年披荆斩棘的历程，以敢闯敢试、敢为天下先的精神，成就了今日深圳经济的腾飞和城市的繁华。

在全球发展面临人口、资源、环境的压力下，深圳的发展同样也面临着这些问题。这些问题在成为深圳发展面临挑战的同时，解决这些问题也为深圳的发展带来了新的机遇。前海在发展过程中，应坚持把本地产业发展放到世界经济发展大背景中去把握、去谋划，占领全球产业发展高地，不断提高前海产业素质，使前海始终走在转变经济发展方式前列。

前海国际要素交易平台将成为深圳改革开放的新起点。2009 年 5 月 26 日获国务院批准的《深圳市综合配套改革总体方案》中提出完善要素配置的体制机制，强化市场在资源配置中的基础性作用，探索政府产业政策与市场机制有机结合的新途径，提高政府财政性资金和各类生产要素配置的透明度，综合运用财政、金融、价格、土地、环保等手段，形成转变经济发展方式的长效机制。

2010 年 8 月 26 日获国务院在对《前海深港现代服务业合作区总体发展规划》（以下简称《规划》）批复中指出要充分发挥香港国际经济中心的优势和作用，利用前海粤港合作平台，推进与香港的紧密合作和融合发展，逐步把前海建设成为粤港现代服务业创新合作示范区，在全面推进香港与内地服务业合作中发挥先导作用。要加强统筹规划，集中优势资源，发展总部经济，促进现代服务业的集聚发展，增强资源配置和集约利用能力，把前海深港现代服务业合作区建设成为全国现代服务业的重要基地和具有强大辐射能力的生产性服务业中心，引领带动中国现代服务业的发展升级。将《规划》的实施同提高对外开放水平、推进体制机制创新和探索科学发展的新模式结合起来，有助于进一步深化粤港紧密合作，共同推进现代服务业的创新发展，逐步把前海建设成为现代服务业体制机制创新区、现代服务业发展集聚区、香港与内地紧密合作的先导区和珠三角地区产业升级的引领区，最终实现把前海打造成为粤港现代服务业创新合作示范区的战略目标。

国家“十二五”规划中提出，要把推动服务业大发展作为产业结构优化升级的战略重点。依靠科技创新推动产业升级，引导资金、人才、技术等创新资源向企业聚集。推进重点产业结构调整，引导生产要素集聚，依托国家重点工程，打造一批具有国际竞争能力的先进制造业基地。以产业链条为纽带，以产业园区为载体，发展一批专业特色鲜明、品牌形象突出、服务平台完备的现代产业集群。

党的十八大提出使经济发展“更多依靠科技进步、劳动者素质提高、管理创新驱动”。

一系列政策措施的出台为前海要素市场的发展指明了方向，提供了支撑。前海要素市场的发展为深圳成为中国经济发展的排头兵，继续推动和深化改革开放，创造了新的起点。前海国际要素交易平台的建立能够支持深圳的高新技术、金融、物流、信息产业等支柱产业做优做强，大力发展新能源、互联网、生物等战略性新兴产业，掌握自主知识产权和核心技术，并且能够整合资源、超前布局，形成一批具有国际竞争力的世界级企业。前海优先发展现代服务业，推进深圳与香港在现代服务业领域的深度合作，形成高端服务业与先进制造业、高新技术产业良性互动的产业格局，促进各类要素在深圳及世界自由流动，提升深圳在国际产业链中的竞争优势。

（三）全球资源优化配置的风向标

全球经济是以生产要素在全球范围的自由流动和优化配置为基础的经济。20 世纪 80 年代以来，经济全球化已日益成为不可逆转的历史潮流。商品、资金、技术、劳动力等要素正以空前的规模和速度在全球范围内流动，寻求最佳的要素组合。如何发挥本国的比较优势项目参与国际分工，提高本国的国际竞争力，实现各种要素资源的最佳配置，是各国政府面对的一个重要议题。通过建立具有国际竞争力的资源要素交易平台，使其成为各种资源的国际要素交易中心，引领全球资源配置新流向。

前海应抓住全球化不断深入的有利时机，结合其发展目标，建立若干具有国际竞争力的、引领作用的国际性要素交易所集群，形成要素国际交易中心，进而成为全球资源优化配置的风向标。

1. 全球劳动力资源市场的交易中心

劳动力资源（也称人力资本）在经济全球化趋势下所日益显现出来的重要性，使各国政府越来越重视对劳动力资源的宏观调控。在经济全球化趋势下，知识经济方兴未艾，知识成为一种主要的生产要素，拥有知识和技能的劳动力已取代传统的自然资源成为最重要的资源。

目前国际性人才流动的趋向是，从地缘上看，从东向西流动的主体是中国、俄罗斯、东欧及东亚等国人才流向西方国家，从南向北流动的主体是印度、南亚、南美及南部非洲等国的人才流向北美及欧盟国家。从经济因素看，主要是从发展中国家流向较发达国家和发达国家，从较发达国家流向发达国家，从发达国家流向少数更发达的国家，其中受益最大的是美国、德国、日本等。

欧美国家经济不景气，但中国经济却高速发展，需要大量的专业性和综合性人才。这样，国际人才流向出现了从欧美走向中国之势。金融危机后，国外一些知名企业纷纷陷入困境，国外面临很多人才发展的考验，发达国家和地区的一些专业人员有流向受金融危机影响较小的国家和地区的倾向。中国经济保持快速增长，社会稳定，国内人才发展环境大大改善，能够为人才提供广阔的事业发展空间。中国国际影响力的提升正为中国吸引人才创造有利条件。“引智创新”正在被中国的企业和机构认可和接受。前海所在的珠三角地区是中国经济发展的最为活跃的地区之一，人才机制比较灵活，是各类人才关注和聚集的地区之一。前海利用其制度优势有利于建立一个适应人才资源在全球流动和配置的市场体制，把前海建设成为海外高级人才进入中国最具吸引力地区、国内人才输出国外的核心区。最终实现前海劳动力要素市场是全球劳动力资源市场的交易中心，引领全球高端人才发展方向的指向标。

2. 全球能矿资源市场的交易中心

针对日益严重的能源问题，各国根据自身的供求状况，积极为自己量身定做本国的资源战略。西方国家的能源安全战略的主要内容是：增加本国的矿产资源生产，提高矿产资源利用效率，全力开拓国外矿产资源，建立国家战略资源储备，开展国际资源合作，运用国家的政治、经济、外交、军事等手段建立和加强其资源安全保障体系，以保证本国的经济、政治安全并力图影响和控制世界局势。不仅资源短缺的国家在积极利用全球能矿资源市场，开拓国外资源市场；资源丰富的国家也在积极地实施资源全球化配置战略。

全球范围内有超过4000家金属矿业公司，其中，149家大型跨国公司在非能源矿产采矿领域占据了约60%的产值。矿业投资和矿产品贸易的全球化导致矿产资源配置的全球化。跨国矿业巨头在全球化扩张中凭借综合实力主导了国际矿业市场，在全球调配国际矿产资源。发达国家则通过大型跨国矿业公司实现矿产资源配置全球化战略。

资源的获取能力反映国家和民族的生存和发展能力。全球资源分布不均匀及其在国家经济安全和发展中的基础性地位，使世界各国都十分重视资源获取问题。发达国家从没有停止过争夺国际资源的活动，长期以来，以美国、日本、加拿大为代表的发达国家，一直将实施全球资源战略与国家的政治、经济、外交、军事、金融等政策有机结合，使资源战略成为国家整体战略的重要组成部分。近年来，全球能源、重要原材料需求强劲增长，加之受政治因素和投机资金炒作的共同影响，能源、原材料价格大幅度上涨，国际原油价格节节攀升，钢铁产能与消费均创历史新高，铝、铅、锡、镍等有色金属和黄金的国际市场价格普遍上涨。预计未来几年，世界对能源、重要原材料的需求量继续增加，全球资源价格波动趋势可能更加明显，各国对资源争夺将更加激烈。对此，中国应加紧建立健全能矿资源市场，在前海建立独立的、专业的全球能矿资源市场的交易平台，充分利用香港现代服务业发达的优势，前海通过实行优惠的财政金融政策，活跃国际能矿资源市场，同时吸引国外资源性产品向中国输入，满足国内经济发展对能矿资源的需求。通过发挥中国对能矿资源巨大需求的优势，夺取在全球能矿资源市场的话语权，使前海成为全球能矿资源市场的交易中心。

3. 全球技术要素市场的交易中心

国际产业转移已进入技术密集型、资本密集型、劳动密集型产业转移并存的阶段，随之国际产业与技术转移速度进一步加快，同时，国际技术转移的主体已经多元化：产业与技术流出国已不再局限于发达国家，越来越多的新兴工业国家在推动产业升级的过程中，身兼产业承接方与产业转移方两种角色。当前，发达国家是技术转移的主流，跨国公司成为技术转移的重要载体，国际技术转移已经成为推动全球经济发展的重要动力。

国际技术转移方式有国际技术合作、国际技术贸易、国际合作生产、国际技术援助、特许、引进成套设备、科技交流、人员交流等。国际技术贸易是实现国际技术转移的主要途径。国际技术贸易采用的方式主要有许可贸易、技术服务与咨询、特许专营、合作生产，以及含有知识产权和专有技术许可的设备买卖等。

以高技术产品和高技术为贸易对象的现代技术贸易的扩展，以技术服务和信息交换为内容的国际技术服务贸易的形成和发展，构成世界贸易结构变化的基础。国际技术转移与多种形式的国际经济技术合作相互渗透，逐步扩展为以技术商品为中心的复合型国际经济技术合作。

世界主要工业国家的技术生产指标呈现出迅速增长的趋势，同时，发达国家之间的资本、技术双向对流与日俱增，而且形成一种潮流、一种趋势。在工业发达国家内部，各国之间技术上存在的差距，同样是技术流动的重要原因。发达国家拥有雄厚的资本和技术，而且市场及投资容量都很便于各国之间展开竞争，互相渗透，从而形成发达国家之间的国际投资、技术转让的热点和主战场。

尽管发达国家依然在全球高新技术产业贸易格局中占据主导地位，但是发达国家所占比重均有所下降，其中一个重要原因是由于亚洲，尤其是东亚一些新兴工业化国家和地区在高新技术产业及外贸领域的崛起。改革开放以来，中国经济高速增长，科技进步取得了举世瞩目的成就。中国国内市场规模较大，产业比较齐全、配套能力强，低成本劳动力供给充裕，这些因素决定了中国在经济全球化中，能够将中国的市场优势、产业规模优势与劳动力优势与国外的资金优势、技术优势和管理优势等有效结合，形成具有较强竞争力的开放型经济。

在21世纪，中国的国际贸易、投资活动会更趋活跃，将成为国际技术转移最为重要的市场之一。但是，由于战略及竞争等因素，发达国家在一些高端技术方面仍然对中国进行封锁。发挥前海市场机制灵活的优势，通过在前海建立全球技术要素市场的交易中心，实现技术要素的顺畅流动。

4. 全球金融要素市场的交易中心

（1）国际资本流动呈现新特点。从流动形式上，国际资本流动可以分为国际直接投资（FDI）、国际证券投资（FPI）和国际借贷，它们构成了国际资本流动的主要渠道。此外，近年来，私人股权投资基金的跨境投资发展迅速，成为一种新的国际投资方式和国际资本流动渠道。

从国际资本流动方向来看，发达国家整体上处于资本持续净输入状况，但规模继续缩减。20世纪90年代初，一些发达国家从资本净流出国成为资本净流入国，美国自20世纪90年代以来（除1991年外）都是最大的资本净输入国，其资本净输入占全球资本净输出的比重一直保持在70%左右。日本和德国的资本流动规模仅次于美国，但与美国不同的是，这两个国家是资本净输出国。德国进入21世纪以来，得益于强劲的出口，资本的净输出规模异军突起；日本则一直保持了较高的资本净输出，1993年占全球资本净输出的比重高达43.69%，之后虽有所回落，但始终提供了全球资金需求的20%以上。欧盟国家基本上是资本净流出，1999~2002年转变为资本净流入，最近几年又出现了资本净流出。2008年国际金融危机发生后，由于全球资本流动规模大幅缩水，无论是整体发达国家，还是主要的单个发达经济体，经常账户规模均明显减少，直至2011年仍未恢复到危机前的水平。20世纪90年代，发展中国家一直处于资本净流入状态，从2000年开始，出现了资本净流出现象，并呈逐渐上升趋势。

（2）通过金融交易所集聚构建资本交易平台。中国资本市场成为经济要素市场化配置的重要平台。在现代经济体系中，一国的经济发展速度和运行效率，在很大程度上取决于资源、人才、资本、专利等各种经济要素配置效率。资本市场的兴起和壮大，加速了中国经济要素的配置方式从计划方式向市场方式转变。企业在资本市场上进行IPO、再融资、参与并购，并发展壮大，股票和基金投资者在资本市场上投资，使中国资本市场正成为中国市场经济运行和投融资活动的核心平台。资本市场的制度安排和全社会的广泛参与，也在一定程度上决定了中国继续深化市场经济改革的方向。

中国资本市场已经发展成为全球第二大资本市场。截至2011年8月底，中国有上市公司 2273 家，总市值 25.46 万亿元；证券公司 109 家，基金公司 66 家，期货公司 163 家，投资者有效账户数 1.3 亿，是全球最大的投资者群体。同时，市场的质量也得到较大提升。截至 2011 年 10 月 20 日，深交所上市公司总数达到 1373 家，其中主板 484 家，中小板 620 家，创业板 269 家。深交所上市公司总发行股本 6159 亿，上市公司市价总值达 7.29 万亿，平均市盈率 25.69。

然而，中国资本市场还处于发展阶段，还有许多方面需要提高完善。市场发展水平不足，不能满足中国广大企业和投资者的投融资需求。从多层次资本市场的结构来看，美国股票市场中，纽交所有 2311 家公司，纳斯达克 2717 家，场外报价市场 2385 多家，粉单市场 6199 家，灰色市场 6 万多家，大致呈“金字塔”状，结构相对稳定合理。而中国市场结构像一个倒“金字塔”，主板 1405 家，中小板 610 家，创业板 258 家，中关村代办转让系统 115 家。中国股份制公司有 10 多万家，仅中关村科技园区符合创业板上市条件的公司就有 1000 多家。因此，多层次资本市场，尤其是场外市场建设任务非常紧迫。同时，中国交易所债券市场不够发达，衍生品市场才刚刚起步。

与一些发达国家金融产业发展过度不同，中国金融体系中直接融资比重偏低，多层次资本市场体系尚未建成，总体来说不能满足中国经济和社会的需求。中国经济中存在企业和资金“两头过剩”的结构性缺陷。一方面，大量中小企业面临融资困境；另一方面，大量社会富余资金流动到全国各地甚至海外。

中国资本市场和证券业的国际竞争力有待提高。尽管中国股票市场规模很大，但市场的深度和广度还与发达市场有很大差距，抗冲击能力远远不足。中国证券期货经营机构与国际同行相比总体实力偏弱，不能满足中国经济国际化的需求。每年中国企业参与上万家海外并购，但没有一家国内券商能为他们提供财务和战略咨询的服务。同时，人民币国际化的进程也对资本市场国际竞争力提出了更高的要求。

加快金融业发展，推动以跨境人民币业务为重点的金融领域创新合作，稳步推进深港资本市场合作，大力推进保险创新发展试验区建设。通过营造良好的金融生态环境，吸引各类金融机构在前海集聚发展，增强金融辐射服务能力。形成金融产业集群为中心，实现跨境人民币业务、证券市场、保险市场发展的进一步突破，为前海各项经济活动提供充足的资金流，为全国资本市场发展提供支持。

（四）谋求世界要素交易话语权的平台

当要素资源与发展战略相联系，这些要素便具有了战略属性。战略资源短缺是制约一国经济发展和国际竞争力的重要因素，各国纷纷瓜分世界战略资源，目的就是为了增强本国的经济实力，提高本国国际竞争力和在国际社会上的资源话语权。从经济全球化角度来看，重要战略性资源海外获取战略，实施资源的全球化配置，不仅是为了解决中国部分资源匮乏的问题；更重要的一点是，中国作为一个资源需求大国，在资源全球化过程中应该占据自己的应有位置，争取必要的资源话语权。

从技术要素市场来看，中国经济正处在快速发展时期，在自主创新政策的引导下，中国在高技术领域取得了很大的成就，但是与发达国家相比，还有很大的差距。而发达国家出于政治等原因，对与中国的高技术贸易进行了严格的限制。建立满足中国技术需求的技术市场是一个非常重要的举措。通过技术要素市场的完善，促进技术研发方和技术使用方集中到前海，加大在技术专利和技术研发方面的投入。利用前海技术要素交易平台，将技术产品的包装上市，增强前海的吸引力。

从能源要素市场来看。中国矿业企业的国际竞争力亟待加强，否则无法与国际市场上的其他矿业企业竞争，难以取得国际资源市场的话语权。但中国矿业企业也面临一些转机。新的石油交易所纷纷成立，西方一统天下的石油定价权面临冲击。目前，全球主要石油期货交易所分别是纽约商品交易所（NYMEX）、伦敦国际石油交易所（IPE）、东京工业品交易所（TOCOM）和新加坡交易所（SGX）。这 4 家交易所几乎垄断了全球范围的主要石油期货交易，国际原油期货价格基本上都由它们决定。但是自 2006 年以来，伊朗与委内瑞拉先后宣布成立石油交易所，卡塔尔、阿联酋纷纷推出开展石油期货贸易的商业交易所，上海石油交易所的能源期货贸易也逐渐走向正轨。2008 年，俄罗斯圣彼得堡石油交易所开张，未来，俄罗斯出口石油的 1/3 ~ 1/2 将在那里交易。这将打破由西方发达国家垄断国际能源国际话语权的状况，进而提升发展中国家在相应领域的话语权。总体来看，由于起步较晚，加上受西方发达国家企业的竞争和排挤，中国海外资源获取的总量还相对较少，且现有项目的规模也不大，因此必须进一步加大拓展力度。同时，加强国内能源市场的整合，发挥国内能源市场的优势。浙江舟山群岛新区的未来定位是建设大宗商品国际物流基地，石油、煤炭、矿砂、粮食、化工品、集装箱运输 6 项大宗商品，将在此进行储存、运输、交易。前海能源要素市场的运行应与长三角地区计划中地区相呼应，实现全国范围内的能源要素的有效流动；实现中国是大宗资源最大买家应有的话语权和作用；编制前海能源价格指数，及时向外界公布能源变动情况，实现对全球能源价格定位的影响。

在金融市场，尽管中国的金融市场还处在发展过程中，中国的金融机构与发达国家的金融机构相比在竞争力方面还有一定的差距，但其在经济发展中的作用是不断增强的，各类要素的交易最终要通过金融市场来实现。2009 年，中国经济总量超过日本，成为第二大经济体。2030 年左右，中国经济总量将可能超过美国，成为世界第一大经济体。在实现这一目标过程中，拥有各类经济要素在国际市场交易中的话语权将起着至关重要的作用。在这个过程中，前海应承担起连接中国要素市场与国际要素市场的起跳板的作用。前海以其重点发展现代服务业和高端服务功能在崛起的优势，能够实现最珠三角地区经济的引领作用。前海应集中发展要素市场，形成强有力的带动力量，最终将这个地区建成最具竞争力的世界经济中心，将资本要素、劳动力要素和技术要素等要素的市场话语权争取过来。

二、打造前海国际要素交易平台的有利条件

（一）历史机遇

1. 金融危机后世界经济局势转变

（1）欧美经济复苏仍然乏力。金融危机后世界经济复苏的不确定性依然存在。欧洲经济衰退、发展中国家经济增长缓慢、美国等高收入国家高额债务及缓慢增长等，这些因素交互影响，使市场信心的恢复受到严峻挑战。在欧债危机的影响下，尽管以德国为首的少数欧洲国家增长较快，但是深陷欧债危机国家的经济却难以好转，这将给欧洲整体经济发展走出金融危机的阴影带来困难。

经济合作与发展组织（OECD）2013 年 3 月 28 日在巴黎总部发布中期经济展望报告指出，预计 2013 年上半年全球经济活动呈现恢复迹象，但欧元区经济增长乏力，拖累全球经济复苏。美国经济有活跃的迹象，预计 2013 年第一季度将以 3.5% 的速度强劲增长，第二季度增长速度稍缓，也将达 2.0%；日本经济 2013 年前两个季度增长将分别为 3.2% 和 2.2%，英国和加拿大在 2013 年上半年也将继续增长。但欧元区经济表现不佳，据经合组织预计，欧元区 3 个主要经济体德国、法国和意大利中只有德国连续两个季度增长。预计德国 2013 年第一季度增长 2.3%，第二季度增长 2.6%；而法国第一季度为负增长 0.6%，第二季度反弹为正增长 0.5%；意大利上半年均为负增长，前两个季度分别为负 1.6% 和负 1.0%。加之 2013 年 3 月，欧元区塞浦路斯实行存款充公资本管制，导致外国资本仓皇出逃，令欧元资产承压。

（2）新兴经济体成为世界经济新动力。2010 年以来，经济危机还在肆虐，大多数国家还未走出经济衰退的阴影，欧洲和美国仍陷于危机中难以自拔，但新兴国家出现了经济大反弹。许多新兴工业化国家的经济增长率迅速提高，新兴国家成为全球经济复苏的主要动力。根据世界银行的统计，发展中国家占世界财富的比例已经从 20 世纪 80 年代的 33.7% 上升到 2010 年的 43.4%。新兴国家群体在拉动世界经济复苏、国际政治格局调整和地区秩序塑造中的地位和作用日趋强化，由此形成国家战略格局大发展、大调整和大变革的重要驱动力。

全球金融危机和欧债危机打破了美国主导的经济全球化进程，由西方经济体主导全球经济的传统格局已经发生了改变，新兴市场国家在国际经济中的话语权增大。欧

元区向包括中国、印度和巴西在内的新兴市场国家寻求援助，G20 取代 G7 成为全球经济的支柱。世界经济重心因为中国与其他东亚经济体以及印度的高速增长，逐渐从欧美移向亚洲，彼此贸易量超过与欧美的贸易量。

在全球危机造成众多国家经济发展放缓甚至衰退的情况下，新兴国家一方面努力保持经济增长，以其良好的发展势头成为全球瞩目的焦点；另一方面联合自强，在国际事务中发挥了巨大影响力，国际地位和作用显著提升。新兴国家在未来的国际政治经济秩序的构建中，在维护世界的安全稳定与发展合作中必将有所作为，发挥不可低估的作用及影响力。

2. 要素交易结构全球调整

进入 20 世纪 90 年代后，信息技术的飞速发展使经济全球化的进程对证券市场整合提出了现实要求。那些有全球影响的公司希望自己的股票在全球各地 24 小时都能交易，在世界各地以较低成本筹集资金。进行多元化投资的机构投资者希望获得整合性交易服务和全球性投资机会，能快捷、低成本地管理各种复杂交易和投资策略。在严峻的竞争形势面前，传统交易所需要通过市场整合来加强自身的竞争优势。

2006 年 10 月，芝加哥商业交易所（CME）和芝加哥期货交易所（CBOT）宣布合并，组建拥有最广泛品种和多样性的全球化交易所 CME 集团有限公司；2006 年 7 月，澳大利亚证券交易所（ASX）与悉尼期货交易所（SFE）宣布合并；2006 年 8 月，日本中部商品交易所（C－Com）和大阪商品交易所达成合并协议，合并从 2007 年 1 月 1 日开始生效，新的交易所为 C－Com；2006 年 6 月，纽约证券交易所（NYSE）与泛欧证交所（Euronext）达成总价约 100 亿美元合并协议，组建全球第一家横跨大西洋的纽交所－泛欧证交所公司；从 2006 年 4 月开始，纳斯达克（Nasdaq）收购伦敦证券交易所（LSE）股份，至年底持有 LSE28.75% 的股份；2006 年 9 月，洲际交易所（ICE）用约 10 亿美元现金和股票购买纽约期货交所（NYBOT），双方签署了合并协定；2006 年瑞典斯德哥尔摩交易所（OMX）通过收购获得了奥斯陆交易所 10% 股权，并以 3500 万美元的价格收购了冰岛股票交易所。2012 年初，美国司法部批准德意志交易所与纽约泛欧交易所合并。目前，东盟地区的多家主要股票交易所正在加紧磋商，推进搭建地区性的统一交易平台。相关合作方案共涉及 6 个东盟国家的 7 家交易所，即马来西亚股票交易所、新加坡股票交易所、印度尼西亚股票交易所、泰国股票交易所、菲律宾股票交易所以及越南的河内股票交易所和胡志明股票交易所。

交易所处于现代经济的重要地位，汇集了本国大量的经济金融资源，也能起到吸引和聚集国际资本的作用。近年来大型交易所的并购，标志着国际金融版图的整合趋势，例如，欧美近年在交易所市场的频繁并购，客观上反映了在全球一体化进程中，欧洲与美国竞相图谋主导国际资本市场。随着交易所之间不断地并购整合，世界大宗商品、金融资源的定价权也日益向欧美交易所巨头手中集中。

对于国内的交易所来说，中国的金融市场还没有完全对外开放，在管理体制上交易所受证监会垂直管理，中国对海外投资者的介入还有领域和资质、投资比例的限制，对境内投资者管理还较为严格。目前众多国际交易所都纷纷在中国、亚洲其他地区设点或者与一些国家合作创建交易所，加大力度吸引包括中国在内的亚洲投资者。如 CME 在新加坡设立办事处推广其 GLOBEX 交易系统；CBOT 与新加坡交易所建立联合亚洲衍生品交易所（JADE）并推出橡胶期货合约等。

随着全球经济和金融一体化，中国交易所已经不可避免地主动或被动地参与到国际竞争中。国际交易所的竞争合并会直接影响中国资本市场的发展，并进一步影响中国经济的可持续发展。上市资源的争夺、衍生产品的发展，已成为各国在全球经济金融竞争中的焦点。中国应该充分利用当前有利条件，迅速做大做强中国资本市场和交易所，提高配置全球资源的话语权，支持实体经济稳定发展，推动转变经济增长方式，最终实现中国经济的可持续发展和增强国际竞争力。面对日益激烈的交易所竞争，中国资本市场和交易所的发展必须有全局思维和顶层设计，以积极应对世界金融体系的新变化和新格局。

3. 亚洲经济体发展迅速

近年来，亚洲经济体整体崛起，亚洲成为世界上经济最具活力的地区与国际政治的中心之一。美欧等区域外国家竞相调整对外政策，将重心移向亚洲并加强与亚洲国家的合作。当前，世界经济一个最重要的特点是高度依存，因此欧美发生的经济危机与债务危机，也对亚洲国家产生了不同程度的冲击。

近年来亚洲区域扩大了与世界其他国家和地区之间的贸易规模，使亚洲区域在世界贸易中的地位得到提升。2010 年 1 月 1 日，历经 10 年的中国东盟自贸区宣布全面建成，中国与东盟 6 个老成员之间超过 90% 的贸易产品进入了零关税贸易阶段，双边自由贸易率先启动。在接下来的几年中，随着东盟 4 个新成员逐步加入零关税贸易安排，以及越来越多的贸易产品根据《中国东盟全面合作框架协议货物贸易协议》的安排逐步实施零关税，涵盖 19 亿人口、GDP 总额近 8 万亿美元的中国东盟大市场将逐步成为现实。把投资自由化和便利化纳入自贸区建设，意味着中国东盟经济合作在更广泛的意义上实现了制度化安排。

虽然从整体上看亚洲区域内贸易比重上升，但是对贸易流向的进一步分析发现，区域外市场（特别是欧美国家）对亚洲地区贸易的重要性没有下降，仍然是亚洲国家最大的贸易顺差来源地，亚洲地区贸易发展还严重依赖外部市场；日本虽然对欧美市场保持顺差，但却对欧美出口占本国出口总额的比例是一直下降的，而对中国出口占本国出口总额的比例是一直上升的；韩国与东盟 5 国对日本及欧美市场保持顺差，但是对日本、欧美出口占本国出口总额的比例也是一直下降的，而对中国出口占本国出口总额的比例也是一直上升的。这表明中国使亚洲区域内贸易流向发生了显著变化，亚洲各国与中国之间贸易的重要性显著上升，中国已经成为亚洲区域内贸易扩张的中心，极大地改变区域内贸易流向。

4. 国内交易所重新布局

中国国内各类交易所经过多年的发展，整体上已经初具规模，对中国经济的发展起到了积极的促进作用。

深圳已建立的交易类机构有深圳证券交易所、汇业融资交易所、深圳前海金融资产交易所、深圳联合产权交易所、南方稀贵金属交易所、泛亚有色金属交易所、中国外汇交易中心深圳分中心、深圳文化产权交易所、中国（华南）国际技术产权交易中心、华南汽车展示交易中心、中港国际珠宝交易中心、金丽国际珠宝交易中心、水贝国际珠宝交易中心、海鹰房地产交易所、深圳市土地房产交易中心。2013 年 1 月 9 日，深圳石油化工交易所石油化工产品现货交易正式开市。作为前海新型要素交易平台的重要组成部分，前海股权交易中心也将于本月正式投入运营，进行相关领域的先行先试。金融期货交易所、金融资产交易所、钻石交易所和融资租赁市场等，在积极探讨酝酿中。

从 2004 年 2 月 14 日北京产权交易所成立，北京已经建立了北京石油交易所、北京环境交易所、中国国际版权交易中心、北京华彬艺术品交易所、国家粮食交易中心、中国技术交易所、中国林权交易所、北京金融资产交易所、中国文化产权交易所、中国知识产权交易中心等主要要素市场。

上海也先后成立了上海证券交易所、联合国南南全球技术产权交易所、上海环境能源交易所、上海文化产权交易所、上海农村产权交易所、上海知识产权交易中心、上海联合钢铁交易所、上海联合矿权交易所等公共资源类和无形资产的交易平台。上海已拥有证券、期货、外汇、债券、黄金、技术、能源、企业产权等一系列交易市场，已成为国际上各类资本要素市场集中度最高的城市之一。

自 2009 年底到 2010 年底，一年左右的时间，重庆市重庆农畜产品交易所、重庆农村土地交易所、重庆联合产权交易所、重庆股份转让中心、重庆药品交易所、重庆航运交易所、重庆金融资产交易所 7 个要素交易所先后成立。其中重庆农畜产品交易所、重庆农村土地交易所和重庆药品交易所均为相应领域全国第一家交易所。

天津也先后成立了天津贵金属交易所、天津金融资产交易所、天津产权交易中心、天津股权交易所、天津排放权交易所、天津技术产权交易所以及滨海国际股权交易所。

继纽约、伦敦之后，广州保税区国际酒类交易中心将被打造成全球第三个国际酒类交易所。除了重庆的金融资产交易所外，全国还有北京、天津和深圳三大金融资产交易所。北京、上海的金融资产交易所的特点是综合性金融中心，重庆金融中心的定位是以结算为主体的中国内陆金融中心。

其他诸如广州产交所、江西产交所、湖南产交所、江苏产交所、西部产交所、杭州产权交易所等产权类交易所及长沙环境资源交易所、浙江杭州场外交易市场等纷纷建立。

由于各类交易所交易内容雷同、规模差距大、服务范围有限等原因，使交易所促进相关要素资源有效流动没有发挥应有的作用。为了更好地使交易所服务于国家经济、区域经济的发展，规范市场经济运行秩序，中国国内交易所需要重新合理布局，以发挥交易所集群的优势。一方面，在全国范围内形成各领域的交易所，另一方面，也要形成交易所集聚，同类交易所或业务联系较密切的交易尽可能聚集在同一经济区内，发挥交易所的规模效应。目前国内较有影响力的前几位交易所有深圳证券交易所（深交所）、郑州商品交易所（郑商所）、上海期货交易所（上期所）、大连商品交易所（大商所）。国内较有影响力的交易所无论从数量上还是交易品种和交易量上还远不能满足经济发展的需要。

从深圳已有的要素市场发展来看，自国务院批复同意《前海深港现代服务业合作区总体发展规划》以来，加快推动金融市场的创新实践，进一步构建和完善区域多层次金融市场体系已成为深圳转变经济发展方式的重要内容。前海金融要素市场的建立在围绕金融产品创新、深化前海创新发展、推动前海合作区建设、进一步实现前海示范带动作用的国家战略使命、优化市场投融资环境等方面，将做出有益尝试。推动前海金融产业发展，结合前海人民币离岸中心的职能定位，引导境外人民币回流，构建良性循环渠道，推进前海成为人民币国际化“桥头堡”。

5. 人民币国际化的历史契机

在反思危机产生根源的同时，各国都提出了加强国际监管及扩大国际货币种类的各种意见，可谓危中见机。在这样的全球局势下，依托中国经济的稳定发展，人民币具有一定避险作用，因此也使其外部市场需求增大。针对美债、欧债危机，不少国家表达了改革国际货币体系的愿望，期待自由选择国际储备货币的权利。这些因素为人民币的国际化提供了良好的契机。中国应抓住机遇，积极扩大人民币在全球的影响力。本次金融危机令世界各国清醒地认识到，全球化推动各国经济、金融相互的依存度越来越高，以单一美元为国际货币结算及当作储备的缺陷越来越大。虽然全世界使用人民币的情况短期内不会出现，但是美元、欧元、人民币多元化结算的现象却很有可能出现。至少在东南亚等地区，人民币将很有机会成为各类贸易的主要结算货币。例如，中国跟东盟国家有很好的边境贸易，考虑到东盟国家、东南亚国家的需求，提高与贸易国家、特别是东盟国家的贸易效率，加强双边货币互换协议的签订，推动人民币在区域化、区域经济活动中的作用。

北京提出要“围绕科技金融、文化金融进行创新，加快形成首都金融创新的大格局”“争取成为国家金融综合配套改革的示范区”，上海强调筹建保险交易所、推动跨境交易所交易基金等进一步增加金融市场深度广度的举措。和北京、上海相比，深圳则将很大的一块精力放在帮助人民币国际化上，并希望借此展开一系列先行先试，并加强和香港金融业的融合。

深圳市提出，深圳将全力探索推动若干属于国家战略层面、可在一定区域内先行试点的金融改革创新项目在前海先行先试，如：探索开展以跨境人民币业务为重点的金融合作，争取开展深港银行双向跨境人民币贷款业务，探索实施人民币合格境外有限合伙人试点，争取适当降低香港金融机构进入前海的开放范围等。

加快金融业发展，推动以跨境人民币业务为重点的金融领域创新合作，稳步推进深港资本市场合作，大力推进保险创新发展试验区建设。通过营造良好的金融生态环境，吸引各类金融机构在前海集聚发展，增强金融辐射服务能力。形成金融产业集群为中心，实现跨境人民币业务、证券市场、保险市场发展的进一步突破，为前海各项经济活动提供充足的资金流，为全国资本市场发展提供支持。

香港是推进人民币国际化这盘棋的不二之选。这是因为香港有国际性的金融网络，有得天独厚的优势。可以预期，在未来的 5～10 年，香港会在人民币国际化进程中扮演着重要角色，即“离岸人民币中心”。所以，有必要加强深圳与香港将开展双向跨境人民币贷款试点发展。香港可以利用人民币国际化进程，为香港未来打好更稳健的基础。随着中国经济的发展，中国内地拥有巨大的经济腹地市场，当人民币国际化的过程大致完成，鉴于前海具有的经济地位、经济环境和制度优势，前海成为中国在全球最大的人民币结算中心也应是不二之选。

（二）区位优越

1. 发挥香港的有利条件

前海与香港一海之隔，位于珠江口东岸，深圳西部蛇口半岛的西侧，地处珠三角区域发展主轴和沿海功能拓展带的十字交汇处，具备突出的区位优势。

香港作为国际化城市、国际金融、贸易、航运中心，是全球服务业最发达的地区之一，服务业占 GDP 比重 92.3%，服务业贸易出口总值位列全球城市前 10 名。而深圳服务业发展迅猛，服务业的基础和综合实力不断增强，服务业增加值占 GDP 的 53.2%，已具备了和香港在较高水平上合作发展的能力。深港两地的服务业发展优势和珠三角世界级制造业基地的巨大需求，为深港合作发展现代服务业提供强有力的产业支撑。

粤港可以利用前海创新区，促进两地证券、期货交易的合作，内地可以通过前海创新区投资香港的股票、期货和各类基金，香港也可以通过前海创新区投资内地 A 股证券和期货交易等。

香港作为美元在亚洲的重要离岸金融中心，有着的良好法律体制、税制、优秀的专业人才、发展和经营离岸金融业务的丰富经验，在推动前海现代服务业的发展方面，能起到积极的推动作用。前海的发展重点转向服务业，致力推进成为金融、科技创新和物流中心，这些正是香港服务业的优势所在，借鉴香港现代服务业与国际接轨的成熟制度、规则、体制、机制，配合前海发展需要，加速前海产业结构的优化升级，构建一体化的面向未来的现代产业体系。

深圳借助香港增强对国际的辐射作用，加快国际性城市的建设。香港则通过深圳加强对内地的辐射作用，加快与深圳和珠三角地区经济融合的进程。

2. 泛珠三角区域经济支撑

泛珠三角区域包括广东、广西、海南、云南、贵州、四川、湖南、江西、福建 9 个省区和香港、澳门两个特别行政区，简称“9 + 2”，涉及东、中、西三个区域的省区。内地 9 省区的区域面积为全国的 1/5，人口占 1/3，经济总量占 1/3；加上香港和澳门两个特区，泛珠三角在全国的地位十分突出。

泛珠三角区域合作，拓展了港澳发展空间，推动了内地对外开放。深圳处在泛珠三角区与港澳的重要连接处，作为国际资本进入中国的“桥头堡”和高端服务业的聚集区，前海可辐射珠三角地区 5000 万人口的市场，乃至拓展到超过 4 亿人的泛珠三角地区，“前海深港合作区有望成为大珠三角乃至中国的‘曼哈顿’”。

从生产要素上看，中西部省区拥有丰富的自然资源、劳动力资源以及广阔的消费市场，广东是影响全球的制造业基地，澳门是富有特色的区域性商贸服务平台，而香港则是国际金融、物流、信息中心，一个完整的经济链隐然成形。从企业发展需求上看，泛珠三角区域东部地区部分企业，特别是劳动密集型企业正加速向内地转移。

泛珠三角区域各省区的基础设施、交通枢纽、信息平台等的建设投入显著加大，基础设施、产业与投资、商务与贸易、旅游、农业、劳务、科教文化、信息化建设、环境保护和卫生防疫等产业合作程度都在逐步提升。由于香港的国际航运、金融和物流中心的功能，湖南、广西等地的进出口货物主要经珠三角和香港，形成了一个以大珠三角为主要进出口通道的“泛珠三角国际物流圈”。香港和澳门是珠江三角洲和广东通向世界的一个窗口和桥梁，对推动珠江三角洲西部地区发展外向型经济、开拓国际市场、欧洲共同体以及葡语和拉丁语系国家的市场有其独特的作用。

3. 广阔内地腹地

中国经济快速增长、产业结构的优化升级、区域经济的协调发展，为各行业各企业在中国的发展提供了广阔空间。内地作为前海的腹地，为前海提供土地、劳动力和原材料，而前海则为内地提供资金和技术。随着中国内需市场的扩大，将为中国未来的经济发展提供持续的动力。

（三）政策优势

1. 政策支持

《国务院关于前海深港现代服务业合作区总体发展规划的批复》提出要把前海深港现代服务业合作区建设成为全国现代服务业的重要基地和具有强大辐射能力的生产性服务业中心，引领带动中国现代服务业的发展升级。要进一步发挥经济特区先行先试的作用，以前海现代服务业的开放发展为契机，积极探索促进现代服务业发展的体制机制，为全国现代服务业的创新发展提供新经验。

《国家发展改革委关于印发前海深港现代服务业合作区总体发展规划的通知》提出要进一步深化粤港紧密合作，共同推进现代服务业的创新发展，逐步把前海建设成为现代服务业体制机制创新区、现代服务业发展集聚区、香港与内地紧密合作的先导区和珠三角地区产业升级的引领区，最终实现把前海打造成为粤港现代服务业创新合作示范区的战略目标。

要求广东省落实好前海管理机构享有相当于计划单列市管理权限的政策，积极创造条件，下放审批权限，简化审批程序，出台配套支持政策，推动建立促进前海现代服务业集聚发展的体制机制。

要求深圳市一是要创新前海开发建设管理模式，坚持高起点，高标准，统筹规划，分步实施，在财税管理、土地管理、规划管理、用人机制等方面探索建立集中管理灵活高效的体制机制，发挥行政管理与市场化运作的结合优势，又好又快地推进前海开发建设。二是加快推进前海保税港区、深港西部快速轨道、穗莞深城际轨道以及前海口岸综合功能区等重大项目的规划建设。三是要充分利用全国人大授予的经济特区立法权，为前海现代服务业的发展创造优良的法律环境，超出授权范围的立法要按规定报批。根据国家相关法律规定和实际需要，设置相应的法治机构，引进民间商事调解机构，加强深港司法合作。同时要求国务院有关部门结合各自职能，进一步加强对前海开发建设的支持和指导。

《深圳经济特区前海深港现代服务业合作区条例》强化了前海合作区应当承担现代服务业体制机制创新区、现代服务业发展集聚区、香港与内地紧密合作先导区、珠三角地区产业升级引领区的功能，建设粤港现代服务业创新合作示范区。

《深圳市综合配套改革方案》中强调在深圳要完善要素配置的体制机制。强化市场在资源配置中的基础性作用，探索政府产业政策与市场机制有机结合的新途径，提高政府财政性资金和各类生产要素配置的透明度，综合运用财政、金融、价格、土地、环保等手段，形成转变经济发展方式的长效机制。

广东省政府在 2012 年及今后在大力推进产业转型升级方面提出优先发展现代服务业。出台的《服务业发展“十二五”规划纲要》要求重点发展金融保险、现代物流、信息服务、科技服务、商务会展、文化创意、服务外包、现代旅游、健康服务等现代服务业，围绕发展实体经济，着力提高生产性服务业质量和比重。推进珠三角金融改革创新综合试验区建设，发展金融后台服务。发展第三方物流、保税物流和国际物流，实施物流标准化服务示范工程。加快“三网融合”，大力发展信息传输和技术服务、内容增值服务等新业态。加强科技研发、节能环保、质量检测等专业技术服务。支持跨国公司、中央企业、大型民企在粤设立地区总部、采购中心和研发中心。培育企业管理、法律服务、会计审计等专业服务，提升发展专业会展。做大做强工业设计、建筑设计、广告创意等创意产业，打造粤港工业设计走廊。推进国家级服务外包基地城市建设。加快建设全国旅游综合改革示范区和旅游强省。鼓励发展非医疗性健康服务产业。改造提升商贸、餐饮、社区服务等传统服务业。

推进金融、科技、产业融合发展。引导资金、人才更多投向实体经济。以高新区为重点加快科技金融创新试点。完善创新创业投融资服务体系，扩大知识产权质押融资试点，完善融资担保体系，培育发展创业投资和私募股权投资。实施青年领军企业上市孵化工程。力争广东省国家级高新区开展“新三板”扩容试点。以土地资本、金融资本、产业资本“三资融合”新模式提升发展园区经济。支持广州、深圳建设区域金融中心，推进广东金融高新技术服务区建设。建设区域产权交易市场。积极开展金融创新，加大对重大产业项目和优势企业兼并重组的金融支持。

深圳市提出加快建设国家创新型城市，以自主创新引领深圳未来发展。进一步加大投入，市财政支持技术创新和吸引人才支出增长 20.5%。加快建设国家基因库，发挥国家超级计算深圳中心等重大科技基础设施的支撑和服务作用。大力发展总部经济。加快引进跨国公司、国际研究机构在深圳设立研发中心。建设国家自主创新示范区。做大做强战略性新兴产业，推进百度国际总部、海信南方总部等项目落地，加快建设长安标致雪铁龙汽车、比亚迪汽车研发生产基地、阿里巴巴国际运营总部等高端产业项目，力争大沙河创新走廊等战略性新兴产业基地和集聚区在落实用地、提升功能、引进项目上取得实质性进展。打造全国金融要素交易、创业投资、财富管理和中小创新型企业融资中心。建设国家服务外包示范城市和中国软件名城。

前海合作区无疑是国家、广东省和深圳市共同推动的结果：由于规划获得国务院通过，前海合作区已被列入国家战略，国家允许前海作为特区中的特区，实行先行先试政策，在发展现代服务业方面进行大胆探索，前海合作区还被列为粤港合作的重点项目，得到广东省的支持和配合；深圳方面更是寄予厚望，把前海开发作为未来两大中心工作之一（另一个是特区关内外一体化），决心把前海合作区打造成高端化、集群化、总部型、创新型的现代化产业合作示范区和未来深圳的新城市中心。

《前海深港现代服务业合作区总体发展规划》确定以金融业、现代物流业、信息服务业、科技服务及其他专业服务业为四大重点产业，目的就是要加快构建现代产业体系，以生产性服务业为重点，积极打造现代服务业集聚区，促进珠三角地区产业结构优化升级，把前海建设成为全国现代服务业的重要基地和具有强大辐射力的生产性服务中心。为此，国务院给了前海非金融项目计划单列市的审批权限，建立了由中央、广东省、深圳市和香港特别行政区多方参与的高层协调机制。

2012 年 6 月 27 日，国务院发布了《国务院关于支持深圳前海深港现代服务业合作区开发开放有关政策的批复》，指出“支持深圳前海深港现代服务业合作区实行比经济特区更加特殊的先行先试政策，打造现代服务业体制机制创新区、现代服务业发展集聚区、香港与内地紧密合作的先导区、珠三角地区产业升级的引领区。”从金融、财税、法制、人才、教育医疗及电信六个方面先行先试，共涉及 22 条具体的先行先试政策，构建了前海比特区更特殊的区域政策框架体系，更加有助于加快前海全方位开发开放。

2012 年 6 月 26 日，广东省金融工作会议下发《关于全面推进金融强省建设若干问题的决定》（征求意见稿），明确了：一个金融改革创新综合试验区，广州、深圳两个区域金融中心，前海、横琴、南沙三个创新平台和广东金融高新技术服务区。提出将深圳前海、珠海横琴和广州南沙打造成为全国金融改革创新与开放发展的重要引擎。2012 年 6 月 27 日，由中国人民银行、国家发改委等联合印发《广东省建设珠江三角洲金融改革创新综合试验区总体方案》，探索金融改革为前海金融先行先试。这将进一步促进前海以跨境人民币贷款为突破口，以粤港澳金融合作为载体，打造金融对外开放先行区。

国务院此前陆续批准的《珠江三角洲地区改革发展规划纲要》和《深圳市综合配套改革总体方案》，均明确要求深圳加强与香港更紧密合作，加快推进前海的规划建设和体制创新。而《粤港合作框架协议》进一步确定前海作为粤港重点合作区。深港两地政府均意识到了前海合作的重要性，不仅签署了《关于推进前海深港现代服务业合作的意向书》，而且成立了前海专责联络机构和协调机制，两地在基础设施、产业发展、环境保护、要素流动等方面相继签署了一系列合作文件。

国务院《关于支持深圳前海深港现代服务业合作区开发开放有关政策的批复》中一系列先行先试政策的出台，是继 2010 年国务院批复《前海总体发展规划》、2011 年建立前海部际联席会议制度之后，中央政府出台的又一项支持前海开发的政策。

至此，前海已初步形成了前海深港合作的政策框架。

2. 法制优势

在国家立法机构的指导下，前海将充分运用经济特区立法权，开展先行先试的探索立法，营造与国际接轨的商事法律环境。

前海管理局可以借鉴香港经验，制定促进现代服务业发展的有关规则、指引等，在前海合作区施行。依法在前海合作区设立专门的商事审判机构，审理有关商事纠纷案件。鼓励深港合作建立法律查明机制，为前海合作区商事活动提供境外法律的查明服务。鼓励前海合作区引入国际商事仲裁的先进制度，包括鼓励香港仲裁机构为前海合作区的企业提供商事仲裁服务，鼓励深港民间调解组织合作，为前海合作区的企业提供商事调解服务。

打造社会主义法治建设示范区。严格依法管理区内的经济活动；在全国人大授予的经济特区立法权限范围内，制定促进前海现代服务业规范发展的法规；加强深港商事民间调解机制的合作；按照国家的法律法规，进一步健全有关法制工作机制。

3. 税收优势

财税支持。在国家税制改革框架下，充分发挥前海在探索现代服务业税收体制改革中的先行先试作用，促进深港合作，为现代服务业发展和吸引各类高层次人才到前海工作创造良好的社会和经济环境。注册在深圳的保险企业向注册在前海的企业提供国际航运保险业取得的收入，免征营业税。注册在前海的企业从事离岸服务外包业务取得的收入，免征营业税。注册在前海的符合规定条件的现代物流企业享受试点物流企业按差额征收营业税的政策。积极研究完善融资和租赁企业的税收政策，条件具备时，可在前海试点。结合国家电子商务示范城市建设的优惠政策，探索鼓励电子商务发展的财税政策。完善技术先进型服务企业的认定标准，经认定的技术先进型服务企业按 15% 的优惠税率征收企业所得税，其发生的职工教育培训经费按不超过工资总额 8% 的比例据实在企业所得税税前扣除。

4. 吸引人才优势

打造“人才特区”。建立健全有利于现代服务业人才集聚的机制，研究制定各类吸引高层次、高技能服务业人才的配套措施，加强深港两地的信息交流和人才培训，积极探索两地从业人员的资格互认，营造良好、便利的工作和生活环境。

为吸引、留住人才并为其提供必要的成长发展空间，前海管理局实行企业化、市场化的用人制度和薪酬制度，并享有独立的用人自主权。前海管理局正积极探讨引入香港优秀专业管理人才与前海投资开发控股公司、前海商务秘书公司管理运作的途径和方式，以更加开放的姿态，吸取香港在规划、建设、运营、服务等方面的成熟经验。未来前海将进行海外创新人才试点，成为国际化的人才社区。在前海，未来将淡化国籍问题，强化居民概念，让在前海工作和生活的人才有归属感，同时，将积极创造条件，让在前海工作的人才享受到包括通关在内的各项便利。2012 年 12 月中央人才工作协调小组已批复把“广州南沙—深圳前海—珠海横琴粤港澳人才合作示范区”列为“全国人才管理改革试验区”，到 2015 年，示范区将吸引集聚 10 万名左右国际高端人才和现代服务业紧缺急需人才，高端人才占队伍比重超 10%，示范区将搭建人才发展服务平台，打造人才合作、招才引智、智慧创新、创业服务平台。这将进一步增强前海吸引人才的竞争优势。

5. 良好的营商环境

前海发展过程中，招商对象必须是水平一流的企业，拥有强的软实力，包括实体交易商、小企业所有者、金融服务提供者、国际交易机构及其他个人或机构。

要使前海成为总部经济的所在地，以及来前海的企业实现更好的经营，需要前海在注册物权、跨国贸易、合同执行、企业关闭、雇用和解雇、投资者保护、借贷、税制、企业开办和申领营业执照等方面，都有优于其他地区的服务环境，为国内外企业到前海投资、经营创造便利条件。

三、发展前海国际要素交易平台面临挑战

（一）竞争激烈

1. 国内不同地区交易所类型雷同

从国内市场来看，与前海同时获得国家批准的，具有省一级管理权包括大连、青岛、宁波等地区，每个地区都在发展本地区的经济，都希望自己成为本地区乃至全国的一个经济增长极，希望对全国具有一个或更多方面的带动作用。这就会产生地区间在产业结构和设置上、发展环境、拥有资源等方面雷同。从国内来看，不同地区之间，可能在争取优惠政策，争取各种市场资源等方面，展开激烈的竞争，对前海来说，这个是面临着一个很大的挑战。前海想要有所新的突破，就得打造出自己的一个核心竞争力。

例如，在资本市场，北京、上海、深圳、天津、重庆等地未来金融工作的思路和计划日渐清晰。创新发展各类交易所、股权投资等新型金融机构则不可避免地成为各个城市争夺热点。

北京提出要“围绕科技金融、文化金融进行创新，加快形成首都金融创新的大格局”“争取成为国家金融综合配套改革的示范区”，上海强调筹建保险交易所、推动跨境交易所交易基金等进一步增加金融市场深度广度的举措。和北京、上海相比，深圳

则将很大的一块精力放在帮助人民币国际化上，并希望借此展开一系列先行先试，并加强和香港金融业的融合。

与以往吸引各类金融机构为目标不同，筹建各类交易所成为上海、天津、重庆等地未来金融工作争夺的热点。这反映出各地对金融越来越重视，尤其是对金融市场的发展越来越重视的体现。

深圳市提出，深圳将全力探索推动若干属于国家战略层面、可在一定区域内先行试点的金融改革创新项目在前海先行先试，例如，探索开展以跨境人民币业务为重点的金融合作，争取开展深港银行双向跨境人民币贷款业务，探索实施人民币合格境外有限合伙人试点，争取适当降低香港金融机构进入前海的开放范围等。

北京在2011年11月29日发布的《北京市“十二五”时期金融业发展规划》中提出，到“十二五”末期，北京将力争形成若干个万亿元级别和千亿元级别的交易所，并打造全国要素市场服务和交易中心。具体策略包括支持中国北京文化产权交易所发展成为全国文化产权交易核心市场，中国林业产权交易所发展成为全国性林权流转中心及林权流转数据权威发布平台，全力做强北京金融资产交易所，形成全国金融资产交易中心，并推动碳交易等金融要素市场加快发展。围绕科技金融、文化金融进行创新，加快形成首都金融创新的大格局，加快建设国家科技金融创新中心，构建科技金融体系，开展先行先试，争取成为国家金融综合配套改革的示范区，并构建具有首都特色的文化金融体系。

上海提出，要推进全国性信托登记中心建设，筹建保险交易所，加快非上市公司进入代办股份转让系统挂牌试点的准备工作。要推动上海金融纠纷调解中心成立，要推动金融、航运、贸易等领域重大体制机制和政策创新在浦东率先试行，力争融资租赁业务、国际贸易结算中心、期货保税交割、全国信托登记中心、国际航运船舶保税登记、口岸监管模式创新等改革试点取得新突破。上海也在谋划在未来上海将加快建设具有全球资源配置能力的市场体系，到2020年基本建成国际经济、金融、贸易和航运中心之一。

重庆提出，要完善各类交易所功能，扩大经营规模和辐射面。加快设立贵金属交易所、城市矿产交易所、文化产权交易所等要素市场，争取汽车金融公司获批开业。

天津提出，在已有创新型交易市场11家基础上，规范发展创新型交易市场，继续推进碳排放权交易试点，加快各类金融交易市场建设。落实北方国际航运中心核心功能区建设方案，推动国际船舶登记、国际航运税收、航运金融、租赁业务等试点实质性进展。

2. 发达国家要素交易市场体系已形成

（1）全球主要交易所排名情况。美国期货业协会（FIA）2012年3月份发布了全球81家衍生品交易所成交量（含集中清算的场外交易）最新排名。数据显示，2011年1~10月份中国农产品、金属和能源化工品种排名多数出现下滑。国内期货品种占全球排名比重有所降低。燃料油期货、铝期货此次均未上榜。

在期货和期权成交量排名前30的衍生品交易所当中，韩国交易所以明显的优势位居榜首，CME集团、欧洲期货交易所跟随其后（见表3-1）。中国郑商所、上期所和大商所分列第11、14和15位，而中金所未进入前30名。此外，中国台湾期交所期货和期权成交同比增长33.7%，居第18位，较上年同期下降1位；香港交易所期货和期权成交同比增长29.9%，居第23位，较上年同期下降4位。

表3-1　全球衍生品交易所交易量排名　（单位：张）

排名＼年份	2010年	2011年	变化（%）
1. 韩国交易所	3748861401	3927956666	4.8
2. CME集团包括CBOT和NYMEX	3080497016	3386986678	9.9
3. 欧洲交易所	2642092726	2821502018	6.8
4. 纽约泛欧交易所	2154742282	2283472810	6.0
5. 印度国家证券交易所	1615790692	2200366650	36.2
6. 巴西交易所	1413753671	1500444003	6.1
7. 纳斯达克	1099437223	1295641151	17.8
8. CBOE集团	1123505088	1216922087	8.3
9. 印度多种商品交易所	1081813643	1196322051	10.6
10. 俄罗斯交易系统证券交易所	623992363	1082559225	73.5
11. 郑州商品交易所	495904984	406390664	-18.1
12. 美国洲际交易所	328946083	381097787	15.9

在成交量前20名的股指期货和期权合约当中，韩国交易所的Kospi200股指期权仍排名榜首，成交量同比增长9.4%；印度国家证券交易所的S&P CNX Nifty股指期货位居第2位，成交量同比大增68.8%；标准普尔500指数ETF期权位居第3位，成交量同比增加64%；中国台湾期交所的台指期权成交量名列第11位。

在成交量前20名的能源期货和期权合约当中，CME集团的轻质低硫原油期货名列首位，ICE的布伦特原油期货名列第2位，CME集团的天然气期货名列第3位。

在成交量前20名的农产品期货和期权合约当中，郑商所的棉花期货、白糖期货，上期所的天然橡胶期货依次分列前3位，大商所的豆油、豆粕、玉米、大豆、棕榈油期货分列第5、6、9、11、14位。此外，郑商所的强麦期货跻身榜单第20位。

无论是从交易所数量，还是交易量方面，发达国家交易所都占据了非常大的比例，处在主要地位。

（2）国际交易所集群分布特点。目前的生产要素交易市场主要集中在发达国家和一些新兴工业化国家，这些国家既是生产要素的主要提供者，也是生产要素的主要需求者。通过对要素的结构性分析可以发现，发达国家所提供的生产要素主要是后天创造的或人为加工过的，如资本、技术、管理和信息等要素；而发展中国家所提供的生产要素则多为自然禀赋的或初级的，如土地和简单体力劳动者等要素。

国际上交易所集群主要集中在欧美地区，其中又以美国和伦敦为主要地区。在亚洲，日本东京的影响力较大。20 世纪 80 年代以后，伦敦 Canary 商务区已经发展成为全球闻名的银行总部以及金融和商务产业的集聚地，而美国的纽约和芝加哥则聚集了主要的美国各类交易所，纽约华尔街 CBD 金融区，集中了大银行、保险公司、交易所，芝加哥的芝加哥期货交易所和芝加哥期权交易所等交易所成为世界期货交易和期权交易的风向标。日本东京的东京国际金融期货交易所、东京工业品交易所、东京谷物交易所等都是有重要的交易所。3 个国际大都市交易所集群的发展差异性主要体现在集群形成的途径和机制不均相同。纽约和伦敦的交易所集群基本上可归属于诱致性自发型的产业集群，而东京的产业集群则可归属于引导培育型产业集群。这是由这些城市的基本经济制度和政府作用所决定的。伦敦和纽约是典型的具有欧美自由主义风格的金融中心，市场机制成熟而相当充分。纽约和伦敦的金融服务业集聚发展早在 20 世纪 50 年代前已自发形成了。而东京的交易所集群所在的中央商务区是在第二次世界大战以后才崛起的，制造业的衰退、现代服务业发展主要在 20 世纪 60 ~ 70 年代，政府作用对东京产业发展起着非常重要的导向作用。政府对金融服务业的管制不同必然影响着金融服务集群的发展，纽约、伦敦产业集群形成是源于产业结构自发调整的结果，政府只在集群雏形出现后才通过政策扶持来催化其成熟发展，但东京的交易所集群是政府产业政策有意催生出来的。

在市场和政府的作用下，发达国家要素交易所集群的形成和要素交易市场的建立都有其特定的优势和条件，从国际市场来看，发达国家要素市场发展已成体系，在国际市场上已形成较强的控制权。中国要素市场的发展起步较晚，要形成有影响力的要素市场，还要经过与国际上强有力的要素市场主体的激烈竞争。

（二）要素交易市场发展基础空白

1. 某些要素交易很难按照市场化开展

中国市场化程度已经很高，但是还没有完全实现市场化，由于经济运行的体制机制还在不断完善，资本市场、劳动力、土地等要素完全按照市场化机制进行交易，还不具备条件。

2. 要素交易市场辐射范围主要限于国内市场

目前，中国要素市场发育相对滞后，各类市场各自为政，自行发展，要素流动性不强，要素市场对经济的辐射能力不强，辐射范围主要限于国内市场，导致要素市场体系发展与经济发展需求不相匹配。

在辐射国际要素市场方面，中国要素交易市场对于扩大贸易开放领域，承接国际产业转移，大力开展服务贸易和服务外包，促进中国企业与外国企业开展合资合作、战略联盟、品牌共享、技术交流、管理创新等领域的发展等影响还很微弱。

所以，需要建立健全协调发展的要素市场体系、释放要素市场的体制潜力、增强要素市场的资源配置能力，使要素交易市场辐射到全球范围。

（三）政策环境不完善

1. 国内对要素市场发展的思路和政策不明确

中国要素市场经过多年的发展，在资本市场、劳动力市场、土地市场、技术市场、其他各类要素市场发展已经初具雏形，各类交易所的出现和迅速发展使中国在交易所的发展和探索发展新市场方面迈出了很大步伐，形成了300多个各类要素市场。但是，由于相关法律法规不完善，相关规章制度不健全，要素市场建设和发展中不平衡、不完善、不到位等问题越加明显。由于缺乏规范管理，在交易场所设立和交易活动中违法违规问题日益突出，风险不断暴露。为防范金融风险，规范市场秩序，维护社会稳定，2011年11月11日，国务院发布《国务院关于清理整顿各类交易场所切实防范金融风险的决定》，清理整顿各类交易场所。

各类交易场所的有序发展需要在国内外交易场所中有较强竞争力的交易所，同时也需要其他交易所作为补充。由于要素交易市场在中国发展起步相对较晚，有很多因素还需要探索。

2. 金融监管应适度放开

适当降低香港金融机构和金融业务在前海的准入门槛，支持金融改革创新项目在前海先行先试。

适度放开金融机构在市场准入、市场运行、产品和业务放行及创新业务种类和规模方面的严格限制，有利于前海提高资本市场发展水平。鼓励银行业金融机构在前海通过金融产品、业务流程及内部管理机制等方面的创新支持现代服务业发展，加大对高科技产业的信贷支持。支持设立担保、再担保机构和为中小企业服务的金融机构，加快建立多领域、多层次融资方式相互配套的中小企业融资服务体系，探索建立中小企业金融服务监管新机制。使前海金融业的发展为中国金融业的发展提供参考。

四、前海国际要素交易平台发展策略及发展路径

（一）前海发展定位

前海发展现代服务业作为中国的先行先试区，将起到对探索体制机制对区域经济发展的促进作用，探索中国在世界经济体系中发挥更大影响力的方法、路径、措施。前海发展过程及经验将对中国其他地区的发展起到参考和借鉴的价值。

1. 产业定位：建立现代服务业体系，发挥金融产业的强大辐射功能

《前海深港现代服务业合作区总体发展规划》提出在前海合作发展现代服务业，以现代服务业的发展促进产业结构优化升级。形成结构合理、国际化程度高、辐射能力强的现代服务业体系，聚集一批具有世界影响力的现代服务业企业，成为亚太地区重要的生产性服务业中心，在全球现代服务业领域发挥重要作用，成为世界服务贸易重要基地。重点发展金融、现代物流、信息服务、科技服务及其他专业服务业四大重点产业。

在经济发展中，金融的影响已经渗透到各个领域。由于金融业与其他产业的密切联系使其具有强大的辐射功能。随着中国融入世界经济程度越来越深，中国国内金融市场和人民币也将进一步融入国际金融市场与全球货币体系。发挥金融业的强大辐射功能，一方面为经济发展提供充足的资金流，另一方面为人民币国际化提供保障。

前海金融业的发展也要考虑到在中国、亚洲和全球资本市场的定位与发展。当前，中国的三大金融中心——上海、深圳、香港，在金融发展方面各具特色。

香港由于其完善的法制体系、亚洲自由金融中心的地位和中国强大经济为其后盾，香港的国际金融中心的地位中短期内还不会被削弱。深圳是中国金融业发展较发达地区之一，深圳与香港签署 CEPA 框架协议后，深圳金融业发展将迈上新的台阶。上海金融业经过多年的发展，已经具有较强的竞争力，2009 年，国务院提出把上海建成大陆第一金融中心。

随着中国经济的崛起，深圳、香港、上海的金融体系将进一步深度融合，三地之间的合作互动也将逐步深入发展。尽管三地在金融业发展上也存在竞争，但是，中国经济的发展和世界经济的舞台有足够的空间让三地充分发展。

前海若要发展成为全球要素交易平台，强有力的金融业支撑必不可少。前海若要在中国金融市场及国际金融市场上具有核心地位，发挥核心作用，除了政策赋予的优势外，还需要具有资本、贸易、人才等要素自由流动、高市场效率、低廉的融资成本以及最宜居住的金融中心城市等条件，即市场配置资源的作用能够充分发挥。前海作

为先行先试区，同时拥有政策和市场机制的优势是上海和香港不具有的，前海应努力将这种优势充分发挥。

在国家金融监管机构指导下，根据国家金融业对外开放的总体部署，按照开放合作原则，在CEPA框架下，广东省先行先试范围内，研究探讨深入推进深港金融合作，研究适当降低香港金融机构和金融业务准入门槛，支持金融改革创新项目在前海先行先试。营造良好的金融生态环境，吸引各类金融机构在前海集聚发展。增强金融辐射服务能力，努力将前海建设成为国家对外开放的试验示范窗口。

推动以跨境人民币业务为重点的金融领域创新合作。继续扩大跨境人民币业务试点，发挥深圳作为跨境人民币业务试点地区的区位优势，促进香港人民币离岸市场的发展。探索资本项目对外开放和人民币国际化路径，在CEPA框架下，由有关部门制定深港银行跨境贷款业务试点方案，在风险可控条件下，尝试开展试点。

稳步推进深港资本市场合作。根据国家金融业对外开放总体规划，循序渐进地推动深圳资本市场对外开放，逐步扩大和深化深港两地证券市场合作，优势互补，互利双赢。

大力推进保险创新发展试验区建设。支持保险改革创新项目在前海先行先试。根据国家保险监督管理政策法规，研究支持香港保险机构进入前海的政策，研究适当放宽香港居民及机构进入前海保险中介市场的准入限制。探索在前海开展自保公司、相互制保险公司等新型保险公司试点，大力发展再保险市场。继续推进科技保险试点工作，为科技企业提供风险保险服务。

2. 经济目标定位：单位土地GDP高增长

前海将在深港经济一体化、粤港紧密合作以及珠三角、泛珠三角，甚至在中国与东盟经济一体化的进程中都扮演重要的角色。按照《规划》，前海将坚持深港合作、高端引领、服务广东和中国、面向全球的战略取向，重点发展创新金融、现代物流、科技及专业服务、信息服务等现代服务业。

到2020年，前海将建成基础设施完备、国际一流的现代服务业合作区，具备适应现代服务业发展需要的体制机制和法律环境。形成结构合理、国际化程度高、辐射能力强的现代服务业体系，聚集一批具有世界影响力的现代服务业企业，成为亚太地区重要的生产性服务业中心。

在深圳的发展中，土地匮乏是不容忽视的重要问题。为了更好地利用土地，加大产出，在产业选择上，今后深圳要更多地针对高端、高附加值和未来的新兴战略产业加以引导，其中最重要衡量指标之一便是单位面积的GDP产出。按照前海相关规划，到2020年，前海地区生产总值达1500亿元，即每平方千米产出约100亿元，这是单位土地GDP产出排名中国内地城市第一的深圳市整体水平的25倍，比香港现在的产出量高出两倍多。高经济增长将为前海各领域发展提供坚实支撑。

3. 战略定位：代表国家谋求要素市场话语权

中国经济在全球经济的比重不断提高，影响力也不断增加，但是，在全球经济等领域的话语权却没有相应提高。为了解决相关问题，在国际要素市场上，实现提高中国话语权，制定要素流通的“游戏规则”，讨论和进行全球经济调整时，实现必须倾听中国的声音。为此，前海要素市场的发展将承担此重任。

从当前国际大宗商品的定价机制来看，要获取定价权，主要可以采取两种方式：一是让企业通过有效地参与国际定价中心来逐渐获取对价格的影响力；二是通过提高大宗商品相关产业集中度、形成行业与价格联盟、参与海外资源市场等方式来提高企业的谈判地位，进而获得国际价格影响力。

中国企业要想从老辣且极易结成价格同盟的上游供应商及国际投行那里博得定价主导权，绝非一朝一夕之事。但这别无选择，中国既要运用国际通行规则与上游企业展开高水准博弈，也要打进被国际大投行控制的期货市场体系，更要在提高全球资源配置能力的同时，尽快改变高投入、高消耗、高增长、低效益的经济发展模式，早日形成有利于提高资源利用效率的生产模式和消费方式。

破解这一困局有三大途径：整合国内市场；有效利用反垄断法及 WTO 规则；利用中国大市场地位，采取多种金融手段，通过在国内建立期货市场等增强对价格的影响力。其中相对重要、合理的是加快期货市场建设，提高企业对期货市场的认知程度和参与程度，通过定价中心方式获得定价权。二是在加强国内期市建设、发挥期市对国民经济影响的同时，增强期货交易所要有国际化的制度、信誉和市场辐射能力，培育强大的期货经营机构，让国内期货市场的影响通过国际的交易所平台扩大到全世界，提高中国在全球大宗商品贸易中的话语权。

要切实提高中国要素市场的定价权、话语权，需要把国内交易所做大做强、在条件和时机成熟时实施走出去，需要有一个比较长期的过程。前海借助深圳证券交易所的有利条件，以内地为腹地，以香港为平台，通过体制机制创新，打造全国乃至全球性的贸易中心和金融中心，发展形成具有国际要素市场影响力的要素市场，成为全球要素市场的影响者。

（二）策略选择

发展要素市场，完善要素市场体系，需要发挥虚拟经济在资金融通、信息传递、市场定价等方面发挥独特作用，为实体经济发展提供服务，同时通过实体经济为虚拟经济发展提供支撑。前海要素市场的发展要以国内资源和国内要素交易聚集区分布状况为背景和依托，需要对众多行业要素交易市场通过同步推进、重点发展的步骤，实现前海要素市场的整体竞争力的提升。

1. 虚拟交易与实体交易兼顾，优先发展虚拟交易平台，有效利用已有物流优势选择性发展实体交易

（1）虚拟交易与实体交易兼顾。随着市场一体化、金融自由化、经济全球化、经济网络化趋势的进一步发展，资本的虚拟化程度越来越高，虚拟经济对实体经济的影响也越来越大。作为市场经济发展到一定程度的产物，虚拟经济和实体经济已经成为一个国家国民经济存在和发展的基础及当代世界国家竞争力的一个重要组成部分。但是，一旦虚拟经济脱离了实体经济的现实需要而单独大规模扩张时，就有可能产生泡沫经济，使金融业的风险和不确定性大大加强，加剧金融危机爆发的可能性。虚拟经济和实体经济的协调发展才能使经济保持健康运行。经济的运行需要通过市场交易来实现，所以，虚拟经济和实体经济的协调发展需要虚拟交易和实体交易兼顾。

（2）优先发展虚拟交易平台。虚拟资本交易不仅可以提高社会资源的配置效率、提高实体经济的运行效率，而且资本证券化和金融衍生工具提供的套期保值等服务，还为实体经济提供了稳定的经营环境，降低实体经济的经营成本和因价格或汇率波动引致的不确定性经营风险，使实体经济能够稳定增长。虚拟经济自身产值的增加本身即促进了 GDP 的增长：虚拟经济的发展提供了大量就业机会，直接促进了第三产业的迅速发展。

虚拟经济活动的国际化可以促进资本在世界范围内的优化配置，并使资本的使用效率进一步提高。随着虚拟经济国际化，较大规模的跨国证券投资开始出现，虚拟资本的发展由此进入新的阶段，虚拟资本交易日益呈现为一种国际性的经济活动。以实体经济发展的需要为基础，适度的虚拟经济就能在资金融通、信息传递、市场定价等方面发挥独特作用，从而有力促进实体经济发展。

发展虚拟交易平台，需要一系列支撑：第一，在加快资本市场规范化建设。加快资本市场的发展，包括扩大证券品种的规模、增加新的证券品种、拓展和开辟新的市场，尤其是网络银行的建立。第二，完善保护权益法等法律条款，保证交易的安全性。从宏观立法层面，建立金融消费者保护法律体系，加强金融领域立法，推动金融消费者权益的保护。在立法内容上，应重点对金融机构的行为进行规制，加强对金融机构的监管，明确金融机构的义务和责任，将金融消费者权益保护作为金融监管的目标。从执法保护层面，建立专门的相对独立的金融消费者权益保护机构。成立专门的金融保护机构，制定金融消费者保护规则，完善金融消费者保护机制；从法律监管角度，建立专门的金融消费监管机构，加强其操作的透明度；从行业自律角度，重视并加强行业协会的职能，将金融领域相关信息告知金融消费者以及其他相关部门。从司法救济层面，建立信息透明与披露制度。信息披露制度是解决金融市场交易双方严重信息

不对称问题的有效途径。第三，完善交易平台。由于各类交易所和交易中心分属不同部门管理，不同程度地存在部门或行业垄断，所以需要建立统一监管平台，同时借助现代网络技术，实现对公共资源交易市场全方位的监督。第四，完善价格体系规范。以市场配置资源为基础，以完善有效的政府宏观调控为手段，通过建立有利于产业结构优化、行业可持续发展的价格指数、完整的成本核算框架、完备的市场交易体制，引导生产、流通和消费的价格制定与调整的制度安排。主要包括三方面的内容：一是价格管理权限，即价格决策的主体是谁，由谁定价；二是价格形式，包括价格形成的方式、途径和机理；三是价格调控方式，包括价格调控的对象、目标和措施。

（3）有效利用已有物流优势选择性发展实体交易。《前海深港现代服务业合作区总体发展规划》明确提出现代物流业作为四大重点发展产业之一，按照深港共建全球性物流中心的目标，促进深港两地现代物流业的深度合作，形成高端物流业的集聚区，打造亚太地区具有重要影响的供应链管理中心和航运衍生服务基地，强化对珠三角地区制造业生产组织服务能力。打造区域生产组织中枢和国际供应链管理中心。积极发展港口航运配套服务。

结合前海所拥有的现代物流系统优势，选择的交易实体行业应具有产业关联性强、产业提升性强、具有经济、社会和生态效益的特点。

2. 多目标要素市场共同发展

（1）生存性资源要素市场：

农产品交易市场。合理规划，科学布局，构建新的农副产品流通体系。以前海为基点，围绕农产品交易市场建立，结合泛珠三角地区、国内腹地产业结构特点，对农产品交易市场的规划布局、设施水平、法制建设、规范管理等进行制定和完善。

加大政府投资力度，统筹规划建设市场，解决与理顺商品渠道不清、市场与环境、交通的矛盾、市场管理体制等问题。

通过制度和品种创新的方式在国际农产品交易市场巩固和扩大中国农产品的市场份额。

促进和引导农产品供应渠道多元化。引导大型仓储超市和连锁店以其经营的集约化和管理的科学化成为最具活力的商业业态。

建立新型电子商务网络平台，促进国内农产品的标准化生产与标准化贸易，运用现代信息技术建立全国共享的农产品信息平台，提高市场流通效率，从而努力保障农产品稳定均衡供给，最终建成国际化的农产品信息中心、行情中心和贸易中心，实现中国农产品在国际上取得定价的话语权。

能源交易市场。建立现代化的能源体系，打破投资、流通壁垒，建立统一的能源交易市场，构建煤炭、油品、页岩气、天然气、电力、二氧化碳等交易中心。

推动跨区域能源企业合作，促进能源中介机构、节能服务公司的发展。通过加强区域间能源企业互供合作等方式实现资源优化配置。

建立、探索、完善的能源交易制度。电力交易受地理位置影响很大，需要畅通的传输电网来保障交易的实现，对期货产品及定价的设计和交易商的选择要求较高。二氧化碳排放权作为新兴的交易产品，在供求总量、定价方式等方面也需要不断探索。探索电力、天然气、二氧化碳排放权的货交易和期货交易。

探索建立国际化能源供应体系和国际能源合作机制。通过能源交易市场的建立，克服对单一能源及其单一来源的过度依赖，保障能源供应安全，打破美欧对国际能源期货市场的垄断局面。

（2）发展性资源要素市场：

技术要素交易市场。把技术要素交易市场建设成为在国家层面上全国统一规范的技术交易信息服务平台。

建立、制定交易规则。围绕技术开发、技术转让、技术咨询、技术服务等技术要素交易内容，探索对技术信息平台、技术市场主体、技术市场客体、价格及其交易条件和交易过程规范的制定。

加强技术市场基础设施建设。由于技术市场基础设施建设滞后，中国还没有形成网络化的全国性技术大市场。发挥香港的区位优势，在前海地区建立技术市场基础设施，一方面促进国内技术要素市场的健康发展，另一方面突破技术要素的国际移动和买卖的限制，以实现提高技术市场容量，促进技术要素在技术市场的流动。

新兴要素交易市场——碳交易市场。将深圳建设成为全国性与国际接轨的碳买卖市场平台。制定碳交易三个体系规范，确立国内碳交易市场的主导地位。中国现在还没有真正的碳交易市场，北京、上海、天津三地的环境交易所现在主要业务是节能环保技术交易、二氧化硫排放权交易和排污权交易，“碳交易”还不是主要业务。所以，需要探索制定技术体系——确保碳排查工作的准确性，政策体系——确保碳分配的公平性，金融体系——确保碳交易稳定性三个体系的规范。根据国家“十二五”规划，全国碳交易市场将在2015年前建成。从2013年开始，将在全国7个城市重庆、北京、天津、上海、湖北、广东、深圳开始碳交易市场试点工作。碳交易市场规范的制定有助于深圳在碳交易市场发展方面奠定良好基础。

加强碳排放交易支撑体系建设：研究制定减排量核算方法，制定工作规范和认证规则。加强碳排放交易机构和第三方核证机构资质审核，严格审批条件和程序，加强监督管理和能力建设。建立碳排放权交易登记注册系统、交易平台和监管核证制度。充实管理机构，培养专业人才。逐步建立统一的登记注册和监督管理系统。

探索构建国际碳买卖市场。前海碳交易市场应承担起站在国家角度积极介入构建国际碳市场，谋求碳交易市场定价权。从全球金融战略的视角积极参与碳市场的构建，研究碳市场的定价机制，为实现碳买卖市场定价权和话语权奠定基础。积累碳交易专业人才和买卖经验，从而逐渐成长成为一个与国际接轨的开放性碳买卖市场。

（3）商品要素市场：

珠宝玉石展示交易市场。探索符合珠宝玉石产业市场拓展的新路径。创新并探索建立集珠宝玉石投资交易展览、珠宝玉石创新产品于一体的珠宝玉石的交易、展览、咨询、调查、代购代销、珠宝玉石文化传播服务平台。满足对艺术真品、精品的收藏和投资需求。打造具有国际影响力的综合性珠宝玉石交易服务平台。

红酒展示交易市场。建立红酒交易平台，整合中国红酒交易市场分散的状况。尽管中国的红酒市场潜力很大，但市场竞争并不充分，红酒市场还很分散，价格也比较混乱。在中国，通过代理商引进中国市场的进口葡萄酒品牌因为经销制度的管控不严，导致市场上假酒横行、以次充好的现象屡有发生，这些问题都严重遏制了进口葡萄酒在中国市场健康、快速的发展，是行业混乱的主要原因。同时，对于大部分的国产品牌，局限于区域发展，产品的市场竞争力较弱，缺乏进入国际市场的能力。

公开资料显示，国外目前仅有一家葡萄酒交易中心英国伦敦国际葡萄酒交易所（LIV－EX），其主要针对的是行业客户，会员为来自全球的 400 多家批发商。作为世界上第二家葡萄酒交易机构，香港葡萄酒交易所（HKIWEX）是继英国伦敦国际葡萄酒交易所之后，应市场需求而发展起来的。而目前红酒交易最为红火的是中国内地市场，自 2010 年底开始，天津滨海新区名庄酒交易所、广州保税区国际酒类交易中心、上海红酒交易中心和北京拉菲红酒总网中国国际葡萄酒交易所（收藏馆）等一大批以葡萄酒为交易标的的交易场所陆续出现，目前仅中国内地的葡萄酒交易场所已有近 10 家。红酒在中国强劲发展的势头，各地林林总总兴起的红酒交易所正在展开激烈的市场角逐。在竞争中，前海红酒交易市场脱颖而出需要具备多个强有力的优势要素：与香港葡萄酒交易所联手开拓国内市场；创新红酒交易模式，确定交易主体类型，充分利用信息技术，创新交易方式；建立适应红酒交易的物流和仓储系统；充分利用保税区拥有的政策优势，为红酒的跨境交易创造便捷的手续；创造有前海特色的红酒文化，定期或不定期在前海举办红酒展示会；与国内及国外著名红酒生产地和红酒消费地等地区进行红酒文化交流。

游艇交易市场。游艇经济不仅会促进旅游基础设施和旅游服务业的发展，也会进一步促进房地产、制造业、酒店业等诸多相关行业的发展。游艇行业自身涉及研发、设计、制造、销售、使用、保养等一系列活动，具有高回报和强带动性。按照国际经验，游艇产业每投入 1 美元可带来 6.5～10 美元的回报收益。

随着居民生活水平的提高，游艇休闲、运动将成为人们娱乐生活的主要选择之一，中国游艇业将迎来广阔的发展空间。

2009年，国务院《关于加快发展旅游业的意见》，提出“支持有条件的地区发展邮轮、游艇旅游，把邮轮、游艇等旅游装备制造业纳入国家鼓励类产业目录”。“十二五”期间，国内游艇市场仍在发展初期但发展将会迅速。

近年来全国各地发展游艇经济的脚步正在加快。但是全国游艇交易市场尚处于起步阶段，整体处于“小、散、乱”状态。深圳要发展成全国游艇业领军者，既面临挑战，也有自身优势。

前海发展游艇交易市场面临的挑战。中国已有几百家游艇制造企业，大多集中在深圳、上海、青岛、天津、厦门等沿海城市。浙江舟山计划5年内形成6~7家游艇俱乐部，游艇泊位达到1500个，将舟山建成浙江省游艇生产、展示、交易中心，以及华东地区规模最大、设施最完善的游艇旅游基地。

在山东威海，山东省游艇配套产品交易中心正在紧锣密鼓地建设之中。该项目总投资1.3亿元人民币，包括游艇配套产品展示区、游艇展示区、保税物流配送中心区、配套产品加工集配中心区、国际游艇学术交流中心区和办公休闲区。天津游艇展目前已经举办了三届，吸引了一批国内游艇产业上中下游企业的关注。2012年，山东重工下属的潍柴集团投资3.74亿欧元收购全球最大的豪华游艇制造商意大利法拉帝75%的股权。海南在打造海南国际旅游岛上升为国家战略后，其游艇产业正在跨越式前进。厦门、福州、三亚、海口4个城市已经成立了以市长为首的游艇产业发展领导小组。所以，在国内，游艇交易市场的竞争还是很激烈的。

前海发展游艇交易市场的优势。前海既毗邻游艇业发展成熟的香港地区，又具备临海临港的天然优势，可以充分连接“两岸三地”，打造一个大中华圈游艇交易市场。结合前海内外环境的，以游艇码头、销售、培训、维护保养和交易为中心的全产业链，建成中国最大的游艇展销、展示和销售中心；以游艇展销为核心，发挥、利用游艇产业的集聚优势和规模效应，发展游艇贸易、游艇培训、游艇安全服务、游艇房地产、游艇度假村等相关延伸产业，带动相关资源、产业，推动前海的可持续发展和提高社会综合效益。

把握国际高端游艇制造业向亚洲地区转移的发展机遇。利用前海地理独特优势，发展包括游艇设计、制造、维修保养在内的游艇制造业。通过开拓产业链，发展公共游艇码头、游艇旅游业，引进国际顶级游艇商务、会展等。

通用航空器材交易市场。通用航空是指使用民用航空器从事公共航空运输以外的民用航空活动，包括从事工业、农业、林业、渔业和建筑业的作业飞行以及医疗卫生、抢险救灾、气象探测、海洋监测、科学实验、教育训练、文化体育等方面的飞行活动。简单地说，通用航空是除商业航空以外的民用航空。形成航空产业中核心产业包括：

通用航空器制造、维修；通用航空运营；运营综合保障；通用航空器材交易市场等。其中，通用航空器材交易市场使整个产业链条的核心，通过市场建设，能够实现整个通用航空产业的集聚发展。在美国，通用航空产业对经济 GDP 贡献率已经达到 1%，并仍有加速发展态势。中国经济总量持续高速增长，也已具备了发展通用航空的环境条件。

中国的“十二五”规划已经把通用航空产业作为战略性新兴产业，从国家层面给予了战略性定位。2010 年 11 月 14 日，国务院、中央军委印发《关于深化中国低空空域管理改革的意见》，这将使通用飞机和直升机整机未来受益最大，中国将迎来通用飞机市场大规模爆发增长的时代，未来 15 年中国通用飞机需求量有可能突破 1.5 万架。

深圳宝安国际机场，具有海、陆、空联运的现代化航空港，是世界百强机场之一，珠三角五大机场构筑的机场群已经成为继伦敦之后的全球第二大机场群，这为该地区航空客货市场提供巨大发展潜力，也为发展通用航空器材交易市场奠定了基础。

（4）战略性资源要素市场：

为保证中国持续拥有主导地位，需要拥有不可或缺的战略性要素资源，并建立战略资源要素交易市场。

不可再生、不可替代自然资源交易市场：在国防领域、高技术领域拥有重要作用的能矿资源，如稀土。

土地交易市场：建立土地流转、使用的交易规则，促进国内土地的有效使用；同时为沿海岛屿、与其他国家开发利用其他国家土地资源探索经验。

引领性、促进性资源：促进其他行业发展及提高竞争力的要素，如高新技术资源。

人力资源市场：促进国内外人才有效流动的市场。

信息技术交易市场：实现信息通畅传递，实现信息网络广范围覆盖。

3. 要素市场设计紧密联系国内资源特点

随着经济的发展，要素已经不局限于传统的土地、资本、劳动力、技术等生产要素，企业家才能、信息、政策、实物产品等众多因素也成为经济活动的要素。所以，前海要素市场的选择和设计应紧密联系国内资源特点，并结合前海要素市场的战略定位来进行，带动泛珠三角地区以及国内要素市场的发展。

（1）大宗商品交易平台。粮棉油等农产品在国内具有巨大市场需求，但国内相应交易所分散、规模小，竞争力不强。加强大宗商品交易平台的建设，同时整合国内交易所资源，实现引领国内要素交易的目标。

（2）能矿资源交易平台。中国是石油、天然气、铁矿石等能矿产品的主要需求国，但却没有定价权，围绕争夺国际话语权的重任，相应资源交易平台应尽快建立。

（3）建立稀有矿产资源交易所。稀土及锆、金、镭、铀等稀有金属由于其储量不及铁矿石等大宗商品，但其作用极具重要性。由于在各类交易所中，其交易比重较少，为长远计，应从确定定价权的高度加快建立稀土和稀有金属交易所。

4. 要素市场设计紧密联系国内要素交易聚集区战略布局

经过多年发展，中国要素交易所数量及交易内容已初具规模，但是交易所分布分散、规模小且雷同，没有充分发挥交易所在经济活动中应有的作用。围绕中国区域经济发展状况、已有交易所分布状况和交易集聚区战略布局，以及融入世界是交易所版图，结合前海的重要作用，需合理布局前海要素交易市场构成，谋求在国际要素交易市场争夺话语权。

中国的交易所主要集中在以京津为核心的环渤海地区、以广东为核心的珠三角地区和以上海为核心的长三角地区三大区域，其他还有分布在中部的一些城市。上海、北京、深圳、重庆、天津是各类要素市场集中度最高的城市。

从要素类型来看，京、津、沪、重庆等城市均提出要大力发展金融市场，所以金融资产交易所的设立和运营成为各地争夺的焦点。产权类交易所中，深圳、北京、上海均已建立文化产权交易所，其他诸如技术产权交易所、知识产权交易所等各地也已建立。石油、天然气等能源类交易所，矿石类交易所、金属交易所等建立的相对还比较少，但许多城市已经开始筹划建立这类交易所。为了争夺这类商品的国际话语权，中国需增强这类交易所的竞争力。

结合中国经济格局和产业结构状况，前海要素市场设计应采取策略：

对已获批准的深圳股权交易中心、石化交易所、保交所、农交所、金交所和文交所6个交易所，完善运营规则，实现业务拓展。

着手建立技术、劳动力、土地等传统要素市场，以及碳交易、奢侈品交易市场等新型交易市场。

交易所的业务内容立足泛珠三角地区，同时与国内要素市场协调发展。

5. 要素市场分层次、逐步发展，重点要素市场优先发展

（1）基础性要素交易市场——与经济活动及其他要素市场紧密相关。

金融要素市场：东部地区金融业发达，以及香港金融业的优势，使前海具有广阔市场基础。

技术交易市场：发挥香港独一无二的地理和制度优势，为前海进入国际技术交易市场创造条件。

人力资本交易市场：促进高级人才的跨境流动。

大宗商品交易市场：利用前海的区位优势和政策优势，较其他地区交易所更易争取到国际话语权。

（2）影响未来的要素交易市场——战略性要素市场。

土地交易市场：探索土地的流转与使用。

稀土、稀有金属交易市场：占领稀土、稀有金属交易市场话语权。

碳交易市场：为世界经济繁荣时拥有碳交易话语权奠定基础。

（3）奢侈品交易市场——引领全球高端消费者。

红酒交易市场：借助香港红酒交易市场的优势，拓展国内红酒市场。

珠宝玉石交易市场、私人游艇交易市场、私人航空器交易市场：适应国内及国际高端消费群体消费需求。

（三）发展路径

1. 第一步：整体规划（2010～2012 年）

以《前海深港现代服务业合作区总体发展规划》《深圳市综合配套改革总体方案》等为指导，制定要素市场总体发展战略，立足长远发展，树立超前规划意识，强调近期建设的合理性和可操作性。认真研究要素市场建设的时序，着重近期、远期结合。

（1）政策配合。加强金融政策配合，促进金融体制开放。首先，实现银行产权主体的多元化；发展非国有商业银行，大力支持中小企业金融机构；引导民间资本进入金融领域。其次，重点发展以同业拆借、票据承兑贴现为主的货币市场；规范证券市场秩序，引导资本市场健康发展；建立健全统一的外汇市场；加快利率市场化改革进程，逐步建立以中央银行利率为基础、以货币市场利率为中介、金融机构存贷款由市场供求决定的市场利率体系及其他形成机制。最后，鼓励金融机构在保持常规金融业务品种外，大力开拓中间业务、推行电话银行、信用借记卡；发展封闭式基金，积极推行开放式基金；发行零息债券；适时推出以银行同业拆借利率为基础的浮动利率存款、浮动利率贷款等新型银行业务品种，建立和健全银行业、保险业和证券业分业经营、分业监管的体制和制度规范，形成从市场准入、业务合规、风险控制到市场退出的全方位监管体系。

完善财税政策，构建适应前海发展的财税政策体系。一是要建立财税政策协调联动机制，实现信息资源共享；二是根据发展过程中遇到的新情况、新问题，适时制定新的财税政策，为构建浅海要素市场体系构建提供政策支持和保护；三是财政税收扶持政策需更新，对不适宜发展的要清理，不完善的要修订、补充。四是改革的先行先试。应当通过系统的设计，给予综合性的、大力度的财税政策支持。第一个是税收优惠，对在前海经营的企业和人员收入实行更有吸引力的税收减免。第二个是财政投入的倾斜，中央财政和地方财政在资金投入上的特殊倾斜支持。第三个是政府的直接投入、财政补贴。

制定人才政策，吸引高层次人才凝聚。吸引高层次人才政策应体现在一是建立人才移民制度，改革国籍、绿卡和签证制度，简化往返前海的签证手续等吸引高层次人才；二是完善海外高层次人才薪酬激励体系，参照全球人才市场定价，制定国际人才竞争中的人才待遇标准；三是建立与产业结构调整相适应的配套国家风险基金与担保机构，通过与产业、项目、资金相结合的政策吸引和凝聚海外高端人才，以高新技术产业来汇聚高层次人才。营造有利于留住人才的整体环境：一是建立良好的制度环境，为各类人才创业发展提供宽松的政策环境。二是大力发展创业环境，完善鼓励各类人才领办、创办企业和其他经济实体的政策措施，为高层次和短缺人才创业发展提供风险投资保障。三是建立完备的法制环境，依法保护用人主体和人才的合法权益。四是优化服务环境，急事急办、特事特办，开辟绿色通道。五是进一步营造和谐的人文环境。

（2）规则借鉴。前海要素市场的建设是立足于国内、面向世界的创新事业。既要借鉴国内外要素市场发展过程中的有益经验，也要不断开拓创新进取。通过考察、学习，掌握国内要素市场发展过程中有利的条件及存在的限制性因素，在总结分析的基础上，结合前海的自身条件，发挥前海具有的优势，建设站在制高点的要素市场交易平台。国外要素市场经过数十年的发展，在政策支持、运行方式、交易集群集聚、交易所协调发展方面积累了丰富的经验。通过对世界上成功交易所集群的实地考察、调研和学习交流，总结分析，找准切入点，使前海要素交易市场融入世界要素交易市场，并逐步取得话语权。

（3）完善监管制度，加强监管。要素交易市场的充分运行，实在市场机制充分发挥作用的基础上的，为了保障市场的有序运行，需要建立完善的法律法规体系和执行机构以及监管机构，加强监管。

（4）谋划在全国要素交易市场的引领作用。前海要素市场的发展具有先行先试的作用，其经验将对全国其他要素市场的发展即有参考和借鉴作用，同时前海要素市场的发展也需要与其他地区要素市场的支持。所以，实现前海要素市场的引领性作用，需要进行整体和细节的谋划。

2. 第二步：平台搭建（2012~2015年）

（1）完善金融服务平台。

第一，建立具有清算功能的机构。清算公司又称清算所，是负责对期货交易所内进行的期货合同进行交割、对冲和结算的独立机构。清算所是随期货交易的发展以及标准化期货合同的出现而设立的清算结算结构，保障了期货交易能在期货交易所内顺利进行，因此成为期货市场运行机制的核心。全球证券市场、期货市场整合的趋势之一便是交易所和清算机构间日益增多的合并。国际上，有些清算所是交易所的一个重要部门（如芝加哥商业交易所 CME 和纽约商业交易所 NYMEX），有些清算所则是在组织机构、财务体系、运行制度等方面独立于交易所的机构（如芝加哥期货交易所 CBOT）。大部分的清算所都是各自独立的机构，但也有几个不同交易所共同使用一个清算机构的情况，如国际商品清算所（ICCH）负责清算大部分英国期货交易所，市场间清算公司（The Intermartet Clearing Corp）则替纽约期货交易所（NYFE）与费城交易所（PBOT）清算。

当前，中国交易所下设结算部作为承担期货结算职责的机构。参照国际清算公司的经验，在前海金融系统中，建立独立清算公司或金融机构的清算部门，推进前海要素交易市场期货交易的有序进行，同时逐步发展成为能够承担内地及国际期货交易所的清算业务。

第二，制定适合前海要素交易的期货交易规则。通过增强合约设计、主导交易规则，增强话语权。期货市场交易的是标准化合约，期货品种的创新以标准化合约为载体，期货品种创新必须通过成功的合约设计才能得以实现。品种创新的过程是选择创新商品（包括实物商品与金融产品）与合约设计的过程。所以，合约设计是制定交易活动的规则，通过增强合约设计实现主导交易规则。

期货合约条款的设计。按交易兴趣或交易目的，针对期货市场保值者和投机者两类参与者，进行设计，具体为：

对保值者的吸引，既要使期货合约的标的物尽可能与现货商品一致，同时期货合约的交割规则也要尽可能符合现货商品的流通习惯。

对投机者的吸引，拥有一定吸引力的期货市场流动性。

防止操纵。在合约设计中，是增加可参与交割的商品等级或交割地点，通过对与交割标准品相近的商品设置一定的质量升贴水，或对交割基准地以外的交割地点设置一定的地区升贴水来实现交割，从而增加可供交割实物量，以防止价格受到操纵。

应对未来的发展，积极适应国内和国际市场的变化，需尽早谋划、远近结合，做好适应中国期货市场对外开放的自我准备，以产品、业务的国际化为导向，在人员、系统、研究等方面尽早统筹规划；加强与国际同行的业务与信息交流，学习成熟市场先进的业务模式和成功的管理经验，拓宽国际视野；加强国际业务能力培训；做精做细现有品种，推进期货市场服务实体经济的深度；推进已上市期货品种合约规则改造；加快推进套保、套利、限仓、交割等交易制度改革的落实；加强对不同期货品种功能发挥的分类指导；加大对农产品期货品种的培育和宣传引导。

（2）完善基础设施建设。加快建设城市基础设施。完善的道路、交通、水电供应、仓储设施等基础设施为实物的交易、展示等活动提供便捷的硬件环境。对此，结合前海城市的建设，实现统一规划建设城市内大型社会公共设施，建成立体化的现代交通体系及公交同城化，形成供电系统一体化，建成高效的覆盖范围广泛的现代物流体系。

网络服务供应商。利用深圳已有的电子信息产业基础，继续发展和培育竞争力强的网络供应商和电子信息产品企业，建立大型动态数据网络平台与门户网站，实现信息资源共享，创建数字城市。

3. 第三步：能量聚集（2016～2018 年）

由于内地交易所是事业单位，内地未实现人民币自由兑换和资本账目仍被管制，内地交易所与国外交易所还不能通过合并方式进行运营，但中国作为全球第二大经济体蕴藏丰富的上市资源，国外交易所可通过多种方式大力拓展内地市场和融入内地，为了使中国交易所在国际市场拥有话语权，应积极应对，主动研究、决策，将前海要素交易市场建设成为国际化综合性的交易平台，不仅致力于为国内企业提供专业化市场服务，更注重加强国际交流合作，实现交易量的突破，增强在东南亚地区的影响力，为在国际市场争得影响力奠定基础。

加强与香港交易所的合作。港交所在人民币基金、B 股市场、中小板和创业板两地上市挂牌、债券市场合作、权证市场合作与学习、交易系统联网等进行深度合作，吸引更多的内地上市公司，实现香港与内地市场逐渐连通。

中国的要素交易市场尤其是期货交易市场与国际成熟市场相比，在专业能力、服务水平、影响力等方面仍有较大差距，期货市场在品种、业务等方面的创新需要市场各主体参与：（1）与其他交易所先结盟、合作，加强清算会员、结算银行、离岸人民币存管银行及境外期货相关业务的合作。（2）在技术支援、培训计划、跨境上市及交易以至编纂股价指数等方面的合作。（3）加强证券领域的信息交流，在与证券有关的监管事务上加强沟通。（4）促进交易所行业的专业人员之间业务经验和知识的交流。（5）积极参与为交易所行业的业务流程建立统一的标准，尤其在跨境革新领域。（6）加强监管机构间合作的关系，尤其为了便利交易所在整体监管框架下进行一线监管以及国际的共同承认，奠定相关要素交易市场的坚实基础。

未来，要逐步吸引世界著名交易所入驻前海，在内地市场和世界著名交易所之间建立起沟通和业务往来的桥梁。通过交流与合作，不同程度地吸引芝加哥商品交易所（CME）、芝加哥期货交易所（CBOT）、纽约商业交易所（NYMEX）、纽约商品交易所（COMEX）、伦敦国际石油交易所（IPE）、伦敦金属交易所（LME）、英国国际石油交易所（IPE）、欧洲期货交易所（EUREX）、泛欧交易所（Euronext）、新加坡交易所（SGX）、东京商品交易所（TOCOM）、伦敦证券交易所、东京谷物交易所（TGE）、东京国际金融期货交易所（TIFFE）、大阪证券交易所（OSE）等交易所在前海从事业务经营。

4. 第四步：全局统领（2018～2020 年）

经过前期的准备与发展，此时的前海要素市场应具有了统领全局的能力，具体包括两个方面：一个是就前海局部来看，前海的各要素市场平台已经建成，各要素市场之间密切联系，互相促进与合作，形成要素交易集群的集群；另一个是已经形成具有较强的竞争力的要素市场，这些要素市场在全球要素市场上起着风向标的作用，引领要素在全球的流动。

五、发展前海国际要素交易平台的保障措施

（一）政策措施

1. 国家政策支持和统筹协调

（1）完善适合前海要素市场发展的法律体系。《前海深港现代服务业合作区总体发展规划》提出，全国人大常委会授予深圳经济特区立法权。深圳根据授权在金融、专业服务等现代服务业领域率先进行了立法探索，积累了立法经验。前海可充分利用经济特区立法权，进行先行先试和制度创新，营造适合服务业开放发展的法律环境。打造社会主义法治建设示范区。严格依法管理区内的经济活动；在全国人大授予的经济特区立法权限范围内，制定促进前海现代服务业规范发展的法规；加强深港商事民间调解机制的合作；按照国家的法律法规，进一步健全有关法制工作机制。

（2）要素交易平台的全国布局及统筹安排。发展前海国际要素交易平台，要素市场的健康运行需要国家从宏观层面统筹安排，合理布局要素交易市场。北京、深圳、上海、重庆、天津、广州等中心城市，还有其他一些省区纷纷建立各类交易所，既有劳动、技术、资本、土地等传统的生产要素交易市场，也有新兴的奢侈品、碳排放等新型要素交易所。由于交易所交易内容雷同，市场秩序不规范等问题，所以，需要从全局角度，结合各城市发展潜力，形成交易所集群，明确不同经济区交易集群的功能定位、发展方向、开发时序、管制原则等，使各交易集群既分工明确又相互促进。

国务院在 2012 年 7 月 9 日发布的《“十二五”国家战略性新兴产业发展规划》中提出培育发展产业示范基地，强调要依托现有优势产业集聚区，充分利用现有资源，促进技术、人才、资金等要素向具有技术创新优势的企业和产业集聚，建设一批体制机制健全、市场活力大、产业链完善、辐射带动强、具有国际竞争力的战略性新兴产业示范基地，培育战略性新兴产业增长极。发挥创新资源密集、创新环境良好区域的比较优势，完善创新创业体系，推进先行先试，培育若干全国战略性新兴产业的策

源地。

前海应发挥本地行业、产业优势，结合《“十二五”国家战略性新兴产业发展规划》的要求，发挥先行先试的作用，将符合战略性新型产业的行业建设成为在国内外有影响力的行业。

2. 地方政府细致谋划和重点扶持

前海自身从战略高度打造前海国际要素市场。

高起点：立足新的历史起点进行规划，与国家总体战略目标相符合，与国家产业结构调整相结合。

大视野：立足世界要素市场发展大势，判断前海发展所处的阶段，科学规划要素交易市场。统筹各种要素，实现协同发展。

前瞻性：持续创新，不断构筑新优势。

可操作：充分考虑前海、泛珠三角地区和全国范围的产业发展、经济格局、市场需求等因素的影响，以及融入世界要素交易市场的举措，从空间布局、产业提升、产品开发、支持保障等诸方面落实规划的目标和战略，保证规划的可实施性。

（1）经验借鉴及合理创新。借鉴国内、国际要素交易所发展的经验；在利用市场的基础上，发挥政府的引导作用；明确交易所集群发展计划；鼓励和支持交易所建立技术学习系统和合作交流系统；拥有若干在国内外要素有影响的交易所。

进一步完善期权交易制度设计，加快推出期权试点，以适应市场对期货品种的需求，加快与国际期货业接轨的步伐，推进中国期货国际化的发展。加快新品种研究和上市步伐。不断推出新品种、满足市场不同时期的需求是期货市场持续发展的根本动力。农产品期货、能源期货、金融期货、股票期权、指数期权等以及各新产品和计划推出的新产品。

设立战略规划部门或国际事务部门，与国际期货界保持密切友好的沟通和联系，及时交换信息，借鉴先进技术，开发新的业务。

积极探索交易所管理新体制。借鉴世界各大交易所均向公司制转型的经验，探索交易所管理新体制，不断提高国际竞争力。

（2）要素交易依托产业和带动产业。依托前海重点发展的金融、现代物流、信息服务业、科技及专业服务四大服务业，为要素交易提供通畅的资金流、物流、信息流和其他服务，为其他行业发展奠定有竞争力的环境。通过打造交易平台引领产业集聚发展建设，园区带动产业集聚发展，强化服务措施促进产业集聚发展，进而带动高新技术产业、新兴产业、先进制造业和绿色产业发展。

（3）加强信息沟通，了解世界市场动向。与国际上著名交易所的交流、学习，举办国际期货研讨会、邀请专家演讲和期权顾问咨询，还可以聘请一些专家作为交易所外籍顾问，为交易所产品开发人员随时与国外专家进行业务交流创造条件。通过信息交流，跟踪市场变化，了解世界要素市场变化动向。

（4）要素市场协调发展并发挥引领作用。与泛珠三角区域内城市协调发展，根据泛珠三角区域各城市功能布局的要求，加快推进与泛珠三角区域内紧密合作。成立以党政主要领导为主的工作小组，形成联席会议制度。通过举行联席会议，就行业发展、信息交流、基础设施建设、社会公共服务合作等方面达成一体化协议，为加快区域一体化进程打下良好基础。

与国内其他城市协调发展。加快推进与国内其他城市的紧密合作，实现功能互补。

（5）完善加强前海金融要素市场的发展。加快金融业发展，推动以跨境人民币业务为重点的金融领域创新合作，稳步推进深港资本市场合作，大力推进保险创新发展试验区建设。通过营造良好的金融生态环境，吸引各类金融机构在前海集聚发展，增强金融辐射服务能力。形成金融产业集群为中心，实现跨境人民币业务、证券市场、保险市场发展的进一步突破，为前海各项经济活动提供充足的资金流，为全国资本市场发展提供支持。前海所具有的税收政策和金融政策优势是上海等其他城市不具备的，政策优势有助于通过前海实现人民币国际化，将来把外汇、港币贷款等业务放到前海来进行，同时把台湾的资本吸引到前海市场，最终实现中国大陆、台湾和香港的金融市场统一，建成大中华市场。

（6）促进要素集聚，建立交易所集群。重点发展总部经济，促进现代服务业集聚发展，把前海深港现代服务业合作区建成全国现代服务业的重要基地和具有强大辐射能力的生产性服务业中心。建立多个交易所集群，发挥规模经济优势，促进行业发展，进而吸引更多要素资源进入前海。实现前海对全球战略性资源、战略性产业和战略性通道的占有、使用、收益和再分配。

（7）建立国际水平的宜居城市。打造前海标志性新城区和标志性建筑，突出主题，做好城市设计，把前海合作区塑造成国际水平的宜居城市的典范。加强基础设施的建设，实现生态建设和环境保护、社会保障、治安管理，把前海建成优质生活城市。形成强大辐射性和渗透性的软控制力，比如价值观、文化文明、城市精神等。

（8）保障人才吸引机制。为华裔、港澳台、外籍人才在前海工作、就业、生活提供各种便利，实现产业聚才、政策引才、服务留才。

建立健全有利于现代服务业人才集聚的机制，研究制定各类吸引高层次、高技能服务业人才的配套措施，加强深港两地的信息交流和人才培训，积极探索两地从业人员的资格互认，营造良好、便利的工作和生活环境。加大对教育和培训的投入力度，充分发挥高等学校、职业院校和相关科研机构的作用，加强生产性、生活性服务业相关学科专业建设，加快形成与前海现代服务业集聚发展相适应的技能人才和创新人才培养体系，为前海现代服务业合作区建设提供人才支撑。

围绕产业发展战略，吸引海内外高端人才。解决安居住房、户口、配偶安置、子女入学等方面提供服务，确保人才（团队）尽快落户。

鼓励高等院校、科研机构和公共研发平台面向香港及海外招聘具有跨学科知识、跨行业经验和广阔视野的自住创新领军式人才，加大在课题启动经费资助和科研平台建设等方面的支持力度。建立海外高层次人才数据平台，为供需双方提供对接服务。

3. 加强与香港配合协调

深港两地已在基础设施、产业发展、环境保护、要素流动等方面相继签署了一系列合作文件，初步形成了前海深港合作的政策框架。

（1）加强产业配合。扩大两地服务业互补互通的平台。巩固香港已有的金融业、旅游业、贸易及物流业和专业服务四大支柱产业与前海金融、现代物流业、信息服务业和科技服务和其他专业服务四大行业深入交流与合作，在教育、医疗、检测和认证、环保、创新科技和文化及创意产业，发挥香港的产业优势，结合内地在相关行业的迅猛发展，双方探索实现合作方式。通过在对方互设综合服务中心，使两地承接全球服务转移和外包业务，抢占国际市场份额，共同进入国际服务业新一轮分工格局中。

（2）加强人才流动。围绕深港产业配合发展，加强双方在人才方面的交流合作。参照两地已有人才流动经验，结合前海自身特点，在加强人才流动方面应采取灵活方式。包括：

共享制。在人才服务形式上，在技术攻关合作、技术咨询、管理咨询、信息服务等方面，采取柔性的人才共享机制。

交流制。建立研究机构、大学、企业等社会团体之间有人员相互交流关系。

借调制。在企业、管理组织等机构内，根据人才优势互补，采用借调形式。

（3）保证信息畅通。通过多种方式加强深港交流合作，保证信息通畅。加强香港与前海信息基础设施建设，包括电信运营商、计算机网络公司的合作，提高信息传递速度。加强两地政府机构间的交流与合作，推动两地共同发展。鼓励加强企业间的合作交流，共同开拓国内外市场。

（二）组织保障

1. 成立常设机构

前海建设是一个庞大的系统工程，涉及生态环境、经济建设和社会发展的各个领域和部门，必须建立统一的组织领导系统，才能保障前海发展目标的落实和实现。

成立领导小组，统一组织领导前海建设。统一规划，统一管理，负责加强宣传、推介、招商引资。

2. 建立科学的管理机制

在部级领导会议的带领下负责协调各项建设工程项目实施过程中的领导和决策，具体负责协调和处理生态建设过程中出现的相关问题，并对各项目进行管理和监督。

必须坚持统筹谋划、科学分工原则。既要把前海融入深圳、广东及全国作为整体来考虑，又要明确前海定位分工，实现错位发展，形成合力。

要建立产业发展机制，统一规划建设重大基础设施，重大产业项目，统一加强管理和市场建设，协调解决区域一体化发展的重大事项。

3. 完善合理的考核和监管体系

将前海建设和发展任务的完成情况作为领导干部政绩考核的重要内容。把完成情况和建设成效作为政绩考核的重要内容，确保发展阶段目标和总体目标的顺利实现。

对前海发展情况进行动态监测，并及时汇总、上报，然后对实施情况进行动态分析评估，并根据社会经济发展变化情况对规划的内容进行调整或补充。

4. 规划管理和实施

规划主管部门规划确定各专项规划目标，实现各专项规划的落地。实现前海建设过程中涉及的专项规划与前海整体发展规划的衔接。

（三）完善要素交易平台建设的服务体系

1. 营造规范高效的政府服务环境

加强深港政府在公共服务领域的合作，共同推进前海服务业发展。加强深港在城市管理方面的交流与合作，提高城市管理的国际化水平。构建高效廉洁的服务型管理机构，减少和规范行政审批，在企业设立、经营许可、人才引进、产权登记等方面提供便捷高效的一站式服务。

2. 发挥信息技术的作用

利用前海四大支柱产业之一信息产业的优势，加快推进信息网络的建设，实现信息技术应用和要素交易的紧密结合，促进两者发展。

3. 建立有竞争力的财税环境

一方面，结合前海先行先试的优势，制定适合前海要素市场发展的税收政策，制定有竞争力的税率政策，增强企业主体的竞争力。另一方面，对前海重点发展的现代服务业，尽快落实“营改增”的相关政策措施。按照财政部 国家税务总局关于印发《营业税改征增值税试点方案》的通知（财税〔2011〕110 号），国家税务总局关于发布《营业税改征增值税试点地区适用增值税零税率应税服务免抵退税管理办法（暂行）》的公告（国家税务总局 2012 年 13 号公告）等一系列政策要求，探索在前海部分行业进行“营改增”试点。

4. 提供便捷的口岸服务环境

加强口岸合作，创新海关、检验检疫、边检等口岸部门监管合作模式，探索建立口岸监管结果共享机制。加快“电子口岸”建设，加快“大通关”进程，为人员、货物和车辆出入境创造更加便捷的通关服务环境。

5. 完善的社会保障环境

鼓励在教育、医疗、社会保障等方面，为境外人员到内地工作和生活提供便利。社会保险经办机构依法为在前海工作雇员提供优质、高效、便捷的社会保险管理服务。

（四）土地措施

1. 土地开发与产业引进相结合

（1）土地开发原则。合理整合利用土地资源，解决好新增土地供应和存量问题，既要摆脱土地财政，又不能大举收税，为深圳产业结构调整起到重要作用。以土地规划来引导产业升级，强化土地供应的产业选择，重点扶持城市支柱产业和主导产业的发展，通过用地控制逐步淘汰高能耗、高污染、低效益产业，优先安排低能耗、低污染、高效益的项目用地，推动城市产业升级。将重点保障城市市政基础设施和公共配套设置的用地供应，特别是民生基础设施，完善城市功能，提升城市发展环境，增强城市发展潜力。

（2）土地开发主体。组建前海开发公司，负责区内土地一级开发和基础设施建设。充分发挥市场机制的作用，吸引国内外现代服务业企业聚集前海。支持探索特定项目租赁开发、商业机构独资和合资合作开发等多种合作形式。

（3）产业布局。

商务中心片区。商务中心片区位于双界河以南、海滨大道以北，重点发展金融、信息、贸易、会计等现代服务业，吸引企业总部集聚发展，打造集中展示深港都会区形象的核心区。

保税港片区。保税港片区位于铲湾路以南，以前海湾保税港区为依托，重点发展现代物流、航运服务、供应链管理、创新金融等服务业。

综合发展片区。综合发展片区位于海滨大道以南、铲湾路以北，承接商务中心片区和保税港片区的功能拓展，实现与保税港片区、商务中心片区的协调发展，成为集聚性强、功能复合的综合型产业发展区。

滨海休闲带。滨海休闲带位于听海路以西的滨海地区，大力推进环前海湾滨海生活岸线建设，打造集生态性、景观性、文化性为一体的高品质滨海公共活动区。

2. 加强与国际一流城市运营商合作

加强与富有前瞻性的战略眼光和雄厚的综合实力的国际一流城市运营商合作。在政府的指导下，由城市运营商和市场将可动用的资源如城市土地、城市基础设施、城市生态环境、文物古迹和旅游资源等有形资产，以及依附于其上的名称、形象、知名度和城市特色文化等无形资产，通过对其使用权、经营权、冠名权等相关权益的市场运作，最大限度地盘活存量、引进增量，实现城市资源配置的最优化和效益的最大化，促进前海的自我积累和自我发展。

（五）人才措施

1. 完善人才市场建设

促进人才服务机构，如猎头公司在前海集聚，为海外归国人员、国内就业人员提供就业信息和就业平台，尤其是农民工，这是一个庞大的就业群体。通过为高端人才和农民工等各类劳动力资源提供相应平台，为珠三角地区经济发展提供人力资源支撑。

2. 境外职业资格认可

加强深港两地的专业信息交流和人才培训，积极探索两地从业人员的资格互认，探索境外职业资格认可的措施。

扩大银行、证券、保险、评估、会计、法律、教育、医疗、建筑、测量师、工程师等专业资格互认试点范围，降低港澳及海外专业人才进入前海专业服务业门槛。

3. 放宽居留认证条件，进一步简化相关手续

对在前海的港澳台人员和外籍人员，建立灵活的居留签证期限，简化相关手续。

凡是持有居留许可的外国人，有关外国人提供相应证明，可以在居留许可有效期内多次出入境，无需申请往返签证。

为部分外国人放宽签证期限或居留许可期限，有关外国人提供相应证明，可以申请到短期内多次入境签证，申请次数不限；对长住的外国人提供相应证明，可以申请获得更长年限的外国人居留许可。

将外国人签证的延期、加签、变更等申请种类统一调整为签证申请；居留证延期、加签等申请种类统一调整为居留许可申请。

调研报告四

深圳在粤港澳大湾区经济战略中的地位与作用（2015年）

“湾区经济”是世界经济版图的突出亮点。粤、港、澳比邻而居，三地形成了优势互补的跨境产业分工和发展模式，大湾区经济发展格局基本形成。本研究认为提出粤港澳大湾区经济战略并将打造世界一流粤港澳大湾区上升为国家战略是必要的、可行的。深圳在粤港澳大湾区的科技、金融、互联网经济、生命健康业、海洋经济等领域的发展中具有创新和引领作用。新的历史时期，应在将粤港澳大湾区上升为国家战略的同时，将深港一体化纳入其中，作为一个重要方面重点推进。深港一体化包括经济、交通、科技、金融、文化等方面的一体化。

本报告课题组长：郑新立。

课题组成员：陈永杰、焦庆杰、徐伟 、杨子健、刘森 、綦鲁明、刘斌 、郑樱、仲珏华。

一、全球大湾区经济发展的成功经验

“湾区经济”是当今世界经济版图的突出亮点，全球 60% 的经济总量集中在入海口。20 世纪 60 年代以来，滨海湾区建设浪潮高涨，湾区经济发展日趋成熟，许多城市借此实现了整合资源、提升发展的目的，如纽约、旧金山、东京、温哥华等。2014 年初，深圳市明确提出联合周边城市共同打造“粤港澳大湾区”战略。从粤港澳大湾区发展来看，它不仅是世界上最大的海港群，2014 年地区生产总值也已达到 1.3 万亿美元，是旧金山湾区的 2 倍，接近纽约湾区水平；进出口贸易额约 1.5 万亿美元，是东京湾区的 3 倍以上，已具备打造世界一流湾区的基础条件。但大湾区战略的有效实施，需要放在世界湾区经济的大格局下来思考，借鉴先进湾区城市的成功经验，把握湾区经济的发展趋势，以利于在更大范围、更高层次上参与国际合作。

（一）湾区概念及基本特征

1. 概念

湾区是指由一个海湾或者相连的若干海湾、港湾、邻近岛屿共同组成的区域，是滨海城市特有的一种城市空间，是海岸带的重要组成部分。“湾区”一词多用于描述围绕沿海口岸分布的众多海港和城镇所构成的港口群和城镇群，而衍生的经济效应称之为“湾区经济”①。湾区经济作为一种开放型区域经济的高级形态，在世界经济格局中占据了重要地位。

根据湾区所包围海面的大小，可将湾区空间划为四种尺度（见表 4－1）：

表 4－1　不同空间尺度的湾区

湾区空间	面积	特点	案例
小尺度	一般小于 5 平方千米，最大不超过 10 平方千米		
中等尺度	湾区海面面积宽度适中	两岸有水、陆路两种交通，通常是城市的一部分，或隶属于某行政区	胶州湾、大连湾、英吉利湾
大尺度	湾区海面面积较大	通常周围有多个城市一起构成一个城市群或者经济圈	渤海湾、东京湾、旧金山湾
超大尺度	面积超 100 万平方千米	通常包括很多国家，区域内可能包含很多小型和中型海湾	孟加拉湾、墨西哥湾

① 刘艳霞：《国内外湾区经济发展研究与启示》，载于《城市观察》，2014 年。

中国拥有世界上最长的海岸线。据初步统计，中国的海湾面积大于10平方千米的有150多个，面积大于5平方千米的有200多个（包括河口湾和潟湖），这些条件都为发展湾区经济奠定了良好基础。为适应全球经济发展趋势及需求，20世纪末，中国正式提出启动湾区建设。其中，珠三角地区作为中国最大最发达的三大经济区之一，在中国经济新的发展战略中，承载着协同港澳一体化向国际经济湾区发展的历史使命。

2. 基本特征

湾区经济是港口城市都市圈与湾区独特地理形态相结合聚变而成的一种独特的经济形态，也是港口经济、集聚经济和网络经济高度融合而成的一种独特的经济形态，兼具了开放性、集聚性、区域性等特点。

开放性。开放是湾区经济的活力源泉。湾区依托得天独厚的区位优势，率先接轨世界经济，在全球经济活动中最先吸纳外商直接投资、引进先进技术，成为国家或地区对外开放的门户，并在发展中形成了开放包容的移民文化。

创新性。创新是湾区经济的根本动力。湾区在对外开放中不断引入先进理念、经验和文化，汇集前沿信息和多元人才资源，形成利于创新的环境，催生出众多创新机构和成果，逐步成为具有国际影响力的创新中心，在不同发展阶段始终保持领先地位。

宜居性。宜居是湾区经济的魅力所在。湾区濒临大海，气候温和、风景秀丽，且交通便捷、贸易活跃、配套完善，具有良好的自然资源禀赋和人文生活环境，是最佳宜居区域。

集聚性。集聚是湾区经济的最直接效应。湾区一般具有现代化的交通体系、完善的基础设施、良好的投资环境，对资本和人才要素具有强大的吸附效应，吸引全球资源向湾区集聚，成为要素资源配置的核心节点。

区域性。区域性是湾区经济的客观要求。湾区经济需要宽阔的腹地作为支撑，同时又对腹地经济产生强大的辐射带动作用。湾区城市伴随港口功能的提升而不断发展，推动产业链向高端攀升，进一步增强自身影响力，在更大范围、更广领域带动区域协同发展。

影响性。大湾区是国家（地区）的区域经济增长极，往往以占比较小的土地和人口创造巨大的经济效益。温哥华港承担着加拿大与亚太地区国家90%的海上贸易①；鹿特丹港2005年货运量占全荷兰的78%②。大湾区也是一个国家（地区）的对外门户，在国际经济活动中相较其他城市往往扮演着更为重要的角色，欧洲90%以上国际

① 加拿大温哥华港务局北京代表处：《温哥华港：加拿大第一大天然良港》，载于《中国远洋航务》，2012年第9期。

② 陈勇：《从鹿特丹港的发展看世界港口发展的新趋势》，载于《国际城市规划》2007年第22期。

贸易和近 30% 区内贸易均借助海运①，鹿特丹港范围覆盖从法国到黑海、从北欧到意大利的欧洲各主要市场和工业区②。

（二）国际著名湾区发展概况及阶段

1. 发展概况

国外许多城市凭借有利的各种海湾资源条件，形成了极具辐射带动能力的成熟湾区，这些湾区发展都经历了相似的发展阶段，并可归纳为四类形态模式。

（1）主要湾区。

纽约湾区：世界金融的核心中枢及国际航运中心，陆地面积 21500 平方千米。2013 年 GDP 达 13797 亿美元。纽约作为其核心，是美国第一大港口城市、重要制造业中心，全球金融中心和商业中心；有 58 所大学，其中两所世界著名大学；是世界上就业密度最高的城市，也是公交系统最繁忙的城市。始建于 1979 年的纽约港自由贸易区，主要采取减税政策，就此提出了 22 条优惠政策来吸引企业。

旧金山湾区：指环绕美国西海岸旧金山海湾一带的地域，陆地面积 17400 平方千米。2012 年国民经济生产总值达 5940 亿美元。其成功要素主要包括：一是以知识为背景，拥有硅谷和 20 多个著名大学；二是拥有大量的风险投资、创业基金、财富管理机构，提供了厚实的资本基础；三是吸纳了一大批中小企业的参与；四是作为美国第五大城市群和高科技产业集中地区，拥有良好的自然、生态和文化、社会环境。

东京湾区：位于日本本州岛中部太平洋海岸，是优良的深水港湾，陆地面积 13600 平方千米。东京湾城市群是世界上经济最发达、城市化水平最高的城市群之一，环东京湾地区有东京、横滨、川崎、船桥、千叶 5 个大城市，经济总量占全国的 1/3。沿岸形成了六个首尾相连的马蹄形港口群，年吞吐量超过 5 亿吨，并构成了鲜明的职业分工体系。

（2）主要形态模式。

喇叭形态模式：这类湾区没有大型天然屏障，港口沿岸边布置，直接面向海域，岸线向内凹呈喇叭状，与内河相连，外宽内窄，如上海港和洛杉矶港。这种形态的优点是航船靠岸停泊便利，易于腹地对外经济联系；缺点则是缺乏屏障，需建立人工堤岸，如洛杉矶港。

围合形态模式：海岸呈环抱布局，形成面积巨大的海湾，内部海湾与外部海洋相

① 庄佩君，马仁锋，赵群：《欧洲港口海运产业集群发展模式》，载于《中国航海》，2013 年第 6 期。

② 陈勇：《从鹿特丹港的发展看世界港口发展的新趋势》，载于《国际城市规划》，2007 年第 22 期。

对隔离，又可分为半围合形态和全围合形态，东京湾、布宜诺斯艾利斯港、波斯湾属于前者，旧金山湾和温哥华港则属于后者。东京湾港口群地处日本本州岛南部海湾，是个掩护极好的袋状海湾，码头可沿圆形海岸布置，面积开阔，功能分区较容易，但需避免各码头相互干扰。

带状形态模式：湾区依托内河，沿内河呈枝杈状布局，一直延伸至市区，鹿特丹港及温哥华港皆为此类型。鹿特丹港位于荷兰西部北海沿岸，由市中心沿新水道一直伸延到河口，码头沿内河河岸布局，直接带动沿岸的产业发展，与市区中心相联系，形成联动产业轴带，但码头交通压力容易过大。

带状 + 围合形态模式：内河水道众多，兼有带状湾区和围合形态特征，如纽约湾。纽约湾位于美国东北部哈德逊河河口，共有两条主要航道，全港有 16 个主要港区，纽约市一侧 10 个、新泽西州一侧 6 个。这种类型湾区形态丰富，需根据不同地形特征布局不同产业码头。

2. 发展阶段

综合归纳起来，国际著名湾区的发展阶段可归纳为四个阶段：

（1）初期阶段。湾区的临海城镇凭借良好的区位优势，通过港口产生对外联系，出口物资主要为本地的优势资源产品，进口物资多为本地服务，临港出现一些简单的加工制造产业。航船行驶距离近，航线条数单一固定，腹地影响面积范围与临海城镇范围相当。鹿特丹因 1283 年修堤防开辟围垦地而得名，1328 年修筑堤坝形成渔业港镇；日本东京湾在明治维新之前的产业主要为渔业捕捞；纽约港在最初仅为移民进入北美的入口以及荷兰人的居住地。

（2）起步阶段。随着贸易的发展，航线条数增加，湾区承担较少的过境货运，通过内河及铁路、公路的联系，湾区腹地范围逐渐扩大，临港产业逐渐出现仓储、物流等产业，但规模仍然较小，港口城镇出现中心城市雏形。1570 年后，随着西欧海上运输和对外贸易的开辟，鹿特丹港成为英、法和德国间的过境运输港，在 17 世纪前逐渐形成商业码头；17 世纪下半叶，纽约在移民逐渐增加的情况下，凭借优越的地理优势发展成为区域的商业中心。

（3）快速发展阶段。工业革命后，随着海上贸易及航海、造船技术的发展，远洋贸易范围迅速扩大，港口城市的直接产业发展迅速，关联产业随之出现。铁路的出现和内河的挖掘使内陆交通联系便利，迅速扩大了港口城市的腹地范围，继续影响新出口货物的增加，形成乘数效应。世界著名大湾区的快速发展阶段多在工业革命至第二次世界大战期间。以鹿特丹港为例，工业革命的兴起使得铁、煤等资源运输需求大增，直接刺激了鹿特丹港的迅速发展，后相继挖掘了瓦尔港、博特莱克港、欧罗波特港，港区的经济腹地范围随之扩大。第二次世界大战后，鹿特丹港区不断向西延伸，以港口城市为中心城市、交通网络为发展轴线，中心城市通过交通轴线联系广阔腹地中众多核心城市的发展格局基本形成。

（4）稳定繁荣阶段。20 世纪后期，随着工业化、信息化以及经济全球化的进一步发展，港口中心城市的直接产业服务于整个腹地范围，主要包括炼油、石油化工、船舶制造、港口机械等。相关产业发展迅速，中心城市迅速发展成为贸易、商业金融中心。通过与港口的密切联系，大湾区腹地内的核心城市也成为服务于各自区域内的中心及次中心城市，逐渐形成规模庞大的城市群。20 世纪 70 年代，戈特曼提出的 6 大都市带皆为大湾区城市群，创新、科技、金融、服务等要素成为湾区经济发展的持续动力。

（三）国际湾区发展共性及经验启示

1. 国际湾区发展共性总结

（1）形成临港经济形态。世界著名港口及海港城市大都位于海湾河口区域，这里往往是经济高度聚集的重心地带，并形成了临港型经济形态。根据港口产业与港口的经济联系紧密程度，可以将港口产业分为直接产业和关联产业两大类①。直接产业是港口发展的初始动力，包括本地优势产业及海运、装卸、仓储物流等，最初依托本区域优势资源出口而发展，如鹿特丹港的渔业、波斯湾的石油业、纽约港的制造业以及旧金山湾的科技产业等。关联产业则是依托直接产业发展起来的金融、旅游、娱乐、咨询等第三产业。

大湾区早期发展中，凭借港口的良好区位条件，湾区腹地内的优势产业率先发展起来。直接产业通过内河等交通体系带动湾区周边地区经济发展，共同形成产业增长极。随后，产生服务于直接产业的关联产业，逐渐形成完整的港口产业链。至发展后期，关联产业比重逐渐超过直接产业，湾区由单一产业逐渐发展成综合功能的产业集群，对周边城市产生巨大影响。以鹿特丹港为例，随着港口不断拓展，形成了围绕港口的完善港区产业集群。其中，临港工业区的石化、船舶修造、港口机械等产值占全市产值 50% 以上；航运相关服务和配送中心集聚并高度专业化，75% 的美、日等国大企业的欧洲配送中心均位于鹿特丹市；港区及周围还分布着众多相关的船舶服务及金融、保险、信息等港口服务产业。

（2）具备相应的制度性条件。湾区经济活跃，发展变化迅速，需要因地制宜地制定和健全相关法律法规，创造更为宽松、活跃的经济氛围，使湾区发展更加合理有序。如日本早在 1951 年就制定了《港湾法》规范港口管理，取消了中央政府的直属港口，

① 赵鹏军，吕斌：《港口经济及其地域空间作用：对鹿特丹港的案例研究》，载于《人文地理》，2005 年第 5 期。

规定港口都由地方政府公共团体——港口管理机构管理，但加强了政府在总体规划当中的权利。《港湾法》规定由中央政府（运输省）制定全国港口发展五年计划，港口管理机构在计划范围内制定港口发展的年度预算和长远规划①。另一方面，理顺港区与城市间的关系，建立跨区域跨境协作机制对于湾区经济的发展同样意义重大。前者以温哥华港务局为例，在行政上代表联邦政府管理温哥华港的土地和水域，但独立于地方政府，拥有一定自治权利，通过《温哥华市与温哥华港关系章程》协调港务局与温哥华市间的关系。后者以地跨两国的北美五大湖区为代表，其崛起经验之一就是构建多层次、跨区域的社会协调机制，一是区域范围内，51 个城市于 2003 年共同成立了区域协调委员会，各市市长或其他负责人定期碰头，商讨通过采取统一行动解决一些跨区域的公共问题；二是在核心城市内部，芝加哥率先建立起“政府—市场—社会”的多边协作机制，其最突出标志就是在一系列重大决策事务上邀请民间组织的有效参与。这些都是粤港澳大湾区发展中可以借鉴、也有条件实施的成功经验。

2. 对粤港澳大湾区的启示

（1）提升港口—腹地联系便利性。湾区经济快速发展的一个重要条件就是港口中心城市同周围腹地联系的密切程度。依靠港口优势带动国际经济与贸易，并充分利用世界资源、先进技术、有序的区域分工等，迅速发展成为区域经济的核心力量，并借此不断地向周围区域进行扩散与辐射，带动周边城市发展，形成大规模的产业集聚与城市蔓延。在此基础上，市场机制有效调节区域内的资源配置，加强城市功能的互补性，加快生产要素的自由移动，推动区域经济发展。如鹿特丹港，受惠于西欧共同体下货币、贸易政策及基础设施一体化，与广阔腹地内其他中心、次中心城市联系方便密切；纽约湾经济形成与发展的最主要动力是其地缘优势的外向型经济基础，通过各种运输工具与高度工业化的广阔腹地相衔接，确保与内地和外国的联系畅通无阻。

粤港澳大湾区内，香港作为世界级港口，与其他地区的联系非常密切。但受制于历史和政策原因，与内地沟通相对较少。虽然近来这一问题逐渐得到缓解，如香港开通包括澳门在内的 8 个快船接驳口岸、3 条直达北上广的火车以及众多客车和点对点跨境轿车，但金融贸易政策、货币、交通系统等众多方面的不一致，仍是进一步融合发展的突破方向。

（2）加大创新研发及合作。科技创新研发是持续推动社会经济发展的强劲动力。分析国际成功湾区的发展路径，不难发现，升级与创新几乎是其共有的成功经验。最具代表性的旧金山湾区，汇聚了众多世界级研发及教育机构，高质量的教育、科研机构造就了大批高素质人才，密集的科技创新、创业环境则持续产生强大的吸引力。知

① 王建红：《日本东京湾港口群的主要港口职能分工及启示》，载于《中国港湾建设》，2008 年第 2 期。

识产业与国际贸易之间的关系是其经济持续发展的主要推动力，创造的全部专利（2010 年是 16364 件）和每百万企业专利数（2010 年是 2651 件），占全美专利最大份额（15.2%）（见表 4－2）。与之相比，粤港澳大湾区内科技研发与企业的联系仍然欠缺，科技转化产品能力不足。香港拥有香港大学、香港中文大学、香港科技大学等世界级大学，珠三角地区则存在众多劳动密集型中小企业，加强双方互动、增强科研能力、加大机构间合作是未来发展的重要路径之一。

表 4－2　旧金山湾区与同类型区域中湾区的获批专利对比

	2010 年专利总数（件）	每百万居民专利数（件）	占全美专利数百分比（%）	2008～2010 年间专利数年复合增长率（%）
旧金山湾区	16364	2651	15.2	19.2
奥斯丁	2449	1427	2.3	12.0
西雅图	4052	1178	3.8	24.3
圣地亚哥	2993	967	2.8	25.5
波士顿	4330	951	4.0	19.4
明尼阿波利斯	2827	852	2.6	18.5
洛杉矶	4992	389	4.6	17.9
纽约	6383	338	5.9	20.5

资料来源：美国专利商标局、美国人口统计局、湾区委员会经济研究所，麦肯锡咨询公司。

（3）坚持适应经济发展的制度创新。建设国际化大湾区除了科研创新，还不能忽视“制度创新”。旧金山湾区的核心力在于创新，但这种创新不仅是拥有大批的教育、科研机构，还在于有一套顺应市场经济发展的系统、规范又充满活力的制度体系，包括政府孵化、金融发展、利益诉求、知识产权保护等。政府应当充当环境创造者和培育者的角色，不断推进相关法律的制定与实施，努力取消发展壁垒，促成较为成熟的政府—市场—社会间关系。

历史形成的发展梯度与产业结构差异，虽然有利于粤港澳各成员间的合作共赢，但三地长期存在的政治制度、法律制度、经济体制、行政区划等差异，已经形成一定障碍，制约了区域协作的持续发展。打造粤港澳大湾区需要在珠三角地区甚至更大区域的新的地理空间中着力构建全方位、多层次的开放新格局，进一步建立与国际接轨，更加公平、开放、透明的规则体系，并不断完善—创新—再完善相关制度建设。

（4）形成区域性中心城市。大湾区经济区域内一般都存在一个或两个具有强大辐射带动能力的区域性中心城市，其形成与发展过程中，各要素在中心城市的集聚与扩散是最基本的前提。在初期，区域范围内的人流、物流、资金流和信息流等迅速向中心城市集聚，中心城市的极化效应明显；随着进一步发展与产业结构的调整，中心城市原有产业向外扩散，与生产、生活配套的现代服务业则逐步向中心城市集聚，中心城市的总部经济效益不断增强。

二、粤港澳大湾区经济发展格局基本形成

粤、港、澳三地比邻而居，特殊的亲缘、地缘关系构成了独有的岭南文化圈。三地合作经历了从分散到整合、从简单的生产要素互补到结构性合作、从垂直分工到水平分工、从劳动密集型向资本密集型的转变过程，合作领域从贸易投资逐步向金融、信息和知识产权等服务领域延伸，粤港澳区域日趋紧密地连成一体，大湾区经济发展格局基本形成。在有效促进广东经济发展、带动辐射全国的同时，也为保持港、澳长期繁荣稳定做出了重要贡献，两地与珠三角地区形成了优势互补的跨境产业分工和发展模式。随着《珠江三角洲改革发展规划纲要》的实施和中国加快推动全面深化改革，粤港澳合作领域、层次和战略目标将更加深入，区域经济合作格局也将随之持续创新，不断发展。

（一）粤港澳大湾区经济发展历程

粤港澳大湾区是中国最有条件成为全球城市区域的地区之一，它以环珠江口区域为核心，范围包括香港、澳门和广东全境，面积约 18 万平方千米。到近代为止，除一段短时期外，港、澳一直为广东下属行政区，三地作为一个统一的区域综合体而存在。

1. 新中国成立前，香港依托广东崛起

1842 年鸦片战争前，粤港澳三地长期处于共同发展的局面。明代特别是明中叶以后，商品经济空前发展，广东沿海地区逐渐发展成为与江南地带并驾齐驱的全国最发达地区之一。鸦片战争后，三地变为不同国家管治的三个中国地区，相互经济关系出现了较大变化。1852 年以后，中国第一中转国际贸易中心的位置由港湾深处的广州短距离移至巨型新式港市——香港。香港取代了澳门在广东对外贸易中的曾经地位，成为近代广东、全国乃至整个远东地区最大的通商口岸之一。1894 年，香港仅与中国内地的贸易总额就达 13321. 79 万海关两①，广州对外贸易进出口总额仅为香港的 22%②。

从区域经济角度看，尽管香港经济具有国际化特色，但其市场辐射作用的发挥始终遵循以珠三角为核心的广东经济发展的区域规律，紧紧依托以广东为主的国内地区，并且随着它国际地位的日益提升，这种依托关系变得更为密切。

---

① 参见《民国七年通商海关华洋贸易全年总册》下卷，1919 年版，第 1224 页有关统计表。

② 杨端六，侯厚培：《六十五年来中国国际贸易统计》，第 15 表；陈华新：《近代广东对外贸易史料》，《广东文史资料》第 70 辑，广东人民出版社，1993 年版。

2. 新中国成立后至改革开放前，三地各自发展

新中国成立初期，港澳与内地的贸易一度有较大进展，但随后东西方冷战，粤港澳间关系陷于空前低潮，港澳与内地贸易以及广东对外贸易均出现大幅下降。直到 20 世纪 60 年代末以后，内地与港澳贸易才开始稳定发展，内地与港澳的进出口贸易均通过广东进行，内地出口商品中也大部分来自广东。在此期间，香港在国际市场的角色发生了转变——由远东重要的转口港变为一部分轻工业品的出口中心，香港从此进入新兴工业化地区行列。

3. 改革开放至 2000 年，香港带动发展阶段

十一届三中全会做出实行改革开放的伟大抉择。港澳成为中国内地引进资金、技术和管理经验的重要来源。特别是港澳走向回归的历史阶段，三地经济互相渗透，以香港带动发展为主要特征。改革开放以来，大批香港制造业内迁至珠三角地区，至 1996 年有约 80% 的香港工厂或生产线转移，香港在粤所设企业达 66000 多家，造就了长达 20 余年的 GDP 年均增幅 13.6% 的经济奇迹，也为香港自身的产业结构升级提供了契机。三地经济合作发展出相对固定的模式：港澳在粤投资以工业领域为主，国外出市场，珠三角出土地，内地出劳动力，在此基础上形成以港澳为购销、管理、指挥中心，以广东为加工制造基地的产业一体化的跨地域分工格局，即“前店后厂”模式。

粤港澳三地投资关系的飞速发展不仅带来了商品、资本、人员和信息的流动以及生产要素在区域内的优化配置；也加强了三地金融的联系与合作，一方面为广东省吸引了大量的港澳资本，另一方面也为三地大规模的商品和贸易活动提供了结算和融资服务，反过来又促进了三地投资、贸易关系的进一步发展。改革开放以来，广东经济的快速发展在很大程度上依赖于与港澳尤其是香港经济的密切联系和交流；与广东保持密切的经济联系也是港澳经济维持繁荣发展的重要条件。“前店后厂”式生产贸易体系的形成，开启了港澳和珠三角地区区域经济的整合过程。港、澳回归后，三地从三个不同国家管治下的对外关系变为在中央政府统一领导下的三个不同体制地区的国内关系。

4. 2000 年至今，相互融合共同发展阶段

21 世纪以来，外部环境的变化对粤港澳三地关系的演进产生了催化作用。一方面，中国加入 WTO 后，为港澳发展经济合作提供便利的同时，也对其角色与定位提出了新的要求；另一方面，经济全球化、区域一体化已成为世界经济发展的主要趋势，长三角城市群崛起，西部大开发加速启动，区域经济群雄并起对港澳乃至整个珠三角都构成了挑战。2005 年《中国—东盟全面经济合作框架协议货物贸易协议》的签署，则意味着将要面对来自新加坡等东盟列国对内地市场的争夺。

三地更因此感受到加强合作的必要性与紧迫性，彼此间的合作由民间自发形式为主发展到由政府机构、半官方机构和民间机构结合的多领域、多层次、多渠道、多形

式的协调合作。三地长期形成的兴衰与共的格局正加快向全面经济融合发展。2003 年 CEPA 及随后陆续签署的四个补充协议就是这种融合的重要载体。广东省工商局统计显示，2007 年全省新登记港资企业 5944 户、投资总额 156.27 亿美元、注册资本 103.22 亿美元、港方认缴额 89.53 亿美元，同比分别增长 28.21%、19.06%、29.90%、24.73%；截至 2007 年年底，实有港资企业、投资总额、注册资本分别占广东全部外商投资企业的 64.77%、56.14% 和 57.44%。CEPA 虽非针对粤港澳制定，但实质上为三地更高级合作奠定了基础。2003 年粤港合作第六次联席会议提出共同推进"大珠三角"经济合作，形成新型的"前店后厂"关系。广东与港澳地区进行了广泛而富成效的经济一体化合作，三地在大型跨境基建、经贸合作等方面加深了纵深合作。

这一过程中，广东通过探索科技与经济密切结合的新路子，产业结构不断优化升级，更进一步促进了港澳经济的发展。2008 年，粤港澳地区生产总值达 7511.88 亿美元，占全国的 17.34%；商品进出口总额 14369.14 亿美元，占全国的 56.06%。广东对港澳进出口总额达 1421.89 亿美元，占全省对外贸易总额的 20.8%；其中出口 1357.94 亿美元，占全省出口总额的 33.6%①。2008 年《珠江三角洲改革发展规划纲要》的出台，以及《横琴总体发展规划》《粤港合作框架协议》《深圳前海发展规划》先后获批实施，标志着粤港澳区域合作由区域战略上升到国家战略高度，为粤港澳区域合作创新提供了政策保障。2012 年粤港澳大湾区 GDP 总量已达 10659.5 亿美元，仅次于大东京都会区和大纽约都会区，位列全球第三大都会区。其中，广东 GDP 总量连续 25 年居全国第一，2013 年更突破 1 万亿美元，占全国总量的 11%。②

表 4-3　1997～2012 年广东省主要指标情况

时间	GDP（亿元）	外商直接投资额（万美元）	一般预算收入（亿元）	第二产业生产总值（亿元）	人均 GDP（元）
1997 年	7315.51	1171083	543.95	3647.82	10428
1998 年	7919.12	1201994	640.75	3991.97	11142.7
1999 年	8464.31	1165750	766.19	4264.32	11728
2000 年	9662.23	1128091	910.56	4868.75	12885
2001 年	10647.71	1193203	1160.51	5341.61	13729.93
2002 年	11769.73	1133400	1201.61	5935.63	15030
2003 年	13625.87	782294	1315.52	7307.08	17213
2004 年	16039.46	1001158	1418.51	8890.29	19707
2005 年	22366.54	1236400	1807.2	11339.93	24435.02

① 参见"广东对外贸易发展情况综述"，广东省统计局信息网。

② 封小云：《粤港澳经济合作走势的现实思考》，载于《港澳研究》，2014 年第 2 期。

续表

时间	GDP（亿元）	外商直接投资额（万美元）	一般预算收入（亿元）	第二产业生产总值（亿元）	人均 GDP（元）
2006 年	26587.76	1451065	2179.46	13431.82	28534
2007 年	31777.01	1712603	2785.8	15939.1	33272
2008 年	36796.71	1916703	3310.32	18402.64	37638
2009 年	39482.56	1953460	3649.81	19419.7	39436
2010 年	46013.06	2026100	4517.04	23014.53	44736
2011 年	52673.6	2179800	5513.7	26205.3	50295
2012 年	57067.92	2354900	6228.2	27825.3	54095

（二）粤港澳大湾区的地位及影响力

1. 在全国湾区中的地位

（1）全国重点湾区概况。

环渤海湾区：包括京津冀地区、辽东半岛和山东半岛三部分。港城一体化发展的内在动力源于港口、城市和产业结构的相互驱动，其港城互动过程正是港口群、城市群和产业群三者间螺旋状的上升驱动过程。环渤海地区形成了中国重要的工业密集区和大型城市群，但区域规划发展起步较晚，相对于珠三角和长三角明显落后。随着天津滨海新区的开发以及京津冀一体化战略的提出，环渤海湾经济圈开始提速发展，也显示出该地区沿海港口群在发展区域经济中的重要作用。

环长江口湾区：主要指长三角城市群，彼此地域毗邻、经济相连、文化相融，具有区域联动发展的历史渊源和厚实基础，区域内城市在产业上有很大的互补和合作空间。有研究指出，长三角城市群经济联系仍是围绕上海为中心的空间辐射圈层，周边的杭州、苏州、宁波、无锡城市组团联系不断加强，且城市国际化异军突起，中小城市国际化充分彰显①。相较国内其他城市群，产业上基本形成了竞合局面，产业群体发展成为长三角加快产业结构升级和提升产业竞争力的最有效手段。

（2）粤港澳大湾区在全国的发展情况。

综合经济实力雄厚。粤港澳大湾区工业发展起步早，是中国经济实力雄厚的都市带之一。2013 年经济总量达 8.2 万亿元，约占全国的 14.5%。珠三角地区的一个重要定位是探索科学发展模式的试验区和深化改革先行区，可以说是中国最富经济活力的地区。此外，香港服务业的国际地位是国内任何城市都不可比拟的，目前跨国公司在

① 张旭亮，宁越敏：《长三角城市群城市经济联系及国际化空间发展战略》，载于《经济地理》，2011 年第 3 期。

香港设立亚洲或亚太总部的数目是上海的10倍以上。港澳尤其是香港的人口密度、人均GDP水平及经济密度远高于国内其他城市和地区，其经济密度是广州的12倍多、深圳的3倍左右。

城市化水平居于前列。城市化率是城市化发展水平的一个重要标识。香港、澳门的城市化水平均已达到100%。2013年，广东城镇化率为67.76%，高出全国平均水平14.03个百分点，仅落后于上海、北京、天津三个直辖市，居全国第4位，高于江苏、浙江等沿海省份。其中，城镇化率最高的珠三角地区达83.8%，处于高度发达阶段。从数据上看，珠三角城市化水平高于长三角地区，但有多项研究指出，长三角地区城市化综合质量要优于珠三角。

经济外向度水平最高。粤港澳大湾区中，香港是世界著名的自由港，国际联系广阔，是国际金融中心、国际贸易中心、国际航运中心和国际旅游中心等。澳门同样也是国际自由港，在贸易方面多以对外贸易为主。改革开放以来，港澳对内地特别是对珠三角地区的经济辐射发挥了积极作用。截至2010年年底，大湾区集聚了6个国家级高新园区、2个国家软件园、12个863基地、1个国家级大学科技园、30多所有研究生培养资格的高校和科研单位等，高新技术产业群快速集聚。随着第三条亚欧大陆桥开通，粤港澳大湾区的地位将更加重要。2012年珠三角城市群出口总额占GDP比为63.37%，高于长三角和京津冀的60.44%和15.12%。相较于香港近年外向度超过300%（2012年高达397.9%）的情况，广东经济外向度尚处于相对平稳状况。1992年，广东外向度达148.1%，超过当时的韩国和中国台湾，但低于以转口贸易为主的中国香港和新加坡。随着国内市场的不断开拓，2012年下滑到108.8%，趋近韩国、中国台湾（见表4－4）。

表4－4　　广东经济外向度对比情况　　单位：%

地区	1992年	2002年	2007年	2008年	2009年	2010年	2011年	2012年
广东	148.1	135.5	151.7	129.0	105.7	115.5	110.9	108.8
韩国	48.0	54.6	69.4	92.0	82.3	87.9	96.9	94.5
新加坡	276.6	266.7	333.4	367.7	265.6	305.1	316.4	286.9
中国香港	236.8	246.4	340.0	348.1	318.5	368.2	388.6	397.9
中国台湾	70.1	82.5	118.5	124.0	100.1	122.8	127.1	120.6

2. 在国际经济中的地位

（1）国际地位。随着经济全球化的深入发展，互联网和信息技术日益普及，新一轮产业和技术转移浪潮不可避免。粤港澳地区经多年发展，承接转移的市场空间、产业基础和技术条件进一步成熟，能够巩固和发展“世界制造业中心”的地位。2008年，粤港澳三地生产总值以单一经济体计算，在亚洲紧追日本、印度和韩国之后排第4位；世界大都市圈之内，仅在纽约、东京大都市圈之后排第3位。粤港澳大湾区

GDP由1980年的350亿美元增至2013年的1.3万亿美元，占全球经济总量的比重也由0.3%增至1.75%，在世界主要湾区中的地位和影响力不断提升。

（2）国际作用。港、澳及广、深、珠五大机场间直线距离不超过150千米，在世界范围内也属罕见，有“全球最密机场群”之称，随着区域内加快基础设施一体化建设，充足的市场资源将增强大珠三角地区机场群的整体竞争力。同时，香港具备发展跨国公司发展总部经济的绝对优势。优越的地理位置、专业服务支撑、低税率和完善的法律制度、良好的金融环境等，使香港成为众多跨国公司设立亚太总部的首选。2011年，跨国公司驻香港总部数和跨国公司驻港办事处数分别达1340家和2412家，远高于上海等内地城市水平。澳门与海外市场，尤其是与欧盟和葡语地区关系密切，并享受欧盟和美国市场给予的关税和配额优惠，澳台直航后又有与台商联系方便的优势。作为自由港与国际性城市，港澳也是欧美资本投资中国的中转站，国际人才进入自由，在培养国际竞争人才以及开发利用人才资源方面有着丰富的经验。

（三）粤港澳大湾区格局的基本特征

1. 较为成熟的市场特征

粤港澳是中国经济最为活跃、外向型经济和市场化程度最高、竞争力最强的地区，也是发展极为迅速、财富最为集中的地区之一。三地的经济结构和市场发展整体水平较高，市场化内驱力较强，同时又各具发展特色。

广东是中国经济总量最大和发展最快的省，1979～2007年GDP年均增长率13.1%，增速居全国第1位；GDP总量在全国的位次从1978年的第5位上升至1989年的第1位，并保持至今。2012年，全省GDP达57067.92亿元，在全世界一级行政区中的排名上升至第5位，仅次于英格兰、加利福尼亚州、德克萨斯州、纽约州和东京都。在内部，珠三角城市群已形成广、深双中心的空间格局，在人口吸引力和经济发展水平方面，广州仍是珠三角地区职能强度最高的城市；在经济外向度方面，深圳则更为突出，已成为珠三角及周边区域具有核心影响力的枢纽城市（见表4-5、图4-1）。

表4-5　珠三角城市经济联系隶属度

	深圳	广州	东莞	佛山	惠州
东莞	42.06	57.94			
佛山	17.39	82.61			
惠州	57.92	42.08			
珠海	24.81	34.44	16.75	18.31	5.69
江门	20.42	37.21	13.69	24.01	4.68
中山	22.18	36.95	15.6	20.38	4.9
肇庆	16.66	43.24	13.05	22.59	4.46

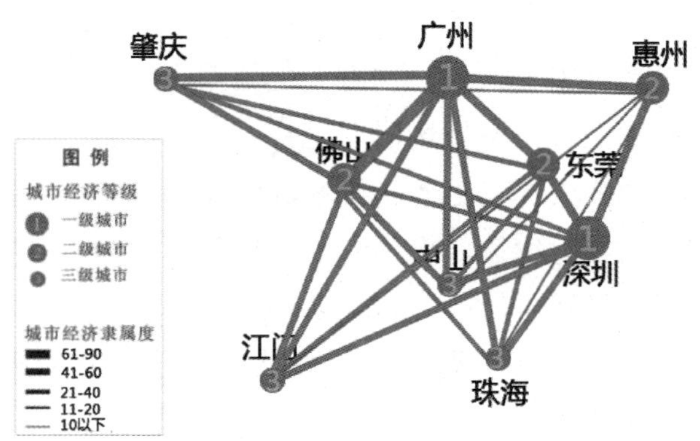

图 4－1　珠三角城市经济等级和隶属度结构图

香港经济属于高度依赖国际贸易的自由市场经济系统，是国际商业、贸易及金融枢纽，服务业占 GDP 比重在 90% 以上，主导程度极高。2014 年，香港连续 20 年被评为全球最自由经济体，在经济自由度指数中排名第一。香港已发展成为内地与国际的桥梁，拥有多项营商优势，包括邻近内地和亚洲市场，法制健全，低税率和简易税制，资金、信息和人力自由流通等（见图 4－2）。

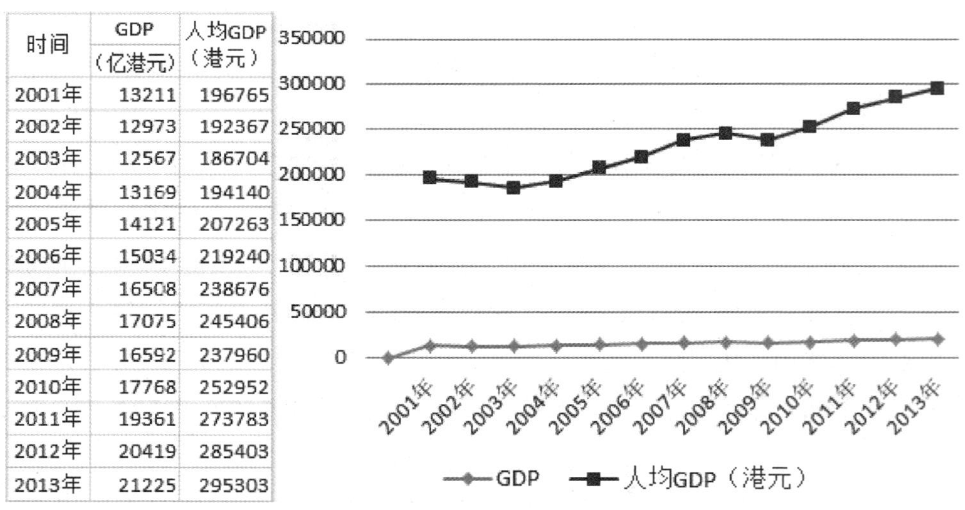

时间	GDP（亿港元）	人均GDP（港元）
2001年	13211	196765
2002年	12973	192367
2003年	12567	186704
2004年	13169	194140
2005年	14121	207263
2006年	15034	219240
2007年	16508	238676
2008年	17075	245406
2009年	16592	237960
2010年	17768	252952
2011年	19361	273783
2012年	20419	285403
2013年	21225	295303

图 4－2　2001～2013 年香港 GDP、人均 GDP

澳门特区成立后，便定位为以博彩旅游业为龙头发展的城市。作为独立关税区和自由港，虽然经济和贸易规模较小，却具有广泛的国际联系和畅通的贸易渠道，是大陆与欧盟进行经贸合作的重要桥梁。服务业是澳门的经济命脉，旅游博彩业则是重要支柱。2012 年，澳门人均地区生产总值达 463785 元，名列世界第二、亚洲第一，仅次于卢森堡，成为亚洲首富（见图 4－3）。

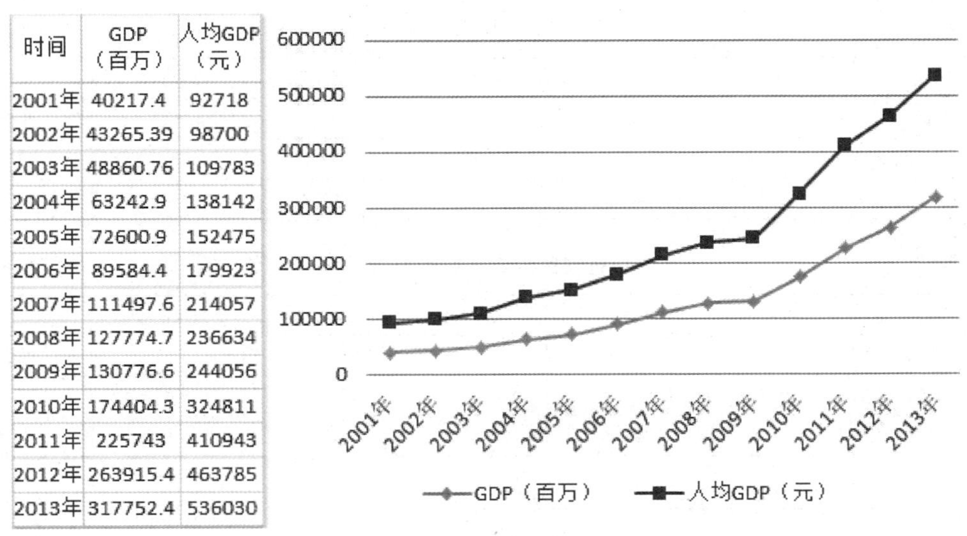

时间	GDP（百万）	人均GDP（元）
2001年	40217.4	92718
2002年	43265.39	98700
2003年	48860.76	109783
2004年	63242.9	138142
2005年	72600.9	152475
2006年	89584.4	179923
2007年	111497.6	214057
2008年	127774.7	236634
2009年	130776.6	244056
2010年	174404.3	324811
2011年	225743	410943
2012年	263915.4	463785
2013年	317752.4	536030

图 4－3　2001～2013 年澳门 GDP、人均 GDP

改革开放 30 多年的全方位紧密合作，为三地构建共同市场打下了坚实基础。尤其从 20 世纪 80 年代开始，随着制造业向以珠三角为主的内地市场的转移，香港开始向国际金融、贸易和商贸服务中心转型，澳门则成为以旅游博彩业为主导的经济体系。港澳作为市场经济制度更为成熟的经济体，在自由市场经济体制、资金、国际市场等方面还将发挥更加积极的作用。

2. 具有明显的行政区划特征

粤港澳大湾区是中国区域合作实践中的一个特殊区域。它是中国内地一个省份和两个特别行政区之间的合作，且三地隶属两种不同的社会制度。粤港澳经济一体化既不同于一般意义上的单个行政区或合作区，也不同于主权国家之间的合作区域或内地各省（市）、自治区之间的合作区域，不仅涉及“行政区划和利益主体不变、中央和地方职责分工”等问题，更涉及“一国两制”的关键性问题。三地深层次合作已势不可挡，但随之而来的行政区划与经济区划的矛盾、生产要素跨区域流动不畅等制约因素也日益凸显，迫切需要消除跨行政区域制度及区划藩篱产生的消极影响，促进生产要素的自由往来，协调三地创新发展战略，加快形成跨行政区划的整体区域。

3. 表现出特有的转型期特征

（1）产业转型。改革开放以来，广东经济发展表现出三大特征：一是经济外向度高，对外需依赖性强；二是传统产业比重大，低端制造环节比重高；三是省内区域经济发展不平衡。经过多年快速发展，珠三角地区的劳动力、资源、环境等要素制约日益突出。广东着手探索以产业转移促进产业转型升级的发展新路，形成了各具特色的转型升级模式。现正处于提升优势传统产业竞争力，加快转变经济发展方式的关键时期（见表 4－6、表 4－7）。

表 4-6　广东省国民经济三次产业比重　单位：%

产业	2008 年	2009 年	2010 年	2011 年	2012 年	2013 年
第一产业	5.4	5.1	5.0	5.0	5.0	4.9
第二产业	50.3	49.2	50.0	49.7	48.8	47.3
第三产业	44.3	45.7	45.0	45.3	46.2	47.8

表 4-7　广东省国民经济三次产业贡献率　单位：%

产业	2008 年	2009 年	2010 年	2011 年	2012 年	2013 年
第一产业	1.9	2.5	1.7	2.1	2.2	1.3
第二产业	58.0	50.1	62.0	52.7	47.1	45.4
第三产业	40.1	47.4	36.3	45.2	50.7	53.3

香港的产业结构变动经历过几个阶段：一是20世纪50年代开始由转口贸易为主向轻工制造业为主转变，服务业比重从1950年的63.8%降至1965年的46.8%。二是70年代后期迅速崛起为亚太区国际金融中心，产业结构从“工业化”转向“经济服务化”。1980年服务业占GDP比重为68.3%，1997年达85.9%，现已超过93%①。从数据来看，制造业转移在某种程度上造成了本地“产业空心化”现象，而香港未及时形成更替产业进行补位，导致整体制造业国际竞争力下降，服务业功能升级出现滞后。金融危机后，香港经济发展陷入僵局，第三次转型被提上日程。香港不断加强与内地尤其是珠三角地区的合作，加紧推进多元经济发展，为升级转型持续注入新动力（见图4-4）。

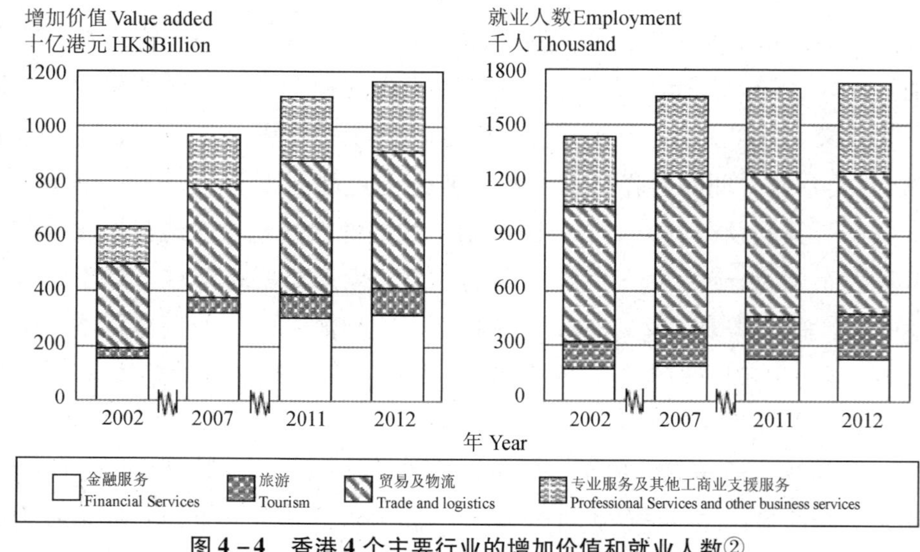

图 4-4　香港4个主要行业的增加价值和就业人数②

① 郭国灿：《关于回归十年香港经济的若干问题》，2007中国经济特区论坛：香港回归10周年学术研讨会会议论文，2007年。

② 《香港经济的4个主要行业及其他选定行业》，载于《香港统计月刊》，2014。

澳门是典型的外向型微型经济体系，对外部经济环境具有极强的依附性。自CEPA签署以来，澳门经济快速发展，1999～2013年，人均GDP由1.5万美元增至8.7万美元，年均增幅达16.2%，成为亚洲经济发展最迅速地区之一，目前人均GDP排名为亚洲第2、世界第4。但博彩业对地区生产总值的贡献经高达八成（2012年、2013年分别为88.9%、79.81%），经济结构单一的问题凸显，使得澳门同区域内其他城市的产业关联度较低。《珠江三角洲地区改革发展规划纲要（2008～2020）》明确提出澳门的发展定位为世界休闲度假中心，2012年澳门政府施政报告则进一步加以明确。澳门开始以横琴岛作为珠澳整合的契机，积极推动产业转型（见图4－5）。

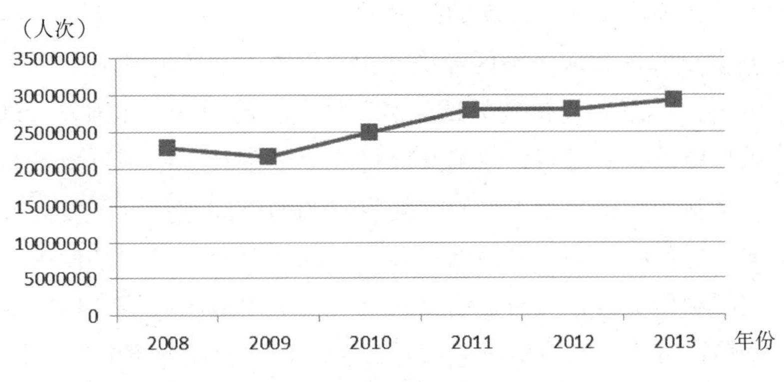

图4－5　澳门入境旅游人数统计①

（2）制度转型。改革开放以来，粤港澳跨行政区域之间逐渐形成多种制度性合作平台。广东政府在中央支持下制定了若干有关经贸合作的政策措施，但港澳政府制度主动性不足，合作更多体现在民间层面。区域合作制度的转变动力源自市场驱动和微观主体的利益诉求，改革主体来自市场（企业），是自下而上的推进方向。

随着改革的深入，三地政府日益感受到发展压力，开始主动地、强制性地建立和完善相关制度，以加快突破跨区域合作障碍。这种制度转型以政府为主体，是自上而下的推进方向。其中，既有中央政府主导的强制性转型，也有地方政府主导的强制性转型。前者以CEPA为标志，中国内地市场进入全面开放时期，为抢占先机，粤港合作提高到政府操作层面；后者则以粤港、粤澳间的联席会议制度，粤港、粤澳《合作框架协议》为标志。2011年《粤澳合作框架协议》签署，明确了完善合作机制建设等保障机制安排。粤港澳合作由此迈入一个新的时期。

① 数据来源：澳门政府网。

（四）粤港澳大湾区发展的挑战与机遇

1. 面临的机遇

（1）“一带一路”有助提升大湾区的国际地位。粤港澳大湾区作为“21 世纪海上丝绸之路”的重要门户，将与世界主要沿海港口城市加紧联系，经济腹地会覆盖全球，前沿性市场制度环境、创新环境会变得更加完善，将有机会在世界范围内形成重要集聚中心，成为全球的金融中心、文化中心和创新中心之一，在引领全球产业发展中占有一席之地。大湾区的人口、资本、资源、技术、信息的配置能力也将大幅度增强，文化更加多元，经济发展进入新的阶段。

（2）广东自贸试验区将成大湾区经济增长新引擎。2015 年 4 月，国务院印发《国务院关于印发中国（广东）自由贸易试验区总体方案的通知》（国发〔2015〕18 号）发布，赋予广东自贸试验区要当好改革开放排头兵的重任。广东自贸试验区将成为粤港澳大湾区的经济新增长极，为未来发展提供广阔的空间支持。可以充分发挥港澳在国际经济中的突出地位和优势，推动更多高端资源向自贸区集中，使香港高端服务业的发展获得新空间和新平台，从而带动珠三角乃至华南地区经济结构的战略性调整和经济质量的战略性提升。广东自贸试验区将成为大湾区经济增长的新引擎，促进产业升级与整合，成为东南亚地区最重要的金融区之一。

2. 潜在的挑战

（1）香港地位及其再认识。粤港澳大湾区经济发展所面临的更为重要的问题，是对香港在湾区经济中的地位及定位的再认识。

改革开放前期，香港在不同时期为国家发展做出了不同贡献。进入 21 世纪，湾区经济进入全面融合发展新阶段，城市协作更多转为政府主动推动，香港同时面临着国家快速发展带来的巨大机遇和传统优势削弱的严峻挑战。国内、国际形势变化错综复杂，大珠三角地区的利益格局开始改变，原有的互补性结构逐步转向替代性结构，各方的利益诉求出现分化，过去的竞合关系变得竞争多于合作，严重威胁着未来的合作与发展。这种变化出现的原因是多方面的：一是区域内经济差距急剧缩小。2000 年香港经济总量占整个大珠三角地区的 60%，到 2012 年仅占 25%。受亚洲金融危机和珠三角地区产业持续升级影响，“香港因素”逐渐弱化，香港优势正变为对内在经济体的依赖状态。二是随着中国经济进入战略转型阶段，从中国制造转向中国市场，内销市场开始成为大珠三角地区的新市场需求和发展动力，对外向依赖性高的香港提出了市场转换挑战。

虽然京津冀一体化、上海自贸区得到更多的政策倾斜和关注。但必须看到，内地城市在法律环境、制度优势、经济体制、科技水平等方面与香港仍有明显差距。首先，香港的法律制度与国际无缝对接，其司法环境和制度体制对产业发展的强大推力是内地城市目前难以企及的；其次，香港早已是全世界公认的自由贸易经济区，相较新兴的内地自贸试验区，香港经验更丰富、发展更稳定、国际认可度更高；同时，香港拥有 3 所 QS 世界大学排名中前 40 名的综合大学，科教研发实力强劲。因此，尽管面临粤港关系的重大转折与挑战，香港在粤港澳大湾区经济发展中的地位仍然不可动摇。国家进一步深化改革、人民币国际化等都需要香港这样一个缓冲地、试验田来实现渐进式、可持续的改革发展，失去港澳发展战略的整体布局和政策呼应，也将严重影响广东经济发展的外源动力和内源配置。随着广东自贸区的逐步落实，拥有成熟的市场经济体制、在全国城市中国际化程度最高的香港，其人才、管理、信息、服务、资本市场等突出优势还将推动更多高端资源向自贸区集中，并在与东盟的合作中继续发挥重要作用。对香港的经济地位需要重新认识，并给予足够的重视。

（2）区域分工及空间一体化问题。主要表现为产业结构不合理和区域分工不明确。一是广东省内产业结构不尽合理：①珠三角地区产业结构调整的趋势及成效符合发达国家产业结构水平，但内部 9 市中三产比重达 50% 以上的仅广州、深圳和东莞，其他城市产业层次总体水平不高。②区域分工上优势互补、错位发展尚不明显。2013 年珠三角与粤东、粤西、粤北地区间工业结构相似系数达 0. 5450[①]，分工协作水平不高；珠三角内各市工业结构相似系数平均也达到 0. 5881，产业结构雷同现象仍在，对粤东西北辐射能力有限。二是粤港澳间区域分工情况也不理想。三地尚未形成科学合理的区域分工格局，区域经济发展活力缺失，同属一个经济圈的三地间的产业结构趋同，尤其是现代服务业定位趋同现象倍加突出。

粤港澳大湾区面临着“空间一体化”的发展趋势。港珠澳大桥建成之后，对粤港澳地区空间整合将产生巨大影响，把港澳在法律、物流、金融、国际贸易方面的优势和珠三角制造业的优势紧密联系起来，赢得广阔的发展空间，珠三角产业分工和布局将随之面临调整，珠海—中山—江门至粤西沿海一带产业性质将发生升级换代的变化。但现有产业分工不合理，区域分工不明确的状态将制约粤港澳大湾区空间一体化的有序发展。需提前对粤港澳大湾区进行空间一体化考虑，优化产业空间格局，形成整体和局部间以及局部和局部间产业结构的合理布局。在全球化经济发展形势下，粤港澳区域合作要从改革开放初的产业转移合作真正转向经济结构功能优化，明确各主要城市的发展方向和功能定位，建立完善的利益诉求与分配机制，实现互利共赢，避免因缺乏合理的分工协作而导致无序合作甚至恶性竞争。

（3）制度推动明显滞后。顺应经济发展趋势的制度体系有着巨大的推动作用，在

① 数据来源：广东统计信息网。

区域经济合作和一体化进程中尤显关键。这种制度的转型动力，基本可以分为政府、市场不同组合而形成的不同动力结构。现在，粤港澳区域合作已经从市场引导下的企业自发合作开始向市场主导、政府规制和企业自觉合作转变，有利于促进区域合作制度的创新升级。但相较欧盟自由贸易区的合作创新来说，港深、珠澳合作创新领域依然趋于保守。在“一国两制”原则下，港、澳直接面对中央政府，广东则要在中央政府授权下才能与港、澳开展合作，地位与角色的不对称直接影响三地合作效率与成本。要真正突破合作壁垒，实现与经济发展相匹配的制度转型绝非一蹴而就，必须尊重客观经济规律，充分整合和优化利用三地资源的比较优势，形成新的区域竞争优势。为此，需将三地合作上升到国家战略层面，视其为一个经济整体，为实现长效合作创造一个背靠全国、面向国际的战略平台，不断改善制度环境，推动粤港澳合作机制和制度平台日趋完善。

三、把打造世界一流粤港澳大湾区上升为国家战略

党的十八大以来，在推动区域经济与全国整体经济协调发展方面，国家提出了两个带有根本性的要求，一是发挥市场在资源配置中的决定作用，二是提高国家治理体系与治理能力的现代化。从协调区域经济发展、谋划国家经济战略看，发挥市场在资源配置中的决定作用，就是要遵循市场经济规律，充分发挥中国主要经济增长极对区域经济与全国经济的影响与带动作用；提高国家治理体系与治理能力的现代化，就是要遵从国家长远发展战略与目标要求，充分利用中国主要经济增长极的发展特点与功能作用，更好地推动区域经济和全国经济的协调发展，更好地实现国家经济长远发展目标。提出粤港澳大湾区经济战略，并将其提升为国家战略，对落实中央的这两个根本性要求具有极重要意义。

（一）中国区域经济发展战略面临新的重大调整

从改革开放初到20世纪90年代中后期，国家重点实施沿海地区经济率先发展战略，通过由东向西梯度推进，协调全国经济发展；从20世纪90年代中后期到党的十八大之前，国家重点提出并实施推进西部大开发、振兴东北地区等老工业基地、促进中部地区崛起、鼓励东部地区率先发展四大区域发展战略，以协调中东西部经济与全国经济的发展。中国历次区域经济战略的提出与实施，都显著促进了地区经济与全国经济的快速、协调与平衡发展，增强了中国经济的整体综合实力，提升了中国在世界经济中的地位。

党的十八大以来，中国进入了新的发展历史时期。国家在继续推进实施四大区域

发展战略的同时，针对区域经济协调发展中出现的比较突出的新问题、难问题和大问题，站在更高层次、以更广视野、从更长目标把握区域经济与全国经济协调发展，及时调整与完善区域经济战略与政策，陆续提出了推动京津冀协同发展战略、建设长江经济带战略、“一带一路”倡议即新丝绸之路经济带与海上丝绸之路建设等三大区域经济发展战略及倡议。其中建设长江经济带和“一带一路”的规划与主要政策已经出台，京津冀战略规划与政策即将出台。

这三大战略有几个显著的共同特点：一是在地域上跨省区，有的跨十多个地区甚至全国多数地区；二是在地区关系上重合作，强调各地要打破“一亩三分地”狭隘思维、树立全国一盘棋思维；三是在基础设施建设上突出系统化、一体化与网络化，提出建设跨区域和全国性的综合交通运输体系；四是在产业发展与城市建设上强调集群作用与效应，提出了促进地区与区域的产业集群发展和城市群发展政策；五是在持续发展上重资源合理有效利用与生态环境有效保护，强化地区与区域中相关区域、流域与线路上重要资源的有序开发、有效利用和生态系统保护、修复和环境治理；六是在对外上重开放，强化深化与扩大对外开放，建设对外开放大通道、大平台，遵行国际贸易规则，构建大通关、自由贸易的制度机制，进一步推动中国经济与世界经济的深度融合，实现中国的全球战略。可以相信，三大战略的新思维、新布局、新政策、新举措，必将对相关地区经济和全国经济经济更加协调发展、稳定发展、持续发展带来深刻和长远的影响。

党的十八大以来，国家区域经济发展战略仍在进一步调整与完善之中，前述三大战略及倡议并非是新时期的区域经济新战略的全部内容，三大战略倡议并未覆盖全国。国家还将根据一些地区与区域的特点、问题和全国性影响力，适时提出新的区域经济发展战略。在继续实施珠三角区域经济战略的同时，从全国经济整体发展与长远发展需要出发，从进一步完善新时期区域经济发展战略出发，从粤港澳经济社会发展的新趋势新特点新要求及其在全国经济格局中的突出地位出发，打造粤港澳世界一流大湾区经济就是可以并完全应当提出的一个新的国家区域发展战略。

（二）提出新的区域经济发展战略必须具备的主要条件

提出新的区域经济发展战略，既要充分理解和认真听取相关地区的发展需要与政策诉求，更要从全国整体经济与区域经济协调发展大局利益出发，把握其必须具备的条件。从中国区域经济战略与政策制定、实施与成效评价的历史角度看，一个地区或区域要提出新的地区或区域经济发展战略，并将其提升为国家经济战略，必须具备几个主要条件：

一要看它能否加快重点地区经济发展和有效带动全国经济发展。一个国家经济发展的重要支撑是，通过典型带动、重点推动、重点地区的发展，全面带动和深刻影响全国经济的整体发展与协调发展。提出一个新的区域经济发展战略，它必须能够强化与扩大重点区域作为全国经济的重要增长极的作用，以此带动全国经济更好更快发展，提升国家整体经济实力。

二要看它能否更好地落实国家重大的发展战略与规划。国家的科技发展战略与规划、产业结构调整与升级战略与规划、城乡统筹发展战略与规划、新型城镇化建设战略与规划、生态保护与环境治理战略与规划、对外开放与自由贸易战略与规划等，都要通过各个地区去执行与落实。提出一个新的区域经济发展战略，必须能够更好地落实国家的一系列主要战略与规划，给其他地区带来仿效效应，提高国家战略与规划的执行力、影响力与有效性。

三要看它能否在深化改革、完善社会主义市场经济体制上起表率作用。提出一个新的区域经济发展战略，这个地区要么是改革的前沿阵地与窗口，该地区的进一步改革将引领全国改革的深化与扩大；要么是改革步伐明显滞后地区，加快推进该地区的改革，能够带动其他体制机制落后地区，整体提高中国的社会主义市场经济体制机制水平。

四要看它能否深化跨境跨国区域经济合作和扩大对外开放，使中国经济更广更深更好地融入全球经济，成为真正开放型经济国家。落实国家深化对外开放战略，充分利用国际国内两个市场两种资源，拓展国家经济发展空间，既需要国家整体推进，更需要重点地区典型推进与带动。提出一个新的区域经济发展战略，这个地区要么是跨境跨国区域合作和对外开放的前沿阵地与窗口，这个地区的跨境跨国区域经济合作的扩大和对外开放的深化，将引领中国的国际跨区域和次区域的经济合作与自由贸易进程，影响中国对外开放深化的方向、路径；要么是跨境跨国区域合作和对外开放伐明显滞后地区，加快推进它的区域合作和对外开放，能够带动其他落后地区加快对外开放步伐，提高区域合作水平，进而整体提高全国的跨境跨国区域合作和对外开放水平。

综观以上四大条件，粤港澳大湾区完全符合，提出粤港澳大湾区经济战略并将其作为国家经济战略是必要的可行的。

（三）粤港澳大湾区经济作为国家战略的重要性与必要性

湾区经济是现代世界经济发展中的一个突出亮点，它的产生与发展，不仅明显带动了相关国家的整体经济发展，而且为全球经济发展也带来深刻而重大的影响。湾区经济是以海湾自然地理条件为基础、以重要海港为依托、以重要龙头企业为表率、以重要产业集聚为核心、以城市与人口集聚为表现，深刻影响与显著带动一国经济整体发展和影响世界经济发展的一种区域经济形态。纽约、旧金山和东京等湾区，依托其世界级的海陆空港群和全球领先产业与企业，已经发展成为国际影响力巨大的世界一流湾区。

根据党的十八大以来国家区域经济战略调整与完善的客观需要，根据提出新的区域经济发展战略必须具备的条件，提出建设世界一流粤港澳大湾区战略，并将其提升为国家经济发展战略，是十分重要的和完全必要的。为了更好贯彻和落实国家发展战略，深圳市有关部门提出了粤港澳大湾区经济的基本构想和主要战略目标与重点领域任务。

主要战略目标：在经济总量上，经过努力，到 2020 年，粤港澳大湾区 GDP 总量将达 2.2 万亿美元，超过世界最大湾区——东京湾区届时的经济总量，到 2030 年，超过 3.5 万亿美元；在地位、功能与作用上，将粤港澳湾区建设成为国际化现代化的世界一流湾区、交通信息互联互通和高度发达的重要国际枢纽、国际科学技术合作领先与创新研发中心、世界文化特别是东南亚文化交流的重要联系纽带、繁荣港澳经略南海的重大战略平台。

重点领域任务：围绕国家建设“21 世纪海上丝绸之路”、经略南海、繁荣港澳等国家战略要求，完成六大重点领域任务：一是构建湾区全方位对外开放格局，增创经贸合作新优势、提升投资合作新层次、扩大能源合作新领域；二是强化湾区基础设施支撑功能，建设国际航运枢纽、建设国际航空枢纽、对接国家陆路骨干通道；三是全面提升湾区自主创新能力，打造具有国际影响力的创新中心、拓展对内对外技术合作领域、加强科研与学术交流合作；四是提升湾区国际软实力，实施文化“走出去”工程、拓宽对外交流往来渠道、健全法制化与平等自由的营商环境；五是推进南海开发合作，共同推进南海开发和保护、合作发展海洋经济、联合开拓海洋工程；六是强化湾区协同发展功能，推动湾区内部深度融合、深化与泛珠江区域战略合作、深化与其他区域战略合作。

从国际比较看，粤港澳大湾区与纽约、旧金山和东京湾区具有类似作用与影响力，完全可能成为世界一流湾区。经过 30 多年改革开放与经济发展，粤港澳已经具备了世界一流湾区的基本条件。一是粤港澳大湾区经济规模已跻身世界级湾区前列，2013 年 GDP 达 1.3 万亿美元，是旧金山湾区经济规模的 2 倍以上，接近纽约湾区规模，2014 年可能已经超过纽约湾区。二是粤港澳大湾区已经成为亚太地区的航运枢纽与中心，世界贸易重要中心，世界第三大国际金融中心，东南亚创新中心。三是已经形成发达的现代产业体系。粤港澳是全球重要的制造业基地，号称“世界工厂”，许多重要的制造业产品的生产与出口居世界前列，成为世界特别是海上丝绸之路沿线国家工业制成品的重要供应地；金融业发达，香港是重要的国际金融中心，深圳是重要的国内金融中心，广州是国内主要的区域金融中心；航运业发达，粤港澳港口群已成为中国和亚太地区主要航运中心，其基础设施的现代化程度及运输总量均居世界前列；粤港澳城市群及其产业竞争力与整体经济实力均居世界前列。四是科技与产业创新驱动能力强。粤港澳在科技创新和优势产业带动上居国内最前列和国际前列，珠三角的国际专利申请占全国的一半以上，香港在“2013 年全球创新指数”排名中居世界第七位。

从国内比较看，粤港澳湾区是中国经济发展的主要动力源泉，对区域和全国经济的带动作用巨大。首先，粤港澳湾区与长三角和京津冀一样，是中国经济的重要增长极。粤港澳湾区是中国改革开放最早、经济发展最快、社会环境最优、整体竞争力最强、对全国产业与科技带动力最大的区域。其次，粤港澳湾区具备“一国两制”特殊优势，在“一带一路”建设中具有十分突出特点与作用。粤港澳湾区地理区位优越，以环珠江口区域为核心，背靠大陆面向南海，地处国际航运线要冲，是中国海上丝绸之路沿线国家往来距离最近的经济发达区域，拥有世界级海港空港群，是中国建设 21 世纪海上丝绸之路的桥头堡。该区域涵盖两种制度、连接两个市场，具有与国际接轨的法律体系和市场规则，广东的高度开放与香港、澳门完善的市场体制正在进一步结合与接轨。该区域人文关系纽带独特，与海上丝绸之路沿线国家地缘相近、人文相通，东盟、南亚地区的粤籍华侨占华侨总数的一半以上，与东盟经贸往来密切，对东盟投资占中国对其投资的 10%、贸易额占中国对其贸易的 25%。第三，粤港澳湾区对实施国家战略意义十分重大。它是环南海经济圈最重要的经济引擎，是国家海洋强国经略南海的重大战略平台，是创新型国家建设的重要支撑，是带动华南区域发展的战略引擎，是促进港澳经济社会繁荣稳定的重要保障。

从促进区域经济发展看，提出粤港澳湾区战略是中国新时期区域发展战略的重要补充与完善。粤港澳大湾区经济战略，与京津冀协同发展战略、建设长江经济带战略、“一带一路”倡议等三大区域发展战略，具有同等重要的战略意义。提出与实施粤港澳湾区战略，一是有利于加快粤港澳地区经济发展和有效带动全国经济发展；二是有利于更好地落实新时期国家整体经济、区域经济、产业经济等各项重大发展战略与规划；三是有利于发挥粤港澳在全国深化改革上的表率作用，更快更好地推进全国改革，健全与完善社会主义市场经济体制；四是有利于中国有效推进南海战略，粤港澳湾区已经成为并将进一步成为中国经略南海的重要基地；五是有利于深化跨境跨国区域经济合作和扩大对外开放，使中国经济更广更深更好地融入全球经济，成为真正的开放型经济国家。因此，粤港澳湾区战略是中国新时期的区域发展战略的重要补充与完善，将其列入新时期国家重大区域战略意义重大、很有必要。

（四）把粤港澳大湾区经济列入国家经济战略的建议

为推动粤港澳大湾区作为国家重大战略的提出与逐步实施，提出以下建议：

1. 将粤港澳大湾区列入新时期国家经济战略

结合国家制定“一带一路”倡议规划和编制“十三五”规划，由中央有关部门机构深入粤港澳调查，听取粤港澳各方面意见，进行科学论证，比较新时期国家“一带一路”、长江经济带和京津冀协同发展及倡议，将“打造粤港澳世界一流湾区”正式列入国家战略，纳入国家规划，体现在“十三五”规划之中。

2. 发挥“一国两制”特殊优势推动粤港澳大湾区协同发展

坚持“一国两制”前提，发挥“一国两制”优势，借鉴旧金山湾区经验，成立“粤港澳大湾区发展协调委员会”，充分发挥中央政府、地方政府、港澳特别行政区和各类民间组织的积极性，共同谋划湾区整体战略，共同编制粤港澳大湾区总体发展规划和相关系列规划，创新与完善“一国两制”条件下的体制机制和政策体系，协调制度建设、产业发展、城市建设、基础设施、环境保护等各个方面规划与政策，形成粤港澳三地各具特色、错位发展、功能互补、协同推进的新格局，促进粤港澳三地更好更快发展。

3. 打造粤港澳湾区现代国际城市群

全面落实新型城市规划，按照现代国际城市群目标要求，改进和完善粤港澳城市发展规划，科学定位和统一协调粤港澳湾区城市群各个重要城市功能；加快和完善基础设施建设，形成统一交通运输网络体系，全面提高道路畅通与安全水平；建立统一的环境保护制度政策与协调机制，全面提升各个城市生态水平；加快推进户籍制度和居民居住证制度改革，完善社会保障制度政策，促进湾区内外人员的自由择业、自主创业与自由流动；完善出入境相关管理办法，推进和搞好港澳自由行。

4. 打造世界级港口群、推动湾区多港联动

着力强化粤港澳世界级海港枢纽地位，打造世界级现代港口群，推动珠江三角港口群优化竞争合作格局。大力拓展海上丝绸之路班轮航线，粤港澳共建辐射全球的航运中心。建设区域性国际航空枢纽，完善粤港澳多层次航空运输体系，全面提升粤港澳空港经济现代化、国际化和一体化水平。充分发挥粤港澳海港、空港与陆港多港联动效应，超前布局和建设一流信息基础设施，畅通陆海空联运通道，建设海上丝绸之路互联互通的战略基地。

5. 巩固与提升香港国际金融贸易中心作用

充分发挥香港作为最大的人民币离岸市场作用，进一步巩固与提升香港的国际金融、航运和贸易中心的地位作用，在“一带一路”建设中发挥南方核心节点作用。深化CEPA框架下经贸合作，依托香港国际商业网络、金融服务、专业服务等优势，强化香港对内地企业“走出去”的综合服务功能与平台作用。深化粤港合作，充分利用“一国两制”优势，推进广东特别是深圳市场经济体制机制建设，进一步提升广东特

别是深圳对外开放水平。

6. 建设好前海、南沙、横琴等国家战略平台

进一步发挥深圳前海、广州南沙和珠海横琴等国家战略平台的示范带动作用，借鉴并遵循国际通行规则，在投资准入、企业设立、外汇管理、人员进出、海关监管、检验检疫、信息服务等方面敢于探索、先行先试，全面提高湾区的对外制度机制接轨水平。发挥前海合作论坛在东南亚合作中的积极作用，重点推动香港、深圳金融中心与东南亚的金融合作。协调粤港金融关系，推进广东金融资本市场对外开放，建设人民币流动双向枢纽，将深港建设成为21世纪“海上丝绸之路”金融要素集聚高地。以前海、南沙和横琴三大战略平台成功建设为基础，有序推进粤港澳服务贸易自由化，进而逐步推进中国（广东）自由贸易试验区建设。

7. 强化深圳国家自主创新示范区引领作用

利用深圳创新资源集聚、体制机制灵活优势，推进深圳与国际一流大学与科研机构全面深化合作，加快吸引全球高端创新资源要素。支持深圳加快建设一批世界领先新型研发机构，推动一批创新能力强的领军企业进入世界科技创新前沿，加快在重点领域关键性技术突破，形成一批核心自主知识产权和国际技术标准。

8. 建设国家经略南海的战略基地

根据国家实施海洋经济战略和开发南海的统一部署，推动深圳、广州及湾区其他重要城市，积极参与南海资源的保护开发利用和安全保障工作，积极参与国家南方海上油气田建设，建立南海资源产品交易与定价平台，完善船舶及海洋工程专业服务体系，建设国家级海洋工程基地和南海海洋科技中心，提升海洋装备制造、海洋油气资源开发、海洋生物科技等领域研发设计能力，加强与南海周边国家的海洋产业合作，共同打造海洋经济合作示范区。

9. 推进广东行政区划调整

要根据“一国两制”推进和特区经济发展的客观需要，适时改进与调整广东行政区划，适当扩大深圳行政区域范围，为深圳特区更大更好发展拓展空间；允许深圳、珠海在其与香港和澳门的交界地建立经济共管区域，为香港与澳门更好发展拓展空间。

（五）三地联合推动大湾区经济战略的提出、认可与实施

粤港澳大湾区经济作为一个概念已经正式进入“一带一路”倡议规划之中，但要将其作为一个国家战略的构想并不为人们所知，尚需在深入研究的基础之上，提出科学的理论解释、战略构想、整体论证，提出可行的系统规划和政策建议，推动学界与国家有关部门了解、认可与支持把粤港澳大湾区经济上升为国家战略。

1. 深圳做好深入研究

粤港澳大湾区经济概念和将其作为国家战略是深圳提出的，深圳有关方面已经做

了相当多的研究，提出了比较系统的战略构想和政策措施，并将其作为全市一项重要工作。要以此为基础，进一步做好基础理论研究、国际国内经验比较研究、国家战略对比研究、战略主要领域深入研究、系统配套政策研究，自己明白自己说清，进一步向他人说清让他人明白。

2. 三地搞好协商共识

深圳领导与有关部门要主动向广州、香港等政界、商界与学界进行宣传、解释，阐述粤港澳大湾区经济战略的重要性必要性，重点阐述三地在推进与实施粤港澳大湾区经济战略中的定位与共赢关系，听取广州、香港意见及诉求，争取三地共识，调动广州与香港推动大湾区经济战略的内在主动性与积极性，形成三地共同意见，向中央正式提出战略构想与规划建议。

3. 争取国家部门支持

利用各种渠道，向中央有关部门和北京学界推介粤港澳大湾区经济战略及政策建议，听取各种意见，完善自身战略构想，丰富规划政策内涵，争取获得学界广泛认同，争取主要部门认可与支持。

4. 努力得到中央认可

利用各种机会，向中央领导提出战略构想，反映政策意见，听取相关要求与指示，改进与完善战略构想与措施系统，争取中央领导的认可、接受，逐步成为正式的国家战略。

四、深圳在粤港澳大湾区经济战略中的地位与作用

（一）深圳发展改革成就与经验

1. 深圳成为中国体制改革的探索先锋

深圳改革开放一直走在全国前列，不管是在体制、机制创新方面，还是经济发展方面，均为全国改革开放提供很多经验。

探索行政管理体制。改革开放30多年来，深圳的成功很大程度得益于深圳行政审批制度改革的探索。深圳在全国率先开展了行政审批制度改革，后又再启多轮行政审批制度改革，体现在：启动大部门制改革，进一步精简政府机构；加快事业单位改革，推进政事分开；创新公务员分类管理改革，健全公务员管理模式；推进审批制度改革，进一步精简审批流程；创新基层管理体制，探索新型管理模式。

探索社会体制改革走在前列。2008年，深圳首次提出要先行先试社会体制改革。2009年，深圳在推进民政事业综合配套改革方面，进行“先行推进两项改革，率先建

立两项制度，健全完善两个体系”社会体制改革的探索，从就业、收入分配、社会保障、教育、医疗、住房、安全生产、社会治安等方面加以推进。积极探索区域发展新机制。按照国务院批复，从2010年7月1日起深圳经济特区的范围扩大到深圳全市。以前海管理局为平台，创新深港合作体制。成立前海管理局，借鉴香港的经验，以法定机构的形式实行企业化管理，不以营利为目的，履行相应的行政管理和公共服务职能。探索创新国内城市合作机制。在深莞惠一体化机制和深汕合作机制方面寻求突破。这些探索将为中国区域发展提供经验借鉴。

科技体制改革走在前列。继在科技体制改革已取得一定成效的基础上，2012年11月，深圳市人民政府印发《关于深化科技体制改革提升科技创新能力若干措施》的通知，针对推动和促进科技创新和驱动发展，在完善财政科技投入稳定增长机制、构建更加高效的科研体系、促进科技成果转化、健全科技和金融结合、在改革人才流动和激励机制方面、开放创新、营造激励创新的良好生态、发挥民间资本的重要作用方面，推出了针对性很强的体制机制和政策制度改革举措。

探索城市体制改革走在前列。2007年5月31日，深圳首先打破区级政府管理体制，成立了光明新区，为深圳市政府首个市委派出机构，实行“市—功能区—社区服务机构”的管理体制。2009年6月，深圳第二个新区坪山新区挂牌成立，自新区建区以来，各项社会事物发展迅速，城市面貌得到大幅度的改善，取得了良好的社会效应。

中国特色社会主义法治示范区。深圳充分运用特区立法权和较大市立法权的双重优势，在全国率先构建体现深圳特点、具有中国特色的社会主义法制体系。深圳推出深化司法改革系列重大举措，为全国创造了经验。

2. 深圳成为中国对外开放的先行典范

从1980年8月26日全国人大常委会批准深圳特区成立之日起，改革开放就成为推动深圳发展的根本动力源泉。1984年，邓小平提出“特区是个窗口：是技术的窗口、管理的窗口、知识的窗口，也是对外政策的窗口”。30多年来，深圳利用外资和国际先进技术，从“三来一补”企业起步，发展成为世界知名的工业化和现代化城市，形成了较高层次的全方位开放格局和高度的外向型经济。通过坚持对外开放，深圳快速吸纳国际资源和要素，不仅迅速改变了自身面貌，而且对全国的改革和发展做出了重要贡献。

3. 深圳成为中国经济发展的成功榜样

经济增长在全国位居领先地位。深圳为中国内地人均国内生产总值最高的城市，是经济效益最好的城市之一，地均产值、人均收入水平和外贸出口总额稳居中国内地大中城市第一；深圳2011年经济总量突破万亿元大关，达到11502.06亿元，成为国内第 4 个经济总量超过万亿元的城市，继续保持全国大中城市第 4 的地位；财政收入居大中城市第 3 位；进出口总额占全国 1/7，连续 12 年居大中城市第一。

产业结构优化。在结构上形成了以第二、三产业为主的产业结构。深圳基本建成“以高新技术产业、先进制造业为基础，以现代服务业为支撑的适应现代化中心城市功能”的新型产业体系，高新技术产值居国内城市首位。

自主创新实现新突破。国家创新型城市建设全面启动，区域创新体系进一步完善。源头创新能力显著增强，中科院深圳先进技术研究院、国家超级计算深圳中心、深圳华大基因研究院，以及数字音频编解码技术、电子信息产品协同互联、电子信息产品标准化国家工程实验室等一批重大科研机构和创新基地落户深圳，深圳清华大学研究院、深港产学研基地等机构创新能力进一步增强。“深港创新圈”建设深入推进，深港科技合作不断加强。

4. 深圳成为推动和保障香港经济繁荣发展的重要基地

支持和保障香港的国际竞争力，与香港一河之隔的深圳在维护和促进香港的经济繁荣社会稳定所起的作用不可替代。深圳是香港进入珠三角和内地的重要桥梁。深圳经济体量在珠三角区域处于前端，向内具有巨大的经济腹地，这将使深圳成为香港在区域合作中重要的战略合作伙伴。由于深圳的特殊区域优势，有利于支持内地港资加工贸易企业转型升级。深圳通过“内销便利化”新政进一步为港企转内销扫清障碍，为港企拓展中国大市场提供了便利。深圳海关辖区有实际进出口业务的企业港企就占了约一半，海关分类通关改革使广大港企直接受益。由于深圳的地理位置优势和较好的产业基础，深圳为香港拓展内地市场、增强国际竞争力、保持繁荣发展提供重要支撑。

5. 深圳成为世界发展最快最成功的新兴现代化大城市

经过 30 多年的改革开放、创新发展，深圳在社会、经济、文化等层面直接参与全球事务成为世界级城市体系中的一个重要结点。深圳借经济特区扩大到全市的契机加快推进特区内外一体化发展，进一步巩固提升中心城市功能，实现城市发展向生产生活生态等基本功能的均衡回归。通过城市空间的合理布局，最大节约了城市资源，降低城市发展成本和居民生活成本，提高城市发展质量，推动城市功能集聚。在提升城市功能方面，按照国际化城市的要求提供城市公共服务，使公共服务成为城市的主要吸引力和竞争力，使深圳成为全球旅游、时尚、购物消费中心和全球生活城市。在创造特色文化方面，多元交汇的移民文化和敢为天下先的创新文化是深圳前 30 年得以迅猛发展的精神支柱，已经成为这个城市最为世人接受的标记。通过创意设计丰富城市空间的文化内涵与功能品质，通过具有时代感的城市地标和建筑精品，保持城市文脉的完整性和连续性，形成了深圳本土特色的城市风貌。

（二）深圳是粤港澳大湾区的改革开放前沿

深圳开发开放新政为粤港合作注入新动力。在深圳前海进行一系列先行先试的措施将进一步巩固深圳地区在粤港合作中的特殊地位。2012 年 7 月中央政府支持深圳前海开发开放的新政策中提出，在前海实行比经济特区更加特殊的先行先试政策，打造现代服务业体制机制创新区、现代服务业发展集聚区、香港与内地紧密合作的先导区、珠三角地区产业升级的引领区。政策内容涉及金融、财税、法制、人才、教育医疗以及电信等六大领域。

深圳的发展，有利于香港服务业与深圳、广东、甚至整个内地市场紧密对接，不断扩展服务区域和市场空间，推动与内地经济发展实现优势互补。

在金融创新方面，支持在金融改革创新方面先行先试，建设中国金融业对外开放试验示范窗口。内容包括支持前海构建跨境人民币业务创新试验区，探索试点跨境贷款，在《内地与香港关于建立更紧密经贸关系的安排》框架下适当降低香港金融企业的准入条件、探索开展资本项目可兑换先行试验等。香港跨境人民币业务有了创新实验区，这给人民币回流创造了新机会，也为人民币在内地发展打开新空间。借力于前海的开发，深圳和香港的金融中心地位都将得到提升和巩固。香港是国际金融中心，现代金融服务业是深圳未来的发展方向，因此从金融入手对深港两地都大有裨益。作为人民币资本市场的试点，前海可以成为香港金融企业进入广东乃至全国的平台。

在财税方面，在国家税制改革框架下，发挥前海在探索现代服务业税收体制改革中的先行先试作用，内容包括对前海符合产业准入目录及优惠目录的企业减按 15% 的税率征收企业所得税等。

在法律政策方面，在前海新区的改革开放实验中，法治改革探索是其重要组成部分，甚至可以说是具有推动和引领作用的探索，深圳的发展离不开法治的社会环境，也必须要依托法治的创新。法制政策方面主要是支持前海营造适合服务业开放发展的法律环境，内容包括探索香港仲裁机构在前海设立分支机构等。作为法治的示范区和先导区，通过积极宣传和推广法治建设的实际成果，不断扩大示范区先导区效应，为率先在前海营造公正、透明、高效、诚信、廉洁的法治化国际化营商环境，切实将前海打造成为中国特色社会主义法治示范区做出积极贡献。

深圳建设以现代服务业为重点，为香港的经济发展也提供了新的机遇和空间。香港经济以服务业为主，但近年来遇到很多限制，急需拓展新的发展空间。深圳为香港服务业拓展内地发展空间提供了重要的平台。推进粤港合作开发，有利于打造粤港合作新载体，促进两地产业发展升级，增强区域整体竞争力。

（三）深圳是粤港澳大湾区的重要经济中心

建设 21 世纪“海上丝绸之路”是中国在新时期、新形势下实行更加积极主动的开放，全面推进与东盟及相关地区的互利合作和共同发展，全面提高开放型经济水平的重大举措。深圳正在以强烈的责任感和使命感，勇当开放先锋，发挥排头平作用，大力发展湾区经济，建设海上丝绸之路桥头堡，为中国实施“一带一路”倡议做出突出贡献。

粤港澳区域对东盟贸易总量约为全国 1/3，是全球最重要的产业基地和经济最活跃的地区之一，把包括深圳在内的粤港澳大湾区打造成为建设 21 世纪海上丝绸之路的门户和核心枢纽，成为中国与东盟更紧密合作的战略重点。

打造世界级港口枢纽地位。粤港澳湾区位于南海之滨，地处亚太主航道，紧邻东盟经济圈，经济总量超过 1.3 万亿美元，港口集装箱、机场旅客吞吐量和贸易总额均为全国 1/3 以上，在全球也占有重要份额，完全可以加强区域联动发展，促进要素资源高效合理配置。发挥深圳区位优势，推动珠三角港口群优化竞合格局，深化深圳远洋集装箱枢纽港功能。通过完善海上丝绸之路港口网络，建设深圳港经内陆城市至中亚铁路班线，推动深圳港成为“一带一路”海铁联运枢纽。加快建设区域性国际航空枢纽。加强与香港机场的互利合作，合力打造国际重要的航空门户。充分发挥“大航站区 + 双跑道”双重优势，着力增强“经港飞、经深飞”的影响力，开通更多的东盟、南亚航班航线，构建海上丝绸之路主要城市“4 小时航空圈”。

深圳是深港合作的战略区域，处于粤港澳大湾区的中心位置，是发展湾区经济的核心要地和战略重点。根据规划，到 2020 年前海将建成亚太地区重要的生产性服务业中心，成为世界服务贸易的重要基地，这将使深圳在发展湾区经济大战略中发挥更加重要的作用。加强区域联动，突出开放式发展，充分发挥深港合作的比较优势，发挥深圳在粤港澳大湾区中的重要经济中心作用。

（四）深圳是粤港澳大湾区的社会发展示范区

深圳的发展展现着中国特色社会主义的强大生命力。对做到经济更加发达、文化更加繁荣、法制更加健全、环境更加优美、人民更加富裕、社会事业更加发展起到示范作用。深圳以改善民生为重点，加大对各项社会事业的投入，打造粤港澳大湾区高水平、高品质社会事业发展示范区。

优先发展教育。逐步解决常住人口子女平等接受义务教育问题；支持港澳名牌高校在珠三角地区合作举办高等教育机构，放宽与境外机构合作办学权限，鼓励发展全方位、宽领域、多形式的智力引进和人才培养合作；争创国家教育综合改革示范区。

创新发展高等教育，提升教育治疗和国际化水平。

全面提升公共服务能力。公共医疗卫生服务实现城乡居民人人享有优质的医疗卫生服务。医疗卫生资源配置向城市社区倾斜；开展公立医院试点改革，破除以药补医模式，完善公立医院经济补偿机制，积极促进非公医疗卫生机构发展，形成投资主体多元化、投资方式多样化的办医体制。形成一流国际医疗卫生设施布局，着力引进国内外名医、名院、名诊所的个优质医疗资源，大幅提高医疗服务水平。

城镇基本养老保险范围将不断扩大，逐步做实基本养老保险个人账户，实现养老保险省级统筹，建立新型农村养老保险制度，尽快实现养老保险关系无障碍转移。到2020年，建成比较完善、保障有力的社会保障体系。

建立完善公共文化服务体系。形成服务优质、覆盖全社会的公共文化服务体系。同时，通过深化文化体制改革，建立和完善文化产业竞争机制，形成积极向上、特色鲜明、结构优化、科技含量高的文化产业体系，提供更多高品位文化服务。

生态文化示范基地。深圳经济特区作为中国改革开放和创新发展的领军城市，率先建立具有一流水平的城市森林、生态文化与绿色城镇科研示范基地，将对全国新型城镇化发展、生态文明建设起到引领示范作用。坚持创新驱动发展、绿色低碳发展，以更少的资源能源消耗、更低的环境代价实现更有质量的稳定增长，提升深圳绿化水平和城市环境质量，为市民提供更多的绿色福利、生态福利。

深圳文化和科技融合示范基地。深圳在大力推动文化科技产业新模式方面，聚集了一批以高新技术为依托、以数字内容为主体、自主知识产权为核心的文化产业集群，单位产出面积产出居国家高新区首位，专利申请量、发明专利申请量连续多年居国家高新区第二位。深圳坚持自主创新，依托区位优势，发挥“文化＋科技”“文化＋金融”“文化＋旅游”特色，坚持政府推动和市场运作相结合、制度创新和研发创新相结合、扩大产业规模与提升产业层次相结合，以“高、新、软、优”为切入点，瞄准文化创意和科技创新两大主攻方向，努力打造具有国际竞争力的自主创新和知识经济示范基地和高素质创新人才培养基地。

（五）深圳是粤港澳大湾区的主要中心城市

经过30多年的发展，深圳的经济总量已经超过了2300亿美元，跻身全球城市的30强，完全有条件成为粤港澳大湾区的主要中心城市。深圳是粤港澳大湾区的重要城市，也是21世纪“海上丝绸之路”的枢纽城市，深圳毗邻港澳背靠珠三角，地处亚太主航道，具有发展湾区优势的领导优势和经济基础。

粤港澳大湾区发展，对深化跨界交通基础设施、经济合作以至环保建设等各个方面具有促进作用。构建世界级城市群，优化粤港澳大湾区城市群的空间布局，实现粤港澳大湾区的交通、能源基础设施、水资源、跨地区合作发展、城市群等区域资源优化配置，实现各经济圈内部及相互间基础设施共建共享。同时充分发挥广州、深圳、澳作为中心城市在区域经济体中发挥重要作用。在优化大湾区城市群空间方面，将深圳打造核心城市，加强与港澳的城市发展规划协调，共同建成人居环境优良的世界级城市群，并在大湾区形成城际轨道交通网络，打造一小时城市圈。大力发展高等教育、提高深圳的生活文化气息，与创新政治、金融等领域同等重要，应当作为深圳建设国际化城市、全面发展的重中之重。高标准规划建设前海—大空港深圳湾—福田中心区、盐田—大鹏等滨海区域，打造世界级城市建筑群。

未来，深圳发展湾区经济既要大力发展高端产业和新兴产业，引进一流创新项目和创新人才，做大做强总部经济，不断增强作为经济中心城市的辐射带动功能，也要加大力度积聚更多、更高端的医疗、教育、文化和绿色低碳发展的资源。

（六）深圳在粤港澳大湾区发展战略中的引领作用

发展湾区经济，是深圳市委市政府超前谋划、主动落实国家建设 21 世纪海上丝绸之路的重大举措。粤港澳大湾区经济总量达到 1.3 万亿美元，贸易总额达到 1.5 万亿美元，是世界最大海港区。站在经济转型角度，不难发现，与美国湾区经济发展模式相比，粤港澳大湾区经济地区成功的经验，不外乎是来自升级与创新，而存在的差距也都在创新的各领域。

地理位置从来就是国际大都会及其中心区域形成的一大要素。全球化时代，经济要素流动经常集中于运输条件便利的沿海口岸地区，使之成为所在国家经济交流的门户和中枢。纽约、伦敦、东京等中心城市，都依托湾区，凸显为国际公认的世界级大都会区，并主导全球经济发展走向。纵观这些湾区，倚靠的不仅是地利之便。它们本身也是产业经济，普遍具有开放的经济结构、高效的资源配置能力、强大的集聚外溢功能与发达的国际交往网络。参照这些国际一流湾区，以粤港澳为核心的环珠三角湾区，从地理环境、历史渊源、社会条件、产业产值、多元文化趋势等关联度，都有可比较之处。

深圳不仅正好处于粤港澳大湾区的中心位置，而且还处在“香港—深圳—广州”这条经济发展主轴和沿海功能拓展带的十字交汇点，在地理位置上占尽优势。此外，集聚了“海、陆、空、铁”交通网络的优势。世界上每个著名的湾区都是一个城市的财富聚集区，甚至是整个国家的样板和荣耀。而按规划，2020 年，15 平方千米的前海 GDP 将达到 1500 亿元人民币，这是前海引领深圳发展湾区经济的底气。

作为国务院唯一批准的“深港服务业合作区”，前海与香港有着密切的经济金融联系，前海在金融改革创新方面总体的发展构想，就是要打造深港互补的、世界级的金融中心。这既是对现有香港金融中心的转型升级，也是国家向经济强国迈进的棋局安排。鼓励创新型金融机构在这里集聚，发展完善的金融制度，构造一个自我生存的金融生态圈。除了着重发展金融服务业外，现代物流、信息服务、科技服务和其他专业服务也是前海合作区的重点领域。

国务院批准《珠江三角洲地区改革发展规划纲要（2008～2020年）》和《深圳市综合配套改革总体方案》，明确深圳“一区四市”的战略定位和四个“先行先试”的改革方向，深圳正式成为国家综合配套改革试验区。从深圳的区位优势及经济发展态势，深圳能够成为在推动粤港澳大湾区在全国区域经济发展战略中发挥引领作用。

推动粤港澳世界一流湾区建设。携手推进中国（广东）自由贸易试验区建设，率先实现粤港澳服务贸易自由化，全力加强与香港在金融贸易和专业服务、科技文化、医疗教育、环境保护等领域的交流合作，加强跨界基础设施互联互通。

（七）深圳是粤港澳大湾区创新驱动的引擎

强化深圳自主创新基础能力。通过瞄准科技前沿，聚焦未来发展，吸引全球高端创新资源和要素，在基础性、前瞻性、战略性科技领域，不断增强源头创新能力，努力成为具有世界影响力的创新中心。大力发展高端技术研发业态。充分发挥国家自主创新示范区的政策效应，促进创新资源要素流动和优化配置，不断完善原始创新、开放式创新和协同创新协调共进的综合生态系统。通过优化自主创新生态系统，发挥深圳在粤港澳大湾区创新驱动的引擎作用。

着力优化湾区自主创新生态系统。发挥国家自主创新示范区的政策效应，促进创新资源的加速流动和优化配置。充分利用信息化手段，鼓励支持分布式、网络化创新和全社会“微创新”活动。构建粤港澳创新合作平台。建立科技资源与金融资源有效对接机制。持续优化人才激励机制，加快引进、培养高水平科技人才。

五、深圳在粤港澳大湾区科技创新中的作用

深圳作为中国改革开放的窗口，先于其他城市建立起了市场经济的框架体系，使人们在计划经济体制下长期被抑制的创新热情在这个城市迸发出来，形成了良好的科技创新氛围。深圳逐渐成为粤港澳大湾区科技创新的先行者、国家自主创新的重要基地。

（一）深圳科技创新在大湾区的地位和作用

深圳在科技创新方面走出了一条不同寻常的道路——市场导向性创新，并且取得

骄人的成绩。深圳的专利国际申请量连续 10 年第一，占国内专利申请量的近半成。深圳 2014 年申请国际专利达 10049 件，同比增长 25.3%，占国内企业和个人申请国际专利总量的 48.1%。在全球企业国际专利申请量排名中，中国共有 4 家公司进入前 50 位，其中，中兴公司和华为公司分别以 2309 件和 2094 件居第 2 位和第 3 位，华星光电公司和腾讯公司分别以 916 件和 365 件排名第 17 位和第 48 位，这 4 家公司都属于深圳。深圳取得这些成绩和其毗邻香港的特殊位置，决定了深圳科技创新在大湾区中处于承接世界先进科技、引领大湾区科技创新进步的地位和作用。

1. 香港、深圳、广州科技创新的特点

（1）“科技兴港”战略实施和历史形成的国际经济中心地位，使香港在粤港澳湾区科技创新中具有承接国际先进技术和人才的作用。香港回归祖国以来，特区政府提出了“科技兴港”新政策，设立创新及科技基金，成立了创新科技委员会，以推动科技创新、新科技应用及发展高增加值产业和服务产业为主要职责，统筹香港创新科技发展，取得重大成效。根据中国社会科学院一年一度发布的《中国城市竞争力蓝皮书》，香港已连续 7 年位于中国城市竞争力榜首；根据世界经济论坛（WEF）近年来关于全球竞争力、信息技术、促进贸易等方面的排名，香港也一直名列前茅。

香港是国际经济中心城市，在市场秩序、自由经济体制、基础设施水平、国际交流能力等方面条件都在大湾区中处于领先地位。近几年，香港大学、香港中文大学、香港科技大学等院校加大科技投入，取得了显著的效果，为香港承接国际科技创新技术提供了有利条件。

国际人才对香港的认可程度，也有助于香港作为承接国际人才，为大湾区科技创新提供人才支持。对国际市场的承接，这决定了香港在大湾区科技创新中的地位，其承接国际技术市场的作用是其他城市无法比拟的。

（2）深圳以企业为创新主体，以市场导向性创新为路径，形成了制度变革型科技创新典范，成为湾区科技创新的领头羊。深圳在建市之初，缺乏创新资源，为了实现自主创新，深圳市走以市场为导向的创新路径；在政府的支持和引导下，以体制改革和制度创新为先导和保障，深圳在科技创新方面走在大湾区前列。

深圳科技成果数相对于广州逐渐转为优势。经研究表明，广州的专利申请数、发明专利申请数、专利授权数和发明专利授权数从优势转为了劣势，且其总体增速明显慢于或相当于深圳。其中，专利申请数在 2000 年，广州为 4493 件大于深圳的 4431 件，是深圳的 1.01 倍；到 2012 年，广州申请数量为 33421 件，而深圳上升为 73130 件，广州是深圳的 0.46 倍。从 2000 年到 2012 年这 12 年中，深圳从专利申请数不如广州，发展到广州的两倍多。近几年来，广州的发明专利申请数和授权数均不足深圳的 1/3。

以市场为导向的活动，起点在企业，企业在产品开发过程中形成对技术的需求，并将这种需求向创新链的上游传递，通过产学研合作的方式实现创新的目标，表现为一种自下而上的方向性特征。深圳通过新的路径模式突破了资源瓶颈，经过10多年快速发展，高新技术产业迅速崛起为深圳经济发展第一增长点，自身创新能力得到大幅度提升。1991年深圳高新技术产品产值仅22.86亿元，而到2010年达到10176.2亿元。

从《广东省经济特区条例》（1980年8月26日）到《关于授权深圳市人民代表大会及其常委会和深圳市人民政府分别制定法规和规章在深圳经济特区实施的决定》，深圳特区获得了立法权，具有立法先行先试和开拓创新的机会。以此为前提，深圳在经济建设和科技创新方面进行了一系列的制度创新探索。深圳逐步建立起与国际接轨的市场经济环境，尤其是根据高新技术产业发展需要，制定知识产权保护、科技成果转化、产学研合作、风险（创业）投资等科技创新制度，引导高新技术企业实行了产权制度、分配制度、人事制度和技术创新改革，促进深圳吸引大量科技人才和科技成果，不断完善区域创新体系，建立了雄厚的高科技产业基础，培养出了跨国企业集团，并通过高交会和创业板向大湾区和全国扩散。

（3）广州基础条件优越，具有科技创新的基础，在大湾区科技创新中具有支撑作用。广州是华南的中心城市，其商业对全国具有极强的辐射力。同时广州也是泛珠三角的交通枢纽、信息中心。广州的重化、装配工业，远超深圳，在东南亚也是首屈一指。另外，广州的文化、教育、科技底蕴深厚。

由于历史使命和现实情况不同，在改革开放后的很长一段时期，广州属于需要稳住稳定的一头，而深圳属于鼓励放开试验的一头。这就使得广州更多地扮演了一个制度变革的跟随者的角色。与深圳、北京（中关村）、上海（浦东）等比较，广州在经济体制和科技体制改革上迈出的步伐相对较小，在利用体制优势推动自主创新方面受益也相对较少。当然，这并非意味着广州在科技体制改革和制度创新方面无所作为，例如，在举办中国留学人员广州科技交流会、推动科研院所改革等方面，广州也进行了先行先试的积极尝试。

近年来，广州紧紧围绕推进新型城市化、加快发展促转型的工作中心，积极贯彻国家和省关于推进自主创新和经济发展方式转变的战略部署，全力以赴推动科技创新提升、经济转型升级，使三次产业结构由2008年的2.04:38.94:59.02调整为2013年的1.48:33.90:64.62，产业结构进一步优化提升，先进制造业提质回升，重大装备产业基地建设加快，战略性新兴产业和新业态蓬勃发展；产业空间布局向集群化发展，重大发展平台产业集聚效应逐步显现，重大产业基地和集聚区质量效益稳步提升；不断推进产业低碳发展，进一步优化能源结构，加快低碳基础设施建设；产业创新能力持续增强，进一步优化创新人才发展环境，推进智慧城市建设。

广州在华南的经济中心地位和其拥有丰富的教育及创新环境，为湾区科技创新起到强有力的支撑作用。

2. 深圳在大湾区中的地位和作用

2014 年上半年，深圳的 GDP 增长 8%，高于全国和广东全省的平均增速。比这个更具新闻价值的是，深圳的生物、互联网、新能源、新材料、新一代信息技术、文化创意等六大战略性新兴产业，实现增加值达到 2584.94 亿元，同比增长 14.3%，高出全市 GDP 增速 6.3 个百分点，占 GDP 的比重达四成，构成了深圳推动发展的新动力机组。深圳的发展势头，已经很好地奠定了其在大湾区科技创新中的地位和作用。

（1）深圳是大湾区科技成果引进的桥梁。深圳毗邻港澳，是中国对外开放的窗口，经济外向度非常高。改革开放早期，深圳因为独特的地理位和政策优势，承接了香港以及境外电子产业转移。随着深圳的发展，这些电子产业又转移到附近的东莞等湾区城市，成为国外先进技术进入扩散到大湾区的桥梁。近年来，深圳充分利用自己独特的区位优势，对外贸易优势、国际会展多的优势，为大湾区区域内各地的招商引资、引进技术、管理、信息、人才，发挥桥梁纽带作用，为区域内各省区开拓国际市场发挥桥梁纽带作用，使深圳成为大湾区招商引资的服务器。

（2）深圳是大湾区高技术的孵化器。深圳是中国著名的高科技城市，建立了以市场为导向、企业为主体、国内高等院校和科研院所为依托的研究开发体系。深圳充分利用其高新技术产业发展的优势，为大湾区高新技术产业发展提供人才、技术、资金、信息的支持与服务，使深圳成为区域内高新技术产业发展的孵化器。

（3）深圳是大湾区的科技信息平台。现代社会逐步步入信息化社会，信息对于社会发展逐渐代替或超过物资、能源对社会的重要性，并发挥主导作用。科技信息对于科技的进步起到至关重要作用，对区域经济起到重要的支撑作用。深圳利用靠近香港的优越地理位置和特区政策，成为承接香港科技信息向内地，特别是大湾区转移、渗透的主要平台。

（4）深圳是大湾区科技创新的重要资本市场。深圳已建成了以银行、证券、保险，基金为主体，其他多种类型金融机构并存的现代金融体系。金融业是深圳第三产业中的第一大行业，银行、证券、保险、基金机构密度，外资金融机构数量以及从业人员比例均居全国前列。深圳充分利用其独特的金融优势，为大湾区科技发展、创业投资、进出口、基础设施建设等领域，提供了融资、担保和结算等服务。

（5）深圳是大湾区的人才培训基地。区域经济发展离不开人才智力支撑和人力资源的开发。深圳开中国改革开放风之先，经济发展、体制创新、产业升级、城市建设等方面都取得了较大成绩。深圳为大湾区和全国培训了经济管理、招商引资、政府采购、物流管理、风险资本、会展旅游等方面的人才。深圳的人力资源开发机构多，各层次的猎头公司多，与海外人才中介组织联系多，可以为大湾区招聘国际人才，引进国际智力和出国培训提供服务。深圳与香港人才的交流建立了联动机制，特别是前海自贸区的设立，逐步形成了住在香港、创业在深圳的局面，深圳已经成为香港人才创业基地。深圳已成为大湾区的技术人才培训、干部挂职锻炼、人力资源开发、人才引进的重要基地。

（二）深圳在科技创新中的基本做法和经验

科技创新的细胞在深圳迅速繁衍，科技创新不再是一个口号，不再是一个概念，不再是一个标签，也不再是一个部门工作的“工程规划”，而是有形与无形要素编织起来的新生态大系统，整个深圳从政府到企业、从文化氛围到社会环境、从对外开放到人才引进、从竞争机制到风险投资，正在实施创新驱动发展战略。

1. 强有力的政府引导作用

为增强自主创新能力、加快经济发展方式转变，深圳市先后出台包括深化科技体制改革、加快建设国家自主创新示范区等内容的一系列政策，包括《关于努力建设国家自主创新示范区实现创新驱动发展的决定》《关于深化科技体制改革提升科技创新能力的若干措施》《关于促进科技和金融结合的若干措施》《关于促进文化与科技融合的若干措施》等系列政策。这些政策为深圳进一步提升自主创新能力、努力创建国家自主创新示范区、率先实现创新驱动发展打下了坚实基础，为推动创新型国家建设起到了良好的示范和带头作用。

深圳政府主导推动的制度创新，其核心在于发挥市场的配置资源机制，促进企业、投资者及科技人员能够在创新中获得预期的经济收益，进而有效提高了区域集聚科技资源的能力，激发了全社会的创新活力。正如诺思在《西方世界的兴起》是提到，有效率的经济组织是经济增长的关键，有效率的组织需要在制度上做出安排和确立所有权以便造成一种刺激，将个人的经济努力变成私人收益率接近社会收益率的活动；任何创新都意味成本太大（或大损失的可能性）便不可能发生，直到私人收益率增长到足以使冒险活动值得一试为止；如果没有某种保证使其增益的大部分内在化的话，含有大量研究费用的创新即使有过也是不值得的危险之举；制度环境的改善会鼓励创新，结果私人收益率接近社会收益率。

2. 崇尚创新的文化氛围

从20世纪80年代初期开始，深圳不断吸引着来自全国各地的有志青年。他们到深圳来，不是为了当官，更不是贪图安逸，而是立志要干一番事业，到深圳来创新创业。在体制上他们要走出一条新路，在技术上力求采用和创造当代最新技术。敢于创新的人在深圳能够受到推崇，新思路、新模式、新技术很容易得到采纳和应用。为了攻克一个技术难关，他们什么苦都可以吃。华为公司拥有的有效发明专利达 18881 项，是国内企业中拥有发明专利最多的企业。华为的文化叫“垫子文化”，新来的员工发一张床垫子，放在办公室，领到任务后，不分白天晚上连轴转，困了就在垫子上睡一会，醒了继续干。公司员工的平均年龄仅有 27 岁，就是靠这种拼命精神，华为仅用 25 年时间，从零起步，跑到了全球通信设备制造行业的第一名。中兴、腾讯、海洋王照明、鸿富锦、比亚迪等一大批公司，也都是在创新中发展起来的。创新是深圳的灵魂，创新文化，是深圳与其他城市相比一个最鲜明的特色。

3. 激励创新的竞争机制

优胜劣汰是市场竞争的重要法则。在深圳，大家遵循市场竞争法则，从而激发了企业发展的活力和员工的创造力。几乎在每个行业，都有两个以上的企业在竞争。华为和中兴两个公司，都从事通信设备制造，他们相互竞争，互不服气，在国际市场上，一个企业走到哪里，另一个马上追到哪里。2010 年，华为的国际专利申请量居全球企业第一名，两年以后，中兴又跃居全球企业第一名。在相互竞争中，两个企业都成为中国企业自主创新和国际化经营的领跑者。

深圳企业偏向于通过技术创新来实现企业经营的目标，与这个城市的文化氛围相关。深圳是国内规模最大的移民城市，作为移民群体的城市居民，其共同的行为特征是：为了实现未来的高预期，愿意承担风险和抛弃既得的利益，这种行为方式与高科技的创业模式高度吻合。20 世纪 90 年代以来，随着华为、中兴等一批本土创新企业的崛起，为社会提供了很好的示范效应，吸引更多的创新者加入到这支队伍中，使创新和创业逐渐成为这个城市的主旋律。

4. 容忍失败的社会环境

技术创新是一个高风险的事情，一个新产品、新技术的创造，往往要经过许多次失败。建立鼓励创新、容忍失败的社会环境，对于一个企业、一个城市、一个国家非常重要。对于创新失败的人，一定要安慰、鼓励，领导要主动承担责任，切记不能推诿、责备，更不能处罚。要推行首台套政策，鼓励使用创新设备和产品。对使用首台套设备出现了事故的，要帮助查找原因，改进技术装备，完善保险制度，建立经济补偿机制，切莫“一棍子打死”。在全社会建立容忍失败的社会环境，才能形成鼓励创新的浓厚氛围。

5. 不拘一格的人才战略

人才是自主创新之本。能够创造技术专利的人才是非常难得的，必须广揽全球人才。深圳在自主创新方面的成功，主要在于吸引了全国人才，包括海外回归的人才。深圳有一大批公司，都是全国各地的人才带着技术成果，来这里进行工程化、产业化之后兴办起来的；有些是海外学者带着技术成果回来创业成功的。华大基因公司在基因的研究力量和研究成果方面都居于世界前列。这个公司就是一批海外归来的学者组建起来的。美国之所以在科技创新上领先于世界，一个重要原因是吸引了全球人才。美国硅谷每年新创办的企业中，有半数是由亚裔主要是中国人和印度人创办的。在这一点上我们做得还远远不够。特别是在吸引外国人才方面，我们需要向美国学习。

6. 慧眼识金的风险投资

技术创新以及技术成果的工程化、产业化，必须有风险投资机制的支持。早年，深圳市政府出资办了一个风险投资公司、一个贷款担保公司，专门支持技术成果的工程化、产业化。现在深圳成长起来的高技术企业，绝大部分在成立初期或发展的关键阶段，都获得过这两个公司的支持。在两个国有风险投资公司的带领下，20 世纪 90 年代曾有 200 多家民营风险投资公司集中在深圳，一度汇集了全国 2/3 的风险投资企业。对于一个值得投资的企业或项目，往往是政府的风险投资公司先投入一部分，民营风险投资公司纷纷跟进。现在，深圳的风险投资公司资金规模已经很大，他们立足深圳，触角已伸向其他科技资源密集的城市，发挥了溢出效应。

7. 面向全球的开放意识

科技是没有国界的，是全人类的共同财富。一个封闭的城市和国家，科技肯定落后。深圳在建立之初就以对外开放作为立足点。在扩大对外贸易中熟悉国外市场，了解全球技术进步趋势，通过引进、消化、吸收、创新，逐步拥有自主知识产权的技术。从两头在外即高技术的零部件在国外加工，产品销往国外市场，设计在国内，逐步发展到在国外设立研究机构，利用国外智力资源，走出了一条外向型经济和技术发展道路。

8. 卓有成效的知名品牌培育评价活动

以深圳市人民政府〔2003〕64 号文件为标志，由深圳工业总会牵头，在深圳成立全国唯一的推进品牌建设的政社合作平台——深圳知名品牌评价委员会，在全市范围内开展知名品牌培育评价活动。实施“重培育、轻评价”战略，“政府推动指导，企业自愿参与；社团具体组织，市场公开评价；专家现场把关，社会广泛监督”的评价机制。该活动重在鼓励企业加大对技术进步的投入，增强技术研发能力，将实施名牌战略和技术创新、技术改造与技术引进等工作紧密结合起来，提高产品的技术含量；积极采用新技术、新标准、新工艺、新材料和新设备，不断研发出适销对路的具有国际先进技术水平的产品；注意对无形资产的开发和利用，创出企业自己的驰名商标和专利技术，提高产品在国内外市场的竞争力。

深圳在全国率先出台实施品牌战略、推动品牌建设深圳知名品牌培育评价活动，从一起步就坚持“消费者认可、市场竞争中产生”的原则，并从制造业延伸到农业、建筑业、生产性服务业和生活性服务业。深圳的实践成果，已经上升为国家品牌建设的原则和要求，写入国家十年《质量发展纲要》。“深圳知名品牌”企业已经成为打造“深圳质量”的主力军，为全市经济社会发展做出积极贡献。深圳知名品牌的评选，得到了国际社会的充分肯定，世界500强的沃尔玛主动参评、联合国工业发展组织区域首席代表柯文斯亲自现场颁奖。

9. 一视同仁的扶持政策

政府的扶持政策对于提高自主创新能力和发展高新技术产业十分必要，对于处在赶超阶段的国家来说尤为重要。政府要运用减税、贴息、资本金补助等手段，鼓励企业增加技术研发投入和技术成果的工程化、产业化。银行贷款和企业上市、发行债券等，都应当向创新型企业倾斜。政府还应办好高新技术园区，办好创新型大学，根据本地主导产业发展要求，建立技术研发中心、技术成果孵化中心等。对国有企业和民营企业，在各项政策上要一视同仁。要重视发挥小企业在技术创新中的作用，对小微企业给予扶持。政府财政在其他方面应少花钱，但在鼓励技术创新上应舍得投入。实践证明，在技术创新上，有一分投入，就有一分回报。

（三）深圳带动大湾区在科技创新方面面临的问题

深圳在创新文化、制度建设、创新成果推广、社会环境、人才管理制度、竞争机制等方面能够带动大湾区的科技创新，但是在区域协同、创新价值链贯通、源头技术供给、创新人才培养等方面有待于通过组建湾区协调机制解决。

1. 湾区协同机制不完善，不利于科技创新传播

大湾区缺乏协同机制，除香港和深圳利用港深融合机制协同沟通，深圳与其他湾区城市缺乏沟通机制，这减损了深圳在科技创新方面的带动作用。在这方面存在如下问题：

一是缺乏协同，产业布局存在同质化竞争局面。除香港外，湾区内其他城市虽然同属一个省统一领导，但是，面对日益严重的资源约束、环境约束和劳动力成本约束以及当前国际经济形势，各城市均面临产业转型升级的压力。湾区内缺乏合作机制，导致主要城市都把高端电子信息、LED、新能源汽车、生物医药、新材料、节能环保等作为本市的战略性新兴产业重点发展领域，产业布局重复、同质化竞争，直接影响到深圳在科技创新方面的带动作用。

二是创新要素协同机制不完善。创新要素的协同是协同创新的灵魂，实现政产学研用各创新要素的协同，形成合力，发挥资源的最大效率是当前湾区科技创新的迫切需求。同时，受制于体制的约束，湾区内各创新要素的流动尚不通畅，各创新要素在市际层面上缺少交流与合作，亟须从体制机制上开拓创新，加大区内的协同合作。

2. 创新价值链贯通程度不够，影响深圳科技创新的带动作用

科技创新价值链是指从产生科学技术的新创思和新知识开始，经过研究开发和技术组合将新知识转化为新产品、新工艺和新服务，并进行实际应用产生经济和社会效益的价值增值过程。该过程是一个涉及多个领域，受到人力资源、资金、设备、文化、制度、法律等多种因素影响的极其复杂的循环往复的过程。科技创新价值链可以大体上分为三个主要的阶段：第一个阶段是科技成果产生阶段；第二个阶段是科技成果转化和转移阶段；第三个阶段是科技成果产生经济和社会效益阶段。

大湾区创新价值链贯通程度不够具体表现在：大湾区内的科研机构与产业结合不紧密，大多数企业没有与科研院所等研究机构挂钩；各个企业开展科研活动各自为政，缺乏沟通协同机制；政府支持建设的各类创新和服务平台未能充分发挥资源共享、服务社会、支撑产业发展的作用，运行效率低，推动产业行业技术创新能力以及联合攻关能力亟待提高；承接创新成果的转化能力弱，创新产品的开发速度缓慢；融资渠道有限，金融资本介入不足，成果产业化所需的时间较长。因此，要充分发挥深圳在大湾区的带动作用，需要建立新型的科研活动组织形态，特别是需要探索建立湾区创新与转化集群，构建重要产业完整的创新价值链。

3. 基础研究有待加强，大多数企业核心竞争力不足

深圳科技创新所走的市场导向型路径，也决定了在基础研究方面薄弱的现状。一切为了市场需求，按照市场经济规律，人们更关注短期内的效益和产出，忽视了短期没有效益的基础研究。深圳高新技术产业成长起一批龙头企业，但大多数企业为小型民营科技企业。这些企业在产品分工上，存在一个企业全产业链运行，分工不明显，大多企业没有适应国际潮流向追求核心竞争力和新型竞争战略方面转型。在核心竞争力方面相对薄弱，承担国际大型项目方面能力不足。

4. 源头技术供给不足，对外技术依存度高

深圳研发投入占 GDP 已达到 4%，与发达国家相当。然而，深圳因为发展原因，仍存在自主知识产权占有率低，对外技术依存度偏高等问题。

5. 创新人才紧缺

深圳创新人才特别是高端人才供应不足。随着企业技术创新需求不断向上攀升，深圳市科技高端人才的短缺越来越明显，不仅长期存在的高素质领军人才匮乏，就连中级技术人才都严重不足，成为制约科技创新及其带动大湾区的主要因素。

6. 科技要素与社会生产要素还不能有效结合，技术优势向产业优势转换的步伐仍较缓慢

产学研合作虽有成功的典型，但大部分比较松散，合作各方在观念、体制和机制等方面不同程度存在着不适应市场竞争要求的问题，部分科研机构、高等院校由于受到体制、管理、资金等方面因素的制约，很难做大做强。与此同时，企业与社会上存

在着大量资金和其他生产要素又苦于没有好的产业化项目而无用武之地。

7. 在知名品牌建设方面，调整政府对品牌建设工作的指导方式

历届深圳市委、市政府都十分重视品牌建设工作，品牌建设也取得了突出的成绩和实效，但是，在通过品牌建设带动湾区科技创新发展方面，还存在一些突出的问题和困难，需要政府调整对品牌建设工作的指导方式。政府和社会组织之间缺乏有效衔接，政府人力有限，推动力不足，没有与社会组织在品牌建设方面形成合力，导致推广效果没有充分显现。对知名品牌企业的政策支持力度需要加强，政府对品牌建设的资助方式有待改变，把知名品牌作为政府采购对象。

（四）对深圳以科技创新带动大湾区发展的建议——在前海自贸区建立“人才自由硅谷”

人才是科技创新的关键，从国际范围来看，吸引全球人才是美国取得科技领先地位的重要成功经验，中美经济、军事较量关键在于科技、金融和人才的较量。从中国国内来看，实现经济转型升级取决于我们的科技创新能力，“择天下英才而用之”是提高创新能力、建设创新型国家的重要举措。深圳要发挥大湾区科技创新带动、引领作用，需充分吸引国际人才，在国家刚批准的前海自贸区建立“人才自由硅谷”，打造面向全球吸引优秀人才荟萃的政策、文化和居住环境。

1. 用来去自由和更加开放的政策吸引全球人才，是深圳建设创新型城市、引领大湾区科技创新的必然选择

（1）吸引全球人才必须建立相近甚至优于美国硅谷的创新环境。美国硅谷是世界著名的高科技创新中心，“硅谷”的成功与发展，完全是以人才资源为支撑，人才资源的有效利用是“硅谷”发展的关键。

基于中国目前在人才管理制度方面存在众多壁垒，短期内在全国范围内全面放开有相当的难度。深圳有必要以硅谷为样本，设立一个旨在吸引全球人才集聚中国的“人才自由硅谷”。在“人才自由硅谷”内实行国际人才自由流动、互联网设置完全开放、鼓励人才研究自由。这是美国硅谷成功的关键，也是设立和组建的“人才自由硅谷”的意义所在。

（2）深圳已经具备吸引全球人才的基本条件。深圳作为中国最早实行对外开放的城市，已经在基础设施、政府管理和吸引外来人才方面积累了丰富的经验。经过 30 多年的积累，在制造业产业链完整性方面全球领先。这为科技创新产业的引进和发展提供了良好的基础。

深圳推出多举措吸引海外人才，提出打造国际人才自由港，将引进境外人才作为深圳市委市政府的重要任务。深圳引进境外人才大致可分三个阶段：20 世纪 80 年代

以吸引港澳人才为主，20 世纪 90 年代以引进“洋专家”为主，21 世纪大幕刚启，延揽留学人员成为主旋律。

深圳市委市政府 2012 年 11 月做出《关于努力建设国家自主创新示范区实现创新驱动发展的决定》（深发〔2012〕14 号），在发展创新产业方面已经形成了共识，深圳完全可以也应该借鉴美国硅谷的发展经验和德国吸引人才回流的案例，建设一个以吸引创新人才为追求目标的“人才自由硅谷”，让人才在“境内关外”内按照科技创新的需要运作，研究并形成一套不受现有人才政策限制和制度壁垒控制、有利于各类科技创新企业设立、运营的体制机制，有望发展成为接近硅谷的全球创新中心。

（3）目前吸引全球人才面临诸多体制、政策、法律障碍。根据调研，中国在吸引全球人才方面还存在着诸多体制、政策和法律障碍，包括国际人才管理、国际教育合作、科研成果分享、创投资金管理、涉外税收管理、企业上市安排、研发设备进口以及社会保障制度等。具体的体制障碍包括人才来了很难在短期内有专业上的突破；外籍人才的护照签证、孩子的就学、配偶的工作、社保等其他问题。要鼓励体制内的人才向体制外流动，打破人才在高校、科研院所单纯写论文的束缚，更多地服务于社会经济发展以及配套相应的保障政策。

（4）实行境内关外政策，可破除各种障碍灵活引进人才。一个国家或地区设立自由贸易园区，其目的就是为了最大限度地对外开放，促进国际贸易。一般而言，在自由贸易园区内实行的是“境内关外”的海关监管政策，并实行“一线放开、二线管住”的贸易便利化措施。

事实上，经过 30 多年的改革开放，中国在贸易领域的政策限制和制度壁垒已经不多。因此，国家在新的发展阶段，隆重推出上海自贸区概念，其所希望达到的目的远不止贸易便利化。由此，在存在诸多壁垒的国际人才开放与交流领域引入前海自由贸易园区概念，设立一个以国际科技创新人才开放、引进为主的“人才自由硅谷”，在这个园区内，采取类似于自贸区“境内关外”的监管模式，并借助于“一线放开、二线管住”管理模式，可以有效解决全部或大部分现有国际人才开放与进出中存在的各种政策限制和制度壁垒。

（5）在前海自由贸易园区当中应有一个以吸引全球科技创新型人才为使命的特殊园区——“人才自由硅谷”。在商务部门收到的全国各省市积极申报各类自贸区材料中大都以投资、贸易为主，没有一个是以国际“人才开放交流”为主题的“科技创新型自由贸易园区”。因此，从国家多元化开放角度出发，以参与国际科技创新争夺为目的，设立一个以国际人才引进为主的自贸区就显得非常必要和及时，也符合中央制定的“择天下英才而用之”的国家人才战略。

2. 深圳具备创建“人才自由硅谷”的基本条件

已形成了良好的创新文化氛围。如前所述，深圳形成了对创新失败包容的创新文化，创业者不把失败作为耻辱，而是把失败作为攀登成功顶峰的垫脚石。重视知识产权，奠定了鼓励创新法律基础。

已经形成创新企业聚集区。深圳创新企业云集，已经抛弃了抄袭、仿造的发展阶段，进入自主创新的阶段。深圳国际专利申请量国内领先地位，就更说明了深圳企业创新的积极性。

区位优势良好，交通优势突出，投资环境优越，营商环境良好，具备承接国际先进技术并向国内特别是大湾区辐射的优越条件。

基础条件好，具备一定的发展空间和潜力。这包括产业基础雄厚，科技创新实力不断增强，人力资源丰富，功能区发展日益成熟，拥有国家重点试验室等科研平台；不断加快科技体制机制创新，具备推进新型研发机构发展的政策环境。

3. 深圳创建“人才自由硅谷”的总体设想

（1）对人才实行六大自由政策。深圳“人才自由硅谷”是指依托良好的区位优势、产业优势、科技优势和人才优势，通过全面深化改革，充分发挥市场在资源配置中的决定性作用，有机整合、叠加科技创新与自由贸易区优势，通过建立良好的政策环境、自由的创新创业机制和完善的服务体系，构建一种围绕知识聚集资本、凭借技术组织生产的新机制，让一切劳动、知识、技术、管理、资本的活力竞相迸发，让一切创造财富的源泉充分涌流。使深圳成为聚集全球科技创新人才、吸纳全球科技创新资源的科技创新型自由贸易园区，实现高新技术产业的跨越式发展。深圳“人才自由硅谷”的基本内涵主要体现在以下六个方面。

第一，创业自由。创业自由是深圳“人才自由硅谷”的灵魂。“人才自由硅谷”将克服一切阻碍创业的不自由因素，形成鼓励自由创业的政策环境，最大程度地激发以国际人才、大学生为代表的年轻人和企业创业。

第二，融资自由。融资自由是深圳“人才自由硅谷”的关键。深圳“人才自由硅谷”将对符合条件的民营资本和外资金融机构开放，支持各类企业投资设立风险投资公司、私募股权投资机构和天使投资基金等风险投资机构，为创业企业提供最大的融资便利。

第三，投资自由。投资自由是深圳“人才自由硅谷”的保障。深圳“人才自由硅谷”将简政放权，实行更为有效的“投资准入前国民待遇”和“负面清单”管理政策，为各类所有制企业创造公平竞争的市场环境。

第四，创新自由。创新自由是“人才自由硅谷”的核心。深圳“人才自由硅谷”将为创新营造自由的环境，形成鼓励冒险和宽容失败的氛围，激发创新主体的创新意识和潜能。

第五，营商自由。营商自由是深圳“人才自由硅谷”的基础。深圳“人才自由硅谷”将充分发挥市场在资源配置中的决定性作用，破除阻碍企业自由经营的各种障碍，提供高效便利的公共服务，为创新企业提供最佳的栖息地。

第六，要素流动自由。要素流动自由是深圳“人才自由硅谷”的前提。深圳“人才自由硅谷”将破除阻碍人才、资本、知识、土地等生产要素自由流动的障碍，为企业自由高效地整合和配置全球要素提供最大的便利。

（2）建“人才自由硅谷”的主要原则：

第一，坚持聚集全球英才的原则。

第二，坚持对接世界创新前沿的原则。

第三，坚持充分释放改革红利的原则。

第四，坚持营造开放包容创新氛围的原则。

第五，坚持科技和金融结合的原则。

第六，坚持促进深圳经济转型升级的原则。

（3）功能定位。构建“人才自由硅谷”要立足深圳经济社会发展现状，结合全球科技创新发展和中国经济转型升级的大趋势，着眼于创新驱动发展的时代要求。坚持先行先试，加快政府职能转变，进一步深化科技体制改革，建设具有国际水准的科技创新型自由贸易试验区，成为全球科技创新人才的聚集区，成为国家创新驱动发展的战略高地，成为推进全国科技体制改革的“试验田”，成为“两岸四地”产业协同创新的示范区，成为大湾区高新科技企业的孵化器，成为深圳经济转型升级的创新驱动中心。

全球科技创新人才的聚集区。通过创建深圳“人才自由硅谷”，改革人才培养、引进、使用等机制，为创新营造自由的环境，形成鼓励冒险和宽容失败的氛围，构建一种围绕知识聚集资本、凭借技术组织生产的新机制，使深圳成为聚集世界级科技大师、海外优秀专家学者、国际行业领军人才的全球科技创新人才聚集区。

国家创新驱动发展的战略高地。通过创建深圳“人才自由硅谷”，营造有利于聚集科技创新资源的环境和生态，充分聚集和利用全球创新资源，在更高的起点上推进自主创新，力争在一些领域掌握新一轮科技革命和产业变革的核心技术，抢占科技创新制高点，形成新的战略资本和战略优势，发挥创新驱动发展的引领、示范和带动作用，成为国家创新驱动发展的战略高地。

全国科技体制改革的“试验田”。通过创建深圳“人才自由硅谷”，在科技体制改革方面先行先试，破除一切制约科技创新的思想障碍和制度藩篱，处理好政府和市场的关系，以改革释放创新活力，推动科技和经济社会发展深度融合，把创新驱动的新引擎全速发动起来，为建立健全国家创新体系探索新经验，成为国家科技体制改革和提高创新驱动发展水平的“试验田”。

"两岸四地"产业协同创新的示范区。通过创建深圳"人才自由硅谷"，探索适应于不同需求的协同创新模式，营造有利于协同创新的环境和氛围，把"两岸四地"的高校科研机构、科技企业、市场需求主体和金融服务机构等分散的资源加以集成，实现协同创新，促进"两岸四地"科研成果产业化和市场化，成为"两岸四地"产业协同创新的示范区。

大湾区高新科技企业的孵化器。通过创建深圳"人才自由硅谷"，支持各类企业投资设立风险投资公司、私募股权投资机构和天使投资基金等风险投资机构，为科技企业发展提供最大的融资便利，鼓励扶持各种类型孵化器的建设，提升孵化器的管理能力与盈利能力，降低创业者的创业风险和创业成本，加快大湾区高新科技企业科技成果转化，帮助和支持科技型中小企业成长与发展，成为大湾区高新科技企业的孵化器。

深圳经济转型升级的创新驱动中心。通过创建"人才自由硅谷"，聚集全球的科技创新资源，加快促进深圳产业向研发、设计等产业链高端环节延伸，逐渐形成以技术、品牌为核心的产业竞争新优势，成为深圳经济转型升级的创新驱动中心。

六、深圳发挥粤港澳大湾区金融创新引导作用

中国（广东）自贸区的改革开放，带动粤港澳大湾区和泛珠三角合作圈经济发展，将是中国南部经济社会发展的新趋势。中国华南、西南经济区域合作，目前正在形成四个不同层次的合作圈层，即"泛珠三角（9+2）合作圈"、珠三角（粤港澳）区域合作圈、珠江口湾区合作圈（香港、深圳、广州、珠海、东莞、澳门）、深港大前海合作圈。2014 年 12 月 28 日，第十二届全国人民代表大会常务委员会第十二次会议决定，中国（广东）自由贸易试验区的总面积 116.2 平方千米，其中广州南沙新区片区 60 平方千米，深圳前海蛇口片区 28.2 平方千米，珠海横琴新区片区 28 平方千米。

金融业在上述区域合作圈的发展很不平衡，香港、广州和深圳在金融业发展上具有最强的发展优势。深圳如何发挥在金融特别是科技金融创新上的战略优势，积极推动粤港澳大湾区金融业获得全球竞争优势，并获得可预期的战略合作结果，这将是一个需要认真研究的重大决策事项。

（一）深圳市金融业发展基本状况与四大战略优势

1. 深圳金融业发展基本状况与比较

深圳金融业发展取得了巨大成绩，也有很好的发展潜力。根据《深圳市"十二五"金融业发展规划》及有关金融数据，深圳金融业总体状况及其在全国的地位、与

广州和香港的比较如表 4－8 所示：

表 4－8　　深圳金融业状况

指标	地区	2010 年	全国排名	2013 年	全国排名	2014 年	全国排名
金融业增加值	深圳	1279	3	2000	3	2250	3
	广州	671	4	1146	4		4
	香港	2838	—	—	—	—	—
金融业增加值/GDP	深圳	13.5%	1	14%	1	15%	1
	广州	6.2%	—	7.4%	—	—	—
	香港	15.9%	—		—	15.6%	—
金融业资产总额	深圳	4.24 万	3	5.96 万	3	7.15 万	2
	广州	—	—	—	—	—	—
	香港	—	—	—	—	—	—
资本市场股票市值	深圳	8.64 万	2	8.79 万	2	12.86 万	2
	香港	21.1 万	全球 1	24 万	全球 2	25.1 万	
全球金融中心指数	深圳	654 分	14	660 分	27	697	18
	香港	760 分	3	—	3	—	3
	2014 年 3 月最新排名：香港（3）；深圳 697（18）；上海 695（20）；北京 649（59）						

说明：单位是亿元，亿港元；全国排名不含港澳台，深圳与香港比较是高或低的数量；“全球金融中心指数”是伦敦金融城编制的专业性排名权威指数，2007 年 3 月开始发布，并于每年 3 月和 9 月定期更新，评价内容涵盖人员、商业环境、市场准入、基础设施和一般性征例五大指标，香港和深圳的排名均是全球排名。

资料来源：根据统计数据和公布资料整理。

综合上述数据分析得出：深圳市金融业增加值已经排在全国第 3 位，紧跟北京和上海，金融业增加值占 GDP 比重却排全国第 1 位，与广州的距离正在逐渐拉大；深圳市金融业资产总额已经超过上海，排在全国第 2 位；深圳市在全球金融中心指数排名中居全球第 18 位，已经超过上海（第 20 名）和北京（第 59 名）；深圳资本市场市值总量虽然不及香港和上海，但是最具有发展活力。深圳金融业总体发展态势，将直接追赶北京、上海和香港，成为中国最可能发展成为全球金融中心的城市之一。

2. 深圳金融业发展具有四大战略竞争优势

深圳科技金融发展优势及对外辐射作用。深圳金融最具有战略优势的是科技金融。科技金融不同于传统金融，它是现代金融与创新紧密结合的产物。课题组实地调研了深圳市创新投资集团有限公司，发现深圳科技金融创新有三个特点：第一，该公司发展迅速，目前已经成为本土规模最大、投资能力最强、最具影响力的创业投资平台和行业领头羊，1999 年政府出资 5 亿元、吸引社会资本 2 亿元创立公司，2013 年底公司总资产 127 亿元，净资产已达 86 亿元；第二，该公司十分有力地支持了科技创新特别是产业化，到 2014 年 6 月底，公司总共投资了 509 个项目，项目上市数量达到

92 家，属国内第一，其中国内上市 54 家，香港上市 15 家，美国上市 14 家，澳大利亚和德国上市各 2 家，法国、加拿大、韩国、新加坡、中国台湾、上市均是 1 家；第三，该公司科技金融已经辐射全国，已设立 60 个政府引导资金，资金规模达到 113.7 亿元，其中中央级 2 个，分别是深圳信息产业和深圳生物产业投资基金，省级 15 个，地市级 41 个，县市级 2 个；所投项目数量深圳占 26%，全国其他地区占 73%，海外占 1%。

前海平台战略对深港金融合作给予有力支持。国务院 2010 年批复《前海深港现代服务业合作区总体发展规划》，前海的功能定位是，现代服务业体制机制创新区、现代服务业发展集聚区、香港与内地紧密合作的先导区、珠三角地区产业升级的引领区，前海成为国家级现代服务业合作示范区。国务院 2012 年颁布《关于支持深圳前海现代服务业合作区开发开放有关政策的批复》，出台支持前海开发开放政策措施“22 条”，目前 17 项支持政策已经落地，入驻企业超过 2600 多家，拟注册资本总额超 2000 亿元。目前香港企业总数的 98% 是中小企业，其中 94% 是服务业企业，截至 2014 年 9 月底，已有 600 港资企业入驻前海，占前海入驻企业的 23.1%。截至 2013 年末，前海注册入区企业超过 3100 家，其中金融企业有 1437 家，占比近五成，注册资本 1416 亿元。作为金融产业链重要环节，前海要素交易平台建设初见成效：前海股权交易中心挂牌企业 2700 多家，成为国内规模较大、影响较广的区域性股权交易市场；深圳石油化工交易所，现货交易业务累计成交金额已突破 500 亿元；深圳碳排放权交易所，在国内最先开始碳排放权配额交易；深圳农产品交易所，创新性地发布中国农产品批发价格指数。可以预见，前海平台战略的支柱是现代金融服务业，包括资本市场和要素市场，前海平台战略的将与香港形成最主要的战略合作伙伴关系。

深圳证券交易所“创业板”的网络化和国际化。深圳证券交易所“创业板”定位于促进创新型和成长型企业发展，于 2009 年 10 月 30 日诞生，截至 2014 年 10 月底，创业板共有 400 家上市公司，累计融资 2788 亿元，创业板公司总市值超过 2 万亿元，前四年整体收入和净利润复合增长率分别为 27% 和 14%；创业板还推出了一系列制度创新，设立了独立的发行上市标准，开辟了单独审核通道，率先改革了退市制度，率先尝试“非公开债券”“可交换私募债”“小额快速”等再融资制度；首创了投资者适当性管理等投资者保护制度。为实现引领场外股权交易市场和落实“一带一路”对外开放倡议，深圳证券交易所面临着三大战略任务：第一，市场化改革，目前深圳证券交易所的治理和监管需要进一步市场化改革，降低市场准入门槛，做好注册制改革；第二，国际化开放，研究与东南亚各国资本市场国际合作，特别是与香港证券交易所互通互联应该提上议程；第三，虚拟化发展，面对互联网经济金融的发展趋势，深圳证券交易所在信息科技技术上具有领先优势，应该将其交易系统和标准通过虚拟交易平台向全国推广，有力推进中国三个转变，即从“中国制造”转向“中国创造”，从“中国速度”转向“中国质量”，从“中国产品”转向“中国品牌”。

人民币国际化战略将强化深圳资本市场的创新作用。根据人民大学《人民币国际化报告 2014》，人民币国际化指数测算得出的结论，预计未来 3 ~ 5 年，人民币有望赶英超日，成为仅次于美元和欧元的全球第三大货币。2011 年，推出 RQFII 机制，目前 RQFII 境外试点地区，包括中国香港及中国台湾、英国、新加坡、法国、韩国和德国，总额度达到 7400 亿元人民币，且还在加速扩容。2013 年末，前海跨境人民币贷款备案金额近 150 亿元；2014 年年末突破 800 亿元，是上年的 5. 3 倍。在上海自贸区、深圳前海、苏州工业园区、天津生态城等试点地区，还开展了境内企业从境外银行融入资金试点。人民银行最近表示，根据实体经济的需求，将从四个方面，进一步推进跨境人民币业务，进一步推动资本市场开放：即沪港通试点；人民币合格境内机构投资者（RQDII）制度，允许机构投资者以人民币直接投资海外市场；合格境内个人投资者（QDII2）机制，允许个人投资境外市场，包括股票和房地产；允许境内企业到境外发行人民币计价的股票，并以人民币支付股息和红利。深圳作为中国第二大资本市场，具有扶持中小型创新企业的特点，依托开放和市场的双重力量，有条件做好以下四项工作：一是跨境人民币业务，二是全世界财富管理业务，三是科技金融业务，四是要素交易市场业务，深圳资本市场将伴随着人民币国际化战略发挥更大的创新作用。

（二）深圳发挥创新引领粤港澳大湾区金融作用的外部环境

金融是现代经济的核心，竞争全球货币金融体系的主导权，这是关系到中华民族伟大复兴极为关键的因素。粤港澳大湾区金融发展将深刻影响中国经济的地区和产业结构调整，影响到中国在全球金融体系中的地位，这需要我们准确把握本地区金融发展的趋势、格局和未来需要。

1. 广东金融发展的全国地位及内部发展格局

广东省委、省政府提出了建设金融强省发展战略，确立将金融业发展成为国民经济支柱产业的目标，建立了广东金融改革发展领导小组和粤港金融合作专责小组。国务院批准的《珠江三角洲地区改革发展规划纲要（2008 ~ 2020 年）》，赋予了广东省建设“金融改革创新综合试验区”的战略任务，将广东定位为“辐射亚太地区的现代金融产业后援服务基地”。广东金融业增加值排在在全国前列，2010 年为 2493. 47 亿元，占 GDP 的比重 6. 1%，到 2015 年规划达到 8 % 以上，经济证券化率达到 100% 以上；广东金融新业态走在中国前列，包括信托、财务公司、小额贷款公司、科技金融、互联网金融等；广东金融对外开放也走在全国的前列，辐射到港澳台地区和东盟 10 国。

广东区域金融发展，已初步形成“三圈”和“两中心”的内部格局。珠江三角洲地区金融一体化，确立了“广佛肇”“深莞惠”“珠中江”三个经济圈的金融合作框架；广州、深圳区域金融中心错位发展格局初步形成，广州市着力打造区域金融管理营运中心、区域银行保险业务中心、区域支付结算中心、区域产权交易中心、区域金融教育资讯中心、区域财富管理中心、区域股权投资中心、区域商品期货交易中心，深圳市积极提高金融业的国际化水平，积极稳妥地推进以资本市场为重点的金融服务体系建设，巩固和提升深圳的全国性多层次资本市场中心、财富管理中心和金融创新中心地位，在推动珠江三角洲地区和全国的金融改革开放中更好地发挥窗口示范和带动作用，到2015年，金融业增加值占GDP和第三产业增加值的比重，广州分别达到9%和13.8%，深圳分别达15%和25%；金融积聚、辐射、带动能力进一步提升；以广州、深圳区域金融中心为主体，以佛山、东莞和珠海等城市为节点，形成区域金融一体化发展的总体空间布局。

2. 香港国际金融中心地位及其面临的三大挑战

香港是排名第三的国际金融中心，与其他国际金融中心和内地城市比较，香港的相对优势在于，香港是中国最国际化、全球化的城市，拥有与国际接轨的法律制度和金融专业人才。中央政府已经部署香港作为海外人民币离岸金融中心，在中国“走出去”上发挥桥梁和平台作用。

2014年9月28日发生了“香港占中”事件，香港作为国际金融中心，却突显出三大严峻挑战。第一，海外不友好势力看准了香港金融发展的软肋，试图通过打击香港来阻滞中国的人民币国际化战略部署；第二，香港国际金融中心面临着海外和海内区域金融中心的激烈竞争，在海外包括东京、新加坡两个金融中心都拥有很强的金融竞争优势，海内包括中国台湾、深圳、广州，也在一定程度上与香港具有金融竞争关系，如果香港国际金融中心发展势头受阻，其他国际金融中心就会发展起来替代香港；第三，香港国际金融中心需要拥有更大的金融辐射腹地，但是珠三角粤港澳金融共同市场发展，面临着政府与市场关系的制度改革问题，如果政府不能从市场资源配置中退出来而同时强化社会治理的作用，建立金融共同市场就缺乏市场力量作为基础和决定性因素。

3. 粤港澳大湾区金融的战略地位和发展趋势

中国从经济大国走向经济强国，必须通过国内金融市场发展实现经济结构升级。伴随着珠江三角洲城市群崛起成为全球最重要的城市群，粤港澳大湾区金融将是全球举足轻重的金融重地，本地区金融改革发展将会引领中国金融业发展。按照广东省的战略部署，全面深化粤港澳金融合作的目标是建立“粤港澳金融共同市场”，广州南沙、深圳前海和珠海横琴开展的金融开放合作创新取得明显进展，外汇管理、离岸金融、人民币跨境结算等金融开放领域的创新取得全国领先地位，依托香港国际金融中心，科学规划、错位发展，建设以香港金融体系为龙头，广州、深圳等珠江三角洲城市金融资源和服务为支撑的具有更大空间和更强竞争力的金融合作区域。按照金融市场发展和香港特区政府引导战略，香港作为国际金融中心有利于促进中国金融有序稳健对外开放，香港作为珠三角城市金融体系的龙头，积极带动“粤港澳金融共同市场”的建设和发展。澳门地区金融也能走出一条特色之路，2001 年澳门加入了亚太区反洗钱组织（APG）和离岸银行监管组织（OGBS），2008 年国际货币基金组织的离岸金融中心评估中，获得了“符合国际标准与最佳实践基本一致”的评价，澳门金管局在“一国两币”体制和金融自由港政策下，始终坚持资本自由流动、货币自由兑换、利率市场决定、汇率与港币挂钩的货币政策，随着澳门世界旅游休闲中心和区域商贸服务平台建设进程的加快，不断推进澳门经济多元化和珠三角经济一体化发展，澳门金融业将面临新的对大陆和对海外的金融市场需求，迎来新的发展空间。

（三）深圳发挥粤港澳大湾区金融战略创新作用的措施建议

面对粤港澳自贸区和珠江三角洲经济金融一体化的发展机遇，深圳市可从如下四个方面发挥促进作用，并把战略目标锁定在推进湾区金融共同市场战略和深港金融中心战略上。

1. 粤港澳大湾区金融战略的共同目标与深圳策略

在中央、广东省和香港政府发展规划引导下，积极发挥金融监管部门和金融市场主体的积极性，实施本地区金融一体化发展战略，短期目标是建立起国家金融综合改革试验区，长期目标是建立粤港澳大湾区金融共同市场。在这样发展目标引导下，深圳市政府应该采取三个方面的措施：第一，研究发达市场经济体和香港金融市场与金融监管、政府管理的异同，根据深圳市实际发展需要推进金融市场改革，并定期组织金融机构进行交流；第二，在中央和广东政府的支持下，积极推进珠海湾区金融综合实验区建设；第三，在金融对外开放上，应与香港形成战略合力，共同与东盟等国金融部门实施战略合作，促进香港和深圳两地金融界共建国际金融中心。

2. 粤港澳大湾区金融共同市场的市场主导作用

粤港澳大湾区金融共同市场是本地区金融机构未来发展的长期目标，从经济业态上包括传统的银行、证券、保险等金融业，也包括科技金融、互联网金融等金融新业态；从金融开放上包括对社会资本开放和资本账户开放。深圳市科技金融走在中国金融业的前列，完全可以发挥本地区科技金融中心的作用，在资本项目对外开放和汇率、利率市场化改革方面，深圳市也具有十分典型的作用，在向粤港澳大湾区金融共同市场迈进的过程中，深圳市金融机构可以把科技金融和对外开放作为战略支点，逐步获得珠三角地区金融一体化发展的独特竞争优势。

3. 正确处理各级政府关系是大湾区金融战略关键点

推进珠江三角洲综合改革试验区和粤港澳大湾区金融共同市场，正确处理各级政府关系是一个关键点。按照中国金融改革和金融发展规划，政府主要发挥宏观调控、市场监管、公共服务社会治理和环境保护五个方面，市场在资源配置中发挥决定性作用，凡是依靠市场机制能够带来较高效率和效益，并且不会损害社会公平和正义的，都要交给市场，政府和社会组织都不要干预。为此，我们建议，中央金融监管部门应积极探索本地区货币政策和金融市场统一负责，首先在自贸区然后在大弯区，建立起可以与新加坡国际金融中心进行有效竞争的国际化监管体系。

4. 筹建民间“粤港澳大湾区金融战略合作委员会”

深圳和香港有 7 家世界 500 强的金融机构，深圳有平安保险和招商银行，香港有汇丰银行、友邦保险、恒生银行和东亚银行。以这些金融机构领导人为主，增加中央、广东省金融监管部门的研究者和社会专家学者，筹建民间“粤港澳湾区金融战略合作委员会”，工作地点设在深圳，发挥如下职能：第一，发挥交流沟通作用，共同应对本地区金融一体化发展中存在的制度性问题、失信问题和风险问题；第二，拟定粤港澳湾区金融共同市场行动方案，经粤港澳金融监管委员会批准后组织实施；第三，发挥监督政府和监管机构的作用，曝光干预金融市场的不当行为。

（四）建议国家把深港国际金融中心建设和国家海洋金融创新战略提上议事日程

1. 香港和深圳合作竞争亚太金融中心地位

从全球战略角度分析，深圳市金融业综合竞争力正在稳步提高，深圳和香港能形成合力的话，深港金融中心就会超过新加坡和东京，成为亚太国际金融中心，对中国“一带一路”开放战略发挥资本推动力；从国内竞争角度分析来看，国家战略与政策应与金融市场力量形成合力，而不能忽视这样的现实可能，即深圳与香港联合发展竞争更加具有全球竞争力的国际金融中心。中国中央政府应该反思，执行上海国际金融中心国家战略需要竞争，以便形成市场和政府力量更好统一的局面；如果中央政府采取“赛马”办法，把赋予上海金融中心的支持政策平等授予深圳，深圳和香港合作将会更有能力竞争全球国际金融中心。

2. 深圳和香港合作实施国家海洋金融中心创新战略

美国和新加坡是国际海洋金融业的领先国家，以大众海洋理念为基础的海洋金融业，是以金融手段（包括海洋基金、海洋旅游投资、海洋类股票、海洋投资信托、教育投资、船舶与渔业保险、海洋类债券等方式）鼓励大众参与并从中获益的金融服务业，进而形成“投资海洋，受益海洋”的全民海洋理念。海洋金融中心，是指海洋经济发展到一定阶段，以一个或几个地理条件优良、交通网络发达、城市经济外向度高的现代化城市为载体，有较广泛的经济腹地，有一定规模的海洋产业和涉海企业集聚，并为其提供海洋金融支持和海洋金融服务的区域中心。建设海洋金融中心，有利于带动海洋经济和国内经济发展，有利于促进产业升级和区域一体化，有利于提升中国在海洋资源开发、航运贸易活动等海洋权益方面的国际地位，有利于中国在世界海洋政治经济领域建立新格局和新秩序。深圳和香港合作实施国家海洋金融中心创新战略，合作发展全球航运中心和航运金融，应该写入中国“十三五”发展规划。

七、深圳在未来大湾区互联网经济中的作用

当前是互联网经济迅猛发展的时代，互联网正在迅速改变人们的生产方式和生活方式。不仅从第一产业、第二产业到第三产业，都有互联网的高度渗透，而且互联网正在快速渗透到人们的生活中去，从而将生活中的方方面面联系到一起，定义着人类未来的新生活方式。互联网最终将改变整个世界的经济社会面貌。当下及未来，互联网经济是未来粤港澳一体化的重要支撑，也是粤港澳大湾区经济发展的重要引擎。

（一）互联网经济的发展态势

互联网不仅仅是一个媒介、一个渠道，也不仅仅是一个延伸自身价值和影响力的锦上添花的工具，更深刻的意义在于它是一种重构世界的结构性力量。互联网正在改变生产、交换、分配、消费等经济活动基本形态，重塑经济运行中的物质流、价值流、信息流的基本结构和流转方式，聚集、激活、重组经济基本元素，使之产生区别与传统生产方式的新价值。由此，互联网经济不仅改变了传统经济，而且加速了经济全球化过程，是一种新型经济。

1. 全球互联网经济的发展现状与趋势

互联网经济规模、潜力巨大。2010 年，全球互联网经济规模在 2.3 万亿美元左右。据美国企业管理咨询机构波士顿咨询集团预测，到 2016 年，全球互联网经济规模将达 4.2 万亿美元，网民数将达 30 亿，相当于全球近一半的人口属于网民。波士顿咨询集团认为，未来网民增长将主要来自新兴市场，而非发达国家，预计 2016 年中国将有 8 亿网民，比美国、法国、德国、印度、日本和英国的网民数总和还要多。

经济运行互联网化明显。企业信息化正在面临变革，传统的企业 IT 服务正在向“新 IT”转型。这种转型主要表现在三个层面，一是从桌面转向移动 + 桌面，二是从企业级应用软件转向 SaaS 服务，三是企业网络从传统数据中心架构转向可弹性扩展的

云服务架构。企业的 IT 支出正在从传统支出转向云计算和云服务。Capital IQ 对 EMC，IBM，ORACLE，SAP，微软，思科等 6 家传统老牌 IT 技术企业，和 36 家云计算上市企业的历年收入的跟踪研究表明，传统 IT 服务企业的成长正在减缓，而云服务企业保持了较高的增长速度。

互联网投资复苏。美国资本市场已从 2008 年经济危机中全面复苏，IPO 活跃，成为风险资本最重要的退出渠道。互联网企业 IPO 退出时的市值越来越大。Linkedin 2011 年 5 月上市时市值 79 亿美元，2014 年初达到 190 亿美元，Facebook 2012 年 5 月上市时市值 1152 亿美元，2014 年初达到 1664 亿美元。包括在中国，京东上市时市值已经高达 297 亿美元，小米还未上市，一级市场估值已超 400 亿美元。受经济复苏及 QE 退出等多种影响，资本市场对美国经济中长期看好，尤其是互联网板块在 2013 年普涨，这一趋势在 2014 年 3 月中旬达到顶峰。

互联网应用新概念层出不穷。近几年，随着新一代信息技术的重大突破和广泛应用，作为以互联网应用为基础的互联网经济孕育了迅猛发展的种子。不少新概念、新理念不断被提出，并迅速在世界各国传播，引起了国际社会的广泛高度关注。如德国提出了“工业 4.0 战略”，推动互联网技术向生产各个环节广泛应用，开辟信息技术在制造领域新的应用场景；3D 打印技术已经在世界各国广泛传播和应用；美、欧、日、韩、新等发达经济体，在过去发展数字城市的基础上，将“智慧增长”“智慧城市”“智慧国家”作为国家和区域的重要发展战略；等等。

2. 中国互联网经济的发展状况与趋势

据麦肯锡全球研究所 2014 年的数据，2013 年，中国互联网经济整体规模达到 6004.1 亿元，预计到 2017 年，互联网经济规模将达到 17231.5 亿元，到 2025 年，互联网经济将在中国的 GDP 总体增长中占据 22% 的份额。中国的数字转型才刚刚开始，这意味着在今后几年里，中国将从根本上改变其商业模式。

（1）中国的各行各业将借助互联网技术开拓市场和用户。从在线营销和供应链管理的采用，到诸如大数据分析和物联网等尖端创新，中国的各行各业将借助互联网技术实现新飞跃。中国庞大的人口为互联网带来巨大的发展红利，根据 CNNIC（中国互联网络信息中心）发布的第 34 次《第 34 次中国互联网络发展状况统计报告》，截至 2014 年 6 月，中国网民规模达 6.32 亿，半年共计新增网民 1442 万人。互联网普及率为 46.9%，较 2013 年底提升了 1.1 个百分点。截至 2014 年 6 月，中国手机网民规模达 5.27 亿，网民中使用手机上网的人群占 83.4%，PC 网民规模 80.9%，手机网民规模首次超越传统 PC 网民规模。从对互联网的使用看，电子商务、即时通信、搜索引擎、网络视频等互联网应用的用户群不断扩大。互联网正在从根本上重构中国人的生活方式，由此带来巨大的商机。

截至2012年，中国的中小型企业只有约1/4开始使用互联网从事诸如采购、销售和市场营销等工作。而当它们上网之后，它们与规模更大的企业一样都能优化业务运作，找到新的协作途径，并通过电子商务扩大企业的影响范围。这些类型的变革正开始传遍高技术部门之外的传统产业，从而转化成更为快速的生产率增长。除对GDP和生产率的影响外，互联网还可为经济内部不透明的角落注入透明度。例如，新的互联网工具能帮助放贷机构用比以往任何时候都要详尽和周密得多的方式收集和分析信用历史。这将削弱不良贷款不断上升的势头，并使更多资本流向效率更高的企业，从而迫使大大小小的企业提高它们的竞争力。

下一个数字发展阶段无疑将会带来风险和破坏，但通过释放企业的生产率潜力，互联网可帮助中国实现其走向更可持续的经济模式的目标。

（2）互联网为经济创新提供高效有益的帮助。互联网行业以创新、开放和融合的姿态，全面渗透家电、金融、医疗、教育、旅游、娱乐等各个传统领域，打通线上线下的商业活动。蓬勃崛起的互联网经济成为引领消费、扩大内需的绿色增长新引擎。五年前，热销电视机可能是三星或长虹；现如今，人们可能会用乐视或小米取代它们。

近年来，中国成为制造大国、贸易大国、外汇储备大国，这些成绩彰显了中国作为新兴大国的雄厚实力和在全球经济中举足轻重的地位。过去依靠工业崛起的中国如今正迈入后工业社会的信息时代，汹涌而至的网络经济大潮将为今后增长提供新一轮动力。未来，中国或将摘取另一桂冠——互联网大国，中国经济“奇迹”仍在延续。

就目前形势而言，新兴国家若想在全球移动互联网产业中占领一席之地还是十分艰难的。新兴市场国家需要加快产业战略布局，努力突破核心技术及专利缺乏等突出问题。加快自主研发及构建由软、硬件及内容提供商共同组成的垂直生态系统，推动产业格局的良性创新发展，以赢取在移动互联网产业的话语权。

3. 未来四大互联网产业

未来中国互联网产业发展趋势包括四个方面：一是网络基础设施；二是包括电子商务在内的信息消费；三是以云计算、物联网、大数据技术为代表的新兴网络技术；四是网络安全。

（二）大湾区互联网经济的现状

粤港澳大湾区是中国互联网经济的领头羊。在互联网发展进入移动互联网占主导地位的移动互联网时代，在中国移动互联网产业“南北呼应，西部崛起”的空间分布中，大湾区凭借终端制造的巨大优势，稳居中国移动互联网产业产值的领先地位。

2012 年，以广东、深圳为中心的珠三角地区移动互联网产业产值达到 3087. 14 亿元，占当年中国移动互联网产业整体规模的 32. 1%。

广州。广州是移动互联网产业的南方基地，运营资源优势明显。广州是中国国际互联网出口之一和三大电信枢纽互联网交换中心，3G 信号的覆盖范围达到了全市 95% 以上的区域，拥有全国最高的手机上网率。广州具有发展互联网很好的条件和基础设施，可以说同样具备发展移动互联网的先天优势，中国移动、中国联通、中国电信分别将自己的主要业务基地落户广州。2011 年，广东移动宣布将在未来五年投资 20 亿元打造 20 个 IDC（Internet Data Center，互联网数据中心），并通过开放模式和腾讯、百度、土豆网、京东网、凤凰网、宜搜、创新工场、UC 优视、晨兴等互联网相关企业共同协作推动移动互联网市场发展。此外，广州也拥有像网易这样的互联网巨头。这些龙头企业在互联网领域的带动作用十分明显。

深圳。移动互联网产业的制造中心，全产业链的产值高地。深圳作为中国移动互联网产业的产品中心城市，其产品范围包含了智能终端、平板电脑、GPS、移动内容服务、移动应用软件等。如果把北京比作产业链的高端决策者，引领着整个移动互联网产业链的发展，深圳则是最终实现产业价值的移动互联网产值高地。据统计，2012 年全球手机总出货量超过了 17. 4 亿部，其中深圳的终端厂商的出货量占 1/4 左右，中国最大的两家通讯企业华为和中兴通讯已经进入全球手机销量的前 10 名。深圳集中了中国超过 70% 的手机制造商、超过 60% 的终端研发设计厂商、超过 92% 的全国手机渠道商，手机的生产零部件配套率超过了 98%。在移动应用内容服务方面，腾讯作为中国最大的 OTT 服务商，在 2G 时代就与中国的电信运营商开展了移动互联网业务的合作。现在，腾讯更是积极拓展移动互联网业务，不断地将成熟的互联网业务迁移到移动终端上来，在手机游戏、移动电子商务、手机支付等领域具有很大的优势。在产业园区方面，位于蛇口的移动互联网产业园已完成招商，有望成为深圳移动会联网产业发展的新亮点。

香港。2013 年互联网监测机构 Speedtest. net 发布的全球宽带下载速率报告称，中国香港以 71. 03Mbps 高居榜首，中国内地的下载速度为 16Mbps，排第 43 位。香港是大湾区最早完成 3G 网络的基础建设和商业化的城市。加上香港市民普遍的高购买能力，以及免税带来的电子产品低售价，香港的智能手机普及率非常高。2013 年，香港更是提前步入了 4G LTE 时代。然而，2000 年的互联网泡沫给香港互联网经济的打击不小。香港的互联网经济目前缺乏资本、政府、企业、人才等各方面的支持，逐渐被同区域的广州、深圳追赶。

大湾区互联网经济以智能终端制造业为主。位于该区域的广东省拥有较为完备的移动互联网产业链，在移动互联网软件、网络设备及终端制造、互联网应用等多个领域具备优势。深圳在移动互联网产业拥有像华为、中兴等实力较强的通信设备制造商，产业基础雄厚。同时，深圳拥有众多的手机制造商，是中国最重要的手机制造基地，2012 年出货量接近全球规模的 1/3 左右。深圳也是全球重要的平板电脑生产基地，拥有富士康这样实力雄厚的代工企业。在移动软件和应用方面，2011 年年底，阿里巴巴集团国际运营总部和商业云计算研发中心两大项目正式落户深圳；而腾讯深汕云计算数据中心也于 2011 年年底在深圳汕尾特别合作区举行了奠基仪式。移动互联网排行前三位的龙头企业齐聚深圳，共同推动移动互联网软件和应用的发展。

2011 年 8 月，由 30 多家知名企业和科研机构共同发起的深圳移动互联网产学研资联盟正式成立，形成了政府、企业、高校、科研机构、资本联动的运营态势。该联盟利用自身资源，结合国家产业重点和布局，打造产业规划和市场研究、公共服务、资本对接等平台，并设立 10 亿元的产业投资基金，支持有发展潜力和市场开发前景的移动互联网项目，推动了深圳及大湾区移动互联网产业的发展。

（三）深圳发展互联网经济存在的问题

互联网经济是在近几十年信息技术蓬勃发展的结果。由于发展时间不长，难免有这样那样的问题。深圳是中国互联网经济的领头羊，有互联网经济发展先进的地方，也集中存在着互联网经济发展的各种问题和不足。

1. 创新服务功能需提升

作为全国经济中心城市和重要的高新技术产业中心，深圳国家级技术工程中心、国家重大工程项目、国家重点实验室等数量少；与世界著名的科技创新城市相比，深圳由世界科学技术领军人物主导的实验室更是太少，国际化创新资源配置能力较弱。城市创新服务功能不足，给互联网经济发展带来了制约。

2. 专业人才吸引力不足

互联网经济是依托信息高新技术的经济形态，需要高水平专业人才予以支撑。但深圳人才自给率低，人才资源主要依靠引进。随着国际国内对人才的争夺日趋激烈，内部人才环境优势有所下降，人才发展面临来自外部和内部的双重压力。居住成本上升较快，薪酬相对优势下降，是当前制约深圳引进人才的首要因素。加之深圳高校、科研院所等人才载体较少，自身培养的专业技能的人才还是很少，又存在科研配套、专业服务、公共服务等短板，对高层次人才和团队的吸引力仍然存在不足。2010 ~ 2013 年，深圳人才调出与调入比例由 3.5% 上升至 6.05%，九成以上为高学历的年轻毕业生。

3. 互联网安全隐患问题

中国基础网络安全防护水平已有较大改进，但仍存在诸多信息系统安全风险，尤其是 DNS 面临安全漏洞、DOS 攻击等威胁，从而引发一些安全风险。2013 年工信部组织开展了防治治理黑客地下产业链专项行动，及时处置木马僵尸网络等网络攻击威胁，但网络设备后门、个人信息泄露等事件依旧频繁出现，表明公网环境仍然存在较多安全问题。虽然专项行动下中国境内感染主机数量总体略有降低，但感染远程控制类木马的主机数量有小幅上涨趋势，这对用户主机极具危害性。移动互联网恶意程序数量正呈现出大幅增长态势，恶意程序的制作、发布、预装、传播等初步形成一条完整利益链条，移动互联网生态环境亟须加强管理。2013 年的互联网与金融行业深度融合，以余额宝、现金宝、理财通等为代表的互联网金融产品市场火爆。但与此同时，钓鱼攻击也呈现跨平台发展趋势，在线交易系统防护稍有不慎即可引发连锁效应，影响金融安全和信息消费。政府网站因其公信力高、影响力大，容易成为黑客攻击目标。相对部委网站而言，地方政府网站更易遭受攻击。国家级有组织网络攻击行为显著增多，给国家关键基础设施和重要信息系统带来严重威胁和挑战。

4. 互联网金融发展问题

互联网金融近两年在中国快速发展。深圳是中国互联网金融最活跃的地区之一。2013 年深圳金融业实现 2008.16 亿元的增加值，深圳金融业以不足全市 1% 的人口，创造了近 14% 的 GDP 和超过 16% 的税收，巩固了全国金融中心城市的地位。但是，由于互联网金融是一个新生事物，深圳互联网金融发展面临着与其他省市共同的问题。

（1）信用问题。互联网金融发展迅速的一个重要原因就是交易成本较低，信息交易成本比较小。但是这也就相应地导致了信息交易的违约成本较低的问题。目前，中国的居民、企业信用体系并不完善，这进一步加重了互联网金融业发展中的安全威胁。此外，信用信息缺乏交流还可能导致互联网金融公司在独立获取客户信用信息和财务信息的过程中时效性较差，时滞较长，从而诱发恶意骗贷、借新还旧等风险问题。国内个人信用体系尚不完善，个人征信系统起步晚、发展滞后的情况造成了发卡行的被动，不利于互联网金融的大规模发展。

（2）网上支付技术落后。目前阶段，中国的金融业支付系统以及支付工具水平较低，网络金融业的管理体系和管理方式落后，出现了网上支付系统难以满足互联网金融的一系列问题。互联网金融最重要的是交易速度的快速提升，但是由于目前国内各家银行间的网银支付工具不能通用，所以导致了交易过程中不必要的繁琐过程。另外一个重要问题是转账支付速度的不统一，往往客户使用卡对卡转账可以短时间内完成，但是使用不同银行的卡号转账则需要手续交易费用和转账时间的延误。

（3）金融监管体制的不适性。互联网金融的发展模式是混业经营，但是中国金融管理体制实施的是“分业经营，分业监管”形式，这种分业监管的形式在当前阶段虽然能够适应中国其他行业的发展，但是伴随着中国市场经济的快速发展和互联网金融发展地位的提高，中国这种金融管理体制显然不能够适应发展的需求，其主要有两个方面的不适应性：一是不适应外来金融投资需求，导致不公平竞争状况的发生；二是互联网金融的发展业务多样化，分业监管必然会大大降低发展效率，阻碍发展速度。

5. 法律制度问题

中国的网络立法相对滞后，无论在立法的数量上还是在立法的层次上，都与现实需求有不小的差距。在维护国家网络信息安全、加强网络内容管理、规范电子商务活动等方面，还面临着法制不健全的困难或尴尬。上述法制问题增加了互联网经济发展的风险。

（四）深圳在未来大湾区互联网经济中的作用

实践证明，互联网不仅是一种科学技术，更是一种思维观念。这种技术观念拥有无穷的经济发展推动力。深圳互联网技术水平全国领先，基础实力雄厚，发展潜力巨大。未来需紧紧把握世界科技革命和产业变革的重大机遇，充分发挥和利用互联网这一已有优势，大力发展深圳自己的互联网经济，继续引领和带动周边地区经济发展，为大湾区经济注入源源不断的内生动力。根据深圳现有基础和未来发展前景，深圳应在以下四个方面发力。

1. 大数据

大数据是互联网经济的最重要“原材料”，对数据的收集、加工、处理、应用构成了盈利的源泉。深圳作为全国性的金融中心及高新技术企业较为集中的城市，很多企业对于大数据的应用水平均走在国内的前列，包括腾讯、平安集团、中信银行和招商银行等知名企业，其大数据的应用实践已经为其企业的业务发展带来了显著成效。深圳在生命科学研究、应用方面走在世界前列。如截至目前，深圳国家基因库样本量已达 130 万份，其中人类样本 115 万份，动植物、微生物等其他样本 15 万份，截至 2013 年底，预计实现 1000 万份可溯源生物样本的存储，2015 年年底实现 3000 万份生物样本的存储。充分发挥和利用大数据发展这一独特优势，将为深圳互联网经济发展开拓崭新的领域，其市场潜力和发展空间也是无限大的。

2. 云计算

根据美国麦肯锡公司的研究成果，云技术有望促使全球企业增加三万亿美元信息技术支出，并具备为数十亿消费者和百万计的企业创造新的在线产品和服务的潜力。从深圳的实践看，云计算技术应用对推进政府职能转变，提升政府监管市场、参与社会协同共治的技术能力，以及建立现代城市治理体系，建设智慧型城市有良好的推动作用。目前，深圳已经建设成立国家超级计算深圳中心（深圳云计算中心）、深圳云计算国际联合实验室以及深云协云计算专家委员会等，为云计算发展奠定了实力雄厚的硬件和软件基础。随着互联网经济迅猛发展，进一步发展云计算平台，立足深圳，服务全国和东南亚地区，将深圳打造成为技术先进、功能齐全、服务一流的国际化“云计算中心”势在必行，条件具备。

3. 物联网

物联网产业是当今世界经济和科技发展的战略制高点之一，它被称为继计算机、互联网之后世界信息产业发展的第三次浪潮。作为新一代信息技术应用的重要方向，正处于快速发展阶段。一方面，物联网被应用到公共安全、城市运行管理、公共交通等领域，而政府则是这些公共管理与服务市场的最大消费者，因此政府部门的直接采购将成为物联网产业的最终消费主体。另一方面，政府将通过政策促进企业在电力、农业、医疗、环境方面的智能化需求，从而带动企业在物联网产业方面的消费投入，间接地促进物联网产业的发展。据了解，2011 年，全国物联网产业规模超过了 2500 亿元，预计 2015 年将超过 5000 亿元。

深圳被认为是物联网产业兴起以后，有条件成为全国最先进行物联网尝试的地区和城市。深圳市的研发水平和通信业水平都相对较强，且多项高技术产业，如光纤入户、IPV6 等，都将深圳市作为试点，深圳市抓住这个机会大力发展物联网服务产业，并于 2010 年建立了属于国家“863 计划”的国家超级计算深圳中心（深圳云计算中心），并致力于建设面向全国乃至东南亚的云计算服务中心；深圳已提出大力发展智能交通、智能医疗、智慧社区以及建立物联网应用示范产业区的规划，成为全国最先建立物联网应用示范区的城市。如此鲜明的优势和良好的发展基础，深圳应充分发挥利用，以奠定物联网方面的领先地位，发挥带头羊作用。

4. 移动互联网

根据美国麦肯锡公司的研究成果，移动互联网革命有望实现实时交流并提供极为便捷的信息服务，2025 年可以达到 3.7 万亿～10.8 万亿美元的产业规模。位于深圳的腾讯公司是移动互联网应用的典型代表，其旗下的即时通讯软件 OICQ 是中国最早、用户规模最大的即时通信软件。之后腾讯公司一直注重技术，不断推陈出新，这也使 QQ 目前还稳稳占据该行业老大地位。目前中国即时通讯市场份额大约是：腾讯 QQ 居首，大约占据了市场 80% 以上的份额。更为值得关注的是，目前，腾讯推出的微信等业务在只要有无线局域网的地方就为用户免费使用，培育了大批用户，如果将来开展新的收费业务，潜在用户规模巨大，创造的经济效益也将是巨大的。

（五）政策建议

综上所述，互联网经济前景广阔，相对其他省市，深圳在发展互联网经济方面拥有独特的基础优势。深圳应着力做好互联网经济发展工作。

1. 打造“互联网经济特区”

深圳是中国改革开放以来第一个经济特区。改革开放30年多年来，凭借“特区”的政策优势，深圳创造了经济腾飞奇迹，成为中国改革开放的成功典范。现在这一“特区”政策优势几乎已发挥殆尽，几无潜力可挖。互联网是一种能够跨越国界、行政区域界线的现代技术，并且可以延伸到地球上的每一个角落。因而，互联网是一个地方开放发展最有力的工具。在全球互联网经济大潮汹涌而来的时候，深圳应充分发挥互联网基础优势，努力发展互联网经济，打造“互联网经济特区”。“互联网经济特区”的“特”不是政策上的“特”，而是互联网技术上的“特”，进而是由互联网固有的互联互通属性带来的人们思维观念上的“特”。具体说来，互联网经济特区的“特”体现在：一是深圳经济是以互联网为基础支撑的经济；二是形成互联网企业高地，即能够集结不同领域的互联网企业、技术和人才；三是传统行业互联网化程度高；四是消除现有互联网经济发展的政策壁垒，加速“互联互通”。五是互联网延伸到全国乃至世界各地，深圳是互联网技术的领先者和重大影响者，是信息流的核心集散地。只有抓住做好互联网经济的这些“特”，使深圳在互联网经济发展中始终保持龙头地位，引领、带动、影响大湾区乃至全国各地互联网经济，深圳“特区经济”才能永续存在，“特区”能量才能源源不断。打造这个“特区”深圳完全具备条件。

2. 政府统筹规划，理顺产业脉络

互联网本身产业链涵盖内容广泛，产业链的上下游涉及终端涉及与制造、平台软件、应用服务与内容分发等多个领域。目前全国各区域纷纷试水移动互联网产业，但各区域对互联网的产业认知不完全，一方面没有结合当地的产业优势，另一方面没有从整个产业链的角度出发，从而导致移动互联网布局缺乏体系。

作为市场调节者的政府部门，需要充分发挥产业布局的职能作用，从宏观层面和整体产业链的视角来进行全局规划，各地区的政府部门需要依托自身的资源能力，寻找合适的市场定位，找准优先发展的领域，按照不同地区的实际情况，利用政府的宏观政策来推动移动互联网产业结构的优化和升级，依托重点方向来推动整个产业的共同发展。所以建议，政府部门首先要精准把握产业链细分领域中各参与方的核心能力与资源配比；其次要集结产业链各方的优势，引导好产业链的关键资源，力争通过最小化的资源投入，实现最高效的资源利用和资源配置，从整体上推动产业的统筹规划布局。

3. 地方行业同步推动互联网应用

应用是互联网产业的灵魂，丰富多彩的应用于业务是保证移动互联网产业永续发展的“不二法门”。要保证移动互联网产业的持续发展，就要求有持续的创新能力。

借力应用拉动，应该从纵横两个方向着手。横向方面，首先是要研发推广有广泛潜在用户基础的应用；更重要的是要借助地方政府的“无线城市”“智慧城市”等战略，从大战略、大应用角度出发，携手地方政府共同促进产业前行。纵向方面，主要是指行业信息化给移动互联网带来的产业机会。近年来，交通、教育、金融、能源等传统行业信息化需求高涨，这给互联网的发展带来了巨大的产业机会。交通行业信息管控的智能化移动化要求，教育行业校方、家长、学生、用人单位等主题的不同需求，金融行业的便捷性、安全性需要等，无一不是移动应用的产业机会。此外，企业级的移动应用市场也不容忽视。

4. 提升载体素质，推动产业集聚发展。

在互联网产业格局的布局策划中，通过提升园区、基地、科技谷等载体的素质，推动移动互联网产业有机整合、聚集发展是非常重要的一环。通过提升载体软硬件配套服务、加强知识产权、公共实验室和应用孵化等公共平台建设，完善产学研用合作体系，引进优势企业等方式方法，可以培育移动互联网产业集聚，提升区域移动互联网产业总体竞争能力。另外，载体建设还需做到：结合本地产业特色，发挥区域比较优势，借鉴国际先进经验，善用各方资本力量。对于后两点，可通过国际合作来学习外企优秀的运营模式、商业模式和管理经验，也可通过科技基金、专项资助、天使投资人、风险投资基金、战略投资者、公开募股、合作并购等多种资本手段加强区域企业实力。

此外，载体建设还需要加快完善通信基础设施的建设，推动信息网络演进升级，推动信息网络宽带化进程，为互联网产业的迅猛发展铺设高质量的宽带基础网络。

八、深圳在粤港澳大湾区生命健康业中发挥引领作用

21 世纪，世界进入了一个不同民族文化交互融合的新时代，生命健康产业将成为最有发展潜力的大产业。粤港澳大湾区是世界经济重心亚太地区受到高度关注的发展地区，也是一个“未富先老”的老龄化社会。深圳在粤港澳大弯区大健康产业发展中，可以发挥重要引领作用，这将对人类社会文化融合产生示范作用。

（一）生命健康产业是 21 世纪发展创新的主旋律

塞缪尔·亨廷顿提出：“我们正经历着一场文化地震——文化全球化，它几乎涉及地球的所有地方，文化全球化既不是一种简单的承诺，也非一场简单的巨大威胁，而是一种文化层面的多元化挑战，原先被认为是不成问题的传统如今陷于崩解，信念与生活方式出现了多种选择。”（塞缪尔·亨廷顿、彼得·伯杰著，康敬贻译，《全球

化的文化动力：当今世界的文化多样性》，新华出版社2004年版，第1页）。粤港澳大湾区的战略布局，首先要考虑全球文化融合的发展大趋势下，哪些未来产业具有重要引领作用。

1. 粤港澳大湾区在世界文明融合中的价值选择

粤港澳大湾区是中国改革开放最前沿地区，经过30年的发展，已经成为东西方文化融合的最前沿的板块交合地区。粤港澳大湾区文化具有显著的地区特色，已经具有全球性的多样性，主要体现在具有很高的香港法制文明，深圳培育出了创新文化，广州呈现出多元文化特色。

在21世纪，粤港澳大湾区融合创新出一种“求同存异”的新文化，并为未来全球化居民所接受，这不仅直接关系到本地区经济、政治、社会发展的大计，而且关系到世界文明融合中“中华文化”的价值定位。香港迪士尼乐园，充分展现了西方、东方各种不同文明，并且成为一个可以持续经营的文化项目，这就为本地区文化产业和生命健康文化发展提供了借鉴。

2. 生命健康重要保障因素是生态文明的发展

党的十八大报告中，提出了建设以环境保护和可持续发展为主题的生态文明。中国环境污染，包括水、空气、土壤、大气变暖、化学物质、声音和光等各种污染和环境事件，在各地已经不同地出现了，开始严重影响中国居民的生活质量。如何建设生态文明，已经成为经济全球化一个涉及全球发展的重大问题。人类生命健康的主要影响因素，在经济发展的起飞阶段是温饱问题；在从经济起飞向全面小康提升的发展阶段，就是以环境和可持续发展为核心的生态文明问题。

根据中国《国家环境与健康行动计划（2007~2015）》，环境保护部于2013年发布了《中国公民环境与健康素养》，提出了8条基本理念，即良好的环境是生存的基础、健康的保障；健康的维持、疾病的发生与多种环境因素相关；环境污染是影响健康的重要因素；环境污染造成健康危害的大小与暴露程度有关；老人、孕妇和儿童对环境危害更敏感；环境与健康安全不存在“零风险”；重视自我防护可预防或减轻环境污染带来的危害；每个人都有保护环境、维护健康的责任。

3. 健康价值：生命健康业需要世界性颠覆式创新

世界卫生组织很早就提出了“全民健康”的人类发展愿景和蓝图，根据Whitehead M. 和 Dahlgren G. 的研究的结果，影响人类健康的主要因素有四类：第一类是个人先天因素，包括年龄、性别、遗产和免疫力状况，这类因素是个人难以改变和控制的；第二类是个人生活方式，包括饮食、运动、吸烟、饮酒和性行为等，这类因素是人能力可以控制的；第三类社交和社区网络，良好的社交关系包括家庭、朋友和社区的支持，能帮助我们面对挑战和逆境，在健康出现问题时可发挥支援作用；第四类是一般的社会、经济、文化和环境状况，这里包括许多因素，而且都是相互影响的，个人力量是难以控制的，需要综合和多元化的公共卫生措施和健康政策才能对全民健康产生正面影响。

目前，粤港澳大湾区的绝大多数居民，已经把健康视为生活幸福的最主要因素之一。但是受经济发展阶段和现有经济结构的影响，包括环境问题、社会分工不合理、全民健康的理念与公共政策缺乏等因素，全民健康发展蓝图还不能成为本地区当前阶段发展重点。面对未来“十三五”时期，粤港澳大湾区迫切需要以大数据为核心的信息技术和生命科学技术的支持，需要全民文化理念和公共政策的支持，需要医疗和健康产业升级的支持。可以预见：21世纪将会出现生命健康和生态文明的颠覆式创新，而粤港澳大湾区经济发展正处于这样一个挑战与机遇共存的重要时期。

（二）粤港澳大湾区生命健康业发展的基本现状

综合评估粤港澳大湾区生命健康和生态文明发展现状，我们发现，这是本地区一项较为薄弱的战略性任务，本地区大健康产业发展面临的挑战和机遇都是空前的。

1. 广东生命健康业和生态文明发展现状

广东省环境保护工作取得了很好的成绩，2008年出台了《珠江三角洲环境保护一体化规划（2009~2020年）》，推动广佛肇、珠中江和深莞惠三大经济圈，签署了区域环境保护合作协议，推进珠江三角洲地区建成全国首个环境保护模范城市群。截至2010年年底，全省有10个城市达到“国家环境保护模范城市”，深圳市盐田区是广东省第一个国家生态区，中山市及深圳福田区、罗湖区、南山区，通过了国家生态市（区）的考核验收，广东省共建成国家环境优美乡镇38个、国家级生态村2个、省级生态示范村镇513个。

从健康和卫生事业发展来看，广东省全省常住人口2010年达到9730万人，平均预期寿命达到76.1岁，到2015年预计达到10230万人。广东省提出：普及健康教育，70%以上的城乡居民建立电子健康档案；推进中医药强省建设，建立涵盖预防、治疗、康复、保健、养生的中医药服务体系，完善大中城市综合性中医院、县级中医院、乡村和社区中医药服务网点三级中医医疗服务机构，充分发挥中医药在公共卫生、基本医疗以及重大、疑难疾病防治方面的特色和优势，推动开展中医预防保健服务，加强岭南中医药理论研究，打造岭南中医药品牌。

2. 香港和澳门生命健康和生态文明发展

香港和澳门是本地区较为发达的经济体，生命健康和生态建设都取得了很好的成绩。香港特别行政区从2007年开始推进《建设健康城市计划》，首先提出了《地区健康概览主题和分项》（参见表4-9），并定期公布这项数据，这在全球是领先的。

表 4 - 9　　香港地区健康指标体系概览

主题	分项
人口	指定日期的市民总数、年龄与性别结构、儿童百分比、长者百分比、种族分布
健康状况	出生率与生育率、死亡率、发病率（传染病、非传染病、创伤/意外、犯罪、残障、自杀的比率）
生活方式	吸烟、饮酒、滥用药物、运动、饮食/营养、压力管理、定期身体检查
生活环境	露宿者的比率、房屋的有形特性、空气及水的质素、供水及排污服务、噪音污染、游憩用地、循环再用
社会及经济状况	教育、就业、收入、罪案及暴力、文化参与
不平等现象	根据人口特征，就所得健康数据做出分析，从而确定差异的现象及背后的决定因素
有形及社会基础设施	有形基础设施（交通运输系统、通讯、市区重建、城市规划）、社会基础设施（招聘及培训计划、地区服务及工程所需的财政预算、社区团体的发展及参与）
公共健康政策及服务	对个人的服务（防疫注射、子宫及乳房检查、家庭计划服务、压力管理服务）、教育政策及服务（校园健康教育、后天免疫力缺乏症的认知计划、健康生活方式教育）、环境政策及服务（在公共地方戒烟、水及空气质素管制、营养政策）
家庭关系	家庭成员的凝聚力、家庭暴力
社区关系	邻里关系、对社区活动的认识与参与、志愿者服务、对社区的归属感

3. 粤港澳大湾区生命健康和生态文明发展在全球视野下的评估

综合全球评估资料分析来看，香港是本地区最健康的城市，其女性平均预期寿命 2013 年达到 86.6 岁，是全世界最高的；深圳市、广州市的市民和政府都高度重视健康因素，把“环境与健康”作为本地区未来发展的战略新兴产业，不仅对本地区和中国经济结构升级具有重大拉动作用，而且在竞争全球未来绿色发展中具有重大战略意义。

中国科学院国家健康研究组历时 10 年研究，2013 年 1 月 8 日推出的《国家健康报告》。根据国家健康的代谢、免疫、神经和行为四个系统运行情况计算，报告提出国家健康指数（NHI），将 100 个样本国家分为四类：健康盈余型（10 个）、健康达标性（10 个）、健康透支型（37 个）和健康脆弱型（43 个）。2011 年，中国列第 11 位，高于美国、英国、法国、德国、日本、意大利、荷兰、西班牙等老牌资本主义国家和发达国家，居“健康达标型”国家之首。粤港澳地区是高于中国平均水平，可见本地区居民健康水平在世界是较高的。

2013 年，美国彭博社发布了《世界最健康国家》。报告根据联合国、世界卫生组织和世界银行的数据整理而成，通过一国健康得分减去该国健康风险惩罚分从而算出总评分；排名中的健康得分主要考察的是一国出生时预期寿命及婴幼儿死亡率、死亡原因（由于传染病或者慢性病）、不同年龄群体的死亡率、老年人口期望寿命及性别比例等。而另一指标——风险惩罚分的计算则更加详细，它包括 15 岁以上人口吸烟和酗酒率、肥胖水平、高血压 \ 血脂 \ 血糖的人口比例、艾滋病人口比例、室内外环境污染程度、饮水安全、卫生设施等共计 12 项内容。报告结果显示：在 145 个国家中，新加坡得分 89.45 分，排名第一；中国得分 53.55 分，排名世界第 55 位。

2014 年，中国医师协会、中国医院协会、人民网和慈铭集团，联合发布了《中国城市健康白皮书》。通过对 589 个城市发放百万份调查问卷，收回 51.3 万份。报告分析得出：主要城市的白领人群中，代谢紊乱病、疲劳、失眠、心理障碍等亚健康者比例高达 76%，真正意义的健康者只有 2.5%；对北京、上海、广州和深圳 4 个一线城市进行了专门分析，报告发现 4 个城市白领健康状况并不乐观：京沪白领运动较少，而广州和深圳白领的心情指数是较差的。

（三）深圳市生命健康产业在本地区处于领先地位

生命健康产业是一个需要开发和唤醒的巨大新兴市场，深圳市十分重视生命健康和生态文明发展。从国家战略高度，谋划深圳市在生命健康发展的战略作用，是一项重大的战略任务。

深圳市把生命健康作为第一个重要的未来产业发展。2013 年 12 月，深圳市政府颁布《深圳市生命健康产业发展规划（2013～2020 年）》，第一次界定了生命健康产业的范围：生命健康服务业包括生命信息、高端医疗、健康管理、照护康复、养生保健、健身休闲等领域，和生命健康制造业包括生命信息设备、数字化健康设备和产品、养老康复设备、新型保健品、健身休闲用品等。2012 年，深圳市生命健康产业规模约 250 亿元，在多个方面居于国内领先地位，涌现了一批龙头企业，包括华大基因、北科生物、健康元、第一健康、中航健身会等；深圳在生命健康相关领域拥有国家、省、市级重点实验室 118 家，工程实验室 57 家，工程（技术）研究中心 33 家，孵化器 20 家。深圳市政府提出 2015 年发展目标是：该产业规模超过 500 亿元，年销售收入超 10 亿元的龙头企业 3～5 家，超亿元企业 50 家以上；整合空间资源，依托深圳国际生物谷、前海深港现代服务业合作区和深圳国际低碳城等区域，进行生命健康产业“一核、两区、多中心”的规划布局。该规划提出六大重点发展领域，即生命信息领域、高端医疗领域、健康管理领域、照护康复领域、养生保健领域、健身休闲领域。

为了落实上述发展规划，深圳市政府建立了相应的领导和执行机构，深圳市新兴高技术产业发展领导小组全面统筹协调生命健康产业发展工作，建立、健全主管部门负责制，组建生命健康产业专家委员会，为产业发展提供决策咨询。同时深圳市政府颁布了《深圳市未来产业发展政策》，把生命健康、海洋和航空航天三大产业列为“未来产业”，具体措施包括：（1）设立专项资金，自 2014 年起至 2020 年，连续 7

年，市财政每年安排10亿元，设立市未来产业发展专项资金（以下简称专项资金），用于支持产业核心技术攻关、创新能力提升、产业链关键环节培育和引进、重点企业发展、产业化项目建设等；（2）促进创新能力提升，在深圳设立符合规定条件的市级工程实验室、重点实验室、工程（技术）研究中心、企业技术中心，专项资金予以最高500万元支持。企业、高等院校和科研机构承担国家工程实验室、国家重点实验室、国家工程中心建设任务并在深圳实施的，专项资金予以最高1500万元配套支持；（3）加强产业公共技术服务平台建设，加大共性技术研究开发与应用示范力度，对开放式、专业化共性技术服务平台建设，专项资金予以最高500万元支持；（4）支持企业开拓市场，企业申请并获得国内外市场准入认证的，专项资金予以最高500万元支持，生命健康企业获得美国FDA（食品和药物管理局）认证、欧盟GMP（动态药品生产管理规范）认证和CE（欧洲统一）认证、世界卫生组织认证及其他国际市场准入认证。

（四）建议设立深圳生命健康系统创新工程国际合作实验区

为抢占21世纪国际生命科学全球竞争的制高点，为了发挥港澳台和深圳在生命科学和健康工程领域的发展优势，特提议设立“国际生命科学与健康系统工程国际创新合作试验区”。

试验区建设内容。试验区建设可包括如下主要内容：国际生命科学联盟及国际生命科学论坛；生命科学与健康工程研究院包括生命孕育研究、脑科学研究、脊柱医学研究、基因组认知中心等；生命健康工程学院和国际合作生命健康科学研究生院（与南方科技大学或香港的大学合作），主要培养应用人才并从事科研开发；生命健康工程产品自贸区；生命健康金融服务；健康监测及治疗仪器研制；研究成果转化——健康产业集群（心理治疗、脊柱治疗、慢病治疗、老年病治疗等）。

试验区的选址。选择深圳河香港交界的深圳河落马洲河套地区作为试验区的选址。该地区分为三个区共计437公顷，共分为三个区域，A区（88公顷）和B区（182公顷）属于香港管理，C区（167公顷）深圳管理。

国务院1997年7月1日颁发第221号令，规定河套地区业权归深圳所有，香港拥有该区域的管理权。香港和深圳双方都同意，在保证环保和多样生态系统前提下，该地区规划为教育和科技研发用地。现在的一个问题是，按照香港法律，把这块农地变为建设用地，需要业权方交纳很高的土地费用，未来收益可能补偿不了土地变性的高额费用。如何推进本地区开发和发展，需要中央政府出面协调，并颁布新的国务院令来推进。

试验区合作方与组织方式。选择试验区的合作方是工作开好头的关键。选择国家、中国香港、中国台湾、中国澳门和深圳的民间组织，建立“专业工作组”，近期召开系列研讨会提出工作方案。邀请各国企业、高校、政府组织、世界卫生组织，共同建立一个“国际生命科学联盟”，按照“特别发展区”的总原则推进此项工作。

试验区的组织方式可以积极创新。要统筹组织好人、事、财三个关键因素，在试验区开始阶段，国家和深圳市、香港政府应给予资金支持，然后通过组织社会资金和走资本市场的路子实现财务可持续性，并提议通过香港 C－21 条款直接实现在香港上市，将建成未来试验区在资本市场的投融资网络平台，并联络一大批来自全球的志同道合的个人投资者。

九、深圳在粤港澳大湾区海洋经济发展中的地位和作用

（一）经略南海是中国重大海洋战略

全球已经进入了大规模开发利用海洋的时期。海洋在国家经济发展格局和对外开放中的作用更加重要，在维护国家主权、安全、发展利益中的地位更加突出，在国家生态文明建设中的角色更加显著，在国际政治、经济、军事、科技竞争中的战略地位也明显上升。发达的海洋经济是建设海洋强国的重要支撑。20 世纪 90 年代以来，世界海洋经济 GDP 年均增长 11%，明显高于同期全球经济 3%～4% 的增速。美、日等海洋经济对 GDP 贡献都超过 50%。在陆上易采资源日益减少的情况下，世界各国纷纷将目光瞄向海洋。

党的十八大报告明确提出要“提高海洋资源开发能力，发展海洋经济，保护海洋生态环境，坚决维护国家海洋权益，建设海洋强国”。“加快同周边国家和区域基础设施互联互通建设，推进丝绸之路经济带、“海上丝绸之路”建设，大力发展海洋产业经济，形成全方位开放新格局。”这是党中央准确把握时代特征和世界潮流，在深刻总结世界海洋强国和中国海洋事业发展历程及其经验教训基础上做出的重大决策。

中国是世界上邻国最多、陆地边界最长、海洋权益争端最复杂的国家之一，边海防安全形势当前总体稳定，但战略环境复杂多变，安全威胁来源众多，轻重兼有。特别是中国海洋权益争端面临的形势复杂多变，围绕岛礁主权、海域划界、资源开发的争夺态势进一步加剧，海洋维权任务日益繁重。南海面积 350 万平方千米，中国主张权属的约 200 万平方千米，但其中有一半以上与邻国存在争议。破解这种复杂局面，必须要有清晰的战略指导。党的十八大提出坚决维护国家海洋权益，建设海洋强国。中国要成为世界强国必然要走向海洋，走向海洋必须有明晰的战略指导、统筹的系统思维和深化改革的魄力。经略海洋、建设海洋强国，是中国提出的重大海洋发展战略，这就要求必须壮大海洋经济、保护海洋生态、发展海洋科技、维护海洋权益。

（二）粤港澳大湾区在南海经济发展中的重要地位和作用

对临海资源、岸线资源和海洋休闲旅游的需求与日俱增，以远洋渔业、深海工程等为代表的海洋企业“走出去”的需求和压力也日渐紧迫，国家层面对南海权益的诉求更加清晰。粤港澳作为中国距离南海最近的经济发达区域，海洋经济总规模达1.23万亿元，连续20年位居全国首位，海洋电子信息业发达，是中国三大海洋工程装备制造业集聚区之一、国家重要的海洋科研技术经济平台。打造粤港澳大湾区，有利于加快南海资源开发利用，促进环南海经济圈发展，可以为国家经略南海提供重要的战略支撑。

在粤港澳合作平台方面，广东有深圳前海、珠海横琴和广州南沙三个国家级的合作平台，其中前海主要定位于现代生产性服务业，横琴主要是高新技术、旅游和服务业，而南沙是CEPA先行先试试验区。通过发展滨海能源、临海先进制造业、滨海旅游、现代渔业等产业，推进粤港澳建立“共同开发、共同获益”的合作机制、形成与国际惯例相匹配的营商环境等，使粤港澳成为南海经济发展的重大战略平台。

以产业合作为纽带，在海外土地资源、公共基础设施资源、石油供应和渔业资源等领域加强合作；从大国土的角度、大食物来源的角度、战略资源基地的角度、国家安全的角度，为中国争取更多的蓝色国土和海洋资源；以南海开发为契机，保障海上通道安全，扩大管辖海域范围，维护中国的海洋权益。

（三）深圳在粤港澳大湾区海洋经济发展中的作用

在建设海洋强国、推进陆海统筹协调发展的大背景下，海洋保护与开发日益重要。深圳位于珠江出海口并作为全国经济中心城市，深圳海域面积1145平方千米，海岸线257千米，具备海洋产业发展的资源条件。深圳地处粤港澳大湾区和海上丝绸之路要冲，与“一带一路”沿线国家交流合作紧密，通过发挥特区、湾区叠加优势，促进泛珠区域合作，推动沿线城市发展联动、区域协同、利益融合、互联互通，实现主动对接国家南海战略。

深圳可在保护海洋生态环境，促进海洋资源合理开发和可持续利用，加强海陆统筹，维护海域使用权人的合法权益等方面发挥积极作用。深圳金融业规模位居全国前列，可为海洋产业发展提供强大的资本支撑。深圳海洋产业发展有利于辐射粤东、粤西，并带动全国海洋经济联动发展。深圳在探索海洋城市的科学发展模式，调整优化海洋产业结构，全面推进区域海洋合作，能够担负起海洋城市建设的历史使命。

建设海洋强国必须大力发展海洋高新技术。据统计，由于科研力量薄弱等因素，中国周边海洋资源的平均开发率不足20%，水产品深加工率仅30%。通过发展海洋科学技术，着力推动海洋科技向创新引领型转变；依靠科技进步和创新，努力突破制约海洋经济发展和海洋生态保护的科技瓶颈。深圳以其临海的区位优势、国内外领先的科研水平、完善的产业配套能力，在开发海洋资源、提高中国海洋工程装备水平具有明显优势。深圳拥有优良的海港资源、雄厚的科技基础和成熟的资本市场，具备成为中国深海资源开发于领用的技术研发和产业基地的条件。

（四）深圳发展海洋产业的重点领域

《深圳市海洋产业发展规划（2013～2020 年）》提出，海洋产业将成为打造“深圳质量”的新突破，使海洋经济成为深圳未来经济发展的重要增长点，建设全国海洋经济科学发展示范市，把深圳打造成为全国海洋经济中心城。《规划》预计到 2015 年，现代海洋产业体系初步建立，深圳全市海洋生产总值达到 1600 亿元；形成超 100 亿元规模企业 6～8 家，超 500 亿元的产业集群 2～3 个；海洋战略性新兴产业年均增速 25% 以上，占海洋经济的比重大幅提高；空间目标以前海、大鹏东西两翼为重点，以深圳湾、大鹏湾、大亚湾、珠江口所形成的天然海洋湾区为核心，打造海洋产业空间，初步构建出湾区经济发展格局。到 2020 年，全市海洋生产总值达到 3000 亿元，建成现代海洋产业群，跻身国内海洋产业发展先锋城市，海洋科技贡献率大幅提高，海洋科技创新能力全国领先，进而提升深圳在国家海洋科技事业中的战略地位。

1. 海洋资源开发技术和装备研究

加强产业技术创新，夯实产业发展的技术基础。围绕典型海洋工程装备产品，加大对核心基础零部件和功能部件的研究支持力度，形成于部件协同发展的产业格局。加大相关标准、规范的制定、修改和完善，建立健全中国海洋工程装备的标准体系。

加快重点产品研发。南海油气资源储量丰富，深圳欲在海洋经济上有更大作为，必须要重视海上油气资源的利用和开发。据有关方面保守估计，仅海南三沙市管辖海域油气资源储量开发利用价值高达 2 万亿美元。中国目前深水勘探石油开采能力稳步提升，深水作业平台已经下海，开采南海石油技术上的关键问题已经解决。加快推进南海油气资源开发服务保障基地建设，使南海资源开发成为新的经济增长极，深圳在提供相关服务保障工作方面大有可为。围绕海洋油气资源在勘探、开采、储存运输和服务等四大环节的需求，加快培育和发展相关重点装备及其关键系统和设备。重点发展市场需求量较大的关键系统和设备，逐步实现自主设计建造，形成品牌，使之成为中国海洋工程装备制造业的主导产品。

海洋生物医药业。充分利用南海海洋生物资源优势发展海洋生物制药产业，大力发展高科技、高附加值的海洋生物医药新产品。充分发挥深圳的基因和信息技术等高科技企业优势，建设南海微生物物种资源、基因资源库，研制开发具有重大应用价值的海洋生物基因工程产品。加快发展深圳国家生物产业基地，构建海洋生物产业研究和开发平台，促进海洋生物产业向高、精、尖方向发展，打造海洋生物科技成果转化、企业成长加速器和海洋生物产业化的聚集地，培育一批具有竞争力的海洋生物医药企业。

海水综合利用业。鼓励和引导沿海工业大量使用海水作为工业冷却水，建设海水直接利用与综合利用示范工程。按照循环经济发展要求，鼓励临海电力生产企业利用余热，实现余热的回收再利用。鼓励开展海水淡化厂试点。发展海水淡化与综合利用技术，培育海水综合利用业。

开展前瞻概念性产品研究。着眼于海洋资源开发的长远需求，加强研发海洋可再生能源的开发装备、海底矿产资源的开发装备、海水综合利用的成套装备、极地生物基因资源和空间资源开发利用装备以及极地特种探测和监测装备，大型海上浮式结构物，为未来的产品工程化和商业化开采奠定技术基础。

依托骨干科研机构，完善海洋工程装备的科研试验设施，在装备总体、功能模块、核心设备等领域，打造若干产品研发和技术创新平台。支持骨干企业（集团）设立海洋工程装备研发平台，建设深海公共测试场，高等院校、中小型企业联合设立共性技术研发平台，逐步完善以企业为主体、产学研用相结合的技术创新体系。

2. *海洋工程作为发展重点*

海洋工程装备制造业是战略性新兴产业的重要组成部分，也是高端装备制造业的重要方向，具有知识技术密集、物资资源消耗少、成长潜力大、综合效益好等特点，是发展海洋经济的先导性产业。紧密围绕海洋资源开发，大力发展海洋工程装备制造业，对于中国开发利用海洋、提高海洋产业综合竞争力、带动相关产业发展、建设海洋强国、推进国民经济转型升级具有重要的战略意义。通过扩大深圳海洋工程装备制造业的产业规模和大幅提升创新能力和综合竞争力，形成较为完备的产业体系，产业集群形成规模，国际竞争力显著提高，推动中国成为世界主要的海洋工程装备制造大国和强国。具体装备领域：

海洋矿产资源开发装备。大力发展半潜式钻井/生产平台、钻井船、自升式钻井平台、浮式生产储卸装置、物探船、起重铺管船、海洋钻采设备及其关键系统和设备、水下生产系统及水下立管等装备；积极开展天然气水合物、海底金属矿产资源开发装备的前期研究和技术储备，为培育相关产业奠定基础。

可再生资源开发装备。开发海上风能、潮汐能为代表的海洋可再生能源开发装备，以及海水淡化和综合利用、海洋观测和监测等方面的技术装备。开发其他海洋资源相关装备。

大力推进产业集聚发展。结合中国海洋资源的分布情况和现有装备工业总体布局，在深圳—广州—珠海为主的珠江三角洲地区，重点培育三大海洋工程装备制造业集聚区，具备总装建造、修理改装、设备供应、技术服务等方面的综合能力。支持大型海洋工程装备制造企业与钢铁、石油等上下游企业以战略联盟或参股、合资合作等方式，适当延伸产业链，在上下游产业实现战略布局，实现优势互补、利益共享，增强抗风险能力。

积极发展海工装备制造现代服务业。以完善海洋工程装备产业体系、推动产业协调发展为宗旨，积极发展研发实验（试验）服务、工程设计服务、安装调试服务、技术交易、知识产权和科技成果转化等知识密集型服务业。同时，大力发展信息咨询服务、投资咨询服务、信贷融资服务、保险和担保服务、各类法律服务等，为产业快速发展提供全方位的服务支撑。

提升海洋工程装备制造信息化水平。充分发挥信息化技术对提升产业水平的推动作用，深化信息技术在企业生产经营各环节的应用。大力推进海洋工程装备的数字化、网络化、协同化设计，加强工程项目管理软件的开发和应用，积极支持骨干企业（集团）开展内部综合信息化网络平台的建设，完善信息共享机制，提高运行效率。

深海资源探采装备发展工程。围绕深海油气资源开发在勘探、开发、储存运输和服务四个核心环节的装备需求，加快发展深海高性能物探船、环境探测、观测、监测等装备及其关键设备和系统，建设新型装备的总装制造平台，形成开发深海油气资源的装备体系，以及包括总装、配套、技术服务等在内的相对完善的产业链。

深海空间站工程。以抢占海洋工程装备制造业未来发展的技术制高点为目标，根据全水下开发等新兴开发模式的装备需求，积极开展深海空间站及水面支持系统的研发，突破大潜深结构设计技术、特种材料及建造工艺技术、水下设施承压密封技术、水下设施连接和监控技术、海底能源站技术、水下生命维持与综合保障技术、水面支持系统及对接技术等关键技术，为产品的工程化研制奠定技术基础。

3. 海洋科研人才培养基地

鼓励企业积极创造条件，营造良好的人才发展环境，引进研发设计、经营管理方面的境外高层次人才和团队，加强海洋科研人才队伍建设。利用深圳的税收和人才引进的特殊优惠政策，优化人才培养和使用机制，加强创新型研发人才、高级营销人才和项目管理人才、高级技能人才等专业人才队伍的建设，培育海洋工程装备领域的国家级专家，扩大海洋工程装备高端人才队伍。

建立科研人才参与国家项目的顺畅通道。每年从专项资金中安排一定的专款或单列专项资金，资助深圳海洋相关机构科研人员参与海洋资源开发利用及海洋装备研发及制造等国家级项目，把深圳打造成为极地信息、远洋渔业资源信息、深海研究开发信息的发布平台与人才储备基地。

搭建海洋人才培养交流的平台。加强深圳与粤港澳等沿海强市合作，以联合办学、合作培训的形式引进教育、培训资源，形成海洋专业人才培养与交流合作的支撑平台。

形成海外专业人才来深的强大引力。实施海洋经济海外人才计划，积极引进海洋经济、海洋战略性新兴产业及深海研究开发等领域海外专业人才，在欧美国家和香港等统筹设立海外人才联络处，设立“海外高级专家特殊岗位”和人才创业基金，增设海洋相关领域博士后流动站、工作站和创新实践基地，吸引海内外人才来深工作。

4. 深圳发展海洋产业的政策支持

加强海洋产业规划和指导。优化海洋产业结构，提高海洋经济增长质量，培育壮大海洋战略性新兴产业，提高海洋产业对经济增长的贡献率，努力使海洋产业成为国民经济的支柱产业。

制定中长期海洋开发和科研规划。海洋经济发展的重点，既应包括油气等海底能源资源以及风能、潮汐能等新能源的开发，亦包括渔业资源、旅游资源以及其他矿物资源的开发。对积极参与海洋开发的企业，应当给予政策鼓励、提供安全保护。要把海洋科技作为发展海洋经济的关键，加大海洋科研投入，组成强大海洋科研攻坚团队，在海洋科技关键领域尽快取得重大突破。借助深圳开放程度高的优势，扩展海洋开发国际合作，借助国际合作提升中国的海洋科技水平。

加大金融支持力度。充分发挥深圳和香港金融业发达的优势，鼓励和支持金融机构加快金融产品和服务方式创新，有效拓宽海洋工程装备制造企业融资渠道。鼓励金融机构按照市场化原则，在符合国家政策导向和有效防范风险的前提下，灵活运用多种金融工具，支持信誉良好、产品有市场、有效益的海洋工程装备企业加快发展。进一步探索改进适合海洋工程装备产业特点的信贷担保方式，拓宽抵押担保物范围。支持符合条件的海洋资源开发企业、海洋工程装备制造企业上市融资和发行债券。

十、深圳在粤港澳大湾区交通运输和物流体系中的作用

深圳是42个国家级综合枢纽城市之一，是大湾区三大核心之一，是大湾区交通运输和物流体系的内外交汇点，是实现粤港澳交通与物流一体化的关键节点城市。

（一）粤港澳大湾区交通运输与物流体系的现状

粤港澳大湾区交通与物流需求旺盛，基础设施比较齐全，现有的公路通车里程、高速公路里程、铁路营业里程、内河航道里程、对外开放口岸、进出口装卸和起运点、港口及机场吞吐量等均居全国首位或前列，已初步形成铁路、公路、水运、民航等多种运输方式布局合理、相互衔接、内外通达的综合交通运输体系。

1. 运量情况

大湾区运量考察的范围包括广东、香港、澳门三地。深圳在大湾区交通物流中发挥着举足轻重的作用。近 5 年内，深圳的港口货物吞吐量和机场货邮吞吐量都占整个大湾区的 13% 左右；深圳机场旅客吞吐量占整个大湾区的 30% 以上。深圳客运量平均约占广东的 32%，客运周转量约占 18%；深圳货运量约占广东省的 12%，货运周转量约占 22%（由于香港、澳门不统计客货运量指标，以上占比不含港澳的运量数据）。

2. 交通基础设施情况

大湾区已初步形成了以香港、广州、深圳为中心，密切辐射各城市、重要城镇、主要客货集散点，沟通国际国内的综合运输基础设施网络。

公路。现有广深、莞深、广佛、广惠、惠深、西部沿海、北二环等 10 余条高速公路，另有广珠西线、广肇高速二期等多条高速公路在建。

铁路。包括京广、京九、广深、广茂、广梅汕、武广客运专线、沿海客专、广深港客运专线、广深四线、厦深铁路、贵广铁路、南广铁路等。香港铁路则包括观塘线、荃湾线、港岛线、东涌线、将军澳线、东铁线、西铁线、马鞍山线及迪士尼线等。

城际快速轨道。根据《国家发展改革委关于珠三角地区城际轨道交通网规划（2009 修订）的批复》，包含广州—珠海、广州—佛山、广州—东莞—深圳、东莞—惠州、广州—清远、佛山—肇庆、广州—佛山环线、中山—南沙—虎门、佛山—东莞、广州—佛山—江门—珠海、珠海—珠海机场、深圳—惠州、肇庆—南沙（高明南沙段）、广州—增城—惠州、江门—开平—恩平（含台山支线），合计里程约 1500 千米。

港口。以香港为国际航运中心，重点发展国际集装箱中转业务；以广州、深圳为主枢纽港，广州港重点发展煤炭、油品、粮食、钢材等大宗货类以及近洋外贸、内贸集装箱运输，是中国华南地区最大的综合性港口，深圳港重点发展远洋集装箱运输，是中国集装箱运输的干线港；另外，珠海、东莞、中山、虎门、江门和肇庆等中小港口则凭借毗邻港澳的有利条件，成为三大枢纽港口的支线港或喂给港。

内河航运。现有通航河流 823 条，通航里程 5823 千米，其中三级及以上航道里程 626 千米，“三纵三横”千吨级骨干航道网已基本形成，主要港口主航道均能满足 5 万吨级船舶通航。

机场。区域内机场密集，包括广州白云国际机场、深圳宝安国际机场、珠海三灶机场，香港新机场和澳门国际机场。除此之外还有梅州、汕头、湛江等机场。

管道。包括珠三角成品油管道和广东 LNG 管道。

3. 物流业情况

伴随珠江三角洲经济的迅猛增长，在广东省政府提出的“打造南中国的国际物流中心”思想指引下，各种物流设施建设逐步完善，货物周转量不断增加，尤其是 2010

年后同比增幅保持在10%以上。这主要归因于物流业发展受到全社会高度重视，物流基础平台建设成效明显，使广东物流业发展的巨大潜力得以体现。

物流业也是香港最重要的服务业之一，多年来对于促进香港的经济发展和提供就业有很大贡献。根据香港差饷物业估价署的统计，2012年底香港共有约347万平方米的货仓，在香港国际机场起降班机的航空公司超过100家，每周提供约6400班航机，前往全球逾160个航点，是全球最繁忙的航空货运枢纽。香港港口也是仅次于上海及新加坡的全球第三大集装箱港。

澳门从事物流业的企业达300多家，大量承担大陆对外中转业务。随着周边城市物流业的发展和竞争，中转业务有所下降，特区于2011年设立物流业发展委员会，以协助澳门特区政府制订和推行物流业发展的政策、策略和措施。

总之，粤港澳大湾区交通需求旺盛，发展较快，特别是港、穗、深是中国出口转口中心，通过港口集疏运体系建设推动了区域一体化建设。目前，珠三角和后方腹地交通一体化取得了较大成果，体现了中国区域交通一体化的先进水平。但是由于制度、体制等问题，港澳与内地的交通一体化仍然存在较大距离。

（二）大湾区交通物流业发展的主要问题

大湾区交通依然存在基础设施不足，枢纽运行不畅，物流效率有待提高等问题，成为区域交通一体化的制约瓶颈。

1. 交通基础设施问题

综合运输通道有待完善。铁路依然能力不足，运输比重较低，城际轨道交通骨架网络尚未形成，缺乏区域快速运输系统。高速公路网络有待完善，跨珠江口等运输通道供需矛盾突出。粤东地区和粤北山区内河航道通航等级偏低，部分内河出海口和沿海港口出海航道等级与船舶标准化、大型化要求不相适应。

综合运输枢纽建设相对滞后。集疏运系统不尽完善，不同运输方式间衔接不够顺畅。区域间交通运输发展不协调，粤东西北地区总体交通运输服务水平比较落后。

交通运输装备和整体技术水平仍然不高。信息化和智能化应用水平偏低，适应运输服务一体化发展的管理体制、机制有待理顺，运输市场体系亟待健全和规范。土地、环境等对行业发展的刚性约束进一步加大。

2. 物流业问题

物流成本高的问题依然比较突出。虽然大湾区的物流业在全国属于领先水平，但是物流业集约化程度不高，物流设施薄弱的问题依然存在，物流业管理水平和运营效率仍有很大的提升空间。

基础设施依然不能满足现代物流发展的要求。现代化仓储、多式联运等设施仍显不足，布局合理、功能完善的物流园区体系尚未建立，高效、顺畅、便捷的综合交通运输网络尚不健全，物流基础设施之间不衔接、不配套问题比较突出。

成规模物流企业依然较少。虽然出现了一些发展较好的物流企业，但多数企业大都只能简单地提供运输和仓储等单项或分段的物流服务，服务内容较简单，技术含量较低，附加值较少。在流通加工、物流信息服务、库存管理、物流成本控制等物流增值服务方面不足，能够提供物流增值服务、物流解决方案并具有全国服务网络、能够提供全程全网、高附加值的骨干型综合性第三方物流服务的企业比较少，缺乏核心竞争力。

3. 后方运输问题

港口与后方集疏运体系衔接有待完善。疏港铁路、高速公路等后方通道能力依然不足，集装箱运输拥堵比较严重。

与周边省份的交通不尽畅通。与大湾区周边的江西、福建、广西、湖南等省区还存在断头路问题；大湾区与长三角地区、西南等省份的交通依然不畅。

4. 区域协调问题

大湾区机场群资源需要统筹协调。香港、广州、澳门、深圳、珠海等五大机场，分布较为集中，尤其是香港、广州、深圳机场国际国内航线的航班时刻资源日趋紧张。香港机场与深圳机场由于口岸等问题形成分割，深圳、广州机场如何发挥枢纽作用带动周边中小机场等问题都需要协调解决。

大湾区港口群需要形成良性竞争。大湾区约有 60 个港口，相距很近，多数港口同质化低水平竞争严重，影响了区域港口的整体发展，需要通过协调实现竞争与合作的良性局面。

（三）深圳在大湾区交通运输与物流体系中的作用

大湾区要建设形成网络完善、布局合理、运行高效的一体化现代综合交通运输体系。深圳在大湾区交通与物流一体化过程中具有独特地位，发挥区域交通枢纽和物流业先行示范作用。

1. 深圳发挥综合交通枢纽作用

深圳是粤港澳一体化的关键节点。大湾区交通一体化的难点在于广东省与香港、澳门相融合，其中与香港的衔接又是重点。深圳的特殊地理位置对实现粤港澳交通一体化发挥决定性作用。

深圳是大湾区三大综合交通枢纽之一。穗、深、珠、港、澳是大湾区交通布局的中心地区。其中穗、深、港承担大湾区交通枢纽功能，深圳机场和港口可发挥交通门户功能。

2. 深圳物流业在湾区发挥示范引导作用

深圳在大湾区已成为国内外物流一体化运作先行区，探索国际国内物流一体化运作模式，加强与香港及周边国家和地区的跨境物流基础设施互联互通，形成国际货运枢纽，增强进出口货物集散能力。深圳成为境内外口岸、内陆与沿海、沿边口岸的战略合作先行区，推动海关特殊监管区域、国际陆港、口岸等协调发展，提高国际物流便利化水平。推进服务于全球贸易和营销网络、跨境电子商务的物流支撑体系建设，打造具有国际竞争力的跨国物流企业。

深圳建成现代物流示范区。中国的《物流业中长期规划》提出了 12 项重点工程，深圳作为全国物流先进地区，可以发挥更大作用，尤其在多式联运、物流园区、制造业物流与供应链管理、电子商务物流、物流信息平台、物流新技术开发应用等方面，发挥引领作用，成为中国物流效率高、企业影响大、技术创新优的现代物流示范区。

（四）发挥深圳在大湾区交通物流一体化作用的建议措施

加强综合运输网络与对外通道建设，完善互联互通，加快交通运输管理体制改革，理顺交通运输与物流运营机制，实现大湾区交通物流一体化发展。

1. 进一步完善交通基础设施

积极推进干线铁路建设。主要通道客货分线，提升湾区与周边省份的运输能力。建设一批沿海主要港口集疏运铁路，提升港口辐射能力和整体竞争力。形成以香港、深圳、广州为核心的、连通珠三角所有地级以上市、与周边地区紧密衔接的铁路运输网络，形成客运专线、快速铁路、普速铁路分层次格局。

加快城际轨道交通建设。结合《珠江三角洲城际轨道交通规划（修编）》和香港轨道交通情况，形成覆盖区内主要城镇、与城市轨道交通相衔接的城际轨道交通网络，发挥铁路客运枢纽站、主要机场、城市轨道交通枢纽站、公路客运枢纽站的集散功能。

加强粤港澳各机场之间的衔接，促进机场群的合作与发展。建立粤港澳三地空管协调机制，拓展珠江三角洲空域，拓展三地机场在客货运输系统建设和配套服务领域的业务合作，加强机场建设、信息共享、商业服务等方面的交流合作。

推进港口资源整合，促进沿海港口集约化发展和港口群协调发展。以香港港为国际航运中心，广州、深圳为枢纽港，培育珠海、惠州枢纽港的发展。加强东莞、中山、佛山、江门等支线港、喂给港与各主要深水港区的联系，建设分工合理、相互合作的大湾区现代港群。

改善航道等级结构和通达水平。加大内河出海口航道开发力度，实施西江航运干线扩能工程，进一步完善珠江三角洲高等级航道网，基本形成西江干线至珠江口港口群的航运主通道；将珠江三角洲高等级航道网逐步向清远、韶关延伸，整治北江韶关至三水河口段千吨级航道；实施榕江、韩江航道整治工程。

完善公路网络。加快国家高速公路粤境段、高速公路出省通道和珠江口东西两岸跨江通道建设，增强珠三角的辐射能力。完善高速公路网布局，加强国道、省道和城市道路建设，强化高速公路与其他公路的衔接，实现等级公路通达所有乡镇。

加快完善天然气输送主干管网。推进粤东、粤西、粤北天然气主干管网建设，形成通达各地级以上市的天然气输送主干管道网络。结合原油储备库和炼油项目，配套建设原油运输管道。加快建设成品油管道，积极推进湛江、揭阳炼化成品油送出配套工程和粤北成品油管道。

优化交通枢纽体系，提高交通枢纽的运营能力和换乘功能，重点完善枢纽集疏运体系。建设机场集疏运项目，加快机场的城市轨道交通接入工程，实现无缝衔接。完善港口集疏运体系，发展多式联运，实现沿海重要港口通铁路、高等级公路。加强铁路和城际轨道交通综合枢纽站场建设，在铁路和城际轨道交通客运站配套建设公路客运、公交站场和城市轨道交通站场，按照出行需求合理设计换乘流程，优化枢纽空间布局及提升综合服务功能。加强公路客运枢纽与轨道交通、城市公交等运输方式的衔接，进一步提高公路客运枢纽站场的服务水平和覆盖面。

2. 推进现代物流业发展

建设完成交通物流设施，推动物流一体化发展。完善综合运输通道和交通枢纽节点布局，构建便捷、高效的物流基础设施网络，促进多种运输方式顺畅衔接和高效中转，提升物流体系综合能力。依托交通枢纽建设物流中心，依托香港机场、广州机场、深圳机场发展航空物流，依托港口陆路中转枢纽建设综合运输物流枢纽。

加快物流运作基础设施建设，继续发展和升级物流园。包括：物流园区、物流中心、配送中心以及交易批发市场的物流服务设施。

广泛采用先进物流技术。采用无线互联网技术、卫星定位技术、地理信息系统和射频标识技术、条形码技术、电子识别和电子跟踪技术等，完善智能交通与运输系统。

支持专业物流企业发展。实现由基本服务向增值服务延伸，由物流功能服务向管理服务延伸，由实物流服务向信息流、资金流服务延伸。

3. 提升交通运输和物流管理能力

创新管理模式和方法，推进大湾区交通运输一体化，深化粤港澳及珠江三角洲区域交通运输合作，提升交通运输国际化水平。

深化粤港澳交通运输合作。加强跨界交通基础设施建设，打造由多种运输方式、多通道组成的紧密连接的粤港澳跨界陆路交通运输系统。通过港珠澳大桥、广深港客运专线加快推进深港西部快速轨道等交通项目，进一步推进粤港澳交通运输合作。

创新管理体制。政府积极营造区域物流协同发展的良性宏观环境，加强地区间政府的交流合作，逐步清除物流业发展的行政壁垒，加快实现政策和管理制度的对接。尤其是港澳和珠三角政策法规的协调，加强区域物流合作、促进区域物流协调发展的政策体系。

加快推进物流信息系统平台建设。将分布在不同地区供应链上的各家单位，包括政府职能部门、海关、检验检疫局、税务、银行、工商企业、物流企业等单位连接起来，为物流企业提供“一站式”的接入服务。

十一、深港一体化对大湾区经济战略的作用

深圳是中国改革开放以来第一个经济特区，香港是中国特别行政区，是国际大都市。两地以深圳河为界相连。深圳和香港都是大湾区经济中的核心城市。深港一体化对湾区经济发展具有深远意义和重大影响。

（一）深港一体化历程回顾

1. 20 世纪 80 年代到 1997 年，初期探索阶段

20 世纪 80 年代，在中国改革开放的大背景下，深圳与香港的民间企业开始探索经济合作，一些港商开始到深圳办厂，深港在投资和贸易领域展开合作，合作动力很大程度上取决于资源和产业互补的需要。总体上，这一时期，深港产业合作采取的是垂直分工的方式，形成“前店后厂”的局面。由香港迁入深圳的制造业主要是传统低成本经营策略与密集型生产模式的转移。尽管如此，深港两地在这一阶段的合作中，均实现了各自的基本目标和利益，为今后的发展和合作奠定了良好基础。深圳依托与香港的贸易和产业合作以及广阔的内地市场，经济获得高速增长，自主发展能力不断增强，逐步在电子信息等一系列高端制造业和技术创新方面形成后发优势。在以制造业为主的工业化进程中，深圳的物流、金融等产业得以建立和发展，基础设施建设和相关服务业也得到了一定的改善和发展。随着改革开放大环境下经济合作的探讨和实践，深港一体化获得了良好的开端。两地的经济发展和区域合作在当时成为中国内地的典范和风向标，成为中国改革开放历程的缩影，对粤港澳区域经济发展产生了强大的影响和辐射。

2. 1997 ~2003 年，实质性进展阶段

香港回归以后，香港方面积极探索与内地建立更加广泛和实质性的经贸合作，曾一度提出建立自由贸易区的建议。面对香港方面的积极推动，中央政府迅速做出反应，与香港政府展开经贸谈判。在中央政府和香港政府的积极推动下，内地与香港经过多次实质性磋商、对话，终于就《内地与香港关于建立更紧密经贸关系的安排》（CE-

PA）的主要内容达成一致，并签署了CEPA文本及6个附件的磋商纪要。CEPA诞生标志着内地与香港合作有了坚实基础，特别是大大推动了深港政府在关于两地合作的制度和政策设计方面进一步加强协调配合，不断探索新的合作途径，对深港长远发展达成共识。反过来，CEPA诞生很大程度上是基于香港与广东，特别是与深圳已经形成了良好的合作基础。总体上，这一时期，深港两地的产业合作开始由基于垂直分工的前店后厂模式向基于水平分工的产业竞争与合作模式转变，深港合作领域转向制造业、服务业、教育和科技领域，经济关系开始由单向向双向转变，深港一体化进入新的实质性进展阶段。

这一时期，深港两地金融合作也有了实质性进展。1998年，香港金管局与中国人民银行深圳市支行开始密切合作，陆续推出了深港港元和美元双向票据安排，以及深港港元和美元双向及时支付结算系统联网。这种实质性的合作，使两地的人民币和港币业务由非正式的、自发性的业务逐渐纳入正规的、规范的银行市场，从现钞和个人业务向非现钞和非个人领域扩展。这些安排促进了两地经济融合的加深，并成为未来人民币逐步走向区域化和国际化的基本平台，为进一步试验人民币自由兑换打下了基础。

3. 2003年至今，深入融合阶段

2003年6月《内地与香港关于建立更紧密经贸关系的安排》（CEPA）签订后，政府推出的自由行大大推动了深港合作深入发展。2004年，深圳市政府与香港特区政府签署了《加强深港合作的备忘录》及合作计划协议。协议涉及的合作包括经贸、旅游、科技、法律、教育、人员往来、口岸通关等众多领域，标志着深港合作由此进入新阶段。这个阶段的最大特点，就是深港之间在此前由民间（市场）为主导的合作的基础上，又增加了政府层面的合作。双方合作突破了不同体制的限制，开创了区域经济一体化合作的全新格局。由于深港互惠共生合作实现了多赢的利益分配。

这一时期，随着深圳本土的企业快速发展，不少企业为了拓展海外业务，纷纷到香港投资，开办了贸易、地产、服务及工业相关的企业。深圳的驻外企业中，有将近一半设在香港。深港合作进入全面活跃期，深港“共同市场”逐步形成，其商品、资本、劳力、服务四大流通的加速，有力推动深港深度融合。这一时期，深港社会经济联系更加紧密，两地人员往来更加频繁，深港跨境学童这一特殊的通关群体也随之出现。2008年3月5日，深圳开通跨境学童通道。据深圳边检部门统计，截至2010年11月20日，深圳各个口岸的跨境走读学童过境总数超过500万人次，日均约1万人次。

目前，随着《珠江三角洲地区改革发展规划纲要（2008～2020年）》《横琴总体发展规划》《前海深港现代服务业合作区总体发展规划》等批准实施，深港两地将在贸易、物流、创新、文化及金融服务业的发展中继续深度融合。

（二）继续推进深港一体化面临的问题

在深港一体化过程中，自然人、企业、政府等共生单元之间的各种相互联系，不仅受到政治体制、国家政策和经济环境的影响，还受深港所在区域的资源、竞争力等因素的制约。

1. 观念障碍

对“深港一体化”的认识偏差是推进深港一体化的问题之一。深港双方均希望对方能提供更多的有利于自己发展的机会，有一定的逐利性和自私性，导致了竞争性，影响了深港一体化进程。另外，深港两地的发展理念的存在差异，这也影响了一体化的深化。比如在开发模式方面，港资企业一贯强调自持和持续经营，但内地企业则强调快速周转，这在一定程度上会影响深港两地的协调性。

2. 制度制约

首先是金融制度制约资金流动。香港是实行金融自由的城市，而深圳在内地政策体系的监管下，与香港在货币政策、金融管制、人才交流、机构互设、思维模式等方面都存在很大的不同，而这些不同也直接影响了两地金融创新的进度和落实。例如，深圳的“地下”金融极为发达，对民间汇兑和借贷的单纯禁止已不适应实际需要。一是深港两地证券交易所互通，深港资金自由流动是大势；二是民间资本缺少投资渠道，传统行业竞争白热化，投资空间有限，而有发展前景的一些新兴产业，却又受政策和体制障碍的限制，很难获得理想的投资回报；三是正规金融机构不能满足外商投资的大额人民币汇兑需求，迫使企业主们转向民间金融。

其次是人才资源的跨境跨区域流动制度存在较大的障碍。香港金融专才受聘或被派往深圳没有障碍，而内地专才要通过“优才”或“专才”计划才能获得香港工作签证，而香港事实上很需要一批懂得内地市场、文化和政策的专业人士。反之，如果港人在内地提供服务，先要考大陆职称才能执业。但越是资质高的境外人才越不可能来考。因此要推动深港两地人才加快加深交流，必须打破一些政策瓶颈、人为设置的障碍，使更多人才能够自由进入。

3. 香港对未来发展的担心

随着周边地区和城市化的发展，香港的一些优势也有所削弱。特别是在低端服务业领域，面临周边地区较低成本竞争的挑战。有部分香港同胞担心香港因此逐步被边缘化。

4. 缺乏大湾区区域整合的支撑

尽管深港一体化目前在各个领域都迈出可喜的步伐，但是要解决长远的发展问题，必须解决深港两地在发展中共同的问题，如香港和深圳的劳动力已经出现了“换血问题”；不仅是香港，经过几年的发展，深圳的可用土地也已经所剩无几。由此，深港一体化的发展不能只局限于深港两地，而应当从整个大湾区着眼，充分利用区域资源实现整合。一直以来，深圳和香港与大湾区腹地的关系似紧还松，缺乏国家层面的战略规划和行政区划调整，故此，深港一体化必须上升到国家战略层面，才有可能获得实质性成果。

（三）深港一体化对大湾区经济战略的作用

深港两地本为一家，同属一县可追溯到秦，历史上分别共属番禺县、宝安县、东莞县，深港自古就有共同的血脉。当今实现深港一体化，就是要达到货物流、资金流、信息流及人流的高度畅通，实现同城化。深圳和香港是大湾区的重点城市，对周边地区辐射力极大。同时，两地又处大湾区的核心位置，地理区位优势明显。加快两地一体化进程，将对大湾区经济发展起到重要推动作用。深港一体化本质上是一个延续不断的过程，其目标就是要实现同城化，将历史上本来存在的共同血脉再度联通，成为一个名副其实的有机整体。相对同城化的目标而言，深港一体化本身又成为手段。目前，从内涵上看，深港一体化包括经济一体化、交通一体化、科技一体化、金融一体化、文化一体化五个主要方面。

1. 经济一体化能形成大湾区经济的重要引擎

经济一体化是指深港两地在现有生产力发展水平和国际分工的基础上，由政府间通过协商缔结条约，建立经济联盟。在这个经济联盟的区域内，商品、资本和劳务能够自由流动，不存在任何贸易壁垒，并拥有有效协调的两个机构，或者拥有一个统一的机构，来监督实施共同的政策及措施。2013 年深圳经济总量突破 2300 亿美元，人均 GDP 达 2.2 万美元；2013 年香港经济总量突破 2730 亿美元。如果两地按照经济一体化的内涵推动经济融合进一步发展，凭借科技创新和国际金融中心地位，未来深圳和香港仍将都有巨大的经济增长潜力。一体化了的深港经济必将为大湾区经济发展提供重要推动力。

2. 交通一体化能构建大湾区经济的物流枢纽

交通如同人体的血管，是人流、物流的载体。交通一体化是经济合作发展的硬件基础。交通一体化程度越高，深港两地经济往来越频繁，合作就会越深入。香港凭借区位优势和多年的品牌打造，已经成为亚洲物流中心和国际性的航运中心，2008 年，香港共处理了约 2420 万个标准箱；每周平均约有 5600 个航班往返世界各地；在陆路运输方面，现时每日平均有 26500 辆次货车往来内地与香港。深圳的物流业发展迅速，成为广东地区的重要物流中心。其物流市场中的初级辐射圈可以包括深圳和华南地区。随着泛珠三角区域经济增长和社会发展带来的多样化、多层次的有效物流需求。目前，依托港口，深圳进出口贸易辐射范围覆盖了泛珠三角广大区域，腹地人口 5 亿人，经济总量 16 万亿元。未来，深圳物流业在已有的市场范围内会致力于向泛珠三角地区等内陆腹地继续拓展。香港在将制造业转移给深圳之后，成为重要的先进物流、管理服务、科技咨询、金融保险等高附加值经济活动的集聚地，占据国际产业链上高端的分工载体，并且物流业发展辐射的核心范围是具有外向型制造业的珠三角地区，这与深圳物流业致力于拓展的市场范围类似。并且，香港的物流业发展水平较深圳高，随着国际供应链整合的浪潮会进一步发挥自己的比较优势，提供高端的物流服务诸如第三方物流、第四方物流、船务经纪、物流金融等。

3. 科技一体化能构建大湾区经济的创新高地

科技一体化是在市场经济体系下，科学技术及其研发活动相互无障碍交换与合作，形成科技利益共同体。作为首个国家创新型城市，2010 年深圳全社会研发投入占 GDP 比重达 3.64%，是全国平均水平的两倍。高新技术产业、金融、物流、文化四大支柱产业增加值占 GDP 的比重超过 60%。高新技术产品产值超万亿元，企业、大学、科研机构、中介服务机构等主体要素的创新能力大大提升。香港科技服务能力较强，尤其在检测和认证、医疗服务、创新科技、文化及创意、环保和教育服务等六大领域具有突出优势，体现出大学、科研机构和中介服务机构等主体要素的强大创新能力。通过在制度、技术、服务和管理等方面的创新，既连接国际创新前沿，又服务珠三角产业转型升级，目前“深港创新圈”已逐步显示出创新资源集中、创新行为活跃的世界级区域创新中心的特征。充分发挥“深港创新圈”在区域创新体系中的核心节点作用，大力拓展“深港创新圈”的辐射范围，将有利于推动大湾区产业加快转型升级。

4. 金融一体化能建设大湾区经济的资本聚集地

金融是现代经济的核心，金融一体化是金融资源按照最优配置原则在两地畅行流通。在区域经济一体化的客观要求下，“大湾区”的形成，使深港成为该区域经济的核心。香港是排在世界前列的金融中心，是中国国际资本主要集散地，大湾区经济建设需要大量资本投入，深港金融一体化可以更好地将集聚在香港的“资金池”打开，并引入到大湾区经济发展中来。深圳与香港之间更多的是互补、互动、互利的合作关系。从中国金融战略角度看，深圳金融中心应作为服务香港金融中心发展的一种补充，在此基础上发挥对香港及内地的辐射作用；在政策定位上，深圳金融中心作为内地的金融特区，将继续扩大开放，进行一系列金融改革试点。

（四）政策建议

深港合作是一个复杂而又庞大的系统工程，必须遵循科学发展观，从两地的现实情况出发，发挥各自的优势，互补彼此的劣势，积极解决相关问题，加快创新的步伐，推动两地融合向更高、更深的层次发展。

1. 以深港“同城化”为一体化的目标

改革开放 30 多年来，深港两座城市的经济、政治、文化往来日益密切，差距不断缩减，互补性不断加强，同城化趋势不断明显，除了地理边界外的其他边界已经模糊。由此，我们应该将深港一体化推向深港同城化。

2. 将“深港一体化”纳入国家战略

深港一体化意义重大，十分紧迫。深港一体化将为两地经济发展形成新的支撑，为大湾区经济发展注入新动力，为香港繁荣稳定、人民安居乐业提供坚实基础。新的历史时期，应在将大湾区上升为国家战略的同时，将深港一体化纳入其中，作为一个重要方面重点推进，特别是应将深港一体化作为突出任务提出来，并研究制定切实可行的措施加以推进。还应看到，深港一体化对海上丝绸之路倡议实施具有不可替代的推动作用。

3. 发挥香港国际金融中心作用，共建金融重镇

资本市场特别是股票市场具有优化资源配置、聚集货币资金、完善企业治理和市场价格发现等独特功能，是中国经济、金融体制改革的重要选择和必经之路。作为毗邻香港的开放型城市，深圳要充分利用香港国际资本平台的中介功能，建立多层次的跨境市场交易平台，实现证券交易的国际化，增强两地整体金融市场的流动性，提高资产定价机构效率，更有效地防范、化解金融风险。以创新为主轴，全方位提供深港金融合作的载体。除了作为改革开放地标外，深圳之所以能有今天的辉煌，正是基于不断落实创新驱动发展战略。该战略已在党的十八大会议中定为国家发展全局的核心。深圳必须在珠三角一体化及深港合作上继续开拓新路，承担香港服务业全面开放的试点重任。

4. 利用港口优势，共建国际物流中心

应该积极确定深港物流业的发展目标和发展规划，探索深港物流合作的新机制，立足于扩大市场需求和国际接轨，推动物流产业结构的优化升级和迈向具有更高附加值的国际分工链条环节，共同打造以深港两地为中心、以泛珠三角为共同市场的供应链基地和全球性物流中心。深圳应该以科学发展观统揽全局，以香港、新加坡等物流先进城市为示范，以海空港的快速发展为契机，加快培育技术先进、管理国际化、高效运作的具有国际竞争力的现代物流服体系、多式联运中心和供应链管理中心。香港应在全球主要航运中心的战略地位上实现向现代物流枢纽中心和向以船务经纪、验收仲裁、法律服务、融资保险等高附加值的物流业务为主的转变。

5. 鼓励内地优秀企业到香港创业

积极发展总部经济，形成集聚效应。事实证明，促进深港金融业进一步合作，吸

引香港金融机构进入深圳，实现深港股票市场一体化等，都需要深圳有这样一批大体量的企业。所以深圳要像上海那样拥有较多较大规模的总部经济，创造条件吸引大量分支机构在内地的总部型企业、在港金融机构总部、地区总部来深。总部经济的发展，有利于形成巨大的货币资金融通场所，又可疏通境外和内地金融机构联结的通道，这不仅是深圳发展和金融业生存的需要，也是夯实深港金融合作基础的重要对策。

6. 从深港创新圈转变为大湾区创新走廊

2005 年 7 月，深圳首次提出“深港创新圈”概念，2006 年又将加快建设“深港创新圈”写入了市委市政府 1 号文件，2007 年 5 月 21 日双方签署了《“深港创新圈”合作协议》。为进一步发挥“深港创新圈”的节点带动作用，辐射珠三角地区，应从以下三个方面入手：

创新体制机制，强化“深港创新圈”增长极作用。建设“珠（三角）港公共创新信息服务网”，加快珠三角与深港两地创新资源的对接。

建设珠三角区域创新服务体系，推动珠三角地区产业结构优化升级。推进“深港创新圈”科技中介服务机构的发展壮大，扩大香港研发成果推介活动范围，加强珠三角企业与香港科研机构的科技合作，建成以“广州—深圳—香港”为主轴的区域创新格局，通过产业化推介的研究成果，逐步强化创新成果由点到面的创新圈模式效应，构建珠三角与香港以现代服务业和先进制造业为主的产业结构，形成具有世界先进水平的区域科技创新能力，打造全球最具核心竞争力的大都市圈。

深化创新载体建设，促进高端产业互联与园区建设。积极吸引香港及境外高端服务业入驻，大力建设前海现代服务业合作区。依托深圳虚拟大学园，大力支持香港高校与珠三角地区院校建设科研教学基地。支持内地名校在深圳设立分校，鼓励内地名校在香港设立分校。

调研报告五

深圳创办高水平　创新型大学研究（2016年）

建立高水平、创新型大学，是适应新形势下深圳经济发展需要的重要抓手，是深圳在全国经济中继续保持领跑位置所需的新动力源。结合深圳具有的良好条件和基础，借鉴国外高水平、创新型大学的体制机制和办学经验，深圳实现建立高水平创新型大学，需要深圳大学教育体制机制在资金管理、学校治理、办学理念、教师机制、教学管理、科研管理六个方面实现突破。对深圳建立高水平、创新型大学的政策建议是科学规划统筹、明确目标步骤，加大政府投入、扩大社会筹资，整合教育资源、突出重点扶持，减少行政干预、尊重学校自主，开放合作办学、集聚最优资源，创新激励机制、吸引顶尖人才，强化产教融合、鼓励科技应用。

本报告课题组长：郑新立。

课题组成员：陈永杰、焦庆杰、徐伟、刘森、盛思鑫、綦鲁明。

受深圳市委决策咨询委员会的委托，我们对深圳市创办高水平、创新型大学问题进行了研究。课题组先后到深圳、香港、旧金山、洛杉矶考察了一些著名大学和政府机构，查阅了有关资料，现提出报告如下：

一、建立高水平 创新型大学是深圳发展的迫切要求

改革开放 30 多年来，深圳已经成长为以电子信息等高技术产业为主导、经济发达、高度开放、充满活力、竞争力强的创新型城市。在新时期，深圳如何继续发挥自己的优势，在全国经济中继续保持领跑位置，需要寻求新的动力源。建立高水平、创新型大学，正是适应新形势下深圳经济发展需要的重要抓手，是一件亟待抓紧做好做实的大事。

（一）培育新的经济增长点的需要

当前，中国经济进入中高速增长阶段，经济下行压力仍然较大，一个重要原因就是缺乏新的经济增长点。为此，急需培育经济新增长点，以支撑经济持续较快健康发展。

人力资本投入是现代经济社会经济增长的主要因素，知识是劳动生产率提高和经济增长的主要推动力。未来，在中国经济增长由要素驱动向创新驱动转变的过程中，大学作为科技创新、理论创新的策源地，作为传输知识、培养人才的园地，必将产生出大批新技术、新产业、新产品、新理念，培养出大批才华横溢的创新型人才和领军人物，成为推动未来经济社会发展的越来越重要的发动机。

就深圳的情况看，教育是经济社会发展的短板。2015 年，深圳本地生产总值 17503 亿元，第一产业 5.7 亿元，第二产业 7205.5 亿元，第三产业 10291.8 亿元，教育产值约 230 亿元，占第三产业产值的 2.2%，占深圳生产总值的比例仅为 1.3%。从教育投入看，2014 年，深圳财政教育支出占 GDP 的比重为 2.1%，全国财政性教育经费支出占 GDP 比例超过 4%，深圳仅有全国的一半。从与其他城市的比较看，深圳高等教育发展主要指标不仅和北京、上海等国内先进城市差距较大，也落后于其他 4 个计划单列市，在全国城市排在 100 名以后，且没有形成完整的高等教育体系。从高校数量看，北京 89 所、上海 68 所、广州 79 所、青岛 19 所、大连 18 所、深圳仅 11 所。这种情况远远不能与深圳在全国经济中的地位相匹配。

大力发展现代教育已经成为深圳全社会的共识。目前，深圳对现代职业教育已经引起了足够重视，并采取了切实行动，取得了较为明显的效果。但深圳仍缺乏高水平的研究型、创新型大学，高科技方面的教育几乎没有。这种情况很难适应深圳教育发展需要，更难适应当前深圳乃至全国居民空前高涨的教育需求。因此，建立高水平、

创新型大学是推动深圳教育事业发展，培育教育作为新经济增长点的需要。

建立高水平、创新型大学，将为高新技术产业，包括战略性新兴产业的发展提供创新成果和人力资本。如同斯坦福等大学成就了美国硅谷一样，深圳要想成为未来世界科技进步的引领者，必须创办属于自己的“斯坦福”。在别的地方可以少花点钱，但在创办高水平、创新型大学方面，要有长远战略眼光，舍得花钱。

（二）加快构建创新型城市的需要

创新是深圳城市发展的灵魂。依靠来自全国乃至全球的大量优秀年轻人才，良好的创新环境，以及有效的创新机制，使深圳创新水平在国内已居领先地位。2014 年深圳建设国家自主创新示范区获国务院批复，这是党的十八大后国务院批准建设的首个国家自主创新示范区，也是中国首个以城市为基本单元的国家自主创新示范区。随着国家自主创新示范区建设的推开，深圳的创新水平也正在快速提高，2015 年，深圳全社会研发投入占 GDP 的 4.05%，PCT 国际专利申请 1.33 万件，占全国 46.9%，获国家科学技术奖 14 项，中国专利金奖获奖数占全国 1/5。

随着深圳创新型城市构建进入快车道，城市发展对高层次人才、高科技成果及制度变革为主要内容的创新提出了新的要求。2015 年中共深圳市第六次代表大会上，深圳市委书记马兴瑞提出深圳未来五年的目标是率先全面建成小康社会，努力建成现代化国际化创新型城市。创新驱动将是深圳发展真实定位的反映。在全球逐步走出金融危机影响后的今天，深圳的创新已经成为在新一轮的全球城市格局重塑中脱颖而出的一项重要战略选择。

近些年来，深圳高等院校虽有一定发展，但对深圳自主创新的贡献还有很大差距，数量与质量都远远不能适应创新需要。深圳依靠自身力量建设高校，缺乏国家布局的重点支持高校。市属高校中有重大国际影响力的领军人物较少，尚无国家重点学科，科研综合水平不高，在城市综合创新体系中发挥的作用还不够大。

产业不断创新发展是深圳经济可持续发展的重要驱动力，这一驱动力同样也需要依靠一流的教育科研来做支撑。从历史来看，全球大多数战略性新兴产业都发源于一流的大学与科研机构，高水平创新型大学是战略性新兴产业发展的温床。深圳的产业创新未来要想走在全国乃至世界的前列，没有一流的高等教育和科研机构作为支撑是难以实现的。在促进和发展创新性产业的过程中，教育科研的力量至关重要，政府、相关机构乃至企业都需要在教育科研上进行改革创新，才能为产业创新提供充足的智力支持。在深圳产业创新的过程中，应在立足本地的前提下，注重吸收全球优质的教育科研资源，大力提高教育科研水平，促进教育科研的发展更好地服务于深圳的产业创新。

从具体操作上看，中国过去一段时期新建地方本科院校办学趋同现象严重，大部分学校的发展已经陷入“学院升格为大学，单科性大学转变为综合性大学，然后向研究型大学靠拢”的简单逻辑困境，导致新建地方本科院校“生态位”高度重叠，深圳市高校发展也存在这种逻辑及现象的印迹。因此，亟须突破这种困局，需要大胆创新，设置新专业、新学科，引入新的办学理念，创立新型办学方式，着力培养创新型人才，推动构建一种新型的教育生态系统，在这一新型的教育生态系统中，政府、行业企业、学校、学生、社会构成一种新型的结构关系，以优化人才结构为目标，并与其他高校形成优势互补的合力，共同推动创新型城市发展对教育需求的实现。

（三）加快构建更高层次开放型城市的需要

改革开放 30 多年以来，深圳市的改革开放一直走在全国的最前沿。目前，深圳已经形成了开放发展的良好硬件基础，积累了丰富的对外开放经验。唯有继续走好开放之路，深圳才能在不浪费既有经验和已形成的良好基础资源的情况下，在新的历史时期谋求新的发展局面。可以说，开放是深圳城市发展的基本要义所在。

传统上，深圳的对外开放主要采取创办工业区，引进外资，利用境外资本和技术积极发展“三来一补”企业和“三资”企业，组建外贸骨干企业，积极发展转口贸易和远洋贸易等办法，对全国经济体制改革产生了重要示范作用。

党的十八届五中全会提出，要“发展更高层次的开放型经济”，“支持沿海地区全面参与全球经济合作和竞争，培育有全球影响力的先进制造基地和经济区”。马兴瑞书记在市六次党代会的报告中指出，要落实“一带一路”倡议和自贸区发展战略，坚持对内对外开放相互促进，“引进来”和“走出去”更好结合，推动深圳市对外开放上新台阶，增创开放型经济发展新优势。另外，国际化、现代化等城市定位均是历届党代会报告重点。深圳第二次党代会报告明确提出，深圳要以建立区域性金融中心、信息中心、商贸中心为突破，初步建设成为社会主义现代化的国际性城市。第四次党代会报告提出“要努力把深圳建设成为亚太地区有重要影响的国际物流枢纽城市、国际金融贸易和会展中心、国际文化信息交流中心和国际旅游城市”；第五次党代会报告提出，建设现代化国际化先进城市的目标坚持不懈奋斗下去，让深圳成为联手香港、融合珠三角、服务全国、辐射亚太、影响全球的科技创新中心、高端制造中心、金融服务中心等。因此，构建更高层次开放型城市正是深圳“十三五”期间需要重点着力的地方。

深圳作为最早的改革开放特区，如今“特区不特”的问题日益显现，改革开放领先的压力日益增大。深圳的对外开放已经不能再是简单地依靠传统贸易、引进技术和资金了，而是要认真研究如何通过制度化建设与改革，创造全面进入全球经济竞争的高端和前沿地带的必要条件。在新时期，深圳充分利用已有的特区开放经验，努力成为教育改革特别是高等教育改革的“特区”，加快建立在全国教育改革领域的优势和领先地位。尽管中国的教育水平自改革开放以来有较大进步，但与美国和英国等发达国家仍存在不小的差距，这种差距尤其体现在中国缺乏世界顶尖的高水平创新型大学上。深圳通过加大教育改革力度，在全国率先探索教育制度与管理方式改革的新路径新办法，推进高水平创新型大学建设，有利于促进深圳在社会各个领域的改革开放事业继续领先全国。

在改革初期，科技与经济“两张皮”的问题曾长期困扰着我们。后来，通过改革科技体制，努力推动企业作为创新主体，现在，企业的研发投入和创新成果均占全社会的70%以上，科技与经济“两张皮”的问题已经成功解决。但是，科技与教育“两张皮”的问题至今尚未破题。与美国相比，这个“两张皮”的问题显得尤为突出。美国的大学之间和大学内部有一种竞争机制。美国评价大学办得好坏，一个重要标准是看这个大学、学院或系对产业发展的影响度，即在多大程度上带动了相关产业的技术进步。美国理工科大学是科技创新最重要的基地，是技术专利的重要创造者。诺贝尔科技创新奖的获得者70%集中在大学。加州大学贝克莱分校，诺贝尔奖获得者达60多人。加州理工学院连续5年在全球理工科大学排名中居第一位，平均每千名教授中获得诺贝尔奖的人数最多。正是这所大学，帮助我们选择和培养了钱学森这样的杰出人才。在理工科大学，所有的老师和学生都在一门心思搞创新，都有自己的专利甚至公司。老师站在行业技术进步的最前沿，以科研带动教学，教出的学生自然也是创新型的人才。反观我们的大学，创新能力非常薄弱，对产业技术进步的影响度微乎其微，大学每年提交的专利申请量几乎可以忽略不计；具有创新能力的师资极度缺乏，教材内容陈旧，向学生大量灌输早已过时的技术和知识；大学之间和学校内部缺乏竞争机制，近亲繁殖，培养不出拔尖人才和领军人才；学校与风险投资体系、企业之间缺乏紧密联系机制，人才培养结构与市场需求脱节。加快教育体制改革，建立一批世界一流的创新型大学，已成为落实创新驱动战略的当务之急。如果说过去深圳在中国经济体制、科技体制改革中已经发挥出先行先试的作用，今天，迫切需要深圳在教育体制改革上发挥出先行先试的作用，探索一条教育与科技紧密结合的具有中国特色的道路。

总之，推动教育开放与国际化，吸引国际一流教师，引入一流科研教学设备，吸引大批国际留学生，同时促进中国本土教师和学生有效参与国际交流，开阔国际视野，培养开放意识，增强国际交流能力，培育一批在国际上有较大影响力的专家队伍。通过教育开放，将使深圳市转向更高层次的开放。这样的开放方式也应当成为深圳未来发展所要追求的主要目标。

（四）改善城市文化环境的需要

一流大学是一座城市的闪亮名片。一座城市拥有了一所名牌大学，或者拥有了一座大学城，也就拥有了一座标志性建筑。如英国的牛津，美国的哈佛，德国的海德堡，都是提起这个国家、这座城市很容易想到的。

城市文化是城市的灵魂，是城市的精神，是城市人的生活方式，是城市文明程度的集中体现。一个文化缺失的城市，要谈长远发展是不可想象的。

就深圳而言，改革开放以来，城市规模奇迹般地快速扩大，市民社会成为城市社会中的主流。但在这一发展过程中，由于城市文化积淀的肤浅，城市领导经验准备的不足，再加上渴望高速发展，急于改变面貌，致使城市的发展在某种程度上表现为单纯的盲目扩张和浅表性的经济繁荣。城市文化应有的深刻内涵、市民社会必需的文化环境等，也都在一定程度上被忽视了。其具体表现为，城市在发展中漠视文化因素，缺乏文化内涵。

大学的产生与发展总是要与城市的发展相关联。一方面，随着工业化带动城市化产生的社会变革，大学的内在功能发生革命；另一方面，大学以其思想理论、科学技术和人才的输出，大大促进城市文化环境的改善和发展。

深圳是一个新兴城市，是世界上最大、外来人口最多的移民城市。近些年来，在政府及社会各方面的重视下，深圳教育文化水平大幅度提高。据深圳市人社局数据显示，2014 年深圳普通高校在校生数量达到 8.77 万人，比上年增长 6.4%，且保持逐年上升势头。从毕业生情况看，2015 年全年共引进高校应届毕业生 71013 人，深圳本地培养的学生约占 1/3。

尽管深圳在教育文化方面取得快速进展，但相比深圳城市发展需要，深圳的教育文化水平仍有很大差距，为谋求长远发展，必须尽早重视城市文化建设。创办国际一流大学，将助推高水平人才、知识汇聚，从而将培养出优良的科学文化，这将为改善深圳城市文化环境注入强大鲜活的动力。

（五）提升城市竞争力的需要

一所大学繁荣一座城市。剑桥大学之于剑桥、哈佛大学之于波士顿、莫斯科大学之于莫斯科，一所大学往往伴随着自身的发展成为一座现代城市和一个区域成功发迹的重要支柱，对地方及区域社会经济发展有重大贡献。大学教育对一个城市的经济增长模式转型有不可估量的作用。

经过 30 多年的发展，深圳已经进入转型发展时期，走技术先进和内涵发展的道路，不断推进产业结构的升级换代，并促进城市社会构建不断发展，从一个制造业为主的现代城市转型为一个以高新技术和高端服务业为主的国际化城市。在这个转型过程中，大学教育是提高城市竞争力、提升城市形象的重要抓手。

目前，深圳的大学教育与城市发展极不匹配。根据中国社科院发布的《城市竞争力报告2014》蓝皮书，在全国294个城市（含香港、澳门、台北）综合经济竞争力排名中，深圳排第二。2015年5月15日，中国社科院发布的《2015年中国城市竞争力蓝皮书：中国城市竞争力报告》显示，深圳首超香港，跃居第一。深圳经济竞争力处于全国的前列，但是大学指数只排在30多位，虽在全国近300个城市中比较靠前，但显然与其经济竞争力以及经济社会发展水平不相适应。根据中国管理科学研究院《中国大学评价》的《挑大学 选专业——2015高考志愿填报指南》，在理学、工学、农学、医学、哲学、经济学、法学、教育学、文学、历史学、管理学、艺术学12个学科门类，以创新能力为代表的各学科门类学术水平排名中，深圳没有一所大学进入各学科门类的前15名。深圳更无一所世界知名学校。这都说明，深圳的高等教育竞争力还有相当大的差距。

谋求转型发展的深圳，正面临发展一流大学教育的历史性时间窗口。抓住这个历史机遇期，创办世界一流大学，培养科技人才，推动科技产业发展，实现本地科技教育融合发展，将快速有效提升深圳的城市竞争力。

二、深圳建立高水平 创新型大学的条件和基础

深圳高校为深圳创建全球科技创新中心和全球工业设计中心提供重要的人才支撑。就好似硅谷有斯坦福，中关村有北大清华一样，全国唯一以整座城市为单元的国家自主创新示范区——深圳，不仅拥有雄厚的经济实力、财政实力和制度优势，而且拥有北大、清华、哈工大，而且还有南科大、北莫大、吉昆大和港中大等综合性大学以及一大批特色学院。深圳建立高水平创新型大学拥有良好的条件和基础。

（一）深圳建立高水平 创新型大学的外部有利条件

作为中国最具竞争力的城市，深圳的经济、社会和文化发展为深圳高等教育的发展提供了非常有利的条件。大学与深圳这座城市的内在联系与各自优势，使他们的互动与渗透影响已经达到了前所未有的紧密程度。大学和城市之间正呈现一种彼此依存、和谐共生、相互促进的关系。深圳作为经济社会高度发展的特区，拥有许多发展高等教育的优越条件。概括起来至少有以下7个方面：

1. 拥有雄厚经济实力，具备发展高等教育的基础条件

经济总量和增速在国内名列前茅，连续多年经济规模持续扩大。2015年深圳地区生产总值（GDP）17500亿元，同比增长8.9%，继续居于内地大中城市第4位，仅次于上海、北京、广州。2014年公共财政预算收入2082.44亿元，比上年增长20.3%。公共财政预算支出2166.14亿元，增长28.1%。2015年，深圳一般公共财政预算收入

增速达 30.9%，跃居全国省级财政第一，规模达到 2727 亿元，上升至国内城市第 3 位。

经济发展质量不断提高。人均 GDP 是反映一个国家或地区的宏观经济运行状况及整体发展水平的最有效工具之一，国内外指标体系均选择该指标并将其放在核心位置。2015 年，深圳人均 GDP 达 15.8 万元，稳居国内副省级以上城市首位。2014 年深圳人均 GDP 约为 2.4 万美元（约合人民币 14.95 万元），同比增长 7.7%，居内地副省级以上城市首位，超过北、上、广三市，相当于 2013 年韩国的水平。人均可支配收入被认为是消费开支最重要的决定性因素，因而常被用来衡量一个国家或地区生活水平的变化情况。无论是从总量数据，还是人均数据看，深圳的富裕程度是全国领先的，这为发展短板的教育事业创造了优越的宏观环境。

2. 人口基数大，人口年轻，对高等教育的需求旺盛

根据 2010 年第六次全国人口普查的数据，当年深圳市的常住人口为 1036 万人，总人口为 1322 万人，如此庞大的人口基数，说明深圳已经到了应当大力发展高等教育的阶段。此外深圳还是一个年轻的城市，全市人口平均年龄不到 30 岁，在今后相当长的一个时期内都处于生育高峰。深圳户均人口仅 2.11 人，在全国大中城市中家庭规模最小，说明新婚家庭多，人口增长潜力大。全市年末常住人口 1077.89 万人，其中户籍人口 332.21 万人，占常住人口比重 30.8%；非户籍人口 745.68 万人，占常住人口的 69.2%。

这些数据都表明，在今后相当长的一个时期内，深圳本身对高等教育都会有一个庞大的需求。根据 Wind 咨询数据，2014 年深圳普通高中在校生 11.5 万人，普通高中毕业生 7.6 万人，连续多年呈现上升趋势。深圳目前人口为 1078 万人，万人在校生数只有 135 人，远远低于北京的 897 人，上海的 297 人，香港的 460 人，新加坡的 577 人，纽约的 628 人。随着经济发展转型，对高水平知识分子的需求将变大，人们对自身人力资本的投资也将不断增大。这意味着深圳高等教育面临着来自本地的巨大需求。

3. 毗邻港澳，优质教育资源流入成本较低

香港是世界级的高等教育中心，毗邻港澳为深圳低成本获取优质国际教育资源提供了便利。香港是世界公认的学术中心之一。根据 2011 年国际高等教育研究机构 QS 与《泰晤士报》联合公布的世界大学排名，香港大学（22）、香港中文大学（37）、香港科技大学（40）的排名均在北京大学（46）和清华大学（47）之前。在英国《泰晤士报高等教育副刊》发布的 2011 年世界大学排行榜中，大中华地区共有 8 校入围 200 强，其中中国内地占 3 席，中国台湾占 1 席，中国香港独占有 4 席，成为世界上顶尖大学密度最高的地区，香港高等教育在亚洲乃至世界范围内的领先地位短期内已无可撼动。

深圳与香港山水相连，跨区域办学既有地理优势也有成本优势，且易被各方所接

受；深港两地高等教育资源有极大的互补性，香港的高校发展受到土地和生源的严重制约，客观上亦有“北上”的需求；香港的高等教育发达，深圳的高等教育落后，两地在高等教育方面的差距，甚至比改革开放之初两地经济上的差距更大，港校入深，如水之就下，势在必行。

深圳可以借助与香港联合办学的便利，对接国际高等教育资源，提高本市的高等教育水平。同时，良好的办学条件，与港澳共享教育资源的便利、更快捷的出国留学通道，都有利于吸引更加优秀的师资和生源，有利于我们超常规、突破性地发展深圳高等教育。

广东省《珠江三角洲地区改革发展规划纲要（2008～2020年）》提出，要以新的思维和机制推动高等教育发展上水平。支持港澳名牌高校在珠江三角洲地区合作举办高等教育机构，放宽与境外机构合作办学权限，鼓励开展全方位、宽领域、多形式的智力引进和人才培养合作，优化人才培养结构。重点引进3～5所国外知名大学到广州、深圳、珠海等城市合作举办高等教育机构，建成1～2所国内一流、国际先进的高水平大学。已经落户深圳龙岗区的香港中文大学（深圳）就是深圳落实这一纲要所取得的成果。

香港中文大学（深圳）定位为培养高层次创新型人才的研究型大学，远期招生规模达到11000人。建设中的校区位于深圳市龙岗区大运中心西南侧，总占地面积约100公顷，总建筑面积约为45万平方米。校园分为两期建设，其中一期工程按在校生7000人规划建设，建筑面积约为30万平方米，总投资估算约为15亿元人民币。此举不仅对香港中文大学拓展办学范围具有重要意义，而且对深圳乃至中国探索境内外合作办学新模式同样意义重大，也为深圳引进香港优质教育资源了积累经验。

4. 开放水平高，要素聚集程度高，为发展高等教育提供了助推力

经济开放的最基本特征是指参与国际分工和交换深度较大，商品、资本跨国界流动较为自由，且规模较大。深圳是中国开放程度最高、经济基础最好的现代滨海城市。深圳是“一带一路”上的前哨，在珠江三角洲地区处于龙头地位，各种资源自然而然会聚集而来。人流、物流、资金流、信息流等各种要素资源的聚集为深圳发展高等教育提供了后发机遇。

从服务贸易看，2015年，深圳市服务贸易进出口总额为1160亿美元，同比增长15.3%；深圳已成为全球重要的服务外包企业聚集地。其中IT服务外包是深圳服务外包的主体和核心，且IT外包正在由产业链、价值链中低端向中高端迈进。

从外籍人才交流看，2012年，深圳有26000多名外籍人才常住，已认定的海外高层次人才达184名。2012年，深圳国际会展举办量为21次。深圳国际友城和友好交流城市达65个，五年增加一倍。2015年，深圳入选2015“魅力中国—外籍人才眼中最

具吸引力的十大城市”。深圳全面对外开放为办好高等教育提供了切实助推力。目前，清华—伯克利深圳学院正式招生，北理莫斯科大学、中山大学深圳校区获批筹建，就是很好例证。相信今后会有更多的国际名校到深圳合作办学。这为深圳建立高水平创新型大学提供了优良基础和经验。

5. *产业创新基础雄厚，为就业创业提供了优良环境*

深圳高新技术产业走在全国最前列。2014 年，六大战略性新兴产业中，生物产业增加值 242.83 亿元，比上年增长 6.4%；互联网产业增加值 576.44 亿元，增长 15.5%；新能源产业增加值 368.55 亿元，增长 9.7%；新一代信息技术产业增加值 2569.80 亿元，增长 14.0%；新材料产业增加值 383.98 亿元，增长 7.1%；文化创意产业增加值 1553.64 亿元，增长 15.6%。深圳又是创新之都，研发活动十分活跃，研发投入不断增长。2014 年，深圳全社会研发投入 640 亿元以上，占 GDP 比重约达 4%，占比相当于世界第二的韩国水平，继续保持较高水平。同时，深圳拥有科技型企业超过 30000 家。深圳产业创新基础雄厚，这为高科技创新型教育事业的发展创造了优越的土壤，同时也创造了优秀、尖端人才就业创业环境。

6. *发展教育拥有巨大的潜在需求*

当前及未来一段时期，随着居民收入较快增长，中国居民的教育需求空前高涨，对教育的支出也是巨大的。根据 2015 年 11 月 17 日国际教育协会（IIE）公布的 2015 年国际教育交流开放门户报告数据，2014 ~ 2015 学年即从 2014 年 10 月 1 日至 2015 年 9 月 30 日，美国高等教育院校招收的中国学生人数从 274439 人增加到了 304040 人，突破 30 万人大关，与上年相比有 10.8% 的强劲增长。中国也连续第 6 年成为美国的第一大生源国。其中，来自中国的本科生 124552 名，较前一年增长 12.7%。中国本科生的数量比排名其后的所有 6 个国家所派的总和还多。与此同时，在美国的中国研究生人数为 120331 名，较前一年增长了 4%。在美国的优质学校聚集区，有一些中国人在那里买房，有的家庭母亲辞去工作专职在美国陪子女读书，父亲留在国内挣钱，让美国人叹为观止，感慨世界上只有中国人在子女教育上这样舍得付出。面对这样强烈的需求，我们为什么不能把中国的学校办得好一些，不仅把生源留在国内，而且像美国一样吸引全球的人才来中国留学呢？深圳应当为此做出一个榜样。

近年来，美国经济从低迷逐渐回升，一个重要原因就是国际留学生带来丰厚的教育收入。从 2013 ~ 2014 学年开始，一般美国私立大学的学费都上涨至每年 4.5 万美元以上，部分学校甚至逼近 4.9 万美元。加上生活费、住宿、书本、医疗保险、交通等必要开销，一个学生一年至少也要花销 7 万 ~ 8 万美元。据此粗略测算，每年由中国留学生带来的教育费用就高达 210 亿 ~ 240 亿美元，约合人民币 1200 亿 ~ 1500 亿元。

深圳拥有良好的经济基础，但教育特别是高等教育一直是一块短板。处在新世纪转型发展重要关头的深圳，正面对着国民巨大的教育需求。

7. 改革走在全国前列，制度机制有明显优势

深圳是最早的改革开放特区，同时也是国家计划单列市，深圳前海是国家级开放平台，近年来粤港澳大湾区建设使得深圳的制度优势进一步凸显。具体来看，深圳市所享有的特区立法权是办好大学教育最大的制度优势。深圳市人民代表大会及其常务委员会可以根据具体情况和实际需要，在遵循宪法的规定以及法律和行政法规的前提下制定法规，在深圳经济特区实施，这使得深圳在经济、社会、教育发展等领域拥有极大的先行先试空间。深圳改革开放30多年来的发展所积累的经济体制、企业治理结构、法律法规和文化价值观念也是深圳办好大学教育的突出制度优势。2010年，深圳成为国家教育综合改革试点城市，为积极推进高等教育创新发展创造了有利条件。

（二）深圳建立高水平创新型大学的内部基础

深圳建立高水平、创新型大学除了面临着来自外部的优越条件，还有高等教育自身已经形成的优良基础，这些基础为高水平、创新型大学的创建提供了丰富的物质、人力和经验。

1. 高校数量规模日益增大，综合实力快速提高

“十二五”期间，深圳在高等教育的发展方面可谓下了“血本”，规模与质量的双提升。截至目前，深圳已建成的高校有12所，分别是深圳大学、南方科技大学、香港中文大学（深圳）、深圳职业技术学院、深圳信息职业技术学院、北京大学深圳研究生院、清华大学深圳研究生院、哈工大深圳研究生院、清华—伯克利深圳学院、暨南大学深圳旅游学院等。

此外，2014年以来开始新建高校数量猛增。哈工大深圳研究生院获教育部同意筹备本科教育；深圳北理莫斯科大学已获得教育部批准筹备考察评议，在全国首创特色学院发展模式，有望2015年批筹；清华—伯克利深圳学院、湖南大学罗切斯特设计学院（深圳）2015年开始招生；深大列宾班、天津大学—佐治亚理工学院电子工程硕士项目开班办学，深圳吉大昆士兰大学、深圳国际太空科技学院、深圳墨尔本生命健康工程学院、哈工大（深圳）国际设计学院、华大基因学院、光启新材料学院等签约筹建，与68所国内外大学建立经常联系。

2. 学生数量快速扩大，社会需求得到较大满足

深圳高等教育发展结出累累硕果，这些高校帮助上千万深圳市民实现在本市上一所好大学的愿望。招生规模扩大速度不断加快，到2013年达到2.7万人。目前，在校生14.51万人。其中，全日制在校生8.77万人，是“十一五”时期的1.3倍，五年新增2.04万人。户籍人口高等教育毛入学率提高7.9个百分点，达55.1%。全市高校

2015 年一本线以上招生计划增至 4250 人，是 2010 年的 15 倍。其中，深圳大学 34 个专业进入一本招生，2015 年一本招生计划将增至 2350 人。

3. 师资数量快速增加，中高端学生培养能力日益增强

深圳高校曾经一度没有招收硕士、博士的能力和资格。近些年来，由于深圳高校学生层次的不断提升，教师队伍也发生了质的变化。随着培养硕士、博士等高层次人才的院校数量的增加，高层次教师资源也不断向深圳集聚。

2013 年，深圳高校教职工 8588 人，其中专任教师 4647 人，具有博士学位教师占 46.5%，超过上海的 43.07%。全职院士从 2010 年的 4 名增至 8 名，鹏城学者特聘教授从 2010 年的 50 名增至 111 名。例如，南方科技大学近年来教师数量增长迅速。

4. 办学方式更加多元，国内外各类高校资源迅速聚集

深圳高校主要有三类。第一类是自建型高校，即由深圳市自己筹建高校，如深圳大学、南方科技大学、深圳职业学院等，还包括正在由深圳大学筹建的深圳应用技术大学（深圳理工大学）等。

第二类是分校型高校，即引入国内外知名高校在深圳办分院、校区，比如港中大（深圳）、暨南大学深圳旅游学院、北大深研院以及中山大学·深圳等。其中，北京大学深圳研究生院和清华大学深圳研究生院分别是北京大学和清华大学唯一的异地办学机构，并且北京大学深圳研究生院拟升级为北京大学的一级校区。再如暨南大学旅游学院已整体迁移到深圳旅游学院。

三是特色学院型，即和国内外知名高校合作办学兴建特色学院，比如深圳北理莫斯科大学、深圳吉大昆士兰大学、湖南大学罗切斯特设计学院（深圳）、清华—伯克利深圳学院等。2014 年以来，特色学院型院校的大量筹建成为深圳高校办学热点。

从近几年深圳高校发展来看，深圳高校已发展到从重单独举办向合作举办、单独举办并重转变。在依靠市里力量单独申办新建高校的同时，加快与境内外著名高校合作，引进优质高等教育资源快速扩大办学规模。

5. 办学主体日趋多元，质量与层次不断提高

随着深圳开放程度的不断提升，深圳高校筹建的主体不断多元化，既有各级政府、政府部门，也有国内外高校、研究机构外，还包括行业协会、大型国有企业、大型民营企业。并且，办学主体的层次不断提升，除了地方政府部门外，部委及直属单位也有参与；除了国内顶尖学校外，海外的知名、顶尖高校也被引入深圳；除了地方企业外，央企、跨国公司也成为深圳高校办学主体。

在政府部门办学主体中，地方政府除深圳市政府外，区一级的政府如宝安区、龙华新区、龙岗区、盐田区、南山区也主办或合作办高校。政府部门除广东省教育厅外，深圳市交通委联合大连海事大学兴办的深圳国家物流学院得到国家交通运输部大力支

持；暨南大学深圳旅游学院由国务院侨办、暨大中旅集团、华侨城集团联合开办；中国资本市场学院是由中国证监会、深圳证券交易所、上海证券交易所、上海期货交易所、中国金融期货交易所、大连商品交易所、郑州商品交易所、中国证券登记结算公司联合举办的非学历成人教育学院，是由中国证监会直接管理的非营利性事业单位。

在高校、研究机构办学主体上，除了国内几大知名高校、研究机构，包括中科院、中国社科院、北京大学、清华大学、哈尔滨工业大学、人民大学、吉林大学、厦门大学、暨南大学、北京电影学院，还吸引了一批海外顶尖的大学。如清华—伯克利深圳学院的合作方加州大学伯克利分校常年位居上海交通大学世界大学学术排名前 4 名；北大—哥大深圳学院的主办方哥伦比亚大学在 USNew2015 排第 10，北京大学排第 39；深圳国家建筑学院的合作方英国建筑研究院是全球 5 大最顶尖的建筑研究院之一；深圳微电子技术学院的合作方加拿大不列颠哥伦比亚大学微电子学院（UBC）在 2015 泰晤士世界大学排名第 32 位。特别值得关注的深港合作办学已经取得一定成效，香港中文大学（深圳）是由香港中文大学、深圳市政府、深圳大学联合举办的综合性大学，为国家高等教育体制改革探索新路，香港科技大学和香港浸会大学也在深圳开办学校。

在企业办学主体上，有华大基因这样的本地大型民营企业，还有平安集团这样的金融国企，还有汇丰银行这样的跨国公司。

6. 学科结构日趋合理，现代化特征较为明显

深圳结构优化从重研究型大学和高职院校发展向构建开放式、国际化高等教育体系、各类各层次高校发展并重转变。在建设若干所高端研究型大学的同时，着力新建普通本科院校和应用技术大学，科学布局，打造完整高等教育体系，培养服务深圳创新型现代化国际化城市建设的各类各层次高级专门人才。从建成和在建的高校学科分布来看，除了综合类高校外，还有理工、工科、艺术、财经、医药等专业类高校。

7. 产学研结合特色办学经验丰富

深圳航空航天学院，由龙岗区政府与北京航空航天大学合办，旨在助力深圳建设航天航空科技城。国际太空科技学院由深圳与哈工大、航天员中心共建，将面向太空科技重大需求、国际宇航学术前沿，以培养具有国际竞争力的高层次创新人才为目标，建成太空科技领域特色鲜明的国际化专业性大学。通过加强与国际专业培训机构合作，开展太空领域的国际培训，建设中国太空领域国际合作平台。北京大学医学院（深圳）由北京大学、哥伦比亚大学、加州大学洛杉矶分校兴办，为深圳培养高端应用型医学人才。哈工大城市规划与设计学院（深圳）由哈工大深研院、苏黎世艺术大学、嘉泰罗马尼亚高等建筑学院合作办学，重点发展建筑产品、空间和城市文化等领域。华大基因学院由华大基因联合武汉大学、东南大学、华中科技大学、四川大学、安徽医科大学、暨南大学、中国地质大学（武汉）、华南理工大学、青岛大学、香港

中文大学、奥胡斯大学、加州大学戴维斯分校合作办学，其培养模式分为两种：一是“2.5 +1.5 +X”，二是“3 +1 +X”，即学生本科期间前 2.5 或 3 年在合作院校学习，后 1.5 年或 1 年在华大基因进行科研项目实战培养，X 则指本科毕业后，可继续硕士或博士联合培养。深圳先进技术学校由中科院深圳先进技术研究院、深圳市政府、香港中文大学合办，是一家与国际和产业接轨的新型国家科研机构。上述各种办学方式也积累了丰富的产学研结合的经验。

（三）面临的问题

深圳的地方高校在发展过程中也存在着缺乏特色、激励不足、管理滞后、与当地经济发展结合不够紧密等问题。

一是大学办学特色不明显。目前，当地的大学的教育仍然是应试教育为主，在学校管理、学科专业调整、师资队伍建设、人才培养模式、科技创新与科研成果转化等缺乏特色。高校特色是一个凝练的办学理念为基础，靠优势学科对社会的贡献来体现，要随着社会发展而与时俱进，但是，各高校办学理念存在简单模仿，缺乏个性化、独特性，部分学校办学特色的定位不准确，流于口号和形式。关于“国内一流”等目标定位，缺乏参照系和科学的评价标准，不利于操作和执行。对办学特色的思考与实践，还集中在具体的操作化的布置工作性质的层次，对办学特色的内涵外延理解不到位，没有抓住高校办学特色形成的关键。以学科和专业为载体的发展特色，还没有形成独有的优势，没有树立学校地位和影响，带动学校整体可持续发展的特性。以大学最终为社会发展做出被社会广泛承认的实际贡献大小还没有成为评价深圳的大学标准，更没有像美国那样以对产业发展的影响度来作为评价大学办的好坏的标准。

二是吸引高端人才的机制尚未完善。办大学第一个方面是人才，吸引人才和留住人才是大学存在的基础。吸引有能力的学者来深圳的大学，给他们以优厚待遇，目前还处在探索阶段。由于条件有限，学校教师待遇、工作环境与部属高校相比有较大差距，很难引进和留住学科带头人及领军式的师资。

三是学校管理体制不顺，管理机制不灵活。主要包括：一是体制性障碍。大学行政化趋势严重，学校办学自主权缺失，政府在教育活动微观层面过度介入等，使教育体制与市场经济体制有很多不相适应的地方。二是管理行政化。在学校重大问题的决策中，学者和学术组织参与途径和方式有限。

四是缺少有利的外部竞争环境条件。以高校分类为前提的各高校合理分工、协调发展问题，建立有利于教育资源公平竞争的制度环境问题，扩大高校办学自主权问题，建立有利于形成办学特色的教育评价体系问题等还没有解决。

五是与地方经济发展结合不够紧密。高校普遍存在办学目标不明确、服务地方经济社会的能力不强的问题。一方面，深圳高校培养的人才难以满足当地经济和社会发展的需要，高校对当地经济社会发展的趋势和产业结构的调整研究不够，没有依据深圳经济产业结构变化，进行学科专业设置和办学策略调整，因此围绕深圳支柱产业、重点行业的学科和专业建设不足，学科和专业设置没有与当地经济社会需求结合，造成人才培养难以与当地经济社会发展有效对接，培养出来的人才难以满足当地企业的需要。另一方面，深圳大学的科技服务地方的能力不强。大多数高校科研条件较差，科研资金匮乏，师资素质较弱，高水平的学科带头人紧缺，申请到的科研项目很少，而且大部分申请到的项目也没有紧密结合当地的经济社会发展，应用价值不大。

三、国外高水平 创新型大学的体制机制和办学经验

课题组先后考察调研了香港科技大学、香港大学、斯坦福大学、加州大学伯克利分校、加州理工学院和南加州大学等著名学府。根据考察调研，我们将美国西海岸和香港顶尖大学的发展经验大致归纳为以下 10 条：

（一）发展定位明确

我们发现，这些学校每一所大学在专业发展和人才培养方面都具有明确的定位，办学特色十分鲜明。如香港科技大学坚持国际化办学和服务香港本地的发展导向，重点发展理工科专业，小而精的发展；斯坦福大学毗邻硅谷，创新创业的氛围很浓，大学教育也十分鼓励学生创新创业，在培养科技应用型人才和高科技企业家方面非常突出；伯克利加州大学多年来一直坚持管理民主和学术自由的办学风格，培养了众多基础学科的研究人才以及工程应用类人才；加州理工学院是典型的理工类院校，走的是“小而精”的发展路线，学校的占地和人员规模很小，但尊重科学和科学至上的氛围异常浓厚，世界顶尖的大学教职员工和来自全球的优秀学生均以致力于研究科学领域最前沿和最基础的问题为己任。

（二）突出学术自由

在研究和考察的美国和香港顶尖大学中，学术自由的氛围都非常浓厚，大学也十分尊重教授和学生的个性与差异化。总结起来，大学的学术自由主要体现在如下 6 个大的方面：学术理念上的自由、研究选题的自由、研究观点表达的自由、课程内容设置上的自由、课程考核方面的自由、学生选课和研究的自由等。伯克利加州大学是美国自由主义思想最重要的发源地和大本营；斯坦福大学鼓励教授和学生进行科技创新并将之转化成生产力；加州理工学院几位学生（其中有一位是钱学森）在宿舍做实验

导致好几次爆炸事故，结果校方的处理结果是将他们的实验搬迁至校园外的山谷，最后在这个山谷建成了世界知名的“喷气与推进实验室”。

学术自由尤其体现在大学尊重教授和学生的个性以及教授们可以自由决定自己的研究方向与教学内容，基本不存在学术研究的禁区。以加州理工学院为例，该校十分重视跨学科研究和跨专业延揽人才，尽力淡化学科意识，如化学博士背景的教授可在物理学部工作，物理博士背景的教授可在生物学系工作等，教授们在学术上享有非常大的自由度。助理教授们平日里甚至都不被要求在特定期刊上发表论文，业绩考核完全根据他们的研究成果来评定，这使得教授们无需根据各类期刊的风格撰写“八股”论文，可以专注于自己感兴趣的研究领域和问题。在研究生教育方面，几乎所有的顶尖大学都允许研究生自主选择导师，并且可以根据自己的判断和需要更换导师，导师也十分尊重学生的个性与研究方向的选择。

（三）独立自主办学

纵观美国西海岸和香港顶尖大学的发展历程，一个比较突出的共同特点是这些大学都能够始终坚持独立自主办学，并且他们认为大学的独立自主与国家和民族的利益并不冲突。

各高水平大学在很大程度上能够自主决定大学的发展方向、决定大学的主要管理人员、评聘大学的教授和招收学生、制定大学的课程与研究方向，大学的教授根据大学自主制定的宪章和制度在大学的主要事务中扮演着非常重要的角色。一般而言，在大学担任重要行政职务的人员都是大学的教授。教授群体在大学中拥有学术事务的决策权，而且教授之间的决策权力基本平等，他们共同对外维护着大学的自主与自治。即便是这些大学接受政府或企业界的资助，大学也不能为政府的政策和企业的产品背书或站台，以免有损大学的独立自主。各大学对这些利益冲突和研究伦理，都有成文或不成文的规定。

（四）强调教授治校

这些高水平大学普遍坚持教授治校的基本原则。这一基本原则之所以能够得到实践，与社会基本价值观的支撑是分不开的。在美国和香港，社会普遍非常尊重大学教授，并且认为大学教授在教学和知识领域内拥有专业权威，因此大学的治理也应坚持专家治校的原则。

教授治校不仅体现在由教授组成的委员会可以决定大学层面的重大事务，而且也体现在学院、系、所的各个层级和组成单位的权力也主要由教授们支配。大学对学院、系、所的影响力主要体现在大学规章事先设定的程序和办法，各学院、系、所在大学规章之下享有较大的自主权。举例而言，大学通常不得干涉各学院、系、所的教师聘任、研究领域选择、研究生招生与课程设置工作，这些工作一般由各院、系、所自己的教授委员会或由教授组成的各种专门委员会根据他们自己议定的章程和办法来自主完成。大学层面虽然也有自己的教授委员会和专门委员会，但他们通常只在涉及大学层面的事务中发挥作用。

（五）全球选聘师资

顶尖的大学离不开超一流的师资建设。美国西海岸和香港的顶尖大学都十分擅长根据自己的情况用不同的策略从全球选聘明星师资，所有被考虑聘用的教职人员的基本要求是具备全球顶尖大学的博士学位，而且其研究能力和研究水平还得在同行评价中位居非常高的位次。为了避免近亲繁殖，这些顶尖大学的助理教授职位一般不招聘本校的博士毕业生，除非这些博士在其他顶尖大学已经做出了较为突出的研究成果并被同行高度认可。此外，为了延揽明星师资，顶尖大学努力为这些超一流的人才提供最好的工作环境、研究条件和生活条件，使得他们能够心无旁骛地开展自己的研究。

举例来说，斯坦福大学各院、系、所通常都规定，该校助理教授的应聘考察人选的研究水平和研究能力应在全球位于领先地位，在同行评价中至少要是所属研究领域前3%左右的人才。如果是招聘或延揽终身教职的教授，选聘的原则就会更加严格，由本校的助理教授升任终身教职副教授的比率通常较低。在斯坦福的一些院系（如计算机系），招聘教授的条件可能比一般院系更高，他们在选聘师资时基本上只考虑某个研究领域中在过去三年中的前3名。由于斯坦福大学财力雄厚，学校规模较大，这使他得以尽可能延揽学术界潜在的明星和现在的明星，几乎每年都有师资招聘，人员流动性相对较大。再以加州理工学院为例，由于该校规模较小（全校仅300多名教授和助理教授），在延聘师资方面比斯坦福大学的招聘条件和标准要更为严苛，通常都只考虑特定研究领域过去3~5年中的第1名，始终宁缺毋滥的原则，因此一个教授职位平均要花8年左右的时间才能找到合适的人选。

（六）广招国际生源

美国西海岸的高水平大学具有世界人才观，着力从全世界吸引各种不同背景的优秀学生前来就读，并通过丰厚的奖助学金等条件支持优秀学生的学习与研究，从来不担心是在为别国或别的地区培养人才，反倒将非本地学生当成是本校和美国软实力传播的重要载体，并认为非本地学生能够更好地促进外界了解学校和美国，甚至催生或强化有关的合作。因此，在吸引培养优秀学生和提高生源的多样性方面，美国西海岸和香港的顶尖大学一直都不遗余力。他们利用顶尖的师资吸引顶尖的学生，同时也利用顶尖的学生吸引顶尖的师资，从而在老师与学生的良性互动中产生顶尖的学习和研究环境。这也是这些大学得以成功的重要原因之一。

在招收本科生方面，各顶尖大学除了参考 SAT 分数（相当于高考分数）、在校表现和推荐信之外，十分看重学生的独立思考和独立学习能力，也十分注重结合本校的培养目标和教育特色选拔学生，如斯坦福大学比较喜欢招收有创业潜质和对科技创新感兴趣的学生，加州理工学院则倾向于招收理工科研究方面的天才少年。在本科生的培养方面，各顶尖大学一般不过分突出专业，十分重视通识教育（liberal art education，俗称全人教育），鼓励学生根据自己的个人兴趣选修各类课程，学生在专业学习方面拥有非常大的自由度。

在研究型的研究生招生方面，顶尖大学一般为避免近亲繁殖，通常都会避免从本校的本科毕业生中直接招收，而会从全球其他大学选拔最优秀的青年学生。本科学习成绩、标准化考试成绩（如托福和 GRE）和导师推荐信是招生时的重要参考指标，但更重要的指标是学生的研究能力以及从事顶尖学术研究的兴趣与雄心。研究型的研究生一旦获得录取，通常都会得到较为丰厚的奖学金或助学金，这使得他们可以集中精力专注于学术研究。在研究生培养方面，顶尖大学有着非常高的学术标准，导师和研究生之间相互尊重、平等交流，可以相互质疑，没有太多的条条框框束缚思想的交流。理工科的博士研究生一般需要 5～6 年才能毕业，而且还有相当多的博士研究生无法毕业。亚裔学生由于学习刻苦，因此在美国顶尖大学有较为明显的优势，如在斯坦福大学和加州理工学院，亚裔学生的比例大概是 20%～30%。

（七）办学经费充足

美国西海岸和香港的顶尖大学在研究和教学方面之所以能够取得全球领先的成就，与其长期以来都拥有充足的办学经费是分不开的。他们在经费筹措方面一个突出的共同特点是十分擅长向校友、企业和各类基金会募款，以支持大学的研究、学生培养与长期发展。充足的经费使得吸引最优秀的教授和学生、购买昂贵的设备、建立一流的实验室以及支持花费较高的研究成为可能，这反过来也进一步巩固了这些大学在研究和教学领域的顶尖地位。

一般来说，美国西海岸和香港的顶尖大学主要有四大经费来源：捐赠及其投资收入、研究合同与研究资助、政府拨款、学生学费。一般而言，前两大经费各占学校日常经费来源的 1/3 左右。以香港科技大学为例，香港特区政府为建设香港科技大学拨款近 20 亿美元，香港赛马会曾捐赠 19 亿港币用于香港科技大学的校园建筑。再以加州理工学院为例，该校近年来年均办学经费高达 4 亿美元，280 名教授年人均经费高达 142 万美金（即 1000 万人民币）。斯坦福大学基金当前的规模高达 200 亿美元左右，而且基金的年平均收益率长期维持在 10% 以上。

（八）激励机制完善

美国西海岸和香港的顶尖大学还拥有科学合理的考核激励机制，这对于形成优良的校园文化氛围十分重要。就教授升等来说，助理教授升任终身教职的副教授或教授，通常设有 5～10 年左右的考核期，一般没有硬性的考核标准，主要依靠聘请外校 10 名左右的教授同行来做升等评议，并且这些教授对被评审人匿名，本校相关的教授所组成的委员会根据外部评议的意见来讨论有关升等的决定。在这种较为灵活的考核制度下，人才较容易脱颖而出，而不会因为年龄、资历和其他硬性条件被束缚住。一些顶尖大学曾有只在不太权威的杂志上发表一篇论文即被评为教授的案例，也有在权威杂志上发表过多篇论文而未被评为教授的例子。这就有效避免了教授成为只是急于出成果和发论文的机器，而是让他们致力于真正的学术研究，钻研顶尖的学术问题，鼓励他们成为真正的学术大师。

大学教授尤其是获得终身教职的教授在美国西海岸和香港的顶尖大学中非常受人尊重，那些获得过重要科学奖项的教授们会受到更高礼遇，而大学行政人员和教辅人员在大学中的地位和权威则远不如大学教授。这也使得大多数成功的教授没有多少意愿从事行政工作，以避免浪费自己宝贵的研究时间。此外，各顶尖大学均有各类规定确保教授们保持良好的个人品行，如不得歧视特定背景的学生，不得性骚扰学生，等等，如有违反这类规定，处罚之严厉常常会毁掉教授们在学术界的职业生涯。

这种考核激励机制对顶尖大学研究生的培养也非常有帮助。例如，在加州理工学院，课业成绩好的学生并不十分受推崇，学生中最有思想、最有创意和做研究最强的学生最受老师和学生们尊重。此外，各校还有荣誉章程（Honor Code）这一类的校规以激励学生养成良好的个人品格。例如，加州理工学院的任何考试都没有监考，学生只需在规定时间内根据闭卷或开卷的要求完成试卷，整个过程完全无人监督。但如果事后发现学生有作弊或抄袭，则会受到较为严厉的惩罚，包括在毕业典礼上无法身着正常的毕业礼服。

（九）重视产业转化

美国西海岸和香港的顶尖大学一般都有成熟的成果转化体系，产、学、研一体化做得非常好，既有利于大学的教授和学生“学以致用”，将所研究的成果转化为生产力，也有利于产业界更好地利用顶尖大学的研究成果，与大学建立更为密切的联系，反过来也会刺激产业界支持大学的学术研究。

为促进大学教授进行创新与成果转化，美国西海岸顶尖大学都有一套完善的关于知识产权和成果转化的制度，并设有专门的技术转化部门，由行业和技术专家、投资分析师、财务专家、知识产权律师以及专利代理人等专业人士组成，负责代表大学处理与技术成果转化相关的事务。此外，美国高度发达的风险投资体系也帮助解决了技术成果转化各个阶段所需的资金。通常而言，大学教授和学生在校期间利用学校的资源所做出来的发明专利其所有权都归大学，大学可以通过非独占授权、独占授权、专利转让等形式获得现金或股权收益。

在法律层面，美国大学利用联邦政府资金产生的发明和专利受美国拜杜法案（Bayh－Dole Act）的管辖，该法案有效保护联邦政府、大学、专利发明人、企业和社会各方的权益，具有较高的参考和借鉴价值：（1）由联邦政府资助研发产生的专利，高校可以在其接受资助时与联邦政府签订高校享有研发专利所有权的协议，但其前提条件是：高校在获得专利的所有权后要申请专利并进行专利转化；（2）专利发明人有权获得专利授权许可收益；（3）高校应将专利转化收益及专利授权许可收益用于高校的教学和科研中；（4）高校有权拥有独占性的专利许可，联邦政府不得强加干涉；（5）联邦政府保留介入权，即在高校没有通过专利授权许可的方式将其专利转化时，联邦政府有权决定将高校研发的专利进行商业转化；（6）大学在将专利进行市场化时，应该优先考虑受雇人数少于 500 人的小企业；（7）美国企业利用美国高校与联邦政府研发的专利所生产的产品，如果在美国国内销售，那么必须在美国国内生产，生产企业有权获得这些专利的独占使用权。

一般来说，在扣除掉大学的各种管理成本之后，因发明和专利产生的收益按发明人及其团队、发明人所在系、发明人所在学院各 1/3 分配。斯坦福大学在成果转化体系建设方面是美国顶尖大学的典范，2014 年该校的专利许可收益达到 1.08 亿美金，已经形成了一个良好的生态系统，包括：斯坦福教授和学生的研发和创业活动—硅谷和各类孵化器的产业支持—各类风险投资在前中期的金融支持—活跃的企业股权交易和发达的上市公司融资跟进支持—完善的市场退出机制和知识产权保护机制。各利益方都能从中获益，有效地推动了产、学、研之间的良性互动。

（十）生态环境优美

校园环境优美，以及校园所在的城市生态环境良好，也是大学能够吸引优秀人才和优秀学生的重要条件。例如，调研组在访谈中得知，在斯坦福大学或伯克利加州大学工作的不少教授此前都在美国东海岸工作，他们之所以从东海岸的哈佛大学与哥伦比亚这些常青藤名校转到西海岸来，很重要的一个原因是觉得校园环境和城市环境非常舒适宜人。从实地调研的情况来看，美国西海岸和香港的顶尖大学选址的确都非常讲究，大多依山傍海，校园环境整洁优美，绿化率较高，建筑风格明显，节能环保的设计几乎随处可见，历史建筑和文物古迹保护得当，各种特色博物馆更增添了大学的人文和艺术气息。大学一般都是开放式的，没有校门和围墙，大学校园的细节设计非常人性化，完全以教授和学生为中心。校园内外的相关配套设施十分齐全，极大地便利了教授们的研究教学以及学生们的学习生活。在美国西海岸的顶尖大学中，斯坦福大学的校园环境是“大而美”的典型，加州理工学院的校园环境则是“小而美”的典范。此外，这些顶尖大学的校园环境与大学的整体气质能够相互衬托，学术环境和自然环境往往相得益彰。

四、深圳大学教育体制需要实现六大突破

经过多年的发展与探索，深圳在大学发展和体制机制的建立方面取得了成效。面对深圳发展自身的需要，以及为中国建设世界一流大学和一流学科，为国家高等教育发展积极探路、寻求突破提供经验的使命，实现建立高水平创新型大学，需要深圳大学教育体制机制在六个方面实现突破，即实现资金管理、学校治理、办学理念、教师机制、教学管理、科研管理六个方面的突破。

（一）资金管理突破——建立以大学基金会为主的经费运营模式

大学基金会的运作对一个大学的综合实力能起到至关重要的作用。在建立深圳高水平创新型大学过程中，应完善开放多元的经费筹措机制。设立高等教育发展基金、社会捐赠、民间资本投资等多元并举的高等教育经费筹措机制。市财政投入与引入民间资本相结合，设立高等教育发展基金，重点资助市校合作院校的改革发展。要吸引优秀的生源以及维持顶尖的研究实力，光靠政府的资金支持是远远不够的，如何运用好校友以及社会的捐赠资金，同样关系到大学的未来。在欧美国家，投资收益已成为教育基金会资金的重要来源，教育基金投资运营的模式已趋成熟。在中国，教育基金会起步较晚，投资运营的经验很少；但目前，其发展的社会捐赠基础、投资运营的市场基础已经具备。这给深圳建立以大学基金会为主的经费运营模式提供了机遇。深圳高水平创新型大学应将教育基金会作为管理重点，成立专门的公司或机构并且聘请专业人员负责基金的管理运作，设立完善健全的组织机构，配备专人进行管理，实行对基金的专门化管理，而且要提高管理模式灵活性和效率。使基金会管理适应市场的发展，平衡好投资保值和正常支出这两方面的关系，并且根据市场进行多元化的投资使基金不断增值。

（二）学校治理突破——推行教授治学和自主选聘大学校长

《深圳高等教育“十三五”规划》提出要“完善现代大学内部治理结构。推动制

订大学章程和条例，坚持和完善高校党委领导下的校长负责制，建立完善校务委员会、学术委员会、教职工代表大会、学生代表大会制度，形成党委领导、依法治校、教授治学、科学管理、民主参与的高校治理模式。”这将在学校治理突破方面进行有益探索。

一是教授治学带来学校治理的突破。教授治学，意味着教授的角色既是教育者、研究者，又是学校教学、科研工作决策的参与者，意味着教授自身要在教学和学术领域达到国内外较高水平。深圳高水平创新型大学要求教授们了解教育规律、学科建设规律、大学发展规律，在学术、学科、队伍、教学、学风等方面具备较高的知识、视野和能力。通过教授治学，稳妥推进深圳高校“去行政化”改革，公办高校逐步取消行政人员行政级别，实施职员职级制。这样的探索不同程度地体现了行政权力与学术权力相对分离的趋势，充分调动教授的主动性和积极性，利于高校教学、科研决策的科学性，既符合现代大学发展的需要，也为教授充分发挥自己的聪明才智提供了宽广的平台。

二是实行自主选聘大学校长是学校治理的又一突破。大学实行校长负责制，校长是学校最高行政领导。校长对学校的内部各项工作均有最终决定权，有对学校管理的全部责任。2015 年 11 月 29 日，教育部发布《关于废止和修改部分规章的决定》，删除了《民办高等学校办学管理若干规定》中“校长报审批机关核准后，方可行使民办教育促进法及其实施条例规定的职权”和“报经审批机关同意后可以连任”两项内容。这意味着，民办高校校长由民办学校自主聘任，不再需要报审批机关核准。这为深圳建立高水平创新型大学在建设过程中校长选聘机制提供了探索途径。

大学校长的角色定位。职业化大学校长，具有独特而坚定的教育理念与办学思想，而且要求具有突出的组织能力与协调能力，较强的社会活动能力与公共能力。大学校长职业化的发展趋势，即不仅要求大学校长具有较高的学术背景、博才多学，更为重要的是，要求校长的主要职责一是学校战略发展目标和重大改革政策的设计和提出，同时具备领导者和执行者的能力；二是负责为学校发展筹措资金，保证高校资源与经费的充足。

明确的遴选过程与职业标准。不拘泥于传统单一的大学校长遴选方式，用创新性思维去改革和完善现有的大学校长遴选制度。在遴选渠道上，要开发多种渠道。在内部选拔的同时，加强外部选拔，扩大人选来源。在一些西方发达国家，大学校长选拔的权利一般都是由董事会或理事会或评议会或校务委员会等学校最高权力机构来实行。在该机构领导下成立专门的遴选委员会，确立校长的任职资格和职业要求，并在有关媒体上发布招聘信息，或通过相关领域内有资格人士推荐人选或自己前来应聘，然后在若干候选人中进行遴选。当然，对于公立大学，政府在校长的选拔过程中起着重要作用。选聘大学校长，注重其管理能力和办学水平。职业化的校长不同于学者化的校长，一旦被任命为大学校长，即使是著名学者，主要精力也要投到校长岗位上，履行校长职责，以校长为职业，以谋求学校发展为第一要务，研究学校工作并全身心投入。

建立符合教育发展规律的大学校长任期制度。完善针对大学校长的制度化的业绩考核机制和监督机制。明确责任是促进大学校长成长的重要方面，明确规定对大学校长的工作进行定期评估、实施有效监督的内容，从而保证大学校长圆满地完成各项工作任务，实现长期的工作规划，并减少学校的办学理念和大的政策因人而变的现象。

（三）办学理念突破——倡导人格独立学术自由的大学文化

办学理念是一种强烈的大学精神和信念，是引导大学发展的灵魂。1970 年出任哈佛大学校长的德里克·博克针对大学在社会发展中其地位的提高和作用的增大，他说："大学是为达到特定的目的而设的机构，它们的使命在于发现和传播知识。"树立科学的办学理念，构建完善的教育教学管理体系，是大学发展，提高大学办学水平，强化学生培养质量的重要保障，为学生提供一种基础，使其养成自我依靠的能力和终身学习的习惯。

一是倡导大学教授、科研人员的人格独立。深圳正在创造环境实现大学教授、科研人员形成独立的思维，独立的行为准则，独立思考，独立实践，并具有选择独立生活方式的权利，以追求真理并坚持真理为己任，不屈从任何权威与俗见。无论对于科学自身的发展还是科学对社会发展的潜在贡献，科学家的独立人格都是不可或缺的，特别是在建设创新型国家的今天，缺乏独立人格的科学家不可能成为建设创新型国家的有生力量。大学的根本宗旨是追求真理，追求真理是大学发展的基本理念，并培育大学独立的自我精神。应当为科学家独立人格的形成提供坚实的物质基础与生存保障。应当承认科研人员的独立人格，应当尊重科学规律，科学管理。

二是重视大学的学术研究，倡导学术自由。学术自由作为大学的核心理念，是所有一流大学孜孜以求并赖以立足的最为宝贵的根基。这是一种对科学、科研的态度，是教给学生最佳的科学教育的保障，同时也是培养学生树立独立思考能力、养成个人良好品质的好方法。大学应在教学的基础上承担起科学研究的职能。结合深圳高新技术产业的特点，在新研究领域，鼓励由高校教授和研究人员自己提出研究内容，学校依据教授和研究人员的能力以及资源情况决定是否支持，教授和研究人员可以自主选择合作伙伴和决定合作形式。

（四）教师机制突破——改革教授选聘、薪酬与考核机制

党的十八届三中全会也把"建立集聚人才体制机制，择天下英才而用之"作为深

化改革的重要内容。要打造一支高素质的高校师资队伍必须深化人才选拔聘用机制的改革。大学教授的选聘标准是其学术能力与学术水平，建立适合高水平创新型大学的教师聘任制度和评价办法，积极引进行业公认专才，作为学术和专业建设带头人。以落实用人自主权为核心，探索向高校下放岗位设置、公开招聘、职称评审、薪酬分配、人员调配等事权，引导高校自主设置岗位、确定聘用条件、开展职务聘任，调配绩效工资。

一是健全能进能出的用人机制。探索实施高校教职员工分类管理制度，推进特聘、长聘、固定期聘、短聘等多种形式的教师聘任制度，建立与国际接轨的教师遴选、聘任、晋升、考核、淘汰机制。提高“鹏城学者计划”资助力度，“孔雀计划”及深圳高层次人才引进政策适当向高校倾斜，培养和引进一批国内外著名教授、学科带头人和创新团队。实施专任教师学术休假制度，试点建立合同制科研队伍，允许高校保留一定比例编制额度，用于支持教师流动。探索新入职教师全员资格考试培训制度，建立深圳高校教师准入标准和新教师岗前培训标准化体系。

二是改革人才选聘机制。完善分类管理和分类指导的各项政策，科学划分岗位类别，并针对教学、科研、社会服务不同系列岗位教师的特点，科学编制分类考核办法；要针对不同学院的现状（科研为主型、科研教学型、教学科研型、教学为主型等），提出不同大学差别发展的目标。积极探索促进教师快速发展的特殊通道和机制，如专业技术岗位晋升实施破格晋升制、预备岗聘用制、代表作聘用制，等等。

三是建立针对大学教师的合理的激励机制和薪酬制度。激励机制是确保吸引优秀人才并使之努力工作的重要保障。激励机制与薪酬制度与教师的地位和社会贡献相符合，体现大学教师的职业地位与劳动价值和社会价值，在考虑到薪酬制度的导向作用时，对于一些特殊岗位的薪酬，要开拓思维，探索建立适合深圳的大学发展的激励机制。

（五）教学管理突破——实行弹性学制、自主教学、打破近亲繁殖

一是实施弹性学制。给学生自由的空间和选择的权利，提高大学育人的质量，使人才培养与适应社会发展接轨。弹性学制是让学生从“被培养成什么样的人”变成“由自己选择成为什么样的人”，对此，需要学校提供丰富的课程自主选择和专业的指导规划，打破专业壁垒，更多地让学生根据自己的学习特点、学习需求和学习节奏来安排大学生活，把学生从大学课程的接受者变为决策者。以学生取得的学分数作为衡量学习量的基本单位，以达到基本毕业学分作为毕业主要标准，以基本修业年限为参考，允许学生提前或者延期毕业。学生可以根据自身情况，在规定年限范围内选择毕业时间。

二是实行自主教学。大学根据人才培养定位和创新创业教育目标要求，促进专业

教育与创新创业教育有机融合，调整专业课程设置，挖掘和充实各类专业课程的创新创业教育资源。大学面向全体学生开发开设研究方法、学科前沿、创业基础、就业创业指导等方面的必修课和选修课，建设科学合理的课程群。深圳高技术产业发展需要大量人才支撑，以此为突破，有关专业类别的学生教育瞄准产业先进技术的转移和创新。在课程设置上，高校要打通一级学科或专业类下相近学科专业的基础课程，开设跨学科专业的交叉课程，探索建立跨院系、跨学科、跨专业交叉培养创新创业人才的新机制，促进人才培养由学科专业单一型向多学科融合型转变。鼓励学科交叉。加强学术思想的交融，促进创新，促进学科发展。建立以提高实践能力为引领的人才培养流程，建立产教融合、协同育人的人才培养模式，实现专业链与产业链、课程内容与职业标准、教学过程与生产过程对接。扩大学生的学习自主权，实施以学生为中心的启发式、合作式、参与式教学，逐步扩大学生自主选择专业和课程的权利。

三是打破学术“近亲繁殖”。《全国教育人才发展中长期规划（2010～2020 年）》更是国家以文件形式强调高校要“大幅度减少或不从本校毕业生中直接聘任新教师”。遏制学术“近亲繁殖”现象，能够促进高校人才科学理性地流动有利于高校的长期发展。一些制约学术“近亲繁殖”的规定能否取得预期效果，不仅取决于高校的自律、对有关规定的执行力度，还需要有关教育机构的支持与监督，共同营造一个更自由、更宽松的学术环境。要打破学术“近亲繁殖”，必须依靠更自由、更宽松的学术环境。转变传统观念。打破那种传统文化带来的思想上的束缚，转变观念，放开思想，用战略的眼光、开阔的胸襟来审视学校和自身的发展。学校在教师引进中要以公正、公平和合理的态度来对待，克服在教师引进中对本校毕业生开“绿灯”的心态。美国、德国等国家各著名大学规定，研究生不能从本校应届毕业生中招收，助教不能从本校应届毕业生中留用。大学不准本校生直接留校任教，而是从其他高校或机构招聘达到要求的人员来任教，这有利于在学术上相互取长补短，互相促进，实现学术交流和观点碰撞，推动高校学术研究的进步和发展。也是对毕业生的一种鼓励与关爱，促使毕业生向外发展、向上提升，到其他高校或机构接受不同的学术熏陶。

（六）科研管理突破——强化科研成果转化、培养学校“智本家”

《中共中央国务院关于深化体制机制改革加快实施创新驱动发展战略的若干意见》发布，指出建立高等学校和科研院所技术转移机制。国家发展与改革委员会也透露，中国科技成果转化率仅为 10% 左右，远低于发达国家 40% 的水平。如何改变大学科技成果转化率低的问题，这需要在大学科研管理上实现突破。进一步促进高校科技成果转化，鼓励高校为企业提供技术服务。

一是要建立促进大学科研成果转化的组织机构，为大学科研项目提供种子资金、商业顾问、创业教育等个性化的支持。机构的工作人员要有专业背景，包括商业、法律和各个理工学科。该机构对高校的发明披露进行严格的商业价值评估，控制专利申请数量，提高专利质量。在大学技术转化领域，这些组织机构的作用要实现提升校园创业的数量和多样性，加强与投资人和创业家之间的联系。例如，对于开发和证明商业概念、确定合适的目标市场和实施知识产权保护等，通过这个公共平台，不同学校之间就可以知道他们的同行正在进行的研究、知识产权发展和各类项目，进而促进高校科技成果转化，逐步建立成熟的技术转移体制。

二是放宽部分资金使用条件，突出人在科研中的核心作用，让科研人员能够更好地进行基础研究。对于扩大劳务费的开支范围，并取消劳务费比例限制等规定，有利于激发研究人员的创新热情。有利于鼓励教师带动更多学生投入科研项目，充分锻炼和发挥其才智和潜力。参考世界著名高校的科技成果转化制度的变革的做法，即因为大学不是公司，不把大学的专利、软件著作权等发明成果卖给企业，而是授权给企业使用。例如，美国加州的伯克利大学规定，教师和研究生发明的专利、软件著作权等成果转让给企业后，将获得技术许可收入的 35%。联邦政府资助的科研项目取得的专利、软件著作权等发明成果，其所有权属于高校等受资助单位。鼓励以人力资源和智力资源的充分运用为获取自身价值，实现高校的“智本家”。

五、对深圳建立高水平创新型大学的政策建议

深圳建立高水平创新性大学是一个系统性工程，实现这个目标需要统筹规划，要立足于深圳、中国和世界大学发展现状和特点，因地制宜，因校施策。

（一）科学规划统筹、明确目标步骤

一是科学规划统筹。以国家重大需求为导向，加强学科布局的顶层设计和战略规划，提升高水平科学研究能力。按照《国务院关于印发统筹推进世界一流大学和一流学科建设总体方案》的要求，以支撑创新驱动发展战略、服务经济社会发展为导向，加快建成一批世界一流大学和一流学科。高校要根据自身实际，合理选择一流大学和一流学科建设路径，科学规划、积极推进。要在多领域建设一流学科，形成一批相互支撑、协同发展的一流学科，全面提升综合实力和国际竞争力，进入世界一流大学行列或前列。拥有若干处于国内前列、在国际同类院校中居于优势地位的高水平学科的大学，要围绕主干学科，强化办学特色，建设若干一流学科，扩大国际影响力，带动学校进入世界同类高校前列。拥有某一高水平学科的大学，要突出学科优势，提升学科水平，进入该学科领域世界一流行列或前列。适应深圳经济社会发展转变和创造深

圳质量深圳标准的需要，继续推进高等教育改革发展，加快构建具有深圳特色的开放式国际化高等教育教育体系。建立有深圳特色的开放式、国际化高等教育体系，创新高等教育发展模式，为深圳自主创新城市做贡献，为全国高等教育发展探索新路径。

二是明确目标和步骤。深入研究学校的建设基础、优势特色、发展潜力等，科学编制发展规划和建设方案，提出具体的建设目标、任务和周期，明确改革举措、资源配置和资金筹集等安排。建立紧密对接产业链、创新链的专业体系。按需重组人才培养结构和流程，围绕产业链、创新链调整专业设置，形成特色专业集群。经过5年的努力，全市高校数量和在校生规模要有较大幅度提升，办学规模逐步提升，高校类型结构、学科专业结构和人才培养结构与深圳经济社会发展相适应，高等教育质量和水平与现代化国际化创新型城市地位相匹配，初步形成结构合理、支撑有力、充满活力的具有深圳特色的开放式、国际化高等教育体系，成为区域高等教育中心和人才高地。

到2020年，深圳高校数量达17所左右，在校生约20万人，其中研究生、本科生、专科生比例约达到17:47:36，按1200万常住人口计算，万人在校生人数达到175，高等教育财政性投入占一般公共预算支出比例达到3.4%，占教育财政性投入比例达到30%。结合深圳经济社会发展的需要，大力发展新兴学科和交叉学科，形成覆盖生物、“互联网+”、新能源、新材料、新一代信息技术、航空航天、海洋、医疗卫生、环境保护、金融、文化创意、艺术、体育等重点领域的学科专业群，重点打造光电工程、信息与通信工程、电子科学与技术、计算机科学与技术、材料科学与工程、能源科学与工程、生物医学工程、生命健康工程、环境科学与工程、航空航天科学与技术、海洋工程技术、设计学、经济学、法学、文艺学等15个左右全国领先学科。

高校发展是一个动态的过程，在相应节点上应进行评估，对照最初设定的目标，总结经验，发扬优势，改进存在的问题，使高水平创新型大学的建设健康持续地推进。

（二）加大政府投入、扩大社会筹资

加大改革试点的经费支持。结合实际情况，完善相关财政政策，对改革试点统筹给予倾斜支持，加大对产业发展急需、技术性强、办学成本高相关专业的支持力度。深圳的地方高校要开展世界一流大学和一流学科建设，根据具体情况结合实际推进，所需资金由地方财政统筹安排，也要充分利用中央财政通过支持地方高校发展的相关资金给予引导支持。整合发展财政和社会资金，支持高校学生创新创业活动。各高校要优化经费支出结构，多渠道统筹安排资金，支持创新创业教育教学，资助学生创新创业项目。

经费投入从主要依靠财政投入向财政投入和吸引社会资金转变。鼓励支持社会资

金投资或捐助建设发展高等教育，逐步建立多元筹措高等教育办学经费的新机制。引导各高校吸引社会资金支持办学。不断拓宽筹资渠道，积极吸引社会捐赠，扩大社会合作，健全社会支持长效机制，多渠道汇聚资源，增强自我发展能力。鼓励社会组织、公益团体、企事业单位和个人设立大学生创业风险基金，以多种形式向自主创业大学生提供资金支持，提高扶持资金使用效益。

（三）整合教育资源、突出重点扶持

结合深圳的战略性新兴产业和重点支持领域，以及未来产业和重点民生领域，新建特色学院。按照引入资源优质化、学科建设专门化、办学层次高端化的思路加快特色学院建设。加大对试点高校的政策支持。研究出台推进高校分类发展、分类管理与分类评价改革的指导性意见，学习借鉴发达国家和地区尤其是美国加州发展高等教育经验，推动高校科学定位、特色发展、同类竞争。《深圳高等教育“十三五”规划》提出按照人才培养及科学研究主体功能差异，将高校分为学术研究型、应用研究型、应用技术型（含高职、高级技工院校）三个层次。按照学科类别差异，三个层次高校又分为特色类、多科类和综合类。在深圳建设世界一流大学不可能千校一面，各个学校在发挥优势的同时，必须彰显个性和特色。办学特色既要有共性，也要体现各自独特的目标定位、办学传统和资源禀赋。在办学中注重突出特色：突出创新创业人才培养特色，构建科教融合、校企结合的整合育人环境，努力培育复合型创新创业人才。

具体体现在做大做强现有高校。（1）深圳大学。在立足深圳、面向全国，具有创新创业特色的高水平综合性研究型大学定位基础上，主要发展文、史、哲、法、教育、管理、经济、艺术、理、工、医等学科，文史类与理工类学科共同发展，按照高水平大学建设方案，重点推进光电技术与材料学科群、智能信息处理学科群、特区经济与中国道路学科群这3个学科建设。（2）南方科技大学。定位为国际化高水平研究型大学，中国重大科学技术研究与拔尖创新人才培养重要基地。主要发展理工类学科，兼顾医学和特色人文社会学科。尽快取得硕士、博士研究生学位授予权。（3）香港中文大学（深圳）。定位为扎根深圳，立足中国，面向世界的一流研究型大学。重点培养具有国际视野的创新型高层次人才；以高水平教学和科研平台建设、国际一流人才团队引进为核心，重点发展理工、经管及人文社科等学科。（4）清华大学深圳研究生院。重点发展生命与健康、能源与环境、信息科学与技术、物流与交通、先进制造、海洋科学与技术等新兴前沿理工类学科，兼顾社会科学与管理等人文学科。（5）北京大学深圳研究生院。重点发展金融学、经济学、管理学、法学等北大优势学科，以及信息工程、化学生物学与生物技术、环境与能源、城市规划与设计、新材料等前沿交叉理工学科，还有深圳急需的医学学科。（6）哈尔滨工业大学（深圳）。建设一所秉

承哈工大优秀传统，扎根深圳、服务国家、面向世界的高精特研究型大学。(7) 华大基因学院。华大基因研究院、深圳大学、哥本哈根大学合作举办非独立设置中外合作办学机构，培养生物企业法国际一流的人才，助推国内生物产业发展，条件成熟时申请独立设置；重点发展基因组学、转录组学、宏基因组学、生物信息学和遗传学等。对正在建设中的深圳国际太空科技学院等大学，由于其专业的前沿性，也要给予大力支持。在办学过程中，突出学科交叉会聚特色，推动学科体系的优化调整，营造学科交叉的制度环境，以特色创新联盟为载体建设一批高水平交叉研究平台和交叉学科团队。

(四) 减少行政干预、尊重学校自主

减少行政干预，切实落实大学办学自主权。大学办学自主权的落实就是建立各种有效的机制，实现大学、市场、政府、社会之间的良性互动。

高校具有面向社会独立自主办学的自主权。各大学必须在强烈的竞争中面向社会寻找发挥自己的办学特色和优势，充分调动各个大学群体的办学的积极性、主动性。建立独立于政府和学校的第三方评估机构，使社会成为高校绩效评价的主体。大学有高度的自主办学权，在学校内部责权明晰，层次分明，人事关系简单，环境和谐，管理效率较高。营造浓厚的学术氛围和宽松的创新环境，保护创新、宽容失败，大力激发创新活力。在经费管理方面，对政府资助机构的科研经费管理，要建立主要依靠规章制度、项目执行单位和负责人的自我管理、高校的内部审计完成的机制。具体来说，资助机构应较少直接介入经费监管，而更多地依靠高校严格的内部审计，通过提交的科研项目结题报告来说明课题经费使用的合法性与正确性。

(五) 开放合作办学、集聚最优资源

当前科研的国际化已成为发达国家的一种趋势，主要表现在科学交流、人员聘用、科研评估等方面。外籍教授广泛参加高校的科研与管理工作，是世界著名高校取得高水平科研创新成果最重要的因素之一。深圳要实现创建高水平创新大学的目标，要创建数所世界一流大学，必须加快国际化的步伐。支持高校面向世界引进国际顶尖科研人才、学术大师，带动一批与战略性新兴产业相关学科专业，实现跨越式发展，迅速达到或接近世界一流水平。

扩大高校开放合作。在依靠市里力量单独申办新建高校的同时，加快与境内外著名高校合作，引进优质高等教育资源快速扩大办学规模。发挥毗邻港澳优势，加强与国际高水平大学、科研机构合作，引进国际优质教育资源，构建与国际接轨的教育质量标准和评价机制，提升深圳高等教育国际影响力和竞争力。支持试点高校开展与国外高校合作办学。推进深圳北理莫斯科大学、清华—伯克利深圳学院、湖南大学罗切

斯特设计学院（深圳）、深圳吉大昆士兰大学、深圳墨尔本生命健康工程学院等于国外高校合作办学。开展深度国际交流合作，建设高端定位、错位发展的办学体系，加快形成产学研合作体系。加强与世界一流大学和学术机构的实质性合作，将国外优质教育资源有效融合到教学科研全过程，开展高水平人才联合培养和科学联合攻关。加强国际协同创新，积极参与或牵头组织国际和区域性重大科学计划和科学工程。营造良好的国际化教学科研环境，增强对外籍优秀教师和高水平留学生的吸引力。

（六）创新激励机制、吸引顶尖人才

一是不断扩展人才用武平台。政策创新要找准人才关注的需求点、兴趣点，为高端人才创新发展提供更丰富的资源和更国际化的平台。另外，有挑战性、创新性的科研项目也是吸引世界顶尖人才的重要因素。构建以自主创新、突出贡献为导向的学术创新体系。围绕国际学术前沿、国家战略目标和区域发展重大需求，加强基础学科和交叉学科建设，提升原始创新、应用研究和成果转化的能力，实现学科链、创新链和产业链的互联互通，进而形成高水平创新型新高地。

二是探索吸引人才移民有效措施。2012 年，公安部、人社部等 25 个部门印发了《外国人在中国永久居留享有相关待遇的办法》，为中国扩大海外引才路径、吸引海外顶尖人才提供了便利。深圳利用特区的有利条件，进一步完善相关移民政策，进一步打开引才之路。通过制定开放的移民政策，吸纳人才。除通过职业移民的方式吸引外来人才，为满足其国内人才市场的需求。为了吸引优秀留学生留居，给予其入籍优惠。

改善人才发展环境，提高人才待遇。要在加大科研经费投入、改善引进人才科研工作生活条件等方面持续发力，吸引和留住人才。美国人才引进的政策之所以能够行之有效，其在人才工作环境和生活待遇方面的优势发挥着决定性作用。紧跟世界发展趋势，紧贴深圳发展目标，紧盯科技发展前沿，站在全局和战略的高度，不断优化办学环境，努力把深圳建设成为高层次人才施展才华、实现人生价值的首选区。创新高层次人才分配机制。对符合条件的从事基础前沿研究的高层次人才，给予相对稳定的科研经费扶持。探索人才资本产权激励办法，向优秀人才和关键岗位倾斜的薪酬机制。建立完善人才资本与科研成果有偿转移制度，也可采取协议方式高薪聘用拔尖人才。健全教师评价制度，对教学、科研人员包括兼任行政职务的专家教授，实行符合智力劳动特点和规律的政策，不能简单套用针对行政人员的规定和经费管理办法。

三是采取灵活多样的方式引用外国人才。要积极转变人才引进观念，由占有人才向灵活多样地使用人才转变，充分发挥海外智力资源的价值。如可采取灵活方式引进海外人才，或让国内的专家学者以学术会议、访问、交流的形式走出去，在人员来去自由的流动中，实现智力资源的有效引进和利用。

（七）强化产教融合、鼓励科技应用

深化产教融合，将一流大学和一流学科建设与推动经济社会发展紧密结合，使高校更好地与当地创新要素资源对接，与产业聚集区创新发展对接，与行业企业人才培养和技术创新需求对接。产教深度融合，集教育教学、科技研发于一体，既促进高素质人才培养，又能将大学研发成果转化为生产力，推动企业技术进步和产业升级转型，助力区域经济发展。初建阶段，围绕深圳产业结构做好专业设置、教学设计、课程安排等内容，实现办学规模的扩张。以建立高水平创新型大学发展战略及“协同创新”为导向，推进学校与产业的融合发展，大力开展科技协同创新，走“科技引领、产教融合”的发展路径。学校以“政产学研联盟”为依托，加大各高校基础实验室建设，重点支持设立国家和省级重点实验室、工程实验室、工程研究中心等高水平创新载体，搭建高质量服务和资源共享平台，吸引国内外优质高等教育资源，以科技创新、科技引领人才培养、科技创新平台、产学研合作升级、科技成果转化促进等为抓手，全面推进“产学研”合作，形成高校和深圳经济社会联动发展格局。建立促进科技成果转化的激励机制，鼓励高校成立科技成果转化服务机构。着力提高高校对产业转型升级的贡献率，努力成为催化产业技术变革、加速创新驱动的策源地。搭建全市产学研合作信息服务平台，建立网上产学研资源库。促进高校学科、人才、科研与产业互动，打通基础研究、应用开发、成果转移与产业化链条，推动健全市场导向、社会资本参与、多要素深度融合的成果应用转化机制。强化科技与经济、创新项目与现实生产力、创新成果与产业对接，推动重大科学创新、关键技术突破转变为先进生产力，增强高校创新资源对深圳经济社会发展的驱动力。

发展风险投资，推动高新技术产业发展。积极引导民间资本进入风险投资领域。从深圳的现实需要来看，发展风险投资的目的，是促进高新技术成果走向市场，实现产业化，提高科技进步对经济增长的贡献率，通过创造良好的外部环境，促使企业积极参与技术创新和科技创业活动，推动产品、产业结构的调整和升级，形成良性循环。有效地发展风险投资，是当今世界许多国家推动高新技术产业化的一条成功之路。以美国的硅谷为例，在硅谷，风险投资尤其活跃，硅谷 50% 以上的中小型高新技术企业在发展过程中得到了风险资本的支持。大多数风险投资者更偏爱小公司，这非常有利于那些大学生创业的项目。风险投资主要投向高新技术产业，成为推动美国高新技术产业发展的强大动力。风险资本将市场机制导入高科技发展过程中，有利于促进科技成果转化与高新技术的高效发展。风险投资既能实现高新技术的产业化，也能使投资者获利，这个过程完全能够以市场为导向、以高新技术的产业化为依托，使技术创新在实践中得到落实。

调研报告六

新形势下深港关系再研究（2017 年）

自香港回归以来，香港政治生态出现了重大变化。本报告客观分析了近年香港政治生态显著变化的特点及深层次原因，指出香港政治生态变化下香港与内地关系变化的特点和趋势，研究了新形势下的深港关系，提出新背景下深圳在深港关系中应发挥改革、人才、文化、科技创新、中心城市等方面的引领带动作用。推进香港重大项目建设，巩固香港作为最大的人民币海外结算中心地位。支持香港特区政府进行爱国爱港教育。

40

本报告课题组长：郑新立。

课题组成员：张景安、白津夫、焦庆杰、徐伟、刘森、盛思鑫、綦鲁明。

自香港回归以来，香港社会经济形势发生了一些变化，政治生态也出现了重大变化。香港政治生态的变化在过去三年中已经导致了不少恶性政治事件的爆发。2014 年 9 月，香港出现了所谓的“占中”一系列非法活动，前后历时两个多月，是香港自 1997 年回归以来影响最恶劣的政治冲突事件。2015 年 6 月，香港特区政府提出的以香港主流民意为根据、以香港《基本法》和全国人大常委会“8・31 决定”为指针的 2017 年行政长官普选提案，在立法会被极端反对派以“集体捆绑”的方式否决。2016 年 10 月，梁颂恒和游蕙祯在香港立法会新一届议员宣誓入职仪式上不庄重宣誓，且有卑劣表演行为。此外，还有 8 名香港立法会新一届议员涉嫌不庄重宣誓。香港自回归以后长期享有高度自治和高度自由，在一定程度上也助长了分裂分子的嚣张气焰。但是高度自治不等于可以恣意妄为。2016 年 11 月，针对香港个别新当选议员不庄重宣誓的行为，十二届全国人大常委会第二十四次会议经表决，全票通过了《全国人大常委会关于香港特别行政区基本法第一百零四条的解释》。此次释法进一步明确中央政府在香港基本法框架下对香港进一步加强管理，已经成为一种趋势，也是现实的需要。

一、近年香港政治生态出现显著变化的特点

香港回归后，香港居民由回归前的只关注政府施政能力，而不管政治来源的“小富即安”心理，转变为逐渐增强参政意识和参与程度。近年来，香港居民呈现出在政治的各个阶段和方面的参与热情，甚至演变成为激进的、极端的政治倾向。政治生态的显著变化，在经济方面给香港带来了严重的负面影响。

（一）立法会中本土激进分离势力冒出

在被当作英国殖民地的 160 多年里，香港立法机关发生了数次重大变化，即从总督立法的咨询机构到立法机关重要组成部分，从立法机关的组成部分到过渡性的立法机关，从过渡性的立法机关到正式的立法机关。香港立法机关的演变，凸现了香港政治发展的进程和特点。香港现有立法机关为立法会，立法会的席位成为选民选举角逐的对象。

从 2016 年 9 月香港第六届立法会的选举结果来看，明显反映香港政治生态的复杂化。全港合资格登记选民共 378 万人，较上一届增加 31 万人。参与人数的显著增加反映出香港居民参与政治的愿望增强。本届立法会选举中，传统“泛民主派”加上冒出于“占中”的“本土激进分离势力”反建制派阵营的得票率，与建制派得票率依旧围绕“六比四”这一基本比率格局不变。但是在选举期间，个别组织和参选人利用选举平台，公开宣扬“港独”。在选举最后关头，一些反对派参选人在背后势力操纵下，

违背政治道德纷纷弃选，以“弃保效应”欺骗市民、操弄选票，加之一些选民的求变心理，使得几名青年激进本土人士当选。在建制派中，个别政治团体与大多数政治团体的分歧更加明显，在爱国爱港中坚团体中，一些人在核心价值观上与“泛民主派”几无差别，对于爱国爱港力量的建设已构成显著障碍。

（二）香港青年政治观念显著变化

自2003年香港“七一”大游行以来，香港青年参与政治的热情空前高涨，在以政治、民主、自由为诉求的社会运动中扮演主力军。香港青年的政治观念趋向极端化与偏激化，呈现泛政治化、极端自由民主化、病态本土化趋势，街头政治的爆发是具体表现。香港青年认为自由比社会秩序重要、民主比经济发展重要的政治观念正在不断上升，自由和民主意识也逐渐凌驾于法治之上。根据《香港青年趋势分析2015》公布的数据，2005年香港青年认为“社会稳定重要过民主发展”的占81.2%，到2014年该比例已经下降到55.3%；而“个人自由重要过社会秩序”和“民主发展重要过经济发展”的比例分别从2005年的26.6%和44.9%上升至2014年的38%和60.4%。

香港青年政治观念发生显著变化的原因，首先是民生问题方面；其次是香港与内地社会、经济关系的变化方面；最后是互联网时代带来的群体内个体沟通的便捷性。

民生方面，香港青年就业压力增大、晋升速度慢、学历与薪酬不符，大学生毕业后的起薪点持续下降，对自身未来出路的担忧造成了香港青年追求变革的焦虑心理，这种焦虑心理甚至表现出对抗与抵制的心态。

在与内地社会和经济关系变化方面，近十年来的各类社会运动以及民主运动，对香港服务业、零售业等造成严重冲击，香港经济发展呈现缓慢趋势；而内地经济迅速发展，北京、上海的GDP早已超过香港，加上内地自贸试验区纷纷建立，大力开放金融、航运、专业服务等市场，内地与香港的经济正在发生巨大逆转。香港原有的竞争力及竞争优势在逐渐减退，香港青年原有的优越感也在不断弱化，他们把消极、不安的情绪转化为对社会、对政府的不满，对内地同胞的排斥。在反对势力的鼓动下，香港青年通过各种反政府、反内地的社会运动宣泄情绪，申诉不满，希望通过实现政治民主改变社会现状，以至于爆发街头政治事件。

互联网时代带来沟通的便捷性、建立群体的容易性及信息获取的不易鉴别性，是香港青年政治观念发生变化的基础。在自由、不受时空限制的网络世界里，每位民众都可以是新闻、舆论的创造者以及接受者。网络信息缺乏监管，不实舆论严重影响了香港青年的判断。把某个偶然事件在网络上反复炒作，使香港青年对内地食品安全问题、内地旅客问题及内地人才输港问题无限放大、盲目抵触，严重削弱了中央政府及香港政府的权威。

（三）香港高校政治化日趋严重

香港高校成为政治角力的战场，呈现出严重的政治化趋势。“占中”期间，382 名香港大专院校的教职工联合署名支持学生罢课，为争取“民主”抗争；香港大学纵容教师、学生非法占中，任由港大沦为“占中”温床，港大学生会刊物《学苑》更是以民族自治论为观点，散播“港独”言论等。在香港高校里，反对派和一群以追求“民主”为己任的学生劫持了大多数学生的想法，企图通过破坏制度与秩序来表达诉求，以暴力抗争等不文明的方式达到自身政治目的，香港的大学已由学术型大学沦为滋生政治运动的温床。

香港部分院校“重政治、轻学术”，正在成为其自身发展的阻碍。香港高校政治化，已经使香港高等院校在国际大学排名全线下跌，更让内地学子望而却步，严重影响香港高校的发展。英国《泰晤士高等教育》2015 年度全球大学声誉排行榜，香港院校排名全线下跌，多间院校 2015/2016 学年的内地生报名人数也大跌三、四成。香港部分院校“重政治、轻学术”，不利于自身发展，香港高校应放下争拗，善用优势，做好科研及学术，为香港繁荣做出贡献。

（四）传统媒体成为利益集团的扩音器

传统媒体是相对于近几年兴起的网络媒体（新媒体）而言的，传统的大众传播方式，即通过某种机械装置定期向社会公众发布信息或提供教育娱乐平台的媒体，主要包括报刊、户外、通信、广播、电视及自媒体以外的网络等传统意义上的媒体。

香港的传媒大部分掌握在财团或私人手中，采取编辑自主的方针，政府部门对媒体干预能力较弱。香港媒体甚至在一定条件下，可以主导社会讨论的议题，甚至影响特区政府政策的决定，以致于不少研究者指出香港是“媒体治港”。泛民主派人士利用传媒，曾多次挑起议题，引导民众跟他们走，获取选票。相对而言，建制派在这方面做得很不够。传媒和利益集团的相互依存，相互帮衬，还表现在香港的一些利益集团以批评和攻击特区政府为能事，以此作为参政议政的主要方式。而一些传媒也以此为专长，帮助这些利益集团兴风作浪，煽风点火。这是香港民主发展和利益集团政治不能忽视的现象，是香港政治生态变化的一个突出表现。

（五）新媒体成为激进势力的推手

新媒体，泛指利用电脑（计算及信息处理）及网络（传播及交换）等新科技，对传统媒体之形式、内容及类型所产生的质变，新媒体是数字技术在信息传播媒体中的应用所产生的新的传播模式或形态。

根据香港青年协会调查发现，大多数青年热衷于网上讨论社会事件，60%的香港青年有通过“按链接键以关注议题专页”去了解社会事件，有网上“参加意向投票”的香港青年占47.4%，有通过在网络终端“填写意见调查”与“参与签名行动”方式参与社会事件的，分别占46.8%和41.8%。新媒体成本低廉、即时性强、渗透性强、发声自由、时间空间不受限制，把政治、社会事件与香港人的生活大大拉近，渐渐成为香港青年关心社会问题与政治问题，表达意见、申诉不满的有效途径，也成为香港青年监督政府的平台。新媒体的兴起对香港的政治倾向产生了重大影响。在这种影响形成的过程中，激进势力通过“意见领袖”扮演“引导者”的角色，青年群体扮演“欢呼者”的角色，网络公司及科技人员扮演“放大者”的角色。三者协同合作，共同推动了网络舆论按照激进势力的要求形成和发展。反对派人士、激进人士以及外国势力利用新媒体散布不实舆论、歪曲事实、丑化祖国，以达到加剧内地与香港的矛盾、分化祖国内地与香港的目的，对香港青年的思维方式、人生观、世界观产生深刻影响。

（六）草根民众成为选民主体

选举是香港政治制度中不可或缺的一环，香港居民选举权和被选举权、需进行选举的公职均受《基本法》保障。香港所有内部的选举均为非强制性，以不记名方式进行，由非政治性的独立法定机构、选举管理委员会安排及监管以及政府的选举事务处执行，以确保选举以公开、诚实、公平的原则进行。

香港主要阶层政治参与极不均衡，政党政治动员集中于社会基层，导致香港社会弥漫民粹主义情绪。比较而言，香港社会基层参选的愿望最强、动力最大，是参加选举的主要力量。草根阶层政治参与的动力，主要基于改善生活等经济原因。很多劳工等草根阶层认为只有参政、推动香港民主发展，才能打破工商资产阶层对权力的掌控，保护劳工权益、保障弱势群体的法律和政策才能顺利出台。劳工等草根阶层具有参政的急迫性，是参加立法会、区议会选举的主力军，因此，香港各政党把他们作为选举动员的主要对象。

香港草根阶层之所以成为选民主体，除了主要阶层政治参与的动力存在极大差异外，与香港参选人员拜票便利度方面有很大关系。工商资产阶层居住在太平山上，且选举活动大多在休息日举行，他们中很多人利用休息日到深圳等地度假，不利于参选人员拜票。中产阶层居住得比较分散，且居住小区物业管理较正规，进入此类物业需要经过业主集体批准，导致参选人员拜票效率较低，不成为候选人家访的重点，部分候选人甚至会放弃此类楼宇中的选民。参选人员拜票最方便、最有效的地区是公屋集中区。为缓解收入分配的巨大差距对市民生活构成的压力，从20世纪60年代以来，香港政府采取的一项重要福利政策就是供给公共屋村。由政府筹资建房，以低廉的租金出租给低收入市民。公共屋村居民集中，进出方便，拜票效率较高，导致各政党把公共屋村作为主要票仓，草根成为选民主体。为了抓住草根选民的票源，各政党都迎合草根阶层的意志提出参政、施政纲领，导致香港社会弥漫民粹主义情绪。

（七）特区政府执政能力受到挑战

香港政治生态的变化，已经拖累了香港经济发展、民生改善和社会和谐的进程，而这又阻碍制约了特区政府管制团队执政能力的有效执行。

从领导执行力看，香港特首因为民众“政治追求”，施政每每受挫。香港愈趋政治化，人们自利心态强，对不利一己的公共政策予以反对，于是意见纷纭，政策难有共识。从施政角度看，近 10 年来香港房价节节上升，成为全球难以负担房价的城市之冠，市民无法购买高昂的楼房，青年对前途无望，社会由是积怨。香港长久以来信奉自由经济、积极不干预，当市场失效时，政府无力挽救。从政治制度看，香港虽然有立法会选举，但政党没有执政地位。立法机关在回归后不再从属于行政机关，而立法议员特别是反对派，又希望不断扩大立法权力的时候，那些殖民地时期细碎和繁琐的安排便成为立法会掣肘行政机关的利器，或成为立法议员与特区政府讨价还价的筹码。反对派不断挑战特区的政制安排和特区政府的受认性（合法性），但却仍选择加入政制体制框架之内活动，同时结合政制内外力量对香港政治体制发动攻击。这也导致香港施政不前，渐失竞争力。

二、香港政治生态变化的深层次原因

香港，包括香港岛、九龙半岛和周边的 200 多个岛屿，自古以来就是中国的领土。在鸦片战争之后的 50 多年内，三个不平等条约把香港岛、九龙、新界先后割让租借给英国。香港是世界著名的自由港和国际城市，但是，没有祖国的支持，香港是不可能成为“亚洲四小龙”之一的。香港经济在战后由单一的转口贸易向出口加工为导向的工业发展转变。20 世纪 70 年代，中国开始的改革开放给香港提供了极好的发展机会，使得香港经济在 20 世纪七八十年代高速增长。在过去的百年里，尤其是新中国成立以后到 1997 年前，虽然是英国管制，但祖国对香港的支持很大。香港是中国人发展各种事业以及祖国通向海外的窗口和桥梁。香港只有弹丸之地，但是在过去曾经创造了许多骄人的世界奇迹，这些发展成就的出现，其重要的因素是人才是祖国内地去的，资源是祖国内地供应的，市场也是祖国内地给的，而且中国的贸易通过香港走向世界。祖国给的这些政策和条件，使香港有了发展的机会，当年香港的成衣、玩具、手表出口量都曾经是世界第一。这个当年不为人知的沉寂荒芜的南海渔村小岛，这个土地贫瘠、没有自然资源、连淡水都缺的荒岛，由于中央对香港的政策和祖国的支持，使香港取得了很好的发展，被誉为“亚洲经济腾飞的小龙”和“东方的明珠”。特别是伴随着国内改革开放的步伐，香港的工业、金融、服务业都取得了较好的发展，并且有了一定的规模。对于香港的发展特点，有研究者曾经总结，香港政府多年来实施了积极不干预政策和行政吸纳政治的方式。也有人曾总结说香港过去是有自由、有民主、没有政治的社会，这个特殊的地方一百年来以经济、贸易为主导，政治无人问津。1997 年香港回归祖国之后，香港的政治生态反而越来越背离正确的轨道，走向极端和非理性，成为香港社会一大难题，很多人都在研究香港政治生态为什么会出现这种局面。回归之后出现的这种政治生态恶化的原因是多方面的，也是非常复杂的，归结起来有以下几个问题：

（一）美国制造分裂活动

外国势力一直介入香港事务是人所共知的事实。香港每次政治危机背后几乎都有美驻港领事馆介入和出谋划策的影子。中国政府在香港实施一国两制的政策，他们扬言绝不能让这一构想成功。他们认为如果香港人心向祖国，势必影响到台湾人心回归祖国，那么美国利用台湾制约中国的图谋就会失败。设立从事分裂活动的机构，通过这些机构策划一系列利用民主反对香港人心向祖国的活动，利用一切手段培养泛民主派骨干分子，企图掌握香港社团组织的主导权。这些机构表面上是非盈利机构，实际上专门从事利用民主拒共和分裂中国的活动，鼓动香港人打着“一国两制”的旗号，搞香港独立的思想准备。通过中介支持民主抗中活动。这些机构策划一系列的利用民主反对香港人心向祖国的活动。香港的一系列破坏“一国两制”的活动都与这些机构有关。这些机构还利用一切手段培养所谓民主派骨干分子，企图掌握香港社团组织的主导权。有的机构还组织了一个青年公共参与计划，致力于培养政治社团领导，训练他们参与政治交际的技巧和能力，培养民主派骨干分子，利用各种活动在各种社团组织和媒体等策划一系列的事件，进行反共和分裂祖国的活动。

通过高校对学生进行“洗脑”。美国把渗透大学生作为重点区域，在香港建立了两个大学据点。一个是香港中文大学香港美国中心，另一个是香港大学比较法及公法研究中心（CCPL），该中心属于香港大学法学院，是策划 2014 年香港“占中”活动的主要基地之一。美国通过这两个基地，以学术交流为名向香港的青年学生灌输美式思想、价值体系并且物色代理人为其做事。香港大学美国中心垄断了香港 8 所大学的通识教学教材的编写，在香港推行民主抗中的教育，尤其是操纵青少年的闹民主进行分裂祖国的活动。他们打着学术交流和民主的旗号，利用种种手段向青年学生进行“心战”和“洗脑”。

（二）英国制造离心战略

英国人不甘心香港回归祖国。英国管制香港百年来，在香港得到了巨大的商业机会和经济利益。祖国支持香港发展，这期间给了英国人很好的获利机会。实际上香港回归之后由于历史上的种种原因和英国在香港已经占领的一些商业机会，香港仍然是英国人赚钱的最好地方。过去几十年，香港基本建设所用材料，不能盈利的都是大陆供给的，但能盈利的都是英国供给的，祖国为香港发展做贡献，英国在香港赚钱。比如，香港修飞机场的项目，这个项目还在论证之中，英国的大批钢材就已经运到香港了，堆积成山。英国人在香港有很多在经济上赚钱的特权，但他们无视中国对香港的支持，认为香港回归是中国占了便宜，千方百计制造破坏。港英政府和外国势力把西方政治引进香港，并且大做文章，这使香港的政治生态在 1997 年以前就已潜藏了危险。从英国人的表现来看，他们怕“一国两制”成功，因此从香港回归谈判开始，英国在政治层面大做文章，与中国进行了一场持久的争夺战。这就为 1997 年以后香港政治生态恶化起了主要作用。当时，英国国内有两种观点：一是认为不应该把香港归还中国，他们认为香港是一个渔村，是英国人把它建成了一个国际大都市。二是认为应该归还中国，执行国际法。当时因为香港回归祖国已成大局，英国反对派就把破坏“一国两制”作为主要战略，他们提出香港可以交给中国，但是要把香港人的心留下，实现“没有英国人统治的香港的英国统治”。

在港扶持“代理人”。中英谈判期间，英国政府把原来的香港港督由卫奕信换成彭定康，卫奕信曾经做过驻中国大使，有中国情结，比较理智和讲法制，而彭定康是英国人精心选择的政客，由他实现英国人的阴谋。彭定康来了以后，香港百年没有民主，他却打起了民主牌，大肆挑拨香港人与内地的关系。这就给做好香港人的基层工作增加了难度。当时面对这种局面一位官员曾经说“千古罪人是彭定康”。

建立研究机构。通过这些研究机构培养年轻骨干分子，对香港年轻人进行疯狂洗脑，鼓动民主和分裂祖国的活动，尤其对香港回归后出生的青年一代进行大规模的洗脑。近年来针对香港又研究出了通过互联网进行思想文化渗透办法，制造“街头政治”等一系列活动。

（三）政治生态基础薄弱

由于历史的原因，香港特区有一部分人有反中思想，且根深蒂固。立法会中更是充斥着这种情绪和氛围，“逢中必反”成为许多反对派议员的唯一工作方式，反对派议员罔顾国家的安全利益，拒绝履行基本法明确规定的宪制义务。香港居民的国家和民族认同感一直比较低，这些人容易受挑拨。

香港人员构成复杂。香港是个弹丸之地，英国统治之初人数较少。早期有一些内地人逃往香港，香港曾经被称为是一个内地人的逃亡之地。据对香港北角一个小区的调查，94%的人都是内地逃出来的，这些人逃亡来香港政治背景非常复杂：一是为了逃避政治运动而跑到香港的；二是一些犯罪分子跑到香港；三是犯了错误害怕追究责任而跑到香港；四是一部分家在台湾的人来到了香港；五是在国内出现了纠纷事件而跑到香港；六是一些人想出国而来到香港。香港社会这些来源复杂的人占了相当大的比例，容易受挑拨。

香港出现的一些宣传完全背离客观事实，看问题也完全背离客观事实，电视电台新闻也完全背离客观事实的怪现象，尤其是一些电子媒体的从业人员对反对派盲目支持、歪曲事实到了无以复加的程度。使得香港出现了一部分对中央政府抱有不满和仇恨的居民，不问是非，一味追求西方社会的支持，这些因素结合起来使得英国、美国从事分裂香港有了一定的基础和市场，香港的政治生态越来越恶化。

1997年香港回归以来，出于对“一国两制”的尊重，中央一直没有介入香港事务，而新成立的特区政府其执政理念和能力解决港英年代埋下的深层次矛盾有相当的难度，加上英国、美国敌对势力的挑拨，在社会资源分配、地产问题、贫富问题、青年人问题、经济问题等多种因素上出现难题，在反对势力的蓄意蛊惑下，香港人不能正确看待这些问题，使得香港的人心不仅回归以后没有改善，反而与中央越离越远，内地与香港的关系没有转好反而变差了。

香港回归祖国以后，对于“一国两制”基本国策和香港“基本法”、对于中央和特区的关系、对于中央的全面管治权、对于香港特区的法律地位，始终没有一个全面准确的理解和认识。经过特区政府和中央政府的努力虽然稍有改善，但总体依然不容乐观。

（四）经济发展结构失衡

香港本来是一个国际化的城市，未来的发展方向不仅要与国际接轨，更多的是参与国际经济与金融领域的顶层设计，这是香港可以扮演的重要角色。香港作为国际金融中心意味着可以参与全球治理，参与全球国际金融规则的制定。由于未能解决经济发展和转型问题，香港至今仍方向未明，动力不足，目标缺失。“占中”之后，香港主要支撑经济增长和全民就业的内需已出现明显下降，香港经济快速下滑。在未来国际经济不景气和国内经济下行压力下，前景堪忧。

现在香港的问题是没有找到带动经济发展的新引擎。香港经济结构以服务业为主，服务业在香港的经济结构中占有绝对的优势并且一直地位稳定。20世纪60年代，即香港加工工业最兴盛的时期它仍占据着香港经济的半壁江山。此后，服务业的比重和贸易额便一路攀升，从 1970 年的 60.7% 升至 2000 年的 87.22%，在 2004 年甚至超过了 90%。20 世纪 90 年代初，始于美国的电子信息科技创新和知识经济推动了新产业革命和全球产业分工体系的变化。香港曾经是世界的制造业中心，当时制造业占香港生产总值的 1/4，解决了大量人口的就业和民生问题。由于近几十年香港经济增长主要依赖于金融业和地产业，制造业的比重不断下降。目前，香港服务业在全港经济中的比重已超过 93%，缺乏工业支撑的问题愈加突出。由于香港经济中增长最快的是金融和地产业，在很大程度上属于资本密集型产业，其吸收就业与在国内生产总值中的比重很不相称，而制造业转移出来的劳动力又不可能被服务业全部吸收，因此香港出现了结构性失业问题。高度依赖金融、地产的畸形结构，形成资本密集型产业与劳动密集型产业脱节的二元化形态，造成收入差距拉大，加之社会保障政策的诸多短板，普通劳动阶层难以分享到金融、地产行业的高额利润，使得香港社会两极分化加剧，住房、养老、就学、贫困等民生问题日益突出，社会矛盾激化，发展动力不足，从而形成了政治危机爆发的经济社会基础。

香港回归前，香港人怕政策变，中央曾经承诺香港实行资本主义制度五十年不变，得到香港人的赞许。但发展到今天，部分香港人发现资本主义并非那么理想，不断出现新的问题，让他们对资本主义产生了怀疑。原来他们选择资本主义制度，现在出了问题不是从内部找原因，反而从外部找借口。因此，香港的政治化越来越泛化。香港人头脑精明、反应敏感，但政治目光短浅。一些别有用心的人挑唆、利用香港一部分人对贫富差距的不满，使香港仇富情绪迅速膨胀。香港经济生态所发生的大的变化，必将影响到政治生态的变化。

香港年轻人完全可以抓住大陆发展的机遇，通过创新创业来创造新的经济增长点，找到发展的机会。但是，由于敌对势力的挑拨，香港年轻人很多都热衷于搞民主，创业的欲望在下降，自立自强的竞争意识泯灭，使得矛盾更加尖锐化。香港回归祖国以后，虽然总体上经济在持续发展，但是基层群众的生活状况没有得到提高，反而有所下降，使得他们的不满情绪滋长。总之，香港的经济状况给社会政治生态带来了一些消极影响，为“民主派”、反对派带来可乘之机，使他们能放肆地挑动青年人和基层人士进行仇视大陆和分裂祖国的活动。

（五）国民国情教育缺失

香港回归已 20 年，但内地与香港的分化和矛盾未减反增，社会抗争青年化、激进化的趋势越来越明显。香港人在爱国爱港或者对国家认同和对自己国民身份认同方面仍模糊不清，其深层原因值得反思。从思想教育方面来看，在香港，国情教育代替了国民教育。国情教育是对祖国风土民情社会情况的介绍，而国民教育应该是对宪法以及作为一个中国公民身份的教育。英国人统治香港时期，淡化香港的历史教育，具体来说，过去香港的历史教育只讲到清朝，考试内容甚至只考到明朝，而没有中国近代史的内容。这是港英当局刻意回避侵略殖民历史的必然行为。在回归之后，必须补上这一课。然而，面对部分香港年轻人较弱的国家身份认同，香港回归后中国近代历史教育仍然缺失。在回归后香港的各级学校教育中，中国近代史的教育不但没有补充，反而取消了中国历史在回归前作为独立学科的地位，而是把中国历史分散到其他学科，完全被边缘化，历史教科书的内容截至清末。这种倒行逆施的行为使我们痛失了20年对香港青少年进行爱国教育的机会，包括对回归后出生的一代的教育机会，致使香港青年缺乏对国家认同感。与此相反，经泛民主派控制的教师却可以肆意对学生进行抹黑丑化祖国的教育。

香港回归后一些重要领域没有处理好香港在国家大格局中的定位和良性互动发展，出现了两个“化”的问题，即是没有依法实施“去殖民化”，“去中国化”死灰复燃、气焰嚣张。不“去殖民化”反而“去中国化”，这种违背历史前进方向的怪象已导致严重恶果，造成香港巨大内耗，引发许多损害香港人民根本利益的反动行为。由于香港国民教育的缺失，许多港人对香港基本法的认识模糊，加上受网络传播的台湾式民主的影响，导致内地与香港两地矛盾加深。

（六）舆论宣传话语权缺失

香港舆论一边倒，年轻人被洗脑，舆论完全掌握在反对派手里，歪曲真相、分裂祖国成了香港主流媒体的舆论导向。在爱国爱港的正确理念缺乏话语权的情况下，香港很难确立理性的、健康的政治生态，反而助推政治生态逆向发展。每个国家的电视都是话语权的标志，都是为维护国家利益讲话的，但香港的电视等话语权却掌握在“反对派”手里。回归之前港英政府不准电视播放中华人民共和国国歌，不准播放升中华人民共和国国旗的场面，处心积虑地推行香港“去中国化”。回归之后，舆论环境没有根本改变，正面舆论薄弱，负面舆论大行其道，对青少年发挥着潜移默化的作用。

（七）“港独”违法成本低

“港独”言论和事件在香港的违法成本越来越低，有些明显而严重的罪行并没有受到应有的法律惩治，因而对宣扬“港独”的违法行为缺乏阻吓力，反而助长了“港独”违法者的恣意妄为。

（八）强调“两制”而放松了“一国”

在思想教育上过分强调“两制”而放松了“一国”，也是一个教训。香港回归后强调“一国两制”，但对“两制”过分强调，对“一国”没有做更多的工作，在思想影响方面，由于对年轻一代主动放弃了教育的权力而失去了影响力。由于过分强调“两制”，不允许内地各方去做工作，把内地在香港做工作的渠道都堵死了，等于主动削弱了内地对香港的影响力。与此相反，却把西方做工作的渠道放开了，听任各种反动势力长期蛊惑宣传。一位资深社会学家讲，由于片面理解了小平同志讲的回归后“舞照跳、马照跑”，放弃了思想教育的机会，使回归后成长起来的年轻人为“港独”而冲锋陷阵，不能不令人痛心疾首。

（九）“港独”“台独”同流合污

2016 年“港独”议员跳出来之前，“港独”分子公开了与“台独”的关系，就是要模仿“台独”的太阳花运动，这表明“台独”势力已经渗透到“港独”之中。“本土民主前线”经常勾结其他渲“独”势力，行为越来越猖獗。种种迹象均显示“港独”“台独”思潮正积极密谋合流。中国国台办等机构也多次警告，“台独”“藏独”等“极独”势力沆瀣一气、企图制造事端，势必带来严重影响。要警惕“港独”“台独”势力同流合污，祸乱香港。

（十）制度差异长期存在

香港长达百年多的殖民统治，造成香港与内地在社会制度、意识形态、生活方式、经济水平等方面都存在着很大的差距和不同，尤其是英国文化对香港的渗透无孔不入，影响很深。香港是自由港，美国等西方国家渗透也比较严重，使香港成了一个多元文化的地区，这就造成香港政治体制回归容易，人心回归要难得多。因此要研究制定符合香港和香港人的政策，早日实现香港的人心回归，从而实现全体香港人爱祖国、爱香港的目标。拥有 13 亿人口的社会主义祖国的日益强大，几千年的民族文化血脉，必将对香港人心回归产生巨大的吸引力和凝聚力。

三、香港政治生态变化下香港与内地关系

在香港的政治经济与社会形势已发生了一些变化的背景下，总结香港与内地关系在回归前后的变化的特点和趋势，主要有四个方面：一是香港政制“三权分立”化导致中央与香港关系的疏离；二是香港曾经的“窗口”作用和相对内地的先发优势趋弱；三是香港经济对内地经济发展的依赖日渐加深；四是中央通过法治手段强化中央与特区间关系。

（一）中央与香港关系疏离

香港政制“三权分立”化导致香港与中央关系的疏离。香港回归后，基本法规定的行政主导体制没能发挥有效的作用，而在实际管治中出现了美式“三权分立”体制的特征。挑战行政主导体制的力量主要来自法院的“政治性的司法覆核”和少数反对派在立法会的“制衡”。此外，特区管治制度设计的内在缺陷也进一步促成了香港政制由港英时期的“行政主导体制”向美式的“三权分立”转化。香港特首不属于任何政党，也不经由立法会多数推举产生，立法会缺少与特首的利益与责任的关联，却拥有可以挑战特首及其领导之政府的权力。与英国内阁部长都由当选的议员出任、议会和政府合二为一不同的是，香港的管治团队由与立法会无关的社会人士组阁，因此管治队伍也无法建立与立法会的责任关联。这使得立法会只有破坏的权力，没有建设的责任。其结果不仅导致行政主导体制失效，也导致了管治秩序失控。

今天香港出现的事实上的“三权分立”，严重违背了“一国两制”政策制定的初衷。1987 年 4 月，邓小平在会见参加基本法起草委员会第四次全体会议的起草委员时，就明确批评了“三权分立”的提法。但在香港现实的管治体制中，英式的“行政主导”已经偷梁换柱成为美式的“三权分立”。“一国两制”基本政策框架设定的 50 年不变的“行政主导”管治制度早已在实际运作和演变中失效和失控。必须承认，香港政制“三权分立”化是香港自回归以来与中央间的关系发生疏离的政治根源。

香港问题既敏感又复杂，但最终都离不开地方治理和国家治理的大原则问题。“一国两制”的治理模式，从“两制”看特区是否发展好，从“一国”看国家能否管得住，都是检验“一国两制”实践成功与否的客观标准，其精髓就在于以“两制”的形式实现“一国”的内涵，即不断加强中央与地方间的政治、经济与社会联系，更好维护中央的权威以及使得国家统一的思想更加深入人心。香港政制“三权分立”的特点是“港独”势力近年来发展的根本原因，从而影响了香港与中央的关系，造成了中央与香港关系的疏离。这一点已经引起中央领导人的高度重视，正在调整治港方略扭转这一趋势。

（二）香港曾经的优势减弱

回归前，因为自然条件的制约，香港经济发展的重要依凭就是其占尽地利之便的“区位优势”——内扼中国内地的南大门、外接西方资本主义世界。回归前，香港“国际经济中心”显赫成就和地位的形成主要来自开放辐射面和发展两个动力源：一个是西方的资本主义世界，一个是中国内地的社会主义区域。无论是 1949 ~ 1978 年中央政府对香港实行“暂时维持现状不变”以“长期打算、充分利用”的特殊政策时期，还是 1979～1997 年中央政府对香港实行“一国两制、和平统一”的特殊战略时期，中国内地均是把香港作为其与西方的资本主义世界进行联系和沟通的“窗口、桥梁和国际通道”。尤其是在内地进行改革开放和社会主义现代化建设的初期，香港在一定程度上和一定范围内几乎“垄断式”地分享了中国内地对外开放的丰厚“红利”。因为，在那个特殊的历史发展阶段，中国内地之所谓“对外开放”，首先是对香港开放；中国内地之所谓“与国际接轨”，首先是与香港接轨。虽然传统的“中国内地的对外开放首先是对香港开放、中国内地的与国际接轨首先是与香港接轨”的“垄断式”的“政策性”优势在逐步减弱，但是香港作为“国际金融中心”“自由港”和“独立关税区”，其承载的中国内地对西方资本主义世界全面开放的“窗口、桥梁和国际通道”的区位优势仍在，不过其含金量的确随着中国大陆地区的不断扩大对外对内开放而日渐下降。近年来，随着香港政治生态的恶化以及相伴生的经济下滑，香港作为“一国两制”示范区的政治窗口效应也在日渐减弱，相比澳门特别行政区“一国两制”的实践和成绩来说要逊色不少。

从经济发展的角度来看，回归前香港的人均 GDP 相比中国内地的平均水平有较大优势，其 GDP 总量相比上海、北京和深圳等国内大城市也有一定优势。举例来说，1997 年香港人均 GDP 为 27330 美元，中国内地人均 GDP 不足 1000 美元。1997 年全香港的 GDP 总量为 1773.53 亿美元，超过北京、上海、广州三地的 GDP 总和，是同期中国内地 GDP 总量的 18%。综合来看，香港回归前，其经济发展情况相对于中国内地的“先发优势”比较明显。回归之后，香港经济先后在 1998 年的亚洲金融危机、2003 年的 SARS 和始于 2008 年的国际金融危机中都遭受了重大冲击，香港经济长期繁荣的局面宣告结束，香港经济陷入了衰退期。与此同时，中国大陆地区特别是珠江三角洲地区的扩大对外开放以及随之而来的快速发展，使得香港相对于中国大陆地区的经济优势越来越小，香港民众的心理落差越来越大。2015 年香港的人均 GDP 为 42423 美元，GDP 总量为 3099.30 亿美元。同期中国内地 GDP 总量为 10.98 万亿美元，香港 GDP 总量占全国 GDP 总量的份额从 1997 年的 18% 下降至 2015 年的不足 3%。北京和上海等城市的 GDP 总量在 2015 年超过香港，广州和深圳与香港的 GDP 总量相当。从人均 GDP 来看，2015 年中国内地的人均 GDP 为 7990 美元，相比 1997 年中国内地与香港人均 GDP 的水平明显缩小，其中北京 2015 年的人均 GDP 为 1.7 万美元，约为香港人均 GDP 水平的 40%，深圳和上海的人均 GDP 在 2015 年更是超过香港人均 GDP 水平的 50%，追赶态势十分明显。

（三）对内地经济依赖程度加深

从经济上来看，香港回归以后，其“垄断式”地分享中国内地对外开放丰厚“红利”的时代慢慢结束，但是“中国内地因素”对于香港的经济发展与繁荣之重要支撑和保障作用进一步发挥和凸显，并且纳入制度化、体系化、规范化的轨道，成为“一国两制”的制度性优势之一。2003 年内地与香港关于建立更紧密经贸关系的安排（CEPA）签订之后，香港逐渐融入中国经济体系，双方的经贸合作体现了深入的特点。双方的合作从货物贸易扩大到了服务贸易，CEPA 当中还有一些投资便利化的措施，香港和中国内地的金融市场呈现相互借助发展的势头。随着港珠澳大桥的建设开通以及粤港澳经济一体化的发展，香港与内地的经贸关系呈现更加紧密的趋势。从相互依赖的角度来看，香港对内地经济发展的依赖更深的趋向十分明显。

就贸易而言，香港作为对华贸易门户的作用在过去 20 年中一直在减弱，反而是香港自身的贸易变得更加依赖中国内地。2015 年香港与中国内地货物进出口额为 5452. 9 亿美元，其中，香港对内地出口 2874. 8 亿美元。香港现在是中国内地第二大贸易伙伴，仅次于美国，而中国内地一直是香港最大的贸易伙伴，而且近年来占香港进出口贸易的比重越来越大。当前，中国内地市场对于维护香港作为国际贸易中心的地位至关重要。

从投资来看，20 世纪 90 年代，香港所接受的外部直接投资中大陆投资所占比率仅仅只有 1/10，如今已上升到约 2/5。如果再算上在维京群岛与开曼群岛注册的中国公司，占比会更高。香港核心商业区的顶级写字楼中，大陆公司所占用的比率已从 2008 年的 12% 上升到 2015 的 20% 左右。对外直接投资方面，2015 年年底，香港直接投资负债头寸为 13. 6973 万亿港元，相当于 2015 年本地生产总值的 571%。按投资的直接来源地分析，英属维尔京群岛是最主要的香港外来直接投资来源地，占 2015 年年底香港外来直接投资总头寸的 35. 1%。第二大的投资来源地是中国内地，占 2015 年年底香港外来直接投资总头寸的 26. 5%。内地在香港的投资遍及各类经济活动，包括投资及控股、地产、专业及商用服务、建造、银行、进出口贸易、批发及零售。按投资的首个目的地分析，英属维尔京群岛是香港向外直接投资最主要的目的地，占 2015 年年底香港向外直接投资总头寸的 40. 8%。第二大的投资目的地是内地，占 2015 年年底香港向外直接投资总头寸的 39. 6%。广东省仍是香港在内地直接投资的主要地点，占香港对内地的向外直接投资总头寸的 27. 2%（或 1. 2795 万亿元）。香港直接投资在内地的企业最普遍从事的经济活动包括资讯及通讯、投资及控股、地产、专业及商用服务、制造以及银行。考虑到香港对英属维尔京群岛等避税港的投资很多都是来自中国内地的返程投资，中国内地都是香港对外投资最大的来源地和目的地，而且占比近年来日益提高。

在香港的支柱产业金融业的发展方面，中央的支持对于维护香港作为国际金融和商贸中心的地位举足轻重。2014 年，中央批准沪港通，上海向持有香港经纪账户的外国人开放了股票市场。2015 年，中国开通了内地香港基金互认的政策，在内地或香港注册的共同基金在对方市场上可以销售，进一步推动了香港资产管理业务的发展。此外，通过提高人民币在两地货币市场间的现金流动，内地进一步巩固了香港的人民币离岸中心地位。2016 年 12 月 15 日，深港通正式启动。深圳证券交易所和香港联合交易所有限公司建立技术连接，使内地和香港投资者可以通过当地证券公司或经纪商买卖规定范围内的对方交易所上市的股票。

从香港的旅游业和零售业来看，内地因素近年来的影响也越来越大。自 2003 年开放香港自由行，访港的中国内地游客从 850 万人次逐年增长，2014 年达 4725 万人次，翻了约五倍。香港“占中”事件爆发后，2015 年全年访港旅客人数约为 5930 万，较 2014 年下跌 2.5%，其中内地旅客访港人数约为 4562 万，比上一年下跌 2.9%。2016 年内地收紧赴港自由行政策（深圳市居民由“一签多行”变为“一周一行”），2016 年访港旅客总计约 5665.5 万人次，同比跌 4.5%，其中访港内地旅客人次同比跌 6.7%。

内地游客大量涌入香港地区，给香港带去了实实在在的经济利益。旅游业的蓬勃发展给香港的零售行业带来了黄金时期。根据香港统计处的数据，2003 年，香港批发及零售业的生产总值为 351.4 亿元，占当年 GDP 的 2.9%。10 年后的 2013 年，香港批发及零售业的生产总值达到 1102 亿元，占当年 GDP 的 5.3%。零售业就业人数也以平均每年 2.2% 的速度稳步增长。随着访港人数的放缓，香港零售业也同样迎来了艰难时期。根据香港特区政府统计处发表的零售业销售额数字，2015 年零售业总销货价值为 4752 亿港元，较 2014 年下跌 3.7%，这一跌幅创下了自 2002 年以来的最大纪录。2015 年 12 月的零售业总销货价值的临时估计为 437 亿港元，较 2014 年 12 月下跌 8.5%。扣除期间价格变动后，2015 年 12 月的零售业总销货数量较 2014 年 12 月下跌 6.1%。其中，珠宝首饰、钟表及名贵礼物的销货价值下跌幅度最大，与 2014 年 12 月比较下跌 17.0%，与 2014 年比较下跌 15.6%。此外，服装、百货公司货品、药物及化妆品销货价值均有下跌。

（四）通过法治手段强化关系

香港一部分人对于“一国两制”基本国策和香港《基本法》、对于中央和特区的关系、对于中央的全面管治权、对于香港特区的法律地位，始终没有一个全面准确的理解和认识；他们对于中央政府有关香港基本方针政策的根本宗旨——“维护国家主权、安全、发展利益”和“保持香港长期繁荣稳定”，始终没有一个全面准确的理解和认识，他们对于实践“一国两制”、“港人治港”、高度自治必须把握的“四个不可偏废”——“把坚持‘一国’原则和尊重‘两制’差异、维护中央权力和保障特别行政区高度自治权、维护国家整体利益和保障香港社会各界利益、支持香港积极开展对外交往和反对外部势力干预香港事务等有机结合起来，任何时候都不能偏废”，始终没有一个全面准确的理解和认识。这使得通过法治手段来确认和强调香港与中国是地方与中央的关系变得非常迫切。

2016 年 11 月，针对香港个别新当选议员不庄重宣誓的行为，十二届全国人大常委会第二十四次会议经表决，全票通过了《全国人大常委会关于香港特别行政区基本法第一百零四条的解释》，该解释指出：香港公职人员就职时必须依法宣誓，其宣誓必须符合法定形式和内容要求，必须在法律规定的宣誓人面前宣誓，若拒绝宣誓即丧失相应公职资格，对不符合本解释和香港特别行政区法律规定的宣誓，应确定为无效宣誓，并不得重新安排宣誓。此次释法进一步明确：香港特别行政区是直辖于中央政府的地方行政区域，立法会是按照香港基本法设立的特别行政区立法机关。全国人民代表大会常务委员会有关基本法的解释与基本法具有同等法律效力。基本法的有关规定和全国人大常委会的解释必须在香港特别行政区得到不折不扣的执行，绝不允许在香港从事任何分裂国家的活动，也绝不允许“港独”分子进入特别行政区的政权机关。中央政府在香港基本法框架下对香港进一步加强管理，已经成为一种趋势，也是现实的需要。

四、香港政治生态变化下的深港关系

过去 30 多年，深港合作的广度与深度均取得巨大进展，两地交流合作过去在深圳特区经济发展史上极其重要，从最早的一般贸易和加工贸易到现在科技、产业、环保、基础设施等众多基础领域深度合作，成效斐然，这是双方共同努力的结果。但总体而言，深港合作的主动权主要还是在香港一边，合作事项能否达成、达成后能否顺利推进，更多取决于香港方面的合作意愿与工作力度，香港因素能够对深港合作产生较为重要的影响。香港政治团体和利益团体、社会民意及舆论导向，无时无刻不对特区政府的合作意愿与工作力度产生着重要影响，近年尤甚。

（一）深港融合基本状况

1997 年 7 月 1 日，香港回归中国，走上了同中国内地优势互补、共同发展的道路。回归后，香港经济在 1998 年的亚洲金融危机、2003 年的 SARS 和始于 2008 年的国际金融危机中都遭受了重大冲击。危难时刻，中央政府都及时伸出援手，陆续出台了一系列支持港澳、促进内地与港澳经济共同发展的政策措施，如 2003 年签定了 CEPA，放宽香港自由行等措施。中央政府推进以粤港澳合作为重点的区域合作，先后批准实施《珠江三角洲地区改革发展规划纲要（2008～2020 年）》《横琴总体发展规划》《前海深港现代服务业合作区总体发展规划》；大力推动内地与港澳跨境基础设施建设合作，港珠澳大桥、广深港高铁等大型基建项目正在建设中；向港澳保质保量供应食品、水、电、天然气等物资，确保港澳居民日常生活所需。国家“十二五”规划纲要还首次将涉港澳政策内容单列成章，进一步明确了港澳在国家发展战略全局中的定位。这些举措对于港澳进一步优化产业结构、拓展经济发展空间、增强抵御外部经济风险能力、提升居民信心等发挥了重要作用。

1998 年亚洲金融危机后，深圳经济持续发展的势头与香港经济受到阻滞形成反差，香港对深圳有了新认识，开始有积极合作的意向。回归后香港特区政府的主要官员积极与内地合作，1997～2001 年的施政报告提出香港需要积极发展与内地的关系。在 1998 年 3 月成立了粤港联席会议。深港两地政府的沟通与交往活动有所增加，警务、水务、基建、环保、卫生、城市规划等部门之间的交流也增加了。例如，香港警务署与深圳市公安局通过协商，拟定了共同打击跨境犯罪的计划。深港合作已经不再局限于边境有关的领域。

2003 年 CEPA 签订后，2004 年，深圳市政府与香港特区政府签署了《加强深港合作的备忘录》及合作计划协议。协议涉及的合作包括经贸、旅游、科技、法律、教育、人员往来、口岸通关等众多领域。深港合作由此进入新阶段。这个阶段的最大特点，就是深港之间在此前由民间（市场）为主导的合作的基础上，又增加了政府层面的合作。

2004 年以来，在两地政府的推动下，深港边境口岸建设和通关合作取得了实质性进展，罗湖口岸延长通关时间，皇岗口岸实现了旅客 24 小时通关，深港口岸由此实现了全天候的“无缝对接”。两地形成了一个海陆空铁口岸俱全的网络状、立体通关格局。随着中国加入 WTO 以及 CEPA 的实施，深港经贸快速增长。据深圳海关统计，1997 年，深圳口岸对香港地区进出口总值为 123.3 亿美元；2011 年，这一数值已增长到 1423.4 亿美元，15 年间，增长超过 10 倍。深圳口岸仍然是国家保障供港民生物资的重要基地。2011 年，共有 91 万吨鲜活商品经深圳口岸运抵香港；1.08 亿千瓦时的电力和 8.18 亿吨的天然淡水经深圳输抵香港，有力保障了香港民生和物价稳定。

2005 年 7 月，深圳首次提出“深港创新圈”概念，2006 年又将加快建设“深港创新圈”写入了市委市政府 1 号文件，2007 年 5 月 21 日双方就签署了《“深港创新圈”合作协议》。深圳与香港逐步形成了互补和互惠共存的关系，两地经济关系由单向转为双向。经过多年的高速发展，深圳本土的企业也发展起来，不少企业为了拓展海外业务，纷纷到香港投资、开办了贸易、地产、服务及工业相关的企业。深圳的驻外企业中，有差不多一半是设在香港。深港合作进入全面活跃期，深港“共同市场”逐步形成，其商品、资本、劳力、服务四大流通的加速，有力推动了深港之间各种经济圈与创新圈的建设，由此为深港融合，共建国际大都会奠定基础。深港社会经济联系更加紧密，两地人员往来更加频繁，深港跨境学童这一特殊的通关群体也随之出现。跨境学童大多数拥有香港户籍，通常由于双亲跨境婚姻、跨境置业等原因，平日在香港读书、在深圳居住，须频密往返通关。2008 年 3 月 5 日，深圳开通跨境学童通道。据深圳边检部门统计，2010 年 11 月 20 日，深圳各个口岸的跨境走读学童过境总数超过 500 万人次，日均约 1 万人次。

2015～2016 年，经深圳口岸过关的跨境学童已增至近 3 万名，相比 2005～2006 年上升了 5 倍多。为了方便跨境学童通关，深圳文锦渡口岸推出了“跨境学童过关免下车”服务措施。香港人到深圳变成经常性及日常生活，大批香港人特别是新界地区居住的香港居民，到深圳买菜、食品、衣物及其他日用品。因此，罗湖商业城和东门的商店街成为港人消费的热点。还有不少香港居民来深圳工作或购买房屋。在深港两地居民频密交往的过程中，也偶发一些摩擦和矛盾，引发一些社会关注。通过政府和民间的努力，这些问题大多得以妥善解决。深港交流合作是大势所趋，不仅有利于促进香港经济发展和民生改善，有利于巩固香港国际金融、贸易、航运中心等地位，有利于香港新兴优势产业的提升，而且也有利于促进深圳及内地的改革和开放，互利双赢，惠及各方，所产生的社会综合效益也是积极的。

2012 年，党的十八大报告指出：“中央政府对香港、澳门实行的各项方针政策，根本宗旨是维护国家主权、安全、发展利益，保持香港、澳门长期繁荣稳定。”12 月初，中共中央总书记习近平考察深圳等地，他强调“改革开放是决定当代中国命运的关键一招，也是决定实现‘两个一百年’奋斗目标、实现中华民族伟大复兴的关键一招。”习近平考察了深圳前海深港现代服务业合作区，勉励深圳深化与香港合作，努力相互促进、互利共赢。由此可见，深港合作在国家发展战略中具有重要意义。改革开放 30 多年来，深港合作由早期的“前店后厂”、以制造加工业为主，发展到深港全方位融合、共建“国际大都会”。随着前海深港合作区改革的深化，深港两地将在贸易、物流、创新、文化及金融服务业的发展中深度合作。在“一国两制”的框架下，深圳与香港将创新合作机制，加强深层次融合，共同致力于中国的统一和民族的伟大复兴。

2017 年 1 月 3 日，深港合作会议上深圳和香港双方正式签署《关于港深推进落马洲河套地区共同发展的合作备忘录》，计划合作共建此区域及深圳河北部大约 3 平方千米的地区，双方将在河套地区共建香港最大的科技创新园区、也是深圳面向香港最重要的科技平台——“港深创新及科技园”，以创新和科技为主轴，建立重点科研合作基地，并将在园内配套建设相关高等教育、文化创意和其他配套设施，进一步深化两地合作，通过两地科技创新城区的合作推动两地的可持续发展。

（二）深化深港合作面临的障碍

香港政治生态变化对深港关系的影响十分复杂。传统上，深圳和香港的关系并不十分融洽，存在着较强的竞争关系，两地政府间的合作并不十分紧密，反倒是香港比较注重和珠海发展经贸关系，但这种合作的规模毕竟有限。香港政治生态的变化使得深港合作的阻力，尤其是来自香港一方的阻力日益增大，特别是随着深圳在金融和创新产业等领域的快速发展，深圳正在以较快的速度碾压香港在这些领域的优势，深圳和香港之间的竞争性越来越强，导致香港对深圳的竞争优势相对缩小，两地在经济发展和经济竞争中的矛盾日渐突出。

过去两年香港“占中运动”和政改之争并未对深圳产生较大的直接影响，但香港社会对特区政府形成的施政压力则影响到深港合作。这些影响包括涉深港事项被政治化解读，部分合作事项进度放缓乃至停滞，本位意识和“邻避效应”凸显及“一签多行”政策收紧等。随着深圳经济的高速发展，其经济实力日渐与香港拉近，强化了深圳的心理自信，深圳在港深合作中的地位和作用也会发生变化，这种变化一定程度上将推进港深合作主体地位趋于平等。但与此同时，香港方面的心理落差则会较大，这种心理落差也构成了香港方面促进深港合作的阻力。

从当前来看，特区政府港深合作的政策导向是收窄、暂缓而不是拓宽、深化。这不难理解，以香港目前的政治社会氛围，特区政府想在港深合作方面有所作为，极易被反对派曲解攻击，也难获建制派强劲背书。做就是错，做多错多，特区政府当然要避免引火烧身，自找麻烦。必须关注的是，近年来深圳正在成为港深合作中更具分量的影响因素，而不再是简单的“被影响”。这种变化主要体现为经济规模和实力的持续增长和提升，深圳 GDP 将很快追平乃至超过香港。这并非因为香港表现差，而是深圳表现好。总体而言，未来 3 ~5 年香港仍是港深合作的主要影响因素，深圳对港深合作的影响能力也将提升。但是香港的影响相对直接和现实，深圳的影响相对间接和战略。

（三）提升深港合作定位

提升深港关系，不仅事关深圳和香港双方，而且关系到粤港澳经济一体化以及中国创新驱动和转型发展的大局，更对“一国两制”的成功实践和维护祖国统一大业具有重大意义。

当前香港政治生态的变化从反面说明了深港关系深度融合的必要性和紧迫性。要解决香港的政治生态问题，深港深度融合的问题应当优先解决。深圳和香港完全可以在粤港澳经济一体化特别是“深莞惠+汕尾、河源”3+2经济一体化的框架下，汲取世界其他地方大湾区经济发展的经验，妥善处理双方的竞合关系。一方面，香港可以从与深圳的合作中获得更大的经济发展动力，这方面的主动权仍在香港，但中远期深圳对香港实施主动影响力的空间越来越大；另一方面，香港仍有诸多深圳所缺和所需的重要资源。在经济领域和社会领域，香港经济和社会资源的存在方式相对现代和高端，是深圳所缺和所需。

香港资源多大程度上能为深圳所用，关键在深圳。从市场居主导地位和社会组织高度发达等方面来看，深圳和香港比较仍有较大差距。建设现代化国际化创新型城市，仅有经济产业指标是不够的，还需要有与之相应的社会指标和制度指标。在这方面，香港是深圳的镜子，既可以照出深圳差距和不足，又可以指明深圳努力的方向，更可以借鉴香港成功的操作方式，避免可能出现的问题和陷阱。换句话说，香港一定程度上可以矫正深圳的发展方向和路径，规范实际推进的方式和行为。从香港的角度来说，深圳作为创业之城大力发展产业的经验也非常值得香港学习借鉴，这方面的主动权在香港。香港必须着力解决其产业“脱实向虚”的问题，应该大力发展优势产业并加强与深圳的产业合作，从而解决香港创新动力不足和产业空心化的问题，同时也解决香港工薪阶层的就业问题。

从“十三五”规划乃至更长的时期来看，深港关系发展面临重大机遇，深港关系应该放在国家战略层面予以统筹，着眼于国家主权、国家安全、发展利益以及区域协调发展的大局。深港关系和深港合作主体地位趋于平等，以往的纵向分工逐渐转变为横向协作，各自利益和共同利益得到兼顾。在经济领域，深港将由泾渭分明演进为相互交织，深港将在统一的大市场中进行资源和要素整合。在产业领域，深港产业一体化深度发展，在科技创新领域，深港是区域科技创新体系的重要组成部分。在社会民生领域，深港居民跨境购买包括教育、医疗、金融理财、文化等公共及准公共产品和服务应成为常态。在合作机制方面，跨境治理将成为深港合作的主导方式，社会组织、利益团体和居民将深度参与和影响深港合作事务。在思维方式方面，价值理念的相互理解包容将成为深港合作的重要影响因素，形成深港发展共识变得至关重要。

五、新背景下深圳在深港关系中的定位

过去30多年，深港合作的广度与深度均取得巨大进展，深圳正在成为深港合作中更具分量的影响因素。如今中国正积极进行改革，深圳和香港都需顺应发展，重新定位、加强合作，以维持经济动力，在中国新一轮经济发展中成为不可或缺的角色。对

此，深港政府和社会需要基于两地中长期发展，共同构建新型深港关系，打造深港合作升级版。深圳已慢慢发展成为带动中国整体发展的一股最重要新力量。要借鉴国际经济分工与合作的经验，利用其他地方的资源进行相互协作、合作，共同发展。

（一）发挥改革引领作用

在推进供给侧结构性改革中发挥引领作用。推进供给侧结构性改革，是以习近平同志为总书记的党中央统筹推进“五位一体”总体布局、协调推进“四个全面”战略布局，综合研判世界经济形势和中国经济发展新常态做出的重大战略部署，是全面深化改革的一项重要任务，是当前和今后一个时期中国经济工作的主线。新一轮科技革命和产业变革正在孕育兴起，一些发达国家通过加快创新形成了新的竞争优势，一些发展中国家工业化进程加快。现在全球产业链、价值链重构加快，传统产业向成本更低的国家转移，加之资源环境对中国经济发展的约束日益加剧，亟须重塑新的比较优势。创新是引领发展的第一动力，包括制度创新、科技创新等诸多方面，其中科技创新是经济结构优化和要素效率提高的根本途径，是供给侧结构性改革的重要内容之一。深圳是中国改革开放的前沿城市，特别在科技创新、体制创新、绿色发展等方面走在全国前列。深圳市的体制改革、发展战略都在日益明确地向着供给侧结构性改革聚焦。着力推进供给侧结构性改革，坚持以创新驱动创造新供给、提升供给能力，坚持以质量引领扩大有效供给，提高供给体系质量和效率，提升全要素生产率，以创新打造新动力、发展新经济、创造新供给、催生新需求，推动经济特区不断增创新优势、迈上新台阶。深圳主动顺应新一轮科技革命和产业变革，瞄准国家战略需求、消费升级方向和供给侧短板，部署创新链和产业链，支持企业、院校、研发机构等加快突破一批基础技术、通用技术、非对称技术、前沿技术、颠覆性技术，把巨大的创新能力转化成创造新供给的强劲动力。

“一带一路”对推动供给侧结构性改革意义很重大。深圳在国家“一带一路”倡议中具有非常独特的区位优势、市场优势，主动融入国家对外开放新战略，积极拓展和“一带一路”沿线国家或新兴市场体的合作关系等。深圳服务国家“一带一路”建设，不仅具有得天独厚的地理优势、经济优势和创新优势，最主要是有实力有想法，尤其是粤港澳经济湾区的提法，对于“一带一路”建设具有重要意义。香港具备高度开放、民间的对外联系等特点，可以在人民往来、专业行政、科研、航运、商品和服务、国际金融等方面，在国家新发展策略中发挥作用。深港进一步深化在创新、产业、人才等领域的交流合作，共同促进两地发展跨上新台阶。深圳必须抓住“一带一路”建设的历史机遇，继续发扬敢闯敢干、敢为天下先的精神，充分发挥深圳辐射带动作用，促进双方以更加务实的措施，把深港合作深入推进。

（二）实现人才引领作用

2011 年，深圳市委市政府正式开始实施引进海外高层次创新创业人才的“孔雀计划”。“孔雀计划”对需引进的人才限定在高端领域或高新技术行业，引进的人才涵盖电子信息、生物医药、新材料、医疗器械、先进制造及新能源等领域。这一人才定位紧紧贴合深圳市致力于发展战略性新兴产业的目标，有助于实现人才资源配置和产业优化升级的高端化、高匹配。

大力推动高等教育跨越式发展，加大创新人才培养力度。2016 年 10 月，深圳市委、市政府印发《关于加快高等教育发展的若干意见》，争取到 2025 年，深圳高校达到 20 所左右，全日制在校生约 20 万人，3 ~ 5 所高校综合排名进入全国前 50 名。具有深圳特色的国际化开放式创新型高等教育体系正在加快构建过程中。与世界一流大学和学术机构的实质性合作不断加强，南方科技大学、香港中文大学（深圳）先后建校招生，深圳北理莫斯科大学、清华—伯克利深圳学院、湖南大学罗切斯特设计学院（深圳）、深圳吉大昆士兰大学、深圳墨尔本生命健康工程学院等与国外高校合作办学在深入推进。与国内外其他著名高校的合作也在洽谈中。深圳正在充分利用这一合作优势，加速推进一批专业化、开放式、国际化特色学院建设。加强与香港、内地和国际著名高校和学术机构的实质性合作不断加强，结合产业转型的需求，培养市场发展需要的人才。

激发人才的积极性和创造力。培养市场发展需要的人才，优化人才发展环境，努力创造有利于各类人才发挥作用的体制机制，打造人才交流平台，促进人才交流，实现资源共享等措施正在逐步推进。营造尊重人才、重视人才的良好氛围。围绕产业结构调整和转型升级对人才的需求，不断优化完善人才环境，着力引进培养产业人才，大力推动文化创意、互联网、新一代信息技术等战略性新兴产业人才队伍建设。依托经济发展和制度优势，推动深圳经济特区向国际人才“宜聚”城市迈进，深圳在未来深港合作中的人才引领作用将进一步发挥。

（三）发挥文化引领作用

文化建设是中国特色社会主义事业总体布局的重要组成部分。今后是推动文化大发展大繁荣的重要阶段。站在新的历史起点上，面对日益激烈的国际国内文化竞争和文化与经济加速融合发展的新趋势，必须充分认识文化建设在凝聚民族精神、提升公民素养、促进社会和谐、推动加快经济发展方式转变中的重要地位和作用。加强对深圳和香港文化产业的统一规划和科学布局，形成以深圳为龙头，深港深度合作的文化产业发展新格局。

香港地区长期以来是亚洲的创意中心，数码娱乐、电影、设计、漫画、出版等文化创意产业在业内均享负盛名，具有广泛的影响力。毗邻香港的地理位置使深圳发展文化创意产业具备了其他地方所缺乏的区位优势。因此，应充分利用和发挥这一优势，加强与香港的交流与合作，学习并吸收其在文化创意产业方面的发展经验，尤其和香港在知识产权保护、专利技术转移与产业化等方面进行区域合作，以弥补深圳的不足，从而更好地推动深圳文化创意产业的发展。

深圳要以全球的视角和战略的眼光看文化，深化文化体制改革、发展公益性文化事业、做大做强文化产业，与香港在文化艺术领域加强合作，不断提升合作层次，扩大合作领域，共同推动中华文化“走出去”。深圳要以文化先锋的姿态，走在全国前列，在中华文化走向世界中实现更大作为。

文化产业要释放“双创”的新动能，推动“文化 + 科技”“文化 + 金融”“文化 + 旅游”等文化与多种业态的深度融合。全面提升深圳公共文化服务水平，构建现代公共文化服务体系。深圳具有良好的市场机制，较好的创意氛围，文化产业存在巨大的成长空间。

将深圳打造成为以工业设计为主，具有创意设计、研发、制作、交易、展览、交流、培训、孵化、评估及公共服务等综合功能为一体，高端技术、高附加值、高性价比的创意文化产业集群聚集区。以体制创新和科技创新为动力，充分利用各种资源，积极吸收、聚集国内外的文化资本和创新创意，建设好若干具有标志性意义的文化产业基地。

发挥深圳市中心城市的文化引领和辐射作用，重点发展若干具有国际竞争力的大型文化传媒集团，建设具有国际一流水准的标志性文化设施和文化服务平台，努力建设成为辐射全国、影响东南亚的文化自主创新中心、区域文化中心和国际文化名城。发挥深圳的产业优势，着重发展传媒出版、工业设计、动漫游戏、影视制作、广告设计和创意研发等高端和新兴文化产业，培育一批全国领先、竞争力强的文化创意产业集群。推动深港文化创意产业深度合作，集聚资金、技术、人才优势，培育一批有竞争力的文化企业和产品走向国际市场。提升中国（深圳）国际文化产业博览交易会的国际影响力，打造国际文化会展品牌。

文化产业的发展一定是在广阔的范围内进行资源整合才有价值，文创产业的发展离不开资本市场的配合。建立文化产权交易平台，办好深圳文化产权交易所，发展版权和其他文化知识产权交易市场。释放深圳发达的资本市场集聚的资本，使深圳文化产权交易所能够为全国文化产业发展服务。建设文化产业与金融机构的战略合作机制，促进文化与资本市场对接，鼓励各种风险投资基金、股权投资基金参与文化产业建设。

（四）强化科技创新引领作用

全球正面临着重大机遇和挑战。机遇就是全球的格局正在调整，科技正在控制着全球、影响着全球、决定着全球，各种高端的要素迅速流动。深港在科技方面的合作，对双方在科技、产业发展都具有十分重大的意义。

深圳作为率先转型成功的城市，在科技领域有比较优势，有利于打造一个新的更高端的区域，来吸引全球的要素和资源。深圳正在加快全面创新改革试验，形成以创新为主要引领和支撑的经济体系和发展模式，抢占未来发展制高点。在科技创新层面，深圳把科研变成成果、变成产业的能力，在全国乃至世界是最强的。光启、柔宇科技、大疆创新、超多维等新兴企业，与华为、腾讯等著名企业，使深圳在5G技术、超材料、基因测序、3D显示、柔性显示、新能源汽车等领域创新能力站在了世界前沿。

香港科技创新资源丰富，拥有多所著名高校和领先的基础科研水平，科研实力雄厚，汇聚了众多国际化创新优秀人才和联系外国一流科创人才的能力，科技服务业高度发达，完善的知识产权保护。近年来，香港用于科研开支仅占其GDP比重不到1%，而在其他比较重视科技创新的国家和地区，科研开支占GDP的比例普遍达到2%~3%，因此，香港在这方面仍有提高的空间。香港的优势与深圳相对完备的高新技术产业链、高度聚集的高科技企业以及良好的综合创新生态体系结合起来，必将有力助推香港青年和企业创新创业，也有助于香港年轻人拓宽视野、拥抱科技、感受创业的精彩。

发挥科技创新在深圳全面创新中的引领作用。加强基础研究，强化原始创新、集成创新和引进消化吸收再创新，着力增强自主创新能力，为经济社会发展提供持久动力。推动战略前沿领域创新突破。坚持战略和前沿导向，加大对事关发展全局的基础研究和共性关键技术研究，更加重视原始创新和颠覆性技术创新。集中力量突破互联网、生物、新能源、新材料、文化创意、新一代信息技术的关键共性技术，围绕产业需求部署创新链，推动战略性新兴产业的快速发展，建设若干国际创新合作平台。

明确各类创新主体功能定位，构建政产学研用一体的创新网络。鼓励企业开展基础性前沿性创新研究，形成一批有国际竞争力的创新型领军企业，支持科技型中小企业发展。发挥香港和深圳高等学校资源优势，支持一批高水平大学和科研院所组建跨学科、综合交叉的科研团队。瞄准国际科技前沿，以国家目标和战略需求为导向，依托现有先进设施，依托企业、高校、科研院所建设一批技术创新中心。2014年5月，深圳国家自主创新示范区获得国务院批复。深圳正在努力实现创新驱动发展示范区、科技体制改革先行区、战略性新兴产业聚集区、开放创新引领区、创新创业生态区五个战略目标。目前，深圳已拥有国家级重点实验室、工程实验室、工程中心、企业技术中心等创新载体近 90 家。深圳是华为等大科技公司的总部所在地，香港的一些研究机构有很多科研项目是由深圳的这些高科技公司委托，香港科研机构在这些领域已经达到世界领先水平。通过构建产业技术创新联盟，发展市场导向的新型研发机构，推动跨领域跨行业协同创新。进一步加快深圳和香港的科技创新合作，加快科技成果的转化，促进产业链、创新链、资金链的深度融合，引导创新要素聚集流动，共同打造带动力强、具有全球影响力的科技创新中心。

（五）发挥中心城市带动作用

增强深圳的定位和作用。深圳不仅经济总量要做大，还要进一步做强、提高，要占据发展的前沿和高端。要立足长远，让深圳充分发挥好辐射、带动、引领作用。从深圳长远发展看，需要开拓自己的经济腹地，打破发展空间限制，增加城市可持续发展能力。深圳作为一个经济中心城市，在经济、文化、科技等各方面的国内外交往合作十分频繁，它应该同时成为一个全国性的创新活动中心，通过知识创新、技术创新，构成城市自主创新体系中多层次、多方位、多功能的一个开放系统。深圳与香港在许多领域有着很强的互补性，合作前景十分广阔。两地发挥各自优势，更加紧密地合作，促进互利双赢、共同发展。

将深圳打造成为服务全国、辐射亚太、具有重要国际影响力的现代服务业中心城市。率先建成要素有序自由流动、资源高效配置、市场深度融合的开放型经济体。加快形成以战略性新兴产业为引领、现代服务业为主体、先进制造业为支撑的现代产业体系。充分发挥深圳毗邻香港的地缘优势，把握国家全面推进现代服务业发展的重要契机，以国际化为导向，以创新性为动力，以扩大规模、优化结构、突出特色、提升能级为重点，大力发展生产性服务业，加快发展生活性服务业，提升发展传统服务业，培育发展新兴服务业，鼓励支持制造业企业分离发展现代服务业，加快构建立足深圳、服务全国、融入世界的现代服务业产业体系。随着深圳产业结构的调整和升级，利用深圳在国际市场的优势和发展高新科技的优势，使企业在深圳设立经营结算总部或者产品研发中心、设计中心和营销中心，力争产业链条中的关键技术、关键环节，或者产品的核心部件生产、研发工序留在深圳，充分利用深圳海陆空交通优势，配合产业转移，形成以深圳为中心建立产业集群。在市场调查、产品设计和产品营销方面走在全国的前面，使深圳成为名副其实的设计之都、会展之都、金融之都、制造业之都。

深圳和香港应成为粤港澳大湾区自主创新的策源地和核心区。深港集聚众多高校和科研机构，工程师和科技人员，深圳具有优越的科技创新基础和条件，可以在自主创新上有更大作为。通过合作，有效地整合科技资源，把科技资源优势转化为技术创新优势。建立健全面向市场、产学研相结合的创新机制，加快科技成果向生产力转化。深港总部经济圈正在逐渐形成互补新格局，这将有力承载知识创新和技术创新成果转化，使深圳起到辐射带动粤港澳大湾区乃至全国的作用。

六、推进香港重大项目建设

改革开放30多年来，香港凭借其国际金融中心地位已经成为重要的人民币海外结算中心，深港科技产业合作迅猛发展，深港之间的口岸、公路、铁路建设也有不同程度的快速进展。深港之间的交通基础设施建设和相关制度建设，为深港经贸往来和金融合作提供了坚实支撑；同时，深港经贸金融合作升级也对基础交通项目和口岸管理制度不断提出新的更高要求。实践证明，很大程度上，深港科技金融合作，与高铁、快速干线等基础交通项目建设相互促动，共同发展，共同构成了深港关系乃至香港与内地关系的重要经济基础。目前，在深港合作进入低潮期、香港国际金融地位及以科技为支撑的实体经济下滑趋势明显的新形势下，继续推进香港人民币海外结算中心及高铁、口岸等项目建设，推进深港科技创新合作，仍是以科技金融经济手段推动深港融合，进一步改善深港政治生态的关键之举。

（一）推进最大人民币海外结算中心建设

香港作为最大的人民币海外结算中心地位有被逐渐弱化趋势。根据国际支付供货商环球银行间金融通信系统（SWIFT）2016年4月份公布的数据，按支付处理量计算，2016年3月份伦敦人民币支付结算金额较逾两年前增长21%，伦敦已取代新加坡成为全球第2大离岸人民币结算中心，香港则继续居首位。目前离岸人民币结算业务中有72.5%由香港处理，伦敦及新加坡占比分别为6.3%及4.6%。而英国与中国及香港之间的支付结算有40%通过人民币进行，24%为港元，12%为英镑。虽然香港继续占据离岸人民币结算中心的首位，但伦敦凭借其强大的国际金融中心地位，正在快速做大人民币海外结算规模，香港最大海外人民币结算中心的地位面临被削弱的困境。另外，近些年出现的非法占据中环行动已对香港经济造成了非常严重的影响，对香港社会的安定、居民的生活以及这座世界金融都市的名誉和形象都产生了极大的破坏。这种情况不仅不利于香港金融业国际竞争力的提升，进而影响香港在人民币国际化进程中的作用，也对促进香港与内地金融合作产生不利影响。当前香港出现的担心深圳与香港构成竞争的现象，就是香港国际金融中心地位及人民币结算中心地位有被弱化趋势的心理反映。若任其发展下去，将会动摇香港作为最大人民币海外结算中心的地位，其负面影响是不容忽视的。

香港是高度依赖内地的小型经济体，金融业是香港传统优势所在，是香港的支柱性产业。发挥香港国际金融中心及最大的人民币海外结算中心的作用，既是中国经济金融全球化和人民币国际化的必要选择，也是加大内地经济对香港金融业支持的必要选择。从中国国家整体利益的角度看，应把内地和香港两个金融制度联系起来，发挥最大的协同效益。两个金融制度下的金融市场应建立互动、互补及互助的“三互关系”，并非割裂分开。近些年，随着深圳金融业快速发展及国际化水平快速提高，深港金融合作已经形成了较好基础。未来一段时期，应重点加大香港人民币海外结算中心的建设，巩固其最大人民币海外结算中心的地位，深港金融合作是支持完成此项任务的有效抓手，对此，需从以下几方面着手：

首先，应积极推动香港融入新时期亚太地区经贸合作，促使香港经济再转型升级。近些年，深圳经济体量与增长速度引人注目，在亚太地区经贸合作中的作用日益明显。香港是中国内地与世界各地的超级联系人。未来，在与亚太地区经贸合作，及“一带一路”建设中，深港“两姐妹”应主动携手，相互帮助，寻找两者在亚太地区，特别是东盟市场中的共同利益，重点发挥香港“引进来、走出去”及国际金融中心的角色，为香港将来加入区域全面经济伙伴协定（RCEP）、“一带一路”等自由贸易区市场创造条件。

其次，进一步推进深港金融合作，促进香港离岸人民币市场发展。“深港通”于2016年12月5日已经启动。“深港通”将通过刺激离岸人民币需求、交易以及促进香港人民币产品的发展，极大地促进香港离岸人民币市场的发展。应充分发挥“深港通”作用，并建立健全与之相匹配的制度、法规、机制和创新开发出足够多的人民币定价的金融产品和工具。未来在“深港通”运行一段时间，相关条件具备后，可将交易型开放式指数基金（ETF）纳入“深港通”，并且利用广东自贸区先行先试政策优势，探索个人跨境投资便利化，推动跨境人民币计价证券类产品创新和发展。

最后，积极防范国际热钱大量进出香港的风险。香港离岸人民币中心建设、人民币业务的开展和人民币市场的开放，必然使看好中国经济增长和人民币升值的资本热钱涌进香港，并通过香港大举进入内地。这需要香港与内地密切合作，对在香港大规模开展人民币业务可能出现的市场风险、人民币难以顺畅回流内地的风险等，加以切实有效的监测、监管和防范，这些都是香港离岸人民币中心建设需要防患于未然、实时实地加以周全考量和及时应对处理的大问题。

（二）推进深港科技创新合作

深圳和香港对加快科技创新都有强烈的需求，两地的科技创新资源各有优势。香港聚集了全世界顶尖的科研机构项目，拥有香港大学、香港中文大学、香港科技大学、香港理工大学等科研与教学水平居世界前列的大学，其开放程度高，多年来与世界各地一流科研机构和科学家交流频繁，合作过很多成功项目。香港还建成了16所国家重点实验室伙伴实验室，各有不同的研究重点。与之相比，深圳科技产业基础颇为雄厚，优势产业突出，拥有大批创新创业的企业和企业家资源。两地在科技创新领域各擅胜场。

近些年，深港科技合作一直处于“进行时”，并且已经有了较好的合作基础。比如，几年前，香港科技大学一个用纳米技术做锂电池的项目就和深圳一家公司合作，深圳一些科技公司的科研技术也会拿到香港测试。据新华社报道，香港特区政府政务司司长林郑月娥于2016年2月29日表示，创新及科技将成为深港两地未来一年的重点合作范畴。

2017年1月3日，深港正式签署《关于港深推进落马洲河套地区共同发展的合作备忘录》（以下简称《备忘录》），同意合作发展河套地区为“深港创新及科技园”。“港深创新及科技园”将以创新和科技为主轴，建立重点科研合作基地，园内配套建设相关高等教育、文化创意和其他配套设施，将成为香港最大的科技创新园区。同时，香港也将支持深圳将深圳河北侧毗邻河套地区的3平方千米区域规划打造成为“深圳科创园区”，双方优势互补，共同构建具有集聚效应和协同效应的“深港科技创新合作区”。根据《备忘录》，河套地区的开发项目以公益性为主，将建立重点科研合作基地，联系国内外顶尖高等院校、科研机构及企业建立科研合作基地，与世界各地优质的研究人才交流合作。两地同意在“港深创新及科技园”内建设相关及辅助设施，包括建立“综合性高端培训平台”，向全球顶尖高等院校（包括香港、内地及海外高等院校）征求办学建议，在非牟利的基础上，在园内开办分校或新院校，集中提供与高新科技有关的研究院及专业培训课程，培训相关人才，与园内的设施产生协同聚集效应，并配套建设相关文化创新、商业等设施。《备忘录》的签署，意味着落马洲河套地区这一深港合作的重要平台将驶入开发“快车道”。

在深港两地政府的大力支持下，自改革开放以来，作为著名的国际化城市，香港在科技创新领域为深圳提供了宝贵的可借鉴的经验，乃至经由深圳而推向全国，近些年深圳科技创新的快速发展，则为发挥香港科技资源优势，转化成产业和商业机遇，增强香港经济增长新动力提供了市场基础和关键支撑。当前及未来一段时期，应进一步推进两地科技创新优势互补，实现持续协同发力，打造世界级科技创新中心。

一是克服各自弱点促进有效合作。目前，两地在科技创新上都存在一些弱点，从深圳方面来看，基础研究相对薄弱且人才不足、知识产权保护体系不健全、科研机构不成熟或不配套和科技成果中试阶段缺乏、科研成果与市场需求不匹配等，影响了深圳科技创新和产业化发展；从香港方面来看，存在创新成本高、缺乏创新文化、创新的产业基础和市场需求不足、精英教育制度造成普遍缺乏通用型的创新人力资源等不利于创新的弱点。不难看出，深港各自的弱点都是对方的优势所在，两者存在明显的优势互补，以克服自身科创弱点为抓手促进双方有效合作，既必要又可行。

二是采取切实措施，促进两地科技创新要素流动。受深港两地政府管理模式和方式差异的影响，两地科研和生产要素（资金、人员、设备等）流动不畅，对深化两地科技创新合作形成了阻碍，需要加以解决。首先，推进科研人员和商务人员的往来便利。人才是科技创新合作的关键。深圳出台的科技新政规定，将积极争取赴港“一签多行”政策，为开展科研交流与合作提供便利化服务。这将促进科研人才资源的合理流动，释放更大的创新动力。但是，如何进一步鼓励、吸引更多的香港科研人才来深圳从事技术研究，对深圳来说也是一个值得探讨的话题。建议对有明确的深港合作科研、商务、管理等业务的项目工作人员，在事前确认、机构出具证明等条件下，可以办理多次往返香港的通行证。对于非深圳本地户籍人士和非港澳居民的外籍在港工作人士，在参与深港合作科研项目时，可以以个人或所在机构的名义办理特殊通行证，以方便两地科研、商务人员往来，为深港科技人才交流搭建起便捷的沟通渠道。其次，推进两地科研资金的跨境使用，尤其是联合科研项目资助资金在深港两地间转移使用，给予更加宽松便利的政策。再次，推进仪器设备、材料的跨境通关便利化。对于属于深港合作科研项目的仪器设备、实验材料跨境运输，给予特殊的通关待遇，如给予保税货物待遇。同时，做好通关记录和跟踪检查，在确保出入境安全的前提下，促进科研合作便利化。最后，推进两地专业资格互认和教育资源共享，为科技创新合作创造软环境。

三是将河套地区打造成科技创新合作高地。落马洲河套地区占地 87 公顷，大约是目前香港科学园面积的 4 倍。河套地区未来将成为继前海之后深港合作的又一重要平台，“港深创新及科技园”以及未来两地共同构建的“深港科技创新合作区”，将成为两地重要的科研合作基地和海内外科技人才、项目聚集平台，对于推动两地创新创业发展有积极意义，也将成为粤港澳大湾区进一步融合发展、共同参与世界湾区竞争的一个标志性事件。应以《备忘录》的具体内容为基本依据，通过试行双方人财物在区域内的自由流动，吸引和聚集国内外优质高科技企业、研发机构、高等院校进驻园区，加强辅助设施建设，使之成为科技创新的新高地、深港合作的战略新支点，共同建设具有国际竞争力的“深港创新圈”。

（三）推进交通基础设施建设使用

1. 重点加快深港高铁建设

深港两地大型交通基础设施建设及其互联互通，仍存在较为滞后的问题。铁路、公路等大型交通基础设施建设及其互联互通是一个国家（地区）经济发展的关键所在。一个国家（地区）如果没有发达的交通路网或交通路网衔接不畅，就无法形成大生产、大流通、大市场、大协作、大联合的大格局，其经济要有大发展或大繁荣是不可想象的。近些年，特别是香港回归以来，两地加快推进大型交通基础设施建设，交通路网对接不断完善。最为典型的是，深圳湾跨海大桥为连接深圳与香港两地的深港西部通道主体工程，是继罗湖、皇岗和沙头角之后第 4 条跨境通道，连接深圳蛇口与香港元朗，为中国公路干线网中与香港连接的高速公路大桥，已经于 2007 年通车使用。此外，港铁轨道交通（深圳）有限公司承担建设了深圳轨道交通龙华线（4 号线）一期和二期工程，港铁服务已经延伸到深圳。加强深港跨境交通及配套基础设施的建设，加强双方大型基础设施建设的合作，有利于促进深港两地人员、技术等要素互通，同时，对推进区域经济发展，服务内地与香港的合作，有着极为重要的意义且十分迫切。

首先，深港两地在公路、机场轨道连接线等大型项目上存在不够协调的问题。比如，因香港业界担心粤东货物被深圳截取，东部通道计划一直未能列入深港两地政府的工作日程。再如，2009 年 12 月 15 日，港珠澳大桥正式开工建设，2016 年 9 月 27 日港珠澳大桥主体工程全线贯通，预计 2017 年年底建成通车。但据估计，港珠澳大桥去珠海的车流量不足。深港两地能否通过协商，使深圳的车辆通过港珠澳大桥去珠海或者相反？此外，深港机场轨道连接线建设，深港两地都表示愿意，但由于存在认识上的差异，两地在如何走线、项目运作、财务等方面尚有不少分歧。

其次，广深港高铁建设滞后。深港两地政府均认为，广深港高铁项目对改善两地交通运输往来，促进双方经济共同繁荣有十分重要的意义。2011 年 12 月 26 日，广深港高铁广深段正式开通，截至 2016 年 11 月 18 日，总长 26 千米的广深港高速铁路香港段宣告全线贯通。项目整体进度现时合乎预期，预计将于 2018 年第三季度通车。但是，在具体建设过程中，目前香港高铁线路建设存在建设时间长、耗资巨大，建设步履维艰的突出矛盾。高铁工程耗费时间和财力巨大，给香港政府和居民带来巨大损害，也严重影响了香港居民对香港政府在公共管理方面的信心。分析香港高铁建设不尽如人意的主要原因在于，香港政府奉行“积极不干预原则”，整个项目完全由港铁主导，港府只负责给钱，监管却没有做到位。香港政府在香港高铁项目上采用“服务经营权模式”。根据这一模式，政府拥有铁路资产、支付项目的工程全部费用，并承担建造风险。至于港铁公司，则受政府“委托”，只是负责管理该项目的各个范畴，包括铁路的设计、建造、测试和通车试行。根据港铁 2010 年同特区政府签订的委托协议，特区政府除负责承担全部成本，还需按照经同意的时间表向港铁支付 45.9 亿港元。因此，该模式下香港高铁工程疏于监管，直接导致了高铁建设滞后。

2. 推进深港大型基建项目衔接的措施

根据《香港2030规划远景与策略》的数据，随着内地与香港的融合程度加深，内地与香港在人流、物流、货物流方面的联系将持续加深，人员方面，2020年，内地与香港平均每天跨境人次81万，到2030年，将达到110万；车辆方面，内地与香港平均每天跨境车辆可达14万～15万辆次，到2030年将进一步增加至18万～20万辆次。未来深港两地跨境交通势必随着内地与香港日益紧密的经济社会联系而大幅上升。据《香港2030规划远景与策略》的数据预测，到2030年，珠三角东部及粤东地区将超过内地与香港的跨境车辆总流量的60%，其中深圳将会继续成为内地与香港跨境车辆的主要来源地和目的地。因此，必须尽快推进深港大型交通基础设施建设使用，加快香港高铁建设，切实解决深港两地大型基建项目的衔接问题。

一是要建立健全深港跨境交通规划的协调机制。目前，粤港澳大湾区建设已纳入国家《推动共建丝绸之路经济带和21世纪海上丝绸之路的愿景与行动》。深港应以此为契机，借鉴美国旧金山湾区“大都会运输委员会”（MTC）的成熟经验，建立深港跨境交通规划协调机构。MTC是旧金山湾区9个县及101个市的交通运输规划和融资机构，它不仅代表加州作区域交通计划，也是联邦政府的区域计划组织成员（代表联邦政府负责对当地交通的计划）。它负责区域交通规划的制定，包括区域内公路、航空、铁路、海港、自行车、人行设施等综合发展规划。MTC还代表美国政府确定湾区交通项目拨款的分配使用，旧金山湾区内的地方政府虽然在行政体制上不相互隶属，但通过MTC跨域合作模式，提升了整个湾区的对外竞争力。深港跨境交通规划协调机构可由深港两地政府部门领导、专业人士组成，职责包括制定交通发展规划并组织实施，推动社会力量参与交通项目建设，使交通规划与城市发展规划相协调等。

二是采用高效的政府和社会资本合作（PPP）模式推进高铁建设。目前看，加快香港高铁建设是重中之重。在高铁项目之前，香港所有铁路项目均采用“拥有权模式”的融资方式，由港铁公司自己负责融资、设计、建造和营运，铁路资产归港铁公司所有。实践证明，这种“拥有权模式”容易提高港铁公司的积极性和建设经营效率。香港应当继续使用“拥有权经营模式”中的合理成分和经验。政府可以按照前期—计划管理、工程实施—建设管理、投产运营—运营管理三个阶段，发挥应有的监督管理作用，使政府与社会资本建立良好的合作关系，共同推进高铁项目的建设。

（四）推进深圳口岸建设

1. 深圳口岸状况

深圳海岸线长260千米，其中深港接壤的陆地长度27.5千米，拥有经国务院批准的一类口岸15个。其中，陆路口岸6个，海港口岸8个，空港口岸1个，莲塘/香园围口岸正在建设，按计划将于 2018 年开通运行；广深港高铁路口岸和大梅沙、南澳旅游专用口岸等正在规划论证之中。香港陆路口岸（管制站）与深圳直接对接，6 个陆路口岸的通关情况与深圳大体相似。

深圳陆路口岸通关客流量和车流量发展的特点是客流量大幅飙升，车流量震荡下降。深圳陆路口岸通关客流在 1997 年香港回归以后增幅较大，2015 年达到 2.3 亿人次，日均客流量由 1997 年不到 20 万人次，增加到 2015 年的 64 万人次，18 年增加了两倍。陆路口岸车流量 2015 年达到 1515.4 万辆次，2009 年首次出现负增长，2011 ~ 2015 年年均下降 0.7%。与全国陆路口岸客流量和和车流量比较，2014 年，深圳出入境客流量分别占全国和广东的 65% 和 66%。出入境车辆的辆次分别约占全国和广东省总辆次的 62% 和 77%。2016 年，经深圳口岸出入境人员 2.39 亿人次，日均 65 万人次，比去年同期略降 0.1%；出入境车辆 1569.2 万辆次，日均 4.3 万辆次，比去年同期增加 2.2%。

2. 深圳口岸运行存在的主要问题

虽然深港口岸设施建设比较完善，近些年又通过不断推进硬件设施建设和口岸场地设施改造，口岸通关能力得到进一步提升。但在出入境需求日益增长的情况下，深圳口岸运行能力仍远远不能满足深港之间人员、车辆、货物等频繁往来的需要。当前深圳口岸运行存在的主要问题是通关口岸客货运功能分布不均衡，主要表现在以下几个方面：

一是高峰时段部分口岸人员通关时间过长，拥挤严重。2015 年深圳陆路口岸旅客通关超过 2.3 亿人次，其中通过罗湖、福田口岸通关的人次超过六成。福田口岸自开通以来客流量一直呈上升趋势，2013 ~ 2015 年跨境旅客流量分别同比增长 17.2%、13.3%。主要原因是福田口岸通关通道较多，设施先进，配套交通网络更为完善，旅客出行布局方便，以及海关政策调控（如打击水货客）导致部分人员由罗湖转向福田通关。

二是皇岗口岸和文锦渡口岸周边交通紧张。毗邻福田中心区的皇岗口岸和罗湖中心区的文锦渡口岸，承担着较多的货运车辆通关功能，部分时段大型货车排队通关，加剧了市区的交通拥堵。通关车辆通常使用口岸周边市政道路集散，在通关高峰期易导致口岸外围道路拥堵，并造成一定程度的噪音和空气污染。

三是深圳湾口岸功能错位未能有效缓解。深圳湾口岸的功能定位是货运为主、客运为辅，客货两用，车辆通关设计能力为 5.86 万辆/日，人员通关设计能力为 6 万人次/日。2007 年运行以来，旅客通关量快速上升，但选择深圳湾口岸通关的货车不足一成。2015 年车辆通关为 1.01 万辆次/日，不足设计能力的 1/5，日均旅客通关为 11.38 万人次/日，接近设计能力的两倍。深圳湾口岸通关呈现“客多货少”的结构性扭曲，客流量超出设计能力，车流量远低于设计能力。

四是口岸配套交通服务不足。福田、深圳湾、皇岗等口岸周边公交场站、停车场等受到发展空间的制约，尤其是新建口岸和改扩建口岸之后，配套交通服务不足的问题进一步彰显，连续引发社会公众的关注。福田口岸周边商业和人口密集，造成停车位紧张。随着客流的增长，深圳湾口岸面临公交线路短缺等问题。

3. 解决措施

为了解决这些突出问题，完善跨境口岸，持续改进跨境交通服务的便捷程度，建议采取如下措施：

一是推进大通关和电子口岸建设。应按国家要求，加强各查验单位之间的合作和信息共享，全力推进“三互”大通关改革，建设“单一窗口”。电子口岸建设方面，需要深圳市政府发挥强有力的协调和推动作用，按照共建、共享、共管的原则建设地方电子口岸，建立真正能发挥作用的口岸管理共享平台。

二是创新深港通关查验模式。目前，深港大多数口岸管理仍属于“在各自境内处理各自出入境程序”的传统模式，通关需要在两边各自关口办理各自的通关手续，双重轮候严重降低了通关效率，造成了人力物力的浪费，明显滞后于深港“同城化”的发展要求，建议进一步完善内地居民出入境自主查验系统，鼓励内地居民使用自助查验通道，继续完善推广“一地两检”查验模式，在“一地两检”的基础上，积极探索“一地一检”或“管进不管出”的单边查验制度。

三是建立深港口岸协调机制。目前深港口岸协调机制还没有建立。两地政府应加大沟通协作，建立口岸管理合作的长效机制，从管理层到执行层建立制度化、常规化的会晤制度，两地口岸之间组织、制度、标准等进行有效协调，推动深港两地人员、车辆信息共享，使口岸管理合作符合深港“同城化”发展趋势。

七、支持香港特区政府进行爱国爱港教育

近些年，街头政治导致香港特区激进和极端势力抬头。不同政治力量的斗争表现在立法会内的斗争和街头抗争两个场合。立法会内反对派议员动辄采取掷蕉、撕毁会议材料、谩骂、满口污言秽语、冲击发言席、“拉布”等方式。立法会外，他们发动市民举行街头抗议运动，游行示威，利用民众向政府和中央施压。从近年来频发的“港独”运动看来，美国、英国等对香港青少年“洗脑”上不遗余力，大多数“港独”运动的首要分子都在 30 岁以内，甚至还有部分 95 后。如何对港人尤其是青少年进行爱国爱港教育，维护香港的繁荣稳定，需要深入研究并采取有效措施予以解决。

由于诸多方面的改变，香港已经形成一种复杂而特殊的政治生态。在这样一种复

杂的政治生态环境当中，各种政治事件的产生和发展、各种政治现象的演变，都有了新的特点。过去两地交流主要立足经济层面，今后应更着眼于文化和教育，特别是爱国主义教育。广泛凝聚社会共识，着力推动经济发展和民生改善，坚决维护国家统一，保持社会政治稳定。

（一）加强国民国情教育

国民教育关乎国族认同。推行国民教育，港人不应成为特殊公民。反而应从教育入手，重新认识中国历史特别是近代史，让学生了解国家和香港的定位。针对国民教育缺失，香港特区政府应在小学、中学试行国民教育课，并尽快缩短设为中小学必修课的时间。对于港澳籍儿童，应从小培养他们爱国爱港，将来成为建设祖国的生力军，促进深港合作。培养香港青年树立正确国家观、民族观、历史观、文化观。加强香港与内地青年参观、交流活动。继续加深香港青年对祖国的认同，使青年们不仅要拥有宽阔的国际视野，同时加深对祖国大陆的了解。使青年人成为爱国爱港的生力军，为加强两地交流、传承中华文化做出应有的贡献。为青年人搭建更好的舞台。开展更多社区活动邀请青少年参与，向他们灌输正面及正确的价值观，培养他们对香港、对国家的归属感和责任感，让青年人发挥更大的作用，广泛团结引领香港青年汇聚爱国爱港共识，推动香港各界青年支持特区政府依法施政，为建设香港和国家多做贡献。

加强去殖民化教育。殖民制度对香港有长时间影响，并非能以法律去除。长期的殖民教育使香港的部分精英以臣服的心态对西方世界全盘认同，丧失了对香港历史进程的客观判断力、反思力和批判力，他们在自由、平等和民主这些文化价值上，认同香港属于英美西方世界的一部分，而不是中国的一部分。另外，香港的中产阶级尊崇世界主义，希望作为世界公民的一员；他们亦认同本土主义，骄傲于自己是香港人的一员；但是，他们却妖魔化中国特色社会主义，对融入祖国充满了抗拒意识。香港应秉承“一国两制”，一方面保持过去的体制不变，另一方面要强化国家意识。特区政府需要在国民教育及中国历史教育等方面多加宣传。当代西方意识形态霸权不仅对本国民众推行国民教育，甚至对全世界其他国家和地区，包括中国香港地区都极力进行意识形态的宣传。而且这种意识形态的传输是按照日常生活的逻辑，冠以“服务大众”的冠冕堂皇的幌子，以“谦卑姿态”完成的，是一种隐性的、“去政治化”的国民教育和霸权方式。要深入细致地研究当代西方国家的意识形态传播方式，使其为我所用，让香港同胞的人心回归工作在潜移默化中顺利推进。在国民国情教育中，应以更真切、贴近现实的内容，来启发学生的思考，做到寓教于乐、寓教于理，逐步培养理性的爱国者。

（二）注重政治人才培养

香港缺乏政治人才，因为香港过去为殖民地，民众没有参与政治的权利。因此香港的人才畸形发展，迄今为止，香港的经济人才济济，但政治人才稀缺。这些年香港的一些乱象与从政人员政治素质有一定关系。壮大香港的爱国爱港力量，应加快培养香港政治人才特别是青年政治人才。香港回归前，从 1985 年 6 月起，中央政府先后设立的基本法起草委员会、咨询委员会、预委会、筹委会等机构和组织，有效地培养了一大批爱国爱港政治人才。但是，20 多年过去，这一大批爱国爱港政治人才或者因为年龄老化，或者因为长期闲置，正逐渐淡出香港政治舞台。而新的爱国爱港政治人才又比较缺乏，使爱国爱港政治人才出现青黄不接的现象。由于制度问题，香港特区政府的权威不够，有权不敢用，行政主导形同虚设。香港政治人才的涌现和培养，需要引起中央各部门的重视，必须充分认识到选拔培养政治人才的重要性。只有培养出为数众多的各个层次的政治人才即干部队伍，才能为保持香港的长期繁荣稳定提供组织保证。

香港作为国家具有特殊地位和功能的重要组成部分，未来的发展离不开与国家互动，既要支持国家的经济社会建设，也要获得国家全方位的支持。完成这些任务关键是要有一支过硬的队伍，在这方面要借鉴新加坡的经验。新加坡的人民党能够击败反对派而长期执政，关键就在注重干部的选拔培养，他们从大学和中学生中选拔苗子，放到基层选区去接触群众，培植人脉关系，重点予以培养，确保在议员选举中人民党的成员当选。新加坡政府重视高科技产业和实体经济发展，实施住房保障等公共福利政策，经济持续增长，社会稳定，应作为治理香港的一面镜子。

（三）严厉打击各种极端挑衅

一个混乱的香港决非这座城市广大民众希望看到的，也不是整个中国社会希望看到的。香港少数公职人员敢于在体制的平台上肆意释放违宪言行，反映了香港法治的根基正在被一些极端势力侵蚀。国际上的反华势力因为受到中国崛起以及中西关系整体改善的影响，他们插手香港事务的手段受到一定程度的抑制。在涉及底线的问题上的态度要更加明确、坚定，这将有助于及时排除对“一国两制”的各种歪曲和干扰，保护“一国两制”得到进一步的顺利实行。

中国共产党第十八届中央委员会第四次全体会议审议通过了《中共中央关于全面推进依法治国若干重大问题的决定》（以下简称《决定》），《决定》全面阐述了中央依法治国的理念及具体方针政策，同时也阐述了对港澳事务的方针、原则，强调要“坚持宪法的最高法律地位和最高法律效力”“严格依照宪法和基本法办事”“完善与基本法实施相关的制度和机制”“依法行使中央权力”“支持特别行政区行政长官和政府依法施政”“防范和反对外部势力干预港澳事务”。可以说，这是中央首次将港澳事务纳入“依法治国”的重大政策性文件中，凸显了中央对港澳事务的高度关切，以及对全面落实“依法治港”确保香港繁荣稳定的坚定决心。

必须让常识和常理回来。对极端势力需要开展坚决斗争，要让香港身为公职人员的反对派人士清楚，一旦他们与“港独”站在一起，就必须被清除出公务员队伍。一个现代的、正常的社会都需要有各自的底线，香港政治多元化也必须有一条底线，香港的政治自由不能突破法律框定的边界。

对“港独”应重点予以打击。要把“港独”政治势力压制住，一方面需要对香港内部的极端势力予以全面清除；另一方面需要对香港的广大青年加强教育，把跟着“港独”起哄的那部分年轻人争取过来。“占中”运动中那些群情激昂的年轻人大部分只是悲哀地成了一颗受人摆布的棋子，对他们进行必要的教育，帮助他们重新读懂世界，学会如何做一个中国人，这既是对反华势力的有力回击，也是香港繁荣稳定的必要保障，更是对青年的最好保护。对于台前幕后的组织者和操纵者，应予以彻底揭露，并将其犯罪事实公之于众。

（四）发挥传统和新兴媒体作用

要高度重视媒体力量，掌控丰厚的媒体资源。面对意识形态领域尖锐复杂的斗争形势，面对互联网、手机等新兴媒体迅猛发展带来的新挑战，应及时有效地进行舆论引导，及时纾解社会情绪。努力提高对舆论的掌控能力和影响能力。加强传统和新兴主流媒体阵地建设。随着新兴媒体的发展，青年以社交媒介为获得信息的主要来源，网上评论属于新兴表达诉求的方式。建议设立相应宣传机构，利用各类媒体加大对青年宣传和教育，以正面信息压倒负面信息。内地传统主流媒体包括党报党刊、新华社通稿、国家电视台等应通过各种渠道和方式在港落地入户入校，成为传播爱国爱港声音、坚守主流价值观、反映主导意识形态的坚实阵地。支持发展新兴网络媒体，借助社会化媒体，如论坛/BBS、贴吧、微博客、微信公共账号等途径公布事实真相，发布正面信息，引导社会观念，形成舆论对冲，凸显主流价值，巩固和拓展舆论引导阵地。加强传统媒体与新媒体的深度融合，充分发挥传统媒体与新兴媒体各自优势，形成立体化、网格化的舆论引导新格局，牢牢掌控舆论引导的话语权和主动权。

（五）发挥社会团体的作用

拓宽与香港各界社团组织的沟通渠道。鼓励内地与香港的各类社团组织秉持爱国爱港宗旨，发扬互助、互爱、互惠精神，加强交流与合作，充分发挥社会团体在连接内地与香港特别是深港两地企业家和各类专业人士的桥梁纽带作用。密切深港两地人民的交往和感情，帮助香港居民解决一些实际困难，鼓励香港人到深圳上学、就业、创业、就医、养老。

在香港工商界和普通民众之间应建立利益共享机制。通过完善和实施社会保障政策，使中低收入人群也能够分享香港经济发展成果，在高收入人群和中低收入人群之间建立利益共同体和命运共同体。在特区政府引导下，通过各类民间社团组织的沟通，形成全体港人相互依赖、共同促进香港繁荣稳定的社会力量，不断提升爱国爱港社团的凝聚力和影响力。

培育和扩大中产阶层比例，发挥中产阶层在维护香港稳定中的积极作用。香港拥有完善的法律和市场体系，拥有推动持续成长的从创意、创新到技术的完整的价值创造链，拥有一批具有活力的企业及金融架构，大学的研究、培训能力和中下游应用开发能力比较强。但弱点在于同市场需求联系不足，本地市场太小，无法单靠内销以收回用于科技研发的投资。内地虽然拥有强大的工业基础和广阔的市场，却缺乏香港所拥有的创新环境。因此，加强香港与内地的联系，将各自的要素链接起来，各展所长，推动科技创新和经济发展，引领香港实现经济结构转型，将能为香港居民提供更多的就业岗位，把部分香港民众特别是中产人士或年轻的准中产人士吸引到内地来就业创业。为此，香港特区和深圳政府都应出台相应的鼓励和帮扶政策，重点支持青年就业、创业和创新。香港政府应动用财政储备并动员香港工商界出资，成立青年创业基金，出台优惠帮扶政策，营造激励创业创新的整体社会环境。通过设身处地为青年人寻求发展出路，培养更多的爱国爱港力量。

推进两地青年包括青年企业家的多层面交流。引领深港两地青年人踏出校园，了解社会，率先走到深圳及周边参观内地迅速成长中的企业，亲身了解企业的运作机制和发展前景，通过做好香港青少年的工作，使他们融入祖国现代化的洪流，成为实现民族复兴中国梦的积极力量。

（六）解决好年轻人住房问题

高房价正逐渐拖累香港经济前行的步伐，也是香港年轻白领需要面对的最大压力。2016 年，全球最大旅居人士网站 Inter Nations 公布的一项旅居海外工作人士的调查报告显示，在综合旅居人士的生活质量、财务、容易适应生活、工作生活平衡、生活指数、旅居人士关系等多种因素后，分析出 67 个国家及地区的排名，其中香港评级大幅下滑。香港的高房价、高租金令海外人才望而却步。报告指出，对于举家来港居住外地人才的调查中，香港全球排名更跌至倒数第 9 位。国际房地产顾问公司第一太平戴维斯最新发布的生活及工作指数调查报告也显示，香港的居住成本高居全球第二。高房价已成为香港精英阶层难以负担之重，其他工薪阶层的压力更是不言而喻。如果因高房价引发人才外流、资金撤离的情况，香港经济前景着实堪忧。根据香港媒体报道，香港大学生毕业的薪酬大致为月薪 9000 至 1.5 万港元。与内地大城市相似，很多香港年轻人买房几乎不可能。香港“公屋”制度是贫困人士享有的福利。在申请“公屋”的人群中近来也出现了“80 后”的身影。有些年轻白领为了租住公屋或取得购买价格相对比较低的政府居屋资格，宁愿减薪或放弃较高收入的工作。住房形成的巨大生活压力，是严峻的民生问题，扭曲了一代青年人的价值观。部分青年由于看不到前途，滋生了对社会的不满情绪。

应当增加住宅土地供给。香港人口和住户数目持续增长，市民对改善生活空间和环境的诉求与日俱增，因此对土地需求有增无减。香港特区陆地总面积中已开发土地仅占其中的近 1/3。梁振英在反思政府规划问题时说，亚洲金融风暴后香港经历了长时间经济低迷，楼市下滑，政府减小了规划及开发土地的速度和规模，把大量土地规划为非发展用途，包括郊野公园，并把新规划发展土地的建筑密度降低，造成了近年房屋供应严重不足。香港的房屋问题是土地利用问题，而土地利用问题，不是技术问题，而是观念问题，背后的深层次原因是地产大亨的利益问题。房地产商担心住房供给增加、房价下跌造成资产缩水，银行担心房地产抵押物价格下降引发不良资产率上升。香港既要解决好中低收入者住房问题，又要避免出现金融危机，就要在两者之间寻找一个平衡点。归根到底，特区政府应代表全体港人的利益，妥善解决好中低收入者住房问题，特别是解决好青年人住房问题，这就需要加大政府投入力度。落实 2016 年香港政府施政报告提出的未来 5 年，兴建公营房屋单位 97100 套，其中公屋单位 76700 套，资助出售单位 20400 套。私营房屋未来 3 ~ 4 年一手住宅市场供应量 87000 套。除此之外，由于跨境交通日益便捷，香港与珠三角在土地利用上的互动关系日益紧密，香港也可以与毗邻地区合作建房。一部分香港人住在内地，到香港上班，也不失为一个选择。在内地建一些健康养生园，吸引香港老人居住，有助于拉进两地人的感情。

八、发挥深圳在深港合作中的重要作用

随着开放创新和互动发展，深港合作已经从“垂直分工”进入到“水平分工”阶段，深圳从最初通过“香港因素”起步发展，到今天已经成长为国际化大都市，经济实力大大增强、创新水平快速提升，在很多领域超越香港，并深刻改变深港分工合作格局。新形势下推进深港合作，应首先认清这样一个大的前提，理性地认知格局性变化，务实地进行体系性调整，更好发挥各自比较优势，创新合作方式、拓宽合作领域、

丰富合作内涵。面向未来的深港合作要超越简单互通有无、互利互惠的商务合作阶段，要大视野、大气度、大手笔、大运作，坚持优化资源、放大优势、协同发展原则，确立关系长远的共同发展计划，以共建超级城市群为引领，以深度国际化为取向，"四港联动"（共同建立国际创新港、国际人才港、国际物流港、国际金融港），形成各具功能特色的"微中心"，全面提升深港合作水平、提高区域发展的国际竞争力。

（一）构建深港超级城市群

1. 全球进入新城市经济时代

经济活动焦点转向城市，城市成为地区财富和人才的集中地，成为引领发展的新引擎。麦肯锡全球研究院的研究表明，从现在开始到 2025 年，全球 2/3 的经济增长将来自西方主要城市和新兴市场的大、中城市。城市发展方式也发生重大变化，正在从个体优势向群体优势转变，城市群成为城市发展和区域竞争的核心载体。"曾经相隔数百千米的城市现在连成庞大的城市群落，世界上最大的城市群落就是日本的东京—名谷屋—大阪超级城市带，日本人口的 2/3 位于这个城市带"。美国正在兴起的城市群主要有三个：一是东海岸城市带，从波士顿到纽约，再到华盛顿，这是美国学术、金融和政治的核心地带。二是从旧金山到圣何塞，在美国 280 号州际公路和 101 公路之间的硅谷地区集中了 6000 多家高科技企业，GDP 总额超过 2000 亿美元。三是达拉斯到沃斯堡大都会区，这是美国南部最大的城市群，聚集了一批世界知名企业。城市群的发展提升了区域竞争力，进一步优化了区域经济格局。

适应城市发展的大趋势，深港合作要赋予新的内涵，从产业层面上升到区域层面、从优势互补上升到格局重构、从合作发展上升到引领发展。具体说就是要以香港和深圳为核心城市构建超级城市群，打造亚太地区增长中心，"让亚太继续引领全球增长"。

2. "城市间的互联程度"推进深度国际化

现在，一个城市和区域重要性的根本因素不是地理位置或人口规模，而是"互联互通程度"。地区发展已经从区位优势转化为互联互通优势，即在地理互联、经济互联、数字互联层面上是否深度参与全球资源、资本、人才和其他有价值的资产流。互联互通是当今时代的元模式，"互联互通程度越高，增长动力和跨境流动就越强"，衡量经济发展的程度最重要的是互联互通强度，即互联互通价值占 GDP 比重。经验证明，互联互通是让地区经济从数十亿美元规模跃升数万亿美元规模的必由之路。

世界级城市的地位并不取决于人口和面积，而是取决于经济实力、"对主要增长区域的贴近性"、政治稳定性和对外资的吸引力。全球化城市所以能吸引资金和技术，一方面是城市内部多元开放，另一方面是这些城市实现与其他城市的"无缝连接”。

因此，深港只有保持更便捷的互联互通、更深层次的合作交流，相互增进“贴近性”，实现“无缝连接”，才能放大区位优势，形成一加一大于二的效应。

3. 主要构想

以深港为核心城市打造超级城市群，其主要构想是：依托深圳、香港的优势，形成深、莞、惠；港、珠、澳城市圈，并根据航运物流发展需要，逐步扩展至汕尾沿海区域。以珠三角其他城市为支撑，打造全球最具影响力的超级超市群。

深港超级城市群中的港珠澳、深莞惠六城市常住人口规模约3500万，2015年GDP总量约5万亿元，科技产业创新优势明显，是中国创新资源最密集、产业发展最先进、创业孵化最活跃的发展高地，也是中国外向度最高的经济区域和对外开放的重要窗口，是最具增长活力和潜力的区域。预计到2025年，人口可达5000万，经济规模可达10万亿元，科技产业创新优势更加明显，成为引领亚太经济的新引擎。

4. 以深度融合发展为路径

打造深港超级城市群，必须着眼于国际格局变化和国家重点战略，主动识变、应变，积极进行战略对接，走深度融合发展之路，形成不同区域层级的发展格局。当前，重点在以下几个方面。

以智慧城市为引领，重构城市功能和发展优势。打造深港超级城市群必须超越城市发展的现有水平，以智慧城市为目标引领进行功能再造和体系重构。特别是深港两大核心城市间的合作，必须建立在新的起点上，在原有基础上重复过去合作内容已没有出路，必须适应智能化大趋势拓宽合作领域、提升合作内涵。从深港两大核心城市现状看，一般性城市功能优势在智能化趋势下已经严重不适应了。特别是香港，城市基础设施和功能基本上是工业化、信息化阶段的水平，距离数字化、智能化还有较大差距。面向未来城市发展，深港都面临智能化提升，而只有推进智能化才能真正拉近两地距离、深化两地合作。为此，必须坚持创新引领，以建设智慧城市为目标，运用新一代信息网络技术改造提升城市基础设施，利用大数据所引发的智慧革命重构城市功能体系：智能管理、智能社区、智能家居、智能安防、智慧文化等，打造城市智慧产业服务新优势，通过智慧城市建设更加密切深港合作，提升两地合作的深度和广度。

合作办学，共享教育资源。深港长远合作关键在人，重点是年轻一代。要从长期合作发展的战略高度，积极推进合作办学，实现教育资源共享。通过合作办学增进相互的文化认同感，在提高物流、资金流的同时，进一步扩大人员流动。为此，要支持香港各公立大学在深圳等珠三角中心城市建立分校区，让大部分香港大学生有一年时间在珠三角校区生活学习，既可扩大香港大学的办学规模、增加优质学位的供应，提高香港学生大学的升学比率，解决现实就业和发展前途问题；也可加深香港青年对祖国的了解和认同，更好地融洽两地青年的关系。同时，也会增加深圳教育资源的供给，提升教学水平。

开拓深港合作新空间，打造两地产业发展的“第三地”。长期以来，两地合作基本上是土地换资金模式，也就是深圳以土地和劳动力优势，吸引港资港企内地发展。进一步合作，这种单向引资发展模式已难持续，特别是随着深港发展角色转换，香港既顾忌资金和企业外流，也忌惮内地来投资抢占市场，这种情况下深港合作需要重新拓展新空间，通过划设特定区域，实行不同于内陆其他区域的特殊政策，采取“境内关外”的特殊机制，实施共建、共管、共享运行模式，为港资港企投资发展创造环境更为优良、更加与国际惯例接轨的发展平台。为此，应继续推进深汕特别合作区建设，以此为载体打造合作新空间。深圳与汕尾相邻海岸，规划面积约 1000 平方千米，岸线资源丰富、发展条件优越、腹地纵深广阔，过去几年曾启动建设，并初步形成了一定基础。但由于仍延续原有的招商模式，吸引力有限。如果放在深港新合作框架下定位发展，按照双向开放、互利共赢来规划，就会展现新的发展前景。

（二）建立深港国际创新港

依托香港科技园和深圳高新区共同建设国际创新港，突出体制机制、政策条件、运作方式的协调性，优化创新生态系统，有效整合创新链、产业链、资金链，合理分工布局技术创新和产业化空间格局。特别是要充分利用深港新近签署的区域创新合作机遇，加快推进国际创新港建设。在新年伊始的深港合作会议上，正式签署《关于港深推进落马洲河套地区共同发展的合作备忘录》，同意合作发展河套地区为“深港创新及科技园”。将以创新为主轴，建立重点科研合作基地，园内配套建设相关高校等教育、文化创意和其他配套设施，将成为香港最大的科技园区。同时，香港也将支持深圳将深圳河北侧毗邻河套地区 3 平方千米区域规划打造成为“深圳科创园区”，双方优势互补，共同构建具有集聚效应和协同效应的“深港科技创新合作区”。共同建设具有国际竞争力的“深港创新圈”。

1. 建设深港协同创新共同体

以促进创新资源合理配置、开放共享、高效利用为主线，以打造国际化创新生态为重点，推进区域协同创新，打造引领城市群、辐射周边的创新发展高地。推进区域创新资源统筹合理配置、创新链条梯度衔接、创新体制机制协调联动，形成具有区域特色的创新制度安排和政策体系。一是在体制机制上，强化同一性，减少差异性。更好借鉴香港市场主导创新的机制灵活优势，把创新自主权交给企业。更多发挥深圳企业创新主动性，形成带动效应。二是共建世界级创新平台。要以建设突破型、引领型、平台型一体的国家实验室为重点，同一批世界一流科研机构、研究型大学、创新型企业和各类创新机构形成功能互补、良性互动的协同创新新格局。

2. 重构深港新兴产业合作分工

以科技合作为核心，打造创新资源集中、创新创业活跃的区域，重构深港新兴产业合作分工。香港主要是国际人才培养基地和跨国集团总部基地，深圳主要是香港年轻人成长阶梯和创业创新孵化基地；扩大深港产学研联盟的规模和影响力，增设深港产学研基地，促进校企合作，发展深港公共研发平台；完善人才交流和引进机制，扶持香港人才来深创业、就业，探讨增设深港人才交流项目。

3. 建立跨区域创新协作服务平台

现代创新体现平台化特点，包括区域平台、要素平台、服务平台等，其中区域性平台建设成为创新的核心载体，也是一些国家创新成功的主要路径。协同创新共同体就是要划定一定区域空间，打造创新综合体，采取有区别的政策机制，促使创新资源、技术、人才高度聚集，成为技术孵化、成果交易以及创新经济成长的活跃区域。一是依托深圳大数据优势和香港科技服务业优势，共建科技大数据平台和跨区域创新协作服务平台，为两地合作和城市群企业、科研机构提供联合研发、测试检测、技术转移等多种服务，开展产业关键共性技术研发、技术标准创制等工作。二是鼓励创新创业服务机构在两地互设分支机构，通过“线上信息对接＋线下专业服务”的平台模式，形成辐射大区域的技术转移枢纽。

4. 完善融合创新合作体系

积极推动深港创新主体市场化合作，协同实施一批技术创新工程，联合建立一批产业技术创新战略联盟，联合组建一批高端实验室、技术中心、工程（技术）研究中心，共建一批科技园区和创新社区，构建企业、高校院所、产业投资机构、科技咨询机构等多主体参与的创新合作体系。围绕传统产业升级改造、新兴产业培育、大气污染治理、城市综合运行等方面，加强关键技术联合攻关和集成应用。

5. 培育新的经济结构

把创新落实在新经济发展上，着力培育新的经济结构。保持香港长期繁荣稳定，根本在经济发展，只有经济繁荣，才能社会稳定。要适应全球转型发展的要求、深港结构升级的需要，突出以增量优化存量，把发展新经济作为合作的重点。要深刻认识到，“世界上一轮工业革命形成的动能已经消退”，结构老化已成事实，深港合作通过优势互补在新经济发展上要形成先行优势。深圳在新技术、新产业发展方面已经形成优势，国家超级计算机计算深圳中心、大亚湾中微子实验室等各类创新载体 1283 家，第四代移动通信、基因测序、超材料、新能源汽车等领域核心技术水平居世界前列；生物产业、互联网、新能源、新材料、文化创意、智能制造等产业优势明显，可以在深港合作中起到引领作用。

一是要跟踪全球科技发展和产业跨界融合大趋势，超前谋划一批新的未来产业，加大对自动驾驶汽车、装配式建筑、无人机、可穿戴设备、自然交互与虚拟现实、增材制造（3D打印）、石墨烯等新技术、新产业、新业态、新模式的培育发展力度，组织实施一批发展前景好、技术水平高、商业模式新的重大项目，形成经济增长新动能。二是要着力打造深港新兴产业合作板块，突出以智能制造为重点，完善联程设计、协同制造、联动服务模式。逐步形成香港设计、深圳制造、共同服务的产业发展格局。三是打造服务产业转型的平台经济。实施工业云及工业大数据创新应用试点示范，着力打造一批高水平工业云服务平台，建设一批工业云体验中心。鼓励建设研发众包、开放创新交互、在线设计等平台，推动众创、众包等新型研发模式，提升产业研发能力。大力发展以电子商务为重点的网络交易和服务平台，支持工业电子商务平台建设，布局建设一批高水平行业物流、金融、交易与服务平台。

（三）创建深港国际人才港

人才资源是第一资源、人才优势是第一优势。知识就是力量，人才就是未来，创新驱动实质上是人才驱动，国以才立、业以才兴。深港合作正处在创新发展的关键点上，要在新一轮创新竞争中保持优势，加快形成引领型发展模式，重在把人才的存量优势转化为竞争优势。

1. 发挥比较优势创建国际人才港

香港由于特殊环境条件，在教育文化和创新人才的国际化方面具有明显优势，国际上有影响力的高等院校和研究机构相对集中，国际化的人才培训体系比较完善，各类人才国际交流频繁，加上社会生态和人才生态比较好，国际高端人才集聚优势明显。深圳在近年来，全面落实创新驱动发展战略，着力于在创新创业上有新突破，科技投入持续加大，创新能力不断增强。全社会研发投入占GDP比重由2010年的3.47%增加到2015年的4.05%，PCT国际专利申请超过英法等国，达1.32万件，占全国的47%。每万人有产发明专利拥有量是全国平均水平的13.4倍。创新创业人才优势日渐显现，国际有影响力的科技产业中心正在形成。

依托深港各自比较优势共建国际人才港，对于深化以创新为引领的深港更紧密合作具有重要意义。所谓国际人才港，就是要打造面向全球的人才特区，打造人才资源市场配置、人才流动自由选择，人才价值充分体现、人才生态不断优化的新空间。努力使国际人才港成为创新人才集聚区、人才流动自由港、人才生态示范区、创新创业首选地。

2. 创新人才聚集

国际人才港聚合人才、资本、信息、创意、科技服务等要素，促进生产、生活、生态相互融合，创造吸引人才、服务人才、成就人才的环境，提高聚天下英才的能力和水平。一是要建设全球领先的科学实验室、国家实验室，依托这些开放平台开展国际化研发合作，实现资源共享、信息共享、成果共享。同时，在新兴产业领域，积极建设一批国家大科学中心、国家技术创新中心、工程技术（研究）中心、博士后工作站等创新载体。二是以海外高层次创新人才、跨区域创业者、连续创业者为目标，着力引进一批从事国际前沿研究、带动新兴学科发展的杰出科学家和创业团队。三是依托高校研究团队，选择重大项目，吸引国际专家共建课题组入港研究。四是利用信息平台，拓展线上研发合作领域，以线上带动线下。五是建设国际人才港虚拟研究院，吸引世界各地研究机构建立分支机构。

3. 人才流动自由港

人才是一种资源，资源必须在流动中优化配置并实现价值，国际化人才更是要保持高流动性，这是国际人才港在首要功能。一是建立与国际接轨的高层次人才招聘、薪酬、考核、科研管理、社会保障制度。建立有利于吸引国际化人才的绿卡制度、推进短期来华免签、技术投资获永久居留权、创业投资获永久居留权政策。二是要为国际化人才居留和出入境、落户、住房、医疗、子女入学、配偶安置等提供便利条件，特别是针对深港两地人才通勤式跨境流动的现实，提供“直通车”式保障条件。三是举办国际人才交流大会，促进国际人才交流互动。

4. 人才生态示范区

一是营造能干事、干成事的良好氛围，围绕产业、科技、生活、生态等功能需求，着力打造新一代多元、活力的空间平台，打造智慧园区服务平台、智慧生活服务平台、智慧管理服务平台。二是强化知识产权保护。以产业科技创新需求为导向，大力引进国内外知名的专利、商标、版权、诉讼等领域知识产权服务机构，构建全链条的知识产权服务体系，为创新创业人才提供全方位知识产权服务。三是打造高品质生活服务基地。为创新创业人才打造集创业咖啡、路演大厅、创业公寓、培训中心、运动健康、休闲娱乐、社群交流等一体的配套设施，在满足办公、生活、社交的同时，为高层次人才提供完善的生态环境，形成一个具有活力、潮流时尚、自然生态的高品质社区。四是构建一流的人才综合服务体系、创新人才支持政策和管理制度，提高人才服务效率，切实让人才引得进、留得住，还能充分发挥价值，为人才打造安居乐业的热土。五是构建创新创业人才优质生活圈，由此辐射带动两地商贸服务业发展，培育以家庭教育、家政服务、养老服务为重点的家庭服务业；以健康管理、健康医疗、健康咨询、健康体验、体育休闲为重点的大健康产业。

5. 创新创业首选地

聚焦创客需求，在发展空间、资金扶持、技术支撑、公共服务等提供保障条件。

利用深圳制造业雄厚和产业链齐全的条件，集聚整合全球创客创新资源，打造国际性活动品牌，努力打造交流广泛、活动集聚、资源丰富、成果众多、创业活跃的国际创客中心。

一是积极打造创新创业基地、孵化器、加速器、企业服务平台、投融资平台、专业服务平台。二是打造多样化、专业型、互动式孵化器群，积极引进国外优秀众创空间，为初创企业提供优质孵化服务。三是打造创业社区，鼓励社会力量参与建设以“孵化器 + 宿舍”的新型创业公寓。四是营造创新文化氛围。举办创业沙龙、创业训练营、创业学堂公开课、创业大讲坛活动，为创业者提供获取创业指导、风险投资和人脉的机会。五是支持企业联合高校，构建“应用研究、产业转化”为核心的产业技术研究院。支持建设概念验证实验室，提供概念验证、集合咨询、解决方案、服务集成等专业技术服务，加大对多领域多方向的技术集成整合能力。

（四）建立深港国际物流港

随着全球经济联动发展和区域经济一体化程度加深，深港在全球物流体系中的地位更加重要，作用更加明显，特别是在“一带一路”建设中，更是具有不可替代的优势。要抓住港珠澳大桥建设的机遇，进一步整合资源，依托香港航运中心和深圳航运物流腹地优势打造国际物流港。全面增强引领商品、资本、信息等全球流动的能力，推动形成对外开放新格局。

1. 以“一带一路”倡议为牵引，共同打造“一带一路”核心节点

推进“一带一路”建设就是要以互联互通为着力点，促进生产要素自由便利流动，打造多元合作平台，实现共赢和共享发展。到目前，共有 100 多个国家和国际组织积极参与和支持。深港处于“一带一路”的重要区位，特别是在海上丝绸之路建设中将发挥重要作用。要深化合作，发挥优势，把握机遇，提升深港两地对“一带一路”沿线国家的影响力和辐射力。一是深港协作抢占“一带一路”倡议有利位置，协助香港争取亚投行在港设立境外运营的融资机构，共同组建“一带一路”投资基金。二是借助已有的合作基础，打造深港金融服务、贸易服务、物流服务、通讯服务四大国际产业板块。三是构建面向东南亚的辐射平台，“引进来”和“走出去”并重，打造深港中资企业走出去的“后方支点”和国际企业走进来的“开放平台”，推动香港人民币债券市场成为“一带一路”融资中重点发展的领域。

2. 优化供应链，促进深港要素自由流动

“现在我们进入了以供应链为人类新型组织方式的时代”。供应链是将产品和服务从生产方转移到涉及消费者的组织、人、技术活动、信息和资源系统。新一轮深港合作要突出优化供应链为重点，特别是打造“数字供应链”，通过无边界链接使两地在

互联互通中更密切地联系在一起，从而构筑“无边界”合作共同体，正如供应链在重构世界版图的同时，也在“建立无边界世界”一样。

3. 提升深圳货物和人员通关的便利化水平，实现港澳珠及更广区域范围的物畅其流

以香港为标杆，提升深圳货物通关便利化水平，推进深港“信息互换、监管互认、执法互助”大通关建设，推进深圳口岸通关“申报、查验、放行”三个环节有机统一，推进国际贸易“单一窗口”建设，规范通关流程与查验标准；推动深港人员通关便利化，系统检讨深圳户籍居民赴港政策。短期内重点促进“一周一行”政策的弹性化；进一步扩大深港旅客E通道通关；优化深港口岸功能和交通接驳；探索深港数据库连接，提高人员通关效率。

（五）建立深港国际金融港

依托香港金融中心和前海制度优势，共同打造金融服务港。

1. 发挥两地金融优势

一是强化香港国际金融中心地位。放大中心功能，带动前海关联产业发展，把香港打造成为人民币海外结算中心。同时，增强外汇功能。二是强化前海金融服务功能。发展非银行业务，包括基金、证券业务等。引导在港中资金融机构把金融服务平台放在前海，减少香港楼面和办公压力。鼓励深圳企业赴港上市，支持符合条件的在香港上市的内地企业到深圳上市。支持符合条件的香港金融机构在前海设立合资证券公司、合资证券投资咨询公司和合资基金管理公司。

2. 完善金融服务体系

一是推进创融结合，围绕创新创业大力发展天使投资、风险投资、创业投资。二是推动金融创新，共同探索发展互联网金融、科技金融、绿色金融等。三是加强深港两地金融业高端专业人士的培训、业务交流和创新合作。四是在前海实施个税优惠政策，吸引境内外金融高端人才和机构落地前海。

3. 务实推进深港通

深港通是国家确定的资本市场改革的重大举措，对于深化两地资本市场合作、提振市场信心具有重要意义。优化基金互认服务。这是两地基金跨市场销售的一种制度安排，是资本市场双向开放的重要创新。要加强基金互认服务平台建设，连接两地各类市场参与机构，为互认基金业务运作提供全方位服务，在现有技术系统基础上实现两地基金业务互联互通。丰富跨境金融市场和金融产品。建设前海国际金融资产交易平台，支持境内企业与金融机构面向境外投资者发行私募金融产品，促进深港市场深度融合发展。探索建设跨境资本服务平台。推进跨境基金产品开发以及交易制度和运作模式优化。逐步拓展跨境合作范围，探索个人跨境投资便利化、私募基金跨境销售、

推动跨境人民币计价证券类产品创新发展。

4. 发展区块链金融，通过资源共享和通力合作共同构筑区块链生态体系

区块链将从业务、技术和管理三大层面变革金融。一是区域链技术使用共识机制，建立区域信用体系，增强两地金融合作的可靠性。金融核心在信用，而区块链从根本上改变传统金融的中心化信用创造方式，运用一套基于共识的数学算法，在机器之间建立“信任”网络，从而通过技术背书来进行信用创造，实现信用创造的一次革命。有利于进一步整合社会资源、降低交易成本、促进共享经济，实现资源优化配置。二是区块链智能合约等机制推动金融智能化进程。区块链可以简化人工干预并自动化大量手工金融服务流程，通过网络和结算能力实现交易中和交易后的全过程自动化。以区块链为基础延伸的智能合约是一种运行在分布式共享账本上的计算机程序，可以把许多复杂的金融衍生品合约条款写入计算机程序，并实现交易自动化。区块链创新交易机制提升效率。分布式网络有效降低传统金融体系面临的系统风险，为跨境金融合作提供保障。

当前，随着全球科技创新和产业变革，深港合作也要适应全球变革大趋势，以新理念、新方式提升合作水平。

（六）深化深港合作要解决的实际问题

深化深港合作既有许多机会，也面临一些实际问题，从有利香港长期繁荣稳定、有利于深圳更好发展、有利于深化深港合作的战略出发，应加快解决面临的实际问题。

1. 结合创新创业，异地解决香港年轻人住房问题

如在南沙自贸园区，集中兴建一批廉租房，完善交通、通讯等基础设施，供香港创业青年来此居住。既可满足部分香港青年人住房需求，也会促进年轻人创业，扩大两地交流互动。

2. 提高两地通关效率

以便利化为原则理顺体制机制，对于两地合作创新创业的特殊人口可以建立“通勤通道”、采取“通勤模式”，保证快速通关。

3. 支持跨境办学

依托香港高等教育优势，引入境外优质教学资源，共同举办高质量的大学和专业技术学院。优先招收深港两地生源、优选国内外优秀青年入学，为创新创业培养强大的人才队伍。

4. 支持建立两地健康养老基地

面对香港和深圳老龄化趋势，健康养老需求上升，依托香港健康医疗优势和深圳大健康产业优势，共同建设健康养老产业群。健康产业，美国占 GDP 的 15%，中国只

有4%；美国居民每年人均健康消费100美元，中国只有7美元。解决相关土地、社会保障、保险等问题。

5. 完善深港跨境治理协调机制

未来深港合作将逐步升级为深港治理，即深港两地政府、社会组织、民间团体、市场力量等广泛参与的共同管理。完善深港跨境治理协调机制乃是当务之急。应建立深港服务贸易争端解决机制，应对区域环保、养老等公共治理的协调机制，探索深港产品服务标准，强化在深港人的权利义务，加强深港政府官员交流等。

6. 探讨深圳直辖的可能性

为加强行政对应性，提升深圳对香港合作能力，应把深圳直辖作为深化体制改革的重要内容进行探索。从城市布局、人口规模及经济实力等方面来看，深圳均已具备直辖市的主要条件，深圳直辖可以解决深圳城市规模过大与辖区面积过小、发展诉求过多与行政严重掣肘、城市人口过多与城市配套不足的矛盾，也是中央管治香港最有效的方式之一。

调研报告七

深圳加快构建更高层次开放型经济新体制的目标与对策（2018 年）

作为中国改革开放的先行先试区，深圳已经形成了较高层次的全方位开放格局和外向型经济体系。党的十九大提出了建设粤港澳大湾区，深圳在粤港澳大湾区和“一带一路”建设中具有极为重要的战略地位和作用。要实现建设更高层次开放型经济体制战略目标，深圳要对接“一带一路”建设、粤港澳大湾区建设、创新驱动发展战略和自由贸易区战略的实施，在提升深圳创新能力开放合作、提高深圳货物贸易和服务贸易竞争力、扩大深圳服务业对外开放、建设深圳自由贸易港等方面进行探索。

本报告课题组长：郑新立。

课题组成员：白津夫、焦庆杰、王晓红、徐伟、刘森、綦鲁明、胡华。

一、深圳以开放促改革促发展的主要经验和新形势新任务

1980 年 8 月 26 日，全国人大常委会第十五次会议通过了《广东省经济特区条例》，标志着深圳等经济特区正式诞生。自成立之日起，改革开放就成为推动深圳发展的动力源泉。30 多年来，深圳大量利用外资，引进国外先进技术，从建立“三来一补”企业起步，发展成为世界知名的工业化、现代化城市，形成了较高层次的全方位开放格局和外向型经济体系。在不断扩大对外开放的过程中，深圳不断吸纳国际资源和要素，影响辐射内地，对中国的改革和发展做出了重要贡献。

（一）深圳是中国对外开放的先行示范

1979 年，深圳创办蛇口工业区，开放沙头角，并先后开放文锦渡、蛇口码头、梅沙、沙头角、赤湾、大亚湾等口岸；开放金融业，开始引进境外银行。

1986 年开始，深圳利用外资兴建赤湾港、蛇口港、蛇口油库、华侨城、大亚湾核电站和广深高速等一批基础设施。“三来一补”企业和“三资”企业在外资和国外技术的引入下积极发展；深圳同内地建立一大批内联企业，跨地区、跨行业，弥补了资金、技术、人才的不足。创建沙头角、福田两个保税工业区；组建一批外贸骨干企业，积极发展转口贸易和远洋贸易。1987 年，出口贸易大于进口贸易，扭转逆差局面。1988 年，出口总额居全国大中城市第二。1992 年开始，深圳进出口贸易总额一直居全国大中城市第一。

深港合作，签订深港“深港创新圈”合作协议、“1 +8”合作协议 和深港“1 +6”合作协议，开放深圳湾和福田口岸。

引进香港和记黄埔建设盐田港、开放盐田港口岸、开放深圳机场口岸、利用外资外技建设大亚湾核电站。深化口岸体制改革，进一步简化查验手续；皇岗口岸试行 24 小时通关，实行集中报验；文锦渡、皇岗、沙头角口岸实行统一报关，提供一条龙服务；到港旅游的外国人到深圳 72 小时免签。

（二）深圳是中国体制改革的创新典范

深圳改革开放一直走在全国前列，不管是在体制机制创新方面，还是经济发展方面，均为全国改革开放提供很多经验。

探索行政管理体制。改革开放 40 年来，深圳的成功很大程度得益于深圳行政审批制度改革的探索。深圳在全国率先开展了行政审批制度改革，后又再启多轮行政审批制度改革，体现在：启动大部门制改革，进一步精简政府机构，成立行业协会服务署、

改革办公室和市政府服务大厅，推行电子政务等，改革重大投资项目审批制度，加快建设现代服务型政府；加快事业单位改革，实行雇员制和职员制，推进政事分开；创新公务员分类管理改革，健全公务员管理模式；推进审批制度改革，进一步精简审批流程；创新基层管理体制，探索新型管理模式。

探索社会体制改革走在前列。2008 年深圳首次提出要先行先试社会体制改革。2009 年，深圳在推进民政事业综合配套改革方面，进行“先行推进两项改革，率先建立两项制度，健全完善两个体系”社会体制改革的探索，从就业、收入分配、社会保障、教育、医疗、住房、安全生产、社会治安等方面加以推进。积极探索区域发展新机制。按照国务院批复，从 2010 年 7 月 1 日起深圳经济特区的范围扩大到深圳全市。以前海管理局为平台，创新深港合作体制。成立前海管理局，借鉴香港的经验，以法定机构的形式实行企业化管理，不以营利为目的，履行相应的行政管理和公共服务职能。探索创新国内城市合作机制。在深莞惠一体化机制和深汕合作机制方面寻求突破。这些探索将为中国区域发展提供经验借鉴。科技体制改革成效突出。深圳提出，要加大对创业苗圃、孵化器、加速器等企业孵化载体的资助力度，探索创业投资与孵化载体联动发展的新模式。深圳还将创新财政科技投入资助方式，放大政府专项资金的效用；在各类金融机构中开展金融创新。

探索城市体制改革走在前列。2007 年 5 月 31 日，深圳首先打破区级政府管理体制，成立了光明新区，为深圳市政府首个市委派出机构，实行“市—功能区—社区服务机构”的管理体制。2009 年 6 月，深圳第二个新区坪山新区挂牌成立，自新区建区以来，各项社会事物发展迅速，城市面貌得到大幅度的改善，取得了良好的社会效应。深化社会管理体制和社会保障制度改革，推出民生净福利指标体系，不断完善公共服务体系，着力解决民生问题等。

中国特色社会主义法治示范区。深圳充分运用特区立法权和较大市立法权的双重优势，在全国率先构建体现深圳特点、具有中国特色的社会主义法制体系。深圳推出深化司法改革系列重大举措，为全国创造了经验。

（三）深圳是中国经济发展的成功榜样

深圳经济增长在全国位居领先地位。深圳为中国内地人均国内生产总值最高和经济效益最好的城市，人均收入水平、地均产值和外贸出口总额居于中国内地大中城市榜单第一位。2011 年，深圳经济总量达到 11502.06 亿元，成为国内第 4 个经济总量超过万亿元的城市；财政收入居大中城市第 3 位；进出口总额占中国大陆 1/7，连续 12 年居大中城市第一。2017 年，深圳地区生产总值达到 22438.39 亿元，按可比价格计算，同比增长 8.8%，经济总量上升至全国大中城市第 3。改革开放 40 年，深圳作为中国发展的代表城市，有 5 个显著特点：

第一，创造了经济发展的“深圳速度”。2017 年全市工业投资 916 亿元，增长 27.5%，增速分别高于全国、全省 23.9 和 17.9 个百分点，其中技改投资 353 亿元，增长 71.9%；规模以上工业增加值 8088 亿元，增长 9.3%，增速创近 4 年新高，全口径工业增加值占 GDP 比重 38.7%，工业对 GDP 贡献率 39.9%。社会消费品零售总额 6013 亿元，增长 9.1%，增速创近 4 年新高，纳入统计的网络零售额 319.2 亿元，增长 57.1%。电子商务交易总额 2.3 万亿元，增 15.1%；跨境电子商务交易额 491.7 亿美元，增长 21.8%。深圳创造了世界罕见的工业化、城市化和现代化发展速度。

第二，产业转型升级取得显著成效，企业竞争力持续增强。深圳是中国高新技术产品产值最高、出口最多的城市，高新技术产业成为第一支柱产业。新增 2 家世界 500 强企业，累计达到 7 家；新增 7 家中国 500 强企业，累计达到 27 家；新增境内外上市企业 41 家、新三板挂牌企业 143 家，中小板和创业板上市企业总数连续 11 年居全国首位。授牌 5 个制造业创新中心、9 个生产性服务业公共服务平台和 7 个未来产业集聚区，智能海工升格为广东省制造业创新中心。

第三，经济外向型发展成效显著。2017 年外贸进出口总额 28011.5 亿元，增长 6.5%，扭转 4 年持续下滑态势，其中出口连续 25 年居全国大中城市首位。实际使用外资 74 亿美元，增长 9.9%，规模占全省的 32.3%。对外承包工程营业额 145.4 亿美元，占全省的 80.3%，连续 7 年居全国大中城市首位。同时，深圳不断加强与香港、珠三角区和内地省市的区域经济合作，促进区域资源整合和优势互补、共同发展。

第四，自主创新方面再创深圳奇迹。深圳逐步从知识产权大市向知识产权强市转变，知识产权数量继续位居全国前列，质量不断提升。2017 年全市专利申请量 17.7 万件，授权量 9.4 万件，同比分别增长 34.8% 和 25.6%；发明专利申请量 6 万件，授权量 1.9 万件，同比分别增 22.6% 和 7.1%；PCT 国际专利申请量 2 万件，占全国 43.1%；有效发明专利维持 5 年以上的比例达 86.3%，位居全国大中城市第一；获中国专利金奖 5 项，占全国 20%；全市商标申请量 39.3 万件、核准量 18.3 万件，同比分别增长 55.2% 和 31.2%；获中国商标金奖 3 项，大疆、华为获马德里商标注册特别贡献奖；新登记计算机软件著作权 8.4 万件，占全国登记总量的 11.6%。为保护知识产权力度，深圳在全国首推专利侵权损失险，保额达 20 亿元。资助知识产权保护项目 58 个 2786 万元。全年查处知识产权案件 896 宗，专利和版权案件同比分别增长 153% 和 68%。

（四）深圳持续发展面临的制约因素

进入 21 世纪，深圳发展面临着环境、人才、体制、政策等方面的制约因素，解决这些问题，才能更好地释放深圳发展的潜能。

1. 生态环境压力加大，社会治理能力面临挑战

深圳在大气质量控制、水源和土地环境治理方面，在国内处于领先水平，但与国际领先城市相比，还有较大差距。随着单位土地面积经济承载量的提高，城市常住人口、流动人口快速增加，在城市规划、清洁能源利用、污水处理、垃圾分类处置、生态环境质量提升、生态环境安全、交通等方面制定执行并及时更新制度规划，打造生态文明全球领先、宜居宜业的现代化大都市。

2. 高水平、创新型大学开始起步，高端人才依旧稀缺

深圳的教育发展水平明显弱于北京、上海与广州等大城市，高等教育的规模偏小，但未来发展趋势优势明显。南方科技大学、香港中文大学（深圳）、深圳北理莫斯科大学、中山大学深圳校区等高水平大学纷纷落地，深圳计划到 2025 年高校数量达到 20 所左右、在校生超过 25 万人。但短期内，高素质的科技创新人才、管理人才、技能人才不足，仍然是制约深圳发展的突出问题。补齐教育短板，才能为深圳未来发展提供高端人才，支撑基础研究、应用研究等方面的发展。

深圳高校的人才集聚效应日益明显，已成为高层次人才集聚和培育的重要载体。目前全市高校全职院士超过 20 名，各类国家级高层次人才合计约 300 余人。2017 年深圳高校科研经费合计约 25 亿元，实验室建设初具规模，但与硅谷相比，科研资金与人才培养还需要继续加大投入，配合深圳创新城市的打造。

3. 科技服务业亟待加强，需提高产业发展的支撑能力

2014 年 10 月 9 日，国务院颁布《关于加快科技服务业发展的若干意见》（国发〔2014〕49 号），这是国务院首次对科技服务业发展做出全面部署。中国科技服务业发展落后于英、德、日等国，但现阶段是中国科技服务业的高速发展的黄金期。深圳应发挥自身优势，在研究开发及服务、技术转移服务、科技咨询服务、科技金融服务、检验检测认证服务、创业孵化服务、知识产权服务、科学技术普及等专业服务和综合服务方面，率先建成完善的科技服务体系。要吸引国内外科技服务企业到深圳落户，力争用 10～20 年时间，把深圳打造为全球科技服务中心。

4. 绿色金融服务较为滞后，应成为深圳新经济增长点

发挥深港合作优势，将香港先进的金融服务理念和高层次的管理水平引入前海，利用前海发展金融企业成本较低的优势，规划建立“前海—中环”绿色金融综合服务区，积极营造国际化的金融发展环境，吸引国内外金融企业进驻。

发挥深圳绿色金融的优势，强化深圳市在“走出去”战略合作联盟中的带头作用，建立服务全国、“一带一路”沿线国家乃至全球的绿色金融服务体系，增强深圳从提供绿色金融、绿色产业、绿色供应链到绿色智慧城市等一揽子服务能力。

（五）创新是深圳保持发展活力的源泉

活跃的体制创新和技术创新创造了前 40 年深圳奇迹。未来，深圳继续保持发展活力，依旧要在这两方面加大投入。提高对外开放水平，应当在资源配置、吸引外资、海外投资、对外交流等方面持续创新。

1. 实现全球化资源配置的创新

深圳已经脱颖而出一大批国际化企业，形成了开放型经济体系，这是实施全球化资源配置的有利条件。当前国际竞争愈加激烈，支配全球资源，才能突破美国等国家设置的贸易壁垒。华为公司在全球各地设立了 20 多个研究机构，利用全球的智力资源保证行业内科技创新方面的全球领先。深圳未来要保持发展活力，应在资源配置的全球化方面继续突破。

进一步推进并扩展与欧洲的合作，在继续发展与欧洲主要发达国家合作的同时，重视发展与北欧和中东欧国家的合作。北欧 5 国经济、社会、科技发展水平均居世界前列，在技术贸易上与中国有相当长的合作历史，仅芬兰一个国家在中国技术进口来源国中就曾居前两位。大力拓展与北欧五国在科技创新、绿色发展、教育医疗等方面的合作，是深圳未来发展的重大契机。中东欧国家作为新兴的欧洲市场，经济发展潜力巨大，同时其与中国合作的愿望强烈。在中国和中东欧国家“16 +1 合作”总体框架下，深圳加强了与捷克、波兰、保加利亚、匈牙利、罗马尼亚、塞尔维亚等国家在产业现代化、交通物流、节能环保等领域的创新合作，努力扩大中东欧市场的份额。通过扩大与欧洲的贸易合作，完善深圳在欧洲的创新合作网络，抵消特朗普发动的美中贸易战带来的负面影响。

继续深入推进“深港创新圈”建设。深港两地累计已投入 4 亿元联合资助 45 项科技合作项目，有 6 所香港高校在深圳建立产学研基地。与此同时，深莞惠三市签署了共建区域创新体系合作协议，在创新资源共享、成果转化、人才培养等方面展开积极互助合作。深圳与香港及周边地区将形成良性的合作氛围，得到“1 +1 大于 2”的成果。

吸引创新人才集聚，需要良好的宜业宜居环境。深圳的创新创业环境和生活居住环境在国内首屈一指，但与国际科创中心城市相比，还有相当大的差距。为集聚海内外各类创新人才，深圳制定吸引高层次专业人才的“1 +6”文件、人才安居工程等政策。加强人才载体建设，尝试高端人才个人所得税奖励机制，吸引国际精英。积极打造国际创客中心，参考国际经验，出台促进创客发展若干措施和三年行动计划，“柴火空间”等一批众创空间蓬勃发展。根据“十三五”规划，深圳每年新增 23 亿元市级财政预算用于人才工作，年均 44 亿元，将为深圳带来更多的人才，促进城市创新发展。

2. 重视引进外资战略创新

目前中国资本利用率不高，利用各类资本的制度和市场条件仍有所欠缺，深圳应进一步更新完善有关市场准入和市场支持方面的法律、政策，引导外资来源与投向，使利用外资战略更好地服务于区域内经济发展战略，并进一步促进国内经济结构、区域结构和产业结构的更新。鼓励外商以购并方式来深圳投资，通过“招商引智”吸引高科技跨国公司的研发中心落户深圳。

重视外资引入的高科技含量和高附加值出口产品与低技术含量和低附加值出口产品的迭代。着力引进代表国际先进的新兴产业的外资企业，鼓励其在深圳本土研发、创新关键技术，强化外资企业的根植性。同时鼓励深圳本土内资企业学习吸收外资企业的先进技术和经营管理经验。注重培育高新技术产业集群，吸引外商投资于配套产业，鼓励外商投资企业原材料、配件本土化。

调整资本流入流出政策。调整资本流入和流出结构，完善风险、投机、危机防范机制，促进经济发展、金融发展与资本市场和证券市场的开放。推动深圳企业改善治理结构、增加透明度、提高国际竞争力，改进资本流动跨境管理体制和运行机制。实施流入流出平衡管理，放松对企业在债券和证券投资等方面的管制。

3. 总结并发展对外投资实践创新

深圳对外投资规模在国内始终名列前茅。民营企业作为对外投资的生力军，投资重大项目不断增多，投资领域不断扩大，涉及境外企业类型多样化。除了深圳大批的高新技术企业在海外建设研发基地以外，生产型、服务型、资源开发型等各种形式的境外投资同样不断涌现。深圳企业进军国际市场，通过在海外投资生产、研发等方式，从而在国际资本市场进行资产整合，再通过海外并购、境外上市等资本运作方式实现境外投资。各类型境外投资项目遍及世界五大洲，已形成深圳产品和服务输出的国际市场网络。过去几十年中，深圳涌现出华为、中集、比亚迪等一批有较强国际竞争力的跨国公司，通过这些国内名企的成功经验以及行业内跨国公司的经验，鼓励更多的企业实现投资经营的全球化布局。

4. 扩大对外交流渠道创新

深圳积极加入“世界城市和地方政府联合组织”（UCLG），与其组织的1300个世界大城市开展多边国际交流活动，充分利用亚太经合组织、东盟经济自由贸易区等扩大对外经济与文化交流合作，效果斐然。

进一步增加国际友城数量。截至2018年，深圳国际友城数量达21个，友好交流城市达63个，已形成以政府拓展为主渠道、“请进来”和“走出去”相结合、民间组织及广大市民全面参与的立体对外交流格局。与此同时，将扩大与国际著名科创中心城市的交往作为重点，如硅谷、波士顿、筑波、新西伯利亚等，包括扩大文化、旅游与教育交流，在广泛交流中发现合作机遇。

推进洲际直达航线建设，开通并增加深圳至欧美国家枢纽城市及各国际创新中心的直达客运航线，争取 144 小时过境免签政策落地，外国旅游团乘坐邮轮入境 15 天免签以及粤港澳游艇自由行等政策，来加快提升深圳配置国际创新要素资源的便利化和效率。

二、深圳在粤港澳大湾区和“一带一路”建设中的地位和作用

党的十九大明确将粤港澳大湾区建设写进报告，为进一步深化珠三角城市群合作指明了方向。2017 年 7 月 1 日，《深化粤港澳合作推进大湾区建设框架协议》在香港签署，标志着推动粤港澳大湾区和跨省区重大合作平台建设，携手港澳共同打造粤港澳大湾区，建设世界级城市群，已正式进入实施阶段。深圳在粤港澳大湾区和“一带一路”建设中具有极为重要的战略地位和作用。

（一）深圳是粤港澳大湾区重要经济中心

粤港澳大湾区经济总量达到 1.3 万亿美元，贸易总额达到 1.5 万亿美元，是世界最大海港区。深圳处于粤港澳大湾区的中心位置，而且还处在“香港—深圳—广州”这条经济发展主轴和沿海功能拓展带的十字交汇点，具有优越的地理优势。经过 40 年的发展，2017 年深圳的经济总量达到 22438.39 亿元，超过香港、广州，位列全国城市第 3，跻身全球城市 30 强，是粤港澳大湾区的主要中心城市。根据规划，到 2020 年前海将建成亚太地区重要的生产性服务业中心，成为世界服务贸易的重要基地，深圳将在湾区经济发展中发挥更为重要的作用。深圳未来应加强区域联动，突出开放式发展，充分释放深港合作的比较优势，获取未来更广阔的发展空间。

深圳是粤港澳大湾区创新驱动的引擎。充分发挥国家自主创新示范区的政策效应，促进创新资源要素流动和优化配置，不断完善原始创新、开放式创新和协同创新协调共进的综合生态系统。在基础性、前瞻性、战略性科技领域，大力发展高端技术研发；通过优化自主创新生态系统，使深圳继续带动粤港澳大湾区未来创新发展。

（二）深圳在粤港澳大湾区发展中的引领作用

国务院批准《珠江三角洲地区改革发展规划纲要（2008～2020 年）》和《深圳市综合配套改革总体方案》，明确深圳“一区四市”的战略定位和四个“先行先试”的

改革方向，深圳正式成为国家综合配套改革试验区。从深圳的区位优势及经济发展态势来看，深圳能够在粤港澳大湾区区域经济发展中发挥引领作用。

1. 提高两地产业与人才合作层次水平

近年来粤港澳城市群间逐渐显现优势替代现象，港澳地区的先进制造业出现规模偏小、人力资源外流、人口老龄化等问题。深圳与港澳的经济合作缺乏深层次项目合作，特别是投资规模较大、技术层次较高、合作期限长、收益较高的项目。

前海国家级新区的成立推动了港深区域合作跨越式深层次发展，2014 年 12 月前海深港青年梦工场开园，截至 2017 年，累计孵化创业团队 187 家，其中香港团队 86 家；累计为香港大学生提供 1442 个实习岗位，接待 2 万多名香港学生交流学习。前海对包括港籍人才在内的境外高端人才征收的个人所得税仅为 15%，并打通了深港人才双向流动通道，注册会计师、注册税务师等 10 多类香港专业人士可直接在前海执业。整合深港两地的整体竞争力，构建区域协同发展新优势。

2. 深化深港科技创新交流合作

在研发机构、公共服务平台、科技教育以及国家重点实验室等方面，加强与香港知名大学与机构的合作。深化基础科学前沿领域研究，加大对前沿高端技术领域合作的投入，以市场导向加强科技创新，增强深港高科技领域发展后劲，带动粤港澳大湾区整体科技创新。

2017 年深港合作会议上，深圳与香港正式签署《关于港深推进落马洲河套地区共同发展的合作备忘录》，合作推动落马洲河套地区为“深港创新及科技园”。港深创新及科技园将成为香港最大的科技创新园区，引导和聚集优质高科技企业、研发机构、高等院校进驻园区，为深港两地提供科技创新与人才保障。

3. 推进深港共建国际物流中心

以海空港的快速发展为契机，深港打造国际物流中心，加快培育技术先进、管理国际化、高效运作、竞争力强的现代物流体系、多式联运中心和供应链管理中心；加快发展前海船务经纪、验收仲裁、法律服务、融资保险等高附加值的物流业务，为粤港澳大湾区服务。

4. 建设国际一流的金融创新中心

加快深圳金融业有序开放，提升全国金融中心城市的功能地位，打造人民币跨境流通主要渠道，打造深港共同资本市场。稳步加快跨境人民币业务发展，助推香港离岸人民币业务中心建设，逐步打通本外币、境内外、在岸离岸市场之间的对接合作，全力推动在跨境信贷、跨境个人投资、跨境资产管理等领域实现更大突破。探索加快两地金融市场互联互通，组建深港联合产业基金，共建人民币资金池，促进深港两地金融科技、绿色金融、海洋金融的合作与发展。

（三）深圳是海上丝绸之路的枢纽城市

1. 深圳是建设海上丝绸之路的战略支撑

2017 年，深圳对“一带一路”沿线国家协议投资额高达 4.1 亿美元，与沿线国家贸易额为 5756 亿元人民币，增长 19.3%。2018 年一季度，深圳市对“丝绸之路经济带”和“21 世纪海上丝绸之路”沿线国家进出口 1410.6 亿元人民币，比上年同期增长 28.4%。深圳举办“一带一路”倡议下城市与产业国际合作论坛、城市经贸合作论坛等国际经济交流活动，密切城市间经济合作。

2018 年初，前海成立全国首个“一带一路”国际商事诉调对接中心和“一带一路”法律公共服务平台，营造法治化的自贸区市场环境，对接国际规则，为国内外商事主体提供公平、便利的服务，提升深圳的国际竞争力。

2. 深圳是建设“一带一路”的重要支点城市

深圳在中国—东盟、中国—巴基斯坦、中国—新加坡、中国—格鲁吉亚和中国—马尔代夫等已签订的自贸协定中发挥重要作用，并与“一带一路”沿线国家和地区的自贸区开展深度合作。其中“前海合作论坛”与“国际商务机构聚集平台”是有较高国际影响力的对外交流和创新合作活动平台，大大提升了深圳对国际人才和资本的吸引力。

当好国家“一带一路”建设的资金池。争取在前海降低跨境双向人民币资金池业务的准入要求，吸引“一带一路”沿线国家或地区企业在前海设立资金结算中心，集聚全球更多高端创新要素。鼓励本地企业“抱团出海”，并购海外优质资源、能源和资产，积极参与国际产能合作，引导和支持有条件的国有和民营企业对外投资和国际布局为深圳拓展外溢式发展新空间。

（四）深圳对中国海洋安全和资源开发的重要意义

深圳具有海陆兼备的地理位置。深圳的海洋运输、能源建设、滨海特色旅游等一大批临海产业在国内处于行业领先地位。但由于区域竞争激烈，深圳先天优势并不明显，发展压力较大。

深圳发展海洋事业面临重大历史机遇。党的十八届三中全会提出“推进丝绸之路经济带、海上丝绸之路建设，形成全方位开放新格局”。南海开发将带来海洋经济诸多高价值功能，如油气开采和服务，海工设计研发和高端制造，金融、保险、法律等海洋服务业，以及海洋生物、新能源等尖端海洋科技等。

1. 打造全球海洋中心城市

深圳是全国首个海洋综合管理示范区，以及第二批海洋经济创新发展示范城市，深圳建设全球海洋中心城市已经成为国家海洋强国建设的战略性举措。

为推进海洋强国建设和“一带一路”建设，2017 年 5 月，国家发改委和国家海洋局颁布《全国海洋经济发展“十三五”规划》，提出：“构筑 21 世纪海上丝绸之路经济带枢纽和对外开放门户，推进深圳、上海等城市建设全球海洋中心城市。”2017 年，广东省政府联合国家海洋局印发《广东省海岸带综合保护与利用总体规划的通知》，提出“将广州、深圳建设成为全球海洋中心城市，将珠海、汕头、湛江建设成为区域性海洋中心城市，打造一批海洋特色小镇和特色渔村，初步建成蓝色优质生活圈”。

深圳建设全球海洋中心城市具有先天优势。世界海洋经济重心向亚洲转移，建设“海洋强国”成为国家战略，深圳具有雄厚经济实力，拥有一大批海洋经济代表企业，同时具有技术与资本，这是发展全球海洋中心城市的基本条件。区位优势是深圳在全球海洋中心城市建设中的核心竞争力，紧邻香港，背靠珠三角，面向东南亚。深圳联结了拥有完整的海洋产业基础、广阔的内地与具有高度发达的现代海洋服务业、金融业的香港，能够组建完善的、效率极高的海洋上下游产业链。

2. 深圳发展海洋经济的方向和途径

将科技创新作为主要努力方向，突出自主创新和科技成果转化；实现海洋经济提质增效，实现海洋经济发展成果的共享。

目前深圳集装箱吞吐量已经位列全球第 3。未来应继续完善优化港口国际航线网络布局，开通和加密与欧洲、美洲、大洋洲、亚洲各国等重要港口间的定期班轮航线，力争到 2020 年港口集装箱吞吐量超过 3000 万标准箱，积极参与科伦坡港、瓜达尔港的建设。

在此基础上，深圳港由海洋运输向海洋金融、保险等海洋服务业转变，推动海洋高端服务业发展。

以港口及航运业为基础，深圳应优化港城协调发展格局，完善海铁联运运输网络以及优化公路集疏运系统。

大力发展航运金融和保险，以金融业切入海洋新兴经济的关键环节和领域，以金融手段鼓励企业以收购、兼并、股权合作的方式，获得国外海洋相关企业实体和实验室的先进技术，以产业和金融业发展助推海洋科技。积极探索在航运保险、船舶融资、租赁与管理等航运服务领域的制度开放。

依托深圳现有的海洋油气产业基础，吸引国内大型海工服务集团、国家海洋开发重大工程的研发及高技术制造环节落户，吸引国际大型油气和油服公司在深圳设立分支机构。开发海洋高科技核心技术、尖端技术和产品，引导海洋电子信息发展，在海洋产业的集聚与供应链管理控制上取得巨大进展。

制定海洋科技人才发展规划，在海洋前沿领域储备技术人才；聚集海洋人才与机构，不断提升深圳海洋科研水平。

改革海关签证制度，简化出入境游艇海关查验方式，完善邮轮游艇出入境配套服务，简化邮轮陆上补给、维修等通关程序。

三、深圳建设更高层次开放型经济新体制的目标战略及需要突破的难点

深圳的改革开放是在深港合作发展中逐步深化的，深圳“发展更高层次的开放型经济”“推动形成全面开放新格局”，仍然要继续做好深港融合发展这篇大文章，着眼于国家战略，着力于优化区域开放格局，推动深港经济深度融合、联动发展，建设互联互通区域合作新平台，增添共同发展新动力。其建设更高层次开放型经济体制目标战略，要对接“一带一路”建设、粤港澳大湾区建设、创新驱动发展战略和自由贸易区战略的实施，以深港深度融合、联动发展为核心，着力打造“一带一路”倡议支撑区、大湾区建设的核心区、创新能力开放合作的引领区、港区联动发展示范区。

（一）促进深港经济深度融合，构建开放经济新体系

建设更高层次开放型经济体制，取决于深港融合的力度和进程，要从一般性融合走向深度融合，才能实现更高层次、更高水平的开放，在此基础上建立完善深港深度融合的经济体系，进而形成开放型经济新体制。首先，聚焦比较优势形成互补性融合，通过融合增强优势互补效应，把各自比较优势转化成为共同发展优势。其次，强化战略对接，与“一带一路”建设和大湾区建设等有机结合，促进战略性融合，提升深港深度融合的战略影响力。重点从四个维度推进融合发展，促进加快形成经济深度融合发展新格局。

1. 产业融合

增强深港产业的匹配度、产业结构的契合度，适应全球转型发展的要求、深港结构升级的需要，突出以增量优化存量，把发展新经济作为产业融合的着眼点，着力构建创新引领、协同发展的产业体系。打造融合度更深、带动力更强、受益面更广的产业链、价值链、物流链。要深刻认识到，“世界上一轮工业革命形成的动能已经消退”，结构老化已成事实，深港深度融合通过优势互补在新经济发展上要形成先行优势，促进加快形成更多依靠创新驱动、更多发挥先发优势的引领型发展。

香港是重要的国际金融、商贸和航运中心，在国际化、市场化、专业化方面具有明显优势，在金融与投资、商贸与服务、国际航运业仍占优势，特别是在建筑设计、工业设计、检验检测、会计审计、商贸物流等方面仍然保持在区域甚至全球的影响力，

在高素质人力资源方面具有潜在的优势。

深圳在新技术、新产业发展方面已经形成优势。第四代移动通信、基因测序、超材料、新能源汽车等领域核心技术水平居世界前列；生物产业、互联网、新能源、新材料、文化创意、智能制造等产业优势明显。截至2017年年底，高新技术企业累计达1.12万家，其中2016年新增国家高新技术企业3193家。按照党的十九大提出的高质量发展要求，深圳提出打造“中国制造2025”国家级示范区，大力发展高端制造、智能制造、绿色制造，培育电子信息、新能源、生物产业等先进制造业集群，这有助于在深港经济深度融合中起到引领作用。

为此，要发挥好两地优势，整合产业资源，推动产业链融合发展。一是要跟踪全球科技发展和产业跨界融合大趋势，超前谋划一批新的未来产业，加大对自动驾驶汽车、装配式建筑、无人机、可穿戴设备、生物产业、增材制造（3D打印）、石墨烯等新技术、新产业、新业态、新模式的培育发展力度，组织实施一批发展前景好、技术水平高、商业模式新的重大项目，形成经济增长新动能，打牢深港融合发展的产业基础。

二是要着力打造深港新兴产业合作板块，突出以智能制造为重点，完善联程设计、协同制造、联动服务模式。逐步形成香港设计、深圳制造、延伸服务的产业发展格局。奠定两地融通发展的新经济基石。

三是打造服务产业转型的平台经济。实施国家工业互联网计划，打造工业云服务平台，建设一批工业云体验中心。鼓励建设研发众包、开放创新交互、在线设计等平台，推动众创、众包等新型研发模式，提升产业研发能力。大力发展以电子商务为重点的网络交易和服务平台，支持工业电子商务平台建设，布局建设一批高水平行业物流、金融、交易与服务平台。

2. 市场融合

突出以优化营商环境为重点，塑造更加开放、更具活力的市场经济体制。着力提升深港间货物和人员通关的便利化水平，实现大湾区及更广区域范围的物畅其流。营造稳定公平透明、法治化、可预期的营商环境。

首先，要充分发挥香港发达市场经济优势。香港是全球最自由经济体，美国传统基金会公布2018年《经济自由度指数》报告，香港连续24年成为全球最自由经济体，整体得分进一步上升。经济自由度指数反映了186个经济体的经济运行情况，由12项评估因素组成，满分为100分，香港得分90.2分排名第一，是唯一进入90分行列的经济体。其中财政健康、营商自由、贸易自由和金融自由方面，获全球最高分。

其次，要以香港为标杆提升深圳市场化水平。以推进深港“信息互换、监管互认、执法互助”大通关建设为重点，推进深圳通关改革，提升深圳货物通关便利化水平，建设智慧口岸，全面推广国际贸易“单一窗口”，支持设立全球集拼分拨中心，推进跨部门一次性联合检查，进一步压缩进出口货物通关时间。推动深港人员通关便利化，特别是专业人员往来的自由度，进一步扩大深港旅客 E 通道通关。探索深港数据库连接，提高人员通关效率。

最后，深化商事制度改革。依法实施最严格的知识产权保护，按先进国际规则推进知识产权综合管理改革。集聚知识产权创造、运用、保护、管理和服务要素，大力发展知识产权经济和知识产权服务体系。完善社会信用体系，全面加强信用信息的采集、共享、使用，推进智慧信用监管，打造一流信用环境。积极对标国际化高标准投资贸易规则，努力营造服务效率高、管理规范、市场最具活力、综合成本最佳的国际一流营商环境，发展更具国际竞争力的开放型经济。

3. 创新融合

寻找新的融合点，拓展融合发展的新路径。创新是推动发展的第一动力，也是深港经济深度融合的主要推手。推进深港经济深度融合，要以创新为引领，创造和发现新的融合点，在新的起点上务实推进深港合作和深度融合发展。

香港作为国际化大都市和全球重要的经济体，其创新国际化程度和水平，全球整合创新资源的渠道和能力具有相对优势。创新驱动发展在国际化、市场化、专业化上具有先行优势。特别是在国际形势复杂多变、经贸领域竞争开始向技术贸易领域延伸、中国发展面临发达国家“技术冷战”制约的大背景下，更好发挥香港的独特优势，将有利于我们更好整合全球创新资源。

深圳在经济总量做大的同时，创新的分量也越来越重，深圳创新正在从应用技术创新为主向前沿技术、原创技术和重大工程技术创新转变。在此基础上，深圳提出到 21 世纪中叶，成为全球竞争力影响力卓著的创新引领型城市，吸引全球创新资源集聚，建设更具国际竞争力的创新之都。

集合深港创新优势，推动深度融合发展，要适应数字化转型的大趋势，把智能化作为融合点，全面推进深港在新起点上深度融合发展。面向未来城市发展，深港都面临智能化提升，而只有推进智能化才能真正拉近两地距离、深化两地合作、促进深度融合。为此，必须坚持创新引领，以建设智慧城市、智能产业为目标，运用新一代信息网络技术改造提升城市基础设施，利用大数据所引发的智慧革命重构城市功能体系。促进技术、业务、数据融合，加快实现万物感知、万物互联、万物智能。大力推进人工智能规模化运用和产业化发展。通过智慧城市建设和智能产业发展从更深层次上密切深港合作，提升两地合作的深度和广度。

4. 资本融合

深化深港资本市场互通优势，推进资本市场进一步开放合作。促进深港经济深度融合，优先发展金融、科研等高端服务业，推进深港资本市场合作和金融深度融合，是基本实现服务贸易自由化的重要领域，也是当前深化粤港澳合作的重中之重，更是粤港澳大湾区建设的首要之举。

第一，深化深港金融合作，鼓励支持港资主体发起或参与设立法人银行机构、非银行金融机构，推进开展跨境人民币信贷资产转让、跨境经纪和跨境资产管理业务。进一步放开港澳认证机构进入自由贸易区开展认证业务。

第二，完善金融服务体系。一是推进创融结合，围绕创新创业大力发展天使投资、风险投资、创业投资；二是推动金融创新，共同探索发展互联网金融、科技金融、绿色金融等；三是进一步加强深港两地金融业高端专业人士的培训、业务交流和创新合作；四是进一步完善前海个税优惠政策，吸引境内外金融高端人才和机构落地前海。

第三，务实推进深港通。深港通是国家确定的资本市场改革的重大举措，对于深化两地资本市场合作、提振市场信心具有重要意义。优化基金互认服务。这是两地基金跨市场销售的一种制度安排，是资本市场双向开放的重要创新。要加强基金互认服务平台建设，连接两地各类市场参与机构，为互认基金业务运作提供全方位服务，在现有技术系统基础上实现两地基金业务互联互通。丰富跨境金融市场和金融产品。建设前海国际金融资产交易平台，支持境内企业与金融机构面向境外投资者发行私募金融产品，促进深港市场深度融合发展。探索建设跨境资本服务平台。推进跨境基金产品开发以及交易制度和运作模式优化。逐步拓展跨境合作范围，探索个人跨境投资便利化、私募基金跨境销售、推动跨境人民币计价证券类产品创新发展。

第四，发展区块链金融，通过资源共享和通力合作共同构筑区块链生态体系。区块链将从业务、技术和管理三大层面变革金融。一是区域链技术使用共识机制，建立区域信用体系，增强两地金融合作的信任度。金融核心在信用，而区块链从根本上改变传统金融的中心化信用创造方式，运用一套基于共识的数学算法，在机器之间建立“信任”网络，从而通过技术背书来进行信用创造，实现了信用创造的一次革命，有利于进一步整合社会资源、降低交易成本、促进共享经济，实现资源优化配置。二是区块链智能合约等机制推动金融智能化进程。区块链可以简化人工干预并自动化大量手工金融服务流程，通过网络和结算能力实现交易中和交易后的全过程自动化。以区块链为基础延伸的智能合约是一种运行在分布式共享账本上的计算机程序，可以把许多复杂的金融衍生品合约条款写入计算机程序，并实现交易自动化。区块链创新交易机制提升效率，分布式网络有效降低传统金融体系面临的系统风险，为跨境金融合作提供保障。

（二）强化目标引领，构建联动发展新机制

在当今智能互联的新时代，经济全球化、发展互联化趋势越来越明显，对开放和

区域合作提出新要求，只有不断增强经济的融合性、发展的联动性，才能适应全球发展的大趋势，赢得新一轮发展的主动权。

深圳要建设更高层次开放经济新体制，推动形成全面开放新格局，必须加大联动发展力度，以深港经济深度融合为目标引领，构建联动发展新机制。从深港联动进一步发展为湾区联动，推动形成大湾区发展共同体，增强区域发展的竞争力和带动力。同时，要深化区域合作，推动深莞惠“3+2”经济圈深度融合发展，加强与中山等珠江西岸地区产业协作，为深港融合发展提供更广阔的腹地支撑。

1. 内外联动

推动内外联动发展，包括区内外、境内外的互联互通，增强经济发展的联动性。互联互通是当今时代的元模式，“互联互通程度越高，增长动力和跨境流动就越强”，衡量经济发展的程度最重要的是互联互通强度，即互联互通价值占 GDP 比重。经验表明，互联互通是让地区经济从数十亿美元规模跃升数万亿美元规模的必由之路。深港融合发展面临大湾区战略和自贸区战略双重国家战略和政策优势叠加，要强化战略引领作用，着力构建联动发展新机制。

首先，深港之间要实现更大范围、更深层次的互联互通，深港只有保持更便捷的互联互通、更高水平的合作交流、更深度的融合发展，才能放大区位优势，形成倍加发展效应。发挥深港组合优势，打造通往南亚海上贸易大通道，通往欧洲的贸易大通道。

其次，深港合作要形成一个利益共同体，与“一带一路”沿线国家和地区、与全球各经济体互联互通。深港间深层合作会增强与其他国家和地区互联互通的主动性和影响力，有利于打造开放层次更高、营商环境更优、辐射作用更强的开放高地，对于促进开放型经济创新发展具有重要意义。

2. 区域联动

从深港联动到湾区联动，开拓深港融合发展新空间、重新探索合作发展新路径。

一是要把深港融合发展放到大湾区建设的核心位置，以深港联动带动湾区联动，整体提升大湾区发展水平。

二是突出区域功能特色，强化互补性联动发展。世界上著名的几大湾区，湾区经济的特色优势比较明显，如纽约湾区是金融湾区，旧金山湾区是科创湾区，东京湾区是产业湾区等。但粤港澳大湾区产业发展不平衡，主导优势产业不突出。区内各城市产业发展方向和重点差距较大，发展程度参差不齐。既要突出湾区功能特色，也要强化互补性发展，要突出高端服务业为重点，着力打造“服务湾区”。

三是建立联动发展的支撑体系。首先，建立完善水陆空港立体交通体系，发挥港珠澳大桥、广深港高铁等交通大动脉作用，形成湾区内的更紧密联系。其次，强化基础设施建设的网络化，畅通渠道，推动各类生产要素在湾区内自由流动。再次，依托香港自由贸易港，通过港口整合、错位发展，推动大湾区建设世界级航运中心。最后，通过划设特定区域，实行不同于内陆其他区域的特殊政策，采取“境内关外”的特殊机制，实施共建、共管、共享运行模式，为港资港企投资发展创造环境更为优良、更加与国际惯例接轨的发展平台。

3. 港区联动

深港以及粤港澳大湾区，港区一体是一大特点，香港是国际知名的自由港城市，具有开放的先发优势、处于国际化的引领地位。而广东自由贸易试验区的前海、南沙和横琴片区，作为服务贸易合作示范区，在推进国际化和市场化方面进行了积极的探索，形成一些改革创新重要成果。推动深港经济融合发展和粤港澳大湾区建设，必须强化港区联动。

一是香港自由港与广东自贸区形成联动发展，借助香港自由港优势，进一步深化广东自贸区改革探索，全面提升开放发展水平。

二是依托自贸区放大自由港的开放效应，在此基础上推动深圳基于自贸区争取自由港，发挥港区双重优势，在构建更高层次开放型经济新体制和港区联动先行先试上取得新突破。

三是引入香港自由港的机制引领深港融合发展，倒逼深圳体制机制改革，构建更加开放、更具活力的新体制、新机制。

4. 平台联动

在平台经济时代，平台成为区域协同发展的主要推手、核心枢纽，要加快从传统联动模式向平台联动转变。平台联动突破物理空间限制和市场羁绊，弥合发展水平差距，深化联动发展水平。

一是发挥平台自组织功能，去中心化、去行政化，更好体现联动性特点。这有利于深港更好消除非经济因素影响，促进融合发展不断深入。

二是实现平台对接，在发挥各平台优势的同时，推动技术融合、业务整合、数据聚合，打通信息壁垒，形成统筹利用，数据共享大平台。

三是强化平台服务功能，通过区域平台、要素平台、服务平台等，更好地服务深港融合发展。一要依托深圳大数据优势和香港科技服务业优势，共建科技大数据平台和跨区域创新协作服务平台，为两地合作和城市群企业、科研机构提供联合研发、测试检测、技术转移等多种服务，开展产业关键共性技术研发、技术标准创制等工作。二要鼓励创新创业服务机构在两地互设分支机构，通过“线上信息对接＋线下专业服务”的平台模式，形成辐射大区域的技术转移枢纽。

（三）强化战略驱动，打造开放发展新高地

随着“一带一路”建设、粤港澳大湾区建设、创新驱动发展战略和自由贸易区战略的实施，深港融合发展形成战略叠加效应，赋予新内涵、承载新使命。为此，要以深港深度融合、联动发展为核心，着力打造“一带一路”倡议支撑区、大湾区建设的核心区、创新能力开放合作的引领区、港区联动示范区。

1. “一带一路”倡议支撑区

深港融合在推进“一带一路”建设中区位特殊、地位重要、使命重大。在各方共同努力下，“一带一路”建设逐渐从理念转化为行动，从愿景变为现实。目前，“一带一路”建设进入重要发展阶段，既面临红利逐渐释放期，也进入利益摩擦期，特别是海上丝绸之路建设，面临多国亚太战略的博弈，这就需要进一步强化内外联动、协同发展，需要提高支撑能力，增强内外联动的主导性，共同发展的导向性。通过深港经济深度融合，将进一步强化支撑能力，突出引领地位。

香港是“一带一路”的重要节点，具有独特优势，其区位优势、开放合作的先发优势、专业化优势等，使得香港作为“一带一路”中的超级联系人，扮演重要角色，发挥不可替代的作用。

深圳积极拓展与“一带一路”沿线国家和地区经贸合作，完善企业“走出去”服务体系，启动总规模 100 亿元的丝路发展基金，推动深越海防合作区、中白物流园的建设发展。同时，加快推进跨境电商综合试验区建设，积极培育壮大外贸新业态、新模式，推动出口产品提质量、创品牌，提高外贸综合竞争力。

推进“一带一路”建设就是要以互联互通为着力点，促进生产要素自由便利流动，打造多元合作平台，实现共赢和共享发展。深港处于“一带一路”的重要区位，特别是在海上丝绸之路建设中将发挥重要作用。要深化合作，发挥优势，把握机遇，提升深港两地对“一带一路”沿线国家的影响力和辐射力。一是深港协作抢占“一带一路”倡议有利位置，协助香港争取亚投行在港设立境外运营的融资机构，共同组建“一带一路”投资基金。二是借助已有的合作基础，打造深港金融服务、贸易服务、物流服务、通讯服务四大国际产业板块。三是构建面向东南亚的辐射平台，“引进来”和“走出去”并重，打造深港中资企业走出去的“后方支点”和国际企业走进来的“开放平台”，推动香港人民币债券市场成为“一带一路”融资中重点发展的领域。

四是着力于优化供应链，重构经济发展新格局。“现在我们进入了以供应链为人类新型组织方式的时代”。供应链是将产品和服务从生产方转移到涉及消费者的组织、人、技术活动、信息和资源系统。发挥深港区位优势、打造“一带一路”倡议支撑区，要突出优化供应链为重点，特别是打造“数字供应链”，通过无边界链接使两地

在互联互通中更密切地联系在一起，从而构筑“无边界”合作共同体。

2. 粤港澳大湾区建设核心区

近年来，围绕粤港澳大湾区建设，在不同层面进行了深入研究探讨。2015 年 3 月，在国家发改委、外交部、商务部联合发布的《推动共建丝绸之路经济带和 21 世纪海上丝绸之路的愿景与行动》中，首次提出“打造粤港澳大湾区”。2016 年 3 月，“粤港澳大湾区”写入国务院《关于深化泛珠三角区域合作指导意见》和国家“十三五规划”。2017 年 3 月写入《政府工作报告》，2017 年 7 月 1 日，《深化粤港澳合作推进大湾区建设框架协议》在香港签署。党的十九大报告进一步明确，以粤港澳大湾区建设作为全面推进内地与香港、澳门合作的重点。

粤港澳大湾区涵盖香港、澳门、广东珠三角 9 个城市，共有 6795 万人口，比全球最大的东京都市圈人口多 2000 多万人，占地面积 5.6 万平方千米，超过纽约湾区。粤港澳大湾区 2016 年地区生产总值为 1.4 万亿美元，预计到 2030 年将达到 4.6 万亿美元，超过东京、纽约和旧金山湾区，成为全球最大的湾区。实现这一目标需要更好发挥互补效应和集约优势，进一步优化区域分工合作，把发挥各自比较优势和湾区协同发展有机结合，推动从优势互补向优势整合、从同质竞争向深度融合、从分散化向一体化发展转变。全球成功的湾区有一些共同特点，都拥有繁华的国际金融中心、发达的服务业、坚实的交通网络、多所顶尖大学以及一个科创中心。

粤港澳大湾区建设既有光明的前景，也面临一些现实挑战，既存在体制机制的障碍，也存在竞争格局调整、产业体系重构、空间布局优化等现实问题。尤其是大湾区建设发展要全面落实“一国两制”基本国策，以促进港澳长期繁荣稳定为原则。基于此，推进大湾区建设不可能“齐步走”，既不能各自为战、自成体系，也不能整齐划一、不加区分地采取一个模式同步推进。应当突出重点、以点带面，选定在重点区域先行一步，优先进行体制机制探索及相应政策安排，形成核心带动效果。

从大湾区目前的整体状况来分析，深圳和香港无论是从区位上，还是从融合发展的水平上，已经处在核心引领位置，并且具有深化发展的基本条件和内在需求。为此，有必要明确以深港为粤港澳大湾区的核心区，率先推动深港经济深度融合，这将有利于形成先发优势，强化核心区的引领带动作用，优化腹地城市资源合理配置，协同推进大湾区建设，全面提升粤港澳大湾区建设发展水平。

3. 创新能力开放合作引领区

党的十九大提出，加强创新能力开放合作，抓住了当前创新的关键点，也是促进大众创业、万众创新上水平的必由之路。目前，中国创新发展进入新的阶段，大众创业、万众创新处在关键节点。一方面中国将围绕打造“双创”升级版，全面提升创新国际化水平。促进科技资源开放共享，推动国内国外、线上线下、大中小企业“双创”融通发展。支持企业、院所、高校建立专业化众创空间，构建众创空间—孵化器—加速器的孵化链条，建设高质量“双创”示范基地，构建各具特色的区域创新创业促进体系，进一步推进创新能力开放合作。另一方面，随着中国创新步伐的加快、创新成果的突破性进展，中国创新的国际环境越来越复杂，创新的掣肘因素日益增多，少数发达国家采取技术保护主义措施，使得创新资源导入特别是核心技术引进受到限制，加强创新能力开放合作重要又紧迫。

深港经济深度融合在创新能力开放合作上，具有明显优势和广阔空间。特别是香港国际化平台优势，高水平开放的特殊经济功能特点，有助于破解创新能力开放合作中的多重限制，可以把国际上优势创新资源更好整合于创新实践。

而深圳创新平台优势突出、创新成果产业化首屈一指。深圳 2017 年全社会研发投入超过 900 亿元，占 GDP 比重 4. 13%；有效发明专利 5 年维持率在 85% 以上，居全国第一；筹建 8 个重大科技基础设施，新组建诺贝尔奖科学家实验室 3 家、基础研究机构 3 家、制造业创新中心 5 家、海外创新中心 7 家，新增 3 家国家级“双创”示范基地，新设立新型研发机构 11 家和创新载体 195 家。深圳计划到 2020 年，引进不少于 10 名自然科学领域诺贝尔科学家来深圳组建实验室。深圳明确提出，打造“中国制造 2025”国家级示范区，大力发展高端制造、智能制造、绿色制造，培育电子信息产业、新能源、生物产业等先进制造业集群。

打造深港创新能力开放合作引领区，要着力于建设协同创新共同体。以促进创新资源合理配置、开放共享、高效利用为主线，以打造国际化创新生态为重点，推进区域协同创新，打造引领城市群、辐射周边的创新发展高地。要以建设突破型、引领型、平台型一体的国家实验室为重点，同一批世界一流科研机构、研究型大学、创新型企业和各类创新机构形成功能互补、良性互动的协同创新新格局。推进区域创新资源统筹合理配置、创新链条梯度衔接、创新体制机制协调联动，形成具有区域特色的创新制度安排和政策体系。

4. 港区联动示范区

随着全球经济联动发展和区域经济一体化程度加深，深港在全球物流体系中的地位更加重要，作用更加明显。特别是深圳前海成为广东自由贸易区重要片区之后，对于加强深港合作、深化融合发展起到积极的推动作用。2017 年前海蛇口自贸片区新增注册企业 4 万多家，实现增加值同比增长超过 40%，其中港资企业增加值占比达 30%。截至 2016 年 10 月底，片区累计注册港资企业 6599 家，注册资本 9000 多亿元。

在此基础上，积极对接香港自由贸易港，努力争取国家自由贸易港率先落地深圳，形成国内首个港区联动示范区，这将会对自由港试验和深港融合发展形成倍加效果，从而进一步增强引领商品、资本、信息等全球流动的能力，推动形成对外开放新格局。

可考虑采取三种模式来实现：

（1）按照深港经济深度融合、一体发展的要求，建设全域自由贸易港。发挥深圳毗邻香港、海岸线长、离岛资源丰富、离岸和近岸开放区位等优势，为进一步拓展深港融合发展新路径、开放合作新空间，强化深港间发展的协调性、开放的对称性、机制的适应性，应立足补深圳的短板，优先探索建设自由贸易港。这关系到深港经济深度融合的进程，关系到粤港澳大湾区的发展，也关系到深圳改革开放排头兵示范作用的发挥。

为此，要按照“境内关外、一线放开、二线管住，区内贸易、投资、金融、运输自由”等基本原则，形成全域封闭化、信息化、集约化的监管体系，实施对接国家通行标准的贸易自由化、投资自由化、金融国际化、管理现代化体制机制，形成港内高度自由、改革系统集成、政策资源汇聚、引领效应显著、风险有效防控的综合改革平台。从而成为中国开放层次更高、营商环境更优、辐射作用更强的开放新高地，在金融、服务业务领域开放层次更高、力度更大、形成更高程度的资源优化配置。这样才能真正促进深港经济深度融合，在大湾区建设中发挥引领作用，在“一带一路”建设中发挥支撑作用。

（2）与香港自由港联动发展，以战略合作为重点，选择关联区域率先建设自由港，并逐步扩展到全域。

一是依托前海蛇口自贸片区，打造与香港自由港对接的前海自由港区，这符合前海自贸片区的定位：“依托香港、服务内地、面向世界”，也是实现“粤港澳深度合作示范区和城市新中心”目标要求的重大举措。前海蛇口自贸片区制度创新总指数在全国自贸片区中排名第二位，贸易便利化水平居前列。探索建立多层次金融服务体系，推动前海金融创新发展。2017 年新增注册金融类企业 9000 多家，持牌金融机构 16 家。截至 12 月底，片区注册金融类企业超过 6 万家，其中持牌机构 219 家。积极推进粤港澳服务贸易自由化示范基地建设，探索建设深港组合自由贸易港，建设国际供应链管理中心，力争在离岸业务在岸交易结算中心以及发展离岸贸易、转口贸易、国际贸易“单一窗口”等关键领域和重点环节率先突破。推进制度创新向纵深发展，深入推进法定机构市场化改革，搭建前海“深港 +”跨境投资与贸易综合服务平台，推进以前海蛇口为原点的“海上丝绸之路”国际港口链纵深发展。

二是以深港落马洲河套地区合作发展为契机，打造具有集聚力和协同效应的深港科技创新特别合作区，赋予自由港的功能。这有利于深港加速集聚全球高端创新资源和成果转化，共同建设具有国际影响力的“深港创新圈”。为此，需要深港共同争取国家特殊政策支持，以保证要素资源自由流动、人员自由进出、成果自由转化，全面提升深港两地科技创新的国际竞争力、影响力和辐射力。

三是发挥盐田港的航运优势，在推进供应链创新与应用中，适用香港自由港模式。盐田港在深港经济融合发展中已经走在前面，其国际航运业务更大程度上借助香港自由港的优势，成为全球航运的重要枢纽。进一步推进供应链创新与应用，延伸港口服务链条，积极发展港口关联产业。发展多式联运，拓展港区腹地范围。推行大通关，提高服务效率和质量。加强与后方园区实现港产协同发展。有必要扩展香港自由港的适用范围，也就是在盐田港区范围内划定一定区域，直接适用香港自由贸易港待遇，既可使港口更加国际化、便利化，也可以为探索建立中国特色的自由港先行试验，待条件具备时，逐步扩大其范围。

（3）高水平建设深汕特别合作区。适应开放合作要求，深圳明确提出高起点建设深汕特别合作区，推动深汕高铁、新深汕高速等规划建设，加快市政基础设施、小漠国际物流港等项目建设，促进合作区建设上水平。建设发展深汕特别合作区，要在“特别”上做足文章。现在，深港合作面临开发模式调整，要从过去的单向招商引资转变为共同打造产业发展“新空间”。为此，应继续推进深汕特别合作区建设，共同打造开放合作、融合发展新载体。深圳与汕尾相邻海岸，规划面积约 500 平方千米，岸线资源丰富、发展条件优越、腹地纵深广阔，过去几年曾启动建设，并初步形成了一定基础，但由于仍延续原有的招商模式，吸引力有限。如果放在深港融合发展的框架下定位发展，按照双向开放、互利共赢来规划，就会展现新的发展前景。

（四）深化改革，聚焦难点精准发力

1. 深港经济深度融合的难点

推进深港融合发展，既是大势所趋，也是共同利益最大化选择，应当成为双方发展共识。但是，因为体制环境差异，在实际推进过程中，面临许多难点有待通过深化改革破解。

一是存在认识上的差异，深港融合发展确实存在“一头热”现象，境外总有些人对深港融合发展心存芥蒂，甚至以防止经济渗透、防止比较优势流失、防止中心地位被替代等理由横加指责。

二是由于存在体制上的差异，成为影响深度融合的最大障碍。首先，全面落实“一国两制”基本国策是重要前提，也是大的原则问题。其次，国内体制改革再深化也不可能完全与香港体制接轨。这就为深港经济深度融合留下很多探索空间。当然，也有人判断，从长期看，一国是不变的，两制都有一个创新问题，甚至在区域一体化的背景下可以向优化方向发展。

三是法律制度不同，在实际运作过程中也成为重要影响因素。在这方面，既有法律规则制定和执行的不同，甚至存在一定的矛盾、冲突和风险，也有一个市场经济成

熟和法律体系不断完善的过程。特别是要对标国际先进规则，补上法治建设的短板。

四是营商环境的差异是最大的干扰项。深圳在深化营商环境改革，营造更加市场化、国际化、法治化的发展环境等方面还需要加倍努力。

2. 通过改革破解深港经济深度融合的障碍

以开放促改革、促发展，是中国现代化建设不断取得新成就的重要法宝，也是深圳成功的根本路径。破解深度融合的难点，必须加大改革和开放的力度。

（1）正确认识深港经济深度融合。必须明确，深港经济深度融合不是不加区别的同一化，也不是用一种体制覆盖另一种体制，更不是谁融掉谁。融合是大势所趋，是开放合作的成功范例，融合也是最深层次的合作，是比较优势最大化的选择。特别是在数字经济时代，线上线下一体化、跨界融合常态化，通过融合再造经济新体系、突出体制新特点、放大发展新优势。

（2）着力于体制机制上寻求突破。特别是在新一轮改革开放条件下，要发挥深圳特区新优势，按照把新时代特区办得更好、办出水平要求，赋予深圳更大的自主权，先行先试，攻坚克难。鼓励特区大胆试、大胆闯、自主改，形成更多制度创新成果，进一步形成全面深化改革和扩大开放的试验田作用。要在开放的范围和层次上进一步拓展，更要在开放的思想观念、结构布局、体制机制上进一步拓展。推动开放型经济加快由要素驱动向创新驱动转变，由规模速度型向质量效益型转变，由成本、价格优势为主向以技术、标准、品牌、质量、服务为核心的综合优势转变。

（3）对标国际先进规则，强化改革举措系统集成。深港经济深度融合，总体上要向香港经济规则看齐，把香港的自由港城市规则更多应用于深圳。使深港经济互联互通、相融发展，在融合发展中重塑经济新体制，打造开放层次更高、资源环境更优、辐射作用更强的开放新高地。特别是比照自由港上积极努力，也就是学习借鉴香港及国际自由港建设的经验，主动探索建立自由港政策和制度体系，模拟构建境内关外的制度设计，形成更高水平、更优形态的发展大环境。

（4）完善深港跨境治理协调机制。未来深港合作将逐步升级为深港治理，即深港两地政府、社会组织、民间团体、市场力量等广泛参与的共同管理。完善深港跨境治理协调机制乃是当务之急。应建立深港服务贸易争端解决机制，应对区域环保、养老等公共治理的协调机制，探索深港产品服务标准，强化在深港人的权利义务，加强深港政府官员交流等。

（5）建立更加有效的区域协调发展新机制。按照“加快形成协调发展新格局”的要求，应着眼于强化核心城市带动功能调整空间结构，促进区域协调发展向更高水平和更高质量迈进。为此，从加强深圳行政对应性出发，为提升深港合作水平和在大湾区的引领作用，提高深圳对区域发展的带动力，应把深圳直辖作为深化体制改革的重要内容进行探索。从城市布局、人口规模及经济实力等方面来看，深圳均已具备直辖市的主要条件，深圳直辖可以解决深圳城市规模过大与辖区面积过小、发展诉求过多与行政严重掣肘、城市人口过多与城市配套不足的矛盾，有利于深圳极化效应的更好发挥，有助于“一国两制”在香港更加完善，也是中央管治香港最有效的方式之一。

四、深圳城市开放度的国际差距

改革开放以来，深圳一直雄心勃勃试图打造成国际化大都市，并按国际化水准建设，目前深圳在机场、道路、地铁、绿化等方面已颇具国际化城市风范。但如对比香港、新加坡等真正的国际化大都市，深圳会发现自己还有许多不足和差距。那么，深圳国际化方面的软肋主要表现在哪些方面呢？理清这些问题对深圳构建更高层次的开放型经济十分必要。

（一）外籍人口数量和政策的差距

香港作为自由贸易港，人口流动和劳动力流动拥有很大的自由性和国际性。一是出入境政策十分自由。香港入境事务处对到香港从事商务活动的访客、旅游的游客和香港居民提供方便的出入境措施，对境外访客也实施非常宽松的签证政策，以方便其前往香港。许多国家的公民还可免签证在香港短期停留。二是国际化人才流动便利。香港的人力资源非常丰富，国际化程度高。众多优质的跨国公司和香港企业吸引了来自全球各行各业的优秀人才，他们在香港进出十分方便，只需企业向香港特区政府申请工作签证即可。新加坡工作签证种类较多，无论是从事高端研发、管理工作的“金领”阶层，还是低端蓝领工人，都可以根据自身学历、技能水平获取不同的签证。依照《外国人力雇佣法案》，新加坡对外籍工人实行配额制度，不同行业有不同的配额，如制造业和服务业分别为 60% 和 45%。雇佣外国劳动力的雇主还必须向政府缴纳劳工税，劳工税根据不同行业、不同技能水平和雇主雇佣外国劳动力比例而有所不同。

在外籍人口方面，深圳不仅无法与香港、北京相比，也不如上海、广州甚至成都。在更高水平开放的要求下，出入境和就业需要具有较高自由度。目前，尽管深圳已经采取了“孔雀计划”等措施，但相比较于香港、新加坡等，深圳对外国人入境和就业政策仍难支撑更高水平的开放型经济。因此，深圳可以向中央申请边检驻深部门实施更加便利的签证政策。

（二）金融制度的差距

国际金融中心是香港作为国际化大都市的重要象征。香港金融市场变动直接反映国际金融市场情况，可以说，国际金融市场的每一点波动都会在香港金融市场即时反映。作为国际金融中心，香港特区资金流动自由，筹资方式灵活，集聚了世界各国的大型金融机构，它们的分支机构遍布全球，可以为香港在对外投资中提供全面的买方信贷、项目融资、杠杆收购、资金结算等多种金融服务。全世界主要金融市场的资金可以畅通无阻进出香港，同时香港拥有国际领先的高效金融制度。香港作为全球领先的金融中心，已经实现了资本项目下的完全开放。香港实行自由汇兑制度，是亚洲地区唯一的没有离岸业务和本地业务之分的“一体化中心”，其货币市场是全球最开放的市场之一。具体表现为：投融资汇兑较为自由、资金跨境自由流动有保障。

首先，投融资兑换较为自由。香港是世界第三、亚洲第一大金融中心城市，不仅有完善的法律制度和监管机构，更沿用了符合国际标准的会计准则；加上网络遍及全球的银行体系，令资金和资讯全面流动且不受限制，再配以先进完善的交易、结算及交收设施，香港可为国际投资者提供便利的融资和服务。

其一，资本市场完全开放。香港特区法律对外资公司参与当地证券交易没有限制。外国公司或个人只需开立买卖证券账户就可以随时交易。香港拥有全球最开放的债务市场。国际投资者可以自由投资香港发行的债务工具，境外借款人可自由利用本地债务市场发行的各种债务工具为其业务融资。其二，对外融资自由。香港凭借发达的金融系统和国际金融中心的优势，可以为企业提供各类融资渠道，具有很高的融资自由度。此外，香港金融机构对借贷没有额度限制，针对长期合作的客户还能提供不同程度的优惠，且十分重视中小企业客户。部分金融机构设有专门的中小企业业务部，在融资方面为客户提供全面特色的服务。其三，逐步确立金融监管制度。香港特区对金融业运作的监管主要通过专门法律条例和监管机构来进行，一般采取国际监管标准，把事前风险防范作为银行监管的核心。香港鼓励银行体系的竞争和产品创新，但须与保持银行体系稳定性目标一致。香港监管部门的监管自由度较高，一般不会受到政府的干预。同时，香港沿袭英国的做法，行业协会的作用非常突出，投资者保障机制比较完善。

其次，资金跨境自由流动有保障。香港特区对货币买卖和国际资金流动，包括外来投资者将股息或资金调回本国，都无限制。香港在 1973 年和 1974 年先后取消了外汇和黄金管制，完全开放了外汇及黄金市场。无论实行何种汇率制度，香港本地资金和境外资金均可自由进出、自由流动，这大大促进了金融业的发展。

新加坡金融市场经历了由内外分离到内外一体的转变过程，开放程度较高，能为企业提供全方位的金融服务。

首先，融资汇兑自由。作为全球第四大金融中心，新加坡全面取消外汇管制。企业利润汇出新加坡无限制条件也无须缴纳特定税费。外资企业只需按照银行要求提供相关文件，即可在新加坡自由开立银行账户。外资企业可以向新加坡本地银行、外资银行或者其他金融机构申请融资业务。新加坡企业发展局、经济发展局等机构还针对外国企业提供优惠的融资条件，如新企业发展计划、企业家奖励计划等。

其次，资金进出逐步放宽。在 1997 年之前，新加坡是典型的内外分离型的金融市场。商业银行和其他各类金融机构可以兼营离岸业务，但必须单独设立账户，分开管理。1997 年东南亚金融危机后，新加坡逐步从一个强调管制、注重风险防范的市场，演变成以信息披露为主、鼓励金融创新的金融中心，新加坡的离岸金融市场也从分离型市场逐步转变为一体型市场，放开了对资金进出的管制，资金可自由流出流入。

再次，金融服务日益发达。新加坡金融市场能为企业提供全面的融资服务。各国企业只要符合一定条件，都可以在新加坡交易所发行股票或债券。新加坡的融资租赁、项目融资市场也非常成熟，能为企业提供全方位的融资服务。新加坡金融市场针对不同类型的贸易企业有不同的融资业务模式，如石油类贸易公司采用背对背信用证融资模式，中小贸易公司在不同发展阶段可以分别采用初创融资和成长期融资等各种贸易贷款。对于投资海外的企业，新加坡金融机构设计了保险加贷款的融资模式。这些个性化的金融服务为新加坡企业的经营发展起到了巨大的推动作用。

金融制度是深圳与国际先进水平差距最大的领域之一。目前人民币在资本项目下仍受到严格管制，为了构建高层次的开放型经济，深圳需要在融资便利、汇兑自由、人民币跨境使用、利率市场化改革、外汇管制等方面采取进一步措施，逐步推动金融创新，同时要做好金融机构监管和金融风险防范工作。

（三）贸易监管环境的差距

世界银行发布的《2017 年营商环境报告》显示，新加坡、中国香港分列全球国家与地区营商环境第 2 名、第 5 名。中国内地排名保持在 78 位，与世界先进的经济体相比，中国仍有不少差距。世界银行发布的《2019 营商环境报告》显示，中国营商环境较去年大幅提升 32 位，位列全球第 46 名，这是世界银行营商环境报告发布以来中国的最好名次。值得一提的是，中国还是东亚及太平洋地区唯一一个进入今年报告中入列十大最佳改革者名单的经济体。报告从开办企业、缴纳税款、获得信贷、跨境贸易等 10 个方面对全球 190 个经济体的营商环境进行评估。

《2017 年营商环境报告》显示，在跨境贸易通关时间方面，新加坡进、出口产品平均总耗时约为 38 小时和 14 小时，中国香港地区进、出口产品总耗时均为约 20 个小时，而中国内地进、出口产品总耗时分别约为 158 个小时和 47 个小时。根据香港进出口相关法例，货物进出口报关手续十分简便。除豁免报关的商品外，海关施行“事后申报”和“多单集报”，进出口商只需于货物进口或出口后 14 日内向海关呈交准确而完整的报关单即可，而且可以多批次货物一次性申报。货物如通过香港机场通关，机场货运站提供一整套 24 小时“空运货物清关系统”。该系统帮助航空公司将货运资料快速传送至海关，海关收到后再会把清关指示经由系统传送到空运货物营运商。货物如需经海关检查，海关承诺在 80 分钟内完成检查作业。这种整体制度给企业带来了极大便利。多批次货物一次性申报，为中小企业带来很大的灵活性。例如，货物可以在不和香港海关打招呼的情况下先放到香港，运进来时甚至还不知道是最终要运往韩国还是日本，直到要卖出去的那一刻才决定目的地，相当灵活。实践证明，香港海关采用的空运货物清关系统、道路货物资料系统、电子货物舱单系统等多个电子货物清关系统，大大加快了清关效率。

新加坡在 20 世纪 80 年代建立了新加坡贸易网（Trade Net），其作为世界第一个单一窗口的电子贸易通关系统，连接了新加坡海关、税务等 35 个政府部门。这种一站式电子通关系统下，多个机构的协调合作，使得跨境贸易商在报关时只需面对一个“单一窗口”。这种一站式电子通关系统代替了贸易商需纸面提交单证的繁杂程序，既节约了成本，也提高了效率。在新加坡，Trade Net 系统使用前，贸易商报关每单需 2 ~ 7 天，使用后则减少到每单 10 分钟。企业通过互联网，10 秒钟内可提交申请并收到贸易许可证。现在，Trade Net4. 0 系统每年处理超过 7000 亿新加坡元的贸易量，平均可减少 10 亿美元的贸易成本。尽管通过一系列科技手段和改革创新，深圳口岸的货物通关效率在中国内地处于前列，但与新加坡、中国香港相比仍显落后，仍需在通关便利化、区内货物自由流动和各部门协同监管等方面需要进一步优化。这需要深圳与海关做进一步协调，创新通关制度。

（四）税赋环境的差距

税赋水平对企业盈利有着较大的影响。香港特区税赋水平低，是吸引世界著名跨国公司聚集的重要因素之一。香港低税赋主要表现在两个方面：

首先，香港作为自由港实施典型的零关税政策，一般进口或出口货物均无须缴付任何关税。但有 4 类商品除外，分别为酒类、烟草、碳氢油类及甲醇。

其次，香港实行简单低税率政策，税种少，税率低。香港不设增值税和营业税，境外所得利润也不纳税。除非是经营业务，个人也无须就利息、股息、红利、股票等投资所得纳税。香港主要征收 3 种直接税：利得税、薪俸税和物业税。从主体税种看，利得税的税率分别为 16. 5%（适用于有限公司）和 15%（适用于非有限公司），这与世界上大多数国家和地区的税率相比都是相当低的。根据世界银行《2014 营商环境报告》，香港企业应税总额占利润的比重为 22. 9%，低于东亚及太平洋地区经济体平均

34.5% 的水平，也低于经合组织经济体平均 41.3% 的水平。

新加坡对内外资企业实行统一的企业所得税政策。企业所得税的纳税义务人包括按照新加坡法律在新加坡注册成立的企业、在新加坡注册的外国公司，以及不在新加坡成立、但按照新加坡属地原则有来源于新加坡应税收入的外国公司（合伙企业和个人独资企业除外）。自 2010 年起，新加坡公司税税率为 17%，且所有企业可享受前 30 万新元应税所得部分免税待遇：一般企业前 1 万新元所得免征 75%，后 29 万新元所得免征 50%；符合条件的企业前 10 万新元所得全部免税，后 20 万新元所得免征 50%。在关税方面，政策相对宽松，除酒类、烟草（含卷烟）、石油、机动车以外，新加坡对所有进口商品免征关税。国际运输服务和与进出口相关的运输服务，以及与进出口有关的货物装卸、搬运、保险等服务都适用零税率。

在企业税赋水平上，深圳明显高于香港和新加坡自贸区，为了更好地推进开放，需要制定有竞争力的税收制度。

（五）基础设施的差距

在飞机航线与航班方面，香港与全球各地机场的航线四通八达，航班众多，这是香港成为国际化大都市的重要条件。而深圳机场进出航班多以国内航线为主，人流、物流主要局限于内地。深圳缺乏与旧金山等世界创新重镇的航线往来，如果有这些航线，势必将对开放创新产生巨大推进作用。

香港是著名的国际信息中心，每天 24 小时世界各地的信息中心都会及时全面地汇聚到香港，达到了“人在香港尽知天下事”的水平。信息流通帮助人们拥有国际视野，把握全球最新动态。目前深圳借助前海打造国际金融中心，科技创新要进行国际信息交流，但在信息基础设施和管理方面，要达到香港全球性信息中心的水平，差距还很大。

五、提升深圳创新能力开放合作的思路和建议

在知识经济时代，经济体或经济单位仅仅依靠内部的资源进行高成本的创新活动，已经难以适应快速发展的市场需求以及日益激烈的市场竞争。于是，创新能力开放合作正在逐渐成为创新的主导模式。具体地说，创新能力开放合作要求均衡协调内部和外部的创新资源，即市场主体通过寻求与外部创新力量的合作模式，把外部创意和外部市场化渠道的作用，上升到和封闭式创新模式下的内部创意以及内部市场化渠道同样重要的地位，尽快地把创新思想变为现实产品与利润。由此，实现创新从“由内到外”到“内外结合”的转变。

（一）创新能力开放合作的现实意义

1. 能节约企业在创新过程中获取研发成果的费用

企业要获取一项研发成果，可以有直接研发和通过技术交易购买两种途径，直接研发有独自研发和合作研发两种方式。在独自研发的情况下，企业的技术交易费用很低，甚至为零，但研发投入费用很高，同时要求有相当数量的研发人员；在通过市场购买获得研发成果的情况下，企业研发投入费用很低，但交易费用很高，特别是随着社会分工的细化，研发成果作为一种知识资产其专用性越来越强、适用范围越来越小，使得市场不能有效地沟通供求，要保证交易顺利进行就必须采取更为复杂的交易协调方式，也就意味着更高的交易费用。合作创新同时发生研发费用和交易费用，但能实现合作者对研发资源的整合和信息的有效沟通，保证获取研发成果的总体费用降低。正如美国学者 Kogut 指出的，合作创新组织形式的出现，从根本上讲是节约费用，实现创新资源有效配置的要求和结果。合作创新能节约企业的学习成本。随着产业知识化程度提高，企业应该成为学习型组织，但学习是要付出成本的，合作创新中伙伴合作关系的建立有利于降低学习成本。

创新能力开放合作是一种有效的学习方式：一是不仅为合作伙伴提供了理论交流的机会，而且有机会以研发工作验证这些理论交流结果在实践中是否可行；二是为了保证研发目标的实现，合作各方会根据合作要求将自身具有的部分技术诀窍在合作组织内公开，实现技术共享；三是合作创新追求开发最新的技术和产品，因而不仅提供了学习对方已有知识和技术的机会，而且具有在实践中共同探索新技术的特点。通过在研究项目和产品的过程中学习，不仅提高了研究参与者个人的学识和智力，而且使群体智力得到开发，实现以较小的成本付出获得研发人员人力资本增加和企业研发能力增强。

2. 能实现创新资源的互补和共享

企业的自主创新活动通常要求同时使用资金、设备、人才、专利和专有技术等资源，随着技术进步加快和市场竞争程度加剧，企业自主创新投入迅速增加，很多企业拥有的创新资源不能满足投入的要求，而通过实施创新能力开放合作，可实现企业自身与其他组织的技术创新资源互补和共享，必然能使新开发的技术成果超越企业依靠自身力量能够达到的水平，将企业的技术水平推向一个新的高度。如中国乡镇企业创新资源非常有限，但不少乡镇企业依靠与高等学校或科研机构建立合作创新关系，实现了技术上的跨越式进步，达到国内甚至国际领先水平。

3. 能为企业获得技术能力提供途径

企业的技术能力主要包括三个方面：即技术吸收能力、应用能力和创新能力。研究表明，企业的技术能力只能在研发中形成。中国企业因为研发资源不足，限制了企业开展研发活动，而通过建立创新能力开放合作组织，企业可以利用大学或科研机构的研发设备和人员，并通过研发活动实现对技术能力的获取、传递和整合，使企业能够得到能力发展和组织学习的机会，特别是创新能力开放合作组织成员间的互动学习是企业提高自身技术能力的重要途径。技术和管理知识经历技术共享、组织成员之间的互动、人员的互派、战略性整合，实现创新能力开放合作组织内部知识的传递与整合，为企业提供知识创新与传递的平台与机制。

4. 能提高企业新技术进入市场的速度

知识的快速贬值、技术的迅速发展以及现代技术的高度复杂性和整合性使产品的生命周期不断缩短，产品不断向高级化、复杂化方向发展，单个企业的经营资源已不足以保证企业在飞速发展的时代继续生存和发展，要求企业能够跟踪外部技术的发展，并有能力充分利用和整合这些新技术为己所用。而技术创新具有高成本、高风险的特点，企业一般很难胜任独立开发的使命，只有开展创新能力的开放合作，才能加快技术研究与产品的市场化进程。

（二）深圳创新能力开放合作的现状及问题

深圳是一座开放之城，也是一座创新之城。改革开放以来，深圳一直走在前沿，不断探索，取得了巨大社会经济发展，成为具有国际化大都市潜力的城市。与此同时，深圳能够运用国际化的创新资源，壮大了自身力量。近些年来，深圳以建设国际创新中心为目标，着力实施开放创新，在推动创新能力的开放合作方面取得了明显进展，同时也存在不少问题。

1. 发展现状

引进众多国际高层次创新创业服务团队和创新人才。深圳非常重视吸引创新人才，落实广东省“珠江人才计划”，实施引进海外高层次人才“孔雀计划”，举办国际人才交流会，制定出台高层次专业人才“1 + 6”文件、人才安居工程等政策措施，2017 年深圳新引进“孔雀计划”创新团队 30 个，目前已经引进国际创新人才数万人。

加大高等教育开放发展。目前，深圳建设了以南方科技大学为代表的一批研究型大学和专业化、开放式、国际化特色学院，培养更多创新人才。

大力引入“外脑”助力创新。深圳善用“外脑”，展开国际创新合作。2017 年共资助 38 个国际科技合作计划项目，资助金额 2069.7 万元。与以色列创新署联合组织实施“深圳—以色列科技项目联合资助计划”，完成第六批项目征集工作。过去几年，深圳还参与中微子实验国际合作项目、欧盟地平线 2020 研发计划、国际基因组计划、国际植物组学研究等国际大科技计划，并吸引 ARM 中国总部、空客中国创新中心等

80 个优质项目落户深圳；苹果、微软、高通、英特尔、三星等跨国公司在深圳设立研发机构、技术转移和科技服务机构；诺贝尔奖科学家实验室在深圳陆续挂牌成立。

强化区域创新合作。充分利用深港科技合作的创新机制，将深港打造成为粤港澳大湾区创新主引擎。2017 年对 8 个深港创新圈项目予以 1400 万元资助，累计联合资助深港合作项目 77 项，双方共投入资金超过 4 亿元。

鼓励本土企业在全球布局研发机构。企业在境外新设研发企业上百家，华为、中兴分别累计在全球布局了数十个研发中心。

2. 存在的问题

但是，深圳创新能力国际合作仍面临诸多困难和障碍，典型的如科技资源仍较薄弱，国家级重大科研基础设施相对较少，尤其是原创性基础研究平台缺乏，实现高水平创新发展的基础还不够牢固；原始创新能力还不强，高端医疗器械、科学仪器、工业检测设备、工业母机等依赖进口，核心芯片等领域关键技术“受制于人”；优质高等教育资源依然稀缺，国际高水平高等院校建设见效尚需时日；与创新发展的需要相比，国际顶尖创新领军人才和高技能人才储备不足；大企业和中小企业创新仍存在失衡，中小企业创新开放合作能力亟待加强；创新开放合作面临信息流通不畅，制度环境亟待改善等突出问题。

《中国城市科技创新发展报告 2017》显示，在创新资源、创新环境、创新服务和创新绩效 4 个一级指数中，除了广州相对均衡之外，其余排名靠前的城市均存在一定短板。其中，深圳的创新环境、创新服务和创新绩效 3 项指数均排名前 3 位，但是创新资源指数仅仅排第 25 位，是一个明显的短板。而所谓的创新资源短板，主要是指上面提到的一流科研院所、一流大学、一流人才的不足，与深圳建设国际科技、产业创新中心和现代化国际化创新型城市的目标定位还存在不小的差距。通过创新能力开放合作弥补创新资源这一短板势在必行。

（三）创新能力开放合作的国际经验

目前，在全球范围内，创新能力开放合作的理念和实践正在得到不断的发展和丰富，出现了各式各样的开放合作方法，其中，典型的做法汇总如下。

1. 应用外部资源

这种方法注重在创新过程中应用外部资源。企业作为创新主体，与外部的大学、开放式合作研究实验室进行合作，以项目的形式赞助大学或实验室进行探索性研究，直到能够看清成果时再做出是否将这项产品、技术进行商业化的决策。

例如，英特尔采用的就是这种方法。英特尔赞助了 500 多家大学，并且将其开放性合作实验室布局在相关领域领的大学周围。这样的实验室一般有 20 个英特尔的研究人员和 20 个来自大学的研究员。尽管这种实验室是英特尔所有的，但是研究的环境相当开放，并且部分项目是公开的。英特尔更加重视从大环境中快速学习，获得大量的新想法并获得知识产权，当然它也有自己的内部研究活动来获得有前景的发明。英特尔鼓励实验室从英特尔内部和各个业务单位角度出发提出有价值的创意。英特尔公司每两年就会更新一次研究开发的战略规划，以此来保护未来的发展。英特尔在过去 10 年内大幅增加研发投入，每年发布的专利都在增长。2005 年，英特尔在全世界获得的专利数量大约为 5000 项，这表明英特尔的探索性研究战略取得了成功。

2. 并购整合

这种方法的特点是内部开发、战略联盟和收购相结合。企业是创新型企业，也是活跃的收购者和投资者，通过并购实现创新资源的整合，增强创新能力，提高技术成果转化成功的概率。

例如，思科采用的就是这种方法。1993 年以来，思科共收购了 108 家公司，30%的收入来自收购和开发活动。在 20 世纪八九十年代，它的收购和合作策略使它更快地获得了新技术和新解决方案。

一家公司大到一定程度后，如果一些员工有好的想法，会发现在公司里推动它的阻力也很大。于是，很多员工一旦有了好的想法，就倾向于出去创业。对于这种人才的流失和再利用，思科的办法值得很多公司借鉴：如果公司有人愿意创业，公司又觉得他们做的东西是好东西，就自己投资支持他们创业。这些公司一旦创业成功，思科有权优先收购，如果小公司没办好关门了，思科除了赔上一些风险投资也没有额外的负担。

思科收购是为了获得稀缺的智力资产，基本上是人力资源。对于潜在收购对象，思科有特定的筛选标准：近 25% 的收购初始投资都不大，并购必须为思科和被收购企业提供短期和长期的双赢局面；被收购企业必须与思科拥有共同的愿景和融合，而且其位置要与思科靠近。思科用情景规划方法来决定是否收购，以及怎样快速收购。

就这样，思科通过内部风投扶持创业、并购和生产外包的方法，基本上垄断了互联网路由器和其他重要设备的技术。

3. 开放创新源 + 企业创新联盟

这种方法主要是企业运用互联网思维，及其内在的“自由、平等、开放、分享”的精神，采用技术或专利共享的做法，与其他创新企业建立起有形或无形的合作创新网络，以此共同推动某一特定项目的创新。

例如，特斯拉采用的就是这种方法。在创新过程中，传统的观点是企业需要保护专利，而恰恰相反，特斯拉采用互联网思维，将其专利向外界开放，目的是让更多的人或企业，在一个较低门槛上，就可以站在巨人的肩膀上，投入到世界电动汽车发展和普及的浪潮当中。表面上看，开放专利是让竞争对手占了便宜，然而此举却无形中提高了特斯拉技术的普适性，使它在未来标准制定中抢占了有利的地位。因此，隐藏在这背后的效应便是，倘若特斯拉专利开源一旦达到一定规模，其技术盟友成长到一定体量之时，他们不得不兼容特斯拉的充电标准。显然，如果特斯拉建立了一个以特斯拉技术为支持的产业联盟，那么相信超级电池工厂的富余产能将会被特斯拉的盟友消化，这时特斯拉不仅是一个电动汽车的制造者，更是上游核心电池资源的掌控者。因此，特斯拉欢迎其他汽车商进入电动汽车行业，是想形成一个“电动汽车的矩阵”，不再单打独斗，这样一来，整体的电动汽车行业就会有更大的势能，在市场培育、政策突破、技术积累、电动汽车产业链的形成等方面，就会形成群体的生态效应，增大电动汽车体量。

特斯拉的例子告诉我们，通过开放与合作的形式，可以获得一个产业生态圈的发展，可以建立企业技术创新联盟，从而带动整个行业的创新。

4. 用户变员工

顾名思义，这种方法就是让产品的用户变为制造产品的员工，因为用户作为需求方更能准确掌握市场需求，自然由他们生产提供的产品不愁销售。这样能更好实现供需对接。

例如，《赫芬顿邮报》（The Huffington Post）采用的就是这种方法。《赫芬顿邮报》是一家新闻与分析网站，创办于2005年。该报号称“互联网第一大报”，2011年1月，它的独立访问量是2800万，接近《纽约时报》《国际先驱论坛报》3000万的独立访问量，这意味着它已经跻身主流媒体。2010年它的营业额是3000万美元，在美国报业都在为广告跳水、发行量骤减，以及读者向网络免费新闻迁徙而苦苦挣扎之时，《赫芬顿邮报》却一枝独秀。

像特斯拉的开源专利一样，把读者变成记者，是赫芬顿成功的法宝。《赫芬顿邮报》有1万多名“公民记者”，类似传统媒体的“通讯员”，每时每刻都在为它提供报道。2008年美国大选，《赫芬顿邮报》将一个采访任务分给50～100名“公民记者”，每人每天用一个小时，就能完成一个记者两个月才能完成的工作量。赫芬顿称之为“分布式新闻”。

《赫芬顿邮报》的“分布式”网罗了大量高质量的撰稿人，而它只有150名带薪工作人员，但依赖超过3000名投稿者为每一个可以想到的话题制造内容。此外，它还有12000名“公民记者”，这是它的“眼睛和耳朵”。它的读者也生产了网站的许多内容，每个月有多达200万条投稿。由此，新闻再也不是一种新闻传递的消极关系，而是“一个在生产者和消费者之间共享的事业”。

这种所谓“共享事业”是个同心圆模式：内核是网站最坚定的具有原创能力、质量非常高的博客作者；外面一环是公民记者，散布在美国各地；而最外的大环则是读者，在这个过程当中和网站博主发生互动。这种新的、更开放的新闻模式可以被视为一种“众包”模式，其中两个重要的贡献群体是博客与公民记者。总之，赫芬顿的开放式平台对于媒体固有的采编形式是一种颠覆。

5. 搭建开放创新平台

这种方法是企业在和用户交互的过程当中，不断迭代，并把各种资源都整合进来。迭代过程是一个试错的过程，重要的是用户要参与，如果没有用户参与，不管是渐进的还是突破性的创新，可能都没有太大的意义。

例如，海尔采用的就是这种方法。仔细分析海尔近期的智能家居产品海尔星盒、空气魔方、无压缩机酒柜等，无不是开放式创新的产品。海尔空气魔方是全球首款可以模块化组合的智能空气产品，实现了加湿、除湿、净化、香薰等多个模块的自由组合，为每个家庭带来了可定制的专属“空气圈”。空气魔方最特别之处在于它是海尔基于开放式创新理念研发成功的一个智能产品。空气魔方不是企业基于自身能力在实验室里规划和研发出来的产品，而是基于海尔开放创新平台组成的来自 8 个国家的内外部专家和学者团队 128 人，历时 6 个月与全球超过 980 万不同类型用户交互意见，利用大数据分析，最终筛出 81 万粉丝最关注的 122 个具体的产品痛点需求，成为空气魔方核心功能研发的初衷。

海尔秉持“世界是我们的研发中心”的理念，其研发的过程不仅要让用户参与进来，也要让全球创新者参与进来。基于此，海尔开放创新平台于 2013 年 10 月正式上线，2014 年 6 月进行了改版升级。海尔开放创新平台遵循开放、合作、创新、分享的理念，整合全球一流资源、智慧及优秀创意，与全球研发机构和个人合作，为平台用户提供前沿科技资讯以及超值的创新解决方案。最终实现各相关方的利益最大化，并使得平台上所有资源提供方及技术需求方互利共享。目前，在海尔开放创新平台上成功达成的技术合作已有 200 余案例。

6. 分布式共同创造

这种方法的要点是企业运用互联网，征集市场对创意或设计的意见和建议，企业根据用户的看法做出生产决策。由此，建立起企业与用户的良性互动，共同推动创新及产品创造。

例如，乐高采用的就是这种方法。乐高创意平台（LEGO IDEAS）于 2008 年在日本推出，2011 年推出全球版。在网站上，用户可以方便地注册，提交方案说明（通常提交的方案是需要非常详细，包括图片、说明）。粉丝对业余设计师的新套件创意进行投票。任何获得 10000 张选票的创意都会进入审核阶段，然后乐高会决定哪些可以进入生产阶段。所以前期的这个方案征集也是产品上市前的用户互动、市场调研、预热工作。目前为止，该流程已创作出十几个可用的套件，包括由女性科学家组成的模型试验室和“大爆炸理论”公寓。

乐高也建立了“由我设计（design by me）”的设计平台，让顾客下载软件，使顾客将自己的创意上传到乐高的平台中，然后再经过顾客票选，胜出的概念可进入乐高的新产品开发中，最后进行商品化上市贩卖。乐高运用开放式的顾客共创平台，成功地缩短产品开发时程，由原来的24个月降至9个月，同时也大大地提升了顾客的满意度。同时，乐高开放创新也有利润共享模式，并且成功应用在多个项目中。为了保证利润共享模式的顺利完成，乐高采用了知识产权保护等配套措施。通过分布式共同创造的形式，乐高把志趣相投的各方力量汇聚起来共同创造。

7. 软硬件皆开放

这种做法意味着创新的完全开放，从作为软件的创意、设计到作为硬件的零件乃至整个产品，都通过开放得以实施。例如，苹果公司采用的就是这种方法。对于苹果公司，至少有三条重要的经验特别值得借鉴。

第一，创新既来自于企业内部，也来自于企业外部。苹果擅长于将自己的想法和来自外部的技术结合起来，然后用一流的软件和漂亮的设计进行包装。不要单纯依靠自身的创新，要善于接受外部的创意。人们印象中创新是公司将工程师锁起来，大家一起寻找灵感。而苹果的创新是将自己的策划与外界的技术巧妙结合在一起，并在一流的软件和时尚的设计方面进行充分的包装。比如iPod音乐播放器的创意就是由苹果聘用的一个项目顾问首先提出来的，将现货供应的零件与内部优势结合在一起，比如有特色、方便的控制操作系统。

第二，苹果强调围绕使用者需求而非科技本身来设计新产品的重要性。很多科技公司认为自己的技术处于领先地位，这样就让产品畅销了，实际上最后研发出的只是一个工程师为另一个工程师设计的小玩意儿，并不为市场所接受。苹果一直以来就善于将先进的技术和简单的应用结合起来。

第三，苹果公司计划通过App Store，统一管理iPhone应用软件的销售。发送、收费、宣传由苹果公司全面负责，因此，开发者可以专心于开发优秀的应用软件。由此可见，iPhone改变的不是自己一款产品的销售模式，而是突破以往移动平台的四分五裂局面，建立一种全新的统一平台，从而让生态系统中的多方都获益的新模式。

苹果小程序现象和开放创新有很大关系。苹果手机面市时被看中的是它独特的触摸屏，但后来令它成功的却是小程序。这些小程序的开发不需要很高的编程水平，因此它很快传播开来。苹果手机面市第一年，就产生了20万个小程序。依靠小程序，苹果手机很快拉开了和其他手机的距离。也就是说，利用外人智慧对苹果具有至关重要的意义。因此，企业要想在创新上胜人一筹，就必须利用外人的智慧，进行开放创新。

通过以上案例，我们可以看出，创新能力开放合作的要义在于，充分发挥市场配置资源的作用，最大限度调动和激发技术人才和社会的创新活力。无论是人才流动、创意获取，还是技术合作、企业联盟，创新能力开放合作作为一个新的发展模式，已经成为科研和创新活动新的游戏规则，也是未来的发展趋势。

（四）提升深圳创新能力开放合作的举措

当前，中国经济发展的国际环境发生深刻变化，中美贸易战的复杂性、艰巨性、长期性不容忽视，实施高质量发展、建设现代化经济体系是应对经济外部压力的关键之举。在此背景下，未来深圳应坚持问题导向，充分利用已有优势，借鉴国际经验，继续走符合深圳实际的创新能力开放合作之路。目前看，应抓好如下几点工作。

1. 以深港共建创新高地为依托，推进深港创新能力融合，形成全方位、多层次、宽领域的区域创新产业布局

以跨境基础设施互联互通提升深港创新合作的便利化水平。加快推进落马洲河套地区开发建设，以“创新 + 教育”模式，重点发展科技创新、高等教育和文化创意等产业，打造成为深港一体、互联互通、融合发展的特别合作区。加大电子口岸建设力度，促进深港创新要素自由流动、人员往来更加便利、服务市场深度融合。以前海为平台携手共建面向世界的开放新格局。按照“依托香港、服务内地、面向世界”的要求，高质量推进前海开发开放，让更多港人、港资、港服务通过前海对接内地市场，让更多内地产业和创新成果通过前海引入国际市场，打造国内领先、国际一流的综合开放创新平台。

2. 推进跨国创新能力合作，优化国际合作布局

应充分发挥市场配置资源的作用，充分借鉴学习当前世界各国较为成功的创新能力开放合作模式，推动创新能力开放合作及其国际布局。重点加强与欧美发达国家的科技创新合作。利用美国、英国等欧美国家领先全球的科技创新优势，重点在互联网、新一代信息技术、3D 打印、新材料、新能源等前沿创新领域和战略性新兴产业方面加强交流合作，加大关键技术和先进设备的“引进来”力度，推动深圳产业转型升级，向全球供应链、产业链和价值链高端攀升。推进与中东欧和北欧国家务实合作。借助德国创新产业大国地位和实施“工业 4.0”高科技战略计划的有利机遇，加强与德国在智能装备、工业制造、通信技术等高端领域的务实合作，不断提升自主创新能力。以德国为节点，在中国和中东欧国家“16 +1 合作”总体框架下，加强与捷克、波兰、保加利亚、匈牙利、罗马尼亚、塞尔维亚等国家在产业现代化、交通物流、节能环保等领域的创新合作，拓展深圳在欧洲的创新合作网络。深化与芬兰、丹麦、瑞典等北

欧国家在工业设计和创新创意领域合作，加快推进中芬设计产业园建设。扩大与日、韩、以、印等国家的高技术产业合作。加强与日韩在智能机器人、精细化工、机械制造、生物医疗、电子信息等高技术产业合作，积极引进高端设备和零部件，提高“深圳智造”的质量和水平。加强以色列高端创新资源的引进力度，拓展在教育、科研、高技术产业等领域的合作。扩大对印度进出口规模，加强与印度在软件信息、服务外包等产业的合作。

深化与东盟等新兴市场国家的高端服务业合作。重视与东盟共同体国家的合作，鼓励深圳企业充分利用深圳市互联网产业优势和东盟国家市场潜力，促进电子商务、信息服务、设计创意等高端服务业领域合作发展。推进基础设施合作，支持华为、中兴承接电信基础设施建设工程，提升信息通信行业的创新合作水平。

3. 建立完善的国际合作创新信息交流网

开放创新的国际经验表明，通过建立完善的合作创新信息交流网，能够使各成员有关创新的资源汇集起来实现共享，充分发挥合作创新组织的整体力量。合作创新组织各成员之间如果缺乏顺畅的信息交流，各自互不关联，则不能从总体上综合利用成员之间的创新资源优势。只有充分发挥各项创新研究的特色和功能，又能将各成员统一在互相紧密联系与合作的研究开发整体中，各成员的研发潜力才能发挥出来。因此，下一步，深圳应重点在网络信息的互联互通上加大工作力度，想办法使在国内的科研人员通过网络查阅国外的文献，了解国外的信息，使科研人员的国际沟通渠道更加便利高效。

4. 加强科技创新基础设施建设，促进互联互通

基础设施互联互通是创新开放合作的基础硬件。完善科研机构和科技基础设施建设，加快实施深圳超算中心扩容工程，积极争取国家实验室和国家重点实验室、工程技术中心等创新载体和平台。继续推进建立适应知识经济时代的世界一流大学。瞄准世界科技前沿，从技术层面梳理重点技术领域的总体状况、人才及资源分布、研发重点，编制技术发展路线图。紧抓“一带一路”机遇，积极参与瓜达尔港、科伦坡港等重大港口项目建设，努力将深圳港打造成为“21 世纪海上丝绸之路”国际航运枢纽，申请开辟深圳通往旧金山硅谷等地的国际航班，提升国际服务贸易和创新合作的便利化水平。

5. 建设国际一流的金融创新中心

抢抓人民币国际化有利契机，加快金融业有序开放，提升全国金融中心城市和人民币跨境流通主要渠道的功能地位，打造深港共同资本市场。发挥“创新 + 金融”模式双向促进作用，围绕金融链完善创新链，积极运用政策性金融工具和市场化手段，促进香港金融产业优势、高等教育优势与深圳创新创业环境有机融合，实现创新、金

融、产业互促共赢的新局面。

（五）促进创新能力开放合作的对策建议

1. 创新国际化城市治理体制机制

以开放创新带动综合配套改革的全面深入，推进城市治理体系和治理能力现代化。建设市场化、法治化、国际化营商环境，通过体制机制的持续创新，率先构建符合国际惯例和促进商业文明的运行规则和制度体系。创新现代城市管理模式，按照“以人为本”的发展理念提高城市精细化管理水平，建设整洁优美的市容环境、可持续发展的生态环境、安全稳定的社会环境、宁静舒适的生活环境。提升城市供给水平，完善交通、教育、医疗等公共服务体系，提升对高端创新人才的吸引力。

2. 以国际友城的务实合作促进开放创新

主动配合国家总体外交，以地方促中央、以民间促官方，创新国际友城务实合作。加强地方政府间交流，互相学习借鉴城市创新发展经验，推动实现以深圳为纽带和节点的国际友城网络集群式发展。推动经贸务实合作，有针对性地鼓励深圳企业通过国际友城渠道配置国际创新资源、拓展海外业务。深化文化、体育、教育、医疗卫生等领域合作，加强国际友城间创新型人才的交流、培养。

3. 促进改革，创造更好的营商环境

完善外商投资管理制度，推进国际贸易监管创新，构建金融安全监管体系；在建设“一带一路”供应链互联互通网络体系等方面加大力度，不断拓展与世界主要经济体合作；对标世界一流城市中心，努力成为高水平国际化城市新标杆。

广泛借鉴吸收港澳和国际法治成果，推进行政综合执法体制改革，率先建成“廉洁示范区”，形成国际一流的法治化国际化便利化营商环境。

营造更有利于“引进来”的政策环境。创新招商引资机制和方式，围绕创新链布局招商链、引资链，开展创新产业招商、园区特色招商、网络媒介招商，提高外资利用水平。加大创新产业引进力度，推动创新产业优质化、高端化、国际化。创新国际高端创新人才引进机制，提升外国专家比例，聚集一批具有世界水平的科学家和研究团队。大力发展总部经济，积极吸引著名国际组织、跨国企业落户深圳。

4. 整合湾区经济资源，提高自身创新能力

借助粤港澳大湾区建设契机，将深圳的创新、金融、航空航运、会展等要素优势与珠江西岸、粤东西北乃至泛珠三角地区的制造、资源、土地等优势充分整合，充分释放和发挥深圳的辐射引领作用。在粤港澳大湾区框架下，湾区各城市合力发展的潜力必将进一步释放。深圳目前基本形成了一套与国际接轨的体制机制和营商环境，集聚了金融、航运、贸易、创新等湾区核心功能要素。深圳应与湾区各城市合力培

育国际竞争新动能，共同打造一流湾区经济，促进大湾区产业链和价值链向高端延伸。

5. 强化对外开放风险把控和安全防范机制建设

统筹发展安全两件大事，建立健全风险预警机制、安全防控机制、外资安全审查机制、境外权益保障和防范机制，形成全方位、多层次、立体化风险把控和安全防范体系，增强抵御外部冲击和化解风险的能力，在对外开放的同时维护好国家安全、主权和发展利益。

六、提高深圳货物贸易和服务贸易竞争力的主要思路

（一）深圳市外贸发展的现状、主要问题及发展思路

1. 深圳市外贸发展的现状

（1）外贸规模持续保持国内城市首位。2017 年深圳外贸进出口总额 28011.5 亿元，增长 6.5%，扭转了持续 4 年的下滑态势，其中出口连续 25 年居全国大中城市首位。2017 年深圳出口额 16533.57 亿元，占广东省 39.1%，占同期全国出口总额的 10.8%。2017 年深圳进口额 11477.89 亿元，占广东进口总额的 44.1%，占同期全国进口总额的 9.2%。从表 7－1 可以看出，深圳进出口总额在 2013 年达到顶峰后逐渐降低。但贸易竞争力指数却在提高。从表 7－2 可以看出，民营企业和三资企业出口活力较强，是拉动深圳外贸增长的主要力量。

表 7－1　2007～2016 年深圳进出口情况　（单位：万美元）

年份	进出口总额	进出口总额增长率	出口总额	进口总额	进出口差额	贸易竞争力指数
2007	28753345	0.2	16849299	11904046	4945253	0.17
2008	29995499	0.0	17971995	12023504	5948491	0.20
2009	27016306	－0.1	16197825	10818481	5379344	0.20
2010	34674930	0.3	20418355	14256575	6161780	0.18
2011	41409312	0.2	24551760	15256575	7694208	0.19
2012	46683020	0.1	27136163	19546857	7589306	0.16
2013	53747437	0.2	30570191	23177246	7392945	0.14
2014	48774049	－0.1	28436157	20337892	8098265	0.17
2015	44245863	－0.1	26403895	17841968	8561927	0.19
2016	39843893	－0.1	23754674	16089218	7665456	0.19

资料来源：《深圳统计年鉴 2017》。

表 7－2　　2012～2016 年深圳外贸主体结构情况　　（单位：万美元）

年份	国有企业			民营集体企业			“三资”企业		
	出口总额	进口总额	进出口总额	出口总额	进口总额	进出口总额	出口总额	进口总额	进出口总额
2012	2846813	1393136	4239949	10273390	8701398	18974788	14015960	9452323	23468283
2013	2652352	1183452	3835804	13333696	12553756	25887452	14584143	9440038	24024181
2014	2616552	1019885	3636437	11678654	9758673	21437327	14140951	9559334	23700285
2015	2608362	932560	3540922	10881274	8138504	19019778	12914259	8770904	21685163
2016	2233973	840447	3074420	10870610	7868097	18738707	10650092	7380674	18030766

资料来源：《深圳统计年鉴 2017》。

（2）外贸出口结构已经实现从轻工纺织、机电产品到高新技术产品的转型升级。

“十二五”以来，以信息技术产品为主的高新技术产品进出口成为深圳外贸的强劲增长点，由此推动深圳外贸结构向资本密集、技术密集型为主的高端产业升级。2010 年深圳高新技术产品进出口总额较 2009 年增长 27.4%；其中当年计算机集成制造技术进出口增长率达 83.6%；航空航天技术、光电技术、电子技术、材料技术、计算机与通信技术和生命科学技术的增长率都保持在两位数以上。随着深圳企业技术创新能力增强，高技术产品的国际竞争力日益提升。2016 年、2017 年深圳高新技术产品出口额占总出口额的比例分别为 51.1%、46.6%。从表 7－3 和表 7－4 可以看出，2013～2016 年期间电子通信产品、高技术产品在出口中占主导地位。

表 7－3　　2013～2016 年深圳出口主要产品金额　　（单位：万美元）

年份	自动数据处理设备及部件	电话机	服装	打印机	录像机	鞋	家具	纺织品	塑料制品	液晶显示板
2013	3370599	2421 536	821207	448787	222366	424435	451469	331745	308530	785507
2014	3205094	2824149	801419	432142	187614	432052	487953	307584	383481	510463
2015	2905194	3016768	807558	375634	234474	372902	434917	312662	344483	484821
2016	2653546	2255422	788057	323898	129587	347821	449257	272702	345222	366389

资料来源：《深圳统计年鉴 2017》。

表 7－4　　深圳市 2016 年出口额 30 亿美元以上商品情况

金额分类	商品名称	出口金额（亿美元）	占出口总额比重（%）
1000 亿美元及以上	机电产品（包括本目录已具体列名的机电产品）	1868.9	81.3
	高新技术产品	1215.4	52.9
100 亿～1000 亿美元	自动数据处理设备及其部件	265.4	11.5
	电话机	225.5	9.8
	文化产品	114.8	5.0
	集成电路	106.4	4.6

续表

金额分类	商品名称	出口金额（亿美元）	占出口总额比重（%）
30 亿～100 亿美元	服装及衣着附件	78.8	3.4
	静止式变流器	53.5	2.3
	家具及其零件	44.9	2.0
	灯具、照明装置及零件	44.1	1.9
	自动数据处理设备的零件	43.8	1.9
	二极管及类似半导体器件	41.4	1.8
	玩具	38.4	1.7
	电线和电缆	38.2	1.7
	液晶显示板	36.6	1.6
	通断保护电路装置及零件	36.3	1.6
	鞋类	34.8	1.5
	塑料制品	34.5	1.5
	打印机（包括多功能一体机）	32.4	1.4
	蓄电池	30.7	1.3

资料来源：《中国商务年鉴 2017》。

（3）贸易方式由加工贸易为主向一般贸易为主转变。加工贸易在早期深圳市进出口中占主导地位。但由于劳务力成本、要素成本不断上升，导致加工贸易不断转移。随着深圳产业结构不断优化，一般贸易方式逐渐成为主要方式。从表 7－5 可以看出，加工贸易呈现逐年下降态势。2016 年一般贸易进出口 1782.5 亿美元，占总额的 44%，其中一般贸易方式出口占 41%；加工贸易进出口额 1321.7 亿美元，占总额的 33%，其中出口额 840 亿美元，占总量的 35%。2017 年一般贸易进出口额 13155.4 亿元，增长 12%，占比 47%。

表 7－5　2012～2016 年深圳一般贸易和加工贸易情况　（单位：万美元）

年份	一般贸易			来料加工			进料加工		
	出口额	进口额	进出口总额	出口额	进口额	进出口总额	出口额	进口额	进出口总额
2012	7593265	5543338	13136603	1251732	552190	1803922	13143247	8994315	22137562
2013	8095275	6639333	14734608	755030	281265	1036295	12846772	8662863	21509635
2014	9885448	7626027	17511475	468194	255778	723972	12630380	8680131	21310511
2015	10551181	7826137	18377318	233592	255449	489041	10262573	5915696	16178269
2016	9815084	8009658	17824742	168839	180505	349344	8231619	4635584	12867203

年份	加工总和	其他		
		出口总额	进口总额	进出口总额
2012	23941484	5147919	4376589	9524508
2013	22545930	8873114	7539272	16412386
2014	22034483	5452135	3717900	9170035
2015	16667310	5356549	3804775	9161324
2016	13216547	5539133	3234938	8774071

资料来源：《深圳统计年鉴 2017》。

（4）新兴贸易业态发展位居全国前列。2016 年深圳市经信委出台促进外贸稳定增长的相关措施。其中包括鼓励支持外贸新业态的发展。例如，支持外贸综合服务企业做大做强，加大对外贸综合服务企业在通关、出口退税、融资等方面的支持力度。大力扶持一批外贸综合服务企业，提高在全球范围内配置要素资源、布局市场网络、开展跨国经营的能力。支持外贸综合服务企业建设线上服务平台并与监管部门对接，提升承揽货源能力以及为中小微企业提供供应链集成服务水平。并有 10 家外贸综合服务企业纳入商务部首批外贸综合服务企业重点支持。这些做法有力促进了深圳外贸综合服务企业发展。深圳通过积极创建全国电子商务示范城市，推动了跨境电商快速发展。2017 年深圳市外贸综合服务企业进出口额 2375. 2 亿元，增长 20. 8%。2017 年深圳电子商务交易总额 2. 3 万亿元，增长 15. 1%；跨境电子商务交易额 491. 7 亿美元，增长 21. 8%。2012 ~ 2016 年深圳市跨境电商平均增速 66%，在深圳市进出口总额中占比由 1. 1% 跃至 10. 2%。电商出口产品中高技术产品占 95%，主要是手机、电子元器件、无人机等 3C 产品。深圳通过多项政策扶持跨境电商发展，市外管局加强引导跨境电子商务金融创新，推动个人开展跨境电子商务，鼓励人民币跨境结算，规范互联网支付。深圳市检验检疫局特推出“24 小时通关，半小时放行”以及关检“一次申报、一次查验、一次放行”等多项通关便利措施。

（5）外贸促进政策加快调整，营商环境不断优化。2017 年深圳市先后出台了实施外贸稳增长、调结构 25 条及相关补充措施；不断完善国际贸易“单一窗口”国家标准版建设；推进保税区跨境电商通关区域试点、建设跨境电商监管中心；推动“一般纳税人资格试点”等创新政策。2017 年保税区域实现进出口总额 4476. 7 亿元，占全市外贸进出口总额的 16%。同时，做好全市公平贸易和 WTO 事务工作，协调指导企业积极应对国际贸易摩擦，完成“一带一路”沿线主要国家的国情咨询研究。此外，为了继续发挥外资在进出口中的积极作用，及时出台了降低外资准入门槛、提升外资发展质量等 27 条措施，尤其是积极扩大 CEPA 合作框架下的对港开放，2017 年全市实际使用港资 65. 7 亿美元，占全市实际使用外资的 88. 8%（见表 7 - 6）。

（6）出口多元化格局基本形成，“一带一路”贸易网络加快布局。2017 年深圳对“一带一路”沿线国家贸易额 5756 亿元，增长 19. 3%；支持企业组团参加沿线重点展会 60 场以上，新设立海外营销机构 80 家、跨境电商海外网点 10 家，设立 100 亿元丝路发展基金，带动更多企业参与“一带一路”投资贸易合作。2017 年开通了深圳至明斯克中欧班列，深越合作区首家企业入驻，中白商贸物流园一期建成，巴新广东（深圳）产品展销中心取得营销佳绩（见表 7 - 7）。

表 7 – 6　　深圳市 2016 年主要出口市场情况

国别（地区）	出口金额（亿美元）	占出口总额比重（%）
香港	1043. 2	43. 9
美国	318. 2	13. 4
欧盟	294. 9	12. 4
东盟	194. 3	8. 2
日本	67. 3	2. 8
印度	51. 5	2. 2
韩国	33. 7	1. 4
澳大利亚	30. 0	1. 3
墨西哥	27. 4	1. 2
阿联酋	26. 5	1. 1

资料来源：《中国商务年鉴 2017》。

表 7 – 7　　深圳市 2016 年主要进口市场情况

国别（地区）	进口金额（亿美元）	占进口总额比重（%）
台湾省	296. 0	18. 4
东盟	272. 7	16. 9
韩国	150. 5	9. 4
日本	134. 2	8. 3
欧盟	82. 2	5. 1
美国	61. 9	3. 8
瑞士	23. 8	1. 5
南非	23. 6	1. 5
澳大利亚	18. 9	1. 2
墨西哥	10. 8	0. 7

资料来源：《中国商务年鉴 2017》。

2. 存在的主要问题

一是由于劳动力成本及土地、资源、税收等综合成本上升，越来越多的外资企业把劳动密集型产业向东南亚等低成本国家转移，深圳传统产业贸易竞争力趋于弱化。二是开放型经济体制改革力度不够。在自贸区、自贸港等方面的探索工作创新不足；在放宽外资准入方面探索不够，事中事后监管体系不够完善，这些体制问题在制约深圳外资经济发展的同时也影响了外贸发展。三是外贸与利用外资、对外投资的相互带动效应不足，尤其是企业对外投资、国际产能合作对于出口的带动作用还有更大的作为空间。四是“一带一路”的海外服务网络还不够健全。五是各类开放载体的平台作用还没有得到充分发挥。

3. *提升深圳外贸竞争力的主要思路*

当前，由于中美关系由竞争合作伙伴向战略竞争对手的转化，导致中美贸易摩擦具有长期性和复杂性的特点，中国的贸易市场和环境都发生了很大不确定性，尤其是中兴遭到美国制裁蒙受巨大损失，华为也遭到美欧发达国家的“市场围剿”都将对深圳外贸产生影响。为此，必须围绕推动外贸强市的战略目标，更加注重创新驱动引领，更加注重深化体制改革，更加注重优化营商环境，更加注重防范市场风险。应加强政策引导和协调联动，切实发挥企业市场主体作用，切实提高出口产品的技术含量、附加值和品牌影响力，推动外贸向高质量发展，向优质优价和优进优出转变，不断扩大国际市场竞争力。应把握粤港澳大湾区建设和“一带一路”建设的重大机遇，积极开拓国际贸易新兴市场空间。

（1）积极探索外贸体制改革与服务创新。发挥“自由贸易试验区”“粤港澳大湾区核心区”等开放平台的先行先试作用，积极探索自由贸易港的制度创新，加快形成具有国际竞争力的贸易投资体制和环境。一是深化商事制度改革，营造更加市场化、国际化、法治化的营商环境。全面落实准入前国民待遇加负面清单管理，推动“多证合一”“多评一表”“跨境商事登记电子化”等措施。二是推进通关改革，不断完善“国际贸易单一窗口”“智慧口岸”建设，加快建设“通关一体化”信息服务系统，推进跨部门一次性联合检查，提高通关效率。设立全球集拼分拨中心。三是加强信息服务、法律咨询、知识产权、贸易争端解决等公共服务体系建设。按照国际高标准的贸易投资规则，加快在市场准入、知识产权保护、环境保护、用工制度等方面的改革，切实提高政府服务效率、政策透明度和贸易便利化水平，创造公平竞争的市场环境。

（2）注重培育外贸企业技术、品牌、质量和服务等新竞争优势。通过提高企业自主创新能力，改变传统粗放的生产方式，着眼于提升制造业价值创造能力、国际市场竞争力和可持续发展能力，实现“中国制造向中国创造转变，中国速度向中国质量转变，中国产品向中国品牌转变”。通过实施“互联网＋”“中国制造 2025”“双创”等国家战略释放企业创新活力，提高产品设计研发、系统集成和服务模式创新能力。力争使越来越多的企业掌握核心关键技术，促进技术创新、业态创新和管理创新，推动传统制造向智能制造、绿色制造和服务型制造转型，形成制造业的质量和效率竞争优势。政府给予一定的优惠扶持政策，加快培育外贸品牌企业，力争形成以龙头企业带动的外贸优势品牌集群。

（3）综合发挥对外投资、国际产能合作和装备制造业合作对于出口的拉动作用。当前，中国制造业对外直接投资和产能合作已经取得明显成效，不仅逐步实现了国内传统产业和富裕产能转移，而且带动了机械、装备、零部件等出口，有效规避了贸易壁垒。深圳拥有华为、中兴、大疆等一大批国际化企业，应抓住基础设施互联互通和国际产能合作的重要机遇，带动成套设备、零部件等产品出口及金融、物流、研发设计、信息技术、文化创意、科技咨询等服务出口，提升贸易层次和转型升级能力。

（4）注重通过延伸加工贸易产业链和价值链，提高全产业链价值增长空间。积极引导加工贸易企业通过提高自主研发设计能力，构建自主营销网络渠道向自主品牌发展；进一步延伸跨国公司产业链和价值链，形成制造和服务全产业链发展布局和新的价值增值空间。利用引进的跨国公司制造业所形成的产业基础及紧密合作关系，继续引进跨国公司研发设计、资金结算、供应链管理、数据中心、共享服务等高端服务业。围绕加工制造业集聚服务业，形成制造与服务融合、上下游产业融合、内外资企业融合的发展态势，推动出口价值链向中高端攀升。

（5）推动外贸综合服务企业、市场采购贸易、跨境电商等贸易新业态发展和贸易模式融合创新。第一，大力发展跨境电商，完善促进政策措施。互联网经济带来了全球贸易模式、商业模式、服务模式的快速创新，也正在加速传统贸易与互联网贸易紧密融合，为拓宽贸易发展空间提供了有利机遇。应积极鼓励规范发展跨境电商，加快建立管理体系、监管体系和统计体系。深圳市作为跨境电商的领军城市，占据中国跨境电商的半壁江山。应强化行业规范，严格市场管理，提高跨境电商产品质量，建立市场信用保障机制，促进跨境电商由粗放发展向高质量发展转型。一是推进跨境电商综合试验区建设。进一步完善和优化跨境电商通关服务平台各项功能。二是建设跨境电商综合服务平台。深圳市拥有 2 万余家跨境电商，更需要建立集交易渠道、金融服务、物流管理、风险监控及市场营销于一体的跨境电商服务平台，加快资源优化整合。三是大力引进和培育跨境电商龙头企业。广泛吸引国际国内跨境电商龙头企业及区域总部、营销中心、数据中心、结算中心、研发中心等，支持本地电商平台扩大市场规模。四是推动深港跨境电商质量安全试验区建设，进一步规范和提升跨境电商质量安全水平。五是鼓励银行和支付机构为跨境电商提供支付服务。第二，加快发展外贸综合服务企业，促进综合化、平台化、网络化运营。提高外贸综合服务企业的供应链管理能力和综合服务水平，帮助出口企业开拓国际市场，降低综合成本。打造一达通等一批“互联网 + 商贸 + 金融 + 供应链”的外贸综合服务企业，为中小外贸企业提供出口退税、报关、融资等综合服务。发挥深圳供应链和外贸综合服务企业的优势，促进与跨境电商的协同发展。第三，扩大市场采购贸易规模，探索易货贸易。支持罗湖区、宝安区等旅游购物发展较快的区域纳入全省市场采购贸易试点，向国家部委申请在赛格电子等专业市场开展市场采购贸易方式试点。探索易货贸易模式，争取国家部委对相关企业在通关、进出口资质申请等方面予以支持。加快商业设施智能化、数字化、网络化建设，力争打造 3 ~ 5 家“智慧商圈”样板和 10 家“智慧商店”标杆。

（6）重点围绕打造粤港澳大湾区核心区和“一带一路”倡议支点的两大定位，加快扩大国际贸易市场空间。一是继续深化 CEPA 框架下的深港全面经贸合作。以福田保税区为重点打造湾区合作的新亮点，依托毗邻香港优势和“深港科技创新特别合作区”优势，促进深港两地人才、技术、资金、信息等创新要素自由流动和深度融合，打造深港科技创新走廊，促进贸易与产业深度融合。二是深化“一带一路”经贸合作。加快深越海防合作区、中白商贸物流园、老挝—中国现代农业科技示范园、巴新广东（深圳）产品展销中心建设，推动更多企业赴沿线国家地区开展国际产能和装备合作，带动深圳零部件、设备等产品出口。

（7）推动保税区转型升级。加快保税区体制机制创新，优化全市保税区产业分工合作体系，形成“优势互补、错位发展”的新格局。加快建设功能完备、规划统一、数据共享的保税区数字信息化管理系统，实现海关等监管部门的互联互通、信息共享和执法互认，提高服务和监管效能。丰富保税区新兴贸易业态，推动跨境电商通关区域试点政策在福田保税区、盐田综保区落地实施，加快建设腾邦德国医疗器械展示中心等高端产品保税展示平台。打造盐田综保区智慧物流产业示范园区，加快推进盐田综保区二期建设。

（二）深圳服务贸易发展现状、主要问题及发展思路

1. 深圳市服务贸易的发展现状

（1）服务贸易保持高速增长态势。深圳服务贸易从无到有、从小到大，实现了跨越式发展，服务贸易领域不断拓展，对外贸贡献度不断提高，2000～2004 年服务进出口总额从 17.21 亿美元增长到 60.57 亿美元。金融危机以来，深圳市服务贸易尤其表现出良好发展态势。2009 年货物贸易出口同比下降近 10%，而服务贸易出口同比增长 12%；2010 年货物出口同比增长 26%，服务出口同比增长 87%；2012 年服务贸易出口同比增长 40.9%，是深圳市出口增速的 3.5 倍。2001～2014 年服务贸易额年均增速达 35.3%，超过同期货物贸易 16.3% 的平均增速；其中出口年均增长率为 33.7%，进口年均增长率为 36.7%，占全市外贸总额比重从 2.8% 上升到 20.6%。2014 年深圳市服务贸易进出口总额 1006.1 亿美元，较 2001 年增长 50 倍以上，占全国比重为 16.7%，仅次于上海和北京，居第 3 位（见表 7－8）。2017 年以来，深圳市积极推进落实服务贸易创新发展试点工作，围绕服务贸易管理体制、政策支持体系、平台建设、重点领域发展等开展了一系列工作，推动服务贸易健康平稳发展。2017 年1～11 月服务贸易进出口总额 1004.48 亿美元，同比增长 5%，占全市外贸比重 21.6%。其中，服务出口额 391.1 亿美元，同比增长 5.1%；服务进口额 613.39 亿美元，同比增长 5%。此外，新兴领域服务进出口额 211 亿元，同比增长 12.4%，占服务贸易总额的比

重为21%。

表7-8　2007~2014年深圳服务贸易情况　（单位：亿美元）

年份	进出口额	年度增长率（%）	出口额	进口额	服务贸易占对外贸易额比重（%）
2007	102.98	14.52	60.08	42.9	3.46
2008	152.79	48.37	89.37	63.42	4.85
2009	187.33	22.61	100.36	86.97	6.48
2010	366.54	95.67	188.11	178.43	9.56
2011	526.95	43.76	258.54	268.41	11.29
2012	726.56	37.88	364.28	362.28	13.47
2013	767.59	5.65	425.59	342	14.27
2014	1006.1	31.7	436.8	569.3	20.62

资料来源：《深圳市服务贸易发展现状及对策研究》。

（2）服务贸易结构逐步向高端化、多样化、国际化发展。一是专业服务贸易比重上升。随着现代服务业在深圳市三次产业中的比重不断增加，服务贸易结构逐步优化。例如，2010~2012年运输、旅游等传统服务进出口占服务贸易比重下降，运输业出口比重由18%降至8.7%，进口比重由16.7%下降到10%；2012年其他商业服务贸易（主要包括法律、会计、管理咨询和公共关系、广告、展览、市场调研等）占全市服务出口的85.8%，占进口的77.2%，是深圳市服务出口和服务顺差的主要贡献者。二是技术服务出口高速增长。2017年深圳技术进出口合同金额43.88亿美元；其中技术出口合同金额23.9亿美元，同比增长145.1%；技术进口合同金额20亿美元，同比下降54.3%。尤其是“一带一路”沿线技术贸易大幅增长，2017年深圳与26个“一带一路”沿线国家有技术贸易往来，合同金额13.27亿美元，同比增长170.82%。

（3）服务外包产业成为拉动服务贸易发展的主要引擎。2017年全市服务外包合同执行额70.7亿美元，同比增长22.9%；其中，离岸合同执行额43.1亿美元，同比增长12.6%。2017年全市共承接33个“一带一路”沿线国家服务外包业务，累计离岸合同执行金额约8.9亿美元，同比增长14.4%，占全市服务外包离岸执行金额的比重20.5%。一是深圳成为全球重要服务供应商的主要聚集地。IBM、微软、伟创力、飞利浦、惠而浦、沃尔玛等一批世界500强企业在深设立了服务外包机构。其中以华为、中兴为代表的IT服务外包龙头企业既是最大的接包方，也是最大的发包方。2015年深圳服务外包离岸合同接包金额超千万美元的企业75家，占全市离岸接包合同金额的91.8%。离岸合同执行金额超千万美元的有57家，占全市服务外包离岸合同执行金额的88.7%。二是服务外包价值链正在向高端发展。目前深圳软件业承接整体解决方案、信息系统设计、信息技术管理咨询和集成服务等高端业务在ITO业务收入中占80%。尤其是供应链管理、金融服务、电信运营等领域外包优势突出，全国70%的供应链管理企业和近 60% 的工业设计企业在深圳，金融服务外包市场规模占全国近 40%，2015 年服务外包合同金额前 5 位的行业分别是供应链管理、软件技术、信息系统运营和维护、软件研发、企业业务流程设计，合计占整个离岸服务外包合同金额的 83.52%。三是创新能力全国领先。深圳服务外包企业在服务模式和解决方案的创新方面一直走在国内同行业前列。通过国际资质认证的服务外包企业数量和全球交付能力逐年攀升，服务外包企业平均研发投入强度 8% 左右，其中华为、中兴等大企业的研发投入占销售收入比重一直保持在 10% 以上。四是服务外包市场逐步多元化。深圳承接服务外包离岸合同总金额超千万美元的国家和地区主要是美国、印度、新加坡、日本、欧洲、非洲、中国香港及中国台湾等。2015 年深圳承接香港、美国、亚洲（不包含香港）、欧洲、非洲这五大市场的业务离岸合同金额占整个离岸服务外包合同金额的 92.99%。

（4）服务贸易政策支持体系和管理运行机制日益完善。一是市政府制订了《深圳经济特区国际服务贸易促进条例》。二是开展服务贸易试点认定工作，加大财政专项资金支持力度。试点以来共认定 4 个服务贸易示范基地、13 个服务贸易示范项目和 23 个公共服务平台。共认定 33 家技术先进型服务企业。试点两年期间共安排服务贸易财政专项资金 1.9 亿元，重点支持研发创新、业务模式创新、知识产权认证、技术贸易、参展参会、人才培训、服务贸易示范基地和示范项目、公共服务平台等，最大化发挥财政资金产业导向功能，为服务贸易企业增强创新能力、开拓国际市场、提升国际竞争力提供有力保障。同时，推动设立了服务贸易产业创新投资基金，主要投向技术创新、模式创新、服务贸易新业态的服务贸易企业。三是实施服务外包保税监管政策，对于承接国际服务外包业务的技术先进型企业，其境外发包方免费提供的进口设备可按海关相关规定申请海关保税监管。四是加快重点领域和龙头企业的培育。2016 年和 2017 年服务贸易重点企业名录中，收录了包括技术、文化、金融等近 200 家服务贸易企业，为中小型服务贸易企业发展壮大提供经验借鉴。五是搭建服务贸易交流促进平台。通过组织深圳服务贸易企业赴香港参加第十届中国（香港）国际服务贸易洽谈会，组织“粤港澳大湾区深港服务贸易合作交流会”论坛，组织服务贸易企业赴以色列、白俄罗斯和乌克兰开展经贸交流合作活动，为服务贸易企业开拓国外市场，加快走出去搭建平台。

2. 存在的主要问题

2017 年深圳市服务贸易进出口增速低于全国 6.8% 平均水平，反映出服务贸易发展还存在一定差距。与上海、北京相比，深圳服务贸易进出口额约为上海的 60%。例如，2014 年上海市服务贸易进出口总额 1753.9 亿美元，占全国服务贸易总额比重 29%，进出口均位居全国首位；北京市服务贸易进出口总额 1106.1 亿美元，占全国服务贸易比重18.3%。

造成深圳服务贸易差距的主要原因：一是深圳市服务业发展相对滞后影响了服务贸易发展。服务业是服务贸易的基础。目前，北京、上海服务业占GDP比重分别达到80.3%和69%，均高于深圳（第三产业占比59%）的水平。二是由于北京、上海服务业利用外资水平较高，商业存在形式的服务贸易规模均大于深圳。例如，2014年深圳市第三产业实际利用外资额分别只有上海的28%和北京的57%。三是北京、上海总部经济较为发达，促进了服务业外资集聚和服务贸易发展。2014年北京社科院中国总部经济研究中心发布的《中国总部经济发展报告2013～2014》数据显示，总部经济发展能力排在全国前十名的城市依次是：北京、上海、广州、深圳、杭州、南京、天津、武汉、成都和宁波，其中北京以89分位列第1，上海综合得分86.1分列第2；深圳76.6分位居第4。四是服务贸易软件和硬件环境仍有较大差距。根据该报告分析，北京在基础条件、商务设施、研发能力、专业服务四个分项上具备强劲竞争实力；上海的政府服务水平多年稳居全国首位；广州的专业服务和商务设施位居全国第3。五是服务贸易自由化水平有待进一步提升。如，CEPA实施以来，融资租赁、商业保理、专业服务等领域还存在限制和门槛，也影响了服务贸易发展。六是企业综合成本过高。人力成本及能源、房租、税收等成本增长过快加重了企业负担，深圳房价高导致办公场所租金高，尤其是中心城区商务成本不断提升，导致企业利润下降，已经成为制约服务贸易企业发展的因素之一。七是中高端人才缺乏。服务贸易企业普遍存在人才短缺，尤其是高端专业人才匮乏，高校专业人才培养不能满足需求、校企合作缺乏有效对接等，人才吸引力也正在逐年下降。

3. 提升深圳服务贸易竞争力的主要思路

（1）综合发挥国家赋予的试点试验平台优势，积极探索服务贸易体制机制创新。深圳市拥有全国服务外包示范城市、服务贸易创新发展试点城市、软件出口基地城市、自由贸易试验区、CEPA框架下的深港合作等各类开放试验平台，为加快服务贸易集聚发展，尤其是探索模式创新、体制创新、政策创新等方面具有重要作用。应着力完善服务贸易开放体系，提升服务贸易发展质量，不断扩大可复制推广的经验，尤其应注重探索数字贸易环境下的新标准和新规则。

（2）着力推动新兴服务贸易发展和服务贸易企业创新能力。根据全市战略性新兴产业和优势产业的发展，重点推动软件与信息技术、数字创意、研发服务、工业设计、供应链管理、知识产权、金融、教育、医疗健康、跨境电商、云计算、大数据、人工智能、动漫网游设计等新兴服务贸易领域发展，推动交通运输、旅游、建筑等传统服务贸易领域转型升级，提高信息化、数字化、智能化水平。把握全球数字经济发展的重大机遇，推动服务贸易企业由传统模式向高端化、数字化、智能化转型。着力提高服务贸易企业技术创新、服务模式创新、管理创新的能力，鼓励服务贸易企业增加技术创新投入，提高服务出口附加值。积极培育深圳服务贸易品牌企业。对于重点服务贸易出口企业可给予配套资金或相关优惠政策，发挥品牌企业的行业领导力和影响力，带动中小服务贸易企业发展。

（3）做大做强服务外包产业。目前服务贸易大约 70% 通过服务外包模式完成。随着大数据、云计算、人工智能等新技术不断发展，为服务外包带来了巨大市场和转型升级的机遇。深圳信息技术服务业全国领先，具有较好产业基础和政策环境，应将承接服务外包作为提升深圳服务贸易竞争力的重要抓手，大力发展高技术含量、高附加值外包业务，拓展服务外包业务领域，提升服务跨境交付能力。进一步细化支持服务外包产业的财税、人才、金融及服务便利化等政策。一是重点发展软件信息技术、金融、供应链管理、专业服务、数字创意、数据分析、工业设计、医疗服务、新能源、新材料等高端服务外包。二是发挥比邻香港的优势深化服务外包合作。香港是深圳承接离岸服务外包的首要目的地，占比超过总量的 1/3，超过美国和欧洲市场的总和。应加强前海自贸区深港澳服务外包合作平台、深港国际服务外包交易会等平台建设，加强深港服务外包人才培训交流与合作，鼓励本地服务外包企业通过香港进入国际市场，开展国际并购，加强全球服务外包资源整合。三是大力培育服务外包品牌企业，鼓励制造企业向服务型制造转型，向优质服务供应商转型。四是加强服务外包园区、平台建设，提供具有国际标准的专业化服务，以吸引更多国内外优秀企业；鼓励发展“众包”平台，建立全球服务交易、创新网络。五是推动离岸外包与在岸外包互动发展，国际国内市场一体化发展。

（4）积极探索放宽高端服务业外资准入，深化扩大服务业开放。高端服务业开放滞后是制约中国服务贸易发展的重要短板。深圳有条件利用各类开放平台在全国率先进行服务业开放试点试验。应大胆突破限制壁垒，吸引跨国公司进入服务业。积极探索“准入前国民待遇 + 负面清单”模式，在放宽准入限制、规范标准等方面形成新的体制机制，提高服务贸易自由化、便利化水平。可率先探索在 CEPA 框架下扩大对香港的服务业开放，重点放宽金融、教育、医疗健康、育幼养老、文化创意、软件与信息技术、专业服务、现代物流、电子商务、研发设计等领域市场准入，扩大外资设立独资企业范围。加快实施人员往来便利化措施，注重对宜居宜业、知识产权保护等软环境建设，为吸收服务业外资创造优质环境。支持跨国公司在深圳设立区域总部、采购中心、财务结算中心等。

（5）不断完善政策体系顶层设计，创造良好营商环境。一是建立政府各部门协调联动机制。加强商务、发改、产业、海关、商检、财政、工商、税务、银行、教育、科技、外管、统计等相关部门政策协调配合，形成合力。不断完善服务贸易人才、科技、财税、统计、法律等政策体系。加强信息共享、监管互认、执法互助等机制化建设，打破部门分割和条块利益。在财政、税收、金融、基金、便利化等政策扶持方面继续加强对试点工作支持力度。建设服务贸易大数据系统，搭建技术贸易服务平台，建立应对贸易摩擦机制，推进社会信用体系建设。

（6）把培养和引进服务贸易人才作为第一要务。发挥深圳高校、职业院校、社会培训机构和企业的共同作用，针对市场需求动态增加学科设置，广泛拓宽人才培养渠道。政府应积极搭建校企对接平台，通过定制化培养等方式解决急需的人才。积极引进国内外高端人才，尤其是在吸引全球国际化人才方面应加大力度。对于香港及海外科技人才来深圳创新创业，在国外信息服务方面提供便利，在重大科技项目招标上与内资企业平等待遇，对于科研项目试验进口设备给予免税，在子女入学、住房、医疗等生活方面均享受与当地居民待遇。

（7）发挥前海蛇口自贸片区、南山区作为服务贸易创新发展试点区的示范带动效应。以前海蛇口自贸区为重点，促进深港服务业融合和服务贸易自由化。加强深港合作是设立前海自贸区的重要战略定位，前海自贸区将建成国际枢纽港、对外开放金融业示范试验窗口和世界服务贸易基地，在发展金融、商业服务、总部经济、科技服务、信息服务、现代物流、文化创意等领域具有较好基础，截至 2015 年，前海片区注册企业 61452 家，注册资本合计 32521.3 亿元，其中金融业 31355 家，现代物流业 8869 家，信息服务业 7195 家，科技及其他服务业 14033 家。在上述领域与香港服务业合作具有明显优势，尤其在离岸金融、人民币国际化、港口物流等方面，以及在共同承接“一带一路”沿线国家的服务外包、软件出口、技术服务贸易等方面都具有明显优势。应依托前海蛇口自贸片区、保税区等，围绕服务贸易重点优势特色领域，建设主体功能突出、创新能力强的服务贸易示范基地和示范项目，推动服务贸易集聚化和规模化。打造国际市场推广平台、共性技术支撑平台，为服务贸易企业开拓国际市场提供优质服务。国家应赋予前海自贸区在对接国际高标准贸易投资规则，扩大金融、物流、文化、信息服务业开放，以及探索自由贸易港等方面先行先试的自主权。在前海广泛汇聚金融、科技和其他服务业资源，使之成为最具活力的金融创新中心、科技创新中心和文化创意基地。

一是在 CEPA 框架下，支持金融改革创新项目在前海先行先试，吸引各类金融机构在前海集聚发展，深化资本市场与香港的合作，扩大金融合作项目和范围。拓展境外融资和租赁业务。二是加快发展跨境电商。2015 年前海共备案跨境电商商品 36603 品种次，进出口商品 1244 批次，总额达到 10.77 亿元，同比分别增长 138 倍、38 倍和 66 倍。2016 年 5 月“深圳市跨境电商综合服务平台”落地前海自贸区。应积极利用空港和海港资源，完善电商基础设施建设，集聚跨境电商龙头企业。三是大力发展创意设计服务，加强深港文化创意产业的合作，吸引更多的影视、设计、文化中介等服务机构或企业的入驻前海，打造亚洲乃至国际文化创意基地。四是推进物流向高端化、智慧化发展。加强与香港的物流供应链合作，共同打造国际供应链管理和物流基地。加强物流设备、运输工具、站场设施等基础设施建设，提高智能化水平、网络化、数字化水平。创新物流模式，鼓励自贸区内中小企业承接采购、销售等外包服务，搭建国际采购、国际配送和全球集拼分拨管理平台。

七、探索扩大深圳服务业对外开放

服务业扩大开放对中国改革开放全局具有重要意义。目前，世界服务业占 GDP 比重在 60% 以上，发达国家接近 80%，服务业成为世界经济增长的主要驱动力。从 2017 年中美两国经济结构的比较来看，中国第一、二产业的增加值已超过美国，但第三产业增加值比美国少 7.3 万亿美元。也就是说，我们要在经济总量上超过美国，第一、二产业的增长空间已经有限，必须使第三产业增加 7 万亿美元以上。未来 10 年，大力发展第三产业，不仅可以扩大就业，而且也是继续保持经济的中高速增长的必然要求。第三产业发展的重点是公共服务业和生产性服务业，主要包括教育、医疗、社会保障、信息、文化、科技、金融、咨询、法律、会计、审计、市场中介等，在这些方面，我们同美国的差距最大。深圳在发展第三产业方面，应当为全国做出榜样。而扩大服务业对外开放，吸引国外服务企业投资，是加快国内服务业发展的必由之路。当前和今后一段时期，服务业的开放应成为对外资开放的重点领域。党的十九大报告提出，要“实行高水平的贸易和投资自由化便利化政策，全面实行准入前国民待遇加负面清单管理制度，大幅度放宽市场准入，扩大服务业对外开放”。2018 年 4 月 10 日，在博鳌亚洲论坛 2018 年年会开幕式演讲中，习近平主席向世界明确表态：中国开放的大门只会越开越大。中国将大幅度放宽市场准入。深圳在金融、信息、现代物流和专业服务业等领域的开放发展中已经走在了前列，在新时期新时代，深圳将进一步扩大服务业开放，通过服务“一带一路”建设、对接粤港澳大湾区战略、加强国际合作，在开放中培育产业的竞争优势，以开放带动经济转型升级，形成与国际接轨的服务业扩大开放新格局。

（一）把深圳打造成服务业发展示范区

深圳服务业发展在新时期具有新特点，深圳对重点行业发展的支持力度也在明显加强。深圳通过重点支持金融、现代物流、信息和专业服务等生产性服务业领域，着力打造全国生产性服务业的重要基地和具有强大辐射能力的生产性服务中心，促进珠三角地区产业结构优化升级，提升粤港澳合作水平，并探索发展现代金融业等服务业的有效模式。《深圳市服务业发展“十三五”规划》提出深圳将以经济社会发展需求为导向，以产业结构转型升级为动力，突出重点行业与新兴业态，优化产业内部结构，促进产业链的整合优化，坚持生产性服务业与生活性服务业并重、现代服务业与传统服务业并举，全面提升深圳服务业发展综合竞争力，抢占服务经济发展制高点和主动权。通过把深圳前海建设成为现代服务业体制机制创新区、现代服务业发展集聚区、香港与内地紧密合作的先导区和珠三角地区产业升级和引领区，最终实现把前海打造成为粤港现代服务业创新合作示范区的目标。随着粤港澳大湾区战略的实施，深圳正在加快发展与先进制造业相配套的现代服务业体系，加大在创新中心、信息、金融、物流、贸易、会展等方面发展的力度，把深圳建成世界级现代服务业基地，成为服务粤港澳大湾区和“一带一路”倡议的服务业发展的示范区。

（二）构建深圳服务业对外开放新格局

随着生产要素成本优势的减弱、周边国家纷纷出台引资优惠造成的竞争加剧，加上发达国家鼓励制造业回流，中国利用外资面临着巨大的挑战。无论从国内经济转型升级的客观要求看，还是从新一轮全球自由贸易的大趋势看，服务业市场双向开放是大势所趋：形成服务业为主导的产业结构，需要通过服务业市场开放，形成有效投资；推进双边、多边自由贸易进程，需要有序扩大服务业对外开放，并通过服务业市场的双向开放，形成以服务贸易为重点的开放型经济新格局。在开放的领域上，深圳更加强调服务业开放，通过全面深化服务业扩大开放，打造国际一流的营商环境，促进高水平引进来、有序走出去。

1. 深化服务业国际合作

现代服务业发展只有通过国际化进入价值链条上下游，才能实现价值链增值并助推传统产业升级。经过多年的发展，深圳在服务业积累了较强的国际竞争优势，具备了与发达国家进行双向、跨梯度的服务业国际转移的产业基础。以跨境研发、工业设计等为代表的国际服务业转移步伐加快，是深圳现代服务业发展的新动态。深圳正在加快对融资租赁、法律、财会等现代服务业的引入，以开放促改革，探索在知识产权、服务贸易通关等方面的先行先试。利用前海深港现代服务业合作实验区等先行先试的政策优势，打通针对现代服务业的跨境融资通道。通过构建总部经济和平台经济、外向型经济协同发展的产业体系，建设成为辐射力强、现代化水平高的区域性、国际化的服务业聚集区。支持鼓励以工业设计、工业设计、管理咨询等离岸服务外包业务为主体的投资企业，承接国外公司服务业务，在具有国际竞争优势的产业领域通过国际化将研发、营销等环节拓展到发达国家，加快融入国际生产链条的步伐。

2. 抓住“一带一路”机遇

党的十九大报告提出，推动形成全面开放新格局。“要以‘一带一路’建设为重点，坚持引进来和走出去并重，遵循共商共建共享原则，加强创新能力开放合作，形成陆海内外联动、东西双向互济的开放格局”。“一带一路”沿线涉及 64 个国家和地区（不包括中国大陆和港澳台地区），人口占全球的 43% 左右，有很大的经济体量和发展前景。

“一带一路”倡议为中国企业带来三个方面的机遇：一是更大的发展空间，二是更大的整合资源的平台，三是更大的经济话语权。“一带一路”倡议，使得中国企业在更高水平上参与国际竞争，提升企业竞争力，提供了全新的机遇。深圳通过推动企业拓展“一带一路”沿线国家和地区项目合作，促进技术和服务国际化应用和推广。在“一带一路”建设背景下，深圳将致力于加快同国际规则同轨、提高专业服务能力和国际认同度，在经贸论坛、业务节点、产业多元化和文化交流等领域，打造多元交流平台。

3. 对粤港澳大湾区开放服务市场

粤港澳大湾区已初步显露世界一流超大城市群和国际自由贸易港雏形。从区域内产业分工的生产力空间布局来看，粤港澳大湾区正朝着高度开放、创新引领、宜居宜业、区域协同的方向发展。

随着粤港澳大湾区积极与“一带一路”建设对接，导入更多国家发展功能，并助推中国参与国际竞争，构建高水平国际合作平台，该区域在中国经济发展和对外开放中的地位和功能将进一步提升。推进服务贸易自由化也将成为粤港澳大湾区的建设重点。作为粤港澳大湾区重要地区和进入内地的桥头堡，深圳率先对港澳开放服务市场，为港澳与内地实现更紧密合作提供了有利条件和广阔空间。深圳通过重点发展研发、商贸服务、通信服务、环境服务、金融服务、运输服务等服务贸易，构建与国际高标准对接的投资贸易规则体系，大力推动高端服务业集聚，从而打造“总部经济集聚区”。

（三）扩大深圳服务业对外开放的新举措

1. 明晰扩大服务业对外开放思路

在资源配置上，坚持国际市场与国内市场相结合。要适应经济全球化趋势加快的形势，利用好国际、国内两个市场、两种资源。在发展布局上，坚持重点发展与多点发展相结合。既要注重依托城市和其他服务业发展基础雄厚、监管健全、人才集聚的重点发展，也要注重利用好特色企业发展特色产品，提供特色服务，实现多点发展。在服务模式上，坚持离岸外包与在岸外包相结合。要把发展服务外包作为参与全球产业分工，提升产业价值链的重要途径，因地制宜统筹考量，利用在岸外包降低劳动成本，利用离岸外包带动链条延伸。在监管方式上，坚持事中监管与事后监管相结合。

2. 推动贸易和投资自由化便利化

在投资便利化方面，进一步对接国际经贸规则，优化以“负面清单 + 准入前国民待遇”为核心的外资准入管理制度，统筹推进“互联网 +”通关改革，全面提升前海自贸片区国际贸易“单一窗口”建设水平。通过深化商事登记制度改革，推动国际贸易“单一窗口”“证照分离改革”，实现“一口受理、一网服务、一门审批、一颗印章对外”，提升对外资企业服务效能。

加强同国际经贸规则对接，增强透明度，强化产权保护，坚持依法办事，鼓励竞争、反对垄断，创造更有吸引力的投资环境。鼓励中外企业开展正常技术交流合作，保护在华外资企业合法知识产权。

在扩大服务业对外开放重点上，要围绕建立开放型经济体系，着重解决好发展的国际化和贸易的便利化。在发展上更要坚持走出去、引进来相结合，不断提高国际化水平。现在参与国际竞争、扩大对外开放，靠的不是政策洼地，而是打造制度高地，其中一个突出体现便是贸易便利化。贸易是否便利，是制约对外开放合作水平的重要因素，必须通过推进简政放权优化服务、扩大贸易便利的比较优势。对照全球高标准自由贸易港，推动深圳服务贸易自由化和便利化，积极探索适应服务贸易发展的管理体制，促进机制、政策环境和监管模式，着力构建法制化、国际化、便利化和市场化的营商环境。

3. 扩大市场准入和对外开放范围

创新外商投资管理体制。全面实施外商投资准入前国民待遇加负面清单管理模式，简化外商投资项目管理程序和外商投资企业设立、变更管理程序。国务院《关于实行市场准入负面清单制度的意见》指出，从 2018 年起正式实行全国统一的市场准入负面清单制度，建立与此制度相适应的投资体制、商事登记制度、外商投资管理体制，营造公平交易、平等竞争的市场环境。继续放宽市场准入，重点扩大服务业开放，同时加强知识产权保护，为外商营造稳定透明的政策环境、高效规范的行政环境和公平竞争的市场环境。允许更多外资和民营资本进入过去不能进入的领域投资。加强开放力度，服务业重点放宽银行类金融机构、证券公司、证券投资基金管理公司、期货公司、保险机构、保险中介机构的外资准入限制，放开会计审计、建筑设计、评级服务等领域外资准入限制，推进电信、互联网、文化、教育、交通运输等领域有序开放。引导外资投向重点产业领域。鼓励外资投向信息、环保、健康、旅游、时尚、金融、高端装备制造、文化、工业设计、电子商务、现代物流、高技术服务等现代服务业，引导外资投向战略性新兴产业和高技术产业，扩大利用外资领域。2017 年年底中国宣布放宽银行、证券、保险行业外资股比限制的重大举措争取尽早在深圳落地。加快保险行业开放进程，放宽外资金融机构设立限制，扩大外资金融机构在深圳业务范围，拓宽中外金融市场合作领域。

4. 改善投资和市场环境

中央财经领导小组第十六次会议强调，要改善投资和市场环境，加快对外开放步伐，降低市场运行成本，营造稳定公平透明、可预期的营商环境，加快建设开放型经济新体制，并要求北上广深等特大城市率先加大营商环境改革力度。中国新一轮的扩大对外开放以更深入、更系统和更高水平为方向，并且服务业开放成为重点，这要求营商环境必须能配套支撑。

创造公平竞争环境，扩大利用外资规模，提升利用外资质量。明确降低外资准入门槛，包括在经营性电子商务、资信调查与评级服务等领域允许设立外商独资企业。按照内外资企业统一标准、统一时限的原则，审核外商投资企业业务牌照和资质申请；鼓励外资以 PPP 模式参与基础设施项目建设，公开项目信息，透明运作流程；支持外商投资企业公平参与政府采购招投标。

抓紧完善外资法律体系。加快统一内外资法律法规，制定新的外资基础性法律。清理涉及外资的法律、法规、规章和政策性文件，推动限期废止或修订与国家对外开放大方向和大原则不符的法律法规或条款。

提升外商投资服务水平。完善外商投资企业投诉机制，协调解决境外投资者反映的突出问题，加大对外商投资企业享有准入后国民待遇的保障力度，努力营造统一开放、竞争有序的市场环境。

保障境外投资者利润自由汇出。对于境外投资者在境内依法取得的利润、股息等投资收益，可依法以人民币或外汇自由汇出。

深化外商投资企业管理信息共享和业务协同。积极推进“互联网 + 政务服务”，进一步完善“双随机、一公开”监管机制，构建高效便捷的外商投资事中事后监管与服务体系。支持国内企业多渠道引进国际先进技术、管理经验和营销渠道。鼓励外资参与国有企业混合所有制改革。完善外商投资企业知识产权保护。强化司法保护和行政执法，加大对侵权违法行为的惩治力度。提升研发环境国际竞争力。为研发中心运营创造便利条件，依法简化具备条件的研发中心研发用样本样品、试剂等进口手续，促进外资研发投入。

5. 创新利用外资支持政策

坚持内外资公平竞争，对外商投资企业科研创新、技术改造、人才引进、知识产权保护、标准化建设、业务牌照和资质申请等一律平等对待。支持外商投资企业建设研发中心、企业技术中心，鼓励内外资企业、科研机构开展研发合作。积极落实在技术创新、国家重点支持产业、公共基础服务配套、税收协定待遇执行等方面的税收优惠政策。为外籍高层次人才、企业高级管理人员和企业必需的高级技术人员提供签证便利，为其办理来华工作许可开辟“绿色通道”，实行全流程在线办理。

6. 完善服务贸易政策体系

重视服务贸易发展。完善与服务贸易有关的知识产权制度。搭建服务贸易公共服务平台、贸易促进平台、中小企业融资平台。积极推进服务贸易便利化，加强人员流动、资格互认、行业标准制定等方面的国际交流，为专业人才和专业服务“走出去”提供便利。坚决破除阻碍民营企业和跨国投资的“玻璃门”和“弹簧门”。

建立适应服务贸易发展的财政、税费、金融、外汇支持政策。加强对重点服务出口领域的引导；争取设立服务贸易发展专项资金；扩大“营改增”行业范围，对符合鼓励条件的“营改增”行业的服务出口实行零税率；创新金融支持政策，针对服务贸易企业特点，开发创新金融产品。健全服务贸易统计体系，完善和创新服务贸易统计方法。建立与服务贸易特点相适应的口岸通关管理模式。制定财税支持政策，鼓励境外投资者持续扩大在华投资。对境外投资者从中国境内企业分配的利润直接投资于鼓励类投资项目，凡符合规定条件的，实行递延纳税政策，暂不征收预提所得税。

7. 加强科技服务业的国际交流合作

拓宽国内交流合作。突出服务重点，大力推动研发设计服务、知识产权服务、科技成果转化服务、科技咨询服务、科技服务外包等科技服务业重点领域发展。引导人才、资金、技术、信息等创新要素向科技服务业聚集。吸引国内著名高校、科研机构来深圳设立研发中心、公共创新平台或产学研结合示范基地，促进国内重大科技成果来深圳转移转化。充分发挥中国国际高新技术成果交易会、中国国际人才交流大会等平台作用，推进科技成果转化与交流合作。

加强粤港澳台交流合作。促进粤港澳台科技服务要素合理流动和开放共享。落实粤港澳合作框架协议，合作开展关键共性技术攻关，探索建立粤港澳科技服务贸易自由化新模式，共建高水平专业科技服务平台或基地，探索构建粤港澳台服务外包领域合作机制。香港高等院校和科研机构可承担中央财政科技计划项目，汇聚两地政策、资金、人才及设施等资源，香港与内地可发挥各自优势，为日后落马洲河套地区港深创新及科技园打好基础，为在粤港澳大湾区建设国际科技创新中心搭桥铺路，推动粤港澳大湾区科技创新融合发展，为两地合作提供新契机、新平台等。

加强国际交流合作。扩大科技服务领域对外开放，支持承接境外科技服务业转移，引导外商投资科技服务业。建立科技服务业国际科技合作示范基地。鼓励有条件的科技服务机构建立境外研发机构和营销网络，积极开拓国际市场。扶持龙头骨干科技服务机构到境外上市。加大科技创新支持力度。鼓励外商开展研发合作，为高层次人才、高技能人才在连创新创业提供政策支持和便利条件，将引资与引技、引智有机结合，吸引全球科技创新要素资源加快聚集。支持外商开展科技研发合作。对外资研发中心按有关规定给予相应税收优惠，在通关、外汇管理等方面提供便利服务；支持外资企业设立科研工作站和参与科技项目合作，外资企业同等适用研发费用加计扣除、高新技术企业等优惠政策。

八、探索建设深圳自由贸易港

党的十九大报告明确提出“探索建设自由贸易港”，这是新时代在新发展理念指导下推进形成全面开放新格局的重大举措。深圳要朝着中国特色社会主义新型示范区的目标前行，努力建设社会主义强国的城市典范。在新的历史时期，适应国内外经济发展的需要，探索建设深圳自由贸易港，打造改革开放新高地。

（一）中国自由贸易港政策的提出历程

1. 中国自贸试验区和自由贸易港的提出

2013 年 9 月，中国（上海）自由贸易试验区正式挂牌。

2013 年 11 月，十八届三中全会通过《关于全面深化改革若干重大问题的决定》上，有关自由贸易港的概念已经被提出，要求在推进现有试点基础上，选择若干具备条件地方发展自由贸易园（港）区。

2015 年 4 月，国务院已发《全面深化中国（上海）自由贸易试验区改革开放方案》，提出：设立自由贸易港区，在洋山保税港区和上海浦东机场综合保税区等海关特殊监管区域内，设立自由贸易港区。对标国际最高水平，实施更高标准的“一线放开”“二线安全高效管住”。

2017 年 3 月，国务院正式批复 7 个自贸试验区，分别为辽宁、浙江、河南、湖北、重庆、四川、陕西自由贸易试验区，与此前的上海、天津、福建、广东 4 个自贸试验区，共同形成了东中西协调、陆海统筹的全方位、高水平对外开放“1 + 3 + 7”新格局。

2017 年 10 月，党的十九大报告提出：赋予自由贸易试验区更大改革自主权，探索建设自由贸易港。

2018 年 4 月 13 日，习近平总书记在海南建省办经济特区 30 周年纪念大会的讲话中宣布，党中央决定支持海南全岛建设自由贸易试验区，支持海南逐步探索、稳步推进中国特色自由贸易港建设，分步骤、分阶段建立自由贸易港政策和制度体系。

2. 自由贸易港与自由贸易区的区别

自由贸易港是设在一国（地区）境内关外、货物资金人员进出自由、绝大多数商品免征关税的特定区域，是目前全球开放水平最高的特殊经济功能区。探索建设中国特色的自由贸易港，打造开放层次更高、营商环境更优、辐射作用更强的开放新高地，对于促进开放型经济创新发展具有重要意义。

自由贸易区探索的是制度创新，并且把相关创新的成果总结后进行复制，也就是说，自由贸易区重视的是先行先试、复制推广，实现通过开放来倒逼改革；自由贸易港强调的是与国际接轨，探索国际先进制造业和现代服务业的发展路径，在先进产业的发展上与国际先进水平保持一致。自由贸易港最重要的特征是“自由”，无论是公司成立，还是外汇兑换、市场准入等，都无需经过审批程序。

自由贸易港的提出，是中国推动形成全面开放新格局的重大举措，对促进开放型经济创新发展具有重要意义。与自由贸易区相比，自由贸易港的开放程度更高、容纳层次更多，是目前全球开放水平最高的特殊经济功能区。建设自由贸易港，对本地区经济的外向型发展能够起到重要的推动示范作用，在提高转口贸易、扩大外汇收入、促进城市转型升级、带动地方参与国际贸易、激发区域经济活力等方面，都具有重要意义。

3. 中国建立自由贸易港的意义

党的十九大报告指出：要以“一带一路”建设为重点，坚持引进来和走出去并重，遵循共商共建共享原则，加强创新能力开放合作，形成陆海内外联动、东西双向互济的开放格局。实行高水平的贸易和投资自由化便利化政策，全面实行准入前国民待遇加负面清单管理制度，大幅度放宽市场准入，扩大服务业对外开放，保护外商投资合法权益。凡是在中国境内注册的企业，都要一视同仁、平等对待。

自由贸易港的核心功能，是国际贸易自由化、便利化，培育贸易新业态、新模式，促进贸易转型升级。探索建设自由贸易港，目的就是要让全球高端要素跨境流动更加便捷和自由，从而提升整个地区乃至国家的要素配置能力、经济发展活力及国际价值链地位，发展参与引领全球经贸合作竞争新优势。

放眼全球，自由贸易港是目前开放水平最高的特殊经济功能区。全世界已有 130 多个自由贸易港，中国香港、德国汉堡、荷兰鹿特丹、韩国釜山等都是著名的自由贸易港区。自由贸易港内，货物、资金、人员进出自由、甚至可实行零关税（非关税区）。除了对港口吞吐量、基础设施水平、地理区位等硬件条件要求较高，自由贸易港在管理体制、管理效率及提供国际化服务等方面也具有较高标准。外国人可落地签，外国金融、医疗机构、教育资源都可以布局进来，非常利好于国际贸易，尤其对服务业、旅游业最有利，同时也将满足消费者高端国际化的消费需求。

（二）深圳建立自由贸易港的有利条件

从国际先进的自由贸易园（港）区的实践看，各自由贸易港区在区位布局及规划范围方面有不同的特点。具体取决于其自然条件和制度条件。自由贸易港的自然条件包括区位条件、港口条件、航线条件等；经济条件包括基础设施、经济开放度以及国际贸易、国际航运、国际投资、国际金融等项业务在全球及全国的地位等；制度条件包括政府职能转变、贸易投资自由化便利化、金融开放创新、法制保障、社会管理等方面的治理生态及营商环境。作为国家改革开放和现代化建设的排头兵，深圳经济特区在设立之初，就被赋予了改革开放的“窗口”和“试验田”作用。因此，在新时代进一步扩大对外开放，有必要充分运用和发挥经济特区在先行先试方面的丰富经验，在有条件的地区率先设立自由贸易港，发展更高层次的开放型经济。

深圳积累了丰富的改革开放经验。深圳在中国体制改革中发挥了“试验田”的作用，在对外开放中发挥了重要的“窗口”作用，在现代化建设中发挥了“示范区”作用，对香港、澳门的顺利回归并保持繁荣稳定发挥了重要的促进作用。在发展中培育出了敢想敢干、敢闯敢试、敢为人先的创新精神和一系列新理念。

政策措施到位。特区政策是中国改革开放中首先推行的经济政策，对中国经济发展起步、腾飞与发展发挥了重大的推动作用。深圳利用经济特区的特殊政策，吸引并充分利用外资、侨资、台资、港资。这些外资企业不仅为深圳经济的发展做出了积极的贡献，而且也为深圳的经济结构、产业升级等也发挥了巨大的促进作用。

体制机制灵活。深圳在体制创新上体现在，一是以改革带动体制突破。大胆尝试发展非公有制经济，释放中小企业活力和动力，逐步形成了多种所有制共存、不断发展的格局。二是以开放带动体制创新。凭借区位优势和政策优势，积极发展外向型经济，通过引进先进的技术和管理方式，带动体制机制的创新。三是积极培育市场经济。在大力培育和发展市场经济体系过程中，努力构筑开放竞争的市场体系，在市场价格、商品流通、要素市场建立等方面进行了积极探索，不断提高企业应对市场能力和产品竞争力，全市经济市场化程度远远高于全国平均水平。

深圳充分发挥了辐射带动和示范作用，为全国改革开放和现代化建设积累了宝贵经验，为探索中国特色社会主义道路做出了重要贡献。

建设自由贸易港的城市在发展模式、运营机制、政策创新、制度完善等多方面，需要大胆尝试与探索，对政府的行政管理、制度创新，乃至城市功能方面等都提出了更高的要求。深圳在这些方面都积累了一定经验，加之与复制自贸试验区成功经验的叠加基础上，在深圳经济特区基础上探索建设更高层次开放型经济新体制具有更加积极的作用。

（三）前海和河套落马洲成为探索自贸港的试验区

推动香港成为国际创科中心是香港特区政府最新一个明确表态。而在深圳，则提出了建设国际科技、产业创新中心的目标。科技、创新中心成为深港两地不约而同的选择。深圳作为开放前沿，承担着先行先试重任。以离岸金融为主的前海和以创新为主的落马洲河套地区合作发展作为突破口，将为深圳建立自由贸易港提供有益的探索。深圳应当利用好这一契机，巩固在生产要素配置上的全国中心地位，实现深圳未来成为全球分工体系高地、成为驱动中国经济增长引擎的目标。实现这一目标，深圳应继续推动前海、落马洲河套地区建设，使之成为对港深度合作的重要平台。

1. 前海探索建设自由贸易港具有独特优势

前海深港现代服务业合作区（简称“前海”），既是自由贸易试验区、国家自主创新示范区、保税港区的叠加区域，又是中国金融业对外开放试验示范窗口。这片“最浓缩最精华”的核心引擎地区，探索建设高水平自由贸易港具有独特优势。前海要在完善金融资本运作体制机制、加强科技创新领域合作等方面加大发展力度。

（1）前海具备港城融合的经验借鉴优势。自由贸易港是强调港口城市的概念，拥有港口、商业区、居民社区和机场，港口与市区融为一体，现代服务业高度发达，生活配套相对完善，人才和产业形成集聚效应。前海蛇口自贸片区目前积极探索“前港中区后城”的自贸区建设模式也积累了很多经验。因此，港城融合是前海探索建设自由贸易港突出优势。

（2）前海具备金融开放创新的政策优势。自由贸易港的投资贸易活跃程度与金融开放度息息相关。国家赋予前海“中国金融业对外开放试验示范窗口”，2013 年 1 月在全国破冰跨境人民币贷款业务，经过这几年的自贸制度试验，前海已经实现了跨境双向人民币贷款、跨境双向发债、跨境双向本外币资金池、跨境双向股权投资、跨境资产转让等双向开放功能，金融、类金融企业 5 万多家在前海集聚，跨境金融成为前海蛇口自贸片区制度创新的靓丽名片。在前海蛇口自贸片区深化深港澳金融业合作创新，服务大湾区实体经济，进一步完善和改革国家金融体系。借鉴香港作为国际金融中心的经验，打造“人民币离岸市场的在岸中心”，以前海蛇口自贸片区为核心，借助其区位优势继续扩大拓展深港间金融业合作的空间。进一步推进前海在合格境内投资者境外投资（QDIE）与外商投资股权投资（QFLP）上的开放性试验，打造国家开放型经济新体制的示范区。前海应发挥香港和深圳的区位优势，借助离岸账户体系的载体拓展跨境金融服务功能和探索构建资本流动“分线监控”体系，发展成为联系国内与国际资金流的“跨境金融中心”式自由贸易港。

（3）前海具备吸引高端要素的体制机制优势。这主要体现在前海区域治理模式创新、中央与地方政策协调层级少、国家赋予前海的企业/个人所得税政策优势。首先，前海管理局是中国内地首个成立的法定机构，是区域治理模式创新的重要举措。其次，中央驻深机构，如“一行四局”、海关、检验检疫、海事等部门都由中央部委直接管理，这有利于一些关于金融、贸易等涉及中央事权领域的改革倡议能够经过较少的协调成本在前海率先落地，有助于前海将中国自由贸易协定的高标准条款与自贸试验区制度创新任务结合试验。再次，国家批复前海的 22 条政策中就包括对前海特定产业的企业减按 15% 的税率征收企业所得税，对境内外个人所得税负差额给予补贴，这种补贴不再征税。这个优惠政策提升了前海整体税制的国际竞争力，对吸引企业总部入驻，进而产生集聚企业高级管理人才、企业总部资金池，带来更多当地税收和消费等连锁效应非常有利。最后，前海管理局实施企业化管理，也能提供较灵活的薪资待遇招揽高素质专业人才。这些体制机制优势是前海打造高水平自由贸易港的优势资源。

（4）经济密度居于全国自贸区榜首。截至 2018 年 3 月，累计开业企业 7. 22 万家，累计注册港企 8031 家，注册资本高达 8937. 26 亿元，同时也吸引了 625 家内地上市公司投资企业，335 家世界 500 强投资企业。前海背靠珠三角强大的制造业集群，可利用自由贸易港所具有的保税、免税政策，对离岸服务外包、高端制造实施全产业链保税监管，吸引珠三角高新技术企业将研发设计、封装测试等高附加值环节放在前海，使之发展为粤港澳大湾区科技创新资源配置中心式的自由贸易港。

“探索建设自由贸易港区”已被列入《深圳市委全面深化改革领导小组 2018 年工作要点》之中。深圳市政府希望到 2020 年，将前海打造成为粤港澳大湾区城市群的核心区之一，并初步呈现出世界独一无二的湾区城市新中心形象。深圳建立自由贸易港，不仅将加速大量制造业、服务业的发展，也会让前海成为一个总部企业的新聚集地，更象征着国内多个领域将在这个片区全方位面向世界开放。

2. 发挥河套落马洲平台优势

深圳如今是内地最为年轻蓬勃的城市，而毗邻的香港则是拥有发达金融、贸易、法治体系的城市经济体。香港有历史机遇，也有现实挑战，深圳产业升级、政府转型也有许多问题需要破解。深港二者的有机融合势必促大发展，落马洲河套地区的作用将更加凸显。

（1）河套。

深圳与香港一河之隔，一个是中国改革开放的经济特区，发展受益于香港；一个是作为内地和海外“超级联系人”的特别行政区，也需要转身和内地建立更加紧密的关系。两地在近几十年的发展中突飞猛进，如何互利共赢，深化合作，常年都是热门话题。闲置多年的落马洲河套地区将改头换面，建成科技创新园，打造“深港创新圈”。继前海之后，落马洲河套地区将成为深港合作的又一重要平台。这对深港来说不仅是一次意义非凡的突破挑战，更是一次互利共赢的新机遇。

与前海相比，河套地区的面积仅仅相当于前海的 1/15。但是，河套片区拥有位置优势，靠近深圳福田商业区及香港新界北部具发展潜力的地区，将来可与这些邻近地区的发展发挥协同效应。通过高等教育和高新科技的注入以及加强交通联系等，河套地区拥有可成为区域合作枢纽的位置优势。此外，深圳皇岗口岸和香港落马洲口岸旅检实行24小时通关，是深港出入境的首个“不夜口岸”，这也增加了河套地区的位置优势。

国务院在1997年7月1日颁发第221号令，就河套区的权属问题做出澄清，规定业权仍归深圳所有，而香港则拥有该区域的管理权。关于河套地区的定位，自从1997年河套问题形成后，深港两地提出很多方案。市场公开资料显示，2003年初，时任香港财政司司长的唐英年表态，可在边境河套开辟一个特别区域，设立边境贸易区，建成中国产品的展示中心。2008年11月，深港初步认为河套地区发展可考虑以高等教育为主，并辅以高新科技研发和文化创意产业用途；从2009年6月开始，香港规划署及香港土木工程署展开了该地区的规划及工程研究，深圳配合参与。

进入2015年以来，各方对开发河套地区的讨论再次升温，深港两地之间围绕此议题多有互动。根据由深圳规划国土委于2015年3月公开的《落马洲河套地区发展规划及工程研究》，河套分为五大功能区：教育区、创新区、交流区、生态区和滨河休憩区。高等教育、高新科技、文化创新产业以及观光旅游将成为河套的主要特色。此前，广东省人民政府印发“实施《粤港合作框架协议》2015年重点工作”。文件中首次着重提出在尊重历史、尊重现实的基础上推进建设深港河套地区；以共同开发、共享成果为原则，加快推进深港落马洲河套地区的开发建设。

（2）落马洲。

河套地区面积大约87公顷，是目前香港科学园面积的4倍，因此“港深创新及科技园”将成为香港最大的科技创新园区。该园区将着力引导和聚集国内外优质高科技企业、研发机构、高等院校进驻，聚合各方资源，打造科技创新的高端新引擎、深港合作的战略新支点，共同建设具有国际竞争力的“深港创新圈”。

落马洲河套地区的地理优越性对于深港交流合作的便利性而言，有无可替代的战略价值，甚至比前海更加具有优势，不仅更加接近深圳核心区域，而且双方直接接壤对接，一旦获得充分发展，对于周边深圳福田商业区及香港新界北部乃至更大区域的深港两地，将产生巨大辐射效应，推动珠三角交通圈、经济圈和生活圈的一体化。

2017年年初，深港两地签署《关于港深推进落马洲河套地区共同发展的合作备忘录》，将在落马洲河套地区合作建设“港深创新及科技园”，推动其成为科技创新的高端新引擎、深港合作新的战略支点与平台，共同建设具有国际竞争力的“深港创新圈”。

落马洲河套地区未来显然将成为继前海之后深港合作的又一重要平台，这对港深来说都是一次顺应趋势、意义非凡的重大突破。在河套地区建设的“港深创新及科技园”以及未来两地共同构建的“深港科技创新合作区”，将成为两地重要的科研合作基地和海内外科技人才、项目聚集的平台，推动两地加强创新创业合作，是两地发展的实际需要，符合香港长远利益，对深圳加快国际科技产业创新中心的建设也多有助益，更是粤港澳大湾区进一步融合发展共同打造世界竞争版图新亮点的一个标志性事件。

通过河套落马洲这个平台，能够更好集聚国际资源、国际人才、国际团队、国际成果、国际创新投资资金，以及国际上通行的创新制度性安排、规则，知识产权保护的经验、成熟的做法等。

（3）推动落马洲河套区建设。

在推动粤港澳大湾区创新科技产业发展上，将毗邻“落马洲河套区创新及科技园”打造为“深圳河两岸创新走廊”。在落马洲河套地区共建“港深创新及科技园”。新建一批国家级实验室、重点实验室、工程研究中心，加强深港高等院校产学研联动，推动香港高校在河套区内设立分校、科研中心及产业化基地，推动科研成果在区内产业化。

便利人流及资金流往来的政策措施。在落马洲河套地区试行便利两地科技人员交流的政策措施。在促进人才流动和聚集方面，可为前海、河套所需的香港优秀人才颁发前海、河套工作“绿卡”，以方便进行身份认证，并协助提供优秀人才的各项福利及粤港快速通关等优惠政策。在深化金融及资金跨境自由流动方面，应支持前海及河套设立人民币在岸及离岸中心，并巩固香港国际金融中心的地位，共同探索进一步拓宽境外人民币双向流动通道，吸引更多香港主流及新兴金融机构进驻上述自贸港，打造多元化跨境金融产品与服务。此外，在促进高增值物流合作上，可参照香港报关模式实施免进出口关税政策，使货物流通更加便捷高效，并在此基础上进一步探讨为上述自由贸易港与香港跨境物流提供更多便利措施。

人才、资金、货物和数据的自由流通是香港最大的竞争力之一，如果落马洲河套地区能打通上述领域，将为香港生物医疗科技、人工智能、区块链、金融科技等带来更大的发展空间。

（四）深圳建设自由贸易港的举措

1. 发挥河套落马洲试验区作用

要坚定不移推进更紧密更务实的深港合作，坚持高起点规划、高标准建设，以落马洲河套地区为核心区，加快建设深港科技创新特别合作区，打造新时代粤港澳紧密合作新平台。将落马洲河套地区升级为粤港澳大湾区国家级战略平台，进一步提高河套地区战略规划层级，让河套地区成为粤港澳大湾区要素自由流动试验区。深圳有高新科技产业的优势，香港有完善的法治优势，发挥这两个优势，落马洲河套地区就可成为深港合作的新起点。深港共同打造落马洲河套港深创新及科技园，着力拓展河套地区周边配套区域；配套制度方面，使河套地区成为粤港澳大湾区要素自由流动试验区；产业链方面，实现科研成果直接在大湾区城市内产业化，提供整条产业链的系列支持性综合服务；知识产权保护方面，借助其毗邻香港的优势，构建全国高新科技知识产权保护法律制度示范区。通过“港深创新及科技园”，吸引港深两地及海外企业、研发机构和高等院校进驻，推动园区发展。加强高等教育、医疗、生态环保、跨境学童、旅检通关、跨境重大基础设施建设等民生领域合作。

该地区的创新试验应包括：提供更为便利快捷的通关手续；为双方认可的海内外人员提供最为便利的出入境工作安排，香港可以考虑在人才引进上采取新的签证制度或为大河套区专设相关的签证绿色通道；对深方区域内的企业，其聘用香港籍员工、其他外籍员工、拥有境外永久居民身份的员工、归国留学人员等，个人所得税参照香港税法征收；取消跨境科研拨款的限制，方便专项资金更为流通；对进口科研设备免征关税；提供科技 SOHO 空间（住宿单位、共享生活空间）给予在此的香港科技人才等。

2. *发挥前海战略平台的作用*

前海的重要使命之一就是“深港合作”。2017 年，前海谋划落实“粤港澳深度合作示范区”新定位，推进深港更加紧密合作，前海新时代国家战略平台功能进一步突显。

形成领先创新体系的形成不是单个企业可以独立完成的，需要企业间的协同和地区间的协同。未来前海要依托国际化优势，统筹利用全球科技创新资源，深化与欧美发达国家、亚洲创新型国家和“一带一路”沿线国家的科技产业合作，鼓励境外投资者来深圳设立研发机构和研发中心，支持企业到海外建设海外人才工作站、境外研发中心和创业孵化基地，继续推进国际科技交流合作。

在落马洲河套地区做研发集成，集成全球创意、创新成果；在深圳做商用集成，带动深港融合，带动深圳周边其他城市和制造环节、物流环节等产业链发展。通过前海整合从深港、粤港澳湾区、全国乃至全世界整合优秀创意、优秀创新成果资源，将这些创意和创新成果形成强势的产品、强势的产业，辐射全球。

前海利用香港国际经济中心和前海粤港合作平台优势，推动深港服务业融合发展，建立“港人港案港式处理”机制，推进职业资格互认、准入机制。同时，建立“一带一路”前海香港专业服务中心，一方面聚集香港专业人士，另一方面为内地“走出去”企业提供“一条龙”专业服务。并围绕优势产能输出、国际合作平台搭建，支持企业在“一带一路”沿线国家投资布局，建立“一带一路”沿线国家和地区法律库、案例库、网络信息平台，为企业投资“一带一路”沿线国家提供法律服务，着力打造内地企业面向“一带一路”的战略支点。

3. 推动税收制度改革创新

重点设计自由贸易港离岸业务税制，包括税种、税率、双重征税规避等要素；同时，设计离岸业务税收监管制度，包括专用账户制度、认证制度、预约定价协议制度等，实施有效的防范侵蚀税基及利润转移的监管。税制应具有国际竞争力原则，确保深圳自贸港区的国际竞争力；税制是助力科创研发的原则，自贸港除了满足传统的货物贸易发展以外，更应发挥自贸港带动产业升级的特殊区域功能，注重对科创要素集聚的吸引和服务贸易的发展。应通过营商环境的改变和有竞争力的税制共同发挥作用实现增加要素集聚。

灵活运用现行企业所得税的优惠框架。通过设立“自贸港区先进产业目录”，对纳入目录内目标产业一律实施 15% 的优惠税率，同时，赋予自贸港管理部门确定产业目录的权利。这样，既保持现行税率的稳定，实现真正的普惠，也有利于自贸港集聚先进要素。

在自贸港区内实行属地原则。主要借鉴新加坡的经验，新加坡不同于香港。新加坡执行了修正和有管理的属地原则，但同时辅助规定：“汇往新加坡的利润，视同源自新加坡的所得，需要交纳企业所得税。”这一原则规定减轻了大部分企业的境外所得税收负担，但又对股息、分公司利润、服务收入、风险投资基金存在豁免，只是对消极性利得征税。借鉴新加坡部分属地原则的做法，有利于企业利润回流和科创要素集聚；同时在增加国家财政收入的同时，也不伤及资本。

4. 实现要素在自由贸易港内自由流动

（1）贸易自由。简化公司设立和注册手续。香港特区企业注册和登记手续简单快捷。只要提供公司注册所需要的必备材料，在最短的时间内，公司就能获发有关证书。在网上经过 3 个步骤就可以拿到公司执照，一般 1 小时内就可获发有关证书。如以纸质方式提交申请，获发证书也只需要 4 个工作日。在新加坡注册公司也很简单：只需提供新加坡注册地址，委任一名新加坡董事、一名当地秘书，并提供以下 4 项文件：公司名称（必须是英文）、公司章程与细则、身份证明书（护照及身份证复印件）、公司注册地址及办公时间报告表，即可在 3 个工作日内完成公司注册工作。

放宽对公司注册资本金额的限制。可采取类似香港的做法，对公司注册资本金额没有限制，不用验资，到位资金不限，公司成立后还可以任意增加注册资本，前提是召开股东大会。

放宽行业准入。在行业准入上，对外来及本地投资者一视同仁，除了国防相关的行业和个别特殊行业外，对外资进入没有行业限制。商业、外贸、租赁、营销、电信等市场完全开放，但外资进入新闻业、广播业的出资比例要有一定限制。外资进入电讯、广播、交通、能源、酒制品销售、餐厅、医药和金融等领域除了商业登记外，都需向有关政府部门另外申请相关行业的牌照。深圳还可制定多项奖励措施，鼓励外国企业到深圳设立总部或地区总部。

简便货物监管。在深圳实现货物监管简便，简便进出口报关手续，除豁免报关的商品外，进出口货物所有人或其代理人只需填写和交验有关单证即可。按规定必须得到有关部门批准方可进出口的货物，如药品、化妆品和危险物品等在报关时需要出具批准通知或许可证。逐步建立高效的海关系统贸易网络，与进出口（包括转口）贸易有关的申请、申报、审核、许可、管制等全部手续均通过该系统进行，从而提高贸易速度和通关效率。

（2）金融自由。投融资汇兑较为自由、资金跨境自由流动有保障是发展离岸金融业务的基础。探索更为自由的投融资汇兑制度，推进资本项目可兑换试点，建设人民币全球服务体系。为更好地服务实体经济，进一步优化贸易结算资金自由收付制度，支持有真实业务背景的贸易金融、航运金融跨境融资业务的发展；同时，发展具有离岸业务资质的银行类金融机构，以支持离岸业务的开展等。在外汇管理上，在深圳的企业可使用任何货币进行贸易结算，无外汇管制，对货币买卖和国际资金流动，包括外来投资者把股息或资金调回本国都无限制。外资企业只需按照银行要求提供相关文件，即可在深圳自由开立银行账户，并可自由决定贸易结算货币种类。

（3）人员流动自由。建设国际人才自由港，探索建设国际人才自由港。在入境居留、项目申请、科研资源、产权保护等领域加大支持力度。放宽外国人入境签证和就业方面的严格限制，为人才的自由流动提供良好的环境。制定外国人来深圳工作许可制度及人才签证制度，为外籍高层次人才参与创新创业将享有出入境和停居留便利。建议开通深圳国际航线，为人员的国际流动提供交通便利。作为全球高科技人员集聚的深圳由于没有国际航线，严重制约了深圳和国外的各类人才往来，也极大地削弱了深圳作为国际都市的影响力。

5. 进一步落实 CEPA 推动深港融合发展

2003 年香港与中央政府签署“更紧密经贸关系安排（CEPA）”，这项共二十三条的政策文本包括货物贸易、服务贸易和贸易便利化三方面。这是香港特别行政区作为一个独立的关税区与中央政府签署的，既符合 WTO 规则，又符合“一国两制”的方针，目的是逐步减少和消除两地经贸交流中的制度性障碍。但是，在 CEPA 框架确立后，实施细则的落实进度却显得慢了些。CEPA 从 2004 年开始实施，至今已签订了 10 份补充协议，由最初涵盖 273 个香港原产地货品及 18 个服务业领域，扩展到 1770 多种香港原产地货品和 48 个服务业领域。但开放范围扩大了，深度却没有加深。CPEA

的补充协议中，很多内容都落不了地。造成香港现代服务业试图进入内地时，却遭遇“大门已开，小门难进”的局面。例如，CEPA 允许香港公司以独资形式在内地提供相关的物流服务，但却未明确相关的审批流程和具体要求，港资企业不知应如何办理。但制定这些实施细则，须层层上报，经国家及有关部委审批之后才能执行，这种由上至下，再又由下至上的运作程序，周期长，费时费力，往往使部分条款迟迟无法落实，影响改革效率。

寻找新的利益结合点。目前港资进入内地市场仍然是以外资身份进来。这些都涉及港资企业的国民待遇问题。由于这些问题迟迟没有解决，港深合作因体制和法律制度无法对接，而在某种程度上陷入迟滞。造成这种局面的原因是多方面的。深圳作为广东省的一个副省级城市，在事权上和香港无法匹配。即使有单独协商机制，但双方能讨论的合作议题有限。目前两地能谈的议题，更多是涉及双方跨境基础设施建设、经济产业领域的合作、两地边界的合作开发。

在“一带一路”和粤港澳大湾区的国家政策框架下，把深圳和香港合作打造成大湾区内一个核心的引领型区域，应该是两地合作的方向和目标。要实现这个目标，则取决于是否在制度开放中找到符合港深双方利益的新的结合点。

相比金融、人才、科研等优势，香港科技在产业化上一直存在短板。而深圳虽然在制造基础和产业化能力上较强，却缺乏高质量的研究型大学以及世界级的基础性、前沿性研究平台支撑。

深圳与香港共同协作建设自由贸易港，可以深化深港合作，推动深港服务业融合发展，巩固和提升香港作为国际金融、航运、贸易三大中心地位；支持香港专业服务朝高端高增值方向发展，支持香港发展创新及科技和法律及解决争议服务等。

6. 加强“深莞惠 + 河源、汕尾”区域建设

《粤港澳大湾区规划纲要》很快会出台。深圳目前正在拟定参与粤港澳大湾区建设的总体实施方案。随着政府发展规划纲要的出台，预计粤港澳大湾区将在迎来实质性的开启。鼓励深圳企业通过技术、资金等多种方式，强化与虎门、中山、顺德、惠州、汕头、汕尾、湛江等港口的合作，构建以深港组合港为核心的粤港澳大湾区组合港体系。构建以深港组合港为核心的粤港澳大湾区组合港体系。

加强“深莞惠 + 河源、汕尾”大都市区建设，推动深圳、河源、惠州、汕尾和东莞市协同发展。大力培育临港基础产业，积极发展以电子信息为主的高新技术产业和以金融、商贸、会展、旅游为主的第三产业，打造具有国际影响力的科技创新中心、现代制造业基地和生产服务中心。特别要发挥深汕特别合作区的积极作用，在深圳东进、粤东振兴、珠三角产业转移的过程中，深汕特别合作区扮演重要角色。要突出深汕特别合作区先进制造、新兴海港两大特点产业，重点打造先进制造集聚区、新兴海

港商贸区、滨海生态旅游区三大特殊区域。要以“深圳总部 + 深汕基地、研发 + 生产”的发展模式实现深汕特别合作区功能定位。发挥前海、盐田港和汕尾沿海的优势，实现国际航运中心建设。对该区域航线资源进行优化配置，以覆盖全球主要国家和地区；扩大入区退税、启运港退税、口岸港退税改革的实施范围；进一步强化深圳港与粤港澳大湾区及周边港口的业务联系，逐步推进大湾区港口通关一体化。

参考文献

1. 乐正 . 2007 年中国深圳发展报告［M］. 北京：社会科学文献出版社，2007.

2. 香港特别行政区政府财政司司长办公室经济分析及方便营商处经济分析部. 2006 年经济情况及 2007 年展望［Z］. 2007—2.

3. 国家发改委宏观经济研究院课题组 . 香港在“十一五”时期国家经济发展中的地位和作用［Z］. 2007—1.